Ordem sem Design

B536o	Bertaud, Alain.
	    Ordem sem design : como os mercados moldam as cidades / Alain Bertaud ; tradução: Alexandre Salvaterra. – Porto Alegre : Bookman, 2023.
	    XVI, 410 p. : il. ; 25 cm.
	
	    ISBN 978-85-8260-598-1
	
	    1. Arquitetura e urbanismo. 2. Planejamento urbano. 3. Urbanização. I. Título.
	
	                                                    CDU 711.4

Catalogação na publicação: Karin Lorien Menoncin – CRB 10/2147

Ordem sem Design
Como os Mercados Moldam as Cidades

Alain Bertaud

Tradução
Alexandre Salvaterra
Arquiteto e Urbanista pela Universidade Federal do Rio Grande do Sul.

Revisão técnica
Anthony Ling
Arquiteto e Urbanista pela Universidade Federal do Rio Grande do Sul.
Fundador do Caos Planejado, publicação digital sobre urbanismo.

Porto Alegre
2023

Obra originalmente publicada sob o título
Order Without Design: How Markets Shape Cities
ISBN 9780262038768

Copyright (c) 2018, The MIT PRESS.

All Rights Reserved.

No part of this book may be reproduced in any form by any electronic and/or mechanical means (including photocopying, recording, or information storage and retrieval) without written permission from the publisher.

Gerente editorial: *Letícia Bispo de Lima*

Colaboraram nesta edição:

Consultora editorial: *Arysinha Jacques Affonso*

Editora: *Simone de Fraga*

Preparação de originais: *Mirela Favaretto*

Leitura Final: *Marina Carvalho Dummer*

Arte sobre a capa original: *Márcio Monticelli*

Editoração: *Matriz Visual*

Reservados todos os direitos de publicação ao
GRUPO A EDUCAÇÃO S.A.
(Bookman é um selo editorial do GRUPO A EDUCAÇÃO S.A.)
Rua Ernesto Alves, 150 – Bairro Floresta
90220-190 – Porto Alegre – RS
Fone: (51) 3027-7000

SAC 0800 703 3444 – www.grupoa.com.br

É proibida a duplicação ou reprodução deste volume, no todo ou em parte, sob quaisquer formas ou por quaisquer meios (eletrônico, mecânico, gravação, fotocópia, distribuição na *web* e outros), sem permissão expressa da Editora.

IMPRESSO NO BRASIL
PRINTED IN BRAZIL

O autor

Alain Bertaud é pesquisador sênior do Marron Institute of Urban Management da Universidade de Nova Iorque. Trabalhou como urbanista chefe no Banco Mundial e como consultor independente e urbanista residente em cidades como Bangcoc e Nova Iorque.

À minha esposa, Marie-Agnes Roy Bertaud

Agradecimentos

A oportunidade de escrever este livro sobre as cidades resultou de algumas circunstâncias favoráveis que possibilitaram longas viagens durante vários anos e muitos encontros ao acaso com pessoas qualificadas e experientes. Certas pessoas contribuíram para esta obra com fatos e estudos de caso; algumas, esclareceram teorias e conceitos; houve também as que ajudaram a manter a mensagem principal do livro em foco; outras estimularam o processo de escrita por meio de seu interesse no assunto; certas pessoas tiveram o papel essencial de me cutucar para que eu continuasse escrevendo; e ainda, ao fim da fase de redação, houve as que colaboraram com a clareza das ideias, da linguagem e da sintaxe.

Não creio que um livro sobre cidades possa ser escrito do topo de uma montanha. Ele somente pode ser escrito por um sujeito imerso em seu objeto de estudo – uma metrópole. A essência das cidades não está em seus prédios nem em suas ruas, mas nas pessoas, que, muito próximas umas das outras, estimulam-se constantemente com novas ideias e inventam melhores maneiras de fazer as coisas. Faz sentido, portanto, que a fase final deste livro tenha sido concluída em Nova Iorque, uma cidade que propicia muitos encontros.

Foi também em Nova Iorque, em 1970, que encontrei por acaso John Turner, logo antes de partir para o Iêmen. As poderosas ideias de Turner sobre o desenvolvimento urbano de base, apresentadas vigorosamente em *Freedom to Build*, o livro que ele editou em 1972, permaneceram em minha mente ao longo da minha carreira profissional.

Nova Iorque é uma cidade que propicia encontros como esses. Minha esposa e eu tivemos a grande sorte de conhecer Brent Brolin e sua esposa, Jean Richard, em uma confraternização empresarial algumas semanas após nossa chegada à cidade, em 1968. Somos amigos próximos até hoje. Brent é crítico e historiador da arquitetura, além de ser autor de diversos livros. Ele acredita que a arquitetura e o planejamento, mais especificamente a habitação, devem surgir e se desenvolver a partir de culturas de base, o que as adaptaria melhor aos costumes de seus ocupantes e ao meio ambiente. Quando conhecemos Brent, suas ideias iam completamente contra o *zeitgeist* que promovia um estilo internacional supostamente derivado de uma lógica universal a ser aplicada no mundo inteiro. Sua defesa das soluções de base me influenciaram profundamente desde então. Algumas das políticas habitacionais positivas e suas consequências na China e na Indonésia, descritas no Capítulo 6, derivam diretamente das ideias de Brent Brolin.

Também em 1968, conhecemos Rosalie Siegel em uma livraria francesa em Manhattan. Rosalie era uma agente literária bilíngue, imersa no mundo do mercado editorial por toda a sua vida. Anos depois, ela me convenceu a escrever este livro e publicá-lo formalmente, em vez de seguir minha ideia inicial de simplesmente disseminar estes capítulos por meio de postagens em um blog *online*. Rosalie e seu marido, Evan Wolarsky, continuam grandes amigos nossos até hoje. Conhecer por acaso John Turner, Brent Brolin e Rosalie Siegel em Nova

Iorque, e as diferentes maneiras com as quais eles vieram a contribuir para esta obra, são exemplos vivos dos efeitos inesperados de viver em uma metrópole, conforme explicarei de forma mais teórica no Capítulo 2.

Circunstâncias favoráveis: viver e trabalhar em muitas cidades

Para escrever um livro sobre cidades, é necessário conhecer muitas delas. As cidades são como as pessoas – todas compartilham uma fisiologia similar, mas têm personalidades muito diferentes, formadas a partir de sua história e de seu meio. Os planejadores urbanos raramente criam cidades a partir de uma *tabula rasa*, ainda que muitos sonhem fazer isso. Eles têm de trabalhar em cidades que já existem e que contam com longas histórias. Seu trabalho é aprimorar a forma com que as cidades funcionam e, por vezes, colaborar com sua adaptação a novas circunstâncias. A função de um planejador urbano é, de muitas maneiras, equivalente à de um médico de família que tenta curar a doença de seus pacientes e aconselhá-los a manter uma vida saudável no futuro. Ninguém confiaria em um médico que tratou apenas um paciente. Igualmente, para colaborar com o conhecimento e a gestão de cidades, um planejador urbano deve conhecer muitas delas. Um domínio profissional sério da fisiologia e das patologias urbanas não pode ser adquirido apenas com visitas às cidades para coletar dados. A fim de adquirir o conhecimento urbano necessário, um planejador deve levar uma vida nômade por um longo tempo. A oportunidade de viver de maneira nômade ao longo de muitos anos foi a primeira condição para escrever este livro.

O crédito por essa circunstância favorável deve-se principalmente à minha esposa, Marie-Agnes, cujo entusiasmo pela mudança e pelas viagens possibilitou nossas idas de cidade a cidade durante os primeiros 15 anos de nosso casamento. As observações feitas de perto durante esse período de nossas vidas forneceram as bases empíricas para este livro.

Marie-Agnes e eu nos casamos em Orão, na Argélia, em 1965. Nos 15 anos seguintes, nossa família em expansão continuou a se mudar, seguindo a casualidade dos novos trabalhos e movida por nossa curiosidade por experiências profissionais distintas. De Orão, mudamo-nos sucessivamente para Tremecén, Paris, Nova Iorque, Sanaa, Porto Príncipe, Washington, D.C., San Salvador, de volta para Washington, D.C., então para Bangcoc e, finalmente, nos estabelecemos em Washington, D.C., em 1980. Essa vida nômade, mudando de cidades e países 10 vezes em 15 anos, foi essencial para a gestação de muitas das ideias apresentadas nos capítulos deste livro. Sendo assim, Marie-Agnes merece o primeiro e o mais importante agradecimento por esta obra. Nossos três filhos – Yann, Veronique e Marion-Xochitl –, cada um nascido em um país diferente, também nos acompanharam nessa vida itinerante inicial.

Vale dizer, ainda, que a Marie-Agnes não apenas criou e manteve novos lares em sucessivas cidades conforme nos mudávamos, mas que ela partilhou da minha paixão por entender os mecanismos ocultos que fazem com que as cidades funcionem. Sua experiência de trabalho em uma série de culturas dinâmicas lhe propiciou muitos *insights*, os quais contribuíram para a formação de nossas ideias sobre como as cidades funcionam e se desenvolvem. Além disso, em seu trabalho, ela desenvolveu grandes habilidades em topografia, em mapeamento e em sistemas de informação geográfica, utilizados por ela tanto de forma independente, como consultora de organizações internacionais, quanto em parceria comigo, contribuindo com o meu próprio trabalho e com alguns gráficos e mapas que aparecem neste livro.

Organizações internacionais como colecionadoras e disseminadoras de ideias

A outra circunstância favorável que me permitiu escrever esta obra foi a oportunidade de trabalhar para organizações internacionais, primeiro para o Programa das Nações Unidas para o Desenvolvimento (PNUD), depois para o Grupo Banco Mundial e, por fim, como consultor *freelance*. Trabalhar como consultor para essas organizações, nos primeiros 15 anos, me permitiu levar uma vida nômade, acumulando observações e conhecimento sobre as cidades. Em seguida, fazer parte da equipe do Banco Mundial me deu a chance de trabalhar com um time internacional e seleto de economistas urbanos – tais como Solly Angel, Patricia Annez-Clarke, Robert Buckley, Man Cho, Larry Hannah, Kim Kyung--Hwan, Steve Malpezzi, Steve Mayo, Bertrand Renaud e Jim Wright –, todos grandes viajantes, os quais compartilhavam minha paixão pelo entendimento de como as cidades funcionam e pela descoberta de quais políticas funcionam e quais não. Se, durante meus 15 anos de vida nômade, acumulei conhecimentos empíricos, ao longo de anos como funcionário do Banco Mundial pude relacionar essas experiências de campo à teoria econômica urbana graças às conversas, aos debates e ao trabalho ao lado dos colegas urbanistas. Muitos dos conceitos desenvolvidos neste livro tiveram origem nessas trocas.

Outra vantagem de trabalhar para o Departamento Urbano do Banco Mundial foram as longas viagens para algumas das principais cidades do mundo, de cujo desenvolvimento eu pude participar. A identificação, avaliação e supervisão de grandes projetos de infraestrutura urbana e de reformas de políticas habitacionais me permitiram trabalhar temporariamente com profissionais locais durante vários anos nas mesmas cidades. Aprendi muito nesse trabalho em equipe com pessoas que possuíam grande conhecimento do potencial e das limitações de suas próprias cidades. Muitos desses profissionais que conheci durante meus trabalhos em campo influenciaram profundamente meu entendimento sobre as cidades. Sou particularmente grato a Madame Bai, de Tianjin; Cai Jianmin e Guo Jifu, de Pequim; Ronald Contreras e Alberto Harth, de San Salvador; Bimal Patel, de Amedabade; Vidyadhar Phatak, de Mumbai; Hendropranoto Suselo, de Jacarta; Sidhijai Thanpipat, de Bangcoc; e Wu Zheng Tong, de Xangai.

O Banco Mundial também me deu a oportunidade de conhecer renomados economistas urbanos cujos livros eu havia lido e os quais contribuíram para uma melhor compreensão teórica das observações de campo. Conhecer pessoalmente intelectuais como Jan Brueckner, Paul Cheshire, Richard Green e Edwin Mills foi um privilégio.

Durante a década de 1990, trabalhar na Rússia foi outra experiência que me trouxe muito aprendizado. Ainda que a antiga União Soviética não tenha sido um bom modelo de gestão urbana, meus colegas russos Michael Berezin, Sergei Istomin, Olga Kaganova e Leonid Limonov demonstraram que o fracasso do sistema não se deu pela mediocridade do capital humano, mas pela rigidez da ideologia leninista que não concedia nenhuma iniciativa a profissionais brilhantes. O maior fracasso das democracias liberais ocidentais ao lidar com a antiga União Soviética consiste na incapacidade de reconhecer que pessoas extremamente capazes podem ser encontradas em sistemas políticos falidos. A massiva assistência técnica destinada às antigas economias de comando era, muitas vezes, paternalista, irrelevante e humilhante para os profissionais e gestores locais, os quais poderiam ter realizado as reformas internamente, mas foram submetidos à "tirania dos especialistas", como meu colega da Universidade de Nova Iorque, William Easterly, argumentou em um livro.

O papel das organizações internacionais costuma ser mal compreendido, muitas vezes, inclusive, por elas mesmas. Seu papel principal não é o de transferir conhecimentos ou recursos dos países ricos para os pobres, ou dos "avançados" para os "menos avançados". Os registros mostram que elas são claramente ineficientes nesse âmbito. Sua serventia jaz na oportunidade de adquirir conhecimento de todos os países onde atua e divulgá-lo amplamente. Elas têm um papel indispensável, assim como os insetos polinizadores. Os insetos não criam o pólen, eles somente o transportam aleatoriamente de planta em planta. As cidades, tais como as plantas, não são móveis, por isso precisam de um agente que transmita as ideias de cidade em cidade. Isso inclui a documentação e a propagação das inovações bem-sucedidas, bem como a documentação daquelas que falharam. Assim, o presente livro tem o objetivo despretensioso de difundir mais amplamente o conhecimento acumulado ao longo do trabalho nessas organizações.

O Instituto Marron

Por fim, quando retornamos às redondezas de Nova Iorque, depois de deixar o Banco Mundial, outra circunstância favorável se apresentou. Conheci o economista Paul Romer, praticamente por acaso, por intermédio de Bob Buckley. Paul havia se mudado recentemente, de Palo Alto, Califórnia, para Nova Iorque, com a intenção de dedicar seus vastos talento e imaginação ao desenvolvimento urbano. Dentro da estrutura acadêmica da Universidade de Nova Iorque, ele fundou e se tornou o diretor do Instituto Marron, dedicado a melhorar o desempenho das cidades, bem como seu desenvolvimento espacial, sua saúde, segurança, mobilidade e inclusão. Ele foi muito generoso ao me convidar para fazer parte da equipe, estando ciente de que uma das minhas principais tarefas seria terminar de escrever este livro. Na pequena, mas notável, equipe do Instituto Marron, encontrei um ambiente intelectualmente estimulante composto por pessoas que compartilham a mesma paixão: desenvolver uma compreensão mais aguçada de como as cidades funcionam e de como elas podem ser aprimoradas por meio de investimentos específicos em infraestrutura e melhores regulamentações. Sob a direção encorajadora de Paul Romer e a gestão de Brandon Fuller, o foco do Instituto Marron tem sido operacional, baseando-se no desenvolvimento de indicadores quantitativos contextualmente ancorados em um sólido arcabouço teórico.

No Instituto, meu maior contato foi com o projeto de Expansão Urbana, liderado por Solly (Shlomo) Angel. Fiquei feliz por trabalhar com o Solly novamente. Nos conhecemos em Bangcoc no fim da década de 1970 e, anos depois, voltamos a trabalhar juntos na Rússia, na década de 1990, mantendo contato esporádico entre um projeto e outro. Embora tenhamos passado vários anos sem nos encontrarmos, as ideias de Solly e as minhas em relação ao urbanismo acabaram por convergir para um mesmo ponto: o de que as cidades teriam o direito de se expandir à medida que se desenvolvem e se tornam mais ricas. Os principais objetivos de um planejador urbano deveriam ser o de manter a mobilidade e os preços acessíveis das moradias de forma a acompanhar o crescimento populacional e a diversificação das atividades urbanas. Tentativas de coagir uma cidade a uma forma arbitrariamente predeterminada ou a uma densidade definida de forma arbitrária sempre irão resultar em consequências adversas para a mobilidade e para a acessibilidade financeira.

Marie-Agnes e eu logo mergulhamos nos debates e conferências organizados pelo Instituto Marron. Encontrei entre meus novos colegas a mesma atmosfera de intenso estímulo intelectual de que havia desfrutado anteriormente entre o grupo de urbanistas do Banco Mundial. Sou muito grato pelas trocas e pelos comentários feitos por eles enquanto eu dava palestras sobre as principais ideias por trás dos diferentes capítulos deste livro. Agradeço particularmente a Nicolas Galarza, Eric Goldwyn, Achilles Kallergis, Patrick Lamson-Hall e Jonathan Stewart pelo tempo que passaram comigo esclarecendo muitos dos tópicos presentes nos capítulos a seguir. Além disso, Jonathan desempenhou um papel especialmente importante ao revisar os primeiros capítulos do livro e fornecer seus *insights* como economista.

Em certo momento, quando a escrita deste livro já estava suficientemente avançada, fui convidado a ministrar um curso para estudantes da Universidade de Nova Iorque. O curso, intitulado "Mercados, *Design* e a Cidade", seguiu a mesma sequência dos capítulos deste livro. Essa foi uma boa maneira de pôr o conteúdo da obra à prova pelas mentes críticas dos estudantes de pós-graduação da referida universidade e tornou-se, além disso, uma ocasião para trocas de ideias e perspectivas, já que os alunos vinham de vários países diferentes. Ainda nos encontramos regularmente com alguns deles, que agora estão desenvolvendo suas próprias carreiras no planejamento urbano, tais como: Eduard Cabré-Romans, Javier Garciadiego Ruiz, Hannah Kates, Simon Lim, Jwanah Qudsi e Amalia Toro Restrepo. Marie-Agnes e eu achamos muito gratificantes esses encontros periódicos com a geração mais jovem. Sentimo-nos privilegiados por poder trocar ideias com alguns dos novos urbanistas que, muito em breve, influenciarão o desenvolvimento das cidades do amanhã.

A fase final: edição e publicação

Ideias não bastam: um livro tem de ser escrito e publicado para que suas ideias tenham alguma utilidade. Sendo assim, devo dar o devido crédito às pessoas que me incentivaram a começar e a continuar escrevendo. Ao debater as versões preliminares comigo, eles me mantiveram focado no enredo. Marie-Agnes, Robert Buckley, Paul Romer e meus colegas do Instituto Marron desempenharam esse importante papel de maneira competente e tenaz. O interesse obstinado e afetuoso que vinha deles tornou impossível que eu desistisse no meio do caminho, apesar das dificuldades e das autocríticas que surgiam periodicamente. Mais uma vez, ressalto que, sem seus toques e conselhos amigáveis, este livro jamais teria sido concluído.

Durante a fase de escrita, Laura Fox editou os muitos rascunhos deste livro. Ela foi a primeira pessoa a ler todos os capítulos. A compreensão de Laura sobre economia urbana e sua familiaridade com muitas cidades ao redor do mundo tornaram-na excepcionalmente competente como editora. Laura examinou a estrutura de cada capítulo com um olhar crítico e ressaltou com severidade quaisquer inconsistências lógicas; ela também corrigiu pacientemente meus recorrentes galicismos e retirou todos os trechos redundantes como um jardineiro que poda uma árvore frutífera. Além disso, ela analisou os numerosos gráficos e mapas, sugerindo mudanças quando encontrava inconsistências entre os gráficos e o texto ou qualquer falta de clareza. Sou especialmente grato por esta última tarefa. Como ex-aluno da École des Beaux-Arts francesa, costumo censurar os economistas por negligenciarem a linguagem dos gráficos. Logo, fiquei feliz por Laura não ser afetada por esse preconceito e por não ter hesitado em gastar um longo tempo revisando a qualidade dos mapas e gráficos contidos neste livro.

Por fim, tenho de agradecer à editora do Instituto de Tecnologia de Massachusetts – MIT Press – por ter concordado em publicar este livro sem hesitações e sem burocracia. Jane Macdonald estabeleceu o primeiro contato em uma conferência na Universidade de Nova Iorque e revisou os três primeiros capítulos. À medida que a escrita avançava, Emily Taber assumiu a função de Jane e finalizou o acordo para a publicação com a MIT Press. Emily também orientou sobre como fazer com que o manuscrito chegasse à sua fase final. Agradeço a Emily por dar respostas gentis, rápidas e claras a todas as perguntas, às vezes até ingênuas, vindas de um autor que publica seu primeiro livro. Também agradeço aos quatro revisores anônimos que forneceram comentários muito úteis, os quais aprimoraram a versão final do manuscrito.

Apresentação à edição brasileira

Um avião, um helicóptero ou um balão a gás são invenções que buscaram entender a força da gravidade para tentar vencê-la. Alguém que não acredita na força da gravidade, no entanto, pode inventar um tapete voador, que tem vantagens frente a essas máquinas aéreas: não polui, é confortável e é barato. Buscar soluções para cidades sem considerar forças de mercado é como tentar voar sem considerar a força da gravidade.

A analogia, dita por Bertaud em entrevista pouco após a publicação original deste livro, resume sua principal mensagem. Com a bagagem de uma longeva carreira prática em cidades do mundo inteiro, de Tremecén a Nova Iorque, Bertaud ilustra com dados e exemplos práticos a ordem espontânea gerada por mercados no desenvolvimento urbano, além dos riscos de se desconsiderar mercados no planejamento de cidades. Para tal, o autor toma como base conceitos já estabelecidos na literatura da economia urbana, mas ainda distantes da prática do urbanismo operacional – no momento em que esta obra é publicada, a disciplina ainda é um nicho acadêmico, e mesmo estudos nacionais na área são ignorados na análise e resolução de problemas urbanos brasileiros.

A lição trazida por Bertaud é urgente para as grandes cidades brasileiras: mesmo com o país já tendo passado pela fase de crescimento urbano mais acelerado e se aproximando de quatro décadas de redemocratização, elas não têm apresentado melhorias nos seus principais indicadores urbanos. Embora Bertaud nunca tenha trabalhado no Brasil, fica evidente a identificação de paralelos com as nossas cidades. A discussão de planos diretores, leis de uso e ocupação do solo, planos de mobilidade, programas habitacionais e códigos de edificações – documentos que norteiam o crescimento urbano das nossas cidades –, até hoje sugerem os "tapetes voadores" descritos pelo autor para endereçar problemas urbanos. A regra tem sido usar o que o Bertaud chama de "*design*" para substituir o funcionamento de mercados, ou seja, a elaboração de uma regra, um plano, uma norma ou um desenho, que anula a ordem espontânea gerada por mercados por uma solução "desenhada".

O entendimento de como mercados agem sobre o espaço urbano, no entanto, não deve ser interpretado como uma defesa da ausência de planejamento ou mesmo do "*design*" em qualquer circunstância. O fato de mercados produzirem uma ordem sem a presença de um *design* deliberado não significa que são capazes de endereçar adequadamente todo e qualquer problema urbano. Pelo contrário: Bertaud atribui papel essencial ao planejador urbano e ao uso do *design* quando aplicável, principalmente na ausência de mercados. Além disso, urbanistas precisam acompanhar dados e indicadores medindo a eficácia das políticas urbanas para então revisá-las periodicamente.

A abordagem de planejamento urbano defendida por Bertaud é, no melhor dos casos, secundária no debate urbanístico brasileiro, que foca suas atenções na regulação construtiva dos espaços privados formais, estes já bem servidos pelo mercado em comparação a espaços públicos ou espaços privados que crescem na informalidade. O uso de dados como ferramenta de gestão no urbanismo também segue a passos lentos. A compreensão da dinâmica de mercado – por exemplo, de quanto imóveis são acessíveis para diferentes segmentos de renda da população –, é realizada principalmente por entidades e consultorias privadas, e não pelos planejadores e gestores que implementam a política urbana.

Em tempos de importância da defesa da ciência e da proposição de políticas públicas baseadas da análise da dados e evidências, *Ordem sem Design* surge como um farol aos entusiastas que buscam se aprofundar nessa abordagem. Neste livro, os principais mantras do planejamento urbano atual, como Desenvolvimento Orientado ao Transporte Sustentável (DOTS), zoneamento inclusivo, cidades compactas e limites de crescimento urbano, são desafiados por análises econômicas e exemplos empíricos sobre como as cidades funcionam na vida real, ainda que contrariem as pretensões dos urbanistas que os defendem. A obra deve ser lida como um importante quebra de paradigma e um empurrão convincente para que urbanistas utilizem as ferramentas da economia urbana no planejamento e na gestão das nossas cidades.

Anthony Ling

Sumário

1. Economistas e planejadores urbanos: duas visões de cidades que precisam ser fundidas 1

2. Cidades como mercados de trabalho 19

3. A formação das estruturas espaciais urbanas: mercado *versus design* 51

4. A distribuição espacial dos preços de terra e das densidades: modelos desenvolvidos por economistas 93

5. Mobilidade: transporte é uma questão imobiliária – o *design* das vias urbanas e dos sistemas de transporte 143

6. Acessibilidade habitacional: renda domiciliar, regulações e oferta de terra 219

7. Formas urbanas alternativas e utopias 307

8. Os planejadores e economistas urbanos têm um importante papel a desempenhar se conseguirem trabalhar juntos 349

    Notas 383

    Índice 395

CAPÍTULO 1

Economistas e planejadores urbanos: duas visões de cidades que precisam ser fundidas

> As nações tropeçam em instituições, que são certamente o resultado da ação humana, mas não a execução de qualquer *design* humano.
> – **Adam Ferguson,** *An Essay on the History of Civil Science*, **1782**
>
> A ordem gerada sem uma intenção pode ultrapassar de longe os planos conscientemente idealizados pelos homens.
> – **Friedrich Hayek,** *Arrogância Fatal*, **1988**

Mercados e *Design*

Este livro trata da interação observada entre mercados econômicos e o *design**no desenvolvimento de algumas cidades pelo mundo. Mercados são mecanismos transacionais impessoais resultantes da ação humana (como trocas de valor ou movimentação de bens), mas não do *design* humano, como expressado pelo filósofo escocês da era do Iluminismo Adam Ferguson. Na verdade, mercados criam uma ordem gerada sem *design*, segundo Friedrich Hayek, um economista e filósofo austríaco naturalizado britânico, docente na Escola de Economia e Ciência Política de Londres, na Universidade de Chicago e na Universidade de Freiburg em meados do século XX. Por meio dos preços, mercados transmitem a informação geradora da ordem espacial. Quando os preços são distorcidos, a ordem gerada pelo mercado também o é.

• • •

Os planejadores urbanos – em nome dos políticos – aspiram a modificar essa ordem por intermédio do *design*. Na maioria das vezes, essas intervenções implementadas pelos planejadores consistem em regulações e na construção de infraestrutura e espaços públicos. O objetivo das regulações de planejamento é modificar o resultado de mercados livres a fim de elevar o bem-estar dos cidadãos. Até que ponto chega a modificação do resultado de mercado feita pelos

---

*N. de R.: Reforçamos que *design*, para o autor, é elaboração de uma regra, um plano, uma norma ou um desenho, ou seja, uma decisão que substitui a ordem espontânea gerada por mercados e propõe uma solução "desenhada".

planejadores? Varia de uma pequena mudança em uma cidade como Houston, no Texas, até a anulação completa, como foi o caso de Brasília e de algumas cidades na antiga União Soviética.

Enfrentamos uma situação estranhamente paradoxal na maneira como as cidades são administradas: os profissionais encarregados de modificar os resultados dos mercados por meio de regulações (os planejadores) sabem muito pouco sobre mercados, e os profissionais que têm conhecimento do tema (os economistas urbanos) raramente se envolvem nas regulações que visam restringi-los. Não é surpresa que a falta de interação entre essas duas profissões cause sérias disfunções no desenvolvimento das cidades. É a história do cego e do paralítico seguindo cada um seu caminho – os planejadores são cegos, agem sem enxergar; e os economistas são paralisados: enxergam, mas não agem.

O objetivo principal deste livro é aprimorar o planejamento urbano operacional, como praticado em departamentos municipais de planejamento, aplicando-se o conhecimento (e os modelos) dos economistas urbanos ao *design* e planejamento de regulações e infraestruturas. Esses profissionais compreendem o funcionamento dos mercados, ao passo que os planejadores, muitas vezes, ficam perplexos com eles. Infelizmente, os valiosos princípios acumulados nos livros de economia urbana não tiveram grande impacto no planejamento urbano operacional. Meu propósito não é desenvolver uma nova teoria urbana, mas introduzir os já existentes saberes de economia urbana às práticas de planejamento.

Planejamento urbano *versus* economia urbana

O planejamento urbano é um ofício aprendido mediante a prática. Os planejadores devem tomar decisões rápidas que geram um impacto imediato na área. A largura das ruas, o tamanho mínimo dos lotes e as alturas das edificações são, geralmente, estabelecidas com base nas decisões dos planejadores urbanos. Estes, por sua vez, são normativos, isto é, fundamentam suas decisões nas melhores práticas profissionais – as quais, normalmente, se baseiam em princípios básicos transmitidas de geração a geração –; utilizam expressões que são mais qualitativas do que quantitativas; e gostam de empregar adjetivos como "sustentável", "habitável", "compacto", "resiliente" e "equitativo" para descrever seus objetivos de planejamento. No entanto, são raras as vezes em que os planejadores sentem a necessidade de vincular esses objetivos qualitativos a indicadores mensuráveis. Portanto, é impossível saber se as estratégias de planejamento utilizadas são, de fato, "sustentáveis" ou "habitáveis". Na falta de indicadores quantitativos, alguém pode concluir que tais termos são meros rótulos que oferecem algum tipo de superioridade moral a qualquer plano urbano que seja proposto.

A economia urbana, por outro lado, é ciência quantitativa, baseada em teorias, modelos e evidências empíricas desenvolvidas, sobretudo, em ambientes acadêmicos. Artigos publicados em revistas acadêmicas são o resultado principal dos economistas urbanos, e eles, acima de tudo, trocam ideias entre si. Raramente têm contato direto com pessoas em departamentos de planejamento que tomam decisões sobre zoneamento ou o traçado de uma nova linha de metrô. Os contatos dos economistas com as cidades quase sempre se dão de maneira indireta, consistindo principalmente na obtenção de bancos de dados que eles analisam com excelente habilidade. Não existe obrigatoriedade de dar *feedback* aos planejadores.

Acredito que a aplicação das teorias de economia urbana à prática de planejamento urbano melhoraria muito a produtividade das cidades e o bem-estar dos cidadãos; tenho visto os benefícios dessa abordagem em minha própria atividade profissional e na de um seleto grupo de planejadores. Além do mais, convencer os economistas urbanos a participarem diretamente no trabalho cotidiano dos departamentos municipais de planejamento pode, como um benefício extra, orientar a pesquisa acadêmica sobre questões atualmente cruciais para o desenvolvimento urbano. As cidades produzem uma grande quantidade de dados que geralmente ficam arquivados em departamentos urbanos, mas permanecem sem uso; os planejadores, atarefados com suas responsabilidades operacionais cotidianas, carecem de tempo e bases teóricas para utilizá-los em sua totalidade e guiar a tomada de decisões. As novas tecnologias estão criando uma profusão de novas fontes de dados urbanos. Com início na década de 1980, a disponibilidade de imagens de satélite permite o monitoramento anual do desenvolvimento das cidades; as imagens de luz noturna da Nasa fornecem uma fonte útil para o desenvolvimento econômico; e os dados de GPS dos celulares permitem a medição do congestionamento do trânsito e do tempo do transporte interurbano a qualquer hora do dia. Os economistas que trabalham em departamentos urbanos deveriam estar aptos a fazer um bom uso dos dados disponíveis, pois isso aumentaria rapidamente nosso entendimento das cidades para trazer mais benefícios aos seus cidadãos.

Uma jornada pessoal de descobertas

Este livro é amplamente baseado em minha experiência pessoal como planejador urbano e no que aprendi com economistas urbanos na prática. O planejamento urbano é um ofício que se aprende na maioria das vezes em campo. Trabalhei em diversas cidades e países ao longo de uma carreira de cerca de 55 anos. Cada novo projeto e localidade contribuíram para minha bagagem profissional e conhecimento. Fui planejador urbano residente em sete cidades e prestei consultoria em mais de 50. Atualmente, trabalho na Universidade de Nova Iorque, onde dou aulas para planejadores e economistas urbanos de todo o mundo. Tento refletir essa experiência neste livro.

Alguns leitores talvez lamentem o fato de que não dedico muito espaço a análises críticas sobre teorias de planejamento urbano. De fato, não abordo debates acadêmicos sobre a natureza ou a literatura do planejamento urbano com frequência neste livro. Em compensação, cito economistas urbanos acadêmicos várias vezes, precisamente porque a disciplina me parece mais relevante para o entendimento do problema em questão. Ao escrever este texto, fui inspirado pela abordagem utilizada por Albert Hirschman quando confrontado pela economia do desenvolvimento global. Seu método consistia em observar a realidade "nua e crua", analisar os fatos e, então, desenvolver uma teoria. Ele tinha um ceticismo notável sobre teorias importadas e opiniões de especialistas. Um de seus livros mais importantes, adequadamente intitulado *Development Projects Observed*,[1] é totalmente baseado em uma pesquisa de campo de projetos de desenvolvimento pelo mundo. Ele resume seu método de campo da seguinte forma: "A imersão no particular se mostrou, como sempre, essencial para a captura de qualquer coisa geral".

Três eventos importantes aperfeiçoaram significativamente meu entendimento sobre as cidades. O primeiro ocorreu em 1965, quando, por acaso, me tornei responsável por autorizar alvarás para construção em Tremecém, na Argélia. Dessa forma, descobri o quão arbitrárias e nocivas algumas regulações urbanas podem ser, não importando a boa intenção do objetivo original.

O segundo episódio relevante aconteceu em 1974, quando tive, pela primeira vez, a oportunidade de trabalhar junto a um economista urbano em um projeto específico no Haiti – o plano diretor de Porto Príncipe. Ali descobri a existência de teorias econômicas que explicavam algumas das observações empíricas que eu havia feito sobre as cidades.

O terceiro evento veio bem mais tarde, em 1983, na China, e em 1991, na Rússia, quando tive a chance de trabalhar em países que estavam iniciando a transição de economias de comando para economias de mercados. Até então, eu já sabia o papel indispensável que os preços das terras e os aluguéis desempenhavam na configuração da estrutura espacial das cidades. Na China e na Rússia, testemunhei, pela primeira vez, o absurdo resultante da necessidade dos planejadores de alocar terras entre os usuários sem o auxílio dos preços das terras, o determinante primário de mercados urbanos.

Minha experiência profissional nas décadas de 1980 e 1990 na China e na Rússia foi particularmente valiosa e única. As grandes economias de comando e controle já não existem mais, e as cidades dos últimos dois países do mundo a seguir esse modelo, Coreia do Norte e Cuba, raramente são analisadas. As economias de comando nunca foram muito abertas quanto ao compartilhamento de dados. Infelizmente, a memória dos maus resultados criados pela experiência da economia de comando no desenvolvimento das cidades parece ter sido perdida. Neste capítulo, em certo momento farei o leitor recordar-se dos resultados do sistema utópico que testemunhei pessoalmente, não apenas o experimento marxista de planejamento urbano, mas também outras ideias igualmente utópicas baseadas no *design* de planejadores engenhosos, como Le Corbusier, Lúcio Costa ou Oscar Niemeyer. Volta e meia conheço colegas ou estudantes mais jovens em minha disciplina de Mercado e *Design* na Universidade de Nova Iorque que são tentados pela ideia de cidades inteiramente desenhadas por planejadores sem a orientação – eles chamariam de empecilho – dos preços das terras. Espero que este livro os convença de que a repetição dessa dispendiosa utopia é desnecessária.

Aprovação e rejeição de alvarás para construção em Tremecém, Argélia

Em 1965, eu ainda não havia finalizado meus estudos de arquitetura e planejamento em Paris. Naquela ocasião, a França ainda contava com serviço militar obrigatório, e meu período de adiamento estudantil havia expirado. Tive sorte de passar meu último ano de serviço militar na Argélia atuando como assistente técnico civil, uma espécie de versão francesa do Corpo da Paz. A Argélia havia conquistado sua independência dois anos antes, após uma amarga guerra pela libertação do poder colonial. Nessa época, havia tão poucos planejadores urbanos no país que o governo me nomeou *inspecteur de l'urbanisme* ou "inspetor urbano" para Tremecém, uma cidade com cerca de 80 mil habitantes ao oeste argelino. Meu trabalho consistia em preparar novos planos de desenvolvimento das terras, mas, na maior parte do tempo, ele exigia que eu gastasse minhas manhãs decidindo o futuro de pedidos de alvarás para construção.

Uma assistente administrativa muito experiente, muitos anos mais velha do que eu, revisava os pedidos um dia antes da minha tomada final de decisão. Ela preparava cartas endereçadas aos candidatos, aprovando ou rejeitando seus pedidos; eu apenas tinha de assiná-las. A decisão de aprovar ou rejeitar alvarás para construção era baseada em se as plantas fornecidas pelo candidato estavam em conformidade com as regras contidas no *Code de l'urbanisme*. O imenso livro que abordava as regras, normas e regulações para urbanização e construção parecia uma bíblia. Certamente possuía a autoridade de um Livro Sagrado para os planejadores urbanos e os funcionários do departamento de planejamento urbano. Visto que a independência era um fato muito recente, a administração da Argélia teve de se apoiar em regulações impostos anteriormente pelo poder colonial. Assim, as provisões do *Code de l'urbanisme* refletiam as práticas e normas da França, um país muito diferente da Argélia em termos de renda, cultura, tradição e clima.

Em meu primeiro dia no cargo, para meu desânimo, cerca de oito de cada 10 alvarás para construção residencial seriam recusados. As cartas de rejeição já eram digitadas em sua versão final, incluindo referências aos artigos do "código" que estavam sendo violados pelas plantas anexadas à solicitação. A maioria das violações tinha a ver com recuos obrigatórios inadequados, bem como localizações e tamanhos de janelas.

Tais violações eram fáceis de explicar de um ponto de vista econômico e cultural. Nas cidades da recém-independente Argélia, terrenos baldios de frente para uma rua formal eram raros e onerosos. O preço das terras era tão alto que os terrenos tendiam a ter um tamanho menor a fim de permanecerem baratos. As casas tradicionais na antiga medina de Tremecém eram projetadas com um pátio central, e a edificação em torno dele ocupava todo o lote até as divisas. Uma vez que a privacidade era extremamente valorizada, havia poucas janelas que abriam em direção às ruas, e essas janelas eram estreitas e localizadas no alto das paredes, com o objetivo de impedir qualquer visão direta das ruas para dentro das casas. Os requerentes dos alvarás de construção estavam tentando projetar uma casa o mais próximo possível de seu modelo de preferência, mas regulações foram elaboradas para produzir casas suburbanas isoladas nos terrenos, como aquelas encontradas nos subúrbios de Paris. O tamanho reduzido dos lotes que os candidatos podiam financiar combinado aos recuos obrigatórios exigidos por regulações tornavam o tamanho da área da moradia futura muito inferior ao que poderia ser caso as regulações permitissem construir uma casa com um pátio central que ocupasse o lote inteiro. Além disso, a exigência de grandes janelas abertas para a rua era uma violação direta às suas normas culturais.

Eu havia viajado extensivamente pelo Oriente Médio como estudante e estava bem ciente das diferenças culturais entre o projeto das casas nas partes sul e leste do Mediterrâneo e o daquelas da Europa ocidental. Também havia visitado elegantes moradias na antiga medina de Tremecém e as considerado, não surpreendentemente, muito mais bem adaptadas ao clima e aos costumes da Argélia do que as casas suburbanas francesas isoladas nos terrenos.

Durante meus três primeiros dias de trabalho, assinei com relutância as cartas preparadas por minha assistente administrativa, mas com peso na consciência. Ao exigir o cumprimento das regulações de edificação, eu estava forçando à população local um *design* inadequado e um uso ineficiente do escasso terreno em nome de leis abstratas estabelecidas muito tempo antes em uma terra distante com cultura e clima diferentes. Eu também sabia que, ao rejeitar pedidos de alvarás de construção, estava desacelerando o ritmo e aumentando o custo das novas moradias de que os argelinos desesperadamente necessitavam. Os novos imigrantes vindos da região rural para Tremecém, em sua maioria, não podiam pagar por uma habitação formal, então construíam qualquer coisa barata nos assentamentos informais ao redor da cidade. Ao rejeitar os alvarás, era provável que eu aumentasse ainda mais o crescimento desse tipo de assentamento. Com o fim da guerra, as pessoas estavam se mudando em massa da área rural para as cidades. Elas formavam assentamentos informais muito densos, ocupando os terrenos vagos em torno das cidades. Nesses locais não havia água corrente, nem redes de esgoto ou eletricidade, mas os novos assentados consideravam sua localização próxima à cidade mais desejável do que o isolamento das vilas e dos vilarejos dispersos pelo interior.

No quarto dia, não assinei as cartas e fui encontrar o governador da região. Ele era o representante da administração de Tremecém e tinha autoridade sobre todos os funcionários do estado, incluindo eu. Expliquei o problema: ao exigir o cumprimento da lei, eu estava reduzindo o bem-estar dos habitantes da região. Como arquiteto, pedi permissão a ele para usar meu próprio julgamento profissional e bom senso ao fornecer alvarás de construção, mesmo quando algumas normas estivessem em desacordo com o código. O governador era um jovem oficial militar que havia lutado nos exércitos da Frente Nacional pela Libertação e, assim como eu, ficava um pouco confuso com todas as regras administrativas cujo cumprimento supostamente deveria exigir. De forma cordial, ele me deu autorização para utilizar o bom senso. Em quaisquer outras circunstâncias, dar permissão para ignorar a lei teria sido um ato criminoso, mas na nova atmosfera da Argélia recém-independente, ambos nos safamos.

Regulações ruins ainda são comuns

Esse episódio no início de minha vida profissional me proporcionou um ceticismo saudável a respeito de regulações urbanas baseadas em normas cuja lógica raramente é desafiada. As normas dimensionais que eu deveria aplicar eram decretadas pelo código apenas para impor um projeto pré-determinado às áreas residenciais. Elas eram concebidas com o propósito exclusivo de prevenir o desvio do *design* que era predominante nos subúrbios de cidades francesas. As regulações nada tinham a ver com segurança ou saneamento – eu não teria duvidado da sabedoria deste tipo de regulação sem evidências de especialistas.

As circunstâncias, nesse caso, eram excepcionais. As regulações urbanas da Argélia foram impostos por um poder colonial, e ainda não havia dado tempo de modificá-los. Minha experiência atual, mais de 50 anos depois, me faz temer que as mesmas regulações ainda apareçam nos livros do país. Até hoje, trabalhando na Índia, ainda me deparo com alguns resquícios da lei British Town and Country Planning Act, promulgada em 1932, que prejudicou o bem-estar social na Índia de modo similar ao que o *Code de L'urbanisme* fazia na Argélia em 1965.

Não nego a necessidade de regulações urbanas. No entanto, seus impactos devem ser auditados regularmente a fim de eliminar as regulações que se tornaram irrelevantes ou mesmo nocivas. Os objetivos originais dessas regulações com frequência se perdem e, por esse motivo, são difíceis de questionar. As regras urbanas geralmente são transmitidas ao longo das gerações como sabedoria tradicional que é pouco desafiada. Todavia, as circunstâncias mudam, e as regras, especificamente as urbanas, devem se adaptar a essas novas circunstâncias.

Na época em que me revoltei contra as regulações aplicadas na Argélia, eu ainda não estava ciente de que a literatura da economia urbana possuía uma abundância de artigos que avaliavam os custos e benefícios das regulações urbanas. Infelizmente, até hoje esse acúmulo de conhecimento raramente se traduz em práticas de planejamento urbano operacional, e as regulações urbanas prejudiciais para o bem-estar dos cidadãos permanecem incontestados. A inadequação das regulações mal-desenhadas não é uma idiossincrasia de uma Argélia há pouco independente. Em um artigo recente, Edward Glaeser,[2] um proeminente economista urbano americano da Universidade de Harvard, escreveu sobre as regulações urbanas dos Estados Unidos:

> Decerto, os controles de uso da terra têm um impacto mais generalizado nas vidas dos cidadãos americanos do que qualquer outra regulação. Esses controles, tipicamente impostos pelas administrações municipais, tornam as moradias mais caras e restringem o crescimento das áreas metropolitanas mais bem-sucedidas da América. Essas regulações se acumularam ao longo dos anos com quase nenhuma análise de custo/benefício.

Embora Glaeser esteja escrevendo sobre as regulações de uso de terra nos Estados Unidos, posso dizer, tendo como base minha experiência profissional no mundo todo, que seus comentários também se aplicam às diretrizes urbanas da maioria das cidades.

Gostaria de deixar claro que não defendo a "desregulação" como uma doutrina ideológica. Algumas regulações urbanas são indispensáveis. Eu apenas advogo pela sua revisão periódica com o intuito de eliminar aquelas que são irrelevantes ou maléficas. Esse é um exercício que todo planejador urbano deveria fazer periodicamente. Monitorar as regulações urbanas é como podar uma árvore de tempos em tempos: o objetivo não é cortar seus galhos, mas permitir que ela se desenvolva plenamente.

O encontro ao acaso de um economista com um planejador urbano em uma capital caribenha

Meu primeiro encontro com um economista urbano ocorreu em Porto Príncipe, Haiti, em 1974. Naquele ano, eu seria o planejador urbano chefe de uma equipe multinacional reunida para preparar o plano diretor de Porto Príncipe, um projeto financiado pelo Programa das Nações Unidas para o Desenvolvimento. Nos anos anteriores, eu havia trabalhado como planejador urbano residente em diversas cidades do mundo, incluindo Chandigar, na Índia, Tremecém, na Argélia, Sanaã, no Iêmen, e Carachi, no Paquistão. Minha experiência nessas cidades havia sido puramente operacional, definindo padrões para o desenvolvimento de novas áreas, projetando moradias populares e planejando novas rotas de transporte público. Além disso, eu havia trabalhado durante dois anos em Nova Iorque junto à Comissão de Planejamento Urbano, onde conduzi algumas pesquisas de uma possível revisão dos direitos de potencial construtivo na Park Avenue, no Harlem.

Eu era considerado suficientemente experiente por meus empregadores – as Nações Unidas e uma empresa de consultoria de Washington para quem trabalhei – para liderar a preparação do plano diretor de uma capital; um projeto que exigiria dois anos e meio de residência em Porto Príncipe. Entre os membros da equipe que conheci na cidade quando lá nos reunimos pela primeira vez, estava Jim Wright, um economista urbano americano de 30 anos, graduado na Universidade de Georgetown, que já havia trabalhado na Zâmbia e na Bolívia no Corpo da Paz.

Apesar dos meus vários anos de prática de planejamento urbano, aquele era meu primeiro encontro com um economista. Meu diploma em arquitetura e planejamento urbano pela École des Beaux-Arts de Paris me ensinou que uma cidade deve ser projetada assim como um edifício – apenas em uma escala diferente. Os problemas urbanos poderiam ser resolvidos por meio de um bom *design*. Eu não tinha uma visão clara de qual era a tarefa dos economistas urbanos. Como a maioria dos planejadores, eu sequer fazia uma distinção nítida entre o trabalho de um economista urbano e aquele feito por um analista financeiro ou mesmo por um contador. Em 2017, com frequência ainda encontro planejadores urbanos que não sabem distinguir claramente economia de contabilidade. Na visão deles, um economista é alguém que vai somar os custos propostos de um projeto urbano e provavelmente argumentar que são muito altos, apesar de seu "bom *design*".

Durante minha prática profissional, observei padrões no modo como as cidades eram espontaneamente organizadas. Os preços das terras diminuíam à medida que elas se afastavam dos centros das cidades; quando eles eram altos, as moradias e empresas consumiam menos terreno e, como consequência, a densidade populacional aumentava. Enquanto o objetivo das regulações de planejamento urbano era quase sempre a limitação de densidades, percebi que eles tinham muito pouco sucesso em atingi-lo quando o preço da terra era elevado em comparação à renda domiciliar.

Essas eram observações pessoais sobre as relações entre densidades e preços. Eu não sabia que uma rica literatura teórica e empírica sobre o tema ajudaria a explicar, com o auxílio de modelos matemáticos, por que aqueles padrões surgiam espontaneamente. Por meio de modelos simples, os economistas podiam prever em quais direções era provável que as densidades se modificariam com as mudanças em variáveis como renda, preço do transporte ou preço da terra rural.

Alguns leitores podem pensar que eu devo ter sido um planejador urbano excepcionalmente ignorante. Não acho que eu fosse uma exceção: eu era bastante típico em minha ignorância. Na profissão de planejador, os preços elevados de terras são, com frequência, lamentados, mas geralmente atribuídos aos especuladores. Até hoje poucos planejadores fazem uma conexão entre preços de terras e aluguéis e entre oferta de terras e área construída. Essa é a razão pela qual os planejadores que elaboram regulações de construção que limitam severamente a extensão das cidades (i.e., por intermédio de medidas como cinturões verdes, limites entre área urbana e rural etc., assunto explorado no Capítulo 4) são, com frequência, pegos de surpresa pelo aumento dos preços da terra e o atribuem a fatores externos pelos quais não são responsáveis.

A experiência de Porto Príncipe

Devido à personalidade muitíssimo aberta de Jim Wright, ao seu entusiasmo e a sua competência em sua área, logo aprendi que a economia urbana pode fornecer um quadro teórico e evidências empíricas sólidas para explicar fatos que observei, mas não conseguia explicar. Eu era como alguém que, após passar anos observando os planetas, de repente teve acesso à lei da gravidade de Newton.

Nossa primeira troca profissional foi a respeito do crescimento populacional de Porto Príncipe. Tanto o governo haitiano como alguns "especialistas" enviados pelas Nações Unidas haviam declarado que o crescimento da cidade – 636 mil habitantes em 1973, aumentando cerca de 5% ao ano – deveria ser interrompido e que a política governamental deveria desviar a migração para cidades menores. Jim e eu achamos essa política absurda, mas por razões diferentes.

Eu tinha três argumentos principais contra a política de limitação do crescimento de Porto Príncipe. O primeiro era que nenhum instrumento de planejamento urbano conhecido poderia impedir que as pessoas migrassem para as grandes cidades, mesmo sob a ditadura de Jean-Claude Duvalier, até então "Presidente Vitalício" do Haiti.

O segundo era que eu sabia que a população se mudava para as metrópoles em busca de empregos. Eles tinham outras opções – como migrar para cidades menores ou permanecer em seus vilarejos –, mas a maioria não fazia essas escolhas. Em vez disso, eles se mudavam para as densas favelas de Porto Príncipe, onde as condições de vida eram terríveis. Essa escolha era motivada pelas condições de vida das áreas rurais de onde vinham, que eram ainda piores.

O fato de que, após a mudança para Porto Príncipe, os emigrantes sobreviviam e permaneciam nas cidades demonstrava que eles podiam sustentar suas famílias com a renda de seus trabalhos nos setores informais e formais. O Haiti não era um estado de bem-estar social, e sua mera sobrevivência provava sua criatividade ao se integrarem à economia urbana. Tive conversas frequentes com moradores de favelas na Índia, na Argélia e no Iêmen, e sempre os considerei muito práticos e dotados de bom senso. Nós, planejadores, devemos acreditar que os migrantes vindos para a cidade grande têm conhecimentos que não temos a respeito das condições de vida nas favelas da cidade em comparação àquelas da zona rural.

Por fim, eu acredito na democracia. No Haiti, sob a ditadura de Jean-Claude Duvalier, a população não podia se expressar por meio das urnas, mas ao menos podia "votar com seus pés" ao se mudar para um lugar que melhoraria seu bem-

-estar. Essa forma de democracia primitiva tinha de ser respeitada. O tamanho das cidades deveria ser decidido pelos próprios habitantes; as cidades vão parar de crescer somente quando a miséria das favelas urbanas se tornar maior do que aquela das zonas rurais. Somente os próprios migrantes podem fazer essa avaliação.

Naquela época, os planejadores estavam debatendo sobre o tamanho ideal das cidades, geralmente defendendo uma população entre 500 mil e um milhão de pessoas. Eu estava convencido, com firmeza, de que o tamanho e a taxa de crescimento das cidades não poderiam ser modificados pela opinião de um especialista, não importando o quão sábia ela fosse. Entretanto, eu tinha de reconhecer que minha forte convicção não se baseava apenas em observações pessoais e evidências anedóticas coletadas durante uma curta carreira profissional.

Uma conversa sobre o tamanho das cidades com Jim Wright, o primeiro economista que conheci, foi suficiente para me abrir os olhos para a vasta literatura econômica acerca da eficiência dos grandes mercados de trabalho. Me dei conta de que o campo da economia urbana complementava o planejamento urbano. Jim Wright compartilhava da minha opinião sobre a insensatez de planejar Porto Príncipe pressupondo uma população futura constante ou que diminuiria. Contudo, ele podia respaldar sua opinião com um grande conjunto de livros da área da economia, baseado em evidências tanto teóricas quanto empíricas. Jim, então, me explicou pacientemente o conceito de economia de escala, a disseminação de conhecimento (*knowledge spillovers*) e as razões por que grandes mercados de trabalho geralmente são mais produtivos do que os menores.

Todavia, nossa troca profissional não foi unilateral. Para desempenhar seu trabalho como economista, Jim precisava de dados sobre Porto Príncipe, e, com exceção do censo e de um conjunto de fotografias aéreas tiradas recentemente, pouquíssimos dados estavam disponíveis. Jim nunca havia trabalhado com um planejador urbano antes. Era minha vez de explicar a ele que eu era capaz de produzir rapidamente dados sobre densidades, preços de moradias e aluguéis e tempo e custo de transporte em diferentes partes da cidade apenas medindo e interpretando fotografias aéreas e sobrepondo a elas loteamentos de censo desenhados em papel manteiga.

Enquanto estivemos no Iêmen, eu e minha esposa, Marie-Agnes, que também é planejadora, desenvolvemos um conjunto de técnicas topográficas baseadas na interpretação de fotografias aéreas associadas a amostragens estratificadas que exigiam apenas rápidos levantamentos de campo. Por meio dessas técnicas, podíamos gerar dados urbanos espaciais confiáveis em pouco tempo. Não havia GIS naquela época. Os cálculos eram feitos usando réguas, e as áreas tinham de ser medidas em mapas de papel utilizando um planímetro mecânico. Era um processo longo e entediante, mas as informações que surgiam valiam o esforço. Como planejadores, estávamos fazendo uso dos dados gerados por nossos levantamentos para estimar a necessidade de infraestrutura e serviços sociais por bairro e poderíamos vincular esses serviços à capacidade de pagar por eles com base em uma avaliação de renda domiciliar, aluguéis e valores de moradias em cada bairro. No entanto, nossas medidas eram estáticas: não tínhamos modelos para prever tendências em densidades populacionais.

Jim, é claro, estava encantado em saber que logo teria acesso a dados espaciais e planejava utilizá-los em projeções e análises muito mais sofisticadas do que as que tínhamos feito até então para infraestrutura e serviços. Nesse momento decidimos que nossas duas especialidades eram, na verdade, complementares e que, ao trabalharmos juntos – um economista e um planejador urbano –, poderíamos rapidamente produzir a evidência que convenceria o governo haitiano e as Nações Unidas de que uma cidade maior também pode se tornar mais abundante, se pudermos planejar e implementar o mínimo de infraestrutura física e social que acomode a rápida extensão espacial de Porto Príncipe. Jim e eu nos tornamos não só parceiros profissionais, mas também bons amigos, e mantemos nossa boa amizade desde então.

Cidades sem mercados de terra e de trabalho: China, 1983, e Rússia, 1991

Os planejadores urbanos acreditam em normas. Ficam felizes em regular tamanhos mínimos de lote, dimensões mínimas das moradias, alturas máximas de edifícios, larguras viárias mínimas etc. No entanto, quando tentam implementar essas regulações, geralmente se deparam com a dura realidade dos preços de terras. O que deveria ser feito quando diversos domicílios não conseguem pagar pelo tamanho de lote regularizado mínimo devido aos altos preços daquela terra? Os planejadores veem os preços das terras como o principal obstáculo para o baixo custo dos imóveis. Se um governo fosse substituir o mercado de terras pelo *design* baseado em normas, o maior obstáculo para o baixo custo das moradias – e para o bom planejamento no geral – seria resolvido. Além disso, as terras poderiam ser alocadas em quantidade suficiente para moradias de renda baixa, média e alta em um mapa. Essa é, até hoje, a essência da maioria dos planos diretores.

Esse sonho do planejador urbano – no qual normas desenhadas substituem mercados para a alocação de terras – existiu na União Soviética de 1922 a 1991, e na República Popular da China de 1947 até mais ou menos 2000. Tive a oportunidade de trabalhar em ambos os países antes da reintrodução do mercado de terras e pude observar, de dentro, como o sonho de um planejador pode se transformar em uma utopia terrivelmente perdulária.

Minha primeira viagem à China ocorreu em 1983. Eu integrava uma equipe do Banco Mundial que estava avaliando, para financiamento futuro, um grande projeto de redes de esgoto em Xangai. Meu trabalho consistia em avaliar densidades populacionais, estruturas urbanas espaciais e tendências de urbanização a fim de garantir que o sistema de esgoto financiado pelo Banco Mundial potencializasse a taxa de retorno econômico da cidade e beneficiasse um grande número de lares de baixa renda. Também me solicitaram a coleta de dados sobre as condições de moradia na China para explorar a possibilidade de reformas habitacionais, uma vez que o governo chinês havia mostrado algum interesse no tema.

Observar o funcionamento interno de uma economia de comando foi uma oportunidade incrível para ver um experimento vivo do que acontece em uma cidade quando os preços não são utilizados para alocar recursos. Os planejadores urbanos têm poucas chances de realizar experimentos no mundo real. Os economistas podem construir modelos matemáticos mimetizando economias de comando, mas observar em primeira mão o impacto de um sistema econômico tão diferente do que já vimos antes foi fascinante para toda a equipe. Nada oferece um entendimento melhor dos mercados do que contemplar uma cidade na qual as forças de mercado não são aplicadas.

Os neurocirurgiões aperfeiçoam seu entendimento sobre o funcionamento do cérebro quando têm de tratar vítimas de acidentes e guerras que sofreram graves lesões cerebrais. Da mesma forma, os planejadores e economistas familiarizados com o funcionamento das economias de mercado que trabalharam na China durante a década de 1980 e na Rússia no período de 1990 aprimoraram sua compreensão dos mercados ao observar em primeira mão o resultado espacial desse gigantesco experimento social.

Cidades sem mercados de terra

Em 1983, a China já havia dado início a algumas reformas, mas o país ainda era basicamente uma economia de comando. As moradias eram fornecidas por empresas estatais. A habitação não era considerada uma mercadoria para ser comprada e vendida, mas um fator de produção de empresas, que providenciavam moradia praticamente de graça a seus funcionários.

Os salários eram estabelecidos para cada setor econômico pelo governo central. Não existia um mercado de trabalho real, uma vez que se esperava que os funcionários trabalhassem a vida toda na mesma empresa estatal. Embora a troca de empregos fosse teoricamente possível, ela, em geral, tinha de ser provocada pelo empregador estatal. Os salários pareciam incrivelmente baixos para estrangeiros. Meus colegas planejadores urbanos recebiam cerca de 25 dólares mensais. Contudo, essa não era sua renda real. Em uma economia de comando, o estado coleta cerca de 90% do valor que um trabalhador produz e dá apenas "trocados" em espécie para o trabalhador. A maior parte da renda é distribuída na forma de moradia, alimentação no refeitório da empresa e vestuário e outros itens de consumo fortemente subsidiados, disponíveis a valores nominais em cada loja do empreendimento. Até mesmo as férias habitualmente eram oferecidas pela unidade de trabalho. É lógico que, como tudo era gratuito ou fortemente subsidiado, o racionamento e a falta de abastecimento eram o único modo de equilibrar a oferta e a demanda.

Para um planejador, a ausência de mercados de terra criava uma diferença marcante no uso do solo entre cidades chinesas e aquelas que tinham economias de mercado. De acordo com a constituição da China, as terras pertenciam ao "povo" e não poderiam ser vendidas ou compradas. No entanto, o direito ao uso da terra era alocado a empresas e, às vezes, a famílias, pelo Escritório de Solo e Planejamento. Na falta de preços dessas terras, a quantidade a ser alocada para diferentes atividades se baseava em normas definidas por arquitetos e engenheiros. Em geral, essas normas eram originalmente desenvolvidas na União Soviética na década de 1950 e, em certo momento, promulgadas na República Popular da China. Tive a oportunidade de discutir normas com meus colegas chineses, e eles estavam curiosos para comparar suas normas com as do Ocidente. Me recordo de um debate sobre a quantidade e o tamanho das barbearias, que deveriam ser planejadas para cada 1 mil pessoas em bairros residenciais. Precisei usar minha frase favorita de economistas para responder à pergunta de meu colega chinês sobre as normas de planejamento de barbearias nos Estados Unidos: "Tudo depende!".

Cidades sem mercados são o sonho de um planejador urbano...

A alocação de terra urbana seguindo normas de *design* sem levar em conta os preços da terra é, obviamente, o sonho de um planejador urbano. No entanto, para aqueles trabalhando em economias de mercado, permaneceu um sonho, enquanto, na China, era uma realidade diária. Planejadores e engenheiros gostam de raciocinar em termos de "necessidades", ao passo que economistas urbanos pensam em termos de escassez de alocação de recursos. Quando questionado sobre a densidade ideal de uma área residencial, um planejador geralmente fornecerá um número de, digamos, 150 pessoas por hectare. A estimativa será baseada em normas – por exemplo, a densidade exigida se a distância a pé até uma escola de ensino fundamental de tamanho ideal devesse ser inferior a 15 minutos, ou a densidade ideal para se operar uma rede de transporte público de ônibus que passam a cada 15 minutos. Se a mesma pergunta fosse feita a um economista urbano, ele responderia – e com razão –: "tudo depende". Essa resposta deixaria os planejadores urbanos furiosos. No entanto, é óbvio que ela está correta. A terra urbana é um recurso escasso, e seu preço indica o quão escassa ela é numa localidade específica. Assim, dependendo do seu valor, o solo deveria ser utilizado com parcimônia onde os preços são elevados, resultando em densidade alta, e de forma mais generosa onde é barato, resultando em densidades mais baixas. Do ponto de vista de um economista, não há uma densidade populacional ideal, uma vez que a densidade, que é um indicador de uso das terras, depende de inúmeras variáveis cujos valores mudam ao longo do tempo, inclusive na mesma localidade.

Mas normas são incapazes de alocar terra entre múltiplos usuários

A ausência de preços de terra na China e na Rússia teve um impacto importante na estrutura de suas cidades. Visto que não se considerava que o terreno ocupado por uma empresa tivesse valor em si, ele não poderia ser reciclado para outro uso ou repassado para outro usuário que, em uma economia de mercado, estaria concorrendo por sua compra. Conforme as cidades chinesas se expandiam, havia bolsões de solos industriais localizados nas proximidades do centro da cidade que não poderiam ser convertidos para outros fins, pois não existia mecanismo para fazer isso.

Em uma economia de mercado, quando o aluguel possível de um lote é mais alto do que aquele pago para seu uso atual, o proprietário conta com um forte incentivo para vender ou redesenvolver o terreno para uma utilização mais rentável. Dessa maneira, edifícios de poucos pavimentos são transformados em torres, e galpões, em edifícios de escritórios. O preço mais alto do solo sob o novo uso paga pela demolição e pela realocação do edifício obsoleto. O processo de transformação do uso do solo é acionado pelos seus preços. Não é necessária a intervenção de um planejador para iniciar essa mudança. A dinâmica dos preços do mercado é tão poderosa que, com frequência, os planejadores impõem regulações de uso de terras para retardar a transformação acionada pelo mercado de terra.

Em uma economia de comando, não há sinalizações de preços; logo, é provável que um uso do solo obsoleto permaneça em vigor por muito tempo. Tomemos como exemplo uma fábrica construída há muitos anos próxima ao distrito comercial central de uma cidade que agora poderia ser um terreno bastante desejável para a construção de uma loja de departamento ou um edifício de escritórios por conta de sua acessibilidade física. A empresa estatal proprietária dos direitos de uso do terreno não pode transferir sua fábrica para outra parte da cidade – que seria mais conveniente para sua operação –, pois o solo ocupado por ela não possui valor de mercado. A empresa pode apenas pedir que o governo forneça um novo lote em outra localidade, enquanto provavelmente também solicita fundos para cobrir os custos de realocação da fábrica. Como se pode imaginar, não é provável que isso aconteça com frequência. Em uma economia de comando, uma mudança no uso do solo sempre aparece como um custo sem qualquer benefício aparente direto nem para o proprietário dos direitos de uso do terreno, nem para o departamento governamental que terá de autorizar a mudança ou pagar por ela. Mesmo a perda de produtividade devido à localização ruim não aparecerá de maneiras óbvias para os gestores de um empreendimento, uma vez que os valores de produção são definidos pelo governo central independentemente do custo dos insumos.

Isso traz consequências para a estrutura das cidades nas economias de comando. Os edifícios mais novos são sempre encontrados em áreas recentemente urbanizadas nos subúrbios. Na Rússia, por exemplo, as fábricas construídas no século XIX ou na primeira metade do século XX se encontram localizadas no que hoje é uma área central. Os edifícios residenciais de grande altura são vistos na periferia das cidades, enquanto os mais baixos estão perto do centro. As densidades populacionais altas estão nos subúrbios, onde os preços de terra seriam os mais baixos se localizados em uma economia de mercado, e as baixas densidades são encontradas próximas ao centro da cidade, onde os preços seriam os mais altos. Um de meus colegas, um economista do Banco Mundial chamado Bertrand Renaud, e eu escrevemos um artigo intitulado "Cidades sem mercados de terra"[3], que resumia nossas observações sobre o impacto da ausência de preços no uso das terras em cidades russas.

Essa diferença do resultado espacial urbano entre economias de comando e de mercado importa? Um colega russo, líder de uma construção *kombinat*,[4] certa vez me disse: "A União Soviética tinha um sistema maravilhoso, só que o dinheiro acabou!". Essa era exatamente a questão. As ineficiências da estrutura espacial urbana, a falta de mobilidade do mercado de trabalho, a incapacidade de uma economia baseada em normas de se adaptar à tecnologia em evolução e à mudança na demanda por terra contribuíram para o colapso econômico da União Soviética, apesar de sua população urbana muito bem qualificada e treinada e de seus recursos naturais abundantes.

Em cidades de economias de mercado, os planejadores urbanos ainda tendem a preferir normas a preços na alocação de terra e de espaço construído. Nas cidades onde têm sucesso, eles, às vezes, desperdiçam terras de uma forma que se assemelha ao que ocorreu na União Soviética.

O sistema de alocação de recursos na antiga União Soviética foi tão ineficiente que sua economia foi arruinada repentinamente. Não havia muito tempo para garantir uma transição suave de um sistema para outro. O resultado disso foi uma privatização rápida e pouco transparente de diversos empreendimentos estatais produtores de oligopólios que apenas remotamente se pareciam com os mercados. Algumas cidades russas têm um verdadeiro mercado de terra; em outras, o sistema de alocação de terras é menos claro.

Sob o comando de Deng Xiaoping, a China escolheu um caminho distinto. Ela reformou gradualmente seu sistema até alcançar uma transição progressiva e ordenada de uma economia de comando para uma de mercado. Contudo, a mudança no sistema chinês não se deu por conversão ideológica. Como Ronald Coase e Ning Wang explicam em seu livro sobre a reforma do país, "a China se tornou capitalista enquanto tentava modernizar o socialismo"[5]. Na verdade, o governo permitiu que as cidades experimentassem a liberalização em baixa escala do mercado de trabalho e de terra antes de expandir experimentos bem-sucedidos para o país todo. Foi só em 2013 que o Comitê Central do Partido Comunista Chinês declarou que:

> O sistema econômico básico deveria evoluir com base no papel decisivo do mercado na alocação de recursos.[6]

Os planejadores urbanos, que ainda sonham com as cidades maravilhosas que poderiam projetar sem o obstáculo de mercados de terra, deveriam se familiarizar com os experimentos feitos pelo Partido Comunista da China, cujos resultados levaram o governo desse país a decidir que usar preços de mercado era uma boa maneira de alocar recursos. Hoje, os chineses defendem a adoção de mecanismos de mercado para alocação de terras, pois:

- eles enviam fortes sinais por meio dos preços em lugares nos quais o solo é subutilizado ou o uso é inadequado para sua localidade;
- eles fornecem um grande incentivo para os usuários utilizarem o mínimo de terra possível em áreas onde há uma forte demanda, particularmente em locais bem servidos por redes de transporte;
- eles estimulam a inovação na construção: sem os preços de terra, não haveria arranha-céus, estruturas de aço ou elevadores.

É necessário um canal de comunicação entre planejadores e economistas urbanos

Será que estou exagerando sobre a distância de conhecimento existente entre as práticas de planejamento urbano e a economia urbana? Mesmo nos dias de hoje, o primeiro encontro profissional entre um planejador urbano e um economista ainda pode acontecer na metade de suas carreiras. Mas, infelizmente, é provável que eles se ignorem em uma conversa cruzada na maior parte do tempo, pois não estão familiarizados com o vocabulário e os jargões profissionais específicos das áreas um do outro.

Penso que, globalmente, o desconhecimento sobre conceitos econômicos urbanos básicos por aqueles encarregados de administrar cidades é um dos principais problemas atuais. Essa é uma questão séria em tempos nos quais as cidades são os principais motores do crescimento econômico, e habitá-las é a única esperança que bilhões de pessoas têm de escapar da pobreza. Os condicionantes impostos à oferta de terra urbana e área construída por regulações restritivas, que nada têm a ver com a preservação do ambiente, estão causando disfuncionalidades urbanas graves, tema que explorarei com maior profundidade nos capítulos seguintes. Em países pobres, esses condicionantes são responsáveis por dificuldades graves impostas ao padrão de vida das famílias em assentamentos informais. Em países mais ricos, esses condicionantes causam a falta de mobilidade de famílias mais pobres em direção às cidades, onde elas poderiam ser mais produtivas.

Os planejadores urbanos geralmente conhecem profundamente suas próprias cidades

Embora nos próximos capítulos eu vá ser, às vezes, crítico quanto à profissão de planejamento, penso que os planejadores urbanos geralmente são bastante competentes na administração das operações diárias das cidades nas quais trabalham. Quase sempre conhecem sua cidade em grandes detalhes, incluindo a história por trás de características complexas do ambiente construído. Trabalham sob muita pressão, pois uma cidade está constantemente se transformando, e essa constante evolução não pode ser atrasada solicitando-se mais tempo para reflexão ou estudos posteriores. Eles também estão sujeitos à pressão de vários grupos de lobistas que têm interesse nas mudanças que afetam as cidades. Alguns desses grupos gostariam que a cidade permanecesse imóvel; outros prefeririam acelerar as mudanças. Cada um desses grupos tem um ponto válido. Em muitos casos, a economia urbana pode ajudar a fornecer uma solução baseada no raciocínio quantitativo em vez de em preferências normativas arbitrárias.

Por fim, os planejadores urbanos também estão sujeitos à pressão de políticos eleitos, que querem que as coisas sejam feitas – ou, ao menos, querem mostrar que algo está sendo feito – na curta duração de seus mandatos. As decisões de uso do solo são, e deveriam ser, políticas, pois não há um modo científico de saber o que é melhor para o futuro. Entretanto, governantes e planejadores que elaboram as regulações que modificam o resultado de seus mercados imobiliários podem se beneficiar enormemente de um melhor conhecimento sobre a forma como o os mercados funcionam. É provável que essa compreensão os ajude a desenvolver regulações que auxiliem no alcance de seus objetivos.

Em geral, os planejadores urbanos não estão familiarizados com economia urbana básica

Alguns planejadores urbanos estão, de fato, familiarizados com a economia urbana e podem contribuir regularmente com artigos para periódicos de economia. Conheço alguns deles. Por exemplo, V. K. Phatak, um urbanista de Mumbai que há anos luta incansavelmente para introduzir o pensamento econômico na reforma do sistema regulatório de uso do solo da cidade. Contudo, receio que eles não sejam numerosos. Trabalhei em diversas cidades durante meus anos como planejador urbano chefe do Banco Mundial e, mais tarde, como consultor independente atuando diretamente em municípios ao redor do mundo. Descobri que muitos planejadores urbanos, mesmo nas riquíssimas cidades da Europa Ocidental, América do Norte e Leste Asiático, não só raramente compreendem o funcionamento dos mercados, como se orgulham de fingir que os ignoram. Escutei prefeitos e planejadores se lamentarem porque sua cidade tinha uma densidade baixa demais, ao mesmo tempo em que reclamavam dos preços muito elevados.

De alguns anos para cá, revisei diversos planos diretores de cidades localizadas em várias partes do globo. Nenhum deles mencionava o mercado imobiliário, os preços das terras, os custos de transporte, o tempo de viagem pendular* ou conceitos básicos de oferta e demanda. Todos recomendavam densidades específicas para várias localidades. Essas densidades eram escolhidas como se fossem geradas pelo *design* do planejador, não pelas leis de oferta e demanda por terra e área construída.

No Capítulo 4, trago um exemplo de um plano diretor recentemente elaborado para a cidade de Hanói por uma empresa de consultoria internacional bem-conceituada. Esse plano de desenvolvimento urbano, típico de vários outros preparados por planejadores e engenheiros de infraestrutura, nunca menciona as palavras "mercado", "preço da terra", ou mesmo "renda domiciliar'. Como aprendi há quase 55 anos, parece que o planejamento urbano é apenas sobre *design* e "necessidades".

Os economistas urbanos estão muito distantes das operações diárias das cidades

Os economistas urbanos também não são inocentes; certamente almejam o rigor em seu raciocínio e tentam constantemente compreender melhor o funcionamento e a operação das cidades. No entanto, parecem evitar se envolver com as decisões cotidianas feitas nos departamentos de planejamento urbano. É possível que essa oportunidade não lhes seja dada, pois falam uma linguagem diferente, ininteligível aos planejadores urbanos. A maior parte de seu trabalho analítico, seja teórico, seja empírico, se destina a seus colegas acadêmicos; os produtos de seus esforços são artigos publicados em periódicos avaliados por seus pares. Não tenho visto muito empenho em tornar operacionais para as ci-

---

*N de R.: No original, *commute*, do inglês, é um termo utilizado para viagens diárias regulares de ida e volta entre casa e trabalho.

dades os resultados da pesquisa econômica urbana, feita para impactar diretamente nas decisões tomadas nas operações diárias de uma cidade.

É claro que não sou o primeiro urbanista a soar o alarme sobre o impacto das regulações de planejamento urbano malconcebidas que ignoram conceitos básicos de economia urbana. Diversos economistas certamente tentaram influenciar em como as decisões são feitas pelas cidades. No Reino Unido, por exemplo, o trabalho de Kate Barker, Paul Cheshire e Alan Evans, entre outros, demonstrou de forma convincente como as regulações podem ter um impacto adverso nos preços de terras e na oferta de moradias, se forem elaboradas de forma inadequada. Nos Estados Unidos, Jan Brueckner, William A. Fischel, Edward Glaeser e Stephen Malpezzi, para citar apenas alguns, também lançaram um olhar sobre os custos e benefícios das regulações de planejamento urbano. Inúmeros economistas urbanos têm contribuído para a definição das políticas do Departamento de Habitação e Desenvolvimento Urbano dos Estados Unidos em nível federal. Muitos economistas foram chamados aos órgãos de planejamento e às câmaras municipais. Mas aqueles que soaram o alarme sobre a falta de evidência teórica e empírica que justificava muitas regulações de urbanismo sempre foram profissionais que não participavam diretamente da criação dessas regulações. Não importa o quão eloquentes e convincentes seus artigos fossem, eles não tinham como mudar uma prática na qual não tivessem participação direta. Nunca conheci um economista urbano que trabalhasse como membro de uma equipe em um departamento de planejamento enquanto as regulações de uso do solo estavam sendo elaboradas. Nesse sentido, minha experiência profissional com Jim Wright em Porto Príncipe foi um tanto única.

O propósito deste livro

Escrevi este livro com dois objetivos em mente. Primeiro, para familiarizar aqueles planejadores urbanos que ainda não conheceram um economista urbano com conceitos básicos sobre o tema e mostrar como eles são aplicados a questões encontradas em um escritório de planejamento urbano municipal. Segundo, para criar um interesse entre os economistas urbanos em trabalhar nas trincheiras, lado a lado com os planejadores. Desse modo, eles poderiam fornecer contribuições econômicas à elaboração de regulações de planejamento urbano, infraestrutura e estratégias de desenvolvimento urbano no momento de sua concepção, não depois de terem sido aprovadas pelo prefeito e pela câmara municipal.

Eu gostaria de convencer alguns economistas a participar diretamente da tomada de decisões em um departamento de planejamento urbano. Para isso acontecer, os economistas urbanos e os planejadores urbanos devem falar a mesma linguagem e entender os jargões uns dos outros. É impossível evitar os jargões na prática de uma profissão: eles são o atalho para os conceitos especializados. Pode ser possível evitá-los em um artigo de jornal destinado a uma audiência de massa, mas raramente em uma comunicação profissional.

Espero que este livro contribua para a comunicação entre esses dois profissionais ao familiarizar os planejadores com conceitos como externalidades negativas e custos de oportunidade e ao ajudar os economistas urbanos a aprender sobre as diferentes maneiras de calcular uma razão de área construída ou densidade populacional.

CAPÍTULO 2

Cidades como mercados de trabalho

A eficiência dos grandes mercados de trabalho é a principal causa do constante crescimento de cidades

As cidades são – acima de tudo – mercados de trabalho

As cidades são – acima de tudo – mercados de trabalho. Essa afirmação pode soar terrivelmente reducionista para muitos de nós, amantes das cidades. As atrações oferecidas pelas amenidades de uma metrópole certamente não podem ser reduzidas de tal modo que o todo seja visto meramente como um local onde empresas estão em busca de mão de obra e pessoas, de empregos.

Durante a "revolução cultural" francesa de maio de 1968, os estudantes debochavam de uma vida resumida a apenas três atividades: "*Metro, boulot, dodo*", que podem ser grosseiramente traduzidas como "pegar o trem, trabalhar, dormir". Essa pichação se tornou uma das mais comuns nos muros de Paris. Os estudantes se rebelavam contra o que eu, sendo mais pedante, chamo de mercado de trabalho urbano. Eles tinham muita razão: tenho visto esta forma reduzida da vida urbana em muitas cidades com mercados disfuncionais e com mercados de trabalho igualmente problemáticos. Melhor uso do solo e do transporte traz melhorias ao funcionamento do mercado de trabalho, proporcionando-lhe valores essenciais e indispensáveis da vida urbana para além de "*metro, boulot, dodo*":

- uma viagem pendular ao trabalho rápida o suficiente, de modo que reste tempo para atividades de lazer;
- um mercado de trabalho aberto que permita trocar de emprego e, mediante tentativa e erro, encontrar o emprego ao qual a pessoa melhor se adequa; e
- uma residência com acesso rápido e fácil à vida social ou à natureza.

Assim, embora eu não esteja sugerindo que o único propósito de uma cidade seja atuar como um local de mercado de trabalho, estou propondo que, sem um mercado de trabalho funcional, não há cidade. Tente pensar em uma explicação alternativa para a existência de grandes metrópoles. O núcleo da cidade pode ter sido originalmente criado como um porto comercial, um entreposto, um centro administrativo, uma fortaleza militar ou um centro de peregrinação religiosa, mas, ao longo dos anos, o crescimento de uma mão de obra diversificada seria a única causa possível para a expansão do núcleo urbano original. Embora a maioria das cidades ofereça bem mais do que oportunidades de trabalho, é importante reconhecer que é a expansão do mercado de trabalho que torna tudo viável. Um mercado de trabalho em bom funcionamento reúne pessoas com conhecimentos e habilidades variadas, mas complementares – as pré-condições para a inovação. Da mesma forma, possibilita inúmeras atrações – orquestra sinfônica, museus, galerias de arte, bibliotecas públicas, espaços públicos bem projetados, excelentes restaurantes, entre muitas outras. Essas amenidades tipicamente urbanas, por sua vez, demandam cargos especializados adicionais e atraem uma população ainda mais diversa, que se torna a fonte para futuras inovações e uma vida urbana mais interessante.

Quando há um crescimento populacional urbano, isso geralmente significa que o mercado de trabalho está crescendo. No entanto, um segmento de qualquer população urbana (normalmente entre 35 e 50%) não tem participação direta no mercado. Os estatísticos chamam tal segmento não ativo de população "dependente": seus membros – dentre os quais se incluem aposentados, bebês, estudantes e presidiários – participam da economia apenas como consumidores.[1]

A migração de pessoas de outras cidades quando elas atingem a idade de aposentadoria pode ser a causa do crescimento de algumas localidades cujo aumento é mais conduzido pelo mercado de consumo do que pelo mercado de trabalho. Cidades desse tipo podem se tornar mais comuns no século XXI devido à expectativa de vida da população mundial. Estima-se que a população aposentada desses lugares use diversos serviços em unidades de saúde, restaurantes e espaços de entretenimento. O crescimento dessas cidades "de aposentados" pode, então, ser causado pelo efeito duplo tanto da migração de pessoas aposentadas como da demanda adicional por funcionários para atuarem nos serviços indispensáveis aos idosos. Essas localidades não exigiriam concentração espacial e provavelmente não criarão grande dinamismo econômico. O ocasional crescimento de cidades de aposentados é a única exceção ao crescimento criado pela eficiência de grandes mercados de trabalho, e, é claro, o "salário" de aposentadoria terá sido gerada por mercados de trabalho eficientes de outras metrópoles.

Grandes mercados de trabalho são mais produtivos do que os pequenos

Os economistas têm demonstrado de forma convincente a vantagem da produtividade de cidades grandes sobre as pequenas. As metrópoles geram economias de escala que permitem aos empreendimentos a redução de seus custos ao aumentarem a produção, diminuindo, assim, os gastos por unidade. Tais economias são possíveis somente em cidades com um grande mercado de trabalho. Quando muitas atividades relacionadas acontecem em grande proximidade entre si, elas geram o que os economistas chamam de disseminação de conhecimento (*knowledge spillovers*). Novas maneiras de fazer algo, determinadas por uma empresa, logo são reproduzidas por outras e, em certo momento, por outros setores, como resultado da proximidade entre funcionários de diferentes empresas e setores da economia urbana.

Por exemplo, os primeiros usuários de planilhas eletrônicas (no início da década de 1990) eram, em sua maioria, contadores e analistas financeiros. Logo, o uso dessas planilhas se tornou comum em todos os setores da economia, mas a disseminação de conhecimento ocorreu primeiro em cidades grandes, iniciando no MIT, em Cambridge, Massachusetts, seu local de origem. A disseminação de conhecimento é responsável pelas economias de aglomeração (i.e., economias que aumentam a produtividade devido à rápida propagação de novas ideias em razão da proximidade entre diversos funcionários).[2] As economias de aglomeração também resultam da redução dos custos de transação nas cidades maiores devido à proximidade de fornecedores concorrentes e consumidores.

A literatura econômica que associa a riqueza de cidades à concentração espacial é abundante e não mais controversa nos círculos acadêmicos. Relatórios nacionais mostram que a participação econômica de cidades grandes é sempre muito mais alta do que sua proporção da população nacional. O Relatório de Desenvolvimento do Banco Mundial de 2009, "Reshaping Economic Geography", e o relatório da Comissão para o Crescimento e Desenvolvimento, "Urbanization and Growth" (publicado no mesmo ano), resumem e documentam exaustivamente os argumentos teóricos e empíricos que justificam a vantagem econômica fornecida pela concentração espacial de atividades econômicas em metrópoles.

Mas se as metrópoles são mais produtivas do que as pequenas cidades, por que também não estão crescendo tão rapidamente quanto as pequenas? E por que tantas famílias e empresas escolhem permanecer, ou até mesmo se mudar para cidades ainda menores, quando poderiam se instalar em ambientes mais produtivos proporcionados pelas metrópoles?

A proporção de cidades pequenas em relação às grandes permanece constante ao longo do tempo: em média, todas crescem aproximadamente na mesma taxa

Os dados sobre distribuição do tamanho das cidades por país ou região mostram que a proporção entre cidades pequenas e médias ou grandes permanece mais ou menos constante ao longo do tempo. Quando as famílias optam por migrar e empresas decidem selecionar uma localidade para um novo empreendimento, a probabilidade de escolha por uma cidade pequena é a mesma que por uma grande.

O economista canadense Vernon Henderson, pioneiro dos estudos sobre a taxa de crescimento e a distribuição do tamanho das cidades em vários países, mostra as regularidades encontradas na distribuição do tamanho em todos eles, exceto por anomalias na antiga União Soviética e na China. Em seu livro *Planet of Cities*, Shlomo Angel resume estudos prévios sobre o tema e aborda a questão da distribuição do tamanho das cidades no mundo todo.[3] Angel baseou sua análise em um banco de dados global e confiável. Suas conclusões confirmam análises anteriores e menos exaustivas.

Planet of Cities prova que, em média, as cidades grandes estão crescendo na mesma taxa que as médias e pequenas nos mesmos países ou regiões. Aparentemente, as taxas de crescimento seguem a lei do efeito proporcional de Gibrat, a qual afirma que o tamanho de uma cidade não é indicador de sua taxa de crescimento futura – isto é, as taxas de crescimento das cidades são aleatórias, com a mesma taxa de crescimento média esperada e variância. Como consequência, em dada região, a distribuição das cidades de vários tamanhos permanece estável. A população das grandes cidades continua crescendo, mas, na média, o mesmo ocorre com as menores. Soa paradoxal, uma vez que as cidades grandes são mais produtivas do que as pequenas. No entanto, o papel econômico das cidades grandes não é o mesmo que o das localidades menores. Elas complementam suas atividades mutuamente. A maior produtividade das cidades grandes é, portanto, vinculada à existência e ao crescimento das menores. Por sua vez, o crescimento econômico das cidades menores depende das inovações e invenções das grandes.

Algumas cidades continuam crescendo, enquanto outras, não

A taxa de crescimento populacional é determinada pelas oportunidades econômicas, que, por sua vez, são em grande parte determinadas pela vantagem comparativa da localização de uma cidade e pela capacidade de sua população para a inovação. Mas a vantagem econômica oferecida pela localização não é, necessariamente, permanente; ela pode aumentar, diminuir ou mesmo desaparecer com a mudança tecnológica. A proximidade a uma mina de obsidiana pode ter sido uma vantagem decisiva para cidades do Oriente Médio como Çatalhöyük, descrita por Jane Jacobs,[4] mas acabou quando a obsidiana deixou de ser o material de preferência para a confecção de ferramentas e armas. As cidades anatolianas, cujas economias não conseguiram ser diversificadas a fim de criar atividades para além do artesanato e do comércio de obsidiana, inevitavelmente encolheram e em certo momento foram extintas. O domínio de Nova Iorque como o principal porto marítimo do leste estadunidense foi possível graças à vantagem comparativa proporcionada pelo canal de Erie. Na época em que as ferrovias tornaram os transportes marítimos obsoletos, a população de Nova Iorque tinha acumulado um nível tão alto de habilidades diversificadas e especializadas que a prosperidade continuou sem precisar depender da "regalia" conferida pela proximidade com o canal.

• • •

A história das cidades no mundo é cheia de exemplos de metrópoles dominando suas regiões durante algum tempo e, então, sendo reduzidas ou mesmo caindo no ostracismo. Em 1050, Córdoba, no sul da Espanha, era a maior cidade da Europa, com 450 mil habitantes, seguida por Palermo, na Sicília, cuja população era de 350 mil. Na metade do século XIV, a população de ambas as cidades diminuiu para 60 e 50 mil, respectivamente, devido ao fato de esses locais terem perdido importância para as rotas comerciais ao Oriente. No século XI, Kaifeng, na China, era, provavelmente, a maior cidade do mundo, com 700 mil habitantes, enquanto Shenzhen sequer estava no mapa. Hoje, Shenzhen conta com 10 milhões de pessoas e, ao longo dos últimos 10 séculos, a população de Kaifeng mal aumentou para 800 mil pessoas – uma estagnação determinada pela mudança do centro econômico e do capital político para outras cidades durante as dinastias seguintes.

Por que as moradias e empresas não migram para as cidades grandes, em que a produtividade e os salários são mais altos?

Apesar da expectativa de maior produtividade, apenas determinados tipos de empresas se beneficiariam com a mudança para uma cidade grande; afinal, as companhias situadas em tais localidades necessitam de mais capital e têm maiores custos com operação e manutenção do que aquelas localizadas em cidades menores. Os terrenos e os aluguéis são mais caros nas cidades grandes do que nas pequenas. As distâncias percorridas são mais longas, e o "imposto do congestionamento", mais alto. Além disso, nem todo empreendimento se beneficia de economias de escala ou de aglomeração.

Mudar-se para uma cidade pequena, em que os terrenos são mais baratos e os salários mais baixos, faz sentido, economicamente falando, para empresas cujas atividades dependem de grandes terrenos e de uma mão de obra menos especializada. Por exemplo, atividades como a fabricação de móveis exigem bastante espaço e fácil acesso aos caminhões para transportar os materiais volumosos que darão origem ao produto final. Tais atividades exigem uma mão de obra qualificada, mas não particularmente especializada. Os fabricantes de móveis, portanto, não têm por que migrar para uma cidade grande, em que terrenos e mão de obra seriam mais caros e em que a movimentação tanto das matérias-primas como dos produtos finais, para dentro e fora das fábricas, seria ineficiente e dispendiosa. Empresas desse tipo tendem a estabelecer suas fábricas em cidades de pequeno porte. Entretanto, os fabricantes de móveis podem precisar de *designers* inovadores, os quais podem ser difíceis de encontrar nas cidades pequenas. Nesses casos, tais negócios, às vezes, precisam terceirizar o projeto de seus móveis a alguma empresa localizada nas metrópoles, nas quais *designers* talentosos podem ser encontrados mais facilmente e onde há, muito provavelmente, economias de aglomeração e transbordamento de ideias, ambos fatores importantes para empresas de *design*. Essas empresas, como as que fabricam móveis, podem desenvolver suas atividades mais especializadas e inovadoras – como o design e o *marketing* – em cidades grandes. Já suas atividades mais repetitivas e que exigem grandes terrenos – como a fabricação – podem ser feitas nas pequenas cidades. Dessa forma, elas podem se beneficiar tanto das metrópoles (com suas inovações e mão de obra especializada) quanto das cidades pequenas (com seus terrenos e mão de obra baratos).

A comunicação mais rápida e acessível dos últimos 20 anos, contando com a adoção generalizada da Internet, vem contribuindo para a divisão das grandes empresas em vários departamentos, localizados em cidades de diferentes tamanhos. Tarefas mais especializadas (p. ex., *design*, *marketing*, exportação) podem ocorrer nas cidades grandes – onde as inovações indispensáveis e a mão de obra especializada também são mais facilmente encontradas –, enquanto a rotina de produção pode ser feita nas cidades menores. Ademais, as grandes empresas estão terceirizando cada vez mais as suas tarefas para empresas menores, as quais costumam estar localizadas em diferentes áreas. Esses mesmos fatores têm, muito provavelmente, colaborado para o crescimento tanto das pequenas cidades como das metrópoles, permitindo que cada uma se especialize naquilo que pode fazer melhor.

A título de ilustração, a sede da empresa Herman Miller, uma companhia especializada em móveis para escritório com *design* de alta qualidade, fica em Zeeland, Michigan, uma cidade de cerca de 5.500 pessoas. No entanto, essa empresa recentemente anunciou que buscava um diretor de criação para o seu escritório na cidade de Nova Iorque. Ao dividir a localização de seus polos de fabricação e *design*, a Herman Miller está se beneficiando dos terrenos e da mão de obra de baixo custo em Zeeland, ao mesmo tempo em que aproveita o ambiente inovador de Nova Iorque. E, nesse caso, as economias de ambas as cidades saem ganhando também. A mesma lógica poderia ser aplicada aos trabalhadores que preferem permanecer nas cidades grandes do que migrar para as cidades menores, pois, se o fizessem, teriam salários menores (apesar de economizarem com aluguéis e viagem pendular e, provavelmente, desfrutarem um de ambiente natural mais agradável).

Alguns serviços, porém, tendem a prosperar tanto nas cidades grandes quanto nas pequenas e, portanto, não dependem das vantagens relacionadas à localização. Restaurantes de *fast-food*, barbearias e lavanderias, por exemplo, acompanham a mão de obra das empresas mais especializadas em quaisquer localidades, contribuindo igualmente para o crescimento das cidades grandes e pequenas.

O preconceito de planejadores contra cidades grandes e suas tentativas de equilibrar o crescimento

As cidades crescem quando seus mercados de trabalho se expandem. Essa expansão econômica é normalmente o resultado da vantagem comparativa advinda da localização ou da concentração de trabalhadores qualificados. O ritmo de crescimento da população de uma cidade não pode ser atribuído ao planejamento prévio. É, na verdade, devido à combinação de diversos fatores externos e internos. Para o pesar dos planejadores urbanos, a taxa de crescimento de uma cidade no médio e no longo prazo é, em grande parte, imprevisível, e é fútil fingir que ela é o resultado de planejamento cuidadoso.

Planejadores e gestores urbanos têm, tradicionalmente, se preocupado com o crescimento não planejado das metrópoles em razão da complexidade envolvida em gerenciá-las, da dificuldade de integrar imigrantes humildes do meio rural à vida urbana e de uma aversão instintiva a tudo que parece "não ter planejamento". Planejadores já chegaram a descrever a expansão de cidades grandes e dominantes, a exemplo de Paris e da Cidade do México, como "um câncer".

A aversão ao que não é planejado ou a padrões espaciais assimétricos é muito aparente na abordagem da maioria dos planejadores urbanos. Alguns deles olham para o mapa do país e observam que algumas regiões contêm várias cidades e outras, poucas. Erroneamente, concluem que esse "desequilíbrio" representa uma inequidade devido ao parasitismo das atividades urbanas ou a outras falhas do mercado. Em sua visão, modificar esse desequilíbrio e remover essa inequidade regional se torna responsabilidade do governo, mediante o planejamento espacial no nível nacional, com o objetivo declarado de restaurar a simetria regional na distribuição espacial das cidades. Entretanto, é falsa a suposição de que um planejamento espacial nacional possa mudar a distribuição de populações urbanas para que se alcance um equilíbrio espacial novo e intencionalmente projetado.

Cidades que têm uma vantagem comparativa decisiva, seja por sua localização ou pela especialização e inovação da mão de obra disponível, tendem a crescer. As pessoas migram para as cidades onde as oportunidades econômicas e sociais são as melhores de acordo com seus pontos de vista. A ideia de que a taxa de crescimento econômico e demográfico de uma cidade se deva a atividades parasitas que ocorrem em detrimento de outras urbes é fantasiosa – a menos, é claro, que o principal motivo de seu sucesso seja a pirataria, o contrabando ou outra atividade econômica ilegal ou predatória.

A suposição de que o preparo de planos nacionais ou regionais resultaria em uma taxa de crescimento urbano previsível para cada cidade de uma região individual é, também, comprovadamente falsa. Infelizmente, em diversos países, essa pretensão de planejamento comum resultou em investimentos públicos mal-alocados e impedimentos regulatórios que diminuíram a produtividade das cidades. Na realidade, os planejadores urbanos têm muito pouca influência na distribuição do tamanho e nas taxas de crescimento da cidade, a menos que tomem medidas ativas e direcionadas visando a destruir as economias urbanas das cidades que "cresceram demais". A política urbana do Khmer Rouge, aplicada no Camboja no final da década de 1970, foi um exemplo extremo e brutal da tentativa temporariamente bem-sucedida de planejadores urbanos de administrar o tamanho da cidade ao realocar à força a população urbana em áreas rurais.

Como consequência da arrogância dos planejadores perante a necessidade de manejar o tamanho da cidade, muitos planos regionais desenvolvidos na segunda metade do século XX estabeleceram limites regulatórios ao crescimento de metrópoles. Tais limites eram combinados com investimentos de infraestrutura planejados e se destinavam ao estímulo do crescimento de cidades pequenas, que eram consideradas mais gerenciáveis. Um artigo influente e seminal publicado em 1947, reivindicando um plano nacional para o planejamento espacial da França, foi intitulado "*Paris and the French Desert*", sugerindo que o crescimento de Paris ocorreu às custas de cidades provinciais francesas. Qualquer indivíduo familiarizado com tais cidades reconheceria a comparação a um deserto árido como ligeiramente cômica, mas exagerada. Embora seja possível que a tendência centralizadora de sucessivos governos desde a Revolução Francesa de 1789 tenha contribuído para o rápido crescimento de Paris, o problema, se é que existe, reside no sistema político. Impedir investimentos na capital enquanto se direcionam grandes recursos para cidades provinciais provavelmente não mudará a hierarquia do tamanho de uma cidade causada por um sistema político muito peculiar cujas reformas falharam em permitir decisões menos centralizadas.

Em 1956, o governo indiano adotou uma política ditando que novas indústrias deveriam se instalar em "áreas atrasadas". Ao mesmo tempo, essa política impedia o avanço do desenvolvimento da industrialização em metrópoles.[5] Mediante tal política, o governo se comprometeu em corrigir o desequilíbrio regional e impedir o avanço do crescimento industrial em cidades com mais de 500 mil habitantes. Em 1988, o impacto negativo da política foi combinado a um interdito a novas indústrias localizadas a menos de 50 km de cidades com população de mais de 2,5 milhões de habitantes, bem como à imposição de que as fábricas ficassem, no mínimo, a 30 km de cidades com população entre 1,5 milhão e 2,5 milhões de pessoas. Como se pode facilmente imaginar, a segunda política não impediu o crescimento de indústrias em cidades bem-sucedidas como Mumbai e Bangalore, cuja população é significativamente superior a 2,5 milhões; apenas tornou mais caro para essas indústrias se expandirem para tais localidades. Mais tragicamente, ela desviou os escassos recursos governamentais de infraestrutura para regiões com baixo potencial, ao mesmo tempo em que privou grandes áreas metropolitanas de investimentos desesperadamente necessários, *embora as últimas áreas fossem os locais para onde a maioria da população estava migrando.* O baixo desempenho atual da infraestrutura pública – estradas, transporte, esgoto, drenagem pluvial e energia – nas maiores cidades da Índia é, em parte, resultado de uma política espacial nacional equivocada conduzida ao longo dos últimos 50 anos.

Se os planejadores urbanos são incapazes de controlar a taxa de crescimento das cidades, como explicamos o crescimento bem-sucedido de cidades inteiramente planejadas, como São Petersburgo, Brasília ou Shenzhen, criadas *ex nihilo* por poderosos governantes tão diversos como Pedro I da Rússia, Juscelino Kubitschek e Deng Xiaoping? Essas cidades planejadas se tornaram grandes e bem-sucedidas como resultado de dois fatores principais:

- primeiro, a localização de cada cidade foi escolhida de acordo com a necessidade geopolítica,[6] não devido a um conceito de planejamento abstrato;
- segundo, cada cidade teve forte apoio político e financeiro de um poderoso governante de um país muito grande. Esse apoio permitiu que essas cidades absorvessem enormes quantidades de dinheiro no investimento em infraestrutura, sem a necessidade de empréstimos ou a aplicação de impostos em suas próprias economias inicialmente prósperas.

Outros exemplos como esses são abundantes. Os políticos criaram novas capitais, como Washington, D.C. (Estados Unidos), Camberra (Austrália), Islamabade (Paquistão), Abuja (Nigéria) e Naipidau (Mianmar). Todas elas são capitais de países grandes e, inicialmente, não tinham base econômica além da burocracia governamental nacional. O conceito "dinheiro não é problema" determinou sua construção e garantiu a sobrevivência inicial, enquanto eram financiadas por impostos pagos pelo restante do país e constituíam um mercado de trabalho cativo, composto por funcionários do governo. Em certo momento, um mercado de trabalho mais diversificado se inseriu nas atividades governamentais.

Durante os 70 anos da União Soviética, os planejadores urbanos decidiram quais cidades deveriam crescer e quais não. Nenhuma cidade poderia crescer sem os recursos de apoio concedidos pelo Gosplan,[7] um ministério especializado de Moscou. O governo possuía os meios para exercer o movimento das pessoas, e as migrações em direção a localidades selecionadas no vasto interior da União Soviética eram frequentemente involuntárias. Muitas novas cidades foram criadas devido a várias supostas motivações políticas e econômicas; no entanto, nenhuma delas foi resultado da migração voluntária de empresas e pessoas em direção a áreas que representassem melhores oportunidades.

Em 2010, durante uma viagem a Moscou como consultor, fui questionado pelo ministério da construção sobre o que fazer para "fechar" as 60 cidades identificadas pelo governo russo como inviáveis. O governo não podia continuar apoiando serviços sociais e infraestrutura em zonas que haviam sido abandonadas pelas grandes indústrias monopolistas que, originalmente, eram sua razão de ser. O mercado de trabalho havia desaparecido, mas os trabalhadores ainda estavam lá; o fechamento dessas cidades implicaria outra migração forçada de vários milhões de pessoas. Apartamentos recentemente privatizados representavam o único ativo da maioria da população, mas, por terem perdido seu valor, seus donos estavam impossibilitados de se mudar. O fechamento de cidades na Rússia é uma ilustração extrema do perigo da criação de cidades baseadas nos chamados "critérios de planejamento sem base econômica" e mediante o uso de migrações forçadas ou grandes subsídios para promover o crescimento urbano.

Por que os planejadores urbanos não deveriam tentar alterar a distribuição do tamanho das cidades

Em países e regiões, alcança-se um equilíbrio natural entre o tamanho da população e a escolha das empresas por se instalarem em cidades pequenas, médias ou grandes. Esse equilíbrio é criado pelo acúmulo de decisões de empresas e famílias "votando com seus pés", que, desse modo, escolhem se mudar para cidades que crescerão e sair das cidades e vilarejos com menor potencial. O equilíbrio espacial espontâneo criado pela soma de decisões descoordenadas e individuais ilustra o princípio de *ordem sem design*, que será posteriormente desenvolvido neste livro.

Com exceção de poucos exemplos geopolíticos mencionados anteriormente, os planejadores não têm fundamentos teóricos confiáveis para intervir diretamente na localização e na taxa de crescimento das cidades. Eles não deveriam mais "incentivar" – uma das palavras favoritas na literatura de planejamento – o crescimento de cidades grandes às custas de cidades menores, assim como não deveriam desincentivá-lo. A história mostrou que essas iniciativas de planejamento estão fadadas ao fracasso, ou pior, a criar sérias deseconomias, elevando os índices de pobreza de um país. O tamanho de uma cidade não a torna automaticamente mais produtiva – grandes e densos campos de refugiados são menos produtivos do que cidades pequenas, embora eles possam fornecer abrigo a dezenas de milhares de habitantes. A fim de aumentar a produtividade, uma cidade deve possuir certas pré-condições:

1. Suas empresas e moradias têm a liberdade de permanecer ou migrar conforme desejem;
2. O deslocamento dentro da cidade permanece rápido e barato; e
3. Há imóveis pelos quais a população possa pagar e que não distorcem a alocação de mão de obra.

Revisarei cada uma dessas pré-condições nas seções a seguir. Uma vez que domicílios e empresas são quem mais investe nos resultados bem-sucedidos de seus deslocamentos, precisamos confiar que a maioria delas conta com informações suficientes para justificar suas escolhas. Os planejadores, em contrapartida, carecem de informações sobre a economia de empresas e domicílios de maneira individual, o que seria necessário para tomar decisões fundamentadas sobre as vantagens e desvantagens da instalação em cidades pequenas, médias ou grandes.

A seguir, veremos que a arrogância do "plano ideal" dos planejadores não se limita ao tamanho e à localização das cidades. Eles também tentam, dentro delas, regular os locais de instalação tanto de moradias como de empresas e a quantidade de terra e área construída que devem ser consumidos. Veremos, ainda, que os planejadores têm um papel crucial no desenvolvimento das cidades, em especial na infraestrutura. No entanto, é preciso deixar claro que a distribuição de solo e de área construída em localidades específicas não faz parte desse papel.

A produtividade de uma cidade depende da sua habilidade de manter a mobilidade enquanto sua área construída cresce

> A mobilidade, que eu afirmaria como sendo a peça central de nossa produtividade nacional, não é valorizada, tampouco compreendida, entre os agentes públicos.
> **Alan Pisarski, *Commuting in America III: The Third National Report on Commuting Patterns and Trends*, 2006**

> Uma boa administração pode, portanto, aumentar indefinidamente o tamanho "ideal" de uma cidade.
> **Rémy Prud'homme and Chang-Woon Lee, *Size, Sprawl, Speed and the Efficiency of Cities*, 1998**

A existência de grandes mercados de trabalho é possível devido ao aumento da mobilidade de pessoas e bens. Os avanços na tecnologia do transporte urbano contribuíram para o crescimento das metrópoles ao longo dos últimos 150 anos. Da mesma forma, as melhorias dessa tecnologia tornaram possível a concentração espacial de populações e capital fixo. Os economistas descrevem o *capital fixo* como fábricas, edifícios comerciais e de apartamentos, casas, equipamentos comunitários e infraestrutura. Nos últimos 50 anos, os crescentes retornos de escala em economias de aglomeração que resultaram dessa concentração espacial levaram à emergência de megacidades.

Os frutos do potencial econômico das cidades grandes são colhidos somente se trabalhadores, consumidores e fornecedores conseguirem trocar força de trabalho, bens e ideias com o mínimo de atrito e multiplicar os contatos pessoais com o mínimo gasto de tempo e dinheiro. Conforme uma cidade cresce, é importante monitorar a mobilidade comparando quanto o tempo de deslocamento e os custos de transporte variam ao longo do tempo, posto que a produtividade não pode aumentar sem que as viagens sejam rápidas e baratas (veja o Capítulo 5 para uma discussão completa sobre tempo de viagem e custos de transporte).

A maré humana diária: o desafio de deslocar pessoas e bens

A necessidade de administrar o crescimento urbano em vez de tentar desacelerá-lo vem finalmente sendo compreendida por prefeitos, gestores municipais e planejadores urbanos. Um crescimento no tamanho da cidade não é a única condição necessária para o aumento da produtividade. Ela aumenta junto com a cidade apenas se a rede de transporte for capaz de conectar os trabalhadores às empresas e os fornecedores de bens e serviços aos consumidores. Tal conectividade é difícil de ser alcançada em metrópoles, já que requer consistência, entre vários outros fatores: o uso do solo e investimentos em redes de transporte; a precificação do uso de autoestradas, estacionamentos e tarifas para circulação de veículos; e a coleta de impostos municipais e tarifas pagas pelos usuários. Em seu livro lançado em 2009, apropriadamente intitulado *Mobility First*, Sam Staley e Adrian Moore descrevem em detalhes as reformas interdisciplinares nos sistemas viários e de transporte, bem como na cobrança de pedágios, entre outros pontos que seriam necessários para a manutenção da mobilidade em cidades no século XXI.[8]

O fracasso na gestão do transporte urbano, de forma que a mobilidade se mantenha, resulta no congestionamento de veículos, que diminui a mobilidade e a produtividade da força de trabalho e é, na realidade, evitável em metrópoles. Esse problema representa uma falha por parte dos gestores municipais, a qual tem efeito negativo duplo: age como um imposto na produtividade ao amarrar pessoas e prejudica o meio ambiente, aumentando as emissões de gases de efeito estufa. É possível que, no futuro, algumas metrópoles mal-administradas atinjam um nível de congestionamento e poluição que, combinados aos efeitos negativos, podem superar a vantagem econômica da concentração espacial. Essas cidades podem, então, ter seu crescimento interrompido, e a vantagem econômica da concentração espacial pode ser onerada pelo congestionamento e pela insegurança ambiental.

Dado esse cenário potencial, o efeito econômico positivo da aglomeração pode ser muito poderoso em cidades como Bangkok e Jacarta, onde a produtividade urbana continua a superar o preço do congestionamento de veículos crônico. É difícil avaliar a produtividade de uma cidade apenas em uma visita, mas o congestionamento é evidente mesmo em uma passada rápida por qualquer uma dessas cidades. No entanto, nem o impressionante e quase permanente congestionamento do trânsito em tais potências econômicas (ou de Pequim, também) é capaz de anular a vantagem da produtividade de suas grandes concentrações populacionais.

A manutenção da mobilidade enquanto a área construída e a população de uma cidade crescem não é uma tarefa fácil. Durante séculos de desenvolvimento urbano, a caminhada foi um meio de transporte urbano adequado. No início da era industrial, uma pessoa poderia ir a pé da periferia ao centro de qualquer uma das maiores cidades da Europa e da América do Norte em menos de uma hora. Na década de 1830, a área ocupada por cada uma das três maiores cidades ocidentais – Moscou, Londres e Paris – era inferior a 60 km². Em contrapartida, as áreas construídas das maiores cidades da atualidade cobrem milhares de quilômetros quadrados cada uma. Em metrópoles modernas, a mobilidade só pode ser mantida por meio de um elaborado sistema de transporte, geralmente combinando modais privados e públicos. A frequência do contato face a face entre as milhões de pessoas vivendo em metrópoles depende inteiramente da eficiência de um sistema de transporte urbano motorizado.

O padrão espacial da mobilidade da mão de obra

Diariamente, os milhões de cidadãos que constituem a população ativa das áreas urbanas deixam seus lares rumo a seus empregos que, em geral, estão localizados em partes da região metropolitana que não são aquelas nas quais elas vivem. Todos os fins de tarde, esses mesmos indivíduos retornam às suas casas. Nesse meio tempo, eles podem deixar seus filhos na escola, ir ao mercado ou encontrar amigos em uma cafeteria. Esses deslocamentos pendulares diários têm origem e fim nas residências das pessoas, mas também incluem seus locais de trabalho e diversas amenidades – restaurantes, museus, supermercados, cinemas etc. O deslocamento pendular constitui uma maré diária que vai e vem de maneira previsível, com horários de pico e outros de calmaria, de casa para o trabalho e as amenidades e de volta para casa.

Além dos deslocamentos feitos por trabalhadores pendulares e consumidores com origem em áreas residenciais, as atividades econômicas geram o transporte de produtos entre a localização das empresas e, cada vez mais, com o crescimento do comércio *on-line*, diretamente das empresas para seus consumidores em suas residências. As empresas localizadas nas metrópoles precisam de constante abastecimento tanto de mercadorias a serem vendidas em lojas como de materiais e peças a serem utilizados na produção. Esses transportes de produtos não seguem os mesmos padrões que as viagens pendulares e são frequentemente ignorados pelos planejadores urbanos. Em uma cidade típica de um país da Organização para a Cooperação e o Desenvolvimento Econômico (OCDE),[9] o transporte de produtos pode representar de 10 a 15% dos quilômetros totais percorridos pelos veículos. Quando as estradas estão congestionadas, o "imposto sobre produtividade" afeta tanto a mobilidade do trabalho como a dos bens.

A economia de uma cidade, portanto, depende do fluxo repetitivo de viagens pendulares e do transporte de produtos. Se, por acaso, uma nevasca, enchente ou greve do transporte público força o cancelamento dessas viagens, a economia de toda a cidade imediatamente fica paralisada e assim se mantém até que a maré diária de trajetos recomece.

O tempo e o custo dos trajetos limitam o tamanho do mercado de trabalho

Obviamente, o dinheiro e o tempo que os trabalhadores estão dispostos a gastar no trajeto são limitados. Tais limites são um condicionante na distância da viagem pendular e, por consequência, no tamanho do mercado de trabalho urbano. Para trabalhadores de renda muito baixa – aqueles cujo salário se destina quase que inteiramente à alimentação e à moradia –, o custo do transporte é uma limitação mais decisiva do que o tempo. Quando a renda disponível de uma família aumenta, o custo do transporte passa a representar uma fração menor do salário (tipicamente menos de 15%), e o tempo gasto no deslocamento para o trabalho se torna o maior condicionante para os usuários, limitando o tamanho do mercado de trabalho. Uma vez que a viagem pendular é um desperdício de tempo tanto para os indivíduos como para os empregadores, o tamanho e a eficiência do mercado de trabalho dependem de tempo, custo e conforto do transporte. O preço e o tempo máximos que os trabalhadores estão dispostos a gastar no trajeto ditarão o tamanho do mercado de trabalho e, por extensão, a produtividade de uma cidade.

Pesquisas sobre viagens pendulares indicam que o tempo de transporte mediano em cidades e países é (e tem sido assim há muito tempo) incrivelmente estável, com uma média aproximada de 30 minutos para cada sentido. Apenas um pequeno percentual de trabalhadores pendulares em metrópoles tem um tempo de viagem total superior a uma hora por dia. Em 2009, a média de tempo de viagem nas áreas metropolitanas dos Estados Unidos era de 26 minutos; todavia, em Nova Iorque, a maior região metropolitana dos Estados Unidos, com 19 milhões de habitantes, era de 35 minutos.

A Figura 2.1 compara a distribuição do tempo de viagem pendular (somente ida) entre uma média das áreas metropolitanas dos Estados Unidos; a região metropolitana de Paris; e Gauteng, a região metropolitana sul-africana que inclui Johanesburgo e Pretória (12,3 milhões de pessoas em 2011). Gauteng tem uma das piores dispersões de população e empregos que já encontrei. Essa dispersão é causada pelo legado do *apartheid*, que ainda levará muitos anos para ser curado, e por uma política habitacional infeliz que é discutida no Capítulo 6.

Apesar das diferenças em suas economias, estruturas urbanas, culturas e topografias, aproximadamente um terço dos trabalhadores pendulares em Gauteng, Paris e cidades dos Estados Unidos gasta entre 15 e 29 minutos para ir ao trabalho ou voltar para casa. O percentual de pessoas que passam menos de 15 minutos no transporte é significativamente mais alto nas cidades dos Estados Unidos, e o daquelas que levam de 30 a 59 ou mais de 60 é maior em Gauteng. Além disso, a última cidade apresentava uma taxa de desemprego de 25% em 2014. É possível que, dada a dispersão populacional da cidade, os trabalhadores mais pobres, que habitam os densos e longínquos subúrbios sul-africanos (*townships*), não possam custear as viagens pendulares para empregos muito distantes de suas casas. Se pudessem pagar pelos custos do deslocamento, o tempo de viagem pendular provavelmente aumentaria o número de pessoas na categoria de mais de 60 minutos.

Infelizmente, a distribuição de tempo de trajeto para áreas metropolitanas ao redor do mundo quase nunca é medida fora das maiores cidades da OCDE. No entanto, esse é um dado importante para a avaliação do tamanho efetivo do mercado de trabalho. Nas cidades dos Estados Unidos, essa distribuição representa, provavelmente, uma das melhores do mundo (essa afirmativa pode parecer surpreendente para alguns; isso será discutido em detalhes no Capítulo 5). Com base em minha própria experiência, Gauteng deve representar uma das piores distribuições de tempo de viagem pendular do mundo. Se isso for verdade, o gráfico mostrado na Figura 2.1 mostra uma boa aproximação das variações na distribuição do tempo de trajeto em grandes áreas metropolitanas no início do século XX. O objetivo do planejamento urbano deve ser reduzir os piores tempos de viagem pendular, trazendo melhorias à velocidade de viagem e diminuindo as restrições regulatórias que tendem a dispersar artificialmente a população.

Nos próximos capítulos, considerarei que um trajeto de uma hora (em um deslocamento) é o limite absoluto ao definirmos a extensão espacial do mercado de trabalho. Para um trabalhador, o número de empregos que pode ser alcança-

32 Ordem sem Design

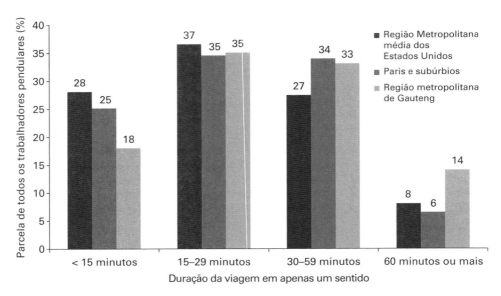

FIGURA 2.1 Distribuição dos tempos de viagem pendular em cidades dos Estados Unidos, Paris e Gauteng, África do Sul. *Fontes:* Estados Unidos: US Census Bureau, 2010 American Community Survey, Tabelas S0802 e B08303; África do Sul: Statistics South Africa, Levantamento das Viagens das Famílias do Departamento de Transporte de Gauteng, Figura 3.10, Pretória, África do Sul, 2009; Paris: Direction des statistiques démographiques et sociales, "Enquête nationale transport et déplacements 2007-2008", Institut national de la statistique et des études économiques, Paris, 2011.

do dentro de um tempo de deslocamento inferior a uma hora define o tamanho do seu mercado de trabalho.

Poderíamos argumentar que o número de empregos para os quais um trabalhador em particular estaria qualificado ou nos quais ele estaria interessado seria muito pequeno em relação ao número total de empregos acessíveis a uma hora de distância de sua casa. Isso é verdade, porém, cada vez mais, cargos especializados têm levado a uma maior dependência da proximidade física de pessoas com outras especialidades e aptidões. Particularmente para a indústria de serviços, que constitui uma grande porção dos cargos nas metrópoles, é necessária uma variedade de habilidades nas imediações. Uma advogada especializada em regulações da agricultura europeia, por exemplo, pode não ser muito produtiva se estiver rodeada somente por pessoas com as mesmas habilidades. Para ser efetiva, ela terá de estar em contato próximo com outros especialistas em direito tributário e impostos de importação, e precisará contratar os serviços de técnicos que vão consertar seu computador, limpar seu escritório, servir café na sala da diretoria e preparar e servir seu almoço. Da mesma forma, um operário industrial provavelmente trabalhará em uma fábrica que exija uma grande variedade de trabalhadores especializados em eletrônica, mecânica, leis trabalhistas, seguros, entre outros.

A ideia de que um advogado precisa ter acesso apenas a áreas nas quais é provável que outros advogados trabalhem, enquanto um trabalhador industrial precisa acessar unicamente áreas industriais já não corresponde à realidade da distribuição dos empregos nas metrópoles modernas. Nossa especialista em regulações da agricultura europeia pode estar interessada somente em alguns poucos empregos, e esses provavelmente serão distribuídos de forma aleatória entre outros diversos empregos. Por essa razão, quanto maior for o número total de empregos, maiores serão as chances de que poucos cargos extremamente especializados estejam dentre eles. Além disso, quanto maior for o número de empregos acessíveis com uma hora de viagem, melhor será a capacidade de trocar de emprego quando desejado. Esse tipo de mobilidade empregatícia – a capacidade de trocar de emprego em diferentes setores econômicos – beneficia tanto os trabalhadores individualmente quanto a economia da cidade ao redistribuir a mão de obra para os locais onde ela trará os maiores benefícios.

O tamanho efetivo do mercado de trabalho depende do tempo de viagem e da distribuição espacial dos empregos

O impacto do tempo de viagem, do tamanho do mercado de trabalho e da distribuição espacial dos empregos na produtividade urbana já foi demonstrado de forma convincente por Prud'homme e Lee[10] em cidades europeias e coreanas e por Melo, Graham, Levinston e Aarabi em cidades estadunidenses.[11] O artigo de Prud'homme e Lee, intitulado "Tamanho, Dispersão, Velocidade e Eficiência das Cidades", mostra que a produtividade por trabalhador está diretamente correlacionada ao número médio de empregos por trabalhador acessíveis em menos de 60 minutos de viagem. Em cidades coreanas, um aumento de 10% no número de empregos acessíveis por trabalhador corresponde a um aumento de 2,4% na produtividade dessas pessoas. De forma complementar, em 25 cidades francesas, um aumento de 10% na velocidade média de viagens pendulares, com todos os outros fatores permanecendo inalterados, aumenta o tamanho do mercado de trabalho em 15 a 18%. Nos Estados Unidos, Melo *et al.* mostraram que o efeito da acessibilidade sobre a produtividade, medido por um aumento nas remunerações, está correlacionado ao número de empregos acessíveis por trabalhador em uma viagem de até 60 minutos. A produtividade cresce com a acessibilidade geográfica devido ao seguinte aspecto: quando os cidadãos conseguem otimizar suas decisões laborais de forma individual, as empresas passam a contar com funcionários mais produtivos, aumentando, assim, o resultado agregado. Os deslocamentos superiores a 20 minutos ainda aumentam a produtividade dos trabalhadores, mas essa taxa é reduzida e praticamente desaparece acima de 60 minutos.

Ambos os artigos demonstram que a mobilidade dos trabalhadores – sua capacidade de alcançar um grande número de possíveis empregos com a menor viagem possível – é um fator-chave para o aumento da produtividade em cidades grandes e para o bem-estar de seus colaboradores. Grandes aglomerações de trabalhadores não garantem uma alta produtividade, se faltar mobilidade. Portanto, o tempo gasto em viagem pendular deve ser um indicador-chave na avaliação do modo como as metrópoles são administradas.

Segundo Prud'homme e Lee, em seu artigo (p. 2), "os benefícios associados ao tamanho da cidade são meramente potenciais; eles dependem da qualidade da gestão. O tamanho da cidade deveria, dessa forma, definir um limite de eficiência, com a eficiência efetiva estando, na maior parte do tempo, abaixo desse limite". A "qualidade da gestão", como definida por Prud'homme e Lee, é, em grande parte, a habilidade do governo local de adaptar o sistema de transporte à estrutura espacial a fim de que os trabalhadores possam ter acesso ao maior número de empregos em um trajeto inferior a 60 minutos por deslocamento.

Assim, o tamanho efetivo do mercado de trabalho de uma cidade não é necessariamente igual ao número de empregos disponíveis em sua região metropolitana, mas igual à quantia de empregos acessíveis por trabalhador em uma viagem pendular de uma hora. Dependendo da velocidade do sistema de transporte, o dado supracitado poderia ser igual ao número total de empregos à disposição em uma cidade ou somente a uma fração deles. A localização das residências dos trabalhadores em relação aos seus empregos e o tempo de viagem pendular determinarão o tamanho efetivo do mercado de trabalho e, dessa forma, a produtividade adicional que pode ser obtida pelas economias de escala e de aglomeração descritas anteriormente.

• • •

Ilustrarei a relação entre a velocidade do deslocamento, o tamanho efetivo do mercado de trabalho e a distribuição espacial dos empregos por meio de uma representação esquemática de uma cidade, como mostra a Figura 2.2. Imagine uma cidade linear, na qual as residências dos trabalhadores são distribuídas uniformemente entre *a* e *e*. Os empregos estão concentrados apenas em três locais, *b*, *c* e *d*; cada local contém 1/3 de todos empregos. Dentro da cidade, a velocidade do transporte é uniforme e representada por setas que indicam o tempo de deslocamento entre diferentes pontos. Leva 2 horas para se deslocar entre os pontos *a* e *e*, que estão nos limites opostos da cidade hipotética.

Os trabalhadores que residem entre *b* e *d* podem alcançar 100% dos empregos em menos de 1h; no entanto, os que vivem entre *a* e *b* conseguem chegar apenas aos locais situados em *b* e *c* no mesmo período. Empregos localizados em *d* estão fora do alcance dos trabalhadores que habitam entre os pontos *a* e *b*. Da mesma forma, os trabalhadores residentes entre *d* e *e* têm acesso unicamente aos empregos situados em *c* e *d*; os empregos em *b* estão fora de alcance. Como consequência, 50% dos trabalhadores (aqueles vivendo entre *b* e *d*) têm acesso a 100% dos empregos em menos de uma hora de trajeto, enquanto os outros 50% (os que habitam os pontos entre *a* e *b* e entre *d* e *e*) são capazes de acessar apenas 2/3 dos empregos. Por conseguinte, o tamanho efetivo do mercado de trabalho representado na Figura 2.2 é somente 83% de todos os empregos disponíveis na cidade: (50% × 3/3) + (50% × 2/3) = 83,3%. Se a velocidade do deslocamento pudesse ser ampliada de modo que uma pessoa pudesse viajar de *a* para *d* e de *e* a *b* no período de 1h, em vez dos 90 minutos que cada viagem demanda, então o tamanho efetivo do mercado de trabalho poderia ser 100% de todos os empregos disponíveis (100% × 3/3 = 100%).

O tamanho efetivo do mercado de trabalho depende das velocidades do tempo de viagem pendular e da localização das residências dos trabalhadores em relação a seus empregos. Tal dependência pode ser ilustrada de maneira menos abstrata se representarmos uma cidade como um objeto bidimensional (em vez da representação linear e unidimensional da Figura 2.2) e demonstrando com-

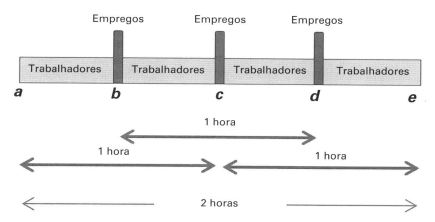

FIGURA 2.2 Distribuição das residências e empregos em uma cidade linear hipotética.

binações alternativas para a velocidade do deslocamento e a localização dos empregos.

> **Equação 2.1 Cálculo do tamanho efetivo do mercado de trabalho**
>
> Equação 2.1: Cálculo do tamanho do mercado de trabalho
> Em uma descrição menos esquemática do tamanho de uma cidade, o tamanho efetivo do mercado de trabalho pode ser calculado da seguinte maneira: assumamos que a cidade é dividida em polígonos identificados por seu número *i*. O tamanho efetivo de seu mercado de trabalho pode ser expresso como
>
> $$J = \sum (w_i j_i)/\sum n_i, \quad (2.1)$$
>
> em que
>
> > *J* é um indicador do tamanho efetivo do mercado de trabalho expressado como o percentual médio do total de empregos acessíveis a menos de 1h de viagem pendular por trabalhador;
> > w_i é o número de trabalhadores residentes na localização *i*;
> > j_i é o número de empregos acessíveis a menos de 1h de tempo de viagem pendular da localização *i*;
> > n_i é o número de empregos na localização *i*.
>
> Esse tipo de cálculo teria sido muito trabalhoso antes da disponibilidade da tecnologia GIS, mas agora é bastante viável atualizar esse indicador com regularidade. Distintos modais e redes de transporte podem ser testados quanto ao seu impacto potencial no tamanho efetivo do mercado de trabalho.

A Figura 2.3 mostra uma representação esquemática da área urbana construída, representada por um círculo, dentro do qual círculos cinzas escuros me-

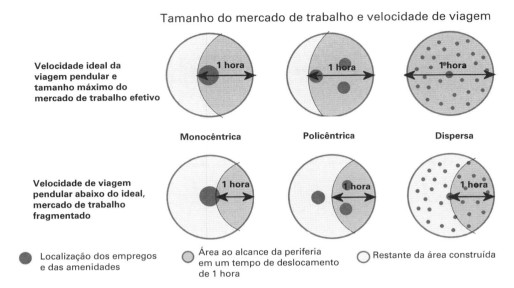

FIGURA 2.3 Tipo de mercado de trabalho, velocidade de viagem e localização dos empregos.

nores representam as localizações dos empregos. Horizontalmente, apresentei três tipos de distribuição espacial para tais empregos: monocêntrica, na qual todos os empregos estão concentrados em um distrito comercial central (CBD, sigla em inglês); policêntrica, em que os empregos se concentram em três agrupamentos; e dispersa, na qual os empregos são distribuídos uniformemente na área construída. Para cada padrão de distribuição, uma seta mostra a distância de viagem máxima que um trabalhador pode percorrer no período de 1h, partindo do limite da área urbana. Os diferentes tamanhos de seta correspondem a velocidades de viagem distintas.

Veremos como diferentes velocidades de viagem pendular têm impacto no tamanho efetivo do mercado de trabalho, dependendo da distribuição espacial dos empregos.

Nos três diagramas da primeira fileira da Figura 2.3, ajustei a velocidade de viagem a fim de permitir o acesso a todos os empregos em um período de tempo inferior a 1h. Na última fileira, em velocidades reduzidas, os trabalhadores residentes na periferia podem acessar apenas uma fração dos empregos em menos de 1h. Diante disso, o mercado de trabalho é fragmentado e, portanto, menos eficiente do que o mercado unificado representado na primeira fileira. Em uma área agrupada monocêntrica ou policêntrica, os trabalhadores que vivem em uma região mais central podem acessar todos os empregos na área mais construída, mas aqueles pertencentes à periferia têm acesso somente a uma fração do total de empregos disponíveis na cidade. Nesse caso, a produtividade implícita de um grande mercado de trabalho não é inteiramente efetivada. Uma diminuição na velocidade de viagem pendular fragmenta mercados grandes em menores e resulta em redução da produtividade urbana. O aumento dessa velocidade encurta a diferença entre o mercado de trabalho efetivo (o número de empregos acessíveis em uma viagem de uma hora) e o nominal (o número total de empregos em uma região metropolitana).

• • •

Para uma dada área construída, o padrão de distribuição dos empregos é importante para a definição do acesso ao mercado de trabalho. Quando os empregos estão agrupados em um CBD, a distância de todos eles até todas as localizações residenciais é muito menor do que quando estão distribuídos aleatoriamente em uma área construída. Isso não demonstra, necessariamente, que o modelo CBD é o padrão mais eficiente ou que vai assegurar o acesso pleno ao mercado de trabalho para todas as pessoas. É fato que um CBD centralizado,[12] contendo 100% de todos os empregos, reduziria a distância casa–trabalho de toda a população. Todavia, o tamanho do mercado de trabalho é limitado não somente pela distância, mas pelo tempo de deslocamento. Assim, a velocidade do deslocamento (distância/tempo) é o parâmetro-chave que permite o acesso ao número máximo de empregos.

Normalmente, a convergência de todas as rotas de viagem pendular[13] em direção a um CBD cria congestionamentos de veículos e reduções na velocidade de transporte. Em contrapartida, quando os empregos estão dispersos em localizações suburbanas, não há convergência de rotas, e a velocidade é, de forma geral, maior. No centro de Paris (dentro de 5 km da prefeitura), a velocidade média do transporte de superfície é de aproximadamente 12 km/h; nos subúrbios (a 20 km da prefeitura), a velocidade na hora de pico é de 50 km/h. (Graças às melhorias na tecnologia GPS, atualmente podemos verificar *on-line* as variações das velocidades da hora do pico em tempo real na maioria das cidades do mundo.)

Em áreas onde a rede viária principal foi projetada originalmente para uma cidade monocêntrica, as rotas de trajeto de subúrbio a subúrbio podem ser menos diretas do que deveriam; é o caso de Paris, Atlanta e Xangai. Inicialmente, as rotas de viagem pendular entre subúrbios podem ter de incluir estradas menores e incluir cruzamentos difíceis com as artérias. Há, normalmente, muito tempo de espera até que um município tenha condições de ajustar o projeto de uma rede viária principal monocêntrica para um padrão em grelha que melhor servirá às novas rotas em desenvolvimento entre os subúrbios.

No Capítulo 5, discutirei a influência de diferentes meios de transporte – automóveis, ônibus ou metrôs – nos custos de transporte e no tempo de viagem de vários tipos de estruturas espaciais urbanas, nas quais as densidades de população e os empregos são distribuídos na área construída de maneira distinta.

A representação esquemática da estrutura espacial na Figura 2.3 é bastante rudimentar, mas ilustra claramente o impacto da velocidade de viagem e da localização dos empregos no tamanho efetivo do mercado de trabalho. No próximo capítulo, exploraremos formas urbanas mais complexas e realistas e seu impacto na mobilidade e no preço de terras.

Em cidades em que o acesso aos empregos tem sido medido, o número de empregos acessíveis por tempo de viagem pendular mostra grandes variações. Por exemplo, Prud'homme e Lee (p. 6) perceberam que, em Seul, "em

1998, o trabalhador médio tem, em 60 minutos, acesso a apenas 51% de todos os empregos oferecidos pela cidade; e o empreendimento médio tem 56% de todos os funcionários em menos de 60 minutos". As linhas de transporte metropolitano adicionais construídas após essa data podem ter sido responsáveis pelo crescimento do tamanho efetivo do mercado de trabalho em Seul. Uma comparação entre a viagem pendular de carro em cidades do Estados Unidos, calculada por David Livingston[14] em 2010, mostra incríveis diferenças na acessibilidade física entre esses locais (Figura 2.4). Em um deslocamento de 30 minutos, 2,4 milhões de empregos podem ser acessados em Los Angeles em comparação a 0,6 milhão em Atlanta. No entanto, quatro das cinco cidades representadas na Figura 2.4 permitem acesso a todos os empregos em 60 minutos.

Como vimos na Figura 2.3, a maioria dos empregos pode ser concentrada em um CBD, agrupada em diversos centros ou ser completamente dispersa ao longo de uma região metropolitana. Nos Capítulos 3 e 4, discutirei em mais detalhes a razão de os empregos estarem localizados onde estão e como tal padrão normalmente evolui com o passar do tempo. Por ora, olharemos somente para os padrões de viagem que podem possibilitar o funcio-

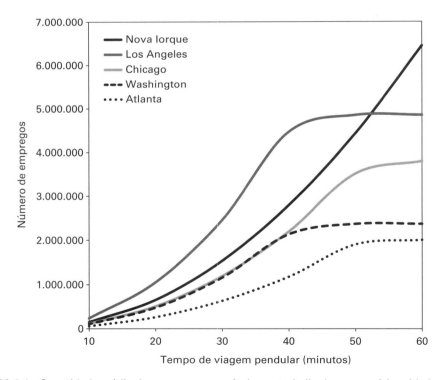

FIGURA 2.4 Quantidade média de empregos acessíveis aos trabalhadores em várias cidades dos Estados Unidos, 2010. O mercado de trabalho molda o padrão de viagens pendulares.
Fonte: David Levinson, "Access across America", Centro de Estudos de Transporte, Universidade de Minnesota, Minneapolis, 2013.

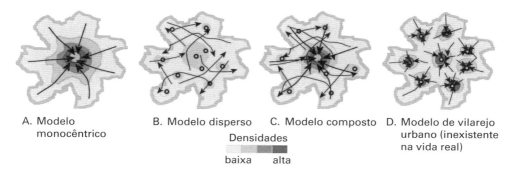

FIGURA 2.5 Padrões de modelo de transporte em áreas metropolitanas.

namento do mercado de trabalho com as seguintes distribuições espaciais dos empregos.

A Figura 2.5 ilustra, de maneira esquemática, os padrões de deslocamento mais típicos em uma região metropolitana. Tais padrões são baseados na estrutura do mercado de trabalho (veja a Figura 2.3). Duas estruturas do mercado de trabalho têm impacto nos padrões de deslocamento – monocêntrico ou disperso –, resultando em três modelos de padrões de rota de viagem pendular observados tendo em vista a estrutura do mercado, classificados de A a C na Figura 2.5.

A. **O modelo monocêntrico:** a maior parte dos empregos está concentrada em um CBD denso; as rotas de deslocamento seguem estradas radiais e convergem no CBD. Obviamente, nenhuma cidade real é estritamente monocêntrica; uma parte dos empregos é necessariamente encontrada dentro de áreas residenciais, por exemplo, escolas, lojas de conveniência,* postos de gasolina e mercados. A monocentricidade é medida de fato por grau, não em termos absolutos. Uma cidade na qual 50% dos empregos estão localizados no CBD é predominantemente monocêntrica. Pelo que sei, nenhuma região metropolitana cuja população seja de mais de 5 milhões de habitantes atende a esse critério.

B. **O modelo disperso:** a maior parte dos empregos está concentrada em pequenos agrupamentos ou completamente dispersa entre áreas residenciais; as rotas de deslocamento são aleatoriamente distribuídas na área construída. Se a velocidade do transporte permitir, alguns trabalhadores se deslocarão de um limite da região metropolitana ao oposto. Tal qual no modelo monocêntrico, os trabalhadores residentes em locais próximos ao centroide da área construída estão mais perto de todos os empregos do que aqueles que residem na área limite. As empresas situadas nas proximidades do centroide da área construída também estão mais perto dos trabalhadores. No entanto, como as velocidades de viagem pendular não são, de forma geral, iguais se próximas do centroide ou na periferia, as empresas localizadas em regiões periféricas

---

*N. de T.: *Dispensaries*, no original, são as lojas das empresas de economias controladas.

podem ser acessíveis em menos tempo por mais trabalhadores do que aquelas localizadas nas proximidades do centroide. Isso explica, em parte, por que as empresas não se concentram próximas ao centroide, ainda que, se o fizessem, elas estariam mais próximas de todos os seus funcionários potenciais.

C. **O modelo composto:** uma fração significativa de todos os empregos (digamos, 30%) está concentrada em um CBD denso, mas a maioria dos empregos está distribuída aleatoriamente no resto da área construída. As rotas de viagem em direção ao CBD seguem vias radiais, enquanto aquelas em direção aos empregos dispersos são distribuídas aleatoriamente, mas, em geral, evitando congestionamento de veículos no CBD. Trata-se do padrão de viagem mais comum em cidades grandes da Ásia e da Europa atualmente.

Há também um quarto modelo de viagem inexistente no mundo real, mas frequentemente apresentado em planos diretores como sendo a alternativa desejável aos três padrões de deslocamento descritos anteriormente. Por conta da prevalência dessa presunção em diversos planos diretores principais, esse padrão de viagem alternativo e utópico, classificado como D na Figura 2.5, precisa ser discutido.

D. **O chamado modelo de vilarejo urbano:** os empregos estão concentrados em muitos pequenos agrupamentos. Nesse modelo, há muitos centros, mas os trabalhadores pendulares se deslocam somente até o centro mais próximo às suas residências. Os deslocamentos em direção a cada agrupamento seguem rotas radiais ali centralizadas e se comportam como se cada agrupamento fosse uma cidade isolada e monocêntrica. De acordo com esse modelo, uma metrópole pode ser constituída de muitas cidades monocêntricas pequenas e independentes.

Infelizmente, o modelo de vilarejo urbano existe somente nas mentes dos planejadores urbanos. Caso contrário, seria um modelo muito atrativo, motivo pelo qual esses profissionais o proferem, uma vez que não demandariam um investimento significativo em transporte ou estradas. Ademais, reduziria drasticamente os quilômetros percorridos por veículo e, por consequência, as emissões de gases de efeito estufa. De acordo com os proponentes desse modelo, todos poderiam ir a pé ou de bicicleta para o trabalho, mesmo em metrópoles imensas. A fim de permitir o crescimento da cidade, a inserção de novos agrupamentos seria necessária. A hipótese por trás desse modelo é a de que ou os planejadores urbanos conseguiriam combinar perfeitamente locais de trabalho e residências, ou trabalhadores e empregadores poderiam se organizar espontaneamente nos agrupamentos apropriados.

Tal modelo não existe no mundo real pois contradiz a justificativa econômica das cidades grandes: a eficiência dos grandes mercados de trabalho. Os empregadores não escolhem seus funcionários tendo como base seus locais de residência, nem trabalhadores especializados selecionam seus empregos levando em conta a proximidade com suas casas.

O modelo de vilarejo urbano implica uma fragmentação sistemática do mercado de trabalho em uma grande metrópole e não faz sentido econômico no mundo real. Uma empresa que ficaria satisfeita em restringir a escolha de seus funcionários à proximidade de sua fábrica não precisaria se estabelecer em uma grande metrópole, onde os aluguéis e salários são mais altos. Essa empresa se instalaria em uma cidade menor, na qual os trabalhadores braçais que ela busca poderiam ser recrutados com salários mais baixos. Da mesma forma, um trabalhador que mora em uma metrópole e procura um emprego tentaria potencializar a satisfação laboral, que é medida, em parte, por salário, nível de interesse no cargo e sua compatibilidade com o conjunto de habilidades do indivíduo, atratividade do ambiente de trabalho e assim por diante. O tempo gasto na viagem pendular certamente seria algo a se levar em consideração na busca por um emprego, mas se o tempo de viagem for inferior a uma hora, esse provavelmente não seria um fator determinante.

As cinco cidades-satélite construídas ao redor de Seul são um exemplo de uma tentativa de implementação do conceito de vilarejo urbano. O governo as construiu pressupondo que seriam autônomas e a maioria dos habitantes viveria e trabalharia dentro das próprias cidades. Para atingir esse objetivo, os planejadores equilibraram cuidadosamente o número de empregos projetados para cada cidade com o número de habitantes também estimado para elas. No entanto, pesquisas subsequentes mostraram que a maior parte das pessoas vivendo nas novas cidades-satélite fazia a viagem pendular até o trabalho na região metropolitana de Seul, e que a maioria dos empregos nessas cidades se encontrava ocupada por pessoas que viviam fora delas.[15] O padrão de viagem encontrado em cidades-satélite é consistente com a hipótese apresentada no início deste capítulo. Um grande mercado de trabalho unificado é a razão da existência de cidades grandes. É plausível que algumas famílias tenham decidido se mudar para as cidades-satélites de Seul inicialmente em razão dos preços dos aluguéis, que eram mais baixos do que no centro de Seul, ou pelo ambiente melhor e mais novo. Também há a possibilidade de que, na ocasião das mudanças, os proprietários das moradias já estivessem empregados em algum lugar de Seul. Afinal, se não estivessem empregados, é presumível que não teriam condições de comprar um novo apartamento. Além do mais, após se mudarem para uma cidade-satélite, não é provável que fossem largar seus empregos atuais para encontrar equivalentes no centro da cidade. A mesma linha de raciocínio serve para uma empresa que se transfere para uma cidade-satélite; ela pode se mudar da cidade central a fim de encontrar aluguéis mais baratos ou mais espaço, mas a maioria de seus funcionários provavelmente escolheria manter seus cargos e viajar todos os dias da cidade-satélite até o centro e de volta para casa.

O quão comum é cada um dos três modelos de arranjo espacial?

A distribuição espacial dos empregos e os consequentes padrões de deslocamento evoluem à medida que as cidades se tornam maiores e mais abundantes. O modelo monocêntrico é um modelo de cidade simples e primitivo que, inevitavelmente, se modifica ao longo do tempo até atingir uma forma mais complexa e semelhante ao modelo composto. Uma vez que os empregos tenham se dispersado em um padrão semelhante ao modelo disperso ou ao composto, é improvável que eles em certo momento tornem a se concentrar novamente em um CBD denso e central. Essa regra de dependência da trajetória,[16] comum a todas as formas em evolução, é uma realidade que deveria limitar seriamente a liberdade dos planejadores de imaginar novas formas urbanas. Eles devem levar em consideração a dependência da trajetória das formas das cidades ao planejar novos sistemas de transporte, como veremos no Capítulo 5 sobre mobilidade.

Nenhum dos três modelos discutidos anteriormente é imutável; o futuro mercado de trabalho urbano, por exemplo, talvez não exija tantas interações face a face entre funcionários, clientes e fornecedores quanto eram exigidas no passado. Posteriormente, talvez surjam novos modelos de padrões de viagem, refletindo as novas demandas de um mercado de trabalho em evolução. Por exemplo, o recente aparecimento do teletrabalho pôs em questão não apenas o padrão de viagens pendulares, mas também a própria necessidade desses deslocamentos. Desse modo, deveríamos ser céticos em relação aos padrões de deslocamento daqui a 20 anos. Entretanto, podemos observar a tendência desse fator ao longo das décadas passadas, a fim de ter subsídios para entender o que ocorrerá daqui para a frente. Tal tendência reflete a dependência da trajetória, como mencionado anteriormente.

Qual é o efeito que um crescimento em massa do teletrabalho poderia ter sobre os padrões de deslocamento atuais? Até o momento, ele tem sido modesto. Na verdade, há uma pista de que essa tendência modesta pode reverter-se entre companhias de alta tecnologia, as pioneiras na modalidade. Em 2013, o novo diretor executivo da Yahoo anunciou uma inversão em sua política de teletrabalho, que confirmou o que já sabíamos: os contatos presenciais casuais entre os profissionais são necessários para a inovação.

No entanto, o questionamento permanece: com que frequência essas interações devem ocorrer? Semanalmente? Dia sim, dia não? Qual tamanho devem ter os grupos que precisam ter interação face a face? Quanto acaso é necessário para gerar inovação? Seja qual for a resposta, o teletrabalho certamente reduzirá o transporte pendular e mudará os fluxos diários de transporte, mas não eliminará completamente a necessidade de proximidade física de um funcionário com seu empregador e outros colegas com habilidades complementares. É bem possível que o teletrabalho diminua em empresas que exigem inovação e cresça nas envolvidas em processamento de dados diário. Mas uma lição é clara: não podemos prever e devemos monitorar cuidadosamente a implicação espacial dessa tendência e apoiá-la com a infraestrutura de transporte adequada.

Embora as grandes metrópoles do mundo mostrem uma grande variedade de histórias, culturas e níveis de renda, as tendências (quando existem os dados para medi-las) parecem se encaminhar para uma maior dispersão espacial dos empregos. Tal tendência parece contraintuitiva, em particular porque os CBDs, em um crescente número de cidades, competem pela distinção de ter os arranha-céus mais altos do mundo. Mas devemos compreender que um arranha-céu de escritórios de alto padrão contém menos funcionários por hectare do que o edifício de cinco andares cheio de funcionários em trabalho análogo à escravidão que ele provavelmente substituiu.

Por conta de suas baixíssimas densidades de edificação, a tendência espacial das cidades dos Estados Unido talvez não seja representativa da maioria das cidades do mundo. No entanto, a tendência dos Estados Unidos tem a vantagem de ser bem documentada e pode ainda oferecer alguns *insights* sobre a forma como as mudanças no mercado de trabalho impactam o uso de terras urbanas. Em 1995 e 2005, Alan Pisarki conduziu os estudos nacionais mais completos sobre viagens pendulares no país. As tendências que ele mediu ao longo de um intervalo de 10 anos são claras: a quantidade de empregos e trabalhadores residentes está diminuindo em cidades centrais e crescendo em áreas suburbanas. Os estudos de Pisarki mostram claramente que, na média, as áreas metropolitanas dos Estados Unidos estão evoluindo lentamente de um modelo composto (Figura 2.5, padrão C) para um modelo mais disperso (padrão B). Além disso, os estudos indicam que a concentração de empregos no CBD tradicional está caindo constantemente, não em termos absolutos, mas na proporção do número total dos empregos metropolitanos.

Os relatos de Pisarki mostram que em áreas metropolitanas estadunidenses menores, aquelas com menos de 100 mil habitantes, as viagens pendulares até o CBD[17] representam 50% de todos os deslocamentos – uma boa aproximação do modelo monocêntrico. No entanto, em áreas metropolitanas maiores, aquelas com população acima de 2 milhões de habitantes, as mesmas viagens caem para cerca de 24%. Isso também é observado em metrópoles muito grandes com um CBD nítido e dominante, como Seul, Nova Iorque e Paris. Por exemplo, na região metropolitana de Nova Iorque, 24,3% das viagens partem dos subúrbios para Manhattan ou são dentro de Manhattan; 2,1% são de Manhattan para os subúrbios e a maioria (73,6%) é entre subúrbios. O padrão de viagens na Nova Iorque metropolitana ilustra o que chamei de modelo composto (Figura 2.5, padrão C).

Fora dos Estados Unidos, as tendências das grandes áreas metropolitanas também parecem se mover rumo ao modelo composto, mesmo em cidades como Paris, que conta com um centro historicamente dominante e prestigioso e um sistema de trânsito radial/concêntrico que oferece um excelente acesso a ele. Na região metropolitana de Paris (definida como a região da Ilha de França), os deslocamentos dentro do município de Paris (Paris histórica) e até ele representam 30% do total de viagens pendulares, e 70% entre subúrbios (Figura 2.6).

Grandes áreas metropolitanas da Ásia, embora muito mais densas do que cidades estadunidenses ou europeias, exibem as mesmas tendências de suburbanização de empregos e pessoas. A região metropolitana de Seul, com uma população de 24,7 milhões de pessoas em 2010, é representativa da tendência em cidades prósperas do leste asiático que vêm acompanhando um crescimento significativo em população e renda domiciliar nos últimos 30 anos (Figura 2.7). Em Seul, entre os anos de 2000 e 2010, a população diminuiu em 0,5% na parte central da cidade[18] e aumentou em 92% nos subúrbios localizados a mais de 20 km do centro, devido ao desenvolvimento da infraestrutura do transporte (Tabela 2.1). Durante o mesmo período de 10 anos, a distribuição espacial dos empregos tem sido mais dispersa, com 16% dos novos empregos sendo incorporados ao CBD, enquanto 59% foram incluídos nos subúrbios afastados a mais de 20 km do CBD. Seul, no entanto, permanece mais monocêntrica do que Paris ou Nova Iorque, com 31% de todos os empregos metropolitanos concentrados na cidade central.

Como podemos ver pela tendência histórica, o modelo monocêntrico tende a se dividir quando uma cidade aumenta. Entretanto, a evidência empírica não

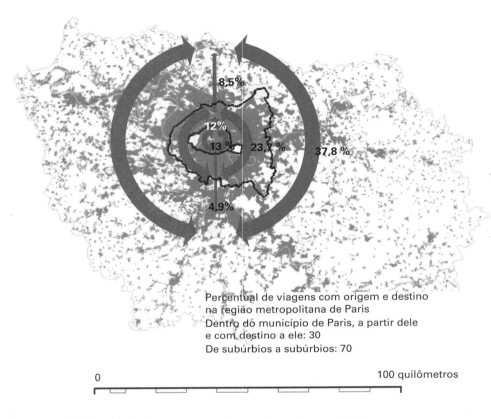

FIGURA 2.6 Padrões de deslocamento nas áreas metropolitanas de Paris.
Fontes: "Les déplacements des Franciliens en 2001–2002", Direction regionale de l'equipemente d'Île-de-France, 2005, Paris Cedex 15; área construída, digitalização da imagem do satélite feita por Marie-Agnes Bertaud.

mostra um limite óbvio para o tamanho da população além do qual as cidades deixam de prosperar como predominantemente monocêntricas. Às vezes, a topografia – rios ou montanhas – previne a comunicação direta de subúrbio a subúrbio e, assim, mantém a monocentricidade apesar da grande população. Uma rede original de vias radiais primárias reforçará um alto nível de monocentricidade conforme uma cidade se expande ao tornar a ida ao CBD mais fácil do que aquela a localizações periféricas. Esse tipo de rede radial pode ser visto em cidades europeias como Berlim, Copenhague e Paris. Em contrapartida, uma grelha primária pode rapidamente encorajar a criação de centros locais com boa acessibilidade à medida que uma cidade se desenvolve. Esse tem sido o caso de Los Angeles, Houston e Omaha. As grelhas viárias dessas cidades às vezes se tornam irregulares, mas a disponibilidade de vias amplas, perpendiculares às vias radiais na periferia da urbanização estimula a criação de centros locais e, talvez, até mesmo encoraje a dispersão dos empregos, pois vias amplas permitem velocidades de direção mais altas e, dessa forma, uma acessibilidade mais

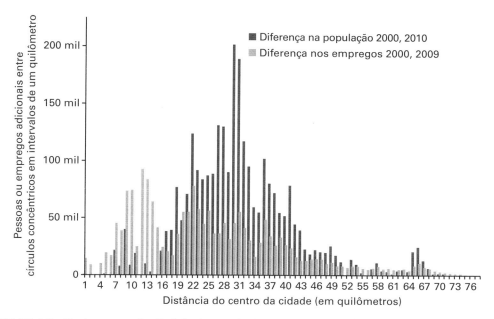

FIGURA 2.7 Mudanças na distribuição da população e dos empregos ao longo do tempo, Seul, região metropolitana.
Fontes: Dados populacionais e laborais: Unidade de Estatísticas Governamentais Metropolitanas de Seul, Censo de 2000, 2010; áreas construídas e densidades: análise GIS de Marie-Agnes Bertaud.

rápida às áreas muito distantes das vias radiais. Portanto, uma rede viária em grelha promove uma mudança precoce rumo à policentricidade.

A operação eficiente do mercado de trabalho exige mobilidade e preços acessíveis

A mobilidade deve ser entendida de duas maneiras, enquanto os preços acessíveis garantem que ela não será distorcida:

1. Empresas e famílias têm a liberdade de se manterem no local ou migrarem à vontade.
2. As viagens dentro da cidade permanecem rápidas e baratas.
3. Os imóveis têm preços suficientemente baixos para não distorcer a alocação da mão de obra.

Quanto à sua localização, a capacidade de escolha das famílias e empresas depende da disponibilidade de terrenos e área construída nas áreas da cidade consideradas como tendo os benefícios mais favoráveis – para as habitações, a proximidade aos empregos e às amenidades; para as empresas, a proximidade a clientes, funcionários e fornecedores. Em tese, as pessoas com as rendas mais

TABELA 2.1 Seul: mudanças espaciais na distribuição da população e dos empregos, 2000–2010

Distância até o centro da cidade (em quilômetros)	População do Censo de 2010	Percentual	Censo 2010 Empregos	Percentual	Aumento entre 2000 e 2010 População	Percentual	Empregos	Percentual
Cidade central 0–10	5.409.428	22	2.676.391	31	(12.593)	-0,5	302.558	16,2
Subúrbios próximos 10–20	7.644.893	31	2.219.956	26	231.709	8,8	460.789	24,7
Subúrbios afastados 20–78	11.654.883	47	3.624.400	43	2.423.859	91,7	1.102.002	59,1
Total	24.709.203	100	8.520.747	100	2.642.975	100,0	1.865.349	100,0

baixas e as empresas menos bem capitalizadas deveriam ter condições de se implantarem em qualquer local da cidade, mesmo onde o terreno é mais caro, se fosse permitido o uso do mínimo de terra que elas exigem. Os carrinhos de comida de Manhattan e os minúsculos estandes de *paanwalas*[19] de Mumbai mostram isso. Esses pequenos negócios vendem produtos baratos e prosperam em suas localizações caras ao consumirem apenas dois ou três metros quadrados de solo, contrastando com as centenas de metros quadrados ocupados pela maioria das lojas da mesma área. Feiras de produtores rurais ou de artesanato são outros exemplos de escolhas entre localização e consumo de terra que permitem que negócios com baixa margem de lucro prosperem em localizações caras.

Há exemplos equivalentes para a habitação; por exemplo, as *chambres de bonne*[20] de Paris estão localizadas nos bairros mais caros da cidade. Em geral tendo até mesmo apenas 9 m², seus preços permitem que estudantes e trabalhadores de baixa renda tenham acesso à moradia em uma localização muito favorável. Os lotes residenciais nos *kampungs*[21] da Indonésia são outro exemplo de demanda por residências localizadas centralmente com baixo consumo de terra e de área construída. A disponibilidade dessas habitações permite que a população pobre considere as concessões que desejam fazer em relação à localização e ao uso de terrenos. Se os sistemas de água e esgoto e coleta de lixo forem adequados, uma moradia menor, porém bem localizada pode ser uma escolha desejável a morar em um subúrbio distante dos empregos, dos equipamentos urbanos e serviços sociais. Sejam *chambres de bonnes* ou *kampungs*, os bairros onde tais moradias estão localizadas não são, de maneira alguma, favelas, apesar do espaço reduzido no interior dessas residências (a ser discutido em detalhes no Capítulo 6).

Infelizmente, regulações bem-intencionadas com frequência impedem que a população pobre possa realizar uma escolha entre área construída e localização. Os códigos de obras costumam exigir um padrão "generoso" de área construída para domicílios. Tais leis excluem os pobres, uma vez que os preços da área construída são altos demais para que eles possam pagar pelo padrão mínimo. Em Paris, os *chambres de bonnes* existem apenas em moradias construídas antes de 1930; eles são proibidos em edifícios residenciais mais novos. Essas regulações infelizes reduzem a mobilidade da população de baixa renda. Como consequência, sua participação no mercado de trabalho completo também se torna restrita. No Capítulo 4, descrevo em mais detalhes outras regulações urbanas que reduzem a mobilidade dessa parcela da população.

Na África do Sul, os programas habitacionais do governo destinados à população pobre ilustram como planejadores bem-intencionados podem limitar a mobilidade dos moradores, reduzir sua participação no mercado de trabalho e aumentar o tempo de deslocamento. A partir de 1995, o governo embarcou em um enorme programa habitacional a fim de melhorar as condições de vida das vítimas do *apartheid*. O programa se destinava a proporcionar habitação subsidiada a cerca de 80% dos sul-africanos mais pobres. Até 2012, 3,5 milhões de unidades habitacionais haviam sido entregues, uma conquista quantitativa ímpar para um programa desse tipo. Os padrões eram generosos: 400 m² por lote, 65 m² de área construída por casa, amplas vias de acesso veicular e escolas equipadas com grandes áreas esportivas que poderiam ser acessadas a pé, entre outros benefícios. Os padrões espaciais eram fixos e semelhantes em toda região urbana da África do Sul. O subsídio também era fixo, totalizando cerca de 150 mil randes (16 mil dólares) por moradia em 2012. A única variável dependente era o preço da terra; seu valor deveria ser bastante baixo a fim de permitir que os beneficiários desfrutassem dos altos padrões espaciais prescritos pelo programa. Como resultado, os novos projetos habitacionais subsidiados estão localizados em massa nas periferias mais distantes das cidades, em assentamentos demasiadamente dispersos para serem atendidos com facilidade pelo transporte público. Devido à localização remota de suas residências, os beneficiários desses projetos encontram obstáculos para conseguir empregos, e aqueles que estão empregados gastam mais da metade de suas rendas em transporte, mesmo ao dividir táxis com outros trabalhadores pendulares. Esse exemplo impressionante ilustra por que os planejadores não deveriam fazer escolhas que envolvam localização e consumo de terra para domicílios e empresas.

No caso da África do Sul, o resultado é, de fato, moradias confortáveis para a população de baixa renda, mas o grande subsídio ligado a uma casa em uma localização distante impede que os beneficiários participem do mercado de trabalho. As residências de alto padrão fornecidas aos pobres em lugares remotos se tornam uma armadilha para a miséria; aqui, os subsídios não são os culpados. O erro não está apenas em tentar subsidiar uma localização específica, mas também em tomar uma decisão entre localização e consumo de terra sem ter solicitado a participação dos beneficiários. Um subsídio móvel – isto é, um montante fixo dado a famílias pobres para que procurem acomodação em qualquer localidade da região metropolitana – teria sido bem melhor.

Devido à falta de informações para adotar medidas bem embasadas sobre as complexas concessões entre localização e consumo do solo, os planejadores não deveriam ter autoridade para tomar esses tipos de decisões. Somente um mercado livre permite que famílias e empresas tenham a liberdade de escolher se é mais importante morar perto dos empregos (e aumentar sua empregabilidade), ou morar longe, em casas maiores. Nos capítulos seguintes, utilizarei a mobilidade e os critérios de preços baixos para avaliar a eficiência de diferentes formas urbanas. A fim de se beneficiar totalmente de um grande mercado de trabalho, famílias e empresas devem ter uma boa mobilidade. Assim, deve haver opções suficientes e acessíveis que permitam a ambos realizarem escolhas entre localização e consumo de terras da forma que melhor se encaixar em suas necessidades.

Cidades vistas como mercados de trabalho: implicações operacionais

Observar as cidades como mercados de trabalho unificados deveria mudar a visão geralmente negativa que os planejadores urbanos têm acerca da mobilidade. Eles acreditam que uma de suas tarefas mais importantes é diminuir os incômodos causados pela urbanização, em particular o trânsito. E estão corretos – reduzir o congestionamento e a poluição é um dos desafios mais urgentes trazidos pela urbanização. No entanto, os planejadores, em seu entusiasmo por diminuir os transtornos, muitas vezes não conseguem entender as diferenças entre o objetivo de aumentar a mobilidade e o condicionante de reduzir os problemas causados por ela.

Um dos principais objetivos do planejamento urbano é a manutenção da mobilidade – evitar um aumento do tempo de viagem pendular à medida que o mercado de trabalho aumenta. Em outras palavras, o principal objetivo do planejamento deveria ser melhorar a velocidade do transporte urbano conforme o tamanho da cidade aumenta. Diminuir o nível de incômodos gerados pelo transporte é um condicionante que pode elevar os custos do alcance do objetivo. No entanto, este é um custo totalmente justificável, se o custo marginal da redução de incômodos for mais baixo do que o crescimento mínimo da produtividade devido à expansão do mercado de trabalho. Por exemplo, a aplicação de multas em veículos em relação à poluição criada por eles ou a imposição de pedágios em rodovias com a finalidade de diminuir o congestionamento são medidas que podem elevar o custo do transporte, mas, ao mesmo tempo, elevar sua eficiência, permitindo velocidades de transporte mais altas e a melhoria da qualidade ambiental.

No entanto, os planejadores, com muita frequência, substituem o condicionante pelo objetivo. Os apologistas do "crescimento inteligente", por exemplo, sugerem que a redução do congestionamento de veículos e da poluição é o principal objetivo do planejamento urbano. Eles logo se dão conta de que nada tem mais potencial de reduzir ambos do que uma diminuição na mobilidade. A redução da mobilidade passa, então, a ser considerada um resultado desejável e é a consequência lógica da confusão entre objetivos e condicionantes. Por essa razão, planejadores projetarão arranjos espaciais de "vilarejos urbanos" (veja Figura 2.5, padrão B) que, implicitamente, reduzirão a mobilidade.

A combinação de localizações de empregos com residências em grandes regiões metropolitanas tem se tornado o cálice sagrado dos planejadores urbanos. Esse conceito recorrente, que motiva diversos planos diretores e regulações de uso do solo,[22] pode ser explicado somente pela ignorância da eficiência econômica de grandes mercados de trabalho e pela mobilidade exigida para seu funcionamento. A escolha da localização espacial funciona melhor se deixada para as moradias e empresas em si.

Nos próximos capítulos, o funcionamento do mercado de trabalho será meu princípio norteador na avaliação de arranjos espaciais alternativos. Usarei "mobilidade" para indicar a possibilidade de alcançar qualquer área da região metropolitana no tempo de deslocamento mais curto possível e "preço acessível" para me referir à oportunidade de moradias e empresas de se estabelecerem em qualquer local que julguem potencializadores do seu bem-estar. Aumentar a acessibilidade física e manter razoáveis os preços dos imóveis e do transporte são os dois principais objetivos do planejamento urbano e estão diretamente relacionados ao objetivo geral de maximizar o tamanho do mercado de trabalho de uma cidade e, desse modo, sua prosperidade econômica.

CAPÍTULO 3

A formação das estruturas espaciais urbanas: mercado *versus design*

> O sistema econômico básico deve evoluir em cima do papel decisivo do mercado na alocação de recursos.
> – **Terceira Sessão Plenária do XVIII Comitê Central do Partido Comunista da China,**
> **11 de novembro de 2013.**

No capítulo anterior, discutimos como empresas e trabalhadores (ou famílias) se relacionam por meio do mercado de trabalho. O mercado compele empresas e empregados a se alocarem a distâncias que permitam um tempo inferior a uma hora para o deslocamento ao trabalho.

As famílias necessitam de terra para seu abrigo; as empresas necessitam dela para espaços de trabalho. Entretanto, para uma dada população, quanto maior a área de terra usada por domicílio e por trabalhador, mais longa será a distância das viagens pendulares entre empresas e moradias. Parece que, por esse motivo, há um dilema entre uso do solo e distância de viagem pendular.

No entanto, a distância é somente uma representação para o custo e o tempo da viagem, que são os reais limitadores da eficiência da concentração do mercado de trabalho. Diferentes tecnologias de transporte implicam distintas velocidades e custos de viagem e, assim, tornam a distância uma representação imperfeita para a eficiência do mercado de trabalho. O real dilema é, portanto, entre o uso do solo e os custos e tempos de trajeto por diferentes meios de transporte. Isso leva a alguns questionamentos lógicos:

- Como atingir um equilíbrio ao escolher entre a área de terra usada e a velocidade das viagens pendulares, de modo que o bem-estar tanto das empresas como das famílias seja simultaneamente maximizado?
- É possível identificar uma estrutura espacial urbana que possa otimizar, para todas as empresas e famílias, a escolha entre consumo de terra e a velocidade de viagens pendulares?
- Qual é a melhor maneira de atingir o equilíbrio entre o consumo de terra e a distância das viagens pendulares enquanto a população e as rendas familiares crescem e a tecnologia do transporte muda?

Para responder a essas perguntas, os economistas tendem a favorecer mercados, ao passo que os urbanistas tendem a favorecer o *design*.[1]

No título deste capítulo, coloquei o mercado contra o *design*. Aqui, debateremos as seguintes questões:

- Como mercados e *design* contribuem para o desenvolvimento das cidades?
- Seriam mercados ou seria o *design* o mais provável a moldar uma cidade de tal modo que o equilíbrio entre consumo de terra e velocidade de viagens pendulares seja atingido?
- Os planejadores deveriam substituir seus próprios *designs* por forças de mercado a fim de obter um melhor resultado espacial ou, ao contrário, deveriam se basear mais no mercado para orientar o desenvolvimento urbano?
- Se a eficiência das estruturas espaciais urbanas depende de uma escolha entre uso do solo e velocidade e custo de viagens pendulares, quais indicadores os planejadores deveriam desenvolver para monitorar o progresso na eficiência da estrutura urbana?

O papel dos mercados e do *design* na modelagem das cidades em economias de mercado

Nas economias de mercado, o efeito combinado das forças do mercado e do *design* governamental deliberado gera estruturas espaciais urbanas. Nas duas últimas economias de comando restantes no mundo, Cuba e Coreia do Norte, o *design* é, oficialmente, o único fator configurador das cidades. Vejamos como mercados e *design* contribuem para a forma da maioria das cidades do mundo.

Mercados como criadores da forma urbana

Mercados criam um mecanismo cego que produz e constantemente modifica as formas urbanas, da mesma maneira que a evolução cria um mecanismo cego que produz e modifica os organismos vivos.

Mercados moldam as cidades mediante os preços de terreno. A alta demanda por localizações específicas cria as enormes diferenças nos preços de terra observadas nas cidades. Tais preços, por sua vez, configuram as cidades ao criar altas concentrações de área construída – edifícios altos –, onde o preço da terra é elevado, e baixas concentrações – edifícios baixos –, onde a terra é mais barata. Uma demanda muito alta por área construída em uma área limitada explica a concentração de arranha-céus em distritos comerciais centrais (CBDs); igualmente, preços de solo reduzidos e rendas altas explicam a dispersão de subúrbios de baixa densidade. Rendas familiares muito baixas justificam a imensa densidade residencial em favelas, mesmo nas áreas nas quais os preços dos terrenos são relativamente baixos. O equilíbrio instável entre oferta e demanda, as variações nas rendas de empresas e famílias e o custo do transporte podem explicar a extrema diversidade das formas dos edifícios e de sua distribuição espacial em uma região metropolitana. As formas urbanas produzidas por mercados ilustram perfeitamente o que Adam Ferguson, iluminista escocês do século XVIII, chamou de "resultado da ação humana, mas não a execução de qualquer *design* humano".

O mercado e o preço do transporte urbano

Em uma cidade, o mercado gera distintos preços de solo para cada localização. Na maioria das cidades, esse preço geralmente é mais alto na zona central, uma vez que trabalhadores e consumidores podem se deslocar até ela no tempo de transporte mais curto e ao valor mais baixo. O preço do transporte – medido em tempo consumido e dinheiro gasto – tem sido tradicionalmente um dos maiores configuradores da forma urbana. As metrópoles industriais do século XIX, nas quais a caminhada e as carruagens puxadas por cavalos eram os meios de locomoção mais comuns, demandavam densidades muito altas. O alto custo de transporte, tanto em tempo como em dinheiro, assim como a ausência de transporte mecanizado, restringia a extensão da área construída. Por consequência, o tamanho do mercado de trabalho podia crescer somente para acomodar mais pessoas e empregos na área acessível em menos de uma hora, resultando em densidades muito elevadas de população e de empregos. O mercado de trabalho de uma cidade pode continuar crescendo, mas apenas se uma alta proporção da população aceitar consumir menos terra a cada ano. A consequência foi a elevada densidade dos cortiços *dickensianos*.

Ao final do século XIX, a introdução de vários meios de transporte urbanos mecanizados permitiu velocidades de deslocamento mais altas a custos mais baixos. O primeiro sistema de metrô foi construído em Londres, em 1862, e logo imitado em diversas metrópoles da Europa e dos Estados Unidos. A inclusão do transporte mecanizado teve dois efeitos na configuração das cidades. Em primeiro lugar, ele promoveu o aumento da área acessível em uma viagem de uma hora e, assim, aumentou o tamanho do mercado de trabalho, mesmo permitindo que as densidades populacionais diminuíssem. Em segundo, aumentou drasticamente a acessibilidade ao centro da cidade, onde as linhas de transporte motorizado convergiam, elevando o preço da terra na área central enquanto o baixava nos subúrbios. As ferrovias expressas também tornaram, de forma repentina, grandes áreas rurais acessíveis aos antigos centros das cidades. O grande aumento da disponibilidade de terrenos tornou as novas casas geminadas suburbanas economicamente acessíveis aos antigos moradores dos cortiços dos bairros centrais das cidades. No fim das contas, essa tecnologia de transporte inovadora tornou o conceito das "cidade-jardim" de Ebenezer Howard não tão utópico.[2]

Na metade da década de 1930, a produção em massa de automóveis a preços acessíveis à classe média aumentou ainda mais o raio de alcance das cidades ao proporcionar rápido acesso a áreas ainda não cobertas pelas redes de trem suburbano. Tal expansão espacial, possibilitada pela inserção de uma nova tecnologia de transporte, permitiu um acelerado crescimento no tamanho do mercado de trabalho, ao mesmo tempo em que ajudou a diferenciar o preço da terra entre o centro da cidade e subúrbios afastados e permitiu o aumento do consumo de terra por moradores e empresas suburbanos.

A razão entre terra e área construída em localizações diferentes

A expansão espacial das cidades requer terra, mas o produto da urbanização é a área construída, e não a terra. Visto que o solo é um insumo indispensável para a área construída, a alta demanda por esse atributo em uma localização específica eleva o preço dos terrenos nesse ponto.

A área construída se refere à área total construída sobre a terra, seja ela pública ou privada. Em zonas nas quais o preço da terra é alto, incorporadores podem reduzir o uso de terra para produzir uma determinada área construída ao construir edifícios mais altos. Como resultado, a quantidade de terra exigida para construir uma unidade de área construída varia muito dentro de uma cidade ou de uma cidade para outra, refletindo as enormes oscilações na distribuição espacial dos preços do solo estabelecidos pelo mercado.

Por exemplo, o Shanghai World Financial Center (SWFC), uma torre de escritórios espetacular construída em Pudong, o novo distrito financeiro de Xangai, conta com 101 andares e uma área construída total de 377 mil m². Esse edifício foi construído em um lote de aproximadamente 27.800 m². A razão entre área construída e de terra (também chamada de coeficiente de aproveitamento, ou CA) é, portanto, de cerca de 13,5. Em outras palavras, para erguer a torre do Shanghai World Financial Center, o investidor utilizou somente 1 m² de terreno para 13,5 m² de área construída.

• • •

Em contrapartida, em Huaxinzhou, um subúrbio de Xangai localizado a 24 km do SWFC, uma construtora de casas unifamiliares usou mais de 1.350 m² de terreno para 300 m² de área construída; isso corresponde ao CA de 0,22. Logo, em Huaxinzhou, a construção de 1 m² ocupa cerca de 61 vezes mais terra do que em Pudong! As grandes diferenças de consumo de terra para produzir um metro de área construída em duas localidades distintas na mesma cidade refletem a enorme variação na distribuição espacial de preços de terra estabelecidos pelo mercado.

Vemos um cenário semelhante na região metropolitana de Nova Iorque. Comparemos os CAs do Midtown de Manhattan (CBD de Nova Iorque) àqueles de Glen Rock, um subúrbio localizado a 26 km do Midtown. Vemos que 1 m² de área construída na localidade suburbana utiliza aproximadamente 60 vezes mais terra do que no CBD, um resultado muito similar ao de Xangai.

Em vista disso, a decisão de construir edifícios altos ou baixos não é uma escolha de *design* atribuída a um planejador, arquiteto ou incorporador; é uma decisão financeira baseada no preço da terra, refletindo a demanda por área construída em uma localização em particular. A construção de edifícios altos é mais cara por metro quadrado do que a de menores, mas o preço de venda provavelmente mais alto por metro quadrado devido à alta demanda compensa os elevados custos de construção. Os CAs mais altos reduzem o custo de terra por unidade de área construída vendida.

Portanto, um CA alto ou baixo não é, assim, um parâmetro de *design*. O CA registra a conversão de capital em terra ao fornecer área construída. É puramente uma decisão econômica, dependendo do preço da terra em relação ao preço da construção. Se o preço da terra for muito mais baixo do que o da construção, não há muito sentido em construir edifícios com mais de dois ou três andares. Por exemplo, em Glen Rock, o subúrbio de Nova Iorque mencionado anteriormente, o custo da terra é de cerca de 450 dólares por m², e o custo de construção típico de uma casa com estrutura de madeira é de 1.600 dólares/m². Sendo assim, não há muito incentivo para substituir capital por terra, o que resulta em um CA baixo, de aproximadamente 0,25, na maioria das casas. Em contrapartida, na região do Midtown de Nova Iorque, o preço da terra é de cerca de 25 mil dólares/m², e a construção de um primoroso edifício de escritórios custa por volta de 5 mil dólares/m², apenas 20% do preço da terra. O alto custo do solo em Midtown aumenta substancialmente o incentivo à substituição de capital por terra e, dessa maneira, explica por que o CA dos edifícios de escritórios é de cerca de 15. Assim como em Pudong, a existência de edifícios altos no Midtown Nova Iorque não reflete uma escolha de projeto, mas uma necessidade econômica imposta por mercados que revela uma alta demanda dos consumidores por essa localização.

Alguns planejadores urbanos podem discordar de mim e argumentar que a existência de edifícios altos é, sobretudo, o resultado de uma decisão de *design* determinada por planos de zoneamento que fixam o valor máximo dos CAs mediante regulação. Vejamos, então, por que eles talvez tenham essa ideia equivocada.

Na maioria das cidades, os planejadores regulam rigorosamente os valores de CA, pois presumem que edifícios altos impõem grandes externalidades negativas no entorno imediato. Edifícios altos, de fato, projetam enormes sombras e podem criar congestionamento nas ruas adjacentes devido ao provável elevado número de pessoas que vivem ou trabalham neles. Em diversas cidades, em razão dos CAs impostos, a altura dos edifícios é limitada a níveis bem mais baixos do que a demanda do mercado sugeriria. Em regiões nas quais os CAs máximos são muito inferiores ao que a demanda por área construída sugere, é provável que a maioria dos edifícios aproveite o CA máximo permitido pelo código de obras. Em certo momento, os planejadores da cidade podem decidir aumentar o valor máximo do CA em relação ao permitido até então. Incorporadores, então, utilizarão o novo valor de CA permitido e construirão edifícios mais altos. A correlação sincronizada entre o aumento do CA e a construção de edifícios mais altos gera uma ilusão de causalidade entre a regulação e os edifícios altos. Como consequência, alguns planejadores acham que fixar um CA máximo é uma decisão de planejamento urbano e que novos edifícios automaticamente utilizarão o total valor do CA estabelecido pela regulação.

Embora isso possa ser verdade em regiões nas quais a demanda por área construída era anteriormente restrita pela regulação, aumentar o CA onde não há demanda pela construção de edifícios altos não deveria gerar impactos na altura de prédios futuros. Em Glen Rock, a região suburbana de Nova Iorque mencionada anteriormente, o CA usado na maioria das edificações varia de 0,2 a 0,3, enquanto o CA máximo permitido é de cerca de 0,4. Não há muita demanda por área construída permitida pelas regulações atuais de CA. Se os planejadores autorizassem um CA de, digamos, 5, nenhuma edificação alta seria construída com a mudança de zoneamento.

Mercados reagem a fatores exógenos que os planejadores não têm como prever

Forças exógenas que variam estão constantemente modificando o equilíbrio do mercado e, como resultado, as formas urbanas e os usos de solo criados pelo mercado também evoluem constantemente. Devido à globalização, essas forças exógenas vêm se tornando mais numerosas, e seus efeitos, mais voláteis. Por exemplo, há 30 anos, as habilidades, os níveis salariais e a disponibilidade de funcionários de escritório na Índia não tinham qualquer impacto na demanda pelos mesmos tipos de trabalhadores em cidades europeias e americanas. Atualmente, a tecnologia da informação permite que funcionários de escritório indianos concorram com os da Europa. Essa concorrência externa pode afetar a demanda por trabalhadores europeus; por consequência, a demanda por edifícios de escritórios em cidades europeias e sua localização podem mudar. Tal mudança na tecnologia, assim como na disponibilidade e nos níveis salariais de trabalhadores indianos, contribui para as forças exógenas que podem afetar o uso do solo em cidades da Europa. Esses fatores exógenos gerados globalmente impactam da mesma maneira o uso do solo em cidades da Índia. Por exemplo, o recente surgimento explosivo de *call centers* em cidades indianas, um tipo de uso do solo desconhecido até poucos anos atrás, é uma consequência direta da disponibilidade de novas tecnologias e dos salários mais altos de trabalhadores de escritórios europeus e americanos em comparação aos seus colegas indianos.

Mercados reagem rapidamente às mudanças globais. A queda da demanda por algumas atividades se traduz em aluguéis mais baratos nos edifícios nos quais essas atividades ocorrem, acionando a demanda por uma rápida mudança do uso do solo. Mudanças no uso do solo causadas por mercados geralmente ocorrem muito antes de os planejadores urbanos estarem cientes das modificações na demanda, como eventos macroeconômicos globais, alterações nas demandas dos consumidores e, consequentemente, na produção industrial ou mesmo uma rápida gentrificação.

Nas cidades, mercados criam novos tipos de uso do solo e torna outros obsoletos. A observação de Marx, em seu *Manifesto Comunista*, de que mercados produzem "uma eterna incerteza e agitação" e que, como resultado, "tudo que é sólido se desmancha no ar" é verdadeira ainda hoje e pode se referir às mudanças ocorrendo nas cidades mais dinâmicas de economias emergentes. Joseph Schumpeter, economista e professor de Harvard, oferecendo uma versão mais otimista do pensamento de Marx, chama esse processo de "destruição criativa". Mercados então reciclam usos do solo obsoleto quase automaticamente por meio do aumento e da redução de preços. Essa constante reciclagem do solo é, em geral, muito positiva para o bem-estar da população no longo prazo. No curto prazo, as mudanças no uso do solo e na concentração espacial dos empregos são desnorteadoras e alarmantes tanto para os trabalhadores como para empresas.

Em resposta às rupturas causadas pelas mudanças no uso do solo, os governos municipais geralmente ficam tentados a intervir a fim de desacelerar o ritmo da mudança e impedir a reciclagem do solo obsoleto reduzindo o CA, determinando zoneamento comercial *versus* residencial ou suspendendo usos industriais específicos. No entanto, os efeitos mais abrangentes de manter um uso do solo obsoleto através da regulação são desastrosos para os futuros níveis de emprego e o bem-estar geral dos moradores urbanos. Impedir a transformação de um uso do solo obsoleto também impede que novos empregos sejam criados em seu lugar. Regulações podem impedir mudanças no uso do solo, mas não podem deter o desaparecimento dos empregos nas áreas obsoletas. O mercado de trabalho de uma cidade, então, encolhe quando o governo mantém o solo para um uso pelo qual não há mais demanda. Congelar o uso obsoleto da terra não impede a destruição *schumpeteriana*, mas impede a criação associada a ela. "Tudo que é sólido se desmancha no ar", mas a destruição não é seguida por qualquer nova criação.

Mudança no uso do solo: Mumbai

A história das fábricas de algodão de Mumbai é um ótimo exemplo das consequências trágicas da manutenção de usos do solo obsoletos na esperança de preservar empregos. Empreendedores indianos construíram as primeiras fábricas de algodão de Mumbai na metade do século XIX, no que então era um subúrbio industrial da cidade. Em 1861, a Guerra Civil Americana contribuiu para um grande aumento de preço dos tecidos indianos (um choque externo já ocorrendo muito antes da globalização). Por consequência, as fábricas se multiplicaram para empregar, em seu apogeu, na década de 1930, mais de 350 mil trabalhadores, ocupando uma área de 280 hectares, sem incluir as moradias dos operários. No entanto, a subsequente competição com outros países asiáticos e com fábricas mais modernas construídas em cidades indianas menores tornou o alto valor do tecido de algodão produzido em Mumbai cada vez menos competitivo no mercado mundial. Em razão da concorrência externa, algumas fábricas tiveram de encerrar suas atividades.

Após a Segunda Guerra Mundial, mais fábricas começaram a fechar suas portas, em parte porque, ao passo que Mumbai se desenvolvia, sua localização em meio a uma cidade densa e congestionada tornava a operação muito cara. A produtividade das fábricas também se manteve em declínio; devido ao alto preço dos terrenos, elas não foram atualizadas, o que tornou seu leiaute e sua tecnologia obsoletos. Em 1982, uma greve dos trabalhadores que durou mais de um ano foi o golpe de misericórdia nas fábricas de algodão de Mumbai. A história da ascensão e da decadência da indústria têxtil não é exclusiva de Mumbai; diversas cidades europeias, como Manchester e Ghent, passaram pelos mesmos ciclos, produzidos pelos mesmos fatores externos.

No entanto, conforme as fábricas de Mumbai fechavam, o município e os sindicatos de trabalhadores lutavam para preservar os altos impostos e os cargos industriais bem remunerados produzidos pelas fábricas. Como resultado, eles impediram que os proprietários das fábricas vendessem os terrenos possivelmente valiosos nos quais as fábricas agora desertas haviam sido construídas. Mais tarde, quando ficou claro que as fábricas nunca reabririam, o governo local impôs condições draconianas[3] ao redesenvolvimento do solo, congelando-

FIGURA 3.1 Fábricas de algodão abandonadas em Mumbai, 1990.

-o em intermináveis disputas judiciais. Como consequência, ao longo de mais de 40 anos, um grande número de fábricas permaneceu abandonado no centro de Mumbai, forçando a cidade a expandir sua infraestrutura para o norte e contornando os 280 hectares da área com boa infraestrutura ocupada pelas fábricas agora vazias (Figura 3.1). Em 2009, quando parte da terra anteriormente ocupada pelas fábricas foi finalmente leiloada, o preço pago alcançou mais 2.200 dólares por m²! O valor total do solo não utilizado por cerca de 30 anos valia, então, em torno de 6 bilhões, ou seja, era mais de cinco vezes o orçamento da prefeitura de Mumbai em 2014.[4]

O fracasso em perceber que as atividades urbanas são transitórias e sujeitas a incontroláveis forças externas de mercado levou a prefeitura e os trabalhadores a tentarem, mediante regulações, manter atividades e uso do solo obsoletos. Eles supuseram que o problema das fábricas falidas era local e poderia ser resolvido barganhando com os atores locais. Ao fazer isso, eles impediram a criação de novos empregos nos próprios terrenos valiosos ocupados pelas fábricas abandonadas. A falta de compreensão do problema causou uma enorme dificuldade para os trabalhadores, prejudicou a economia da cidade e impossibilitou a criação de novos empregos para substituir aqueles que foram perdidos. Tal atitude forçou uma extensão da infraestrutura da cidade para regiões novas e distantes, enquanto terrenos que já possuíam uma boa infraestrutura permaneceram vagos.

Mudança no uso do solo: Hartford, Connecticut

O caso de Hartford, Connecticut, conhecida como "a capital mundial dos seguros" na década de 1950, ilustra claramente como uma mudança na tecnologia pode impactar o uso do solo local e a prosperidade de uma cidade que depende muito de uma atividade econômica. Hartford atingiu seu pico populacional em 1950, quando as companhias de seguros exigiam uma alta concentração de pessoal de escritório trabalhando em proximidade entre si e com a gerência. A revolução digital das décadas de 1980 e 1990 eliminou a necessidade de tal concentração. Por consequência, diversas companhias de seguros descentralizaram suas operações e deixaram a cidade. Em 2010, a população de Hartford havia diminuído 30% em relação a seu pico de 1950, e cerca de 32% da população remanescente vivia abaixo da linha da pobreza. O declínio do município não foi causado por uma crise econômica no setor de seguros, mas por uma mudança tecnológica que, por sua vez, alterou as exigências de localização. É claro que os planejadores do uso do solo não poderiam prever as mudanças que afetariam as companhias de seguros. No entanto, se tivessem tentado diversificar os tipos de atividades autorizadas por regulações de uso do solo, poderiam ter atraído outros setores econômicos ou serviços, os quais teriam reduzido as chances de desemprego no longo prazo para os trabalhadores da indústria de seguros.

Mudança no uso do solo: Hong Kong

As mudanças na localização dos empregos e nas regulações de uso do solo não se limitam àquelas que ocorrem em um setor em particular da economia de uma cidade, como foi o caso de Hartford. O desaparecimento de alguns setores econômicos e o surgimento de novos também podem levar a mudanças na localização de empregos. Essas rápidas mudanças nas tendências econômicas exigem mudanças igualmente rápidas no uso do solo, se o objetivo é manter o mercado de trabalho urbano em funcionamento ao longo da transição, assim como evitar os erros custosos cometidos com as fábricas de Mumbai.

Por exemplo, no início dos anos de 1960, a indústria têxtil de Hong Kong era a mais bem-sucedida da Ásia. Em 1980, o percentual de trabalhadores ainda empregados nessa indústria representava 46% do total de empregos da cidade, e o setor manufatureiro equivalia a 24% do produto interno bruto (PIB) de Hong Kong. Em 2010, esse número havia caído para 1,8% do PIB, e os cargos na indústria têxtil haviam sido reduzidos a 3,4% do total de empregos.

Essa mudança drástica na participação do setor industrial ao longo de 20 anos exigiu uma mudança igualmente radical no uso do solo e na localização dos empregos. Os empregos fabris em Hong Kong foram, em grande parte, substituídos por novos cargos no setor de serviços. Mas as exigências de localização e de terra desse setor são completamente diferentes daquelas do setor industrial. A substituição de empregos na indústria por vagas no setor terciário não poderia ser feita mediante a simples troca de fábricas por edifícios de escritórios. Em vez disso, já que os planejadores urbanos de Hong Kong eram geralmente os locatários de escritórios (e estavam, portanto, diretamente expostos à definição de preços do mercado), eles foram capazes de compreender as demandas do mercado para realocar completamente o uso do solo e modificar o transporte urbano para se adaptar a um novo padrão espacial de concentração do trabalho.

Tais mudanças na economia de Hong Kong não foram o resultado de planos deliberados feitos pelos planejadores da cidade, mas de imposições externas causadas por mudanças geopolíticas, como a abertura da economia continental da China. As conquistas espetaculares dos planejadores urbanos de Hong Kong em administrar as mudanças no uso do solo não se deram pela elaboração antecipada de planos para essa modificação. Ao contrário, uma vez que essas mudanças econômicas impostas pela economia mundial se tornaram claras, eles rapidamente reagiram, adaptando o uso do solo e a infraestrutura da cidade à nova economia.

O papel dos mercados na preservação do patrimônio histórico

A preservação do patrimônio histórico é uma das poucas exceções pelas quais os gestores urbanos talvez queiram impedir a reciclagem espontânea de terra causada pelas forças de mercado. As construções de patrimônio histórico são edificações fósseis produzidas por forças de mercado antigas. A preservação de edifícios de altíssima qualidade erguidos no passado tem muitas justificativas econômicas e culturais. Conservar essas construções contra as forças de mercado parece contradizer as lições obtidas nos estudos de caso que acabo de discutir. No entanto, há diferenças importantes. O objetivo da preservação histórica é proteger edifícios de altíssima qualidade, não um tipo específico de uso de terra. Na verdade, a melhor forma de preservar construções históricas é permitir um novo tipo de utilização (uma reciclagem de uso) que será conciliável com a conservação, ao mesmo tempo que propicia aos novos usuários uma localização compatível com suas atividades de negócios.

Há muitos exemplos bem-sucedidos de construções históricas bem-preservadas que servem de abrigo para atividades modernas: o centro histórico de Bologna, cujos edifícios medievais e renascentistas se tornaram prestigiadas sedes de bancos e operações de varejo; o distrito histórico ferro fundido do SoHo, em Nova Iorque, onde as *sweatshops* (fábricas com trabalho semiescravo) têxteis e gráficas deram lugar a *lofts* de artistas e lojas varejistas de alto padrão; e a Chinatown, próxima ao distrito financeiro de Singapura, onde restaurantes tradicionais foram gradualmente aprimorados para servir a clientela empresarial e pequenas oficinas de produção deram espaço a pequenas empresas de consultoria. Em todos esses exemplos, a conservação das construções históricas existentes envolve uma mudança significativa no uso da área construída interna dos edifícios. Os altos valores dos aluguéis estabelecidos para o novo uso do solo cobriram os elevados custos de manutenção exigidos pelas construções históricas e garantiram sua preservação.

O *design* complementa mercados no desenho das cidades

Vimos que os mecanismos de mercado são efetivos em aumentar a oferta de terra urbana, transformando o uso do solo e determinando a quantidade de área construída e de terra consumida e a altura das edificações. Mercados moldam cidades através de variações no preço da terra no espaço e no tempo; logo, eles são eficazes apenas quando transações de terra e de edifícios ocorrem em intervalos regulares. No entanto, a terra ocupada por ruas e espaços públicos abertos – o que os economistas chamam de bens públicos – nunca é sujeito a transações de mercado. Por consequência, o *design* de cima para baixo é a única maneira de alocar terra para as ruas e os espaços públicos abertos.

O *design*, em contraponto à cegueira dos mercados, implica a existência de um *designer* racional, um controle humano por trás do processo, dirigindo a criação de objetos desenhados. Um *designer* cria objetos que atendem a funções explícitas e objetivas.[5] Em contrapartida às formas criadas pelos mercados, aquelas criadas através do *design* são permanentes e incapazes de sofrer uma evolução espontânea até que sejam destruídas ou modificadas por uma nova iteração de *design* racional. A modificação de formas desenhadas exige a intervenção deliberada de um *designer* racional.

Por que redes viárias e espaços públicos abertos não são criados por mecanismos de mercado

Por que redes viárias não podem ser construídas pela iniciativa privada e, assim, estarem sujeitas às forças de mercado? Há duas razões para essa aparente impossibilidade. Primeiro, as principais avenidas precisam ser alinhadas e seguir um curso pré-estabelecido que geralmente é ditado pela topografia ou pela geometria de uma rede viária. Portanto, não há competição possível entre múltiplos vendedores e compradores para adquirir a terra necessária para a passagem de uma avenida; o governo deve intervir para adquirir terra mediante desapropriação por interesse público, não por uma transação de livre mercado. Segundo, uma vez que uma rede viária foi construída, é impraticável alocar e recuperar seu custo dos beneficiários, já que não apenas os usuários das vias, mas também proprietários de terra se beneficiam da melhor acessibilidade e da consequente elevação dos preços da terra.

No entanto, devido aos avanços na tecnologia, em breve poderá ser possível generalizar a cobrança de pedágios na maioria das grandes vias precificando o uso da rua de forma distinta em diferentes horários do dia. A renda dos pedágios pode ou não ser suficiente para recuperar os custos de capital incorridos na construção das vias, mas deve ser capaz de, ao menos, equilibrar a oferta e a demanda de seu uso. Embora os pedágios possam fornecer um incentivo para a criação de mais vias, ainda não haverá mecanismo de oferta e demanda que possa automaticamente aumentar a oferta onde a demanda é alta, da mesma maneira que forças de mercado se ajustam para bens de consumo (p. ex., para *smartphones*).

O mesmo problema ocorre com o fornecimento de espaços públicos abertos. Ocasionalmente, o setor privado pode prover e manter parques e espaços públicos abertos, mas o provimento privado por si só não consegue garantir a oferta em quantidade adequada para corresponder à demanda. Além disso, é mais provável que o governo, não um incorporador privado, ofereça acesso público a regiões topográficas privilegiadas, como orlas, lagos, florestas, colinas e montanhas – somente o governo pode possibilitar o acesso público livre a esses bens ambientais de valor excepcional. Como o preço de mercado da terra de tais bens é provavelmente alto, é normalmente impraticável que o setor privado dê livre acesso. Ademais, em geral há um consenso cultural de que bens tão extraordinários devem pertencer a uma nação inteira, em vez de serem loteados a indivíduos que podem barrar o acesso ao público.

Como consequência, não podemos contar com os mecanismos de mercado para fornecer vias principais e espaços públicos abertos: sua quantidade, localização e regulações devem ser projetadas pelo governo. Não há possibilidade de elasticidade de oferta quando a demanda é alta (p. ex., a quantidade de vias não pode ser aumentada quando a demanda por elas em uma localização específica se torna muito alta). Governos precisam substituir mercados pelo *design* para assegurar uma oferta adequada de todos bens públicos, incluindo vias. Uma oferta adequada de vias urbanas é particularmente importante, já que elas fornecem a mobilidade indispensável para permitir que o mercado de trabalho funcione e as cidades existam.

Às vezes, os governos têm de usar a desapropriação por interesse público a fim de adquirir terra para alinhar vias e conectá-las com trechos de ruas locais, construídas privadamente. Embora o governo possa compensar os proprietários de terra a um preço equivalente ao do mercado, a aquisição de terrenos por meio de desapropriação por interesse público não é uma operação de mercado. Há apenas um comprador – o governo –, e o vendedor não tem escolha, exceto vender, independentemente de sua vontade.

Cada vez mais, os governos estão usando contratos com empresas privadas para a construção de trechos de infraestrutura viária ou ferroviária. No entanto, esses contratos do tipo construção/operação/transferência (*built–operate–transfer* [BOT]) ou construção/operação/propriedade/transferência (*built–operate–own–transfer* [BOOT]) de forma alguma tiram a responsabilidade primária do governo de dar início ao projeto, decidir as especificações e impor as cláusulas contratuais. Em contratos BOT ou BOOT, o governo sempre é o iniciador. Logo,

CAPÍTULO 3 A formação das estruturas espaciais urbanas

seja qual for o tipo de concessão pública, o resultado é o mesmo: uma importante rodovia sempre é o produto de um *design* governamental, não de mecanismos de mercado, mesmo quando um concessionário a constrói, mantém e coleta pedágios de seus usuários.

Quando bens são fornecidos através de mercados, uma alta demanda por eles automaticamente acionará uma resposta de oferta; em certo momento, as quantidades e os preços de produção alcançarão o equilíbrio entre oferta e demanda. Por outro lado, quando bens como vias ou parques são fornecidos por um *design* governamental, a alta demanda cria congestionamento, mas não aumenta a oferta por vias ou parques adicionais.

Redes viárias urbanas feitas de vias locais desenvolvidas pela iniciativa privada resultam em redes metropolitanas ruins

Até agora, as cidades ainda não conseguiram encontrar uma maneira de depender inteiramente da iniciativa privada para projetar, financiar e operar uma rede viária metropolitana sem qualquer intervenção do governo.

É importante distinguir a provisão de vias de acesso locais de uma rede viária de uma que serve a uma região metropolitana inteira. Os proprietários privados rotineiramente disponibilizam vias dentro de suas propriedades ou junto a suas divisas. Em certo momento, a posse dessas vias de acesso costuma ser transferida a uma autoridade municipal e, mais tarde, integrada ao domínio público para formar uma rede de ruas interconectadas. Uma agregação de vias originalmente construídas pela iniciativa privada constitui o núcleo de diversas cidades, e os dois mapas mostrados na Figura 3.2 ilustram bem esse processo. A rede viária da área de Wall Street, no núcleo histórico de Nova Iorque, e o bairro de Marais, em Paris, têm muitas semelhanças. As vias seguem as divisas originais com alguma subdivisão interna criada pelos loteadores ou proprietários de imó-

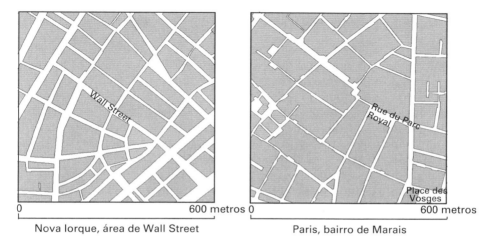

FIGURA 3.2 Padrões viários em Nova Iorque (Wall Street) e Paris (Marais).

veis. Cada uma delas constitui uma rede não hierárquica, fornecendo acesso a propriedades adjacentes, mas não redes viárias ou a mobilidade de uma grande região metropolitana. A agregação de vias de acesso construídas pela iniciativa privada não constitui uma rede metropolitana que permitiria o funcionamento do mercado de trabalho como descrito no Capítulo 2.

Os mapas dos bairros de Nova Iorque e Paris também demonstram como são resilientes as redes viárias uma vez projetadas. O padrão de ruas da região de Wall Street data do século XVII; e o de Marais, do século XIII. Os edifícios nas quadras foram demolidos e reconstruídos diversas vezes desde que a rede viária foi projetada. No entanto, as faixas de domínio demarcando um limite entre bens públicos e privados mudaram muito pouco desde sua criação, séculos atrás.

Para construir uma rede de circulação efetiva por toda a cidade, é preciso unir essas vias locais construídas pela iniciativa privada à grande rede viária projetada pelo governo, conectando vários bairros e permitindo velocidades de deslocamento consistentes com o funcionamento eficiente do mercado de trabalho.

Redes viárias totalmente projetadas pelo Estado

No Capítulo 5, discuto em mais detalhes as várias configurações que uma rede viária metropolitana pode ter e o impacto delas nos preços dos terrenos e nas estruturas espaciais urbanas. Neste capítulo, apenas discutirei por que a intervenção urbana é desejável para o projeto de uma rede viária.

No início da história da urbanização, as administrações públicas municipais reconheceram as limitações de se criar uma rede de ruas pela simples conexão do espaço residual deixado entre as divisas dos lotes. No século VI a.C., as administrações municipais de diversos portos comerciais gregos na Ásia Menor desenvolveram uma das primeiras plantas projetadas que separava o espaço público do privado antes de sua ocupação. A planta de Mileto, hoje na Turquia, mostra um dos primeiros exemplos conhecidos no mundo mediterrâneo de uma rede viária completa projetada antecipadamente pelo poder público (Figura 3.3).

Hipódamo, um dos primeiros planejadores urbanos de que se tem conhecimento, desenhou a planta de Mileto no século VI a.C. Por acaso, Mileto também foi o local de nascimento de Thales, o matemático e filósofo.

A planta de Hipódamo estabelecia os limites entre espaço público e lotes privados. Além das faixas de domínio, Hipódamo planejou a localização dos edifícios públicos e das amenidades que os gregos contemporâneos consideravam indispensáveis para o funcionamento de uma cidade: uma ágora (a área de comércio, discussões políticas e julgamentos) e um anfiteatro (para a encenação de dramas e comédias). Ele escolheu o local para a construção do teatro antes de tudo porque, ao contrário de um teatro moderno, um anfiteatro grego tinha de ser construído com uma inclinação favorável para melhorar a acústica, permitir que as arquibancadas fossem talhadas na rocha e reduzir os custos de construção.

CAPÍTULO 3   A formação das estruturas espaciais urbanas   65

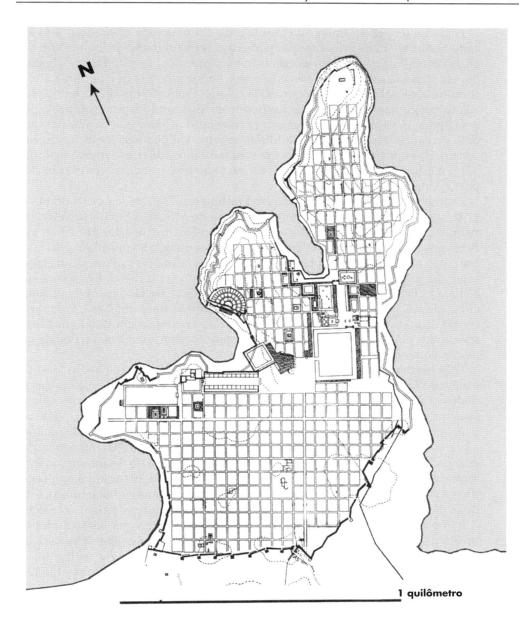

FIGURA 3.3 Planta de Mileto, século VI a.C. *Fonte*: Ilustração de A.V. Gerkan e B.F. Weber, 1999, The Archeology of Byzantine Anatolia: From the End of Late Antiquity until the Coming of the Turks, ed. Philipp Niewöhner (Oxford: Oxford University Press, 2017).

A planta de Mileto tinha duas vantagens. Primeiro, ela distinguia, prévia e claramente, as áreas privadas que poderiam ser exploradas pelo mercado das áreas de regiões que permaneceriam invendáveis (i.e., bens públicos). Segundo, ela fornecia uma rede viária coerente e bem conectada que permitia a fácil comunicação entre diferentes partes da cidade. Embora Hipódamo tenha estabelecido a implantação dos edifícios públicos e do grande espaço aberto exigido pela ágora, ele não tentou planejar ou controlar o uso das edificações nas quadras privadas. As escavações de Mileto mostraram que lojas e oficinas foram construídas em áreas que qualquer pessoa familiarizada com o mercado imobiliário moderno poderia ter previsto: ao longo do eixo principal e perto dos dois portos e da ágora.

O desenho urbano da rede viária em Washington, D.C., feito por L'Enfant, em 1792, seguiu uma abordagem parecida com a de Mileto. L'Enfant projetou um padrão de ruas para toda a cidade e escolheu as localizações dos principais edifícios governamentais, mas se absteve de exercer qualquer controle explícito sobre o uso e a ocupação de lotes privados. Na verdade, L'Enfant não tinha como saber que a Rua K seria usada principalmente para escritórios de lobistas ou que a elite política e burocrática em peso escolheria viver em Georgetown, pequena cidade localizada fora do perímetro do seu plano. As biografias de L'Enfant nos contam que ele não tinha nada de modesto, mas, mesmo assim, não tinha a arrogância dos planejadores modernos que tentam projetar e controlar o tipo de uso de cada quadra privada em uma cidade.

O projeto antecipado da rede viária de uma cidade inteira, como feito em Mileto e Washington, D.C., é uma ocorrência um pouco rara na história das cidades. A maioria delas começa como vilarejos não planejados em uma rede de ruas formadas pela agregação de espaço residual entre divisas, semelhante aos padrões mostrados na Figura 3.2 para Paris e Nova Iorque. No entanto, quando a população de uma cidade se torna maior do que, digamos, 100 mil habitantes, esse padrão viário não hierárquico prejudica a velocidade do deslocamento entre localidades distantes na cidade. Algumas cidades, então, planejam a ampliação da sua rede de ruas para novas áreas visando ao crescimento urbano futuro, a fim de evitar a réplica *ad infinitum* do padrão viário do vilarejo original. No século XIX, o plano da prefeitura de Nova Iorque implantou uma ampliação mais bem projetada da rede de ruas existente, adicionando a famosa grelha de Manhattan ao padrão viário original do "vilarejo", que existe até hoje na região sul da Houston Street. De modo semelhante, o plano de extensão projetado por Ildefons Cerdà para Barcelona foi incorporado à rede original do Barri Gòtic (Bairro Gótico), que também existe até hoje. O objetivo de ambas as ampliações era simplesmente projetar as faixas de domínio das ruas a fim de fazer os empreendedores imobiliários definirem antecipadamente as redes viárias do espaço residual entre as divisas dos lotes. No entanto, nenhum desenho prescreveu usos ou densidades específicas para os lotes privados delimitados pelas novas redes viárias.

Modificar uma rede viária existente – em vez de planejar uma expansão sobre áreas ainda não urbanizadas, como foi feito em Nova Iorque e Barcelona – é uma atividade árdua e, por consequência, muito rara de acontecer no passado. A nova rede viária projetada por Georges-Eugène Haussmann, em 1865, para Paris é um dos raros exemplos de modificação ampla de uma rede de ruas existente. O projeto de Haussmann não visava a oferecer uma extensão à rede viária existente, mas modificar a rede original ao abrir as ruas principais ao longo do padrão das estreitas ruelas medievais que cobriam a maior parte da cidade na época. Sua abordagem é rara, uma vez que o necessário uso de desapropriação por interesse público para realocar casas e negócios torna essa ação bastante dispendiosa e prejudica profundamente a vida econômica e social da cidade durante a implementação. Haussmann pôde executar seu plano para Paris por contar com o apoio total do imperador Napoleão III. Em uma democracia, sua atuação provavelmente nunca teria sido possível. Nos tempos modernos, a gestão urbana impetuosa e energética típica de algumas cidades chinesas permite uma reestruturação da rede viária que eu chamaria de neo-haussmaniana.

L'Enfant, Cerdà e Haussmann projetaram os novos traçados viários de Washington, Barcelona e Paris, respectivamente, mas cada projeto urbano se limitava ao leiaute das ruas e à localização de alguns monumentos cívicos. O plano era restrito à demarcação das divisas que separavam bens públicos – ruas e parques – de privados – lotes. O mercado permanecia sendo o principal fator de configuração do uso do solo em quadras entre as ruas. Muito tempo depois da construção das ruas, o mercado continuava responsável pela modificação constante da localização de atividades comerciais e pelas mudanças sucessivas das densidades residenciais e de trabalho.

O reparcelamento do solo,[7] às vezes utilizado em diversos países (p. ex., Japão, Índia, Coreia do Sul e Alemanha) é uma alternativa à desapropriação para se adquirir faixas de domínio. Esse reparcelamento exige um forte envolvimento governamental na realocação de terrenos entre os proprietários originais, particularmente para assegurar que o desenho de ruas locais seja consistente com a rede metropolitana. Atualmente, é uma das formas mais comuns de urbanização nas maiores cidades do estado de Gujarat, na Índia. Enquanto o novo parcelamento do solo não envolve a desapropriação, a rede viária resultante é fruto do projeto baseado em regulações e decisões dos planejadores urbanos, não de mecanismos do mercado.

Visto que não se conhece um mecanismo de mercado para a criação de uma rede viária que corresponda de forma consistente às demandas de mudança por acessibilidade e transporte, os planejadores desempenham um importante papel no desenho de redes viárias antes da urbanização. L'Enfant, Cerdà e Haussmann não faziam ideia das densidades futuras das regiões abrangidas pelas ruas desenhadas por eles. No entanto, suas escolhas de larguras das ruas e comprimentos dos quarteirões, embora arbitrárias, foram benéficas na ausência de um mercado alternativo. As redes projetadas separaram, de uma forma clara e antecipada, as terras públicas invendáveis das terras privadas e permitiram que o mercado imobiliário trabalhasse com mais eficiência, removendo a incerteza quanto à localização das novas ruas.

O traçado de ruas iemenitas antes do desenvolvimento urbano

Entre 1970 e 1973, atuei como planejador urbano em Sanaã, Iêmen. Foi lá que vivenciei em primeira mão a urgência de implantar uma rede viária antes da urbanização.

Fui enviado pelo Programa das Nações Unidas Para o Desenvolvimento (PNUD) com o objetivo de trabalhar para o governo do país como "conselheiro de planejamento urbano". Nunca houve um departamento de planejamento urbano na história do Iêmen antes de minha chegada. Meus chefes diretos eram o ministro de obras públicas e seu representante. A fim de formar o embrião de um Departamento de Planejamento Urbano no ministério, pedi para contratar um quadro de funcionários entre os estudantes universitários.

A guerra civil que deu origem à República Árabe do Iêmen havia terminado apenas dois anos antes de minha chegada. Durante aquele par de anos, o país começou a se abrir para o mundo exterior pela primeira vez, desencadeando um processo de urbanização massivo.

Sanaã, a capital, ainda era praticamente uma cidade medieval, sem água encanada ou redes de esgoto. Sua população ainda era pequena, com cerca de 100 mil habitantes. As Nações Unidas estimavam que ela estava crescendo em um ritmo veloz, de 7% ao ano (um número confirmado mais tarde por levantamentos e censos formais). Quarenta e sete anos depois, o local conta com uma população de 2 milhões de pessoas, e seus subúrbios se expandiram no fértil vale de Sanaã, assim como nas encostas de um vulcão extinto localizado no lado leste da cidade.

Durante minha estadia no país, o principal problema da urbanização não era o crescimento das favelas – os iemenitas são pedreiros habilidosos que constroem casas robustas com pedras, tijolos ou adobe –, mas o desenvolvimento de novos e grandes assentamentos remotos. Muitos desses assentamentos não se conectavam a qualquer sistema viário, um componente de infraestrutura necessário em uma cidade cuja população estava dobrando a cada 10 anos.

Meu encargo mais urgente não era escrever relatórios para o ministro sobre como Sanaã deveria se desenvolver, mas criar um sistema para separar rapidamente o espaço público do privado antes da urbanização. Em Sanaã, eu teria de desempenhar o ambicioso papel que L'Enfant executou em Washington, D.C., e Cerdà, em Barcelona, mas de uma maneira extremamente mais modesta, visto que eu não tinha o apoio de desenhistas técnicos, topógrafos ou qualquer mapa topográfico da região a ser urbanizada. Contudo, eu tinha um conjunto de fotografias aéreas tiradas recentemente pelas Nações Unidas, um teodolito (um instrumento ótico e simples de topografia) e algumas fitas métricas.

Estava claro que apenas projetar uma planta para a extensão de Sanaã e conseguir sua aprovação pelo governo não traria qualquer mudança no local. Para gerar um impacto, eu teria de utilizar o solo em si como minha mesa de desenho, traçando ruas diretamente na terra com o consentimento dos agricultores e chefes tribais que eram os proprietários das glebas.

O desafio era transferir uma planta simples em uma folha de papel para uma rede viária real. Traçando a partir das fotografias aéreas, fiz um mapa das principais futuras vias arteriais. Para isso, busquei identificar o leiaute das trilhas rurais existentes, identificar as regiões de desenvolvimento mais rápido e fazer um esboço da rede viária para áreas com cerca de 1 km² por vez.

CAPÍTULO 3 A formação das estruturas espaciais urbanas

FIGURA 3.4 O autor, com seus dois assistentes, traçando novas ruas no Iêmen, 1970.

O ministro e seu assistente apoiaram totalmente minha abordagem direta. Eles eram homens práticos, sem experiência ou pendor pela burocracia, e compreendiam a urgência pela criação de uma rede de vias arteriais. Por intermédio do Ministério de Obras Públicas, consegui contatar grupos de proprietários de terras da região na qual as novas ruas seriam traçadas. A cada grupo de proprietários eu apresentaria, diariamente, meu esboço preliminar para as vias fixado em um quadro. Então eu explicava o princípio da rede viária para a região e como ela seria conectada à rede de artérias principal da cidade. Todos estavam cientes das vantagens de ter seus lotes conectados à rede projetada que surgiria. Eles, às vezes, solicitavam modificações em meu esboço inicial quando este era projetado no solo, e com frequência discutiam entre si sobre os méritos de alguns alinhamentos de ruas, mas, em geral, concordavam sobre um leiaute final após algumas horas de debate. Também gostavam muito de minha inocência como estrangeiro; eu claramente não tinha interesse monetário no resultado, e eles prontamente me aceitaram como um agente honesto para tal encargo.

A Figura 3.4 ilustra o rudimentar exercício de pesquisa anterior ao traçado das novas vias urbanas do Iêmen em 1970. A Land Rover que aparece na fotografia também foi uma ferramenta essencial para traçar as vias, com suas rodas marcando o barro seco dos campos e das colinas de pedra.

O primeiro estágio de implementação foi traçar os eixos das ruas diretamente no solo, usando o teodolito para delinear as linhas retas. Meus assistentes despejavam cal ao longo da linha de eixo, e os proprietários de terra poderiam, então, discutir a largura da rua. Quanto mais larga, mais terreno eles perderiam; por outro lado, também compreendiam que ruas largas aumentariam o valor de seus lotes. Após algum debate, concordávamos com determinada largura e marcávamos, no solo, duas linhas paralelas, que se tornaram os meios-fios da nova avenida.

Tracei um número considerável de ruas ao longo dos primeiros dois anos de minha estadia no Iêmen. Durante meu terceiro ano, o ministério reconheceu a im-

(Continua)

(Continuação)

portância do traçado de novas ruas e contratou pesquisadores treinados de outros países do Oriente Médio, ampliando, assim, os esforços (e me aliviando da tarefa de desenhar ruas no solo).

Escrevi diversos artigos sobre habitação, densidades e recomendações de transporte relativos ao desenvolvimento de Sanaã, mas estou convencido de que traçar ruas – a tarefa de separar o espaço público do privado antes do desenvolvimento urbano – foi, certamente, a atividade que teve a taxa de retorno mais alta para a urbanização dessa cidade. Olhando agora para uma imagem do Google Earth de Sanaã, ainda consigo enxergar algumas dessas ruas, hoje asfaltadas e densamente ladeadas por edifícios.

Planejadores tentam desenhar cidades além dos leiautes viários

Todavia, para alguns planejadores urbanos, limitar o *design* ao leiaute de uma rua não é ambicioso o suficiente. Embora a quantidade de solo alocado para diferentes usos privados urbanos seja determinada mais apropriadamente por mercados, os planejadores acreditam que podem melhorá-la significativamente através do *design*. A falta de informações sobre as necessidades futuras dos usuários não os detém de ampliar suas atividades de *design* da demarcação de redes viárias para quadras privadas, assumindo o papel do mercado.

Alguns usos do solo têm impactos negativos óbvios nos vizinhos – como a permissão da construção de uma fundição de chumbo próximo a uma escola –, e os planejadores são legitimamente chamados para separar esses usos incompatíveis. No entanto, tais usos incompatíveis ocorrem com muito pouca frequência em uma cidade moderna e são facilmente identificáveis. Os planejadores têm levado essa questão muito além ao tentarem controlar sistematicamente não apenas qual atividade pode ser realizada em lotes privados, mas também quais altura e área total podem ser construídas neles. A maneira pela qual os planejadores hoje tentam reverter os controles e as restrições do passado provavelmente seja o exemplo mais eloquente de que isso é uma tolice:

- Eles usam novas regulações para permitir o uso misto em diversas áreas residenciais, onde regulações antigas buscavam precisamente segregar vários usos, como comércio e habitação.
- Utilizam o desenvolvimento urbano orientado pelo transporte sustentável (DOTS) visando a elevar o CA ao redor de estações de transporte de massa. Se o CA não fosse regulado em torno das estações em primeiro lugar, eles teriam atingido há muito tempo o nível correspondente à demanda nessas áreas. Contudo, o DOTS pode se beneficiar do desenho urbano coordenado para oferecer um melhor acesso dos pedestres ao transporte público. O DOTS é um bom exemplo da arbitrariedade que caracteriza o planejamento do uso do solo moderno: um novo regulamento para corrigir o efeito de uma norma antiga a fim de obter o mesmo resultado que teria sido alcançado se o primeiro regulamento nunca tivesse existido!

Felizmente, os *designs* antecipados de planejadores para cidades inteiras, incluindo cada edifício da cidade, são relativamente raros e se limitam principalmente a novas capitais. Contudo, o conceito de um *design* planejado como substituto para a força do mercado está sorrateiramente sendo inserido na maioria das regulações urbanas, determinando implicitamente áreas totais de edificação e CAs, ambos por meio de padrões mínimos para tamanhos de terreno, área construída e CAs máximos. Quando se substitui o *design* planejado por mercados, o impacto negativo no bem-estar dos habitantes não é irrelevante. No Capítulo 6, mostro como os *designs* detalhados de planejadores através de regulações são os principais responsáveis pelas terríveis condições ambientais encontradas em favelas de países emergentes.

Utopia e *design* substituindo mercados na distribuição de terra e de área construída

Apresentarei agora dois exemplos de decisões de planejadores urbanos que substituem o mercado na determinação da quantidade e das alturas dos edifícios. Nesses exemplos, o mercado não tem influência no resultado físico. O consumo tanto de terra como de área construída se baseia, no primeiro caso, em um desenho idiossincrático e, no segundo, em uma norma pseudocientífica. O primeiro exemplo, um desenho proposto por Le Corbusier em 1925, foi uma tentativa de redesenhar o centro de Paris a fim de torná-lo livre das regras de mercados. O segundo consiste em uma norma de projeto habitacional "científica" simples utilizada na China antes das reformas de 1990; tais reformas resultaram na substituição de mercados pelo *design* normativo em todas as novas regiões urbanas residenciais no país.

Design ao invés de mercados: o Plan Voisin de Le Corbusier para o CBD de Paris

Em 1925, o planejador urbano e arquiteto Le Corbusier sugeriu substituir o velho e tradicional centro de Paris por um novo centro "corretamente" desenhado chamado "Plan Voisin" (Figura 3.5).[8] Le Corbusier pensava que o objetivo primário e irresistível da construção de cidades era conferir a cada moradia uma quantidade ideal de iluminação solar e o acesso imediato a grandes parques. Sendo fisiologicamente semelhantes, ele concluiu que todos os seres humanos tinham as mesmas exigências de espaço e luz solar, por isso seu desenho repetitivo das torres. Esse projeto, felizmente nunca implementado, é típico da abordagem do *design* para o planejamento. A quantidade de área construída e de terreno ocupado e o número e o tamanho dos apartamentos não são determinados pela oferta e demanda, mas pelo que o *designer* acha que é a norma correta de *design* com base em supostas "necessidades". A doutrina de Le Corbusier consistia em ignorar deliberadamente o mercado e desenhar bairros – e

FIGURA 3.5 O Plan Voisin de Le Corbusier para Paris. *Fontes*: mapa de base da área edificada de Paris: OpenStreetMap®; Plan Voisin: modelo tridimensional feito pelo autor baseado em plantas e desenhos do *site* "Fondation Le Corbusier" e de *The City of Tomorrow and Its Planning*, de Le Corbusier (Nova Iorque: Dover Publications, Inc., 1987).

até mesmo cidades inteiras – com base em regulações escolhidas por ele e em sua interpretação das necessidades humanas racionais.

Contraintuitivamente, a abordagem do *design* para o planejamento urbano frequentemente resulta em um *design* repetitivo, enquanto a abordagem de mercado resulta em uma variedade de desenhos. Esse aparente paradoxo é fácil de entender. O *design* é baseado na racionalidade, e a racionalidade tem a ambição de ser universal. Uma vez que o *design* racional correto é encontrado, seria ilógico alterá-lo apenas para obter maior variedade. O Plan Voisin para Paris, mostrado na Figura 3.5, demonstra esse ponto.

O argumento da norma racional é útil para o projeto de alguns produtos industrializados. Por exemplo, quando uma norma racional para o desenho de, digamos, lâmpadas incandescentes, é encontrada, não há benefício em modificar esse padrão infinitamente; a repetição do mesmo projeto resulta em uma grande vantagem para todos. Acontece que lâmpadas incandescentes têm uma função e um objetivo simples, sobre o qual todos podem concordar. Cidades, por sua vez, são objetos extremamente complexos, habitados por seres humanos muito diversos, cujas preferências e circunstâncias mudam ao longo do tempo. Por consequência, o desenho das cidades não pode ser reduzido a um simples objetivo – seja ele o acesso adequado à iluminação solar e a parques, seja algum objetivo também digno. Mercados são bagunçados e, na verdade, estão apenas indo gradualmente na direção de estados de equilíbrio em constante movimento. Contudo, mesmo quando trabalha de forma imperfeita, mercados podem facilmente integrar a complexidade das informações exigidas para configurar as cidades.

• • •

Embora o Plan Voisin nunca tenha sido implementado, as ideias de Le Corbusier influenciaram profundamente o planejamento de cidades durante a segunda metade do século XX. Suas propostas foram legitimadas internacional e universalmente por meio dos encontros periódicos do CIAM[9] e da publicação da Carta de Atenas, que promoveu seu conceito de projeto de torres residenciais implantadas em parques para otimizar o acesso à luz natural e a áreas verdes. A mensagem ideológica era que o *design* científico deveria substituir o mercados na alocação de terra e consumo de área construída. Essa mensagem combinou bem com a atração de intelectuais pela ideologia totalitária, que infelizmente foi bastante difundida durante a maior parte do século XX.

A influência de Le Corbusier foi sentida menos pelo desenho urbano de novas cidades e mais pelas regulações de usos do solo e no desenho de habitação social pública. Praticamente todos os projetos habitacionais construídos na União Soviética e na China antes de 1980 eram baseados em normas fundamentadas em conceitos de Le Corbusier. Nas democracias liberais da Europa Ocidental e da América do Norte, sua influência se limitava ao projeto de grandes conjuntos habitacionais públicos financiados pelo governo, como Sarcelles, nos subúrbios da região norte de Paris, e o conjunto habitacional Pruitt-Igoe, em Saint Louis, Missouri. O projeto repetitivo de grandes edifícios habitacionais públicos não se deve à falta de habilidade arquitetônica, mas a um "*design*" baseado em uma norma ideal mítica, utilizada como substituta a mercados e com a pretensão de representar valores universais. Esses supostos sistemas universais levam a diversas externalidades negativas quando confrontados com a vida real. Por exemplo, a monotonia do *design* leva à falta de afeto pelo bairro, e a falta de acesso às amenidades (como mercadinhos e transporte), que normalmente teriam sido providenciados através de mercados, cria custos extras para os residentes.

Por meio de seus livros e conferências, Le Corbusier expressou claramente sua visão de que o objetivo principal do planejamento urbano e da arquitetura deve ser otimizar o acesso à iluminação natural e aos parques e espaços abertos. Pelo que sei, ele nunca tentou otimizar suas ideias fazendo uso de fórmulas matemáticas. No entanto, seus seguidores da China tentaram fazer exatamente isso.

O *design* substituindo mercados: áreas residenciais chinesas, 1960–1985

Tendo rejeitado os mecanismos de mercado e as transações imobiliárias baseadas nos preços, os países orientados pela ideologia marxista tiveram de encontrar uma forma diferente de alocar terra para múltiplos usuários. Os marxistas afirmavam que a racionalidade e a ciência formavam a base de sua ideologia. Logo, era natural que os planejadores urbanos chineses tentassem descobrir uma regra "científica" universal para alocar terra em áreas residenciais em um país tão grande e heterogêneo como a China.

Uma norma de urbanismo estabelecida no país na década de 1950 especificava que ao menos um cômodo por apartamento deveria receber, no mínimo, uma hora de iluminação solar no dia do solstício de inverno (21 de dezembro), quando o sol se encontra no seu nível mais baixo no Hemisfério Norte.[10] Essa regra se aplicava a moradias do governo e fornecidas pelas empresas comunistas construídas entre 1950 e a metade da década de 1980. Embora essa regra não se aplique mais à China, o estoque habitacional construído durante o período de 30 anos pré-reforma ainda permanece praticamente intacto, e é válido explorar o impacto que sua regra de *design* teve na estrutura espacial das cidades chinesas.

À primeira vista, essa única exigência de design parece inócua. Ninguém argumentaria contra a luz do sol. Para planejadores centrais, substituir os resultados desorganizados e imprevisíveis dos mercados pela racionalidade científica oferece uma legitimidade poderosa. Além disso, uma norma uniforme para o país inteiro passa a impressão de igualdade de todos perante a lei. A norma era utilizada como uma regra para o projeto de conjuntos habitacionais municipais ou a construção de moradias para funcionários de empresas estatais. Os remanescentes desses conjuntos habitacionais estão sendo comercializados pelos preços mais baixos do mercado e ainda podem ser vistos em cidades chinesas, chamadas popularmente de "moradias *danwei*".

Uma vez que a norma deveria ser aplicada pelas prefeituras, todo domicílio situado na mesma latitude consumiria a mesma quantidade de terreno e, independente daquela latitude, poderia desfrutar do mínimo de uma hora de luz solar diariamente. O aspecto idiossincrático e arbitrário do Plan Voisin de Le Corbusier desaparece e é substituído por uma simples fórmula matemática (Equação 3.1).

Um regulamento expresso por meio de uma fórmula matemática relacionada ao movimento do sol parece ter legitimidade científica e universal. Na realidade, ele é apenas pseudocientífico. Mesmo que a altura do sol ao meio-dia do solstício de inverno em determinada altitude seja um fato científico incontestável, uma hora de exposição solar diária em um cômodo por apartamento não é uma necessidade científica estabelecida.

Equação 3.1

A Equação 3.1 é uma fórmula matemática para calcular a distância entre edifícios que permita o mínimo de 1h de iluminação solar direta por dia para cada unidade de habitação em um edifício. A distância d entre edifícios é determinada pela altura do edifício h multiplicada pela tangente do ângulo α do sol no solstício de inverno às 11h30min da manhã, usando o horário solar:

$$d = h \tan(\alpha.\pi/180) \qquad (3.1)$$

CAPÍTULO 3 A formação das estruturas espaciais urbanas

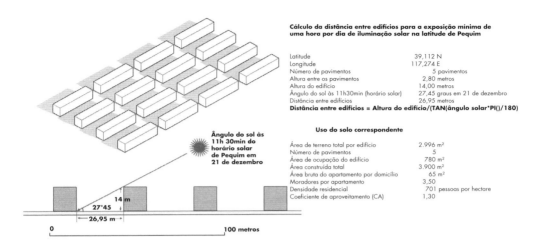

FIGURA 3.6 Aplicação da regra da iluminação solar e área total de edificação dos conjuntos habitacionais *danwei* em Pequim, Ningbo e Ghangzhou.

A regra da "uma hora de iluminação solar" determina a distância entre blocos de apartamentos para todas as cidades no país e torna essa distância dependente da latitude da cidade. A Figura 3.7 ilustra a implicação de utilizar tal fórmula para a alocação de solo nas habitações na latitude de Pequim. A exigência solar determina a distância entre edificações baseada em suas alturas. A maioria dos blocos habitacionais na China possuía cinco andares[11] durante o período no qual essa regra foi usada; a norma, por consequência, inevitavelmente fixou o coeficiente de aproveitamento entre área construída e terra para um número determinado de pavimentos. A tabela na Figura 3.7 mostra a distância exigida entre edifícios de cinco andares conforme a norma ditada pela latitude de Pequim. Essa distância, por sua vez, determinou a densidade populacional que poderia ser acomodada ao fazer uma estimativa de uma média da área construída por apartamento. A norma solar, portanto, implicitamente exigia para a latitude de Pequim, por exemplo, uma densidade de 700 habitantes por hectare, pressupondo uma área residencial bruta de 65 m² e 3,5 pessoas por habitação.

Além disso, a Figura 3.6 mostra a planta repetitiva e previsível que um regulamento desse tipo produz. Como já observamos na planta de Le Corbusier para Paris, uma norma científica de *design* resulta, inevitavelmente, em uniformidade. Em contrapartida, mercados são mais propensos a criar uma pluralidade de projetos individuais, já que cada fornecedor tenta inovar em um esforço para capturar uma fatia maior da demanda de consumo.

As implicações para as formas urbanas dessa norma alegadamente racional são impressionantes. Primeiro, ela determina implicitamente a mesma área de terra consumida por área construída para todas localidades na mesma latitude, não importando se um local faz parte de uma cidade grande ou pequena, do centro ou do subúrbio. Segundo, ela implica que se deve utilizar mais terra

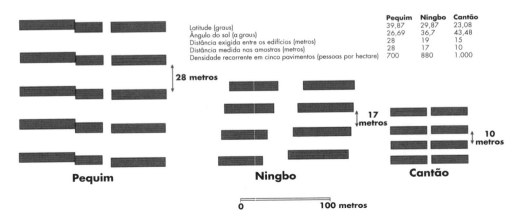

FIGURA 3.7 Distância entre edifícios na China, determinada pelo ângulo do sol no solstício de inverno.

para construir um metro quadrado em latitudes ao norte do que ao sul. Ou, em outras palavras, sugere que as densidades devem ser mais baixas em Pequim e mais altas em Hainan! Se tal regra fosse aplicada aos Estados Unidos, prescreveria que as densidades de Chicago e Nova Iorque deveriam ser muito menores do que as de Houston e Phoenix.

Quando eu estava trabalhando na reforma habitacional na China, essa regra era constantemente citada pelos meus colegas como a principal restrição ao se discutir a possibilidade de buscar um projeto habitacional alternativo que tornasse o uso do solo mais eficiente. Mas essa abordagem foi realmente seguida em todos os projetos habitacionais chineses?

A partir de um levantamento limitado de amostras de plantas de cidades chinesas escolhidas entre várias latitudes, parece que essa norma foi, de fato, amplamente utilizada: em Pequim (latitude 39,9° N), Ningbo, (latitude 29,9° N) e Cantão (latitude 23,1° N), com grande variação relativa a densidades mais altas em cidades mais afastadas de Pequim (Figura 3.7). As densidades realmente variam com a latitude: são mais altas em latitudes mais baixas. A tabela na Figura 3.7 mostra as variações entre as distâncias reais entre edifícios e aquelas prescritas pela aplicação estrita da regra de 1 hora.

Após as reformas do mercado da década de 1980, as administrações municipais chinesas rapidamente abandonaram a alocação de solo mediante regulações de *design* e as substituíram por uma abordagem mais pragmática, baseada no preço de mercado obtido leiloando-se o direito de uso do solo. As cidades chinesas pós-reforma contaram com um forte incentivo para abandonar o uso do solo urbano normativo e ineficiente, uma vez que obtinham uma grande parte da sua receita da venda a preço de mercado dos direitos de uso do solo para incorporadores. Apesar de ter sido abandonada, essa norma teve, mesmo assim, impacto enorme na estrutura das cidades chinesas, típico das consequências não intencionais de muitas regulações de uso do solo. No Capítulo 6, discutirei em mais detalhes outros exemplos de impactos regulatórios nas formas urbanas.

O *design* estendido a quadras privadas de cidades inteiras

Pouquíssimas cidades foram projetadas em sua totalidade, incluindo redes viárias e edificações, sem provisões para que forças de mercado modifiquem o uso do solo no futuro. As tentativas ilustrativas de controlar tudo através do *design* – os exemplos incluem Nova Déli, na Índia; Brasília, no Brasil; Camberra, na Austrália; ou Chandigar, na Índia – são conceitualmente muito diferentes de Mileto, Washington ou da Paris de Haussmann.

Além das redes viárias, os planejadores estabeleceram regulações específicas e detalhadas para cada quadra privada dessas cidades. Tais regulações eram tão minuciosas que essencialmente projetavam cada edifício das quadras. Eles especificavam o uso do solo, o tamanho dos lotes, a altura das edificações, a área das habitações, a taxa de ocupação do terreno, entre outros aspectos. Essas regulações desenhadas por planejadores impediam completamente a contribuição das forças de mercado para a configuração da cidade.

A Figura 3.8 mostra plantas detalhadas de áreas residenciais em Chandigar e Brasília. Originalmente, toda edificação – fosse um centro comunitário, um bloco de apartamentos ou uma zona comercial – era projetada antecipadamente através de regulações.

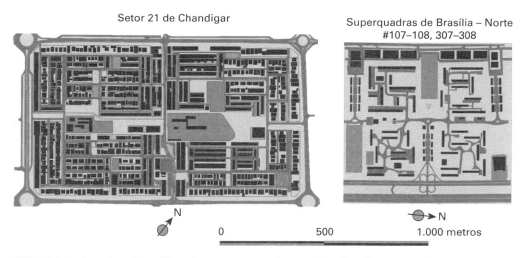

FIGURA 3.8 O projeto das edificações em uma quadra em Chandigar (à esquerda) e em Brasília (à direita). *Fontes*: Mapas topográficos com áreas construídas do Departamento de Administração de Planejamento Urbano de Chandigar, 2005, atualizado com o auxílio das imagens de satélite do Google Earth, 2008.

Nada era deixado para o mercado: os preços eram ignorados, os CAs definidos para todas as quadras e a terra alocada para uso residencial e comercial com base em regulações de *design* arbitrárias. Em Chandigar, porém, o governo originalmente oferecia o arrendamento para unidades habitacionais e, com o passar dos anos, permitiu que as forças de mercado transformassem o projeto original das habitações. O mesmo não ocorreu em Brasília.

No Capítulo 7, discuto as tentativas dos planejadores de configurar cidades dirigidas por mercados mediante regulações complexas.

O crescimento de Pudong: mercados e *design*

Muitos dos exemplos que utilizei até o momento para ilustrar o papel dos mercados e do *design* no desenvolvimento das cidades foram tirados do passado – o mais antigo, Mileto, do século VI a.C.; e os mais recentes, Chandigar e Brasília, remontando à década de 1960. Olhemos agora para o funcionamento do *design* e dos mercados usando o caso de Pudong, o novo centro financeiro de Xangai, construído ao longo dos últimos 25 anos.

À primeira vista, o *design* parece ser inteiramente responsável impressionante *skyline** de Pudong, como vista da margem oeste do rio Huangpu (Figura 3.9). Escritórios de arquitetura que trabalhavam para incorporadores projetaram a silhueta ímpar de cada arranha-céu. O *skyline*, formado pela soma dos projetos individuais de cada edificação, também parece ser produto do *design*. Paradoxalmente, esse não é o caso.

FIGURA 3.9 Pudong: o novo centro financeiro de Xangai.

---

*N. de R.: *Skyline* é o horizonte artificial gerado pela silhueta das edificações de uma cidade.

Pudong foi criado pelas forças de mercado

O *skyline* de Pudong, como mostra a Figura 3.9, foi criado a partir da elevada demanda por área construída nessa região, refletindo sua alta acessibilidade para a força de trabalho de Xangai. Incorporadores, prevendo a alta demanda por espaço de escritório a um nível de preço maior do que os custos de construção (incluindo o custo da terra), iniciaram e financiaram a edificação dos arranha-céus.

Edifícios altos e esguios constituem grande parte do apelo estético do *skyline*. Uma concentração de edifícios altos é sempre produto das forças de mercado. Em Pudong, devido à grande demanda, a terra é cara, e, por conseguinte, incorporadores são obrigados a substituir capital por terra construindo edifícios altos. O custo de construção de edifícios altos é maior por metro quadrado de área construída do que edifícios baixos. No entanto, cada pavimento adicional construído reduz o custo do solo por metro quadrado edificado. Logo, onde os terrenos são caros, o alto preço obriga os empreendedores a substituírem capital por terra construindo edifícios mais altos. Assim, somando-se todas essas questões, os arranha-céus de Pudong não são criados pelo *design*, mas pelas forças de mercado. Na falta de demanda de mercado por espaço de escritório, não haveria arranha-céus. Se o solo fosse barato em Pudong, arranha-céus não teriam sido construídos, apenas edifícios de escritórios pequenos de três ou quatro andares, como aqueles vistos em distritos de escritórios suburbanos!

Incorporadores contrataram arquitetos para projetar edifícios individuais em lotes específicos e os informaram sobre a quantidade de área construída que tinham para acomodar cada terreno. Variações na altura e no formato da edificação dependem tanto da configuração do lote original como do risco financeiro que um incorporador está disposto a correr ao projetar demanda e preços de venda. Os primeiros edifícios em Pudong eram apenas moderadamente altos. Quando a demanda por espaço de escritório na cidade se estabeleceu mais firmemente, os preços dos terrenos subiram e os empreendedores se tornaram mais ousados. Prontos para assumirem maiores riscos financeiros, eles contrataram arquitetos para construírem edifícios mais altos e mais caros. Assim, a gama de alturas, formas e texturas das edificações, que define a qualidade da estética de Pudong, é produto das forças de mercado; contudo, a competência projetual dos arquitetos individuais ainda é aparente em cada construção.

• • •

Mercados produzem uma grande variedade de desenhos porque as condições econômicas mudam com o passar do tempo e, dessa forma, exigem um *design* diferente. Além disso, os projetos inovadores em novos empreendimentos atraem inquilinos ou compradores graças aos edifícios mais atraentes. O mercado implica competição; a competição estimula a inovação em tecnologia e *design*. Compare o *skyline* de Pudong ao Plan Voisin de Le Corbusier para Paris mostrado na Figura 3.5. A variedade de formas e alturas das edificações de Pudong sugere mercados, enquanto a uniformidade do Plan Voisin, de Chandigar e de Brasília sugere um *design* governamental. Entretanto, Pudong não poderia ter sido construída sem algum projeto de infraestrutura inicial fornecido pelo governo.

A contribuição do *design* para o desenvolvimento do distrito financeiro de Pudong

Enquanto as forças de mercado foram responsáveis pela construção de arranha-céus em Pudong, o desenho e a construção de vias, pontes, túneis e linhas de metrô ocasionou as mudanças nos preços do solo que impulsionaram tais forças de mercado.

Pudong está localizado na margem leste do rio Huangpu, a cerca de 500 metros do "Bund", o tradicional CBD de Xangai. Antes de 1991, balsas forneciam a única conexão entre Pudong e o resto de Xangai, e esta não contava com metrô subterrâneo antes de 1993. Por conta de sua baixa acessibilidade e da falta de infraestrutura, Pudong era apenas parcialmente urbanizado, com alguns edifícios industriais baixos e depósitos conectados ao porto (mapa à esquerda da Figura 3.10). Terrenos rurais ainda ocupavam grandes áreas ao leste do rio, a menos de 2 km do CBD de Xangai. Na década de 1980, a demanda por novos edifícios de escritórios na cidade era atendida principalmente ao longo de um corredor ao leste–oeste entre o tradicional CBD e o antigo aeroporto de Hongqiao. A má acessibilidade de Pudong mantinha os preços de terra baixos, o que explicava a prevalência de edifícios baixos e de menor custo.

O valor do solo em Pudong começou a subir em 1991, após a decisão do governo municipal de construir a primeira ponte ao longo do rio Huangpu, que conectaria o "Bund" e Pudong. Em certo momento, a construção de mais duas pontes, quatro túneis viários e quatro linhas de metrô colocou Pudong a poucos minutos de distância do CBD de Xangai (mapa à direita na Figura 3.10). O aumento da acessibilidade do novo distrito financeiro de Pudong, combinado ao

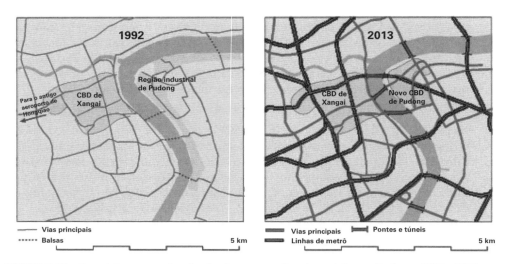

FIGURA 3.10 O projeto e a construção de vias e conexões de metrô para Pudong, 1992 e 2013.

dinamismo da economia de Xangai, elevou a demanda por espaço de escritório na região, posteriormente encarecendo os valores do solo e desencadeando a construção dos arranha-céus que configuraram o espetacular *skyline* atual.

As vias, pontes e túneis por si só não foram responsáveis pelo aumento nos preços do solo; isso só ocorre se eles fornecem acesso à terra pela qual há uma demanda potencialmente alta. No caso de Pudong, os planejadores das pontes e túneis anteciparam corretamente a reação do mercado à alta da acessibilidade criada pela nova infraestrutura de transporte.

A infraestrutura que conecta Pudong ao restante de Xangai foi criada a partir do *design*, não das forças de mercado, mas os aumentos previstos no valor de mercado do solo em Pudong orientaram o *design* e justificaram o investimento governamental. O mercado não poderia ter proporcionado a infraestrutura de transporte conectando Pudong ao resto de Xangai, porque os beneficiários dela se encontravam dispersos pela cidade inteira e nenhuma recuperação de custo direta era possível, exceto mediante alguma forma de taxação do governo. O desenvolvimento de Pudong ilustra perfeitamente os papéis complementares que mercados e *design* exercem na maioria das cidades bem-sucedidas, em particular os desenhos que facilitam a expansão. O governo permitiu que o preço dos terrenos determinasse tanto as alturas como os CAs dos edifícios enquanto arcava com o grande investimento em infraestrutura exigido para que o preço do solo atingisse seu potencial total, dada a curta distância entre Pudong e o Bund. Os planejadores governamentais, no caso de Pudong, compreenderam o mecanismo dos mercados. Eles projetaram e construíram a infraestrutura que poderia maximizar o valor da terra do outro lado do rio e apoiar as densidades criadas pelo mercado.

Os gestores urbanos devem compreender como o mercado e o *design* interagem para permitir que as cidades se ajustem às mudanças

A confusão entre mercado e *design*: o planejamento das densidades

Os planejadores que defendem o "crescimento inteligente"* sonham com um arranjo de projeto perspicaz que ajude a alcançar um equilíbrio ideal entre consumo de terra e distância de viagens pendulares. Eles normalmente defendem projetos com densidades populacionais[12] mais altas a fim de reduzir as distâncias de viagens pendulares. Se as densidades são o objeto do *design*, então deve haver "densidades boas" e "densidades ruins", assim como há "bom *design*" e "mau *design*".

No mundo real, são apenas mercados que determinam o consumo de terra e de área construída e, portanto, as densidades populacionais. Na verdade, as decisões dos domicílios no que diz respeito ao seu consumo de terra e de área construída são baseadas nos preços e nas localizações que, por sua vez, são ba-

---

*N. de R.T.: "Crescimento inteligente" ou *smart growth*, em inglês, é uma teoria de urbanismo que defende o crescimento urbano através de bairros compactos, amigáveis ao transporte ativo com usos mistos e edifícios baixos e próximos uns aos outros, de forma a desestimular o espraiamento urbano.

seadas na oferta e na demanda, cujas variações são determinadas pelo mercado. A área construída que um domicílio consome depende da sua renda (o lado da demanda), do preço do metro quadrado e do custo da viagem pendular (o lado da oferta). O equilíbrio entre oferta e demanda para a área construída evolui ao longo do tempo e, certamente, não tem como depender da escolha de *design* de um planejador bem-intencionado.

As densidades nas regiões históricas de Nova Iorque, Paris e Xangai, por exemplo, diminuíram mais da metade no decorrer dos anos. Essas mudanças se devem inteiramente aos mecanismos do mercado, refletindo, em parte, em melhorias no transporte e aumentos de renda e poderiam ter sido previstas ou esperadas, mas não desenhadas.

Essa distinção entre mercados e *design* tem implicações operacionais práticas na gestão das cidades. Imagine uma cidade na qual o prefeito considera prioridade o aumento do consumo de área construída por domicílio (como foi o caso em cidades chinesas da década de 1980). Se concordarmos que o consumo é uma questão de mercado, então os planejadores podem considerar diversas soluções possíveis baseadas nos mecanismos do mercado que aumentariam o consumo. Eles podem, por exemplo, aumentar a oferta de terra urbanizável ao elevar a velocidade do transporte, de modo que mais terra possa ser disponibilizada para desenvolvimento; podem também baixar o custo da construção ao aumentar a produtividade do setor de construção ou reduzir os custos de transações ligadas aos alvarás de construção e aquisição de terrenos. Os planejadores podem, ainda, utilizar uma abordagem de demanda, visando a estimulá-la mediante a ampliação do acesso ao crédito para o financiamento de imóveis ou ainda causando uma elevação indireta nos salários ao abrir a cidade para investimentos externos em manufatura ou serviços. Todas essas medidas possivelmente contribuiriam para um crescimento no consumo de moradia por domicílio. Por acaso, o governo chinês adotou todos esses passos no período da reforma iniciado na década de 1990, o que resultou em um aumento de nove vezes no consumo de moradia urbana entre 1978 e 2015!

Em contrapartida, uma solução de *design* para aumentar o consumo de área construída poderia se estabelecer um tamanho de moradia mínimo para impedir que incorporadores construam casas pequenas, ou então exigir que o governo subsidiasse e construísse, todos os anos, um número suficiente de apartamentos grandes para famílias de baixa renda. Uma vez que o consumo de área construída é um resultado de mercado, as soluções de *design* que buscam aumentar consumo nunca funcionam no longo prazo. Discutirei essa falha de *design* em detalhes no Capítulo 7.

Relações entre mercados, *design* e indicadores urbanos

Um fluxograma esquemático simples (Figura 3.11), cujas entradas e saídas podem ser calculadas em uma planilha simples, pode ajudar a diferenciar o papel do mercado e o do *design* no desenvolvimento das cidades. O fluxograma deve ser útil para o entendimento das relações matemáticas entre pessoas, empregos, área construída, terra e infraestrutura viária no paradigma que tenho usado: a diferenciação entre mercado e *design*.

A partir desse fluxograma, poderemos derivar os três indicadores urbanos mais importantes que permitirão o monitoramento das mudanças espaciais e a comparação de diferentes estruturas espaciais urbanas: a densidade populacional, o CA e a área viária *per capita*.

- O CA[13] estabelece a quantidade de metros quadrados que são construídos por cada unidade de terra, incluindo terra utilizada para ruas e serviços públicos.
- A densidade populacional mede a concentração espacial da população por unidade de terra, mas é uma medida de consumo de terra por pessoa[14] nas cidades.
- O espaço viário *per capita* é calculado pela divisão do total de área viária pela população total de uma cidade. O espaço viário *per capita* está diretamente ligado à mobilidade e poderia ser usado como um indicador para medir a compatibilidade da área de rua por pessoa com diferentes modais de transporte.

Mostrarei que a densidade populacional média de uma cidade depende inteiramente de mercados e, desse modo, não está sujeita ao *design* dos planejadores. O CA deve ser totalmente determinado por mercados; no entanto, seu valor máximo com frequência é limitado por regulações. É claro que alguns condicionantes regulatórios no CA ou na altura dos edifícios são completamente legítimos quando exigidos para proteção do patrimônio histórico ou para condicionantes físicos óbvios, como a proximidade a um aeroporto. No entanto, a maioria das regulações de CA é arbitrária. O espaço viário *per capita* depende tanto de *design* como de mercados: as normas e regulações de desenhos viários determinados pelos governos, e a densidade populacional determinada por mercados.

A organização do fluxograma relacionando variáveis de mercado e *design*

O fluxograma mostrado na Figura 3.11 é dividido verticalmente em dois fluxos – mercado e projeto. As colunas **a** e **b** correspondem ao fluxo de mercado; **d** corresponde ao fluxo de projeto e **c** contém resultados e indicadores intermediários. O fluxograma é dividido em nove linhas e blocos que incluem categorias como "residencial" ou fórmulas como "população × área construída residencial *per capita* = área construída residencial total". As setas indicam a relação entre variáveis de entradas e saídas. Para identificar blocos específicos no fluxograma, observe que "bloco 5b", por exemplo, está relacionado ao bloco localizado na linha 5 na coluna 5.

As quantidades de bens privados são determinadas pelo mercado, enquanto as quantidades de bens públicos dependem do *design*

O espaço construído de uma cidade contém dois tipos de bens: os privados e os públicos (linha 3 na Figura 3.11). Edifícios residenciais e comerciais são bens privados, ou seja, são adquiridos e vendidos no mercado. Para bens privados, a quantidade e o preço unitário do metro quadrado construído e do terreno ocu-

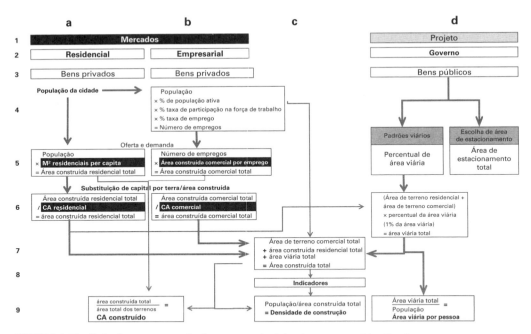

FIGURA 3.11 Relação entre população, terreno (solo) e área construída. Supõe-se que os preços são determinados pela oferta do mercado e que a oferta e a demanda são condicionadas por topografia e outras variáveis.

pado dependem da oferta e da demanda (i.e., do mercado). Por outro lado, vias e grandes espaços públicos abertos geralmente são bens públicos. Ao contrário do que ocorre com os bens privados, a quantidade de bens públicos produzida é determinada por *design*, não por mercados. Uma vez que os usuários não pagam pelos bens públicos, o mercado fica impossibilitado de determinar a quantidade que deveria ser produzida para atingir o equilíbrio entre oferta e demanda. Em vez disso, os governos apoiam-se em padrões de *design*, projeções e normas para proporcionar a "quantidade certa" de bens públicos.

O consumo de terra e de área construída de empresas e domicílios direciona a urbanização, e não governos ou planejadores urbanos

As empresas e domicílios são consumidores de bens privados. Domicílios consomem áreas construídas residenciais, enquanto as empresas consomem áreas construídas comerciais (linhas 4 e 5, colunas **a** e **b** da Figura 3.11). Incluí na classificação "empresarial" todos os edifícios como escritórios, lojas, depósitos e fábricas. Amenidades como museus, teatros e restaurantes funcionam como empresas: seus colaboradores são parte da força de trabalho e seus clientes são consumidores. De forma menos óbvia, incluí também em "empresarial" as instalações pertencentes e administradas pelo governo, como edifícios governamentais, escolas, hospitais, presídios e correios. Para os propósitos do mercado de trabalho, elas funcionam exatamente como empresas. Nas escolas, os professores e o quadro de funcionários representam a força de trabalho; a escola é uma firma que vende educação, um serviço, aos estudantes, que são os consumidores. Esse é o caso mesmo quando as famílias indiretamente pagam pelo serviço que seus estudantes consomem por meio dos tributos. De forma geral, considero todos os níveis governamentais como comércio: eles empregam força de trabalho que distribui serviços aos seus consumidores, os cidadãos. Pelas mesmas razões, as instalações pertencentes ao governo estão na categoria "mercado", uma vez que o imóvel que elas representam deve ser facilmente comprado, vendido ou alugado pelo preço do mercado. O fato de que apenas alguns governos vendem terrenos de volta ao público ou alugam edifícios do setor privado[15] não deveria ser justificativa para colocá-los em uma categoria diferente. Nada pode impedir que os governos vendam, aluguem ou arrendem terrenos e áreas construídas do setor privado. Seria bastante saudável se governos avaliassem o valor financeiro de suas propriedades imobiliárias rotineiramente para estimar se eles estão fazendo um uso eficiente da terra urbana.[16]

Vejamos agora a relação entre variáveis. Teremos dois fluxos de relações quantitativas: o primeiro relativo à provisão de bens privados por meio das forças de mercado, o segundo relativo à provisão de bens públicos por meio de *design* governamental.

O determinante da urbanização: número de pessoas e de empregos (linha 4, colunas a e b)

A primeira entrada é a população da cidade (linha 4), que é exógena no fluxograma. O tamanho da população determina tanto o número de pessoas que consumirão área residencial construída quanto o número de trabalhadores que consumirão área comercial construída. A população multiplicada pelo percentual de população ativa (pessoas entre 16 e 65 anos) vezes a taxa de participação na força de trabalho[17] vezes a taxa de população ocupada é igual ao número de empregos. No fluxograma, isso equivaleria ao número de trabalhadores que exigem área construída comercial.

Mercado, variável independente: consumo de área construída *per capita* (linha 5, colunas a e b)

As empresas e os domicílios consomem área construída; esse consumo por pessoa depende da oferta e da demanda. Não se trata de um consumo fixo, mas que varia constantemente, dependendo das condições econômicas. A maioria das regulações estabelece normas mínimas para áreas construídas com base em um *design* "ideal", mas, na realidade, a área efetivamente consumida é totalmente definida por quanto as empresas e domicílios podem pagar, de acordo com suas rendas e os preços atuais de terra e de construção. Esses preços dependem da oferta de terra e da produtividade da indústria imobiliária. O uso de área construída por pessoa e trabalhador é, portanto, puramente determinado por mercados – não se trata de um parâmetro de *design*.

A população multiplicada pela área residencial construída por pessoa fornece a área residencial construída total. O número de empregos vezes a área comercial construída por trabalhador é igual à área comercial construída total. Podemos ver que a área construída total (residencial e comercial) em uma cidade depende inteiramente de mercados e não está sujeita ao *design*. Essa área construída total se modificará com o passar do tempo, de acordo com as condições populacionais e de mercado. A prosperidade de uma cidade depende da elasticidade da oferta de área construída à medida que as condições geográficas e econômicas mudem. Sua quantidade não pode ficar condicionada a um *design* fixo estabelecido com antecedência por um plano diretor.

Mercado, variável independente: CA, a substituição de capital por terra (linha 6, colunas a e b)

A área de terra exigida para a construção da área construída total (calculada nos blocos 5a e 5b na Figura 3.11) depende dos CAs para áreas residenciais e comerciais, como discutido no início deste capítulo. O CA depende do preço de terra relativo ao preço da construção. Se a unidade de terra é mais cara do que o metro quadrado construído, será necessário substituir capital por terra (i.e., construir edifícios mais altos com CAs mais elevados). O CA é, portanto, um parâmetro melhor estabelecido por mercados. No entanto, os planejadores frequentemente restringem os CAs por conta das possíveis externalidades negativas geradas por edifícios altos.

A área construída residencial total dividida pelo CA residencial será igual à área de terra residencial total. Realizaremos a mesma operação para a área construída comercial a fim de obter o área total de terra comercial total. Como visto antes, essas duas áreas dependem integralmente das condições do mercado. Em cidades nas quais o CA é fortemente restrito por regulações (i.e., por *design*), o consumo de terra por pessoa ou trabalhador será mais alto do que nas cidades onde as restrições não são tão severas.

O fluxo dos bens públicos depende do *design* e do investimento governamental

As áreas ocupadas por bens públicos nesse modelo são reduzidas a dois componentes: a área viária total e a área total de espaços públicos abertos/de parques (coluna **d** na Figura 3.11). Ambos os componentes são criados por *design*, visto que não há mecanismo de mercado conhecido que possa fornecer com precisão uma área viária que corresponda à sua demanda. Pode-se dizer o mesmo sobre grandes parques e espaços abertos e sobre a proteção de sítios do patrimônio histórico ou ativos ambientais excepcionais. A identificação desses bens públicos e das quantidades oferecidas somente pode ser feita mediante normas ou *designs* arbitrários. Uma vez decidida a norma, não haverá mecanismo de mercado que possa ajustar a oferta ou a demanda. Apenas uma revisão do projeto urbano original, tão arbitrária quanto a decisão de projeto inicial, será capaz de modificar a oferta de bens públicos.

Design, variável independente: padrões viários urbanos (linha 6, coluna d)

Os governos geralmente definem padrões viários urbanos para rodovias, vias arteriais e vias secundárias e terciárias. Planos diretores*, normas ou regulações normalmente estabelecem a distância desejada entre cada tipo de via. O resultado de várias normas com frequência pode ser resumido pelo percentual da área urbanizada total que deve ser utilizada para as vias. Por exemplo, uma norma autorizando a criação de uma rede de vias arteriais de 30 metros de largura a cada 800 metros exigiria implicitamente que 7,6% da área total fosse destinada às vias arteriais. Na rede viária de Manhattan, uma quadra típica tem avenidas de 280 m de comprimento e 30 m de largura e ruas de 18 m de largura, correspondendo a uma área viária de 33% da área urbanizada total (medida a partir das quatro intersecções do eixo das ruas e avenidas). Obviamente, as normas para as vias se baseiam em regras simples e suposições sobre as múltiplas funções das ruas: fornecer luz e ventilação para as edificações, controlar o tráfego de pessoas e veículos, proporcionar espaços recreativos e estacionamentos, permitir o plantio de árvores e assim por diante. Não há qualquer abordagem "científica" ou de mercado para a alocação de solo aos espaços das ruas.

No fluxograma na Figura 3.11, considero que as diversas normas para vias se resumem a um único número que representa o percentual da área construída total (bloco 5d). Esse percentual aplicado à área de solo residencial e comercial permite o cálculo da área viária total correspondente à norma regulamentar (bloco 6d).

Planejamento urbano, variável independente: padrões para parques e espaços abertos (bloco 6d)

Os parques e os espaços abertos são, às vezes, objeto de uma norma regulatória no loteamento de glebas, mas a maioria das provisões para esses lugares é oportunista. Por exemplo, uma orla de rio ou mar é, com frequência, alocada como um espaço público. A quantidade de solo concedida como espaço público geralmente depende do que chamarei de oportunidades topográficas ou históricas. Em Seul, por exemplo, a maior parte dos espaços públicos abertos foi alocada levando em consideração as oportunidades topográficas ao longo do rio Han e as encostas de colinas não edificáveis. Em Paris, por outro lado, a maioria desses espaços, como o Bosque de Bologne, o Parque de Vincennes e os jardins das Tulherias e de Luxemburgo, era originalmente parte do domínio real e foi, mais tarde, transformada em espaços públicos. Desse modo, a área e a localização dos parques parisienses resultam de oportunidades históricas.

---

*N. de R.T.: No original, *masterplan*. No Brasil, o Plano Diretor se refere a uma legislação municipal específica, prevista no Estatuto das Cidades. Algumas cidades como Porto Alegre, no entanto, incorporam regulações de uso e ocupação do solo no Plano Diretor. Outras, como Recife ou São Paulo, possuem duas leis separadas, um Plano Diretor e uma Lei de Uso e Ocupação do Solo. Está se usando, no contexto desse livro, a palavra "Plano Diretor" de forma mais abrangente, uma forma de regulação urbana que também incorpora regulações de uso e ocupação do solo.

Tipicamente, a provisão do espaço aberto é um componente desenhado do uso do solo urbano. Devido à natureza idiossincrática de grandes espaços abertos, não incluo grandes parques no cálculo das áreas construídas das cidades.

Variáveis dependentes: consumo total de terra e área construída e indicadores de densidade

As entradas de demografia, mercado e *design* no fluxograma, como descritas anteriormente, nos permitem calcular as variáveis dependentes, que são a área construída total e os seguintes três indicadores:

1. coeficiente de aproveitamento construído médio;
2. densidade construída média;
3. área viária por pessoa média.

Esses indicadores são os mais importantes para o monitoramento da maneira como a estrutura de uma cidade evolui ao longo do tempo. A seguir, explicarei o porquê de sua relevância e como usá-los para acompanhar a evolução das cidades no que diz respeito a acessibilidade à moradia e mobilidade. Eles medem o impacto do efeito combinado de mercados e de *design* na estrutura de uma cidade.

Indicador: coeficiente de aproveitamento construído médio (blocos 9a e 9b)

O coeficiente de aproveitamento construído médio mede a quantidade de unidades de área construída que pode ser construída em uma unidade de terra. É a taxa média de conversão entre terra e área construída. Uma vez que a área construída é o verdadeiro produto da urbanização e a terra é a entrada mais cara necessária para sua produção, é um indicador urbano muito importante. A demanda por terra urbana depende muito do valor desse indicador. Para a mesma população, dobrar o CA construído médio reduz a demanda por solo pela metade.

Apesar de sua importância, pelo que sei, o CA construído médio[18] nunca é parte dos indicadores urbanos de uma cidade, e os planos diretores nunca o mencionam.

Os planos diretores, em geral, restringem o valor de CA máximo em terrenos individuais de maneiras distintas, dependendo da localização (o plano de zoneamento de Nova Iorque tem mais 20 valores diferentes para os CAs máximos em diversas categorias de zoneamento). Contudo, por alguma razão, os planos diretores nunca agregam o impacto global dessas regulações na demanda geral por terra. Por consequência, não conseguem avaliar a área construída máxima na qual os usuários podem construir legalmente em uma área de Plano Diretor. O CA médio é relevante no planejamento porque permite a previsão da demanda por solo com base na demanda projetada por área construída e nas normas de projeto para vias.

> **Um aumento no CA médio nem sempre eleva a densidade populacional**
>
> Recentemente, o número de defensores do "crescimento inteligente" subiu. Esses defensores acreditam que os planejadores podem aumentar as densidades populacionais urbanas pelo simples aumento dos valores normativos de CA.
>
> Tal aumento causará elevações nas densidades somente naquelas regiões onde as regras de CA vêm limitando a demanda por área construída. Um aumento no CA permitido não terá qualquer impacto em áreas nas quais a razão entre preço de solo e custo de construção é baixa, pois nessas áreas não existirão motivos para substituir capital por terra.
>
> Em cidades como Mumbai, por exemplo, onde os valores de CA têm sido fortemente regulados, não há dúvidas de que um aumento no CA normativo elevará bastante o número de edifícios altos. Contudo, a construção desses edifícios é muito mais cara do que a de edifícios baixos. Em cidades que contam com um número significativo de famílias vivendo abaixo da linha da pobreza, como Mumbai, os novos edifícios altos seriam acessíveis apenas aos grupos cujos salários são muito altos, que consumirão muito mais área construída *per capita* do que os grupos de baixa renda. Isso explica por que em Mumbai as densidades residenciais muito elevadas, de cerca de mil pessoas por hectare, são encontradas em favelas horizontais, enquanto, em edifícios altos, a densidade mal atinge 400 pessoas por hectare. Essa situação paradoxal é descrita em detalhes e com exemplos específicos no Capítulo 6.
>
> Nas regiões centrais de cidades abundantes como Nova Iorque ou Xangai, tem sido observado que o CA médio aumenta significativamente enquanto a densidade diminui, porque as habitações elevam seu consumo de área construída mais rapidamente do que o crescimento no CA. Segundo Solly Angel[1], a densidade de Manhattan era de 575 pessoas por hectare em 1910, mas caiu para 350 em 2010, apesar da proliferação de edifícios residenciais altos e da reciclagem de uso de edifícios de escritórios altos, que foram destinados ao uso residencial na região de Wall Street.
>
> Logo, as densidades populacionais dependem de diversos fatores econômicos e não são determinadas pelo *design* dos edifícios.
>
> ---
> 1. Shlomo (Solly) Angel e Patrick Lanson-Hall, "The Rise and Fall of Manhattan's Densities 1800–2010", Instituto Marron, Universidade de Nova Iorque, Nova Iorque, 2015.

Indicador: densidade populacional média (bloco 9c)

A densidade populacional média da área urbana construída é um indicador de uso do solo por pessoa. Combina o impacto do mercado e do *design* (em forma de vias) no consumo geral de terra. Embora a densidade populacional seja um indicador medido rotineiramente, os planejadores costumam considerar a densidade como uma opção de *design* em vez de um resultado de mercado.

Embora se trate de um indicador útil para projetar demandas futuras por terra, não há razão para considerar densidades altas ou baixas como um objetivo de planejamento desejável. Entretanto, um consumo elevado de área construída ao menos pelo segmento mais pobre da população urbana pode ser um objetivo legítimo. Dependendo do CA, o resultado pode ser densidades mais altas ou mais baixas.

Indicador: área viária por pessoa (bloco 9d)

A área viária por pessoa é um indicador de uso que depende principalmente de mercados e parcialmente de *design*. Visto que a área das vias raramente muda depois de desenhadas e construídas, as variações na área viária por pessoa dependem sobretudo da mudança nas densidades, que é uma variável de mercado.

A medida da área viária por pessoa é um indicador de congestionamento potencial, uma vez que viagens pendulares consomem espaço viário em horários de pico para deslocar as pessoas entre casa e trabalho. Já que a área das vias não pode ser facilmente ajustada depois da construção, a área viária por pessoa é um guia útil para os construtores de sistemas de transporte – os quais devem ser projetados para se adaptarem à estrutura espacial atual, não o contrário, como é, com frequência, defendido. No Capítulo 5, discuto os valores de área viária por pessoa encontrados em diversas cidades e as implicações correspondentes para os sistemas de transporte urbanos. Vamos relembrar que, exceto nas cidades chinesas contemporâneas, a possibilidade de aumento da área de ruas raramente existe; a operação conduzida em Paris por Haussman na metade do século XIX é extremamente rara em razão de seu risco financeiro e do custo social elevado.

Construindo um fluxograma mais completo

O objetivo da elaboração do fluxograma de uso do solo descrito anteriormente (veja a Figura 3.11) foi demonstrar que as densidades populacionais são o resultado das forças de mercado, que reagem a eventos exógenos. Recomendo que os planejadores façam projeções de densidade a fim de avaliar, por exemplo, a provável demanda futura por terra a ser convertida para uso urbano. No entanto, eles devem fundamentar suas projeções em cenários de mercado verossímeis baseados em rendas e preços, não em suas preferências pessoais por densidades baixas ou altas.

Para poder fazer projeções de densidade mais verossímeis, os planejadores às vezes preferem tornar o fluxograma mais complexo. Por exemplo, fragmentar a população por grupos de renda pode permitir a diferenciação entre uso de área construída e área de terreno para diversas faixas de renda. Da mesma forma, dividir o uso do solo comercial em variados tipos – varejo, escritório e industrial – pode tornar a projeção mais realista.

Os planejadores devem entender como os mercados e o *design* moldam a cidade

Os planos diretores e leis de uso e ocupação do solo, em sua maioria, elaborados às altas custas dos contribuintes, em geral não são efetivos e logo se tornam irrelevantes; isso é particularmente verdadeiro em cidades que estão se desenvolvendo com rapidez. A confusão entre o impacto do mercado e do *design* é o principal responsável por esse resultado desolador.

As projeções não deveriam se tornar regulações

Todavia, isso não significa que o planejamento baseado em projeções seja inútil. Ao contrário, os planos capazes de projetar o crescimento urbano e mobilizar os recursos para abordar esse crescimento são indispensáveis. No entanto, para serem efetivos, os planos devem apoiar-se em níveis de consumo confiáveis projetados com base em premissas realistas de mercado, não em preferências de projeto utópicas ou dogmas populistas.

Os planejadores, com muita frequência, transformam suas projeções sobre uso do solo em regulações, ao invés de tentarem gerar efeito em mecanismos de mercado. Projeções sobre terrenos industriais baseadas em demandas do passado, por exemplo, em geral se tornam leis de zoneamento, estabelecendo os limites e a área do futuro solo industrial. As projeções são o que são – sempre um chute, mesmo se baseadas em tendências anteriores. Sendo assim, os planejadores deveriam monitorar a demanda constantemente por meio da evolução dos preços de venda e aluguéis de terra e adaptar suas projeções de acordo com isso. Os planos de zoneamento frequentemente alocam mal o uso do solo apesar das óbvias mudanças de demanda devido às projeções errôneas que se converteram em planos de zoneamento. A disparidade entre as atitudes dos planejadores em Mumbai e Hong Kong (descrita anteriormente neste capítulo) ilustra a vantagem de monitorar a demanda para permitir a mudança do uso do solo.

Assim, os planejadores devem compreender totalmente os mecanismos do mercado. Todos os departamentos de planejamento devem monitorar a distribuição espacial das mudanças nos preços imobiliários. É preciso dar atenção ao lado da oferta, incluindo a elasticidade da oferta de terra, a produtividade das indústrias imobiliárias e a redução dos custos transacionais impostos pelos alvarás de construção e pelas transferências de títulos de propriedade.

Os planejadores podem influenciar o consumo usando o mercado, não impondo normas

Fica claro que separar o mercado do *design* no desenvolvimento das cidades não significa que os planejadores devam apenas monitorar mercados passivamente. Por exemplo, eles certamente devem se preocupar com o baixo consumo de área construída residencial dos domicílios de baixa renda e agir para aumentá-la. No entanto, precisam estar cientes de que o aumento de tal consumo tem um resultado mais efetivo se feito por meio de mecanismos de mercado (i.e., aumentando a oferta ou reduzindo os custos transacionais) em vez de *designs* regulatórios (estabelecendo por lei um mínimo de área construída ou de terreno ou o aluguel mínimo por apartamento). Se querem ter mais influência sobre o planejamento urbano, os planejadores devem desenvolver um conjunto de indicadores como preços de terra, aluguéis e tempo médio de viagens pendulares em diferentes modais de transporte. Tais indicadores devem ser considerados "uma luz vermelha de alerta" quando ultrapassam certo patamar. Os planejadores têm de responder imediatamente a esses níveis de alerta vermelho removendo gargalos de oferta, que podem incluir regulações obsoletas, mas também investimento insuficiente em infraestrutura viária e de transporte. O papel dos planejadores em reagir aos indicadores é discutido no Capítulo 8.

CAPÍTULO 4

A distribuição espacial dos preços de terra e das densidades: modelos desenvolvidos por economistas

A necessidade de entender o funcionamento dos mercados

Vimos que os mercados são responsáveis pelas densidades populacionais. A alta demanda por uma localização específica aumenta a densidade, enquanto a baixa demanda a reduz. A densidade é um indicador de consumo de terra, refletindo o equilíbrio entre oferta e demanda de terra em uma localidade em particular. A densidade populacional é, portanto, um indicador que depende de parâmetros de mercado, sobretudo renda domiciliar, elasticidade da oferta de terra e velocidade e custo de transporte.

Em outras palavras, as densidades populacionais refletem as preferências dos consumidores quando devem fazer escolhas entre opções com preços variados. Grandes variações de densidade em uma cidade refletem a diversidade de preferências entre domicílios. Essa diversidade mostra as diferenças de renda, mas também reflete escolhas distintas feitas entre domicílios de rendas semelhantes, mas de ambientes urbanos distintos – cidades do interior ou subúrbios, por exemplo.

Dessa forma, os planejadores urbanos não podem impor densidades por meio do *design*. Contudo, eles precisam saber estimar densidades populacionais com base em sua compreensão dos mercados e das preferências dos consumidores. A habilidade dos planejadores de estimar densidades com a maior exatidão possível é importante; uma estimativa precisa facilitará muito o *design* da infraestrutura e dos equipamentos comunitários. No entanto, planejadores deveriam ter consciência de que os mercados estão sujeitos a choques externos que não podem ser previstos e que suas estimativas são, na melhor das hipóteses, apenas suposições bem-embasadas. Planejadores devem se abster de congelar suas estimativas de densidade transformando-as em regulações de uso de solo, e estar preparados para adaptar a capacidade de uma infraestrutura existente à densidade gerada por mercados.

• • •

A fim de antecipar as prováveis densidades geradas pelos mercados, os planejadores urbanos devem ter um bom entendimento sobre como eles funcionam. E esse funcionamento não é nenhum mistério. O aumento de rendas domiciliares ou a redução da oferta de solo, por exemplo, têm consequências nos preços das moradias que os economistas podem prever com facilidade.

Quando os mercados são submetidos a choques externos inesperados – digamos, uma variação repentina nos valores da gasolina –, o impacto nas estruturas espaciais urbanas não é imediato, e os planejadores têm tempo para adaptar suas estimativas, desde que compreendam as implicações de tais mudanças.

Neste capítulo, mostro que as variações nas densidades das cidades – onde estão localizadas as altas e as baixas – são, em geral, previsíveis graças às contribuições dos economistas urbanos. A previsibilidade das forças de mercado e o risco de ignorá-las são as principais mensagens neste capítulo.

Os economistas têm contribuído bastante para essa previsibilidade ao melhorar nosso conhecimento sobre os padrões espaciais gerados pelos mecanismos de mercado de terras. Os economistas urbanos desenvolveram uma gama de modelos matemáticos que prenunciam as relações entre localização, renda sobre a terra e quantidade de terra consumida. A previsibilidade desses modelos teóricos – embora sejam simplificações brutas de uma cidade real – tem se mostrado amplamente verificada por dados empíricos, como veremos a seguir.

Na segunda parte do capítulo, mostro como esses modelos teóricos podem identificar potenciais conflitos entre estratégias de desenvolvimento urbano e o funcionamento previsível dos mercados de trabalho e de terra.

As estratégias urbanas que estão em conflito óbvio com a realidade econômica têm poucas chances de serem implementadas e, caso sejam, são extremamente dispendiosas para a economia de uma cidade. Estratégias urbanas malconcebidas não são apenas utopias inocentes; elas desviam os escassos investimentos urbanos para localidades onde há pouca necessidade deles e, quando isso ocorre, há uma grande redução no bem-estar dos residentes de domicílios urbanos. Tais estratégias fracassadas tornam as habitações menos acessíveis e elevam o tempo gasto no deslocamento para o trabalho.

Modelos quantitativos utilizados por economistas

Os objetivos dos planejadores e economistas urbanos não são os mesmos. Planejadores urbanos se esforçam para transformar cidades existentes. Gostam de falar de seus planos em termos de "visão".[1] Essa visão geralmente é expressa em termos abstratos não quantificáveis, como "cidade habitável", "cidade resiliente" ou "cidade sustentável". A visão de um planejador urbano pode ser alcançada por meio do *design*, das regulações e dos investimentos de capital. Economistas, por outro lado, se contentam em desempenhar um papel menos ambicioso, mas mais analítico. Eles estão, sobretudo, interessados em compreender a maneira como as forças de mercado e as ações governamentais interagem na configuração das cidades; tentam identificar as causas das mudanças dos preços e das formas urbanas analisando dados empíricos; assim como quaisquer outros cientistas sociais, eles se especializam, e a maioria negligencia a dimensão espacial da economia. Os economistas urbanos, porém, focam especificamente na organização espacial.

Esses profissionais desenvolvem teorias e hipóteses representadas por modelos matemáticos geralmente baseados em simplificações extremas da realidade urbana. Entretanto, o propósito desses modelos é ter poderes tanto descritivos quanto preditivos. Os economistas testam a relevância de seus modelos ao comparar os valores gerados com dados empíricos coletados em cidades reais.

A simplificação não é, necessariamente, algo ruim na tentativa de entender o funcionamento de alguma coisa. Afinal, os mapas utilizados pelos planejadores urbanos também são uma simplificação extrema do mundo real. No entanto, embora simplificados, esses mapas têm usos práticos inquestionáveis. Um mapa na escala de 1:1 não seria muito útil. *A priori*, não deveríamos rejeitar um construto teórico levando em conta o fato de que ele se baseia em um modelo que é uma simplificação bruta de uma cidade real e muito complexa. O modelo urbano padronizado descrito a seguir é o ponto de partida necessário e apropriado para compreender como a estrutura espacial de uma cidade é moldada pelos preços do solo e como esses preços surgem e evoluem.

O modelo monocêntrico, ou o modelo econômico urbano padrão

O modelo monocêntrico de cidade, ou o modelo econômico urbano padrão, inicialmente desenvolvido e aprimorado ao longo das décadas de 1960 e 1970 por William Alonso, Edwin Mills, Richard Muth e William Wheaton, é extremamente simples, até mesmo simplista. Todavia, esse modelo acabou se tornando um robusto guia ou uma referência para comparação da forma de diversas cidades grandes e complexas. Assim, os economistas normalmente se referem a ele como um modelo urbano padrão, e utilizarei esse termo no restante do livro.

O modelo urbano padrão fornece fundamentos para modelos mais complexos, nos quais algumas das suposições simplificadas iniciais são flexibilizadas. Os modelos mais complexos – como o modelo da economia regional do uso do solo e do transporte (RELU-TRAN)[2] desenvolvido por Alex Anas – exigem muito mais entradas do que o modelo monocêntrico. Muitas dessas entradas, em particular a configuração espacial da rede de circulação principal, são específicas a cada cidade. Como consequência, esses modelos fornecem resultados mais precisos quando há mudanças em algumas entradas, como é o caso dos cálculos do modelo RELU-TRAN para projeção de tempo de transporte pendular e viagens não relacionados a trabalho. No entanto, uma vez que esses modelos mais complexos demandam muitas entradas específicas a cada cidade, sua utilização dificulta tirar conclusões gerais sobre como mercados influenciam formas e densidades populacionais em cidades com configurações espaciais distintas.

Por essa razão, neste capítulo discutirei apenas o uso do modelo urbano padrão. Estranhamente, esta não é somente a versão mais simples desse modelo baseada em uma simplificação extrema da estrutura espacial de cidades reais, mas suas suposições se afastam significativamente da maneira como as cidades reais são organizadas. Apesar de sua vaga aproximação da realidade, o modelo urbano padrão conta com fortes poderes descritivos e preditivos a respeito da estrutura da maioria das cidades existentes, incluindo aquelas que não têm nada de monocêntricas, como Atlanta, na Geórgia, ou Los Angeles.

O modelo urbano padrão não é um paradoxo curioso limitado a debates acadêmicos em periódicos especializados; os planejadores podem utilizá-lo para resolver problemas cotidianos práticos, incluindo preços estimados de terras e densidades populacionais. Por exemplo, mostrarei como uma forma simples do modelo pode ser usada para avaliar a possibilidade de uma cidade estar usando uma quantidade excessiva de terra às custas de áreas rurais, o que a grande imprensa chamaria de "espraiamento". O uso de modelos econômicos pode ajudar a esclarecer diversas questões relativas a densidades e uso do solo que, com muita frequência, são abordadas de uma forma mais emocional do que quantitativa.

Por outro lado, as cidades construídas sem mercados de terra – como aquelas da antiga União Soviética – são as únicas para as quais o modelo urbano padrão não tem poder descritivo e preditivo. Contudo, uma vez que o modelo é explicitamente construído para refletir o efeito dos mercados de terra sobre as estruturas urbanas, essa exceção deveria ser esperada. Além disso, quando as cidades que se desenvolveram durante décadas sob uma economia de comando – como aquelas do leste europeu – retomam a operação sob as condições de mercado, suas estruturas tendem a convergir novamente em direção ao padrão previsto pelo modelo.[3]

• • •

A versão mais simples do modelo urbano padrão se baseia nas seguintes suposições:

1. A cidade está localizada em uma planície homogênea na qual a terra rural tem renda uniforme.
2. Todos os empregos estão concentrados em um distrito comercial central (CBD).
3. As pessoas se deslocam até o trabalho por meio de um número infinito de vias radiais retas.

O leitor pode ver que não estou exagerando quando falo sobre uma simplificação grosseira das cidades reais!

O modelo busca prever variações nos preços de terra e na densidade (i.e., o consumo de terra) quando os usuários competem entre si e seus custos de transporte são proporcionais à distância entre sua residência e o centro da cidade. No entanto, os planejadores e os economistas também podem utilizar o modelo urbano padrão para analisar uma cidade específica, pois é relativamente fácil flexibilizar algumas das presunções a fim de refletir a realidade. Por exemplo, distâncias viárias reais podem ser substituídas por distâncias "em linha reta" previstas pelo modelo. Isso é particularmente útil ao se considerar cidades com topografias incomuns, como Abidjan, Rio de Janeiro ou Hong Kong.

As equações prevendo o preço da terra e a densidade populacional a uma dada distância do CBD constituem as propriedades mais úteis do modelo urbano padrão.[4] Elas mostram que os aluguéis, os preços da terra e as densidades populacionais serão mais elevados no CBD e cairão à medida que a distância até o centro aumenta.

O preço da terra urbana é determinado pelos custos de transporte pagos pelos usuários (custo direto do transporte, i.e., tributos de trânsito, pedágios ou preços da gasolina, mais o custo de oportunidade do tempo gasto em deslocamento). Os custos de transporte aumentam com a distância da cidade ao centro. A escolha que usuários de terra fazem entre o custo do transporte em localidades diferentes e o seu desejo de consumir terra resulta na redução dos preços de terra a medida que o custo do transporte aumenta. Os usuários da terra reagem às diferenças nos preços de terra a consumindo em menor quantidade em locais onde ela é mais cara, e em maior quantidade nas regiões onde é mais barata. Como resultado, a densidade é reduzida quando a distância até o centro aumenta. A curva de densidade negativamente inclinada reflete a forma como domicílios e empresas utilizam o solo com mais moderação quando seu valor aumenta nas proximidades do centro da cidade (Figura 4.1). Os usuários são capazes de reduzir o consumo de terra mediante a construção de edifícios mais altos onde ela é mais cara (em áreas centrais), e edifícios mais baixos onde ela é mais barata (na periferia). A diminuição do preço de terra do centro em direção à periferia é responsável pela redução na densidade conforme a distância em relação ao centro aumenta. Em outras palavras, os domicílios e as empresas são compensados por suas viagens pendulares mais longas ao terem a possibilidade de usar maiores áreas de terra e mais área construída.

É importante que nos demos conta de que altos preços de terra causam altas densidades, e não o contrário. Explicarei a importância da relação dos preços de terra–densidade na segunda parte deste capítulo, que avalia o plano diretor de Hanói.

● ● ●

O modelo padrão implica que a função de renda da terra cai com a distância, e sua forma funcional depende de alguns pressupostos. Espera-se, portanto, que o preço da terra diminua à medida que a distância do centro aumente, seguindo um perfil semelhante ao mostrado na Figura 4.1.

A equação que exprime a variação das densidades populacionais pela distância até o centro é apresentada na Equação 4.1.

O gradiente g para densidade é o resultado mais importante do modelo, pois fornece a taxa em que as densidades mudam com a distância do centro da cidade. Quanto mais custoso for o transporte (em tempo) e o dinheiro (em relação à renda domiciliar), maior será a variação.

Em uma cidade real, podemos facilmente calcular o gradiente de densidade existente rodando uma análise de regressão nos pontos de preço ou densidade observados em várias distâncias do centro (Figura 4.2).

Os gráficos nas Figuras 4.1 e 4.2 mostram, respectivamente, a média de preço e densidade como uma função de distância do centro da cidade. Entretanto, em algumas cidades pode haver variações significativas de preço e densidade, dependendo da direção ao longo da qual eles são medidos. Em cidades como Paris, por exemplo – onde as rendas domiciliares são muito mais altas na parte oeste da cidade do que na parte leste –, a variação seria menor no oeste do que

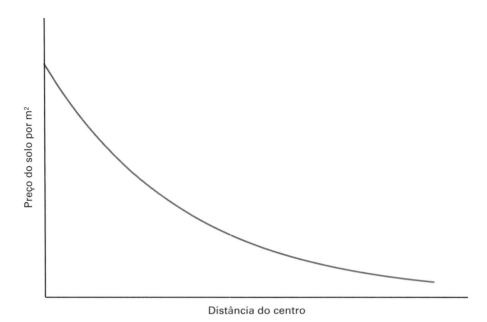

FIGURA 4.1 Perfil do preço do solo *versus* distância do centro da cidade.

Equação 4.1 Relação entre distância e densidades populacionais

$$D(x) = D_0\, e^{-gx}$$

onde

D é a densidade populacional à distância x do centro de uma cidade;
D_0 é a densidade no centro;
e é a base dos logaritmos naturais; e
g é o gradiente de densidade, ou a taxa pela qual a densidade populacional cai a partir do centro da cidade.

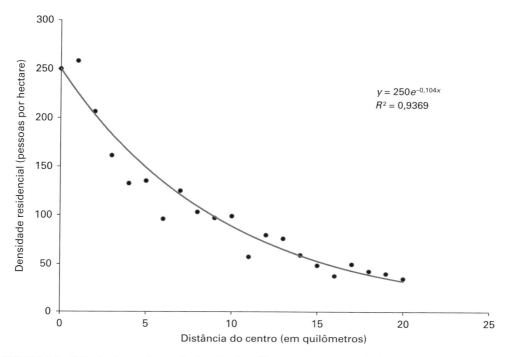

FIGURA 4.2 Cálculo do gradiente de densidade utilizando uma regressão baseada nas densidades observadas em uma cidade real.

no leste, uma vez que ela depende da razão entre renda domiciliar e custos de transporte. A mesma assimetria poderia ser observada em Chicago, para o lado norte *versus* o lado sul da cidade.

O perfil das densidades mostrado na Figura 4.2 mudará no decorrer do tempo conforme a evolução da renda e da tecnologia de transporte. Por exemplo, uma elevação na renda domiciliar, uma redução no custo do transporte e um aumento em sua velocidade achatariam o perfil tanto de preços como de densidades. Inversamente, um aumento da população, com todo o restante se mantendo o mesmo, elevaria tanto os preços de terra quanto as densidades.

Nos últimos 50 anos, diversas cidades tiveram uma elevação das rendas domiciliares, enquanto a tecnologia de transporte tornava os trajetos até o trabalho mais rápidos e baratos. Como resultado, os gradientes de preços do solo e densidades ficaram mais achatados. O achatamento esperado no perfil da densidade é tamanho que o economista urbano Stephen Malpezzi afirma que "o modelo monocêntrico contém as sementes de sua própria destruição!". Por quê? Porque à medida que uma cidade cresce, que a renda sobe, que os custos de transporte caem, paradoxalmente, o que iniciou como uma cidade monocêntrica acaba se tornando policêntrica, e as variações de preço/renda/densidade, originariamente "íngremes", inexoravelmente se tornam achatadas. Essas são características e previsões intrínsecas ao modelo.

A distribuição espacial dos preços de terra corresponde a uma organização espacial ideal?

Os economistas que desenvolveram o modelo urbano padrão não o sugerem como uma estrutura urbana ideal absoluta. Eles apenas estão dizendo que, dados os custos de transporte, a renda e a população total, essa é forma como as forças de mercado distribuirão os preços e as densidades em torno de um ponto central, desde que as premissas do modelo sejam atendidas. O objetivo do modelo é ser descritivo e preditivo, mas não prescritivo. Por exemplo, se os custos de transportes forem reduzidos a x por cento, com todos os demais fatores permanecendo constantes, a cidade provavelmente se expandirá por y quilômetros.

Contudo, os economistas supõem que, se as funções de utilidade e produção formadoras da base do modelo estiverem corretas, então o bem-estar dos domicílios e empresas pode ser potencializado quando os preços de terra e as densidades alcançarem o perfil de equilíbrio previsto pelo modelo. Os domicílios e empresas localizadas longe do centro são compensados com preços de terra mais baixos devido a seus custos de transporte mais altos.

O modelo prevê que, se o mercado de terras for capaz de funcionar sem muitas distorções, o perfil dos preços e das densidades corresponderá à distribuição de terra entre os usuários que refletirá a "melhor e máxima utilização"*. Desse modo, há uma sugestão da otimização espacial que ocorre quando os subsídios, impostos ou regulações não estão distorcendo os preços do solo e os custos de transporte. Embora essas condições dificilmente sejam atendidas no mundo real, o modelo indica em quais direções os preços e as densidades populacionais se moveriam se as distorções fossem removidas.

Por exemplo, em países nos quais o preço da gasolina é fortemente subsidiado, como Egito, Irã ou México, o modelo padrão nos diz imediatamente que as cidades se expandirão mais para além do centro do que aquelas onde o valor da gasolina reflete os preços do mercado.[5] Nesses países, é inútil para os planejadores tentar elaborar barreiras regulatórias contra o "espraiamento"; é necessário apenas remover os subsídios sobre a gasolina para se aproximar de um equilíbrio ideal entre distância e quantidade de terra consumida. O uso de um modelo teórico abstrato pode, portanto, sugerir soluções práticas no mundo real no qual os planejadores estão trabalhando.

Os usuários de vias urbanas raramente pagam preços de mercado pela área viária que ocupam[6] enquanto se deslocam em suas viagens; assim, seu custo de transporte está sendo subsidiado pelo correspondente ao valor que não estão pagando para usar as vias. Os usuários do modelo urbano padrão podem, então, inferir que o subsídio para o uso do espaço viário aumenta a área construída da cidade para uma área que pode, em certo momento, ser calculada. Precificar o uso das vias por meio de pedágios pode restaurar o consumo de terra para um nível ideal. A utilização dos mecanismos de mercado para melhorar a eficiência do uso do solo pode ajudar a alcançar melhores resultados do que a tentativa de projetar regulações a fim de obter os mesmos resultados.

---

* Em inglês, *best and highest use*, termo comum na literatura financeira em língua inglesa.

Visto que o modelo fornece o perfil das densidades e dos preços sob condições não distorcidas de mercado, é possível comparar os perfis de preço e densidade atuais àqueles previstos pelo modelo e calcular os custos das distorções. Por exemplo, aproveitando um modelo urbano padrão, o economista Jan Brueckner e eu calculamos a expansão desnecessária na cidade de Bangalore, na Índia, criada por regulações de restrição de altura mal-elaboradas.[7] Em outra aplicação prática interessante, Brueckner empregou o modelo para calcular os ganhos de bem-estar obtidos pelo desmantelamento da política de *apartheid* em cidades da África do Sul. Ele analisou as mudanças nos preços e no consumo de terra quando a liberdade da localização residencial é garantida para todos os cidadãos e demonstrou que houve um grande ganho de bem-estar agregado (i.e., com menos gastos nos transporte, é possível investir mais em bens como moradia e alimentação) com a eliminação da distorção espacial imposta pelos regulações de uso do solo do *apartheid*.[8] Os resultados servem para todos os tipos de segregação impostos por meio de regulações de uso do solo ou discriminação de vários tipos, sendo as de renda as mais comuns.

Neste capítulo, demonstro que o modelo é um preditor bastante positivo da distribuição espacial dos preços e densidades quando uma cidade se desenvolve sob condições de mercado não tão distorcidas. E, como consequência, o modelo pode ser utilizado tanto para testar distorções de mercado reais em cidades existentes como para averiguar se uma estratégia espacial planejada contradiz os padrões previsíveis dos preços de solo e das densidades definidos por mercados. Usarei o estudo de caso do plano diretor de Hanói para ilustrar esse exemplo no uso operacional do modelo padrão.

Até que ponto o modelo urbano padrão é adequado a cidades reais?

O modelo urbano padrão afirma ser tanto descritivo quanto preditivo. A fim de determinar a utilidade operacional do modelo, é, portanto, necessário primeiro verificar a precisão de suas equações para descrever as variações de densidade e preços de terra em cidades reais e, em segundo lugar, determinar se as mudanças nos padrões de densidade e preços acompanham as previsões do modelo quando variáveis como renda, custo de transporte e tamanho da população mudam.

Testando a qualidade descritiva do modelo

A testagem da precisão do modelo urbano padrão em cidades reais é relativamente fácil, embora demorada. As densidades por bairro são mais simples de serem calculadas do que os preços; os preços das transações de terra nem sempre são registrados de modo exato. Junto com meu colega Stephen Malpezzi e minha esposa, Marie-Agnes Roy Bertaud, calculei as densidades populacionais em intervalos de 1 km a partir do centro da cidade em cerca de 50 regiões metropolitanas ao redor do mundo.[9]

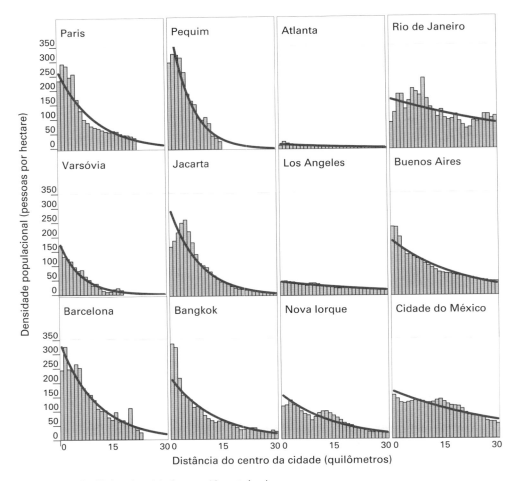

FIGURA 4.3 Perfil das densidades em 12 metrópoles.

A Figura 4.3 mostra os perfis de densidade de uma amostra de 12 cidades da Ásia, Europa e Américas do Norte e do Sul. O eixo horizontal mostra a distância a partir do centro da cidade de 0 a 30 km, e o vertical indica as variações em densidades populacionais de 0 a 350 pessoas por hectare. As barras no gráfico representam a densidade medida dentro de cada anel localizado a intervalos de 1 km entre 1 e 30 km a partir do centro da cidade. Para obter a densidade média, dividi a população da porção dos loteamentos identificados em cada anel pelo total de área construída no anel. O uso de *software* GIS torna a operação menos trabalhosa do que parece!

As cidades escolhidas têm culturas, histórias, economias, climas e topografias completamente distintas. Nenhuma delas atende aos critérios estritamente monocêntricos especificados pelo modelo. Algumas têm um centro denso e com alta concentração de empregos, como Paris, Nova Iorque e

TABELA 4.1 Gradiente de densidade de 12 cidades.

Cidade	Gradiente	R^2
Pequim	−0,17	0,92
Varsóvia	−0,17	0,86
Jacarta	−0,12	0,97
Barcelona	−0,1	0,89
Paris	−0,1	0,90
Bangkok	−0,08	0,92
Nova Iorque	−0,07	0,90
Buenos Aires	−0,05	0,95
Atlanta	−0,04	0,84
Cidade do México	−0,03	0,81
Los Angeles	−0,03	0,91
Rio de Janeiro	−0,02	0,37

Barcelona. Em outras, as localizações dos empregos são extremamente dispersas, como Atlanta e Los Angeles. Os dados da maioria das demais são intermediários.

Até que ponto os perfis de densidade das 12 cidades da Figura 4.3 são adequados às previsões do modelo urbano padrão? O modelo prevê que a densidade populacional de uma cidade diminuirá a partir de um ponto central em direção à periferia seguindo uma curva exponencial negativamente inclinada. Os perfis das densidades observadas para as 12 cidades (representados pelas barras cinza-claro na Figura 4.3) correspondem a uma curva de densidade exponencial como presumido pelo modelo. A correspondência entre o perfil de densidade real e a curva exponencial do modelo (representada pelas linhas cinza-escuro na figura) é notável. A Tabela 4.1 mostra os valores R^2[10] representando as semelhanças entre a densidade observada a cada intervalo de quilômetro e a curva exponencial prevista pelo modelo. Com exceção do Rio de Janeiro, todos os valores de R^2 estão acima de 0,8, e, em sete de 12 cidades, estão acima de 0,9!

Por que o Rio de Janeiro é a única cidade em minha amostra com uma correspondência medíocre, mas significativa, tendo um R^2 igual a 0,37? O Rio possui uma topografia linda, porém complexa, com numerosas entradas oceânicas e montanhas rochosas íngremes fragmentando a área construída. O pressuposto do modelo de que todas as distâncias são contadas ao longo de vias radiais que convergem no centro da cidade é uma aproximação boa o suficiente para cidades como Pequim, Buenos Aires ou Paris, que são construídas sobre planícies. No entanto, a aproximação não é boa o suficiente para cidades como o Rio de Janeiro, cuja topografia constitui uma barreira ao acesso direto que aumenta algumas distâncias e não outras. A suposição do modelo de vias radiais poderia ser facilmente flexibilizada para cidades com uma topografia difícil mediante a substituição da distância radial pela distância real medida na rede viária existente. O gráfico na Figura 4.3 para o perfil de densidade do Rio de Janeiro poderia, então, ser reprojetado para representar as distâncias de deslocamento reais a partir do centro seguindo vias existentes em vez de radiais imaginárias. Se isso fosse feito, a correspondência seria provavelmente melhor.

• • •

É mais difícil coletar dados espaciais confiáveis sobre preços de terra do que sobre densidades. Há alguns empecilhos em encontrar dados transacionais fidedignos em cidades de países em desenvolvimento, onde várias das transações imobiliárias são informais, e mesmo as formais são subnotificadas devido aos altos impostos sobre as transferências de registros públicos. Contudo, há uma vasta literatura sobre as mudanças nos preços de terra pela distância a partir do centro em cidades da OCDE, que contam com dados confiáveis disponíveis. A Figura 4.4 mostra o perfil do preço de terra para Paris pela distância a partir do centro da cidade (Hotel de Ville). A correspondência entre os preços observados e a curva exponencial estimada pelo modelo ($R^2 = 0,87$) é bastante positiva. Alguns estudos, fazendo uso dos preços históricos,[11] mostram que a variação de preços se move em direções previstas pelo modelo urbano padrão quando a renda se eleva e o custo de transporte é reduzido. Um problema é que em cidades muito grandes, às vezes é difícil haver um acordo sobre o que constitui o centro da cidade. O estudo sobre os preços históricos em Nova Iorque, por exemplo, usa a Prefeitura Municipal como o ponto central de referência, enquanto uma

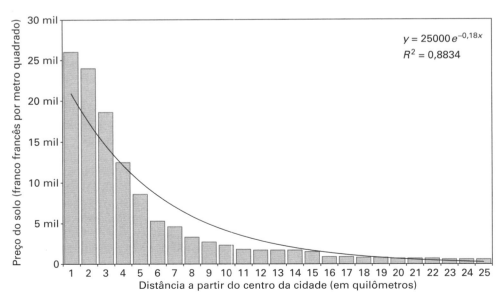

FIGURA 4.4 Perfil dos preços do solo em Paris, 1990.

análise muito mais recente, conduzida em 2008[12] por Andrew Haughwout para toda a região metropolitana de Nova Iorque, utilizou o Empire State Building como centro da cidade.

Podemos aprender uma lição com os perfis de densidades na Figura 4.3 e o perfil de preço para Paris na Figura 4.4. As densidades e os preços do solo não são gerados pelo *design*, mas pelas forças de mercado. Um planejador que pensa que uma cidade pode ser aperfeiçoada se tiver densidades mais elevadas deveria, por esse motivo, defender que os preços de terra sejam mais altos. O transporte mais caro ou lento aumentaria o desejo por bairros mais próximos ao centro da cidade e, assim, elevaria os preços de suas terras, considerando-se que todo o restante permanecesse igual.

Os defensores das "cidades compactas" deveriam perceber que esse tipo de cidade – definido como uma localidade que utiliza menos terra para abrigar o mesmo número de pessoas que outra cidade – tem um preço. Esse preço não será pago pelo planejador urbano que sustenta tal ideia, mas pelos domicílios e empresas que vão se instalar na cidade compacta. No entanto, os planejadores que sustentam uma estratégia de cidade compacta acham que isso acontecerá somente mediante a atribuição de densidades para diferentes localizações do lugar em um plano diretor.

Não estou exagerando. Diversos planos diretores "desenham" densidades da mesma forma que um arquiteto decide a cor de um prédio. Na última parte deste capítulo, dou um exemplo concreto de densidades arbitrariamente planejadas – o plano diretor de Hanói – e os problemas que isso causa.

Por que o modelo parece corresponder a cidades obviamente acêntricas como Los Angeles?

Por que o modelo parece se aplicar bem tanto a cidades monocêntricas e acêntricas, como Los Angeles e Atlanta, que têm somente uma baixa concentração de empregos em seus CBDs? A Figura 4.5 mostra o mesmo perfil de densidade populacional de Los Angeles que a Figura 4.3, apenas em uma escala maior. A densidade mais elevada é de apenas 50 pessoas por hectare no centro. Trinta quilômetros a partir do centro, cai 60%, para cerca de 20 pessoas por hectare. A redução na densidade em Los Angeles é pequena em comparação à de Bangkok, onde as densidades caem para 93% na mesma distância a partir do centro. No entanto, com $R^2 = 0,91$, o perfil de densidade segue a previsão do modelo, embora a cidade não atenda à suposição inicial de que todos os empregos estão concentrados no CBD. O distrito comercial central de Los Angeles, que está localizado mais ou menos no centroide da área metropolitana construída, contém somente um pequeno percentual dos empregos comparado ao resto da região metropolitana (cerca de 11% de todos os empregos da cidade, de acordo com O'Sullivan).[13] Vamos tentar descobrir por que a distribuição das densidades deve ser consistente com aquela prevista pelo modelo urbano padrão.

Considere uma cidade circular imaginária com um raio de 12 km, onde os empregos são uniformemente distribuídos na área construída (Figura 4.6). Cha-

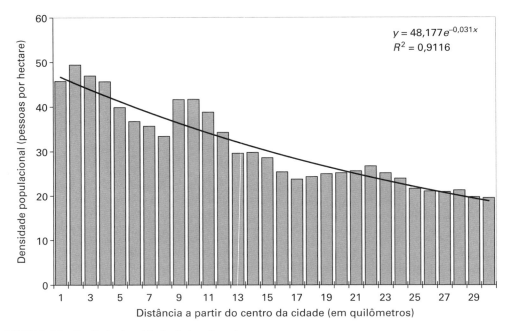

FIGURA 4.5 Perfil de densidade de Los Angeles.
Fontes: População: Dados do censo dos Estados Unidos, 2000; área construída: interpretação e vetorização das imagens de satélite feita por Marie-Agnes Bertaud.

marei esse tipo de cidade de "acêntrica", para distingui-la dos tipos de organização espacial monocêntrica e policêntrica, nos quais os empregos se concentram em uma ou diversas localidades. Em uma cidade acêntrica, os empregos são distribuídos de maneira homogênea na área construída. Isso é mais ou menos parecido com a distribuição que ocorre em Los Angeles. Dado que, por definição, a cidade acêntrica não possui qualquer área com uma concentração elevada de empregos, ela não possui um CBD. Contudo, ela conta com um centroide, que é o ponto a partir do qual a soma das distâncias a todas as outras localizações dentro da sua forma é a menor.

Considere três trabalhadores que vivem em localidades diferentes, A, B e C, e vamos medir quantos empregos eles podem, em tese, acessar em um tempo de deslocamento arbitrariamente determinado de 30 minutos em uma velocidade de viagem média de 20 km/h, o que corresponde a um círculo com um raio de 10 km. Para simplificar, vou considerar que o tempo de deslocamento é o mesmo para os três trabalhadores em todas as direções. Abaixo ou dentro de 30 minutos, cada um deles conseguiria alcançar qualquer posto de trabalho localizado em uma área correspondente a um círculo com 10 km de raio. Embora a área que pode ser alcançada em 30 minutos seja a mesma para os três trabalhadores, o número de empregos acessíveis em até 30 minutos de viagem seria diferente, dependendo da localização de suas moradias.

CAPÍTULO 4 A distribuição espacial dos preços de terra e das densidades

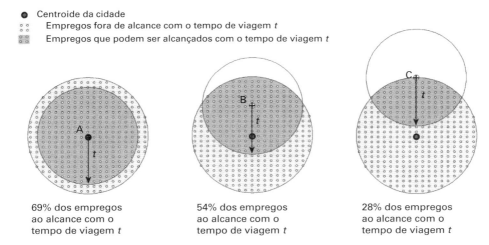

FIGURA 4.6 Representação esquemática do acesso ao mercado de trabalho em uma cidade com uma distribuição uniforme de localizações de empregos.

Analisemos o trabalhador residente no ponto A, localizado no centroide da configuração da cidade (gráfico esquerdo da Figura 4.6). Deslocando-se durante 30 minutos a partir de A, ele é capaz de alcançar 69% da área construída dentro desse tempo (a razão do círculo de raio de 10 km acessível em 30 minutos e a área total da cidade). Assim, esse trabalhador pode acessar 69% de todos os empregos na cidade, uma vez que nossa hipótese era de que os empregos estavam distribuídos uniformemente na área construída.

A segunda trabalhadora está localizada no ponto B (gráfico do meio na Figura 4.6), que está a 6 km a partir do centroide da área construída ou quase entre o centro da cidade e o limite da área construída. Ela terá acesso a somente 54% dos empregos, já que a área que ela pode alcançar deslocando-se durante 30 minutos não se sobrepõe completamente à área construída da cidade onde os empregos estão localizados.

O terceiro trabalhador é habitante de C, no limite da área construída (gráfico direito na Figura 4.6). Ele conseguirá alcançar somente 28% da área construída e, dessa forma, acessar apenas 28% dos empregos da cidade. Se o trabalhador C quiser acessar o mesmo número de locais de trabalho que, digamos, o trabalhador A, ele deverá se deslocar por mais 30 minutos.

A partir desse exemplo gráfico esquemático, podemos ver que, mesmo em uma cidade acêntrica, na qual os empregos são uniformemente distribuídos em uma cidade, a vantagem de uma localização central ainda existe em termos de acesso ao mercado de trabalho e às amenidades. Embora eles estejam espalhados homogeneamente na área construída, uma habitação localizada próxima ao centro da configuração urbana (não necessariamente um CBD) tem acesso a mais empregos e amenidades do que uma moradia pertencente à periferia no mesmo tempo de deslocamento. Essa vantagem geográfica pode gerar mais demanda por moradias centrais, e isso explica a existência de uma variação de densidade com densidades reduzidas para fora a partir do centroide da forma urbana, como demonstrado pelo perfil de densidade de Los Angeles (veja a Figura 4.5).

A vantagem da acessibilidade de uma moradia localizada no centro não é tão forte em uma cidade acêntrica como seria em uma monocêntrica, mas ainda é significativa. Se a hipótese ilustrada pela Figura 4.6 for correta, esperaríamos que cidades acêntricas com uma distribuição de empregos uniforme ou quase uniforme tivessem uma variação de densidade que ainda apresenta uma redução nas densidades com a distância a partir do centroide da área construída, mesmo na falta de um CBD identificável.

Obviamente, uma cidade acêntrica teria uma variação de densidade inferior às das cidades que retiveram um CBD dominante, como Pequim, Barcelona e Paris. O valor da variação de densidade de Los Angeles (Tabela 4.1) é apenas 1/6 do de Pequim e cerca de 1/3 das variações de Barcelona e Paris, o que é consistente com nossa hipótese sobre cidades acêntricas. A pequena amostra apresentada na Tabela 4.1 não constitui provas irrefutáveis de que as variações de densidade populacional diminuem quando a dispersão de empregos aumenta em uma região metropolitana, mas mostra que o modelo urbano padrão segue sendo relevante para cidades policêntricas ou acêntricas.

Por que poucas cidades não têm correspondência alguma com o modelo e por que isso reforça a credibilidade dele

A evidência empírica mostra que o modelo urbano padrão de curva exponencial com inclinação negativa pode representar apropriadamente as variações de densidade populacional na maior parte das cidades monocêntricas, policêntricas e acêntricas. No entanto, se o uso do modelo urbano padrão fosse limitado à descrição de padrões de densidade existentes na cidade, ele seria pouco útil para os planejadores. Como visto anteriormente, as densidades existentes são relativamente fáceis de serem medidas, e não haveria necessidade do uso de um modelo. O modelo é importante porque pode prever o que ocorrerá com as densidades e os preços do solo quando os valores de algumas variáveis dos mercados mudarem ao longo do tempo. Como acredito muito no poder preditivo do modelo, é necessário, a essa altura, explicar por que os perfis de densidade de algumas cidades não correspondem aos perfis com inclinação negativa e por que cidades com locais de trabalho completamente dispersos correspondem muito bem às previsões do modelo.

Das 53 cidades sobre as quais coletei dados, poucas não correspondem em nada ao modelo. Por exemplo, o modelo urbano padrão não descreve com precisão as densidades de Moscou em 1990 (Figura 4.7), Brasília em 2000 e Joanesburgo em 1990.[14] Suas densidades, além de não diminuírem exponencialmente a partir do centro da cidade, às vezes até mesmo aumentam ou seguem um perfil em forma de U. No entanto, essas exceções não deveriam nos surpreender. Afinal, o principal argumento do modelo é que ele reflete a estrutura espacial gerada por livres mercados de terra. Planejadores e arquitetos

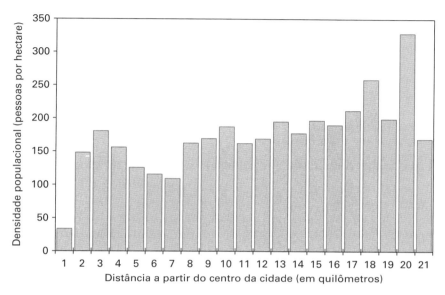

FIGURA 4.7 Perfil de densidade populacional de Moscou, 1989. *Fontes:* Dados de censo da União, Comitê de Estatística de Moscou, 1990; vetorização da imagem de satélite pelo autor.

projetaram essas cidades anômalas em um sistema político que os permitia ignorar os preços de terra.

A ausência de um mercado dá origem a formas alternativas para aquele previsto pelo modelo urbano padrão. As forças de oferta e demanda, que não existem em uma economia de comando, configuram as estruturas calculadas pelo modelo.

A capacidade de previsão dos modelos econômicos é importante para o planejamento urbano operacional

Os modelos econômicos, apesar de suas simplificações teóricas, são mais úteis por suas capacidades preditivas. Seu valor operacional se baseia em sua habilidade de predizer direções gerais de densidades e níveis de preços de terra e habitação quando renda, oferta de terra, custo e velocidade de transporte mudam. Os modelos econômicos não podem fornecer projeções exatas de densidades em áreas específicas da cidade, mas são úteis para prever a direção geral de preços e densidades relativos. Uma das principais lições que se pode aprender a partir do uso de modelos econômicos é que as variações nas densidades e no preço de terra são, em geral, previsíveis, e suas causas são as variações nas rendas de domicílios e empresas, os custos de transporte e a elasticidade da oferta de terra de uma cidade.

Os preços de terra e habitação e as densidades obedecem ao mecanismo básico de oferta e demanda. Os valores elevados criados no centro de cidades grandes diminuem com a distância, da mesma forma que a força da gravidade de um planeta enfraquece com a distância a partir dele. Planejar o uso do solo futuro ignorando o valor previsível da terra com base na localização faz menos sentido do que tentar ignorar a gravidade ao projetar um avião. O exemplo real do plano diretor de Hanói, discutido mais adiante neste capítulo, ilustrará um caso típico da tentativa de planejadores de "desenhar" densidades e, por consequência, implicitamente desenhar preços de terra em vez de basear seus planos na projeção de preços de terra e densidades criados por variações previsíveis em renda e custos de transporte.

A queda das densidades populacionais ao longo do tempo

O modelo urbano padrão prevê que a variação de densidade populacional cairá em valor absoluto conforme as rendas urbanas aumentarem e os custos de transporte reduzirem. Shlomo Angel *et al.* observaram esse achatamento das curvas de densidade em um grande número de cidades modernas analisadas por eles.[15] Angel explora em detalhes a evolução histórica das densidades em cidades do mundo. Ele apresenta dados históricos sobre 30 metrópoles em todos os cinco continentes, mostrando a evolução das densidades construídas entre os anos de 1800 e 2000. Seus dados mostram que, embora as densidades nesses locais geralmente tenham chegado ao pico por volta de 1900, as densidades declinaram significativamente em todas elas, sobretudo devido aos aumentos na renda, às reduções nos custos de transporte e ao progresso na tecnologia de transporte. Outro conjunto de dados analisado por Angel apresenta as mudanças na densidade em 120 cidades do mundo entre 1990 e 2000. As informações indicam que as densidades aumentaram em apenas 16 das 120 cidades, todas pertencentes a países em desenvolvimento. Todas as outras demonstraram um declínio nas densidades. Angel destaca que a redução nas densidades construídas está intimamente relacionada à elevação das rendas domiciliares e à diminuição dos custos de transporte em relação à renda. O exaustivo banco de dados sobre densidade urbana de Angel parece, portanto, confirmar a qualidade preditiva do modelo.

Ainda que a média das densidades urbanas em geral tenda a cair quando as rendas e os custos de transporte diminuem, como as densidades dos bairros mudam em uma área urbana sob as mesmas condições? O modelo urbano padrão prevê uma redução na variação de densidade. Em outras palavras, o perfil das densidades se torna constante no decorrer do tempo, com as densidades no centro diminuindo e aquelas na periferia aumentando ligeiramente. A Figura 4.8 mostra as variações nas densidades construídas em Tianjin entre 1988 e 2000 e em Paris entre 1990 e 2006. Embora a história e as bases econômicas das duas cidades tenham muito pouco em comum, o aumento das rendas domiciliares e a redução dos custos de transporte relativos à renda produzem a mesma transformação espacial. A variação de densidade de Tianjin diminuiu para 1,1% por ano, enquanto o de Paris caiu um pouco menos, para 0,4% por ano. Essa diferença na redução de gradiente de densi-

CAPÍTULO 4   A distribuição espacial dos preços de terra e das densidades   111

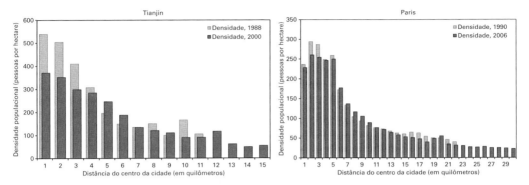

FIGURA 4.8 Mudança ao longo dos anos nas variações de densidade em Tianjin (1988 e 2000) e Paris (1990 e 2006).

Fontes: Censo e Levantamento Populacional de Tianjin, Livro Anual de Estatísticas de Tianjin, Tianjin; Censo Nacional da População de Paris, população de 2006 estimada pelo Instituto Nacional de Estatística e Estudos Econômicos; vetorização de dados de satélite de Marie-Agnes Roy Bertaud.

dade é consistente com o crescimento acelerado na renda familiar de Tianjin em comparação a Paris.

A mudança no perfil de densidade é relativamente lenta em ambas as cidades. Mesmo a mudança mais rápida em Tianjin ainda é modesta à luz da enorme explosão econômica e de construção ocorrida na cidade entre 1988 e 2000. As estruturas urbanas são muito resilientes e se modificam devagar. A direção da mudança nos perfis de densidade tanto em Tianjin como em Paris é consistente com as previsões do modelo urbano padrão.

As regulações que distorcem os preços de terra

Regulações podem reduzir o total de área construída que pode ser construída em um determinado área de terra. Esses tipos de regulações podem, é claro, modificar os perfis de preço e densidade que o modelo urbano padrão projetaria para mercados sem condicionantes. Por exemplo, as regulações quase sempre restringem as alturas dos edifícios ou impõem um limite máximo para o número de unidades de moradias que podem ser construídas por hectare. Se essas regulações forem vinculantes – isto é, se reduzem o número de moradias que incorporadores construiriam para atender às preferências dos consumidores por essas áreas –, então as regulações criarão escassez de área construída em áreas de alta demanda. Como resultado dessa escassez, o preço da área construída subirá em comparação ao que custaria sem as regulações. O aumento no preço, por sua vez, pode resultar em densidades mais altas, já que alguns consumidores podem optar por menos área construída em troca de uma localização cara, mas desejada.

A limitação na altura dos edifícios imposta pelo município de Paris ilustra esse ponto. Há uma alta demanda por residências no centro da cidade devido

Vende-se: Apartamento conjugado, 1º *arrondissement*	Aluga-se: Apartamento conjugado, 16º *arrondissement*
 6º andar Sem elevador  Área líquida: 11 m² 197.400 dólares 17.945 dólares por m²	Área líquida: 9 m² 750 dólares por mês 1.000 dólares por m² por ano Aluga-se: Apartamento conjugado, 8º *arrondissement* Área líquida: 11 m² 1.050 dólares por mês 1.145 dólares por m² por ano

FIGURA 4.9 Preço de compra e aluguel de apartamentos muito pequenos em Paris, 2014.

à alta concentração de amenidades e empregos. Por conta da restrição na oferta de área construída imposta pela limitação de altura, o tamanho dos apartamentos diminui, e seu preço se eleva. O anúncio imobiliário na Figura 4.9 mostra os altíssimos valores de cômodos pequenos, entre 9 e 11 m², tanto para aluguel como para venda. A ausência de elevadores em alguns edifícios históricos ajuda a reduzir o preço dos apartamentos, como é o caso do estúdio de 11 m² cujo anúncio é mostrado à esquerda na Figura 4.9. A enorme diferença entre o preço desse imóvel (17.945 dólares por m²) e o de um apartamento de um quarto (1.944 dólares por m²) localizado no centro de Chicago próximo à Prefeitura mostra que o impacto das regulações nos preços imobiliários não é irrelevante!

Não estou sugerindo aqui que a prefeitura deva necessariamente modificar suas restrições de altura de edifícios no núcleo central da cidade. O objetivo estético das regulações é alcançado: preserva-se perfeitamente a silhueta histórica de Paris. Contudo, muitos parisienses lamentam os preços extremamente altos das moradias e o tamanho diminuto dos apartamentos. Os preços e a baixa área residencial das unidades são a consequência direta da preservação da Paris histórica. Se as restrições de altura fossem muito flexibilizadas, haveria um aumento na oferta de área construída residencial e de moradias mais baratas, mas ao remover uma das atrações-chefe da cidade, também poderia haver a redução da demanda por uma localização central, que teria uma qualidade estética inferior.

Em outras cidades, a maioria dos condicionantes regulatórios sobre coeficientes de aproveitamento visam a controlar as densidades e, assim, criar uma escassez artificial de área construída. Por consequência, essas regulações com frequência elevam as densidades – o oposto do resultado desejado. Em Mumbai, onde os planejadores tentaram reduzi-las limitando o coeficiente de aproveitamento (CA) de uma maneira draconiana, há, como resultado, uma das médias mais altas de densidades construídas no mundo.[16]

O mesmo se aplica às regulações que pretendem elevar as densidades. Na falta de demanda de consumidores, os planejadores não podem elevá-las mediante decreto regulatório. As regulações que limitam o número de moradias por hectare, por exemplo, são uma tentativa de definir densidades por meio de regulações.

Não há nada de errado em os planejadores tentarem estimar o número de habitações por hectare que o mercado provavelmente oferecerá em determinado bairro. No entanto, tentar transformar essa estimativa em uma regulação é prejudicial e delirante.

Espraiamento: o modelo padrão e a expansão das cidades

Os modelos desenvolvidos por economistas urbanos ajudam a explicar como o os mercados de terra moldam as cidades. Vimos que são esses mercados – e não o *design* dos planejadores – que geram as densidades populacionais. As densidades são indicadores de consumo de terra.[17] Se mercados geram as densidades, então eles também definem o total de terra que uma cidade consumirá e, por extensão, os limites entre terra urbana e rural. Como mostrarei a seguir, o modelo urbano padrão explica como e por que os mercados, distorcidos ou não, estabelecem esse limite.

A expansão de cidades para o campo, geralmente chamada de "urbanização dispersa" ou "espraiamento" quando essa expansão é considerada ineficiente, é provavelmente uma das questões urbanas mais discutidas com ardor pela grande imprensa e por grupos ativistas. Uma busca no Google pela expressão "espraiamento"[18] gera 5,9 milhões de resultados!

A preocupação com os limites das cidades que se expandem sem parar é a essência da apologia popular por "crescimento inteligente" e "cidades sustentáveis", que pede pela contenção forçada da expansão das cidades. Muitos críticos e planejadores urbanos defendem que cidades sem regulação se expandem muito rapidamente em direção ao campo, causando o aumento das distâncias de viagens pendulares e reduzindo perigosamente a quantidade de terra destinada à agricultura. Esses críticos chamam de "espraiamento" o que julgam como expansão urbana excessiva com densidades que consideram muito baixas.

Presume-se que haja um limite de densidade populacional além do qual o desenvolvimento de uma cidade seja considerado "não-espraiado" e acima do qual seja espraiado. Todavia, ativistas contra o espraiamento, que clamam por cidades mais compactas, ainda não definiram esse limite de densidade. Os oponentes do espraiamento utilizam o termo de forma intrigante para descrever tanto cidades americanas, como Atlanta, e chinesas, como Tianjin, que têm, respectivamente, densidades entre 6 e 170 pessoas por hectare. Com que densidade os críticos do espraiamento diriam que uma cidade está utilizando terra de forma razoável?

Até mesmo o Banco Mundial se uniu, em 2014, ao coro antiespraiamento em seu relatório sobre a urbanização na China ao intitular um mapa da conurbação Xangai-Suzhou-Changzhou como "Espraiamento na região metropolitana de Xangai entre 2000 e 2010".[19] O mapa apenas mostra a expansão urbana que ocorreu nessa região metropolitana extremamente bem-sucedida economicamente no decorrer de 10 anos. Nenhum dado apresentado no relatório do Banco

Mundial constitui prova de que a expansão mostrada no mapa é ineficiente. Tendo em vista os grandes aumentos na população e na renda domiciliar que ocorreram nessa área durante esse período, é certo que alguma expansão de terra fosse esperada e não preocupante. Como podemos saber se esse uso do solo é eficiente? O modelo urbano padrão poderia nos proporcionar uma avaliação mais racional e menos emocional do assunto.

Preocupação com a perda de terra rural

As cidades frequentemente devem se expandir e ocupar terra rural valiosa, o que pode parecer um jogo de soma zero entre a área destinada a esse tipo de uso e a ocupada pelas cidades. Visto que, na mentalidade das pessoas, a redução da área rural está vinculada a uma perda na produção alimentícia, esta é, compreensivelmente, uma questão emocional. Na realidade, os aumentos e reduções na produção de alimentos têm mais a ver com as mudanças na produtividade do solo e as variações climáticas do que com a área sob cultivação nominal. No entanto, dadas as fomes históricas que assolaram o sul e o leste da Ásia até mesmo no século XX[20], é concebível que uma possível diminuição da terra rural cause preocupação.

O governo chinês, alarmado pelo ritmo acelerado da expansão urbana, definiu cotas de desenvolvimento da terra urbana que restringiram severamente a transformação do solo rural em urbano. O Plano Nacional da Nova Urbanização (2014–2020), publicado pelo governo da China para guiar a urbanização até 2020, prescreve uma densidade mínima de 100 pessoas por hectare para cada novo assentamento urbano a fim de preservar a terra rural. Além disso, o uso de cotas de conversão caras é exigido em qualquer expansão urbana que demande a perda de terra cultivada.

Diversos observadores da urbanização rápida na Ásia estão alarmados com o fato de que a mancha urbana das cidades se expande em um ritmo mais acelerado do que a população urbana. Enquanto eu estava prestando consultoria sobre o desenvolvimento de Tianjin em 2007, os gestores da cidade estavam apavorados com este fenômeno: a área urbanizada da cidade estava se expandindo em um ritmo mais rápido do que sua população (Tabela 4.2). Ao longo de 12 anos, a população de Tianjin cresceu em 22%, enquanto a área urbanizada aumentou 63%. No entanto, a renda familiar subiu em termos reais em cerca de 55% entre 1988 e 2000. A área construída residencial durante o mesmo período aumentou de 14 m² por pessoa para 22 m², consistente com a elevação das rendas domiciliares. O aumento no consumo de terra não é preocupante quando comparado ao aumento na renda familiar. Se a renda tivesse subido, mas o consumo de terra e de área construída tivessem estagnado, haveria motivo para alarme.

O modelo urbano padrão mostrou que as densidades diminuirão quando as rendas domiciliares urbanas aumentarem e os custos de transporte urbano diminuírem na proporção da renda. Essa mudança na densidade é facilmente explicável sem a utilização da equação do modelo. Conforme as

TABELA 4.2 Aumento da população e área construída dentro do terceiro rodoanel, Tianjin, 1988–2000

	Ano	
	1988	2000
População	3.499.718	4.264.577
Área construída (km²)	153,72	250,74
Densidade (pessoas por hectare)	228	170
Área de solo construído por pessoa (m²)	44	59
Aumento na população (%)		22
Aumento na área construída (%)		63
Aumento no consumo de terras por pessoa (%)		34

rendas sobem, as famílias desejam mais área construída. As empresas, que anteriormente operavam densos *sweatshops*, adquirem mais terra a fim de fornecer mais espaço de trabalho para seus funcionários e para o maquinário mais sofisticado que agora utilizam; as vias se tornam mais largas para acomodar o fluxo de tráfego cada vez maior. Todos esses fatores citados implicam mais consumo de terra *per capita*. Por esse motivo, uma densidade que diminui durante a expansão econômica não é, necessariamente, um indicador de ineficiência no consumo de terra. Tudo depende das rendas dos domicílios e empresas, do custo e da velocidade do transporte e do preço de um terreno rural durante o período. Esperar que as cidades se expandam nas mesmas densidades que seus núcleos implica que as densidades devem ser uniformes do núcleo até a periferia, e que as densidades, desde a fundação da cidade, já foram ideais.

O modelo urbano padrão nos diz que as densidades diminuirão enquanto as rendas domiciliares aumentarem e a tecnologia de transporte for aperfeiçoada. Isso não é um sinal de ineficiência, mas uma realocação racional de entradas na equação. Uma vez que a maior parte da urbanização ocorre na periferia, é normal que a densidade de terras recém-ocupadas seja menor do que a média da cidade.

A baixa densidade no limite da zona urbana é um componente normal e racional do desenvolvimento, uma vez que representa uma maximização das utilidades para empresas e domicílios quando os preços do mercado não são distorcidos. No entanto, é importante ter um parâmetro para medir objetivamente se a área urbanizada na periferia das cidades tem uma densidade ineficientemente baixa.

O movimento antiespraiamento, mesmo sendo barulhento, não representa uma opinião unânime. Alguns planejadores e diversos economistas, como Peter Gordon e Harry Richardson, têm afirmado que uma oferta de terra elástica é indispensável para a manutenção dos preços de moradias acessíveis conforme a população e a renda de uma cidade se elevam. Esse também é um dos principais argumentos defendidos por meu colega Shlomo Angel em seu livro *Atlas of Urban Expansion,* mencionado anteriormente. Robert Bruegmann, em sua obra nomeada *Sprawl,* coloca a questão da extensão das cidades em contexto e desmascara muitas das lendas urbanas que são um aspecto infeliz do discurso sobre as cidades e que as rotulam como vorazes consumidoras de terra.

A obra de economistas urbanos demonstra que não há nada de idiossincrático sobre quanto solo é ocupado pelas cidades, onde se localiza o limite da urbanização e quais são as principais variáveis das quais esse limite depende. A área ocupada pelas cidades e a localização de seus limites construídos dependem do valor relativo de três razões: renda rural em relação à urbana, participação do custo de viagens pendulares na renda urbana e da renda sobre a terra rural e sobre a terra urbana. A área de terra utilizada pelas cidades, seja ela espraiada, seja compacta, tem muito pouco a ver com incorporadores gananciosos e os proprietários de terra vorazes ou aqueles que alegremente realizam suas viagens pendulares de carro.

Meu objetivo não é revisar, comentar ou parafrasear o trabalho de economistas urbanos, mas explicar como os planejadores podem utilizar o trabalho deles para compreender melhor de que forma as cidades utilizam o solo quando sua população aumenta e quais variáveis econômicas e populacionais são responsáveis por estabelecer as densidades. Meu foco é no que o modelo urbano padrão pode nos ensinar sobre os limites da urbanização e, por extensão, o que determina a área das cidades.

O modelo urbano padrão ajuda a explicar quanto e por que uma cidade se expande

Os preços do solo urbano diminuem conforme a distância a partir do centro da cidade aumenta, refletindo a a utilidade decrescente da terra o consumidor, seja empresa ou domicílio, devido à elevação dos custos de transporte. O gráfico na Figura 4.10 mostra a curva U representando as variações do preço de terra de uma cidade imaginária enquanto a distância a partir do centro aumenta. A linha A representa o preço de terra rural na periferia da cidade. Pressupõe-se que esse valor não varie com a distância e represente a renda capitalizada que os agricultores obtêm de suas plantações. Quanto mais fértil e produtiva a terra, mais alto será o preço da terra rural.[21] A curva U do preço da terra urbana intercepta a linha horizontal A representando o preço da terra rural a um ponto D à distância x a partir do centro da cidade. O limite da área construída da cidade estará localizado na distância x. A uma distância inferior a x, incorporadores conseguirão pagar mais pela terra rural do que os agricultores poderiam ganhar de outra forma, fazendo-os vender suas terras. Portanto, a uma distância inferior a x, o uso do solo será convertido de rural

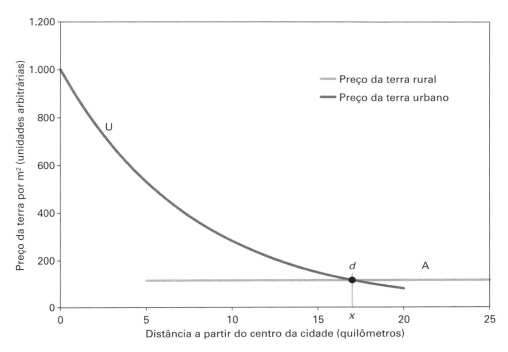

FIGURA 4.10 Os preços da terra urbana e rural definem o limite da urbanização.

para urbano. Para além da distância x, incorporadores podem oferecer apenas um preço mais baixo que o valor rural da terra. Assim, é improvável que os agricultores vendam suas terras, e a terra continuará sendo rural. Quanto mais alto o preço da terra rural, menor será o raio de urbanização x, todo o resto constante.

Isso tem uma implicação importante e interessante na maneira como as cidades se expandem. Para determinada população, os preços de terra e as densidades de uma cidade serão mais elevados se ela se expandir em terra rural extremamente cara.

Tal dinâmica é bastante direta. Estabelecer o limite da urbanização não exige teorias conspiratórias envolvendo incorporadores gananciosos em conluio com fabricantes de automóveis extravagantes, como dizia uma das lendas urbanas mais persistentes.[22]

Podemos ver, se aceitarmos as funções utilitárias das empresas e domicílios implícitas no modelo, que as áreas e as densidades das cidades (implícito na localização de x) não têm qualquer valor normativo de "boas práticas", mas dependem do preço da terra urbana na margem da urbanização em comparação ao preço da terra rural. As cidades que estão se expandindo para zonas rurais muito produtivas têm uma área urbana menor e, por consequência, uma densidade mais elevada do que a de cidades que se expandem em direção a um deserto, sendo todas as outras constantes iguais. A imposição de uma densidade normativa mínima, como as 100 pessoas por hectare na China, pode resultar em má alocação de recursos. Essa densidade pode ser demasiadamente baixa para as cidades que avançam sobre zonas rurais valiosas, embora possa ser muito alta para cidades se expandindo para terras com poucos usos alternativos, como desertos ou planícies lamacentas.

Os limites da urbanização quando o preço do solo rural é distorcido

O ponto d na Figura 4.10, mostrando o limite da urbanização, está à distância x, onde o preço da terra urbana equivale ao preço da terra rural. Se nenhum dos preços estiver distorcido, essa distância – e, por consequência, toda a área construída da cidade – poderá ser considerada ideal. Em outras palavras, a distância e a área construída poderiam potencializar a utilidade de moradores urbanos e empresas, assim como os agricultores que cultivam terra no limite da cidade.

Contudo, se um ou ambos os preços forem distorcidos, o ponto d não representaria mais o limite ideal da urbanização. Por exemplo, olhemos para a consequência do limite da urbanização e, consequentemente, do consumo de terra em uma cidade, quando o preço de aquisição da terra rural é subvalorizado em comparação ao seu valor real de mercado quando baseado em produtividade rural (Figura 4.11).

Vamos supor que o preço de aquisição da terra rural (linha A1) é mais baixo do que seu real valor implícito de mercado (linha A2). Essa distorção no preço da terra rural poderia ser causada pelo governo utilizando a desapropriação por interesse público para expropriar terrenos rurais, pagando um preço inferior aos agricultores do que estes poderiam obter em livre mercado, no qual o preço da terra rural tem sido baseada na capitalização da renda produzida pela terra. Esse tipo de expropriação ocorre com frequência nas extremidades de cidades na China e na Índia,[23] onde os governos utilizam um preço administrativo que geralmente é inferior ao de mercado para compensar os agricultores pela terra expropriada.

A Figura 4.11 ilustra essa situação. O preço da terra urbana se torna igual ao preço da terra rural subvalorizada no ponto d_1 a uma distância x_1 a partir do centro. No entanto, se o preço de mercado da terra rural foi usado, então o limite da urbanização terá estado em d_2, onde o preço da terra urbana cruza a linha A2 a uma distância x_2 a partir do centro da cidade. Podemos ver que x_1, o limite da urbanização com um preço rural subvalorizado, é significativamente mais longe do que x_2. Subvalorizar o preço da terra rural, portanto, contribuiria para um uso excessivo de terra por usuários urbanos às custas de terra rural e configuraria uma má alocação de recursos.

Distorções de preço podem causar consumo excessivo ou reduzido da terra urbana

É improvável que o modelo urbano padrão nos permita calcular com exatidão a distância correspondente a um preço rural sem distorções. Contudo, ele

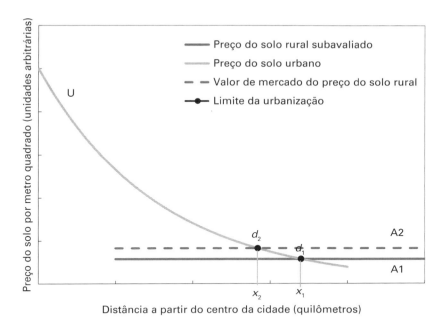

FIGURA 4.11 Limite da urbanização quando os preços do solo rural são distorcidos.

nos permite ter certeza de que um preço subavaliado de terra rural levará a um consumo excessivo de terra pelas cidades. As pessoas preocupadas com a perda potencial de terra rural causada pela urbanização podem utilizar o modelo para identificar distorções que, em certo momento, levarão ao consumo excessivo de terra urbana. Tal uso aponta para a solução óbvia de reduzir o consumo para um nível mais próximo do ideal, que é incorporadores pagarem um preço de mercado pela terra rural. A medida alternativa, que é estabelecer uma regulação para o limite do crescimento urbano[24] ou um cinturão verde à distância x_2 a fim de barrar a expansão urbana, não funcionará por dois motivos. Primeiro, o modelo não é preciso o suficiente para calcular uma distância x_2 exata. Segundo, se fosse possível estabelecer x_2 com precisão, essa distância não seria ideal por muito tempo; a produtividade rural, as rendas urbanas e os custos de transporte provavelmente mudarão ao longo dos anos, exigindo um deslocamento de x_2.

Os preços podem ser distorcidos de outras maneiras. Os preços rurais podem ser inflacionados pela irrigação subsidiada, por exemplo, resultando em má alocação de terra, dessa vez às custas da terra urbana. Os próprios preços de terra urbana também podem ser distorcidos devido a grandes subsídios de infraestrutura, de transporte ou de gasolina. Os governos devem corrigir a má alocação de solo entre usos urbanos e rurais mediante supressão – ou, pelo menos, redução – das distorções de preço, não por meio de soluções de *design* como regulações de zoneamento.

A fim de remediar o suposto consumo excessivo de terra urbana, que pode existir ou não, os planejadores geralmente defendem a imposição de cinturões verdes ou limites ao crescimento urbano, usando *design* para limitar a expansão da cidade. Os modelos econômicos nos possibilitam o entendimento de quais condições podem levar as cidades ao consumo excessivo de terra. Quando ocorre o consumo excessivo, os modelos nos dizem o que fazer para corrigi-lo usando os mecanismos de mercado em vez de soluções projetadas arbitrariamente.

As soluções de mercado se adaptam às mudanças constantemente. As de *design*, como os limites ao crescimento urbano à la Portland, Oregon, criam distorções rígidas e desproporcionais.

O que acontece com o limite do perímetro urbano quando o preço da terra rural não é uniforme?

A forma mais simplificada do modelo urbano padrão pressupõe que os preços de terra rural são uniformes em uma cidade. Espera-se que as localidades onde essa suposição se aproxima da realidade se desenvolvam simetricamente ao redor do tradicional centro da cidade com uma área construída aproximando um círculo centralizado no CBD tradicional. Isto é, de certa maneira, o caso de Pequim, Londres e Paris, por exemplo.

No entanto, o modelo urbano padrão implica que, onde existem grandes diferenças no preço de terra rural para diferentes direções, uma cidade se desenvolveria, logicamente, de modo assimétrico. Ela se expandiria muito mais para a direção da terra rural barata do que para onde a terra é cara. Vamos testar a forma pela qual o modelo padrão se adequa em uma cidade real onde o preço da terra rural não é uniforme em todas as direções. A cidade de Beaune, localizada no meio da região vinícola da Borgonha, na França, ilustra o que o modelo padrão prevê quando o preço da terra rural é muito mais alto em uma direção do que em outra.

Anualmente, um leilão internacional de vinhos envolvendo alguns dos vinhos mais prestigiados e caros do mundo ocorre no centro da cidade medieval de Beaune. O local desempenha o papel de Wall Street para o vinho borgonhês. Os vinhedos que fornecem os vinhos da Borgonha *grand cru* (Aloxe-Corton e Puligny-Montrachet) e *premier cru* mais caros estão exclusivamente localizados ao oeste da cidade, ao longo de suaves colinas expostas ao sol matinal do sudoeste, como mostrado na Figura 4.12.

O preço de terra dos vinhedos nessa área era estimado em cerca de 500 dólares por m² em 2013. Isso é, claramente, um valor excepcionalmente alto para terra rural. Em comparação, o preço médio do solo rural em Kansas em 2013 era de aproximadamente 50 centavos de dólar por m². Ao leste de Beaune, o preço dos vinhedos, devido ao solo diferenciado e à exposição solar, cai para menos de 200 dólares por m².

Temos de adaptar o modelo padrão para refletir os preços assimétricos de terra rural ao redor de Beaune. Em vez de fazer uma média do preço de terra

CAPÍTULO 4   A distribuição espacial dos preços de terra e das densidades   121

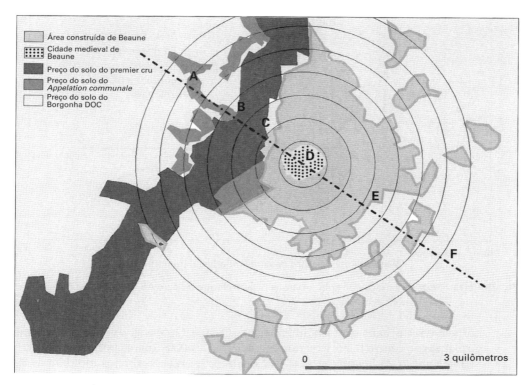

FIGURA 4.12   Área construída e vinhedos de *premier cru*, Beaune.

urbana pela distância a partir do centro da cidade, como foi feito nas figuras anteriores, utilizemos o modelo para representar o preço de terra ao longo de um eixo AF passando pelo centro da cidade para o sudeste (Figura 4.12). Represento o perfil do preço de terra urbana e os vários preços de terra de vinhedos ao longo do eixo AF na Figura 4.13.

Podemos ver tanto pelo mapa como pelo gráfico que a expansão da cidade é assimétrica ao redor do centro, como previsto pelo modelo. Em direção ao noroeste, a curta distância a partir da cidade medieval tornaria a terra atrativa para urbanização, mas os incorporadores urbanos não podem pagar mais do que o alto valor do vinhedo *premier cru* (a melhor região para os vinhedos). O limite edificado da cidade em direção ao noroeste é, portanto, definido a uma curta distância a partir do centro da cidade. Em contrapartida, em direção ao sudeste, o valor muito inferior dos vinhedos – onde os vinhos Borgonha DOC (região de vinhedos de segunda qualidade) são produzidos – permite que a cidade se expanda mais livremente nessa direção. O preço excepcionalmente alto da terra rural no entorno de Beaune condiciona a expansão da cidade e é provável que

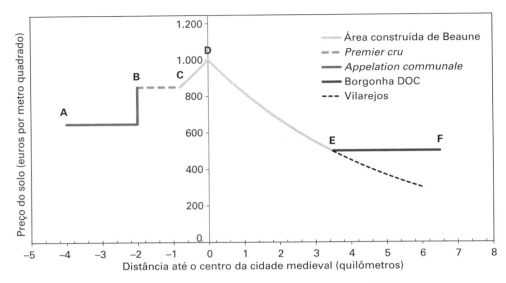

FIGURA 4.13 Perfil dos preços do solo urbano e rural ao longo do eixo AB, Beaune.

torne a terra urbana excessivamente caro. Os apartamentos à venda em Beaune próximos ao centro histórico eram anunciados a 4.000 dólares por m² em 2014.

O exemplo de Beaune mostra que os preços rurais e urbanos moldam as cidades. A assimetria da área construída de Beaune nada tem a ver com *design*, mas reflete as diferenças dos preços do mercado. As valiosíssimas terras nas quais os vinhos *premier cru* são produzidos não precisam da proteção de um cinturão verde ou de zoneamento; elas são protegidas pelo alto preço do vinho borgonhês no mercado mundial. Esse exemplo mostra também que, quando necessários, os pressupostos do modelo urbano padrão podem ser seletivamente flexibilizados e adaptados às circunstâncias que diferirem significativamente dos pressupostos iniciais.

Custo de urbanização e o limite da urbanização

Nos parágrafos anteriores, supus que a terra rural poderia ser convertida, sem custos, em terra urbana. No mundo real, esse não costuma ser o caso.

Em muitas cidades, as regulações de parcelamento do solo[25] definem os padrões mínimos que os empreendedores imobiliários têm de atender para transformar terra rural em lotes urbanos que podem ser desenvolvidos. Cumprir com essas regulações envolve quatro tipos de custos:

1. obras de engenharia para vias, calçadas e infraestrutura;
2. custos de terra, já que parte da terra comprada de agricultores tem de ser reservada para vias, equipamentos públicos e espaços abertos;

3. despesas gerais indiretas que incluem *design*, supervisão e burocracia para obter as várias licenças de diversos órgãos públicos;
4. custos financeiros representados pelos juros durante a construção (os juros devem ser pagos durante todo o período entre a aquisição da terra e o momento em que os lotes estão prontos para serem vendidos às construtoras).

A área total de terra vendida aos usuários de terra urbana pelos incorporadores é, portanto, menor do que a área que compram dos agricultores. As vias e os espaços abertos construídos pelos incorporadores em geral são oferecidos gratuitamente ao município. O custo total por metro quadrado de área urbanizada comercializável que terá de equilibrar a oferta e a demanda (i.e., que estará sobre ou abaixo da curva *U* na Figura 4.12) é dado pela Equação 4.2.

A variável *k* representa o custo de desenvolvimento de um loteamento urbanizado.. O lucro do investidor será a diferença entre *k* e o preço de venda da terra urbanizada quando ela finalmente for vendida para os construtores. Visto que leva bastante tempo (muitos anos no caso de projetos grandes) entre o momento em que a terra rural é adquirida até que os terrenos urbanizados estejam prontos para serem vendidos aos construtores, o preço da área urbanizada na hora da venda costuma ser um tanto incerto.[26] Esse preço de venda pode ser superior ou inferior a *k*. Se for inferior, o incorporador terá de arcar com um prejuízo no projeto ou esperar que o preço da terra urbanizada aumente na região até se tornar mais alto do que *k*. Contudo, durante esse período, o incorporador pagará juros sobre *k*, elevando ainda mais o custo da terra urbanizada.

Sendo assim, comparar o preço da terra rural ao preço de venda da terra urbanizada e supor que a diferença representa o lucro do incorporador é completamente equivocado.

Equação 4.2 Custo por metro quadrado do loteamento comercializável que chegará no mercado

$$k = \frac{a + c + h + f}{1 - r} \quad (4.2)$$

onde

k = custo de desenvolver um loteamento por metro quadrado de terra urbanizada comercializável;
a = preço da terra rural por metro quadrado;
c = custo de obra civil por metro quadrado;
h = despesas do incorporador
f = custo financeiro;
r = percentual da terra urbanizada destinada a vias e espaços abertos.

Vamos supor que um incorporador compre uma gleba rural a 100 dólares por metro quadrado; que as obras civis, as despesas e os custos financeiros chegam a 50 dólares por metro quadrado e que as regulações exijam que as vias e os espaços públicos ocupem 40% da terra a ser urbanizada. Sob tais condições, o preço da terra urbanizada que chegará ao mercado neste local terá de ser de, no mínimo, 250 dólares por metro quadrado.[27] Quanto mais "generosos" forem os padrões de loteamento de terra urbanizada impostos pela autoridade local, mais alto será o preço que o usuário final terá que pagar por terra urbanizada.

Os custos de loteamento detalhados na Equação 4.2 ocorrem apenas uma vez, no momento em que o uso do solo muda de rural para urbano.

A grande diferença entre o preço de venda da terra rural na periferia das cidades e o da terra urbanizada passa, com frequência, a impressão de que tanto os proprietários das terras quanto os incorporadores estão tendo um lucro extraordinariamente alto durante o processo. Na realidade, a maior parte do que parece ser um imenso ganho capital, em geral, reflete os altos valores para os parâmetros c, h, f e k, refletindo um processo legal complexo e difícil em vez de uma corrida especulatória de um ator ou outro.

A razão entre k e a, relacionando o preço da terra rural ao preço da terra urbanizada, é um indicador urbano importante que foi medido em 53 cidades ao redor do mundo por Shlomo Angel para seu trabalho junto ao Programa de Indicadores Habitacionais, conduzido em 1994 pelo Banco Mundial. Angel chama esse indicador de "multiplicador de terra urbanizada". Em seu livro *Housing Policy Matters*,[28] o autor analisa as implicações desse indicador para a acessibilidade de preço da habitação. Ele descobriu que, em 1990, o valor mediano do multiplicador de terra urbanizada era 4,0 em países em desenvolvimento e 2,4 naqueles industrializados. Isso significa que a expansão em países em desenvolvimento é ainda mais restrita do que em países industrializados, resultando em preços elevados de terra e de moradia. Uma combinação de padrões regulatórios altos a ponto de serem pouco realistas com custos de transação elevados devido ao sistema de registro de imóveis inadequado, além de burocracias excessivas, é a causa desses altos custos.

Vamos agora revisitar a distância entre o limite da urbanização e o centro da cidade após levar em consideração os custos urbanização da terra estabelecidos por regulações locais (Figura 4.14). A linha A, que corresponde ao preço de mercado da terra rural (semelhante à linha A no gráfico mostrado na Figura 4.10), intercepta o preço da terra urbana U no ponto d_1, correspondendo à distância x_1. A linha B corresponde ao custo de desenvolvimento de loteamentos urbanizados k (que inclui o preço da terra rural além de outros custos de desenvolvimento de terra urbanizada). A interseção d_2 da linha B com a curva U define o novo limite da urbanização para o o desenvolvimento formal da terra. Vemos que quando o custo de desenvolvimento de terra urbanizada é levado em conta, o limite da urbanização é reduzido de x_1 para x_2, diminuindo a área total de terra urbanizada. Quanto mais alto for o custo k de criação formal de infraestrutura, mais curta será a distância x_2 em comparação a x_1 e menor será a área total urbanizada – e, por consequência, maior será a média de densidade construída, considerando-se que todo o restante se mantenha o mesmo. O valor de k, em grande parte definido pelo *design* de planejadores, tem um

CAPÍTULO 4 A distribuição espacial dos preços de terra e das densidades

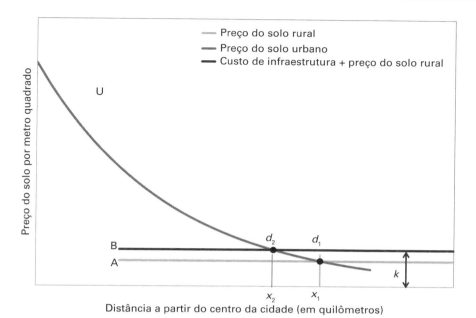

FIGURA 4.14 Limite da urbanização, levando em conta o custo de loteamento do solo.

impacto duplo no custo de urbanização; ele aumenta o custo na periferia da cidade e reduz a oferta de terra urbanizada (ao elevar a distância entre x_1 e x_2), fazendo subir, dessa forma, o preço do solo em todos os demais lugares da cidade.

As forças de mercado determinadas por regulações rígidas (como aquelas que ditam os percentuais de áreas viárias e os custos fixos) impõem um limite de expansão urbana em x_2. Contudo, existe um setor de construção informal que ignora a legislação em muitos países. Tal setor inclui indivíduos, além de incorporadores, construindo moradias e edifícios comerciais que não atendem aos padrões mínimos impostos pelas regulações – e, portanto, para quem o limite x_2 é irrelevante. A área entre x_1 e x_2 tende a se tornar uma área periférica urbana, onde o mercado de trabalho se expandirá ao incluir agricultores que progressivamente estão se tornando trabalhadores urbanos e onde os assentamentos informais se desenvolverão nos países com baixa fiscalização. Na próxima seção, descreverei as condições sob as quais essa extensão da periferia urbana ocorrerá.

O mercado de trabalho pode se expandir além de x_2: vilarejos na periferia das cidades

Nenhum novo empreendimento urbano normalmente ocorrerá além da distância x_2 mostrada na Figura 4.14. Entretanto, os agricultores que já vivem além de

x_2 podem achar que a diferença entre os salários urbanos e rurais compensam os gastos necessários para realizar viagens pendulares até um local de trabalho na cidade. Essas pessoas que já moram na área rural além de x_2 não têm de comprar qualquer terreno para poderem participar do mercado de trabalho da cidade, nem de pagar pelo custo k de desenvolvimento de terra urbanizada. Se o custo do deslocamento até a cidade for inferior à diferença entre o salário urbano potencial e seu salário rural atual, é provável que eles se unam à força de trabalho urbana, mesmo que morem para além do limite urbano construído. A disponibilidade de motocicletas a preços baixos que facilitam o deslocamento pelas vias rurais diminui bastante o custo do trajeto individual sem a necessidade de se conectar a uma grande via ou rede de trânsito. O uso de transporte individual, quando acessível, eleva consideravelmente o tamanho do mercado de trabalho para além dos limites visíveis da urbanização. Veremos a consequência da extensão do mercado de trabalho urbano em áreas rurais mais além neste capítulo, quando discutirmos o plano diretor de Hanói.

Muitas cidades asiáticas estão localizadas no meio de áreas rurais densas. A população que mora nessas áreas adjacentes a cidades grandes com frequência contribui para um aumento do mercado de trabalho sem que haja necessidade de migração. Essa elevação pode ser importante em partes da Ásia nas quais as densidades populacionais rurais são altas, como em Bangladesh, no sudeste asiático e no leste da China. Por exemplo, a Figura 4.15 mostra o grande número de vilarejos localizados a 20–30 km ao leste de Luoyang, China. Não há traço de urbanização formal na área, porém uma motocicleta permitiria que os agricultores se deslocassem até Luoyang em menos de 40 minutos. As populações desses vilarejos podem participar da força de trabalho urbano muito antes de qualquer solo rural ser convertido em uso urbano. Essas áreas provavelmente serão incorporadas à área construída da cidade quando o preço da terra urbana em sua região se tornar mais alto do que o da terra rural.

Que tipo de urbanização pode ocorrer entre x_1 e x_2? O surgimento do setor informal e dos mercados paralelos

O que provavelmente ocorrerá entre x_1 e x_2? Entre esses dois pontos,[29] na periferia das cidades, é provável que os agricultores estejam dispostos a vender suas propriedades aos incorporadores a um valor mais alto do que o preço rural. No entanto, os incorporadores formais não têm como evitar um alvará de construção se quiserem buscar um financiamento. Assim, eles não vão comprar terras entre os pontos x_1 e x_2, uma vez que o custo de loteamento que atenderia à legislação não seria aceito pelo mercado (entre x_1 e x_2, k está acima da curva U).

Alguns consumidores, no entanto, podem ficar bastante satisfeitos com padrões de urbanização da terra inferiores àqueles prescritos pela legislação, se isso resultar em moradias mais baratas. Quando há tal demanda, os incorporadores informais, sem se basear no sistema financeiro formal, se mostrarão dis-

CAPÍTULO 4   A distribuição espacial dos preços de terra e das densidades   127

Vilarejos a aproximadamente 25 quilômetros ao leste de Lyoang, (Henan), China
Área total mostrada	54,91	km²
Área total dos vilarejos	5,64	km²
Densidade médias nos vilarejos	220	pessoas/hectare
População estimada total	124.000	pessoas
Densidade bruta na área mostrada	23	pessoas/hectare

FIGURA 4.15 Vilarejos existentes ao leste da área de expansão imediata de Luoyang, China. *Fonte:* Vetorização de imagens do Google Earth, 2015; estimativas populacionais baseadas em levantamentos feitos nos vilarejos.

postos a comprar terras de agricultores e loteá-las com padrões que custem menos do que k. Entre x_1 e x_2, os agricultores receberão uma oferta por suas terras a um valor acima do preço rural apenas dos incorporadores informais. Alguns proprietários rurais talvez prefiram continuar na lavoura e aguardar até que os preços da terra urbana aumentem ainda mais para que posteriormente possam vender suas terras aos incorporadores formais.[30] Todavia, alguns agricultores podem preferir vender para incorporadores informais ou até mesmo lotear sua própria terra informalmente. Em cidades onde as regulações urbanas tornam a terra economicamente inacessível para uma parte da população, é de se esperar uma urbanização dispersa composta por assentamentos informais entre x_1 e x_2.

Os loteamentos informais podem ser feitos por incorporadores de forma planejada ou ser criados espontaneamente por invasões em terras públicas. A urbanização informal promovida por incorporadores é, segundo minha experiência, muito mais comum do que as invasões, embora não haja dados concretos sobre o assunto ao redor do mundo. Estou usando o termo "urbanização informal" para designar um assentamento desenvolvido por incorporadores a padrões abaixo das exigências regulatórias, mas atendendo à demanda de um segmento da população e, em geral, abaixo do custo k como definido na Equação 4.2.

Loteamentos informais tende a ocorrer na periferia de cidades onde os custos de desenvolvimento de terra urbanizada são mais altos do que uma porção da população pode pagar (ou está disposta a pagar). Quando uma grande parte da população urbana não pode arcar com os padrões mínimos impostos pelas leis, a imposição das regras de planejamento se torna impossível. Em muitas cidades de economias em desenvolvimento e emergentes, esses tipos de assentamentos tipicamente representam 20 a 60% do total do estoque habitacional. Em Mumbai, a cidade mais próspera da Índia, por exemplo, os assentamentos informais representavam mais de 55% do estoque habitacional em 2010.[31] O crescimento da informalidade é determinado não necessariamente pela pobreza, mas pela arbitrariedade e pelo alto custo imposto pelas regulações de uso do solo.

Em economias desenvolvidas, nas quais novos loteamentos são rigidamente controlados, é provável que um setor informal apareça na área desenvolvida na forma de subdivisões ilegais, assim como ampliações de casas e apartamentos existentes. Um artigo de 2008[32] estima que cerca de 114 mil unidades de novas moradias ilegais tenham sido construídas na cidade de Nova Iorque entre 1990 e 2000. Essas unidades foram criadas pela subdivisão e expansão de casas legalmente adquiridas, construídas em empreendimentos existentes. Portanto, o setor informal criado por regulações urbanas excessivamente onerosas existe tanto em países desenvolvidos como naqueles em desenvolvimento. Em países em desenvolvimento, o setor informal, na maioria das vezes, assume a forma de parcelamento ilegal do solo; em países desenvolvidos, as subdivisões e ampliações ilegais de casas ou apartamentos em empreendimentos formais são mais comuns. A causa do crescimento de setores informais em países desenvolvidos e em desenvolvimento é a mesma: regulações de uso do solo malconcebidas que não levam em consideração a renda de famílias pobres.

Em países onde o controle sobre a urbanização do solo é fraco, a curva de preço da terra urbana definida pelo modelo urbano padrão refletirá dois tipos de urbanização: a nova urbanização formal, que será localizada em áreas entre o centro da cidade e o ponto x_2, e a nova urbanização informal, que tende a crescer entre x_2 e x_1. Em certo momento, conforme a renda familiar aumente e os custos de transporte sejam reduzidos, os preços de terra urbana se elevarão, empurrando o limite da urbanização formal mais longe, à direita do ponto x_2. Loteamentos formais e informais serão, então, encontrados lado a lado na mesma área, enquanto novos assentamentos informais se desenvolverão além do novo ponto x_2.

A ocupação informal é uma resposta de mercado à rigidez de *design* imposta pelas regulações. A urbanização informal introduz uma forma de elasticidade de oferta de terra em cidades onde os efeitos das regulações nos mercados reduzem a oferta significativamente (x_2 é menor do que x_1). Na ausência de novos loteamentos informais, o aumento na oferta de unidades de moradia para famílias de baixa renda apenas pode ocorrer mediante a densificação de bairros de baixa

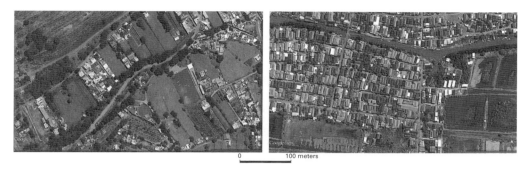

FIGURA 4.16 Loteamentos informais na periferia da urbanização na Cidade do México (imagem à esquerda) e em Surabaya, Indonésia (imagem à direita; mesma escala para as duas).

renda existentes, reduzindo a área de terra e de área construída consumida por domicílios de baixa renda. Assim, o cumprimento das regras de planejamento urbano frequentemente contribui para a redução da qualidade e da quantidade de moradia acessível aos pobres (como explicado em profundidade no Capítulo 6). As duas imagens aéreas na Figura 4.6 mostram empreendimentos informais na periferia de Surabaya, Indonésia, e no distrito federal da Cidade do México. Em Surabaya, os moradores do vilarejo lotearam a terra rural abaixo dos padrões mínimos para a largura das ruas e os tamanhos dos lotes estabelecidos por seu governo. No entanto, o governo indonésio tolera acertadamente essa forma de desenvolvimento, desde que eles formem uma comunidade organizada chamada de *kampung*, que é, de várias maneiras, semelhante a um condomínio. O governo local negociará mais tarde com o líder do *kampung* para conectar a área às redes municipais de infraestrutura.

Os assentamentos informais na Cidade do México, mostrados à esquerda na Figura 4.16, são muito diferentes dos *kampungs* indonésios, pois são e se mantêm ilegais. Os padrões de loteamento – como largura das ruas, tamanho de lotes e recuos obrigatórios – são, de fato, mais baixos do que aqueles prescritos pelas regulações, mas o assentamento mostrado está localizado em uma área na qual não é permitida a urbanização de acordo com o plano diretor. O assentamento está localizado em um terreno com declive de 30% na parte sudoeste do Distrito Federal em uma área onde qualquer loteamento é proibido por razões ambientais. Podemos ver que a área ao redor dos assentamentos informais da Cidade do México ainda é rural. Independentemente de a área ser designada ou não para urbanização pelo plano diretor, a variação de preço definida pelo modelo urbano padrão ainda define os preços de terra. Terra provavelmente poderia ser vendida com um desconto em uma área na qual as regulações proíbem qualquer empreendimento. No entanto, é a distância até o mercado de trabalho da Cidade do México que, por fim, decidirá o preço da terra urbana. Se esse valor for maior do que o preço da terra rural, a área provavelmente será urbanizada. Em uma área com um declive de 30%, os valores da terra rural podem não ser tão elevados; portanto, a possibilidade de que os agricultores vendam suas terras aos incorporadores é bastante alta.

Não estou dando esses exemplos para defender que se deva desconsiderar todas as regulações urbanas. As leis ambientais que visam a impedir empreendimentos nos declives dos vulcões que circundam a Cidade do México certamente são adequadas. No entanto, o preço da terra urbana ditado pela distância até o mercado de trabalho da cidade ainda está lá. A designação de áreas *non aedificandi* no plano diretor não torna o preço da terra insignificante. Os municípios mexicanos deveriam reconhecer os fortes incentivos econômicos que a população vivendo na pobreza tem para ignorar essas regulações. As regulações têm um custo. Nesse caso, é a destruição do valor das terras, propriedades de agricultores inquestionavelmente pobres labutando nas encostas dos vulcões. A solução pode ser compensá-los pela continuidade do cultivo na área, fornecendo incentivo suficiente para que a alternativa de urbanização informal não seja atrativa para eles. Simultaneamente, o governo deve permitir o loteamento de terras que sejam economicamente acessíveis para famílias de baixa renda em outras regiões da Cidade do México que não estão sob um condicionante ambiental desse tipo. Seja qual for a solução, podemos ver a relação entre os padrões de desenvolvimento de terra urbanizada e a informalidade e como o modelo urbano padrão pode ajudar os planejadores urbanos a prever o que provavelmente ocorreria nas periferias das cidades.

Uma aplicação concreta do modelo urbano padrão: uma avaliação do plano diretor de Hanói

Cerca de uma vez a cada 10 anos, muitas cidades elaboram um novo plano diretor para guiar futuros desenvolvimentos. A preparação do plano diretor geralmente segue a disponibilidade dos novos dados do censo decenal. Em geral, um plano diretor consiste em três componentes:

- uma revisão das tendências de desenvolvimento urbano anteriores e uma identificação das questões atuais;
- uma declaração dos objetivos e das prioridades do desenvolvimento urbano;
- uma proposta para o desenvolvimento urbano futuro (incluindo um mapa do uso do solo de áreas a serem urbanizadas, uma proposta para novas regras de zoneamento e uma lista dos investimentos públicos em obras de engenharia e infraestrutura social consistente com a implementação dos objetivos do plano).

Em municípios democraticamente eleitos, espera-se que ocorram audiências e participação públicas durante as várias fases da preparação do plano diretor e antes da aprovação final pelo governo municipal.

A necessidade de revisar periodicamente e ajustar os objetivos de desenvolvimento de uma cidade e os investimentos correntes é, certamente, justificada.

Entretanto, é bastante duvidoso se essa revisão deve ser feita em intervalos definidos de 10 anos independente de outras dinâmicas urbanas e envolvendo um grande exercício de coleta de dados. O exercício tradicional do plano diretor parece ser um fóssil que restou da época em que as práticas de planejamento de economias de comando fascinavam o mundo. Fariam mais sentido para as cidades o monitoramento de dados e indicadores em tempo real e o ajuste de políticas e investimentos de acordo com o que funciona e o que não, em vez de aguardar 10 anos para avaliar resultados e em certo momento mudar a direção. Algumas cidades, como Singapura e Hong Kong, adotaram uma abordagem de monitoramento de ajuste em tempo real para fazer a gestão do seu desenvolvimento. Seu sistema de administração se tornou mais semelhante àquele das corporações, que têm de se adaptar rapidamente a choques externos.

O conceito de plano diretor é baseado na falsa suposição de que o desenvolvimento da cidade se parece com projetos de engenharia, exigindo a preparação de um esquema detalhado que será seguido por um período de construção de dez anos. Embora eu considere a elaboração de planos diretores um desperdício de tempo e energia, a realidade é que a maior parte das metrópoles de países em desenvolvimento contrata grandes empresas de consultoria de engenharia para prepará-los. Desse modo, é importante visualizar seu impacto no desenvolvimento das cidades. Com frequência, diversas grandes instituições financeiras internacionais, como o Banco Mundial e agências de desenvolvimento bilaterais, financiam parte da infraestrutura urbana de países em desenvolvimento. Para essas instituições, os planos diretores, "planos estruturais" ou "estratégias de cidade" são uma maneira conveniente de fornecer a eles uma lista para possíveis investimentos com seus programas financeiros de médio prazo. Assim, a tendência é que eles apoiem – às vezes até financeiramente – a preparação de tais documentos, pois isso simplifica seu processo de avaliação.

Os planos diretores oferecem um esquema espacial para o desenvolvimento das cidades tendo como base uma abordagem de *design* de engenharia. Como consequência, eles, em geral, ignoram completamente as forças de mercado que relacionam os preços de terra às densidades, como descrito nas seções anteriores deste capítulo. Eles usam uma abordagem *top-down** de *design* e projetam a distribuição espacial dos empregos e das pessoas em uma região metropolitana baseados nas preferências do projetista, geralmente justificadas como "abordagem científica" que identifica "necessidades". O plano diretor para Hanói, revisado a seguir, é, infelizmente, bastante representativo da maioria dos planos diretores que acompanhei durante os últimos 40 anos enquanto trabalhava para o Banco Mundial e outras organizações de desenvolvimento urbano. Veremos que o esquema de desenvolvimento espacial contido nele viola a maior parte dos princípios teóricos e empíricos relacionados ao modelo urbano padrão.

---

*A gestão *top-down* ("de cima para baixo" ou "de comando e controle") ocorre quando a tomada de decisões, planejamento e definição de projeto são realizadas por quem tem mais poder dentro de uma estrutura hierárquica.

Hanói: um plano diretor baseado em "princípios científicos"

Em 2010, um consórcio internacional composto por empresas de consultoria bem conceituadas elaborou um plano diretor para Hanói chamado "Plano Diretor para a Construção da Capital Hanói até 2030 e Visão para 2050", que projetava a população, o uso do solo e as necessidades de infraestrutura para 2030. O plano recebeu o Prêmio de Mérito para o Design Urbano em 2011 do Instituto Americano de Arquitetos de Nova Iorque.

O autor do plano diretor de Hanói diz que seu *design* para a distribuição espacial da população é baseado em "princípios científicos de *design*".[33] As palavras "mercados" ou "preços de terra" não aparecem sequer uma vez em todo o relatório, apesar da estratégia declarada do governo do Vietnã de aumentar o uso dos mecanismos de mercado para a alocação de recursos. O país uniu-se à Organização Mundial do Comércio em 2007, um passo decisivo na transformação de uma economia de comando para uma de economia de mercado. Há um mercado imobiliário heterogêneo no Vietnã, com inúmeros atores que variam de pequenos empreendedores locais a grandes incorporadores internacionais. Em seu livro lançado em 2008, Annette Kim descreveu o funcionamento e as peculiaridades do estágio inicial do mercado imobiliário vietnamita.[34] Desde então, esse mercado ganhou sofisticação, e suas realizações impressionantes são vistas em todos os lugares, desde modestas casas geminadas para baixa renda construídas por trabalhadores rurais até grandes empreendimentos urbanos que mesclam comércio de alto padrão, escritórios e torres residenciais. Ao andar pelas ruas de Hanói, fica evidente o dinamismo e a criatividade dos vários empreendedores que estão ocupados construindo sua cidade, a qual cresce rapidamente. Em contraste a essa realidade concreta, surpreende a ausência de um papel para esses empreendedores nas projeções do plano diretor de Hanói.

Os objetivos do plano diretor

Eu cito os objetivos do plano diretor apresentados em sua introdução:

> Entre as características mais importantes do plano, está a recomendação aceita de que 70% de Hanói – incluindo suas áreas naturais remanescentes e a terra rural mais produtiva – seja protegida permanentemente de futura urbanização como parte de uma ampla estratégia de sustentabilidade.[35]

A proteção da agricultura está explicitamente declarada como o principal objetivo que guiará a expansão física de Hanói! Esse é um objetivo principal bem curioso para o desenvolvimento de uma cidade cuja população era de 3,5 milhões em 2012 e que cresceu em 3,5% ao ano entre 2000 e 2010. De acordo com o plano diretor, a população projetada para a região metropolitana aumentará para 9 milhões em 2030. Planejar a expansão da cidade e um sistema de transporte que permita o funcionamento do mercado de trabalho se tornará, provavelmente, um grande desafio. O planejamento do transporte merece atenção significativa em um plano diretor, mas esses autores, em vez disso, focam na preservação da terra rural. Infelizmente, isso ignora a realidade de que a triplicação da população exigirá, pelo menos, o triplo da área urbanizada, o que levará, no longo prazo, a uma infraestrutura inadequada, se tal expansão não for levada em conta. Isso, por sua vez, será prejudicial ao objetivo da sustentabilidade que os autores afirmam buscar.

O conceito espacial do plano diretor: a preservação da agricultura

O plano esquemático de uso do solo projetado está à direita da Figura 4.17. O mapa de uso do solo da região metropolitana existente no ano de 2010 está à esquerda. O conceito espacial consiste em um cinturão rural de cerca de 16 km de largura dividindo a população de Hanói em duas partes: o núcleo urbano central (que inclui o CBD atual) e a das cidades-satélites de alta densidade. No cinturão rural, serão criadas três "ecovilas" com 60 mil pessoas cada, mas somente agroindústrias serão permitidas nesses locais. Algumas novas rodovias expressas, *parkways** e ferrovias expressas atravessando o cinturão rural ligariam as cidades-satélites à metrópole (Figura 4.17). O uso do solo em 2010 mostra que o cinturão rural inclui diversos vilarejos que já ocupam aproximadamente 24% da área. De acordo com o censo de 2009, uma população de 2 milhões de pessoas já vive nos vilarejos do cinturão rural. Os autores do plano diretor presumem que essas pessoas permanecerão na zona rural, cultivando a área.

A preocupação com a conservação da fértil terra rural que rodeia a parte sudoeste de Hanói é a justificativa para a fragmentação da extensão da cidade em ambos os lados do cinturão rural. Os autores do plano diretor dão três razões para impedir a expansão da cidade para os campos de arroz imediatamente adjacentes. Primeiro, a economia de energia no transporte de arroz para Hanói será significativa se comparada à energia exigida para transportar arroz de outras partes do Vietnã. Segundo, os campos de arroz oferecem uma área verde muito necessária próxima ao núcleo urbano central de alta densidade. Terceiro, os arrozais no entorno de Hanói estão sujeitos a inundações e seriam áreas muito caras para urbanizar.

O plano diretor não fornece números para justificar essas assertivas, que são fundamentais para a estratégia de desenvolvimento espacial. Veremos, a seguir, que os custos que os habitantes de Hanói incorrerão ao evitar a urbanização do cinturão rural serão extremamente altos e de longe superarão quaisquer benefícios implícitos nesses argumentos. Minha principal objeção a se criar um cinturão rural que fragmentaria a cidade em duas partes é que isso prejudicaria a possibilidade de os moradores interagirem uns com os outros e de participarem com eficiência do mercado de trabalho e imobiliário. Ignorar o que sabemos sobre esses mercados se mostrará extremamente caro para os domicílios e empresas de Hanói.

Vamos testar a consistência do conceito espacial do plano diretor mostrado na Figura 4.17 com o que sabemos sobre o funcionamento do mercado de trabalho e imobiliário. Se a extensão espacial da população prescrita pelo plano diretor contradiz a forma como esses mercados operam, é improvável que ele seja implementado, devido ao custo elevado que será absorvido por domicílios e empresas. Portanto, há a probabilidade de que a cidade cresça seguindo um

---

*N. de R.T.: Tipo de estrada construída principalmente nos EUA. Consiste em uma rodovia ajardinada.

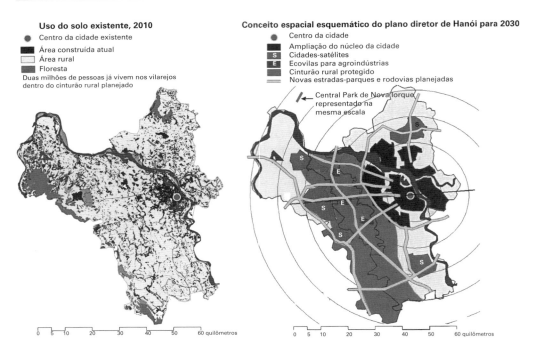

FIGURA 4.17 Uso do solo existente em Hanói em 2010 e plano diretor da capital para 2030.

padrão espacial diferente daquele projetado pelo plano. Infelizmente, também é possível que o governo construa a infraestrutura conforme o planejado. Isso resultará em mais desperdícios, visto que a infraestrutura não será executada onde a nova população se estabeleceu. Esse é um resultado comum dos planos diretores. Vi isso ocorrer em cidades tão diversas quanto Karachi e Cairo.

O conceito espacial do plano diretor é inconsistente com o funcionamento do mercado de trabalho

O plano diretor projeta que 9 milhões de pessoas viverão na região metropolitana de Hanói em 2030. Entre elas, 3 milhões permanecerão "rurais", não porque residirão em regiões demasiadamente remotas, o que impediria de participarem do mercado de trabalho urbano, mas devido ao acaso de viverem dentro do perímetro do que os planejadores zonearam como cinturão rural. O cinturão, no entanto, é muito mais próximo (de 8 a 24 km) do centro de Hanói do que as cidades-satélites. O mapa de uso do solo atual, à esquerda na Figura 4.17, mostra que inúmeros vilarejos já estão localizados no cinturão rural projetado. De acordo com o censo populacional de 2009, a população rural no cinturão era de cerca de 2 milhões de habitantes. Muitas dessas aldeias já ficam a aproximadamente 40 minutos ou menos em um deslocamento de motocicleta até o centro de Hanói. Com as novas rodovias planejadas, o tempo das viagens pendulares até Hanói se tornará, no futuro, ainda menor.

Os trabalhadores que atualmente cultivam arroz no cinturão rural da cidade provavelmente têm remunerações semelhantes aos agricultores de arroz de outras partes do Vietnã. Se tiverem salários mais altos, então o arroz produzido no cinturão terá de ser vendido a um preço superior ao do arroz cultivado em outros lugares, considerando-se que a produtividade da terra se mantenha igual. O custo de transporte mais baixo envolvido no processo de trazer arroz para os consumidores de Hanói provavelmente não compensará o custo dos salários mais altos dos trabalhadores rurais se suas remunerações tiverem de ser alinhadas com aquelas dos trabalhadores urbanos da cidade. Dado que o arroz é uma mercadoria com preços padronizados definidos pelo mercado, seu valor não subirá; dessa forma, os salários dos trabalhadores não amentarão, resultando em rendas mais baixas para aqueles empregados na agricultura do que para os trabalhadores rurais que decidirem buscar por empregos nas cidades. A curta distância do cinturão rural até o centro de Hanói – e o aumento no número de vias projetadas para construção pelo plano diretor, reduzindo mais ainda os tempos de viagem – oferecerão uma vantagem de empregabilidade significativa para os trabalhadores rurais em busca de empregos na cidade quando comparados aos trabalhadores de cidades-satélites localizadas a uma distância muito maior. O plano diretor designa trabalhadores a empregos rurais ou urbanos baseado puramente em se o trabalhador vive dentro do perímetro arbitrário do cinturão rural projetado, e não na distância em relação aos empregos urbanos.

A atribuição arbitrária de trabalhadores a empregos rurais ou urbanos é unicamente baseada na escolha dos planejadores e, desse modo, é improvável de ser implementada: nenhuma regulação de zoneamento pode forçar as pessoas a trabalharem em um setor da economia e não em outro! É bastante provável que, em 2030, os proprietários de arrozais no cinturão rural enfrentarão dificuldades para encontrar mão de obra suficiente para seus campos devido à competição com a melhor remuneração dos empregos urbanos. É improvável que a prevenção do desenvolvimento urbano no cinturão rural atenda a seu objetivo principal, que é a preservação da produção de arroz nessa área. Os planos que contradizem o funcionamento dos mercados de trabalho dificilmente serão bem-sucedidos.

O conceito espacial do plano diretor é inconsistente com o funcionamento dos mercados de terra

Os vilarejos atualmente dentro no cinturão rural ocupam cerca de 23% da área do cinturão (Figura 4.17). Assim que a infraestrutura viária planejada for construída, o tempo do transporte e o custo da viagem pendular até as principais áreas de empregos de Hanói certamente serão reduzidos. Por consequência, o valor das casas nesses vilarejos será elevado e é provável que siga um gradiente de preços urbanos centrado no centro da cidade, como previsto no modelo urbano padrão. O aluguel provavelmente alto gerado pela área construída nesses vilarejos será um forte incentivo para que os moradores rurais aumentem o número de pavimentos das casas existentes ou para a construção de novas moradias em seus quintais. É provável que a área, portanto, seja adensada para abrigar as famílias dos agricultores urbanos e trabalhadores urbanos adicionais. A densidade nesses vilarejos crescerá da mesma forma que a dos vilarejos próximos à periferia de Hanói aumentaram no passado.

A área cultivada no entorno dos vilarejos do cinturão rural estará, é claro, sob a mesma pressão por urbanização que a terra ocupada pelos vilarejos. Inicialmente, o preço da terra no cinturão refletirá a renda gerada pelo cultivo de arroz. No entanto, conforme as rendas domiciliares urbanas se elevem e o custo do transporte até o centro de Hanói reduza, a demanda por solo urbano para domicílios e empresas aumentará. Como consequência, o preço da terra no cinturão rural subirá, se tornando muito mais alto do que o preço da terra usado para agricultura. O perfil dos preços de terra e das densidades populacionais seguirá o perfil previsto pelo modelo urbano padrão e se assemelhará àquele mostrado na Figura 4.10, com o pico do preço de terra e da densidade localizados no CBD de Hanói. Podemos supor com segurança que a maior parte da terra rural no cinturão planejado logo terá um valor urbano muito mais alto do que seu valor rural. Observações feitas a partir de imagens do Google Earth registradas em 2014 já mostravam que novos empreendimentos habitacionais formais e informais estavam aparecendo no cinturão rural, o que é consistente com as previsões do modelo urbano padrão.

A distribuição espacial da população projetada pelo plano diretor dificilmente será implementada algum dia

Dificilmente as regulações, mesmo que o governo esteja pronto para exigir seu cumprimento, seriam suficientes para impedir o desenvolvimento urbano no cinturão rural. Em princípio, toda a terra do Vietnã pertence ao Estado. Contudo, os agricultores têm o direito de uso coletivo das terras que ocupam. E, desde as reformas de 2005, eles ganharam a permissão de vendê-las a incorporadores, embora os governos locais com frequência intervêm como intermediários, extraindo receitas substanciais durante o processo.

Dentro do conceito espacial do plano, agricultores fora do cinturão rural teriam permissão para vender suas terras para incorporadores, arrecadando receitas substanciais para si próprios e para o governo local, enquanto agricultores que estão dentro dos limites do cinturão rural não teriam outra opção a não ser cultivar arroz em suas terras. Isso, obviamente, geraria bastante resistência política, em especial porque o limite que define o cinturão rural é arbitrário. Agricultores, governo local e incorporadores perderiam uma quantia muito grande em potencial receita devido à criação do cinturão; eles formarão uma aliança poderosa para impedir sua implementação. Famílias em busca de aluguéis baixos e moradias baratas em áreas com boa acessibilidade a empregos teriam preferência por se acomodar no cinturão rural a serem forçadas a viver nas cidades-satélites demasiadamente afastadas de empregos.

A aparente queda no valor da terra causada pela desapropriação para a construção do cinturão rural também pode se tornar uma grande fonte de inequidade e corrupção. O governo local pode expropriar terras dos agricultores, pagando preços de terra rural por eles – visto que, oficialmente, esse seria o único uso permitido. Mais tarde, um intermediário inescrupuloso pode revender a terra para um incorporador a um preço muito mais alto após obter uma alteração no plano diretor mediante a criação de enclaves de desenvolvimento urbano no cinturão rural.

Quais seriam as consequências de construir a infraestrutura desenhada pelo plano diretor?

Devido ao fato de que os urbanistas que elaboraram o plano diretor desconsideraram como o mercado de trabalho e o imobiliário funcionam, a distribuição espacial das densidades em 2030 provavelmente será bem diferente daquela prevista no plano. As densidades populacionais mais altas se concentrarão na parte leste do cinturão rural, diminuindo na direção oeste. Se o governo implementar os investimentos em infraestrutura programados, haverá um descompasso entre a infraestrutura construída e distribuição populacional real. Os novos empreendimentos densos que surgirão no cinturão verde gerarão muitos deslocamentos que não terão vias e redes de transporte correspondentes. As grandes áreas recém-urbanizadas no cinturão serão privadas de uma rede esgoto e drenagem abrangente que poderia proteger o ambiente e impedir inundações periódicas. Na verdade, manter os arrozais no cinturão rural exigirá a preservação da rede de irrigação atual. Um sistema de drenagem pluvial urbano que previna as inundações sazonais é incompatível com a irrigação. Em certo momento, em um período muito posterior quando o cinturão estiver totalmente urbanizado, o governo terá de construir um sistema abrangente de esgoto e drenagem, como está sendo implementado em Bangkok e Jacarta, mas a um custo muito mais alto do que se tivesse sido projetado antes de a urbanização ocorrer. A construção de um sistema de drenagem pluvial e esgoto regional em países com monções, como o Vietnã, onde Hanói está localizada, exige complexos estudos hidrológicos da área, que não foram conduzidos porque o cinturão rural foi projetado para que os arrozais permaneçam.

A ausência de áreas recreativas bem desenhadas será mais uma consequência do plano diretor. Ele considera os arrozais como uma "reserva verde" por si próprios, e, por consequência, não identifica áreas específicas do cinturão rural reservadas para recreação. Conforme os arrozais forem progressivamente substituídos pela urbanização informal, os espaços abertos estrategicamente bem localizados podem desaparecer também. Dois rios atravessam o cinturão, alimentando açudes e pequenos lagos. Tendo em vista a inevitável urbanização do cinturão rural, é fundamental a criação de uma zona de transição ao redor dos corpos d'água existentes, que podem vir a se tornar parques públicos formais que seriam integrados ao sistema de drenagem pluvial urbano.

Haveria algum benefício social se o governo impusesse a distribuição espacial da população prescrita pelo plano diretor?

A maioria dos planos diretores têm os mesmos defeitos que o de Hanói e, por consequência, não são implementados. Em certo momento, por meio de flexibilizações no plano ou em razão do aumento da informalidade, a distribuição das densidades e dos preços de terra seguirá um padrão baseado na demanda por terra necessário para domicílios e empresas, como previsto pelo modelo urbano padrão. Este é o destino previsto para o plano diretor de Hanói.

Em tese, um governo autoritário, por meio de uma imposição draconiana de regulações do uso do solo, poderia impedir a urbanização do cinturão rural. Podemos avaliar o impacto de tais ações no bem-estar da população recorrendo a dois indicadores: o preço da terra e a distância média de viagem pendular.

O impacto que o plano teria na terra urbana e no preço das moradias é óbvio. O cinturão cobre 870 km^2, uma área levemente maior que os 850 km^2 planejados para o total de área urbanizada de Hanói em 2030! A remoção de uma área tão grande da oferta de terra aumenta os preços de terra nas áreas residuais onde a urbanização é autorizada pelo plano. Isso também elevaria mais ainda as densidades no já bastante denso núcleo urbano, aumentando o congestionamento e reduzindo o consumo de terra e de área construída dos domicílios mais pobres. O impacto dos cinturões verdes nos preços de terra e de moradia já foi bem documentado por diversos economistas urbanos, incluindo Jam Brueckner, Edwin Mill e Kyung-Hwan Kim.

A implementação do plano também poderia aumentar significativamente o tempo de viagens pendulares e a energia utilizada pelo transporte urbano em comparação ao que teria sido se os custos de urbanização e densidades tivessem seguido o modelo urbano padrão. O cinturão rural – que tem de 20 a 30 km de largura – separa o núcleo urbano central das cidades-satélites. Essa distância seria adicionada ao tempo de viagem pendular para aqueles que vivem nas cidades-satélites, mas trabalham no núcleo central, e para aqueles que vivem no núcleo urbano central, mas trabalham nas cidades-satélites.

A implementação do plano traria quaisquer benefícios que compensariam os altos custos de habitação e transporte? O plano menciona três grandes benefícios que seriam diretamente derivados desse arranjo espacial proposto. Primeiro, o cinturão rural trará economia no custo do transporte do arroz consumido pela população urbana de Hanói. Segundo, ele fornecerá um espaço verde útil para a recreação. E terceiro, ao evitar a urbanização em áreas de cultivo de arroz, o cinturão reduziria o custo de construção de infraestrutura.

O argumento de que a criação de um cinturão no meio da região metropolitana de Hanói traria economia para o custo do transporte rural é, no mínimo, ingênuo. Seria muito mais barato o transporte dos sacos de arroz uma vez por ano após a safra de qualquer localidade no Vietnã do que fazer milhões de pessoas cruzarem a região metropolitana de Hanói duas vezes por dia.

O segundo argumento – de que o cinturão rural constituiria uma área recreativa necessária – não é mais válido do que o primeiro. Os arrozais que ocupam o cinturão no plano diretor seriam uma área de lazer inadequada, considerando que se encontram alagados durante grande parte do tempo. A área representada pelo cinturão é de aproximadamente 10 vezes a área do núcleo urbano central de Hanói. Seria suficientemente grande para caberem mais de 300 parques do tamanho do Central Park de Nova Iorque! Se as áreas rurais no entorno de Hanói fossem urbanizadas, certamente seria possível reservar áreas de lazer ao longo dos dois rios e dos diversos lagos, criando um grande e agradável espaço verde de fácil acesso para os bairros adjacentes. Hanói já conta com vários exemplos de parques bem projetados e utilizados ao longo dos rios e lagos no meio de bairros densos.

O terceiro argumento, de que os arrozais tendem a alagamentos e são caros de urbanizar, tem um pouco mais de validade do que os dois primeiros. No entanto, em 2010, vilarejos habitados por uma população de cerca de 2 milhões de pessoas já ocupavam 23% da área do cinturão rural. Parece, portanto, que a área não é impossível de urbanizar. De qualquer forma, seria ainda mais dispendioso desenvolver uma rede de rodovias e transporte de massa rápido (Figura 4.17) ao longo dos mesmos arrozais do que aquelas propostas pelo plano diretor sem usar as terras adjacentes às rodovias. Muitas metrópoles do sudeste da Ásia, entre elas Bangkok e Jacarta, se desenvolveram ocupando áreas de antigos arrozais. O desenvolvimento urbano nessas áreas exige o planejamento cuidadoso de um sistema de drenagem elaborado, mas isso tem sido feito em todo o sudeste asiático.

A avaliação final do plano diretor de Hanói

O problema com o plano diretor de Hanói não é causado por uma decisão infeliz de *design*, mas por um conceito equivocado. A alocação de terra urbana e de atividades não é exercício puro de *design*: ela exige uma compreensão de como o mercado de trabalho e de terra funcionam. É impossível projetar a expansão futura de uma cidade sem levar em conta o impacto desses mercados na futura distribuição populacional. Os preços de terra, os aluguéis e o tempo de viagens pendulares não são mencionados sequer uma vez nas quase mil páginas de textos, mapas e tabelas do plano diretor. Trata-se de um documento bastante típico que expõe a arrogância dos planejadores, que acham que uma cidade precisa apenas ser projetada por um engenheiro inteligente, sem considerar os mecanismos de mercado que constantemente estão em jogo. A tentativa de obstruir mercados sempre gera graves consequências.

O modelo urbano padrão nos mostrou que o preço da terra em grandes cidades é semelhante ao campo de gravidade de grandes planetas, que diminui com a distância a uma taxa previsível. Ignorar os preços de terra projetar cidades é como ignorar a gravidade ao projetar um avião.

As aplicações operacionais do modelo urbano padrão

A compreensão do modelo urbano padrão é indispensável para a tomada de decisões bem embasadas na administração de cidades. Vamos resumir as implicações operacionais da distribuição espacial dos preços e densidades derivados do modelo.

As preocupações com o consumo excessivo de terra pelas cidades ("espraiamento") são melhor endereçadas identificando possíveis distorções no mercado de terra, causadas pelo uso abusivo da desapropriação por interesse público, pela subavaliação da terra rural e pelo subsídio da gasolina. A definição de barreiras espaciais arbitrárias para a expansão urbana, como cinturões verdes e limites do crescimento urbano, contudo, resulta em preços de terra e moradia mais altos, tempos de viagens pendulares mais longas e outros resultados negativos, como demonstrado com o plano diretor de Hanói.

Os preços de terra e as densidades populacionais estão intimamente relacionados e são produzidos pelas forças de mercado. Vimos também que não há uma densidade ideal para o desenvolvimento urbano e, dentro da mesma cidade, elas podem variar em ordens de grandeza do centro até a periferia. A densidade populacional de um bairro em particular é determinada pela escolha dos domicílios de ou ter mais área de terra e área construída ou gastarem mais tempo e dinheiro com viagens pendulares. Famílias com preferências e rendas distintas fazem escolhas diferentes. Algumas famílias de baixa renda preferem reduzir drasticamente seu consumo de terra e área construída para reduzir seus custos com viagens pendulares. Outras, com rendas semelhantes, podem fazer o contrário. Os planejadores não têm como saber as razões pelas quais as famílias escolhem uma localização de moradia e um nível de consumo de terra específico. Portanto, eles não deveriam determinar densidades arbitrariamente por meio de regulações. Tampouco devem tentar distribuir a população de acordo com um padrão espacial projetado, não importa o quão inteligente o arranjo geométrico pareça ser.

Os planejadores devem utilizar o modelo urbano padrão para entender melhor como mercados funcionam na cidade que estão administrando. Eles podem fazer uso do modelo para prever o efeito das regulações e da infraestrutura nos preços de terra e nos aluguéis. Podem planejar, financiar e construir a infraestrutura que aumentaria a oferta de terra e, desse modo, reduziria os custos de moradia. Podem projetar sistemas de transporte que diminuam o tempo e o custo de viagens pendulares, outra forma de elevar a oferta de terra e a mobilidade. Podem projetar sistemas de transporte que sejam consistentes com as densidades definidas por mercados de terra em vez de projetar as densidades que tornariam viável um sistema de transporte pré-selecionado.

O modelo urbano padrão é um instrumento bastante bruto que possibilita um entendimento do movimento básico dos preços de terra à medida que a renda, os custos de transporte e a oferta de terra mudam com o passar do tempo. Os planejadores poderiam projetar modelos mais complexos para prever os movimentos dos preços ou os padrões de viagens pendulares em cidades com condicionantes específicas, em particular restrições topográficas, como corpos d'água ou montanhas escarpadas. No entanto, nenhuma decisão da regulação de infraestrutura ou de *design* deveria ser tomada sem levar em consideração seu impacto no mercado de terra.

• • •

Em geral, definir um consumo mínimo de terra e área construída através de regulações como tamanhos mínimos de lote, coeficiente de aproveitamento máximo e número máximo de unidades de habitação por hectare introduz rigidez no mercado, que impacta negativamente as famílias pobres a quem tais regulações são vinculadas (discutido em mais detalhes no Capítulo 6). Portanto, os planejadores devem evitar o uso dessas restrições regulatórias de consumo mínimo de terra e moradia, uma vez que, prejudicam principalmente os pobres e provocam o crescimento do mercado informal.

Apenas depois de terem um bom conhecimento sobre como mercados imobiliários funcionam, os planejadores podem prever os futuros valores de mercado de terra e, então, planejar as redes de infraestrutura que serão consistentes com as densidades previstas. O monitoramento constante dos preços e aluguéis de terras pode proporcionar aos planejadores um *feedback* que os ajudaria a corrigir seus planos de infraestrutura, caso sua projeção pareça divergir da realidade.

A falta de acessibilidade à moradia é uma praga que afeta muitas grandes cidades. O monitoramento da razão entre a renda mediana e os preços medianos de moradias nos permite medir constantemente a acessibilidade à moradia. Quando a razão preço-renda se torna superior a quatro, os planejadores devem agir imediatamente. Essa ação pode ser aumentar a oferta de terra desenvolvendo novas infraestruturas ou auditar as regulações de uso do solo e os processos de licenciamento que possam tornar os preços da terra urbanizada e das moradias artificialmente altos. Os planejadores urbanos devem ser responsabilizados por razões entre preço e renda inacessíveis da mesma forma que os agentes de saúde pública o são pelas epidemias de doenças infecciosas ou que a polícia é cobrada pela alta criminalidade.

No caso do plano diretor de Hanói, os planejadores deveriam ter pesquisado aluguéis de casas e o preço da terra nos novos empreendimentos habitacionais no cinturão rural. Se tivessem feito isso, teria se tornado evidente o custo altíssimo de impedir a urbanização do cinturão imposto aos 2 milhões de agricultores que já viviam lá. Uma rápida pesquisa sobre salários rurais em comparação aos urbanos também teria permitido que os planejadores previssem que a maior parte dos trabalhadores rurais, em certo momento, assumiria empregos urbanos assim que tivessem acesso a eles mediante melhores redes de transporte. A falta de compreensão acerca do mercado de terra e de trabalho levou os planejadores a desenharem uma infraestrutura metropolitana que estará em desacordo com a provável distribuição espacial da população.

CAPÍTULO 5

Mobilidade: transporte é uma questão imobiliária – o *design* das vias urbanas e dos sistemas de transporte

A necessidade de mobilidade

As cidades são, em essência, grandes mercados de trabalho e consumo. Esses mercados funcionam melhor quando a possibilidade de contato entre trabalhadores e empresas, empresas em si e consumidores e amenidades comerciais e culturais é maior. No contexto deste livro, a palavra "mobilidade" define a capacidade de multiplicar esses contatos no menor tempo e com o mínimo de atrito possível.

A capacidade de um trabalhador de fazer escolhas entre diversos empregos e a capacidade de uma empresa de escolher os funcionários mais qualificados depende da mobilidade. Ela não é definida por poder se chegar rapidamente ao emprego atual de alguém, mas pela possibilidade de escolher entre todos os empregos e amenidades oferecidos em uma região metropolitana gastando menos de uma hora na viagem. A mobilidade aumenta quando o número de empregos e amenidades que podem ser alcançados dentro de um período de tempo específico é maior. Devido ao seu impacto no bem-estar de uma cidade, é importante medir e monitorar suas variações – para cima ou para baixo – conforme a população de uma cidade cresce, seu uso do solo muda e seu sistema de transporte melhora ou piora. Mais adiante neste capítulo, na seção "Mobilidade e modos de transporte", proporei formas de medir e comparar a mobilidade em diferentes cidades.

O objetivo de uma estratégia de transporte urbano deve ser minimizar o tempo necessário para se alcançar o maior número possível de pessoas, empregos e amenidades. Infelizmente, muitas estratégias, como as "cidades compactas", visam apenas a diminuir a distância que os habitantes têm de percorrer. Tais estratégias reduzem a renda dos mais pobres, para quem as oportunidades de emprego são limitadas aos empregos dentro de um pequeno raio de suas residências.

As cidades prosperam com mudanças, possibilidades e inovações. Portanto, um sistema de transporte urbano que apenas minimize o tempo de viagem entre as casas e os empregos atuais de todos os trabalhadores resultaria em baixa mobilidade dado que, no futuro, trabalhadores poderiam não conseguir alcançar muitas alternativas de emprego que melhorariam sua satisfação laboral ou seu salário.

> **Mobilidade e imigrantes recentes**
>
> Durante uma recente visita ao Tenement Museum (Museu do Cortiço), em Nova Iorque, um professor nos disse que, na década de 1850, os imigrantes que "recém haviam desembarcado", de forma geral, passavam apenas alguns meses em um cortiço; eles, então, se mudavam à medida que suas circunstâncias laborais e financeiras se modificassem. Uma estadia típica no mesmo cortiço duraria de seis a oito meses. Minha esposa e eu nos olhamos, lembrando que foi exatamente o que fizemos – em janeiro de 1968 – quando também havíamos "recém-desembarcado" em Nova Iorque. Mudamos de apartamento três vezes em um período de 30 meses. Saímos de uma pensão no Upper East Side, que logo seria demolida, e fomos para um apartamento conjugado em um "cortiço da lei antiga", na mesma região e, depois, para um de andar inteiro* em um pequeno edifício em Brooklyn Heights. Eu também troquei de emprego três vezes. A cada troca, eu havia conseguido um cargo mais interessante e com um salário mais alto. É esse o tipo de mobilidade que discutiremos neste capítulo: a capacidade de mudar de emprego e de moradia, que é possível graças à infraestrutura de transporte que dá acesso a milhares de empregos potenciais em menos de uma hora de viagem pendular.
>
> Essa mobilidade se tornou possível devido ao mercado habitacional e de trabalho vibrante, que garantia um custo de transação baixo de mudança de empregos e de localização. Por outro lado, em Paris (de onde viemos), a mobilidade habitacional era dificultada por contratos de aluguel de dois anos que não podiam ser rescindidos sem multa. Além disso, a mobilidade laboral era vista com maus olhos por se tratar de um sinal de instabilidade – a mudança de empregos por três vezes durante 30 meses resultaria em um currículo que geraria muitos olhares tortos.
>
> Quando, passados apenas seis meses com meu primeiro empregador em Nova Iorque, encontrei um trabalho mais adequado aos meus interesses no longo prazo, fiquei extremamente envergonhado por ter de dizer a ele que eu estava me demitindo. Meus colegas de trabalho me asseguraram de que isso acontecia o tempo todo na cidade, e que um salário mais alto era uma razão bastante honrosa para a troca de emprego. E, de fato, meu empregador organizou uma festa de boa sorte quando pedi demissão!
>
> Isso é mobilidade. Um mercado de trabalho flexível e um mercado habitacional aberto – a pensão, com seus baixos padrões, mas cujo aluguel era barato, fora essencial no início – e um sistema de transporte que seja rápido, barato e abrangente o suficiente para permitir que indivíduos procurem por empregos na região metropolitana em sua totalidade, não apenas em localidades limitadas.
>
> *N. de R.: O termo se refere a uma especificidade da legislação nova-iorquina referente a cortiços construídos após a lei Tenement House Act de 1879 e antes da lei que veio a seguir em 1901.

Os benefícios da mobilidade urbana não se resumem à economia no tempo das viagens pendulares. A mobilidade também é necessária para facilitar os encontros cara a cara aleatórios entre indivíduos de diferentes culturas e campos de conhecimento. Tais encontros fortuitos tornam a criatividade e a produtividade das cidades muito maiores. A multiplicidade de pontos de encontro de fácil acesso disponíveis fora do ambiente de trabalho aumenta as possibilidades de encontros casuais e, desse modo, eleva os efeitos dos excedentes encontrados nas cidades grandes. A ágora das antigas *polis* gregas ou o fórum das cidades romanas atendiam precisamente a essas necessidades. Ágoras e fóruns eram lugares nos quais as pessoas se reuniam para fazer negócios, encontrar amigos, assistir a cerimônias religiosas, discutir sobre política, acionar o Poder Judiciário e usar os banhos públicos. As cidades modernas contam com diversas funções como essas em locais separados. Infelizmente, as regulações de zoneamento rígidas com frequência restringem a existência e a localização desses locais multifuncionais.

Quando os sistemas de transporte permitem a mobilidade adequada, a grande concentração de pessoas nas regiões metropolitanas aumenta a produtividade e estimula a criatividade. Dados empíricos confirmam a relação entre grandes concentrações humanas e produtividade. Físicos do Instituto de Santa Fé mostraram que, na média, quando a população de uma cidade dobra, sua produtividade econômica *per capita* é elevada em 15%.[1]

Entretanto, as interessantes conclusões dos cientistas do Instituto de Santa Fé devem ser relativizadas. Sua base de dados incluía 360 regiões metropolitanas dos Estados Unidos com uma rede de infraestrutura de transporte muito boa para os padrões mundiais e que garante mobilidade e concentração espacial. De certa maneira, o uso da palavra "cidades" por esses cientistas pressupõe a disponibilidade de transporte. Seria errôneo interpretar seu trabalho como a demonstração de que a concentração humana por si só eleva a produtividade.

A mobilidade explica a relação entre o tamanho da cidade e a produtividade; somente a concentração humana não é responsável por aumentá-la. Algumas áreas rurais na Ásia possuem densidades brutas mais altas do que aquelas de certas cidades norte-americanas, como Atlanta e Houston, por exemplo. No entanto, nessas áreas rurais, a mobilidade entre os vilarejos é de baixa a inexistente. Na ausência de mobilidade, não há aumento na produtividade, mesmo que a densidade seja alta. Portanto, a produtividade das cidades exige tanto a concentração de pessoas como a alta mobilidade.

Quando o tempo e o custo exigidos para se locomover por uma cidade aumentam, a mobilidade diminui. Nesses casos, os trabalhadores contam com menos alternativas entre os possíveis empregos disponíveis e as empresas têm menos opções de recrutamento de funcionários. Em tais condições, os mercados de trabalho metropolitanos tendem a se fragmentar em mercados menores e menos produtivos; os salários tendem a baixar, enquanto os preços de consumo aumentam devido à falta de concorrência. Em termos práticos, a fragmentação do mercado de trabalho significa que uma trabalhadora pode não encontrar um cargo para o qual ela é qualificada por não conseguir se deslocar em menos de uma hora até a empresa que poderia empregá-la. Por outro lado, a empresa em busca de um colaborador com conhecimentos especializados talvez não o encontre pela mesma questão de transporte. A viagem pendular de mais de uma hora para ir ou voltar ao trabalho penaliza os trabalhadores com um custo social que destrói progressivamente sua vida pessoal. A baixa mobilidade também pode resultar em um alto custo fixo de transporte para as empresas que têm de trocar bens e serviços em uma área urbana. O aumento da mobilidade em regiões metropolitanas urbanas é, portanto, indispensável para o bem-estar dos lares e para a criatividade e a prosperidade das empresas.

Em uma cidade, a mobilidade de um trabalhador geralmente depende de sua renda. Em algumas metrópoles indianas, por exemplo, os trabalhadores mais pobres só conseguem se deslocar ao trabalho a pé. Mesmo uma longuíssima caminhada de 90 minutos daria a eles acesso a apenas um número muito pequeno de possíveis empregos, reduzindo, assim, seus possíveis rendimentos. Os planejadores devem medir separadamente a mobilidade de diferentes grupos de renda, levando em conta os modos de transporte que cada um pode custear.

A mobilidade gera não só benefícios, mas também custos, que incluem congestionamento, poluição, ruídos e acidentes. A fim de reduzir esses incômodos, diversos planejadores urbanos defendem a limitação ou, pelo menos, o desencorajamento da mobilidade. Eles sonham em criar arranjos de uso do solo planejados de forma inteligente que exigiriam somente deslocamentos curtos facilmente cobertos por caminhadas ou uso de bicicletas, mesmo em megacidades. Tais arranjos de uso do solo utópicos geralmente se apoiam em complexas regulações de uso do solo[2] que permitiriam aos planejadores combinar a localização dos empregadores com as residências dos empregados.

A mobilidade é uma necessidade urbana que deve ser encorajada, não restringida. A baixa mobilidade impede que se concretize grande parte do potencial econômico de grandes cidades já existentes. Em muitas cidades, infelizmente, as mais afetadas pelo problema são as famílias de renda mais baixa. Elas teriam benefícios consideráveis se sua mobilidade fosse maior, de modo que pudessem buscar por empregos e amenidades comerciais por toda a região metropolitana. Em vez disso, essas pessoas são limitadas à pequena área ao redor de suas casas, circunscritas por sua mobilidade reduzida.

Conforme uma região metropolitana cresce em tamanho e população, seus grandes mercados de trabalho potenciais podem se fragmentar em mercados menores devido à falta de mobilidade. Assim, é necessário haver uma diferenciação entre o tamanho possível e real do mercado de trabalho. O tamanho possível é igual ao número de trabalhadores e empregos em uma cidade. Seu tamanho real equivale ao número médio de locais de trabalho a que um trabalhador pode chegar com uma viagem de uma hora.

Viagens pendulares e outros deslocamentos

Ao longo deste capítulo, examinaremos a mobilidade no contexto das viagens pendulares (os deslocamentos de casa até o trabalho e vice-versa), mesmo que essas correspondam a somente uma fração dos deslocamentos urbanos. Em 2013, nos Estados Unidos, tais viagens representavam apenas 20% das viagens urbanas em dias úteis, 28% dos quilômetros percorridos por veículos e 39% dos quilômetros percorridos por passageiros no transporte público.[3]

As famílias e empresas geram diversos tipos de viagem com diferentes propósitos (p. ex., viagens até a escola, para visitar amigos ou fazer compras). Muitas viagens são realizadas com múltiplos objetivos. Os engenheiros de transporte chamam tais excursões de viagens encadeadas. Nesse tipo de viagem, uma pessoa pode deixar os filhos na escola, ir para o trabalho e passar no supermercado, por exemplo. As viagens encadeadas são tanto convenientes para o viajante quanto eficientes em termos de transporte, uma vez que geram economia de tempo e reduzem a distância percorrida em comparação às mesmas viagens feitas separadamente. Nos Estados Unidos, o estudo de Pisarski e Polzin indica que 19% de todas as viagens realizadas por mulheres são encadeadas, em comparação a 14% para homens. Embora as viagens encadeadas sejam eficientes no que diz respeito ao transporte, elas são praticamente incompatíveis com o transporte público e viagens de carro compartilhadas.

Apesar de as viagens pendulares representarem somente uma fração de todos os deslocamentos, continuarei a fazer uso delas para medir a mobilidade. Para a viabilidade econômica de uma cidade, as viagens mais importantes são as pendulares, visto que o mercado de trabalho gera a riqueza que torna as outras riquezas possíveis. Além disso, o horário dessas viagens raramente é uma escolha pessoal do viajante. Em vez disso, elas, em geral, ocorrem em horários de pico e são as maiores responsáveis por congestionamento e poluição. Portanto, a capacidade da infraestrutura de transporte precisa ser calibrada para a demanda durante os horários de pico, em grande parte determinada pelas viagens pendulares.

Algumas viagens eletivas, como para realizar compras em feriados ou passeios de lazer em época de veraneio, também podem causar congestionamento, porém são sazonais e não produzem custos anualizados tão altos como o congestionamento diário causado pelas viagens pendulares.

Melhorar a mobilidade não é tão simples como aumentar as densidades das cidades

Em uma situação ideal, quanto mais próximas as pessoas estiverem das empresas, mais curtas serão as viagens exigidas para encontrar colegas e fazer negócios. Em uma área urbana com determinada população, as pessoas, empresas e amenidades se encontram em proximidade quando as densidades populacionais e de trabalho são maiores. Dessa forma, pode parecer que, para dada população, a mobilidade simplesmente aumenta com a densidade devido às distâncias reduzidas entre moradias e empresas. De modo semelhante, pareceria que a mobilidade diminuiria enquanto a distância entre empresas e funcionários aumentasse.

Infelizmente, as coisas não são tão simples. Consideremos a distância média d de viagens pendulares entre pontos A e B aleatoriamente escolhidos na área construída de uma cidade. Para determinada população, a distância d será, de fato, mais curta se a densidade da cidade for maior. No entanto, a mobilidade aumenta quando o tempo t necessário para cobrir a distância da viagem d de A a B reduz, e não necessariamente quando d por si só diminui. Assim, a mobilidade aumenta não só quando a distância de viagem d diminui, mas também quando a velocidade de deslocamento v é elevada ($t = d/v$). Essa velocidade depende do modo de transporte e da área destinada para as vias. Portanto, o aumento das densidades pode reduzir a distância média d entre as pessoas e os empregos, mas pode também gerar mais congestionamento e, por consequência, tornar a velocidade de deslocamento d menor.

• • •

Vamos dar corpo a isso com um exemplo. A Londres do século XIX, com suas *sweatshops* e favelas, era extremamente compacta. Em 1830, segundo Shlomo Angel *et al.*,[4] a densidade populacional da cidade atingiu um nível muito alto, de 325 pessoas por hectare. Em 2005, porém, a densidade de Londres havia diminuído para apenas 44 pessoas por hectare. A grande queda na densidade londrina desde a Revolução Industrial não causou uma redução correspondente na mobilidade. Pelo contrário, os meios de transporte na Londres de 1830 – que consistiam, em grande parte, em caminhadas e carruagens de cavalos – eram muito mais lentos do que aqueles disponíveis em 2015, com suas diversas opções motorizadas. Em 2015, com o transporte público, os viajantes pendulares podiam chegar ao centro da cidade saindo de subúrbios a mais de 26 km em menos de uma hora. Em 1830, no entanto, os viajantes que estavam na periferia da cidade, a cerca de 7 km do centro, teriam levado aproximadamente uma hora e meia. Nesse caso, uma redução de sete vezes na densidade não resultou em uma mobilidade inferior; ao contrário, a melhoria na tecnologia de transporte gerou uma elevação na mobilidade, apesar da drástica queda na densidade populacional.

O objetivo é reduzir o tempo de viagem e o custo do transporte, não necessariamente a distância entre a viagem de origem e o destino. O meio de transporte e o *design* da rede de transporte terão um impacto muito maior na mobilidade do que a distância percorrida.

Como aumentar a mobilidade à medida que a cidade se expande

A população de cidades bem-sucedidas está em constante crescimento por conta das vantagens econômicas proporcionadas pelos grandes mercados de trabalho. A fim de manter a mobilidade à medida que a população cresce, os sistemas de transporte devem se adaptar ao novo tamanho das cidades. Em lugares relativamente pequenos – com cerca de 200 mil habitantes, como Oxford ou Aix-en-Provence –, uma combinação de modos de transporte como caminhadas, bicicletas e ônibus municipais, fornece meios de transporte adequados na área central. Entretanto, quando a população de uma cidade se eleva para mais de 1 milhão de pessoas, esses meios de transporte se tornam ineficazes, e meios novos e mais rápidos devem ser construídos. Devido ao preço mais elevado da terra no centro das cidades, o novo transporte deve ser não apenas mais veloz, mas também usar menos a cara terra urbana, e, portanto, há a necessidade de se desenvolver sistemas de transporte subterrâneos ou elevados.

Os sistemas de transporte que podem ser adequados para determinado tamanho de cidade logo se tornam ineficientes em uma cidade maior. Eles não podem simplesmente crescer em escala, mas precisam ser inteiramente reprojetados quando as cidades aumentam. É um tanto fútil utilizar o sistema de transporte de Amsterdam ou de Copenhague como um modelo para cidades muito maiores, como Mumbai ou Xangai.

À medida que o tamanho das cidades aumenta e os padrões de uso do solo tradicionais continuam mudando, é indispensável manter o monitoramento da mobilidade, o custo direto suportado pelos viajantes e o impacto negativo que isso cria no ambiente da cidade.

A mobilidade gera fricção

A mobilidade urbana gera fricção. Quanto maior a cidade, mais severas se tornarão as fricções geradas pela mobilidade. Eles incluem o tempo e o custo exigidos para ir de uma parte da cidade à outra e o congestionamento e a poluição que isso gera.

As fricções causadas pelo transporte urbano não são novidades. O congestionamento não teve início com o advento do automóvel. Uma idade de ouro, quando as cidades grandes eram livres de congestionamento, nunca existiu.

O poeta latino Juvenal, em sua Sátira III, mencionou as dificuldades de se locomover pela Roma antiga no primeiro século depois de Cristo. O congestionamento do tráfego no Império Romano é até mesmo o assunto de um livro recentemente publicado![5] No século XVII, o poeta Boileau escreveu um poema satírico sobre *les embarras de Paris* (os congestionamentos de Paris).

No fim do século XIX, a poluição devido ao transporte era uma preocupação tão grande que alguns a viam como um fator limitante para o crescimento das cidades. Na época, Londres era a maior cidade do mundo, com 6 milhões de habitantes. A poluição tão abominável de então era causada pelo enorme volume de esterco produzido diariamente pelos bondes e carruagens puxados a cavalo. De fato, se tratava de uma grande questão de saúde pública. Conscientes do crescimento futuro da população londrina, os cientistas projetaram que a quantidade de esterco produzida pelo transporte logo enterraria a cidade como uma Pompeia moderna! Analisando retrospectivamente, sabemos que a introdução do automóvel salvou Londres de afundar no esterco, mas o congestionamento e a poluição permanecem até hoje como um grande condicionante no transporte urbano.

Inúmeras fricções causadas pelo transporte urbano têm sido uma preocupação constante desde o despertar da urbanização. Elas não podem ser eliminadas, pelo menos não com a tecnologia atual, mas podem reduzidas. Essas fricções serão discutidas separadamente adiante e incluem custos de viagem diretos, tempo de viagem, congestionamento, poluição e outros custos indiretos. Qualquer cidade que puder diminuir significativamente os transtornos causados pelo transporte verá um aumento correspondente na produtividade e no bem-estar de seus cidadãos porque sobrará mais tempo para trabalho e lazer.

Uma tarefa fundamental dos gestores municipais deve ser a minimização das fricções causadas pelo transporte urbano. Esse trabalho nunca tem fim – conforme uma cidade se expande, a distância coberta pelas viagens pendulares se torna maior. A estrutura de uma cidade e seu sistema de transporte devem continuamente se adaptar à sua escala de mudança. À medida que uma cidade passa de um para 10 milhões de habitantes (como ocorreu com Seul entre 1950 e 2015, por exemplo), o sistema de transporte original não pode simplesmente ser ampliado; ele deve modificar em natureza e tecnologia para refletir a nova escala do mercado de trabalho sendo atendido. O objetivo é manter a mobilidade de tal modo que a maior parte das viagens pendulares permaneça com menos de uma hora, apesar das distâncias muito maiores que estão envolvidas.

A infeliz tendência de vários gestores de trânsito atuais é de restringir as viagens a fim de evitar o congestionamento. Em vez disso, eles devem administrar melhor o espaço viário disponível, ou adotar uma nova tecnologia para permitir viagens cada vez mais numerosas e mais rápidas.

A morte da distância tem sido amplamente exagerada

Na série de televisão *Jornada nas Estrelas*, a ordem *"beam me up"* era tudo de que se precisava para transportar pessoas e bens para qualquer lugar instantaneamente por meio da máquina de teletransporte. Essa tecnologia imaginária permitia uma mobilidade universal sem fricção. Infelizmente, isso era mera ficção.

Se a mobilidade sem fricção fosse possível, a densa concentração populacional nas cidades não seria necessária. Eu poderia iniciar a manhã em uma pequena cidade em Nova Jersey; alguns minutos depois, tomar um café e comer um *croissant* em uma cafeteria parisiense; e, segundos após finalizar minha refeição, começar minha rotina de trabalho em um escritório em Mumbai ou qualquer lugar do mundo. Em um mundo que permitisse a mobilidade sem fricção, a localização não teria mais importância. Muitos de nós já substituímos alguns deslocamentos físicos por virtuais. Eu, por exemplo, costumava visitar livrarias regularmente; agora, compro meus livros *online*, e eles me são entregues eletronicamente. A visita à livraria se tratava de um encontro cara a cara que foi substituído por uma operação do tipo "teletransporte", exceto pelo fato de que é um livro que está sendo teletransportado, não uma pessoa.

Embora a máquina de teletransporte de *Jornada nas Estrelas* provavelmente permaneça uma obra de ficção científica, será que a tecnologia da informação – em particular as teleconferências cada vez mais realistas – tornará a localização obsoleta, fornecendo um substituto para a mobilidade sem fricção? Ou, em termos mais simples, a tecnologia da informação pode substituir os contatos cara a cara que geram a maior parte de nossas viagens urbanas? É, de fato, muito mais barato deslocar dados do que pessoas. Esse é precisamente o principal argumento desenvolvido por Frances Cairncross em seu livro *The Death of Distance* (2001). A autora sugere que a Internet e a difusão global das tecnologias sem fio estão tornando a distância cada vez mais irrelevante. A tecnologia da informação pode tornar os contatos cara a cara ultrapassados e, nesse sentido, poderíamos nos aproximar de uma mobilidade sem fricção como a de *Jornada nas Estrelas*, trocando a mobilidade de indivíduos pela de dados. Os encontros de realidade virtual poderiam substituir a necessidade dos encontros ao vivo.[*]

Os indivíduos que trabalham em casa

O crescente número de pessoas que trabalham em casa, mas estão constantemente conectadas a um escritório, parece confirmar o prognóstico de Cairncross. Em oito das 10 cidades dos Estados Unidos com os números mais altos de indivíduos que trabalham em casa (Figura 5.1), o percentual dos que trabalham dessa forma é maior do que o de trabalhadores que utilizam transporte público. Em nove dessas cidades, o aumento do número de pessoas que trabalham em casa tem sido maior do que aumento do número de usuários do transporte público. Entretanto, com exceção de São Francisco, todas as cidades mostradas na Figura 5.1 têm densidades bastante baixas para os padrões mundiais. Isso pode explicar a baixa proporção do crescimento do transporte urbano em comparação ao aumento do número daqueles que trabalham em casa. Além disso, muitos trabalhadores fazem viagens pendulares apenas em alguns dias da semana e estão trabalhando em casa somente em meio expediente. Se tal tendência continuar, será que as residências se transformarão no principal local de trabalho, tornando as viagens pendulares obsoletas e tendo como resultado viagens feitas majoritariamente para fins de lazer e razões pessoais?

---

[*] N. de R.: O original deste livro foi publicado em 2018, antes da pandemia de covid-19, porém, algumas provocações feitas nesse capítulo já se aplicam ao contexto atual. Além disso, fenômenos comentados pelo autor, como o de que preços em áreas rurais não teriam mudanças substanciais, ocorreram em alguns locais após a pandemia, embora ainda não se saiba se será um efeito duradouro ou se será revertido.

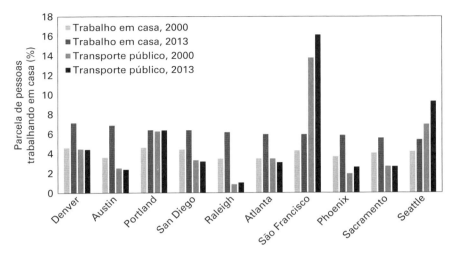

FIGURA 5.1 Trabalho em casa *versus* transporte público em algumas cidades dos Estados Unidos. *Fonte:* Wendell Cox, *New-Geography*, 30 de maio de 2015.

É claro que trabalhar de casa não é novidade. Até o início do século XX, artesãos e prestadores de serviço costumavam trabalhar em casa, entregando o serviço a seus empregadores semanalmente. Esses cargos incluíam lavadeiras de roupa e bordadeiras, mas também trabalhadores rurais suíços que produziam partes mecânicas de relógios. A novidade, no entanto, é que funcionários de escritórios e técnicos, que tradicionalmente trabalham em conjuntos de escritórios, substituíram esses operários que trabalham de casa. Mas será provável que uma grande parte da força de trabalho – digamos, mais de 25% – começará a trabalhar em casa em tempo integral, reduzindo significativamente o trânsito de pico? Até o momento, essa possibilidade parece limitada.

Um recente memorando do departamento de recursos humanos do Yahoo! pediu aos funcionários que trabalham em casa que retomassem seus postos no escritório, argumentando que "algumas das melhores decisões e *insights* surgem de discussões no corredor e na cafeteria, do encontro com novas pessoas e das reuniões de equipe improvisadas". No Vale do Silício, as empresas mais bem-sucedidas, como Google e Facebook, estão construindo grandes sedes, além dos imensos edifícios de escritórios recentemente adquiridos no centro de São Francisco. Essas generosas e caras aquisições imobiliárias sugerem que eles não esperam que uma grande parcela de sua força de trabalho esteja, no futuro, operando de casa em tempo integral.

O *design* dos maiores escritórios do Vale do Silício, que proporcionam aos funcionários um ambiente incomum com cafeterias *gourmet*, academias de ginástica e creches, demonstra a intenção da administração de encorajar seus funcionários a trabalharem presencialmente e interagirem uns com os outros socialmente, além de profissionalmente. De certa forma, parece que as empresas do Vale do Silício estão tentando intensificar os transbordamentos de conhecimento dentro de seus escritórios, o que se sabe que ocorre nas grandes cidades. Por essas razões, acredito que o número de indivíduos que trabalham em casa pode logo atingir um pico e não afetar significativamente o fluxo dos viajantes pendulares no futuro.

Se Cairncross estivesse certa em 2001, até 2015 já deveríamos ter visto grandes mudanças globais no preço da terra urbana. Ainda que remotas, as áreas rurais mais bonitas do mundo teriam preços mais altos, enquanto as menos atraentes, as áreas com densidades mais elevadas, teriam perdido o valor. Isso não está acontecendo. Os preços do mercado imobiliário em Nova Iorque, Londres, Délhi e Xangai ainda estão subindo, o que prova que a morte da distância pode ter sido um grande exagero. Os altos preços imobiliários demonstram que mesmo em cidades nas quais a mobilidade causa atritos graves – como Nova Iorque, Londres ou Xangai –, a proximidade física a grandes concentrações de pessoas, empregos e amenidades ainda custa muito dinheiro.

Medindo a mobilidade de uma cidade

Redução do congestionamento e da poluição não é uma medida de mobilidade

O objetivo do transporte urbano é elevar a mobilidade a fim de potencializar o tamanho efetivo dos mercados de trabalho. O congestionamento e a poluição são condicionantes muito importantes para o objetivo da mobilidade, porém são apenas condicionantes. Confundir objetivos e condicionantes na resolução de problemas pode levar a falsas soluções. Com muita frequência, os gestores urbanos tentam resolver problemas de transporte focando exclusivamente na redução do congestionamento e da poluição sem levar muito em consideração a mobilidade, como se o objetivo do transporte urbano fosse limitado à diminuição dos incômodos que ele causa.

Algumas políticas se baseiam na redução do tempo de viagem, outras em forçar mais viajantes pendulares a utilizarem modos de transporte mais lentos. Nenhuma delas reduz efetivamente a poluição ou o congestionamento, mas reduzem a mobilidade.

Os planejadores que acreditam que diminuir a poluição e o congestionamento é o principal objetivo do transporte urbano podem, logicamente, tentar fragmentar um grande mercado de trabalho metropolitano em mercados menores. Alguns planejadores, por exemplo, sugerem que adequar o número de empregos com o tamanho da população trabalhadora em cada bairro pode reduzir consideravelmente o tempo de viagem, ao ponto de caminhadas e deslocamentos de bicicleta fornecerem acesso a todos os empregos em um bairro.

É claro que não há nada de errado com a existência de bairros de uso misto, desde que a demanda por moradias e empresas determine o uso misto do solo. Mesmo quando os planejadores conseguem uma adequação perfeita entre o número de empregos e as unidades de habitação, como nas cidades-satélite, a experiência mostra que os trabalhadores preferem ter acesso a mercados de trabalho mais amplos e que não ocorre redução nos tempos de viagem. Esse fato foi evidenciado nas cidades-satélite bem planejadas de Seul.[6] Após um exaustivo levantamento sobre uso do solo e tempo de viagem na Califórnia, o economista de transporte G. Giuliano concluiu que "as políticas regulatórias que visam à melhoria do equilíbrio entre empregos e moradias dificilmente geram qualquer impacto mensurável no comportamento das viagens pendulares e, portanto, não podem ser justificadas como estratégias de mitigação do tráfego".[7]

É fácil compreender por que o equilíbrio entre empregos e moradias não reduz a duração da viagem. Se reduzisse, isso implicaria que ao menos uma das seguintes suposições é verdadeira:

- Todos os trabalhadores de uma família buscam apenas empregos perto de suas casas.
- Quando mudam de emprego, os trabalhadores também trocam de casas, e a mudança de uma residência a outra tem um custo transacional insignificante.
- A proximidade até o trabalho é a única consideração a ser feita na escolha de uma moradia.

Obviamente, o bom senso mostra que nenhuma dessas premissas é verdadeira para a maior parte das famílias. Se alguma fosse, observaríamos, então, uma fragmentação dos mercados de trabalho e uma redução na mobilidade e, por consequência, menor produtividade urbana.

Uma política de equilíbrio entre empregos e moradias claramente não é implementável em uma economia de mercado. Isso se dá porque o número de empregos e o de trabalhadores é sempre fluido, e nenhum governo, por mais autoritário que seja, consegue forçar as pessoas a viverem e trabalharem em uma localização específica. Mesmo na União Soviética e na China pré-reforma, onde grandes empresas públicas ofereciam moradia para seus funcionários – que frequentemente passavam sua carreira inteira trabalhando na mesma firma –, os planejadores não conseguiam alcançar uma correspondência espacial. Quando trabalhei com questões habitacionais na China na década de 1980 e na Rússia no decênio seguinte, fiquei surpreso ao ver que, mesmo em economias de comando, o sonho utópico da correspondência de localização de empregos e moradias não se realizava. As grandes empresas tinham de se expandir para localidades distantes das residências de seus funcionários e construir novos conjuntos habitacionais para esses trabalhadores em áreas nas quais pudessem encontrar terras disponíveis, que não eram necessariamente próximas a suas fábricas. Assim que os mercados de trabalho foram abertos em ambos os países, o equilíbrio entre empregos e moradias se deteriorou ainda mais. Um mercado de trabalho fluido (que é o que torna as grandes cidades tão atrativas) e um equilíbrio entre empregos e habitação são fatores incompatíveis.

• • •

Contudo, apesar dessas experiências negativas, os planejadores ainda elaboram regulações de uso do solo que objetivam combinar pessoas com empregos. Uma regulação de Estocolmo exige que os incorporadores adequem o número de empregos ao de unidades de habitação em novas localidades suburbanas. A permissão para empreendimentos de uso misto é uma boa política de uso do solo, visto que autoriza moradias e empresas a escolherem localizações que mais bem atendam às suas necessidades sem a rigidez do zoneamento arbitrário do uso do solo determinada pelos administradores públicos. Exigir uma perfeita adequação entre população e empregos em cada bairro a fim de reduzir a duração das viagens urbanas é uma utopia.

Outras políticas também sacrificam entusiasticamente a mobilidade a fim de reduzir a poluição e o congestionamento. Por exemplo, diversas cidades latino-americanas (como Bogotá, Santiago e Cidade do México) instituíram um sistema de racionamento de veículos chamado *"pico y plata"* (rodízio), que restringe a circulação de veículos a dois dias por semana, dependendo do último número de sua placa. Tal política reduz a mobilidade.[8] Ela obriga os motoristas a usarem o transporte público ou o compartilhamento de automóveis em dois dias por semana. É provável que a mudança do modo de transporte exija um tempo de viagem mais longo durante os dias em que os condutores são forçados a trocar de modo. Se o transporte público fosse mais veloz, teria sido utilizado antes do rodízio ser implantado.

Estudos mostram os motoristas burlam as regulações de rodízio mediante a compra de um segundo automóvel com um número final de placa diferente. Inicialmente, o tráfego e o congestionamento são reduzidos com a implementação dessa regulação, mas voltam a crescer novamente quando os novos automóveis se unem ao trânsito. O resultado é mais poluição, já que há mais automóveis na via e o segundo automóvel adquirido é, em geral, de um modelo mais antigo e mais poluente. Muitos estudos em cidades de diferentes países e níveis de renda confirmaram tal resultado. Contudo, a regulação, que restringe a mobilidade para reduzir a poluição e o congestionamento, ainda é popular entre gestores municipais. Essa postura é contraproducente.

Em algumas cidades, eventos climáticos excepcionais podem causar picos de poluição extremamente nocivos em alguns dias. Nesse caso, restringir o uso individual de automóveis é, obviamente, legítima como uma medida de emergência – mas não é eficiente utilizar tais restrições como uma política permanente.

Acessibilidade e mobilidade: qual é a melhor maneira de medir a mobilidade urbana?

A política de transporte deve buscar o aumento da mobilidade enquanto reduz o congestionamento e a poluição. Em geral, os relatos que visam a quantificar a mobilidade, na verdade, apenas medem o custo do congestionamento de automóveis e da poluição. Por exemplo, o "relatório de mobilidade"[9] elaborado pelo Texas A&M Transportation Institute (2012) afirma que abandonar o automóvel para usar o transporte público – o que, de fato, reduz obviamente o congestionamento do trânsito – é considerado uma melhoria na mobilidade. Por alguma razão, a redução no tempo de viagem dos condutores que continuam dirigindo até o trabalho é considerada um benefício, enquanto os tempos de viagem mais longos para aqueles que adotaram o transporte público não são considerados como custo. A mobilidade seria elevada apenas se o tempo de viagem até o trabalho dos viajantes pendulares que dirigem e que adotaram o transporte público se tornasse mais curta devido a essa mudança. Entretanto, se viagens pendulares com o transporte público fossem mais rápidas do que as de automóvel, os condutores já teriam feito a troca de modo.

O congestionamento claramente reduz a mobilidade, mas medi-lo não substitui a medição da mobilidade. Imagine, por exemplo, uma pessoa que tenha de caminhar por uma hora até o trabalho devido à pobreza, mas que, em determinado momento, possa pagar por um táxi-lotação para realizar a mesma viagem na metade do tempo. O táxi-lotação contribuirá para o congestionamento; a caminhada, não. No entanto, a mobilidade e o bem-estar desse trabalhador melhoraram ao fazer essa mudança. Devemos, portanto, medir e monitorar as variações na mobilidade para diferentes grupos de renda.

Embora o congestionamento costume ser medido apenas pelo tráfego de automóveis, ele pode ocorrer nos ônibus e pontos de sistema de ônibus rápido (BRTs) e nas estações de metrô. Enquanto tentava utilizar o BRT na Cidade do México em 2014, vi três ônibus passarem pela estação enquanto eu esperava e não conseguia embarcar, pois eles podiam acomodar somente alguns passageiros dos mais de 100 indivíduos aguardando na plataforma. Isso também é uma forma de congestionamento, e os planejadores devem medi-lo. A tentativa de transferir os viajantes pendulares de um meio de transporte congestionado para outro não reduz o problema do congestionamento. Pelo que sei, o Beijing Transport Research Center é a única instituição de monitoramento que mede o congestionamento diário em estações de metrô. Essa instituição mede o tempo exigido para se embarcar em um trem em horários de pico.

Por consequência, a medição e o monitoramento da mobilidade em todos os modos de transporte no nível metropolitano são um passo indispensável para o aperfeiçoamento do transporte urbano. Um índice quantitativo que meça as melhorias ou contratempos na mobilidade é necessário para uma boa política de transporte urbano. Defender a mobilidade sem uma maneira de medi-la apenas acrescentará um novo *slogan* da moda, como "sustentabilidade" e "habitabilidade". Ambos os *slogans* são imensuráveis e empregados com muita frequência por planejadores urbanos para justificar quaisquer políticas que eles prefiram. A medição da mobilidade não é uma tarefa fácil. Descreverei alguns dos métodos atualmente utilizados e outros que estão surgindo graças à nova tecnologia de registro de dados.

No Capítulo 2, expliquei por que os grandes mercados de trabalho são a razão de ser das cidades. Eles resultam em uma produtividade mais alta do que os mercados menores. No entanto, o tamanho de um mercado de trabalho não é necessariamente igual ao número de empregos em uma cidade. Se o transporte inadequado ou inacessível proíbe os trabalhadores de acessarem todos os locais de trabalho de uma cidade dentro de uma hora de viagem pendular, o tamanho efetivo do mercado de trabalho é apenas uma fração do número total de empregos na cidade. A produtividade de uma cidade é proporcional ao tamanho efetivo de seu mercado de trabalho. A mobilidade permite que os trabalhadores tenham acesso a um número mensurável de empregos com um tempo de viagem especificado e pode, dessa maneira, ser medida pelo tamanho efetivo dos mercados de trabalho de uma cidade para um tempo de viagem específico.

Uma medida de mobilidade urbana útil calcularia o número médio de locais de trabalho aos quais os trabalhadores podem chegar dentro de, digamos, uma hora de viagem. Poderíamos calcular essa medida de mobilidade ao agregar o número de empregos acessíveis em menos de uma hora a partir de cada setor censitário, ponderado por sua população. Um índice de mobilidade, portanto, teria de ser calculado em duas etapas: primeiro, calculando-se o número de empregos acessíveis a partir de cada setor censitário dentro de um limite de tempo escolhido; segundo, pelo cálculo da média ponderada por trabalhador da acessibilidade de todos os setores censitários, a fim de formar um índice que reflita a região metropolitana em sua totalidade.

Tradicionalmente, os planejadores de transporte têm medido a acessibilidade ao emprego a partir de setores censitários distintos em uma região metropolitana calculando o número de empregos acessíveis a partir do setor censitário corrigido por coeficientes que refletem distância, custo e elasticidade da demanda em relação à distância. As fórmulas utilizadas para medir a acessibilidades dos setores censitários são, em geral, semelhantes àquelas que destaco nas equações 5.1 e 5.2.

Há alguns anos, a execução de tais cálculos seria extremamente pesada e dispendiosa e, se realizada, dificilmente seria repetida para fins de monitoramento periódico. Contudo, dois fatores agora permitem o fácil monitoramento de um índice de mobilidade urbana. Primeiro, a nova tecnologia baseada em sistema de informações geográficas (GIS) permite o desenvolvimento de ferramentas interativas acessíveis a qualquer usuário. Segundo, a padronização das redes de dados de transporte (GTFS – especificação geral de *feeds* de transporte público)[10] está se tornando universal. Isso permite que o cálculo de acessibilidade seja baseado em redes de transporte e tempos de viagem reais – incluindo transferências entre estações e tempos de caminhada de e a partir das estações – em vez de em distâncias "brutas" entres setores censitários. Nos parágrafos seguintes, utilizo dados extraídos de uma pesquisa realizada por Tatiana Quirós e Shomik Mehndiratta[11] para Buenos Aires.

A Figura 5.2 mostra a área acessível em 60 minutos fazendo uso de automóvel (à esquerda) e transporte público (à direita) a partir de um setor censitário suburbano escolhido aleatoriamente (marcado por um pequeno círculo vermelho) em Buenos Aires. Sobrepondo-se os dados de censo de trabalho com esses mapas, é possível calcular o número total de empregos acessíveis em menos de 60 minutos a partir do setor censitário marcado pelo círculo. O número de empregos que pode ser alcançado em menos de 60 minutos é de 5,1 milhões (95% do número total de empregos de Buenos Aires) para os trabalhadores que se deslocam em automóveis individuais e 0,7 milhão (15% do número total de empregos) para aqueles que utilizam o transporte público.[12]

A diferença na acessibilidade entre os dois modos de transporte é impressionante. No entanto, não é verdadeira a afirmação de que, se todo trabalhador de Buenos Aires passasse a usar automóveis, a média de mobilidade cresceria. A velocidade de deslocamento dos usuários de automóvel depende, em grande parte, do número de automóveis na via. Uma elevação no número de automóveis aumentaria o congestionamento e possivelmente causaria engarrafamentos, reduzindo a velocidade e, por consequência, a mobilidade dos condutores. Discuto a seguir a complementaridade necessária de vários modos de transporte no aperfeiçoamento da mobilidade.

Além disso, há duas advertências para viagens pendulares com automóveis: primeiro, a velocidade implícita na Figura 5.2 é uma média e não é ajustada para diferentes horários do dia; segundo, a disponibilidade de estacionamento em locais distintos não é levada em consideração. Em algumas áreas, a escassez ou o custo do estacionamento pode reduzir significativamente a praticidade da viagem de automóvel.

Meu propósito ao mostrar o mapa de acessibilidade de Buenos Aires se limita a fornecer um exemplo concreto dos conceitos gêmeos de acessibilidade e mobilidade.

Equação 5.1 Acessibilidade de empregos por setor censitário

O índice de acessibilidade pode ser calculado utilizando-se a equação

$$A_i = \sum_{j=1}^{n} K_j e^{-\beta c d_{ij}}, \qquad (5.1)$$

onde A_i é o índice de acessibilidade do setor censitário i; K_j é o número de empregos no setor censitário j; e é a base do logaritmo natural; β é um coeficiente de elasticidade; c é o custo unitário de viajar a distância d entre o setor censitário i e o j. Embora essas fórmulas forneçam uma maneira de medir o acesso a empregos ou a amenidades a partir de uma localização específica, a medida que elas oferecem é um índice abstrato dependente da maneira que distâncias, custos e velocidade e elasticidade de custo são calculados. Os planejadores de transporte têm uma tendência a tornar as medidas de acessibilidade mais complexas ao acrescentar mais variáveis que reflitam a complexidade do comportamento dos viajantes pendulares. Infelizmente essa complexidade torna os cálculos de acessibilidade mais difíceis de serem interpretados. Como resultado, seu efeito "caixa preta" impede sua utilização na elaboração de políticas de transporte que não especialistas, como prefeitos ou câmaras de vereadores, podem aprovar. Assim, é indispensável desenvolver um índice de acessibilidade muito mais simples, baseado apenas no tamanho do mercado de trabalho disponível para os residentes de um setor censitário e fundamentado puramente no tempo de viagem utilizando modos de transporte existentes. Os avanços na tecnologia do GIS permitem o uso interativo de mapas onde as áreas acessíveis com um tempo de viagem determinado podem ser facilmente verificadas, como mostrado a seguir no exemplo de Buenos Aires.

Equação 5.2 Número de empregos acessíveis por um setor censitário com um tempo de viagem definido

O primeiro passo para o desenvolvimento de uma medida de mobilidade que reflita o número de empregos acessados em um tempo de viagem definido deveria ser a mudança na fórmula tradicional de acessibilidade para uma mais simples e mais explícita:

$$A_i = \sum_{j=1}^{n} K_j \quad f \text{ ou } v \cdot d_{ij} \leq T, \qquad (5.2)$$

onde A_i é o número de empregos acessíveis a partir do setor censitário i com um tempo de viagem inferior ou igual ao tempo de viagem máximo T, e v é a velocidade de viagem média para cobrir a distância d_{ij} entre os setores A_i e K_j utilizando a rede do modo de transporte escolhido.

Os valores de v e d_{ij} dependem do modo de transporte: público, bicicleta ou automóvel. Portanto, devemos calcular o valor diferente de A_i para cada modo de transporte. Esse índice de acessibilidade medindo o número de empregos acessados em menos do que um tempo de viagem T deve ser repetido para todos os setores censitários na área urbana e para a maior parte dos modos de transporte disponíveis: público, automóveis, motocicletas e bicicletas.

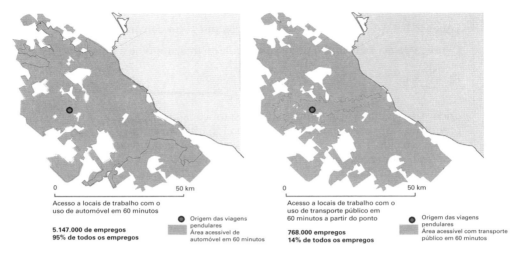

FIGURA 5.2 Acessibilidade de um ponto suburbano de Buenos Aires com o uso de transporte público e de automóvel.
Fonte: Wb.BA.analyst.conveyal.com

O mapa interativo encontrado no *site* permite que qualquer cidadão de Buenos Aires teste sua precisão com base em sua experiência pessoal. Isso pode reduzir o efeito caixa preta que habitualmente diminui o impacto dos sofisticados estudos de transporte nas políticas urbanas.

Utilizando esse método, podemos calcular um índice de mobilidade para uma região metropolitana inteira (equação 5.3). Essa medida global pode ser um indicador de que os planejadores devem monitorar regularmente à medida que uma cidade se desenvolve.

Do ponto de vista operacional, é necessário que possamos medir a mobilidade a partir de uma localização: quantos locais de trabalho um trabalhador pode alcançar a partir de certo local dentro de determinado período de tempo utilizando diferentes modos de transporte. Esse tipo de dado mostraria as regiões com maior deficiência de transporte em uma cidade. Vários fatores combinados talvez possam explicar a alta taxa de desemprego em alguns bairros urbanos. De fato, um sistema de transporte adequado, que fornece fácil acesso aos empregos na região metropolitana, é, em geral, um pré-requisito para reduzir o desemprego local.

Medindo o custo da mobilidade

A mobilidade é um benefício propiciado pelo transporte urbano, mas isso tem um custo. Não faz sentido defender o aumento da mobilidade sem medir também o custo marginal associado a esse crescimento. Todavia, os custos econômicos dos sistemas de transporte são particularmente difíceis de avaliar. Tipicamente, os viajantes pendulares urbanos – tanto os que utilizam o transporte público como aqueles que vão em veículos individuais – pagam somente uma pequena fração do custo real de suas viagens.

> **Equação 5.3 Índice de mobilidade de uma cidade**
>
> Após obter o índice de acessibilidade a empregos de cada setor censitário, podemos calcular um índice de mobilidade da cidade, que representa a média de acessibilidade dos empregos de todos os setores censitários medidos por sua população. O índice de mobilidade M expresso pela fórmula a seguir mostra o número do total de empregos acessíveis com um tempo de viagem T, para determinado modo de transporte, para o residente médio da cidade,
>
> $$M = \frac{\sum_{i=1}^{n} A_i P_i}{P}, \qquad (5.3)$$
>
> onde M é o índice de mobilidade; A_i é o número de empregos acessíveis a partir do setor censitário i em menos de um tempo de viagem T; n é o número total de setores censitários; P_i é a população ativa no setor i e P é o total da população metropolitana ativa.

O transporte urbano é diferente de outros produtos de consumo, pois seus usuários pagam apenas por uma parte de seu custo. Os usuários de automóvel pagam um preço de mercado por seu veículo e pela gasolina que consomem (na maioria dos países), mas, em geral, não pagam pelo espaço da via pública que utilizam, ou por poluição, congestionamento e outros custos que impõem aos outros. Os usuários de transporte púbico pagam uma taxa que representa somente uma pequena parte dos custos operacionais e de manutenção do sistema, e, em geral, não pagam nada pelo custo de capital do sistema. Obviamente, os proprietários de automóveis e os usuários de transporte público, em determinado momento, pagam de forma coletiva por todos esses custos por meio de seus impostos, mas o custo que pagam não está relacionado à quantidade do serviço que utilizam. Devido à falta de precificação real, podemos esperar que o transporte urbano seja utilizado em demasia e insuficiente. Portanto, a produtividade urbana poderia ser bastante melhorada, se pudéssemos precificar os deslocamentos urbanos a seus custos reais.

É difícil avaliar tais custos, já que muitos subsídios não são transparentes. Além disso, o custo do que os economistas chamam de "externalidades negativas" (i.e., o custo imposto a outras pessoas, como o congestionamento e a poluição) não é fácil de ser avaliado. Desde a década de 1980, está claro que devemos acrescentar o custo do aquecimento global às outras externalidades tradicionais. Um preço global para a emissão de carbono deve refletir o custo do aquecimento global causado pelas emissões dos gases de efeito estufa. Entretanto, devido à incapacidade mundial de precificar o carbono, precificar os diferentes modos de transporte e comparar seu valor ao seu desempenho é ainda mais complicado.

Confrontados pela dificuldade de calcular o real custo dos deslocamentos, vários defensores das políticas de transporte desistem de qualquer tentativa de realizar até mesmo um cálculo aproximado e apenas anexam a palavra "sustentável" ao modo de transporte que preferem. Ao comparar o custo e os benefícios de modos de transporte distintos, diferenciarei os custos que têm um valor monetário claro (i.e., o custo de um automóvel ou de uma passagem de metrô) daqueles como a poluição ou as emissões de gases de efeito estufa, que avaliarei em unidades de gás emitidas por veículo/km ou passageiro/km sem tentar precificá-los. Da mesma forma, não tentarei associar um valor monetário ao tempo gasto na viagem pendular, apenas fornecerei a velocidade média ou o tempo de viagem. Os economistas de transporte atribuem o valor monetário ao tempo gasto na viagem pendular baseados no custo de oportunidade do tempo que a pessoa gasta se deslocando. Utilizando tal conversão, o custo de uma hora de deslocamento de um trabalhador que ganha um salário-mínimo é mais baixo do que o custo do mesmo tempo de viagem realizado por um executivo que recebe várias vezes esse salário. Embora esse tipo de cálculo seja válido para determinar o custo econômico agregado do transporte urbano, ele não reflete necessariamente como os indivíduos escolhem sua forma de viagem. Além disso, o custo social de longas viagens pendulares para trabalhadores que recebem salário-mínimo pode ser muito mais alto do que aquele refletido por seu salário por hora.

Mobilidade e modos de transporte

Classificação dos modos de transporte urbano

Até a metade da Revolução Industrial – por volta de 1860 –, a caminhada era o meio de transporte urbano dominante. Por conta da limitação da velocidade, os mercados de trabalho urbanos cresciam principalmente mediante o adensamento da área construída existente. A Paris metropolitana de 1800, anterior à Revolução Industrial,[13] possuía uma densidade avaliada por Angel de cerca de 500 pessoas por hectare, enquanto nos dias atuais o número aproximado é de 55 pessoas. Desde então, diversos modos mecanizados de transporte urbano permitiram que as cidades crescessem geograficamente, as densidades reduzissem e os mercados de trabalho expandissem. Esses grandes mercados de trabalho, por sua vez, possibilitaram mais especialização profissional, o que fez a produtividade das cidades crescer. Os modos de transporte mais velozes e de melhor desempenho são, portanto, um elemento crucial para o crescimento e a prosperidade das cidades. Além de aumentar o tamanho do mercado de trabalho, os modos de transporte mais rápidos e flexíveis permitem que a oferta de terra urbana se expanda e reaja rapidamente à crescente demanda por moradias novas e melhores e áreas comerciais modernas.

Desde a Revolução Industrial, muitos modos mecanizados de transporte urbano foram acrescentados à caminhada: automóveis, bicicletas, motocicletas, ônibus, metrôs, bondes, BRTs etc. Os governos desempenham um importante papel na permissão ou no financiamento de modos de transporte distintos que estão se tornando disponíveis à medida que a tecnologia se modifica.

Os modais mecanizados de transporte urbano que já estavam disponíveis no início do século XX não mudaram muito desde então. A eficiência no uso de energia e na velocidade de automóveis, ônibus e metrôs certamente foi aperfeiçoada, contudo, nenhum novo modo de transporte urbano surgiu. A invenção do sistema BRT em Curitiba no ano de 1974 é apenas a aplicação ao ônibus de uma tecnologia que já era utilizada nos bondes do final do século XIX. No entanto, é bastante provável que, durante os próximos 20 anos, veremos o surgimento de modos de transporte completamente novos. As possibilidades apresentadas pela combinação de compartilhamento de veículos (com aplicativos de transporte) e automóveis autônomos podem revolucionar completamente o transporte urbano que hoje conhecemos.

Embora nenhum novo modo de transporte urbano tenha surgido nos últimos 100 anos, o modo dominante costuma mudar rapidamente em economias emergentes. As mudanças nos modos refletem aquelas que ocorrem em termos de renda, tamanho da cidade e a cobertura geográfica dos sistemas de transporte público. As modificações nos modos dominantes são instrutivas, uma vez que refletem as escolhas dos usuários e o modo como eles se adaptam ao desempenho – velocidade, custo e cobertura territorial – dos vários modos de transporte disponíveis.

Modos individuais de transporte *versus* transporte público

Em uma típica cidade de renda média ou alta, os viajantes pendulares escolhem entre inúmeros meios de transporte: caminhar, andar de bicicleta, dirigir, pegar um táxi ou usar o transporte público coletivo. Eles selecionam o modo – ou a combinação de mais de um – que seja mais conveniente ao seu deslocamento, levando em consideração tempo de viagem, custo direto, conforto e se a viagem tem de estar associada a diversas atividades (p. ex., trabalhar, buscar os filhos na escola, fazer compras). Ao escolher seus meios de transporte, os viajantes não levam em conta o custo das externalidades negativas que criam – poluição, aquecimento global, barulho e congestionamento.

Há uma gama de modos de transporte, mas eles podem ser convenientemente divididos em três categorias: transporte individual, transporte individual compartilhado, transporte coletivo ou transporte público (Figura 5.3). O transporte individual e o individual compartilhado fornecem acesso à rede viária inteira, enquanto os diversos modos de transporte público estão restritos a uma rede que, por necessidade, é uma fração da totalidade da rede viária. Visto que os modos de transporte individuais utilizam toda a rede viária, eles fornecem um deslocamento porta a porta sem haver a necessidade de mudar de modo no meio do caminho. Ademais, o transporte individual propicia um serviço contínuo, 24 horas por dia e sete dias por semana, enquanto os serviços de transporte público se restringem a horários pré-estabelecidos, com frequências baixas fora dos horários de pico.

Os modos individuais de transporte urbano motorizado apresentam muitas vantagens sobre o transporte público, especialmente o serviço porta a porta sob demanda. Dadas essas vantagens, por que empresas privadas e, em seguida, o governo fornecem serviços de transporte público?

	Transporte individual	Transporte individual compartilhado	Transporte público coletivo
Área servida:	Toda a rede viária	Toda a rede viária	Rede limitada
Horário:	Sob demanda	Sob demanda	Horários fixos
Origem e destino:	Porta a porta	Porta a porta	Estação a estação
	Caminhada	Táxi	Ônibus
	Bicicleta	Compartilhamento privado	Veículo leve sobre trilhos, bonde
	Patinete elétrico	Uber, Lyft	Táxi-lotação
	Motocicleta	Uber compartilhado	Sistema de ônibus rápido (BRT)
	Automóvel utilizado individualmente	Automóvel autônomo (sem motorista)	Metrô
		i-Road Toyota nas estações	Trem suburbano

FIGURA 5.3 Modos de transporte urbano.

Complementaridade de vários modos de transporte

Em muitas cidades, a maior parte dos modos de transporte listados na Figura 5.3 coexiste. Alguns modos são fortemente dominantes, como a motocicleta em Hanói, que representa 80% das viagens pendulares, ou o automóvel nas regiões metropolitanas dos Estados Unidos (86% de todos os deslocamentos). No entanto, na maioria das cidades, diversos modos de transporte coexistem, e sua participação relativa no total de viagens pendulares varia ao longo do tempo. Essas variações refletem as escolhas dos consumidores, que reagem às condições dinâmicas em renda domiciliar, estrutura urbana ou desempenho do modo de transporte.

Os modos de transporte urbano dominantes podem mudar rapidamente

A mudança nos modos de transporte dominantes reflete em um aumento na população e na renda domiciliar. O percentual de passageiros por modo de transporte reflete as preferências dos viajantes pendulares, mas também as ações governamentais. Essas oferta e demanda tendem a mudar rapidamente em cidades cujas economias estão crescendo depressa; porém, em um ritmo menos acelerado quando a população e a renda são mais estáveis. As Figuras 5.4 e 5.5 ilustram a rápida evolução dos modos de transporte dominantes em cidades como Pequim, Hanói e Cidade do México em comparação à estabilidade relativa encontrada em Paris.

O principal modo de transporte de Pequim passou por uma mudança radical entre 1986 e 2014. A bicicleta era o principal meio de transporte em 1986, embora a população da cidade já alcançasse mais de 5 milhões de habitantes. Muitos usuários de bicicleta e transporte público passaram a usar automóveis particulares no final dos anos 1990. A troca da bicicleta e do transporte público para as viagens de automóvel entre 1994 e 2000 corresponde ao rápido aumento da renda domiciliar (de cerca de 47%) durante esse período. Isso certamente não foi determinado pela política governamental. O investimento pesado em transporte público – o crescimento em 10 vezes na distância coberta pelas linhas de

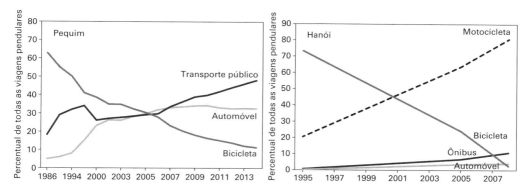

FIGURA 5.4 Mudanças no modo de transporte dominante, Pequim (à esquerda) e Hanói (à direita).
Fonte: Beijing Transport Research Center, 2015.

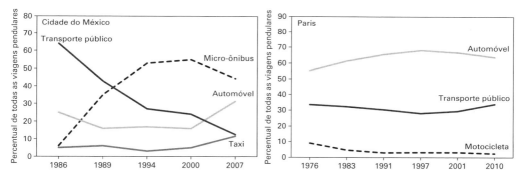

FIGURA 5.5 Mudanças no modo de transporte dominante, Cidade do México (à esquerda) e Paris (à direita).
Fontes: Mexico City: "Gradual Takeover of Public Mass-Transit by Colectivos, 1986–2000", Secretaria de Transito y Viabilidad (SETRAVI) Embarq – World Resources Institute; Paris: Syndcat des Transports d'Île-de-France, *website*, www.stif.info

metrô de 53 km em 1990 para 527 km em 2014 – reverteu o declínio no percentual do transporte público de viagens pendulares. Os congestionamentos no trânsito causados pelos automóveis, combinados a um sistema de cotas para a compra de novos automóveis estabilizaram o crescimento dos deslocamentos feitos de automóvel. Enquanto isso, o percentual dos usuários de bicicleta se manteve caindo.

A transformação do transporte de Hanói foi ainda mais impressionante do que a de Pequim. De 1995 a 2008, o percentual de deslocamentos de bicicleta caiu de 75% para apenas 4%! Mas, ao contrário de Pequim, a motocicleta tornou-se o único modo de transporte dominante na capital vietnamita, contabilizando 80% de todas as viagens urbanas (automóveis e transporte público juntos computam somente cerca de 15%). Assim como em Pequim, os viajantes pendulares reagiram às mudanças nas condições locais. O aumento da renda permitiu-lhes substituir as bicicletas pelas motocicletas, reduzindo significativamente o tempo de viagem pendular – o tempo médio em Hanói era de 18 minutos em 2010. Grandes áreas da cidade são acessíveis por meio de vias sinuosas e estreitas, que quase não podem ser alcançadas por automóveis e menos ainda por ônibus, que eram os únicos meios de transporte público em 2014. As motocicletas também proporcionaram fácil acesso aos residentes dos antigos vilarejos suburbanos, que contam apenas com acesso rural por vias não pavimentadas, expandindo a oferta de habitações acessíveis aos migrantes de baixa renda.

Entre 1986 e 2007, na Cidade do México, os viajantes pendulares reduziram drasticamente seu uso de transporte público por preferirem os micro-ônibus e os automóveis particulares, apesar das fortes políticas governamentais dos municípios que desencorajam tais alternativas privadas. A mudança no modo dominante reflete o aumento da renda, mas também uma modificação na estrutura das cidades do México. Os locais de trabalho se dispersaram pelas áreas suburbanas, em parte devido às restrições governamentais sobre o uso do solo no Distrito Federal e ao fato de as redes de transporte público tradicionais serem menos eficientes para as viagens pendulares de um subúrbio a outro. Quando os empregos são distribuídos em uma grande área, os micro-ônibus e os automóveis se tornam mais eficientes. Contudo, o congestionamento criado por eles reduz consideravelmente a velocidade do trânsito em uma cidade tão densa como a Cidade do México (a densidade média é de aproximadamente 100 pessoas por hectare na região metropolitana).

Em contrapartida a essas três cidades, a região metropolitana de Paris entre os anos de 1976 e 2010 (mostrada à direita na Figura 5.5) não apresentou nenhuma grande mudança no modo de transporte. A população e a renda domiciliar da cidade têm estado muito mais estáveis do que as de Pequim, Hanói e Cidade do México. O percentual relativo de deslocamentos feitos com automóvel e transporte público reflete a estrutura da cidade: um núcleo muito denso com aproximadamente 2 milhões de pessoas e subúrbios com 8 milhões de habitantes. Os viajantes pendulares utilizam o transporte público para a maior parte das viagens dentro e em direção ao núcleo, mas preferem os automóveis para cerca de 70% das viagens que têm origem e fim nos subúrbios (refletindo o mesmo percentual de distribuição de empregos). A ampliação das linhas de trem rápido nos subúrbios distantes de Paris elevou um pouco o percentual do transporte público desde meados de 1990. Entretanto, os deslocamentos de automóvel continuam sendo o modo dominante, refletindo a estrutura espacial da cidade, que tem a maioria da população e dos empregos localizados nos subúrbios – e, por consequência, é neles que as viagens têm origem e destino.

A mudança nos modos de transporte em Pequim e Paris mostra que aumentar a rede de transporte público tem impacto nas preferências de modo dos viajantes pendulares. Todavia, a renda domiciliar e a estrutura espacial de uma cidade são os principais determinantes para a escolha do viajante pendular. Em Pequim, por exemplo, a multiplicação das linhas de metrô em 10 vezes entre 1990 e 2014 reduziu o percentual de deslocamentos com transporte público em apenas 12%. E, embora Hanói esteja construindo um novo sistema de metrô que, em determinado momento, pode aumentar o baixíssimo percentual de usuários do transporte público, dificilmente as viagens de metrô competirão com a velocidade e a cobertura espacial proporcionadas pela motocicleta.

A existência de múltiplos modos de transporte reflete a escolha dos viajantes pendulares. Eles optam de acordo com o local onde moram e trabalham, os horários em que saem e retornam para casa e o quanto de sua renda estão dispostos a alocar para o transporte. Nenhum modo é perfeito. O fato de os residentes estarem quase sempre insatisfeitos com o transporte urbano não surpreende. Os usuários de automóvel se queixam do congestionamento e da poluição, enquanto aqueles que utilizam o transporte público reclamam das aglomerações de pessoas, da irregularidade dos horários e da falta de cobertura geográfica. Nas seções seguintes, analisarei os prós e os contras dos diversos modos de transporte levando em consideração sua velocidade e as várias externalidades negativas criadas por eles: congestionamento, poluição e emissões de gases de efeito estufa. No entanto, devemos lembrar que, no fim das contas, o objetivo principal é aumentar a mobilidade enquanto se reduzem as externalidades negativas impostas por ela.

Tempo de viagem, velocidade e modo de transporte

O cálculo do tempo de viagem até o trabalho (viagem pendular)

Como mencionado anteriormente, o tempo médio de viagem pendular é uma representação comum utilizada para medir a mobilidade. Esse tempo se torna uma representação significativa para a mobilidade, se incluirmos no cálculo da média apenas os deslocamentos até o trabalho e excluirmos outros tipos de viagens. Obviamente, uma média entre o tempo de viagem pendular e o tempo que se leva para fazer compras ou ir à barbearia não teria significado como uma medida representativa para a mobilidade.

O cálculo do tempo de viagem pendular deve ser "porta a porta". Esse tempo deve incluir a duração da viagem a partir do momento em que o viajante pendular deixa sua residência até o momento em que ele chega ao seu local de trabalho. Além disso, o tempo de viagem deve ser dividido por modo de transporte.

Os exemplos da média do tempo de viagem pendular no transporte público no município de Paris e na região metropolitana de Paris ilustram a importância de se medir o tempo porta a porta ao avaliarmos a mobilidade (Figura 5.6). O tempo médio porta a porta de viagens pendulares com o metrô de Paris é de 31 minutos, mas o tempo real gasto no metrô é de apenas 15 minutos. O tempo exigido para se dirigir à estação, embarcar e, então, caminhar até o local de trabalho representa 52% do tempo de viagem porta a porta. Para viagens mais longas na região metropolitana de Pequim, a proporção do "tempo de acesso" é menor e representa 36% do tempo total da viagem pendular.

Devemos fazer o mesmo cálculo do tempo porta a porta para viagens de automóvel, que tipicamente iniciam na calçada de um indivíduo em uma residência suburbana, mas podem terminar em um estacionamento em uma garagem subterrânea, envolvendo um número de horas de caminhada considerável para se chegar ao local de trabalho. Não consegui encontrar estatísticas que decomponham o tempo de viagem de trajetos de automóvel contando com caminhadas até uma vaga de estacionamento e dessa até o posto de trabalho. Meu próprio deslocamento semanal de automóvel de Glen Rock, Nova Jersey, até a Univer-

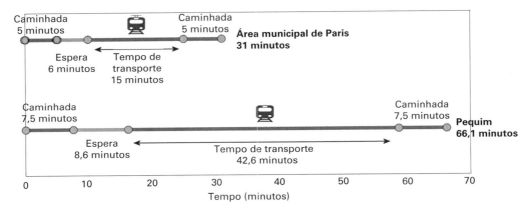

FIGURA 5.6 Média do tempo de transporte público porta a porta para viajantes pendulares no município de Paris e na região metropolitana de domiciliar.
Fontes: Dados para Paris: "Etude sur les deplacements", Regie Autonome des Transports Parisiens, 2014; Pequim: "Beijing, the 4th Comprehensive Transport Survey Summary Report," Beijing Transportation Research Center (BTRC), Comissão de Transporte Municipal de Pequim, Pequim, China, 2012.

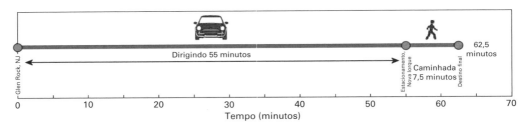

FIGURA 5.7 Tempo de viagem pendular porta a porta do subúrbio ao centro de Nova Iorque (estudo de caso, sem significado estatístico).

sidade de Nova Iorque, em Greenwich Village, em Manhattan, leva, em média, 55 minutos dirigindo e 7 minutos e meio caminhando de uma garagem de estacionamento subterrânea até a universidade (Figura 5.7). O tempo de acesso é de apenas 12% do total do tempo da viagem pendular.

Devido ao fato de o tempo de acesso ao transporte ser, em geral, alto, a velocidade dos diversos modos de transporte é um mau indicador do tempo de viagem pendular porta a porta. Para melhorar a mobilidade, reduzir o tempo de acesso aos vários modos é tão importante quanto aumentar a velocidade da parte motorizada do transporte. A Tabela 5.1 mostra a razão entre a velocidade de viagem porta a porta e a velocidade dos veículos para Paris, Pequim e o estudo de caso de Nova Iorque. Conforme o tamanho de uma cidade aumenta, as redes de transporte público se tornam mais complexas e menos densas e, com frequência, exigem transferências entre modos (p. ex., de ônibus para trens suburbanos). A crescente distância das casas até as estações e a necessidade de transferências tendem a elevar o tempo de acesso. As viagens de automóvel são menos vulneráveis aos longos tempos de acesso, se houver uma vaga de garagem reservada no destino. Os deslocamentos de automóvel de um subúrbio a outro têm um tempo

TABELA 5.1 Razão entre a velocidade de viagem porta a porta e a velocidade do veículo de transporte.

Modal de viagem pendular	Paris Metrô	Pequim Ônibus e metrô	Nova Iorque Automóvel
Média total da distância de viagem pendular (km)	9	19	38
Tempo de viagem porta a porta (minutos)	31	66	63
Velocidade do veículo de transporte (km/h)*	33	25	40
Velocidade de viagem porta a porta (km/h)	**17**	**17**	**36**
Razão entre a velocidade de viagem porta a porta e a velocidade do veículo (%)	**53**	**68**	**89**

*Para Pequim, essa é uma velocidade média para ônibus e metrô.

de acesso muito curto, porque, geralmente, o estacionamento é disponibilizado muito próximo à origem e ao destino da viagem. O valor mais baixo das terra urbana explica por que essa disponibilidade é considerada como certa.

Nos exemplos anteriores, os viajantes pendulares em Paris e Pequim caminhavam a fim de acessar o modo de transporte motorizado principal, mas, é claro, vários outros meios de transporte podem ser combinados em uma única viagem pendular. Um estudo de caso sobre viagens pendulares feito em Gauteng, África do Sul, descreve uma das mais complexas e longas viagens pendulares de que já ouvi falar.[14] Uma mãe solteira de quatro crianças se desloca todos os dias úteis de sua residência, em Tembisa, um distrito da região metropolitana de Gauteng (que inclui Joanesburgo e Pretória), até Brummeria, um *township** comercial de Pretória, onde ela realiza a limpeza dos escritórios. Ela sai de casa às 5h para estar no escritório às 7h30. Sua viagem pendular tem início com uma caminhada de 2 km até um ponto de táxi-lotação, onde um veículo a levará a uma estação de trem. O trem a conduz até Pretória, onde ela pega outra lotação até um ponto em Brummeria, de onde ela caminha até seu local de trabalho (Figura 5.8). A viagem pendular de ida dura 2,5 horas, incluindo a caminhada e a espera pelas lotações e o trem. A distância é de 47 km. Sua média de velocidade de deslocamento é de cerca de 18 km/h, embora a maior parte da distância que ela cubra seja em um trem pendular com velocidade média de 46 km/h. Dada a necessidade de se conectar à rede ferroviária a fim de evitar o custo mais alto do táxi-lotação, a distância que ela percorre (47 km) é muito mais longa do que a distância viária mais curta de 29 km entre sua residência e seu local de trabalho. Se essa trabalhadora tivesse acesso a uma motoneta ou até mesmo a uma motoneta, ela poderia se deslocar em cerca de uma hora, não em 2,5. O acesso a uma motoneta permitiria que ela ganhasse 3 horas diárias de tempo disponível!

Para determinada localização de residência e posto de trabalho, o tempo de viagem pendular pode apresentar grandes variações, dependendo do principal

---

* N. de R.: Na África do Sul, *township* pode se referir a áreas urbanas subdesenvolvidas e racialmente segregadas que, do início do século XIX até o final do apatheid, eram reservadas a pessoas não brancas. *Townships* normalmente ficam em áreas periféricas. Há também distinção legal no termo quando inserido no sistema de títulos de terra da África do Sul e, nesse caso, ele não carrega conotação racial.

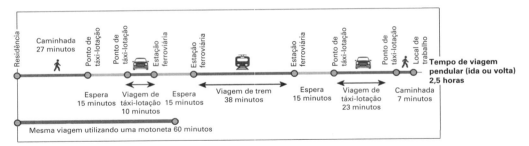

FIGURA 5.8 A extrema viagem pendular no estudo de caso de Gauteng (África do Sul). *Fonte:* "National Development Plan Vision 2030", Comissão de Planejamento Nacional do Presidente, África do Sul, 2011.

modo de transporte, do número de conexões e do tempo de acesso. No caso descrito aqui, uma motoneta com uma velocidade de 30 km/h resultaria em uma mobilidade muito mais alta do que a alcançada mediante o uso de um trem suburbano com uma velocidade média de 46 km/h.

Tempo médio de viagem pendular por modo de transporte

A viagem pendular com transporte público leva mais tempo, em média, do que aquela feita em um automóvel individual. Dado o nível de congestionamento urbano que assola a maioria das grandes cidades do mundo, isso parece surpreendente. O congestionamento afeta os ônibus públicos tanto quanto os automóveis individuais, mas esperaríamos que as viagens de transporte público fossem mais curtas nas cidades nas quais a maior parte dos viajantes pendulares está utilizando o metrô e as faixas exclusivas de ônibus. Em um livro completo e magistral,[15] Robert Cervero, um defensor fervoroso do transporte público urbano, admite que o tempo de viagem mais rápido dos automóveis, mesmo nas cidades europeias e japonesas baseadas no transporte público, é o principal desafio para o aumento da participação de transporte público sobre os deslocamentos de automóvel em todo mundo. Vamos tentar compreender por que isso ocorre examinando uma amostra de cidades específicas.

O tempo de viagem pendular em cinco cidades – Dallas-Fort Worth, Hong Kong, Nova Iorque, Paris e Singapura (Figura 5.9) – confirma a observação de Cervero: o tempo da viagem pendular de automóvel é significativamente mais curto do que o realizado via transporte público em todas essas localidades. O aumento no tempo de viagem entre as viagens pendulares de transporte público e as de automóvel varia de 53% em Nova Iorque a 100% em Singapura.

Essas diferenças medem a média dos tempos de viagem que têm muitas origens e destinos distintos. As médias podem mascarar inúmeras viagens nas quais a razão entre o tempo de viagem de transporte público e o de automóvel é invertida (i.e., viagens que são mais curtas quando se utiliza transporte público em vez de automóvel). Por exemplo, algumas viagens em Manhattan ou no município de Paris certamente são mais rápidas se realizadas com transporte público em vez de automóvel. As viagens suburbanas das pessoas cujas residências

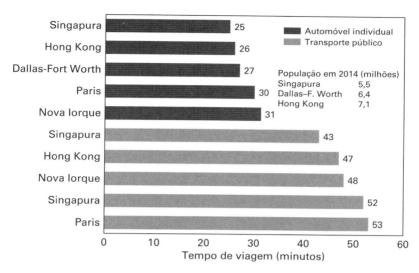

FIGURA 5.9 Tempo de viagem pendular médio por modal de transporte. Singapura, Hong Kong, Dallas-Fort Worth, Paris e Nova Iorque.
Fontes: Dados para os Estados Unidos: "Commuting in America 2013", US DOT Census Transportation Planning Products Program, Washington, DC, 2013; Paris: "Les deplacements des Franciliens en 2001–2002", Direction régionale de l'équipement d'Île-de-France, Paris, 2004; Hong Kong: "Travel Characteristics Survey – Final Report 2011", Transport Department, Government of Hong Kong Special Administrative Region, Hong Kong, 2011; Singapura: "Singapore Land Transport Statistics in Brief 2010", Land Transport Authority, Singapore Government, Singapore, 2010.

são muito próximas às estações, assim como o local de trabalho, também podem ser mais curtas se feitas usando transporte público, em vez de automóvel. Quando isso ocorre, certamente os viajantes pendulares escolhem os meios de transporte mais rápidos. Contudo, o tempo médio de viagem pendular mostra que, em todas essas cidades, os viajantes pendulares que usam automóvel gastam menos tempo do que aqueles que fazem a viagem via transporte público. Tentemos descobrir por que isso ocorre.

Não escolhi as cinco cidades da Figura 5.9 aleatoriamente. Suas características são apresentadas na Tabela 5.2. Quatro das cidades selecionadas contam com uma participação significativa do transporte público, variando de 26% em Nova Iorque a 88% em Hong Kong. A quinta cidade, Dallas-Forth Worth, é um ponto fora da curva, com menos de 2% das viagens pendulares realizadas via transporte público. Os sistemas de transporte público de Hong Kong e Singapura são relativamente recentes, e eles se beneficiam de sua modernidade e são conhecidos por sua eficiência. As cinco cidades escolhidas mostram uma gama de densidades. Hong Kong e Singapura têm densidades altas, enquanto em Nova Iorque e Paris elas são médias, porém suas densidades populacionais e de trabalho em sua área nuclear são elevadas, o que favorece o uso do transporte público e torna o uso do automóvel mais difícil. Dallas-Fort Worth é a única cidade na amostra com uma densidade muito baixa (12 pessoas por hectare), mas com uma população de 6,2 milhões, aproximadamente o equivalente aos 6,8 milhões

TABELA 5.2 Densidade e participação do transporte público em cinco cidades de uma amostra.

Cidade	População (milhões)	% de viagens pendulares em transporte público	Densidade (pessoas/ hectare)	Área construída (km^2)
Dallas-Fort Worth	6,20	2	12	5.167
Área estatística metropolitana de Nova Iorque	20,30	26	18	11.278
Paris (Île-de-France)	11,80	34	41	2.878
Singapura	5,60	52	109	514
Hong Kong	6,80	88	264	258

Fontes: População: Censo de 2010. Densidade e área construída: medidas do autor. Transporte público: Dallas-Fort-Worth e Nova Iorque, Resumo das Tendências de Viagem, 2009, National Household Travel Survey, Estados Unidos. Departamento de Transporte, Administração Rodoviária Federal, Washington, DC; Paris, E 2008 Enquête Nationale Transports et Déplacements. Tabela 5.1. Commissariat général au Développement durable, Paris 2008; Singapura, Land Transport Authority Singapore Land Transport, Estatísticas em Resumo, 2010, Governo de Singapura, 2010; Hong Kong, "Travel Characteristics Survey – Final Report 2011", Departamento de Transporte, Região Administrativa Especial do Governo de Hong Kong, Hong Kong, 2011.

de Hong Kong (2011). Dada a baixíssima densidade de Dallas-Fort Worth, o uso de automóvel é previsivelmente muito alto: 98% de viagens pendulares.

Entretanto, não deveríamos concluir que, devido ao fato de as viagens de automóvel atuais serem geralmente mais rápidas do que as de transporte público, trocar as viagens de transporte público pelo uso do automóvel reduziria o tempo médio da viagem pendular e, assim, aumentaria a mobilidade. Nas quatro cidades com densidades médias e altas mencionadas anteriormente, a velocidade atual dos automóveis depende da proporção dos viajantes pendulares que utilizam o transporte público. Na verdade, em Singapura há um ajuste periódico feito pelo governo no custo do uso do automóvel a fim de diminuir a demanda por viagens com esse meio de transporte, com o objetivo explícito de manter a velocidade mínima da viagem de automóvel para aqueles que podem pagar por ela. A maior parte das cidades nas quais o transporte público é um modo importante também tenta controlar a demanda pelo uso de automóvel, mas de uma forma menos explícita e robusta do que em Singapura. A redução da demanda por viagens de automóvel assume muitas formas. Nova Iorque, por exemplo, aumenta os pedágios para os automóveis em pontes e túneis; Paris reduz o número de faixas de rolamento; e Hong Kong eleva os impostos sobre a compra de automóveis. Anualmente, Pequim estabelece cotas para a aquisição de novos automóveis e utiliza uma loteria que determina quem pode comprar um veículo. Estocolmo, Londres e Roma têm uma cobrança especial para desencorajar o tráfego de automóveis no núcleo da cidade. Todas as cidades subsidiam fortemente o custo da operação do transporte público a fim de convencer os viajantes pendulares a abandonar os automóveis e usar o transporte público devido à diferença de custo.

A velocidade mais alta das viagens pendulares de automóvel em cidades densas e moderadamente densas ocorre em decorrência do alto número de viagens com transporte público. Nessas cidades, os dois modos, o automóvel e o transporte público, se complementam. Em Dallas, por outro lado, o curto tempo de viagem está totalmente relacionado à baixa densidade. Como mostrarei a seguir, as baixas densidades suburbanas proporcionam grandes áreas viárias por moradia, diferente do que acontece em cidades com densidades altas. Essa grande área viária por pessoas possibilita velocidades mais altas. Como mencionei no início deste capítulo, cidades compactas e densas como Hong Kong e Singapura, embora reduzam a distância média das viagens urbanas, geralmente estão associadas a uma viagem pendular muito mais longa do que cidades com densidades baixíssimas, como Dallas-Fort-Worth. Em tese, as vantagens das viagens pendulares mais curtas em cidades com altas densidades são totalmente eliminadas pela velocidade mais lenta causada pelo congestionamento, incluindo o do transporte público.

O custo de viagem

Como mencionado anteriormente, eu dirijo uma vez por semana de Glen Rock, no subúrbio de Nova Jersey, até a Universidade de Nova Iorque, no Sul de Manhattan. A distância de ida é de 37 km. O custo dos pedágios equivale a 14 dólares, mais 17 do estacionamento (do qual 18,4% é um imposto municipal especial para o estacionamento) e mais 5 para cerca de dois galões de gasolina, totalizando 36 dólares para uma viagem pendular de retorno feita de automóvel (sem contar seguro, manutenção e custo de capital). O tempo da viagem pendular porta a porta para ir ou voltar a meu posto de trabalho é de cerca de 63 minutos, em média, correspondendo a uma velocidade média de 35 km/h.

A mesma viagem de ida e volta utilizando transporte público (ônibus mais metrô) custaria apenas 14 dólares, mas exigiria 102 minutos de viagem de ida ou volta de porta a porta, em uma velocidade média de 22 km/h. Além disso, fora dos horários de pico, os ônibus com origem ou destino em Glen Rock partem apenas a cada uma hora. Em uma viagem pendular de ida e volta dirigindo meu automóvel, gasto 22 dólares a mais para ganhar 78 minutos sobre o tempo de viagem de transporte público, implicando um custo de oportunidade do meu tempo de cerca de 17 dólares por hora. Esse estudo de caso pessoal não tem valor estatístico, mas explica a forma como diversos viajantes pendulares escolhem seu modo de transporte. Os custos que pago tanto por deslocamentos com o transporte público como por automóvel não refletem o custo real da oferta do serviço de transporte que estou utilizando. A tarifa da maior parte das viagens de transporte público cobre apenas uma fração do custo operacional e, geralmente, nenhuma parte do custo de capital. Da mesma forma, os custos de pedágio e gasolina podem não refletir todo o custo de manutenção das vias e do serviço de controle de trânsito que utilizo durante meu deslocamento, e menos ainda das externalidades negativas no ambiente e do congestionamento que provoco no trânsito quando uso meu automóvel.

Até agora, se olharmos apenas para a velocidade e a duração das viagens pendulares, parece que os deslocamentos de automóvel têm uma vantagem sobre o transporte público. De fato, à medida que os locais de trabalho tendem a se dispersar pelos subúrbios e a renda domiciliar a crescer em muitas grandes cidades do mundo, parece que a proporção das viagens de automóvel sobre as de transporte público também aumenta, para o pavor dos planejadores de transporte. O congestionamento criado pelos automóveis é a principal preocupação. Aludi a esse problema ao alertar que, nas partes mais densas da cidade, o tempo menor de viagem pendular possibilitado pelo uso do automóvel depende do número de viajantes utilizando o transporte público. Quanto maior for o número de viajantes pendulares que utilizam o transporte público, mais alta será a velocidade daqueles que dirigem automóveis. Essa tendência explica o apoio popular aos investimentos no transporte público em cidades como Atlanta, onde a maior parte dos viajantes pendulares usa automóveis e pretende fazer isso no futuro.

Velocidade, congestionamento e modo de transporte

O congestionamento viário é um problema imobiliário. Mediante regulações, os planejadores ou incorporadores alocam parte da terra urbana para as ruas quando a terra é originalmente urbanizada. Uma vez que um bairro esteja completamente construído, aumentar a área alocada para ruas é extremamente dispendioso, financeira e socialmente, já que isso exige a redução da terra alocada para usos que geram aluguéis urbanos e acaba por reduzir a área da rua que não gera aluguel. Isso também demanda a realocação de famílias e empresas.

Na maioria dos casos, automóveis, ônibus e caminhões não pagam pelo escasso espaço viário que consomem; eles, portanto, não contam com incentivos para reduzir seu consumo de terra. A incompatibilidade entre a oferta de terra alocada para ruas e a demanda por espaço viário cria congestionamento – usuários demais para pouco espaço.

O congestionamento reduz a velocidade das viagens e, portanto, também reduz a mobilidade. Em nossa busca pelo aumento da mobilidade, é importante medir a área da rua ocupada por passageiro para cada modo de transporte urbano e, em determinado momento, precificá-la, assim os usuários que ocupam grandes áreas viárias pagariam um preço mais elevado do que aqueles que usam áreas de rua menores. Poder precificar o congestionamento em termos de valor de aluguel imobiliário nos permitiria aumentar a mobilidade, não tanto por aumentar a oferta, mas por reduzir o consumo. O objetivo continua sendo aumentar a mobilidade precificando o congestionamento, não escolher ou "encorajar" um modal de transporte de preferência.

Nas próximas seções, descrevo como medir o congestionamento e diversas tentativas de reduzir a oferta viária para administrar a demanda.

Medindo o congestionamento

O congestionamento é a expressão de um descompasso entre oferta e demanda por espaço viário. Os engenheiros de tráfego definem uma via como congestionada quando a velocidade do deslocamento é mais lenta do que a de fluxo livre. A velocidade de fluxo livre dos veículos estabelece a velocidade sem congestionamento, que os engenheiros de tráfego usam como referência para medir o congestionamento.[16] Qualquer velocidade abaixo do fluxo livre é um indicativo de congestionamento e é medida pelo índice de tempo de viagem, que é a razão entre o tempo de viagem em horários de pico e o tempo em condições de fluxo livre. Por exemplo, um automóvel se deslocando a 15 km/h na Quinta Avenida em Nova Iorque em horários de pico indicaria um índice de tempo de viagem de 2,8, se presumirmos que a velocidade de fluxo livre em Nova Iorque é igual ao limite de velocidade regulamentado máximo de 40 km/h. O relatório sobre mobilidade publicado pelo Texas A&M Transportation Institute, em 2012, avalia o índice de tempo de viagem urbano médio em 498 áreas urbanas dos Estados Unidos como sendo 1,18. Los Angeles, com 1,37, tem o índice mais alto entre as cidades do país. Em Nova Iorque, o índice é ligeiramente menor: 1,33. A utilização do índice de tempo de viagem nos permite medir o número de horas extras gastas dirigindo em comparação ao que seria a uma velocidade de fluxo livre e, por extrapolação, quanto de gasolina adicional é gasta. A partir desse índice, é possível calcular o custo direto do congestionamento: o custo de oportunidade do motorista mais o custo adicional da gasolina comparado ao que seria sob condições de fluxo livre.

Usar o índice de tempo de viagem a fim de medir o congestionamento é conveniente, porém, é claro, arbitrário. Em 1º de novembro de 2014, a cidade de Nova Iorque começou a reduzir seu limite de velocidade de 48 km/h para 40 km/h. O novo limite regulamentar certamente reduziria a velocidade de fluxo livre. Se tomarmos essa nova velocidade de 40 km/h como a de fluxo livre, então o índice de tempo de viagem para um automóvel se deslocando a 15 km/h consequentemente diminuiu de 3,2 para 2,8 entre 31 de outubro e 1º de novembro. A redução do limite de velocidade de Nova Iorque, que visava a diminuir a taxa de acidentes de trânsito fatais envolvendo pedestres, obviamente não resultou em uma redução do tempo médio de viagem pendular; ela até mesmo aumentou um pouco a duração das viagens, embora a diminuição do índice de tempo de viagem sugerisse o contrário. No caso de Nova Iorque, a redução desse índice no outono de 2014 será um falso-positivo!

A utilização do índice de tempo de viagem para medir o congestionamento é útil como uma medida relativa da mobilidade em uma cidade (contanto que a referência de velocidade de fluxo livre não tenha mudado, é claro, como ocorreu em Nova Iorque em 2014). Esse índice também é útil para identificar as ruas nas quais a administração do trânsito precisa melhorar. Entretanto, o índice não é uma boa representação para a mobilidade ao se compararem cidades. O que importa para a mobilidade são as mudanças no tempo médio de viagem.

Os passageiros que utilizam ônibus também estão sujeitos ao congestionamento do trânsito, embora os usuários não sejam a principal causa desse fator, uma vez que usam – ao menos nos horários de pico, quando os ônibus estão cheios – muito pouco espaço viário por pessoa em comparação aos motoristas sozinhos em seus automóveis, como veremos mais adiante. No entanto, além dos atrasos gerados pelo congestionamento, os usuários do transporte público também se atrasam quando os ônibus e trens estão lotados e as pessoas são impossibilitadas de embarcar, ou quando os horários dos trens são imprevisíveis em razão da má administração ou da baixa manutenção.

A superlotação do transporte público é uma forma de congestionamento interno do sistema de transporte público, já que não afeta os viajantes pendulares que fazem uso de outros modos. Pelo que sei, a administração municipal de Pequim é a única a monitorar em tempo real a superlotação do transporte público, medido como um percentual da capacidade do trem. A Figura 5.10 mostra que uma parte considerável da rede de metrô de Pequim sofre de congestionamentos graves em horários de pico. Considera-se que os trens e ônibus excedem a capacidade quando a densidade dentro do veículo ultrapassa 6,5 pessoas por metro quadrado! Os desconfortos causados pelo congestionamento são, portanto, bastante diferentes quando se escuta o rádio sozinho como passageiro de um automóvel sentado no tráfego do que quando se divide um metro quadrado com seis outras pessoas em um ônibus ou vagão do metrô, ou preso em uma estação e incapaz de embarcar nos vagões superlotados!

Contudo, o congestionamento do transporte público não resulta apenas em desconforto para os passageiros; ele também eleva o tempo de viagem e, consequentemente, reduz a mobilidade. Em Pequim, embora a extensão das linhas de metrô construídas desde 2000 tenha aumentado, alcançando 523 km em 2015, o congestionamento é tão sério durante a hora de pico que os funcionários do transporte público têm de limitar o número de passageiros que embarcam a fim de prevenir que os trens se tornem perigosamente lotados. Em 2015, cerca de 64 estações de metrô de Pequim (aproximadamente 20% do total) sofreram res-

■ ■ ■ ■ ■ Mais de 6,5 passageiros por metro quadrado
▬▬▬ De 5 a 6,5 passageiros por metro quadrado

FIGURA 5.10 Congestionamento no horário de pico da rede de metrô de Pequim, 2014.
Fonte: "Beijing the 4th Comprehensive Transport Survey Summary Report", Beijing Transportation Research Center (BTRC), Comissão Municipal de Transporte de Pequim, Pequim, China, 2015.

trições ao embarque durante o horário de pico. O sistema de metrô de Pequim tinha 340 km sendo construídos naquele ano. Espera-se que essas novas linhas reduzam o congestionamento do transporte público.

O lado da oferta: aumentando a área dedicada ao transporte

Aumentar a oferta de vias em áreas já densas é praticamente impossível

As vias são o sistema de transporte padrão em todas as cidades do mundo. Elas são indispensáveis para a construção de uma cidade. A rede viária é a coluna dorsal de qualquer sistema público de transporte. O governo costuma ser responsável pelo *design*, pela construção e pela manutenção do sistema viário principal.

Poderia o governo agir como um mercado econômico e fornecer o espaço viário necessário para corresponder à demanda existente? O governo ou os incorporadores rotineiramente fornecem novas vias à medida que as cidades se expandem para o interior e para subúrbios pouco povoados. No entanto, as tentativas de aumentar o número de vias disponíveis em áreas já densamente urbanizadas (onde a demanda é maior) tiveram sucesso limitado no passado.

Haussmann obviamente conseguiu "rasgar" os bairros densos existentes na Paris do século XIX (veja o Capítulo 3). Contudo, se a obra de Haussmann é tão bem conhecida na história do planejamento urbano, é justamente porque tem sido praticamente impossível repeti-la e por conta de seus poucos precedentes. Além disso, todos os bulevares criados por Haussmann sofrem com congestionamento, e é claramente impossível, e até mesmo indesejável, alargá-los mais ainda para comportar a demanda do trânsito atual.

A demanda por mais espaço viário geralmente ocorre em áreas localizadas nas partes mais belas e caras de uma cidade. Em razão do alto valor dos imóveis ladeando a Quinta Avenida de Nova Iorque, a Rue de Rivoli de Paris ou a Huaihai Road de Xangai, o alargamento dessas ruas é impensável, mesmo que elas sejam extremamente congestionadas. O alargamento dessas ruas destruiria imóveis valiosos que as tornam atrativas, bem como aumentaria a proporção de terra sem valor pecuniário – as vias – às custas de terras com preços elevados – lojas, escritórios e residências configurando as vias. Além disso, os pedestres também são grandes usuários do espaço viário em bairros centrais; aumentar o fluxo de tráfego nos centros das cidades é geralmente incompatível com o tráfego de pedestres seguro e agradável.

Como alternativa ao alargamento de vias, os planejadores urbanos muitas vezes tentaram aumentar o espaço viário construindo vias elevadas sobre ruas preexistentes. Ruas elevadas, apesar de serem menos destrutivas do que o alargamento de uma via, reduzem significativamente o valor e a habitabilidade dos bairros que cruzam. Além disso, entrar e sair delas exige o uso de rampas, o que envolve a destruição de mais imóveis valiosos e, ao mesmo tempo, obstrui o fluxo de pedestres.

O plano proposto por Robert Moses para a Lower Manhattan Expressway, em Nova Iorque, foi uma tentativa de aumentar o número de vias disponíveis em uma área com alta demanda. O movimento seminal e popular, liderado por

Jane Jacobs, foi contra a destruição que a via expressa causaria e pôs fim no projeto. De fato, o impacto negativo das vias elevadas em áreas urbanas densas não se limita apenas à possível destruição dos prédios ao seu redor; ele, com frequência, se estende por várias quadras. Em razão do impacto negativo e do alto custo das vias elevadas, não apenas tem se deixado de construí-las ao redor do mundo, como tem se espalhado um movimento inverso que defende a demolição das já existentes.

O lado da oferta: usando o espaço viário existente de forma mais eficiente

Usar o espaço viário preexistente de forma mais eficiente poderia aumentar a área disponível para a circulação de pedestres, transporte público de superfície e automóveis. Muitas das cidades que permitem o estacionamento amplo nas ruas de seu núcleo denso diminuem a área disponível para a circulação de pedestres, bicicletas, ônibus e automóveis. Em uma rua normal de Manhattan, carros estacionados ocupam 44% da área disponível para veículos na via (sem contar as calçadas). Dada a escassez de espaço viário, transferir todos os automóveis estacionados na rua para garagens privadas subterrâneas aumentaria muito a mobilidade, a segurança dos pedestres e o charme da cidade de forma geral. A viabilidade política de fazer isso é remota, já que muitos dos usuários do estacionamento gratuito ou quase gratuito na rua acreditam que ele seja um direito humano fundamental. Qualquer prefeito que tentasse melhorar a mobilidade dos pedestres, do transporte público de superfície e dos automóveis removendo a possibilidade de estacionar na rua provavelmente não seria reeleito e, talvez, até mesmo sofresse um *impeachment*.

O uso inteligente da engenharia de tráfego também poderia melhorar a mobilidade sem a necessidade de aumentar a área de vias. Samuel Staley e Adrian Moore, em seu livro intitulado *Mobility First*,[17] dedicam um capítulo inteiro, chamado "Sete passos para expandir a capacidade viária atual", aos vários métodos passíveis de melhorar a velocidade dos veículos em áreas urbanas. Esses métodos variam do redesenho de intersecções à introdução de faixas de rolamento expresso. Novas tecnologias de gestão de semáforos também poderiam aumentar a mobilidade da rede viária existente. A tecnologia de enxame é particularmente promissora e consiste na atualização em tempo real dos padrões dos semáforos para responder ao volume variável de tráfego e eventos inesperados, como acidentes ou eventos civis. No entanto, essas medidas, quando tomadas, sem dúvida melhorariam a mobilidade, mas não resolveriam permanentemente o problema de congestionamento sem a associação de soluções para controlar a demanda do espaço viário.

O lado da oferta: construção de túneis para aumentar a área viária

A primeira ferrovia subterrânea dedicada ao transporte urbano foi aberta em Londres em 1863. Tinha um comprimento modesto, de 6 km, e usava locomotivas a vapor. O custo foi alto, mas era uma alternativa ao alargamento das ruas de Paris feito por Haussmann, que havia iniciado alguns anos antes. A natureza mais democrática e liberal do sistema político de Londres em meados do século

XIX não teria permitido uma operação parecida com a de Haussmann na cidade. A decisão de criar um sistema de transporte urbano subterrâneo em Londres foi justificada pelo alto preço da terra.

Construir um sistema de transporte subterrâneo é uma forma de substituir capital por terra. Mesmo que o custo de capital seja alto, ele deve ser aproximadamente igual ao valor do espaço viário que preserva. As vantagens econômicas de construir o primeiro sistema de metrô em Londres devem ter parecido sólidas, já que novos metrôs foram construídos em seguida em outras capitais da Europa e nas maiores cidades do Estados Unidos. Em 1914, 13 cidades[18] ao redor do mundo já haviam construído redes subterrâneas de transporte urbano.

Construir túneis sob a área central densa de cidades existentes é caro. Por exemplo, em janeiro de 2017, três estações em um túnel de 2,7 km de extensão, parte do metrô projetado da Segunda Avenida, abriram no centro de Manhattan ao custo de 4,45 bilhões de dólares (2015), ou 1,6 bilhão de dólares por quilômetro. Parece um montante astronômico para uma extensão relativamente curta à rede de metrô de Nova Iorque. Vale a pena? O objetivo do túnel é substituir capital por terra ou, em outras palavras, criar novas terras investindo-se capital. Para determinar se esse custo faz sentido, poderíamos comparar o custo da terra "criada" ao preço da terra em áreas adjacentes ao túnel.

Um estudo de preço de terras conduzido pelo Federal Reserve Bank of New York[19] em 2008 estimou a valorização das terras Manhattan em torno de 60 mil dólares por metro quadrado. Se calcularmos o custo da nova área criada pelo túnel, presumindo uma largura da via de 25 m e três estações subterrâneas de 6 mil m² cada, descobrimos que o custo por metro quadrado da nova terra criada pelo túnel é de cerca de 50 mil dólares. Esse valor se aproxima dos 60 mil dólares por metro quadrado da terra avaliada pelo relatório federal de 2008. Dentro do contexto dos preços de terra em Manhattan, o investimento de 4,45 bilhões de dólares em um túnel de metrô parece razoável. Além disso, é provável que a nova linha de metrô, quando finalizada, aumente o preço das terras ao longo da Segunda Avenida em comparação a seu preço de 2008.

Devemos, então, sempre associar os problemas de transporte aos preços imobiliários. Preços de terra elevados indicam aos planejadores que existe uma alta demanda pela área e que, portanto, um volume alto de passageiros pendulares tentará ter acesso a ela. Ao mesmo tempo, preços de terra altos impossibilitam o alargamento de ruas para acomodar o tráfego. A justificativa para uma rede subterrânea de transporte depende da proporção entre o preço do metro quadrado de terra e o custo por metro quadrado de construir a mesma área de túnel. Se essa proporção for igual a ou maior que um, a rede subterrânea pode ser economicamente vantajosa. Se a proporção for muito menor que um, então outra solução precisa ser encontrada.

Repare que o custo de construção de 1,6 bilhão de dólares por quilômetro de metrô é, provavelmente, um recorde mundial. O custo de construir túneis e trilhos e estações subterrâneas varia de acordo com muitos fatores, incluindo profundidade, largura, geologia, custo de mão de obra e tecnologia utilizada. Um breve levantamento do custo das construções recentes de metrôs mostra grandes variações, de 600 milhões de dólares por quilômetro (para a mais recente linha MRT de Singapura), para 43 milhões de dólares por quilômetro (para a linha 9 de Seul, construída em 2009). Essas variações mostram que o transporte subterrâneo pode ser economicamente vantajoso mesmo em cidades com o preço de terra muito mais baixo do que Manhattan.

O lado da oferta: quanta terra está disponível, afinal?

Talvez não possamos aumentar o espaço viário em cidades já construídas, mas será que, pelo menos, sabemos qual é o espaço disponível para que possamos fazer um melhor uso desse recurso tão escasso?

Algumas cidades usam estatísticas do uso do solo para fornecer um percentual da área construída reservada para as vias. Por exemplo, a porcentagem de área utilizada para as ruas em Nova Iorque é de 26,6% e, em Londres, de 20,8%. Esses números são difíceis de interpretar. Aparentemente, Nova Iorque tem uma área destinada às ruas 28% maior do que Londres. Mesmo que as duas cidades (definidas como sendo a área delimitada pelas divisas municipais, e não como a região metropolitana) tenham aproximadamente a mesma população de 8 milhões, sua densidade populacional difere de forma significativa (Tabela 5.3). Em razão da diferença de densidade, mesmo que o espaço viário seja proporcionalmente maior em Nova Iorque, essa área *per capita* é mais baixa em Nova Iorque do que em Londres. Se presumirmos que a necessidade de espaço viário é proporcional à população, então Londres oferece 9% a mais de espaço viário por pessoa do que Nova Iorque, apesar de sua porcentagem de vias significativamente menor.

Estou usando esse exemplo para mostrar que qualquer abordagem normativa para levar o espaço viário urbano a um valor ideal a fim de evitar congestionamentos é uma utopia. As densidades populacionais em Nova Iorque e Londres variaram bastante muito depois de as áreas viárias terem sido estabelecidas permanentemente pelas divisas de lotes. A densidade varia com o tempo, e áreas viárias são fixadas pela história; como consequência, o espaço viário por pessoa, que está obviamente ligado ao congestionamento, varia com o tempo. Os sistemas de transporte precisam se adaptar às áreas viárias disponíveis, e não o contrário.

As densidades populacional e de emprego variam muito de uma parte da cidade para outra; da mesma forma, varia o percentual de terra ocupada por ruas. A necessidade de área viária está relacionada à densidade dos bairros. Por exemplo, no centro de Manhattan, a densidade de empregos atinge incríveis

TABELA 5.3 Área viária por pessoa: Nova Iorque e Londres.

	Nova Iorque	Londres
Ano do censo	2010	2011
População	8.175.133	8.173.941
Área construída (km^2)	666	941
Densidade populacional (pessoas/hectare)	123	87
Percentual de área viária	26,6	20,8
Área viária por pessoa (m^2)	22	24

2.160 empregos por hectare. Em contrapartida, em Glen Rock, um subúrbio de Nova Iorque, a densidade residencial é de apenas 19 pessoas por hectare. Sem dúvida, a demanda local por espaço viário será diferente nos dois bairros. Se combinarmos as densidades dos bairros com a porcentagem de terra dedicada às ruas, obtemos o espaço viário por pessoa ou por emprego em diferentes bairros, o que já é um pouco mais útil do que o total no nível da cidade. A Figura 5.11 mostra as variações de espaço viário por pessoa ou por emprego em um número selecionado de bairros em várias metrópoles ao redor do mundo. A Tabela 5.4 mostra a combinação infinita de densidades e áreas dedicadas a ruas que explica as grandes variações no espaço viário por pessoa em cada bairro.

• • •

O espaço viário por pessoa pode ficar abaixo de 2 m^2 em alguns bairros no Cairo, em Nova Iorque e em Mumbai, e acima de 50 m^2 em alguns subúrbios de Atlanta, Los Angeles e Nova Iorque. O espaço viário por pessoa pode ser um indicador interessante para a compatibilidade dos modos de transporte. No centro de Nova Iorque, por exemplo, em razão do espaço viário por pessoa muito pequeno, os trabalhadores mais do que lotariam as ruas com veículos se cada um usasse um automóvel. No outro extremo, nos subúrbios de Nova Iorque, Atlanta ou Los Angeles, o espaço viário por pessoa é amplo o suficiente para acomodar um grande número de veículos individuais.

Os números na Figura 5.11 e na Tabela 5.4 demonstram que qualquer abordagem normativa aplicada às densidades ou aos projetos viários feitos para uma cidade inteira com o objetivo de prover melhor transporte está fadada ao fracasso. Os planejadores urbanos deveriam projetar sistemas de transporte que se

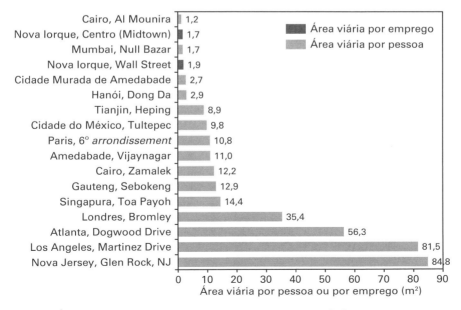

FIGURA 5.11 Área viária por pessoa ou por emprego em bairros variados.

TABELA 5.4 Densidades, percentual de área viária e área viária por pessoa em bairros variados.

Cidade – Bairro	Densidade (pessoas/hectare)	Área viária (%)	Área viária por pessoa (m²)
Cairo – Al Mounira	1.566	19,0	1,2
Nova Iorque – Centro (Midtown), empregos	2.158	36,0	1,7
Mumbai – Null Bazar	1.649	27,9	1,7
Nova Iorque – Wall Street, empregos	1.208	23,1	1,9
Amedabade, Índia – Cidade Murada de Amedabade	588	16,0	2,7
Hanói – Dong Da	929	27,3	2,9
Tianjin – Heping	271	24,0	8,9
Cidade do México – Tultepec	121	11,9	9,8
Paris – 6 *arrondissement*	266	28,8	10,8
Amedabade, Índia – Vijaynagar	492	54,0	11,0
Cairo – Zamalek	178	21,8	12,2
Gauteng, África do Sul – Sebokeng	182	23,5	12,9
Singapura – Toa Payoh	186	26,9	14,4
Londres – Bromley	49	17,4	35,4
Atlanta – Dogwood Drive, Fulton Co.	22	12,2	56,3
Los Angeles – Martinez Drive	35	28,8	81,5
Nova Jersey (áreas estatísticas micropolíticas) – Glen Rock, NJ	19	15,7	84,8

adaptem às densidades e ao *design* das ruas do bairro que eles devem atender. Na seção seguinte, avalio o espaço viário utilizada pelos passageiros em meios de transporte variados.

Indo além da oferta

A história e a experiência de cidades existentes demonstram que é extremamente limitada a possibilidade de aumento da oferta de vias em áreas já construídas. Alargar ruas ou duplicar o espaço viário ao criar uma rua elevada destrói a própria atratividade do ambiente urbano que havia gerado tráfego. A criação de túneis é muito cara e, mesmo que indispensável no centro de cidades grandes e densas, não pode ser aplicada a cidades onde a terra é mais barata, mas onde o congestionamento ainda é um problema real.

Aumentar a mobilidade (p. ex., diminuir o tempo necessário para ir de uma parte da região metropolitana à outra), portanto, requer uma ação cuidadosa do lado da demanda. O lado da demanda inclui calcular quanto espaço viário cada passageiro pendular ocupa e quais medidas poderiam ser tomadas para diminuir não a demanda por viagens, mas a demanda por espaço viário.

O lado da demanda: medindo o consumo de terra por viajante pendular por modo de transporte

Existem apenas duas formas de diminuir a demanda dos viajantes pendulares por espaço viário: reduzir o uso do espaço viário por viajante pendular, ou reduzir a demanda por viagens em horários de pico. Vamos primeiro olhar para o uso do espaço viário por viajante pendular relacionado aos vários meios de transporte.

Medindo o uso do espaço viário por viajante pendular e a capacidade das ruas em passageiros por hora

Um veículo se movendo em uma rua da cidade usa a área correspondente à dimensão do veículo mais a área necessária para prevenir uma colisão com o veículo que vai à sua frente. A distância segura entre dois veículos em movimento é determinada pelo tempo que seria necessário para o veículo que vem atrás parar, se o veículo da frente precisasse frear bruscamente. O tempo de resposta lento dos motoristas, e não o tamanho dos veículos, é o responsável pela maior parte do espaço viário necessário para o deslocamento de automóveis. Portanto, o espaço viário necessário por veículo depende da velocidade do veículo: quanto mais alta a velocidade, maior a área necessária.

O modo formal de calcular a distância segura mínima entre veículos em movimento envolve diversos parâmetros, inclusive o tempo de resposta humano, a desaceleração de frenagem máxima, a aderência da superfície da via, dentre outros fatores. Na prática, orienta-se os motoristas a permitirem um tempo de resposta de 2 segundos[20] entre dois veículos.

Em ruas congestionadas, é difícil manter um intervalo de 2 s, pois os veículos mudam sua velocidade constantemente e a média de intervalos tende a aumentar, diminuindo ainda mais a capacidade de fluxo da via. No restante deste capítulo, considere um intervalo seguro padrão de 2s para veículos em movimento, exceto para ônibus se locomovendo em faixas exclusivas, nas quais a distância entre os veículos será determinada pelos horários dos ônibus.

Quando um carro se desloca a 40 km/h, a zona de transição de segurança necessária para manter um intervalo de 2s representa 82% da área total de rua utilizada pelo automóvel em movimento. Essa área aumenta com a velocidade, como mostrado na Figura 5.12. Uma vez que os automóveis circulam em uma faixa de rolamento de largura padrão, e como a maior parte do espaço viário exigida por um automóvel é determinada pelo intervalo de 2 s, automóveis menores não ocupam um espaço significativamente menor na via, exceto quando se deslocando a velocidades muito baixas, como veremos a seguir.

Há apenas dois modos de diminuir o espaço viário usado por automóveis em movimento: o primeiro seria diminuir a largura dos veículos para que dois veículos pudessem caber na largura de uma única faixa (p. ex., uma motocicleta); o segundo seria diminuir de forma segura o tempo de resposta de 2s ao usar tecnologias como automóveis autônomos. Vamos explorar essas possibilidades mais adiante.

Para veículos em movimento em uma via, a utilização de área viária por passageiro depende, portanto, de quatro parâmetros: o comprimento do veículo, o tempo de resposta para garantir uma distância segura entre os veículos, a velocidade do veículo e o número de passageiros.

Por exemplo, um viajante pendular dirigindo sozinho em uma rua de Nova Iorque a uma velocidade máxima permitida de 40 km/h precisa de 84 m^2 de área viária por veículo para se manter a uma distância segura do veículo que vai à sua frente na mesma velocidade (Figura 5.12). Se o motorista do veículo é o único passageiro, então a ocupação de espaço viário é de 84 m^2 por viajante pendular. No entanto, nos Estados Unidos, a média é de 1,25 passageiro por carro em áreas urbanas. Um viajante pendular médio dirigindo um carro nos Estados Unidos, portanto, utiliza 67 m^2 quando seu automóvel se desloca a 40 km/h. Quanto mais passageiros há por veículo, menos espaço viário é utilizado, já que as distâncias entre veículos se mantêm constantes na mesma velocidade.

O número de carros em um segmento de via de determinado comprimento determina a velocidade dos veículos em razão da necessidade de manter um intervalo seguro de 2s entre eles. Por exemplo, manter o limite máximo de velocidade de 40 km/h permitido em Nova Iorque exigiria que não houvesse mais do que 38 automóveis por faixa ao longo de um quilômetro (gráfico à esquerda na Figura 5.13). Se mais automóveis entrassem na faixa, a velocidade de todos os carros teria que diminuir para manter o intervalo de 2s entre os veículos. Se o número de automóveis por quilômetro de faixa aumentasse para 100, então a velocidade de todos os automóveis na faixa cairia para 11 km/h. Essa redução de velocidade também reduziria a capacidade de passageiros da faixa. No limite de velocidade de 40 km/h, uma faixa suporta 1.900 passageiros em uma mesma direção; a 10 km/h, essa capacidade é reduzida para 1.360 passageiros

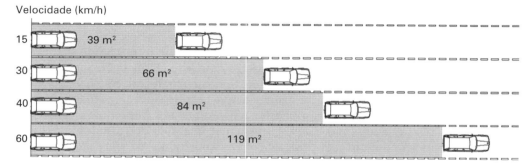

FIGURA 5.12 Área viária exigida para carros se locomovendo a velocidades diferentes com um tempo de resposta de 2 segundos.

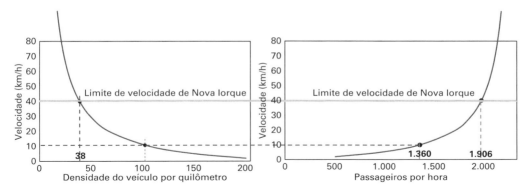

FIGURA 5.13 Velocidade *versus* densidade do veículo (esquerda) e capacidade da faixa (direita) para automóveis.

(gráfico à direita na Figura 5.13). Na realidade, a capacidade provavelmente se reduziria mais ainda porque, à medida que novos automóveis entram na faixa, os motoristas têm dificuldade para ajustar rapidamente o intervalo entre os automóveis; torna-se, então, difícil manter um intervalo constante de 2 s. Dados empíricos mostram que esse intervalo tende a aumentar à medida que a velocidade é reduzida, resultando em uma capacidade ainda menor de passageiros do que aquela demonstrada na Figura 5.13, a qual pressupõe que o intervalo de 2s entre os carros se mantém constante.

Portanto, em Nova Iorque, por exemplo, cada automóvel adicionado ao tráfego em uma faixa com a densidade maior que 38 automóveis por quilômetro diminui a velocidade de todos os carros daquela faixa. Esse automóvel extra diminui a velocidade da viagem, o que, por sua vez, aumenta o tempo de viagem pendular e, então, diminui a mobilidade. Além disso, diminui-se a capacidade viária existente de trazer passageiros pendulares para seus destinos.

Apesar desses problemas bem documentados, os planejadores de trânsito ainda não encontraram nenhuma forma direta de controlar o número de automóveis entrando em uma rua com o intuito de manter uma velocidade pré-selecionada. Em outras áreas da economia, "guardiões" estão casando a demanda com capacidade existente no curto prazo. É o que acontece, por exemplo, em cinemas ou restaurantes, onde o pico da demanda pode frequentemente exceder de forma significativa sua capacidade. Se houver mais clientes do que assentos disponíveis, os guardiões impedem que clientes entrem no cinema ou no restaurante. No longo prazo, preços serão ajustados para adequarem a demanda ao fornecimento, ou, em determinado momento, a capacidade aumentará para se ajustar à demanda de fornecimento. Isso, infelizmente, não é possível para as ruas. Se a demanda dos usuários das vias é maior do que a capacidade da via, na ausência de guardiões ou ajustes de preço, todos os usuários precisarão reduzir a velocidade até que toda a demanda seja atendida, mesmo que essa demanda resulte em congestionamento total!

A seguir, discuto os meios indiretos usados atualmente para diminuir o número de automóveis entrando em uma rede urbana; exceto pela tarifa ajustável de congestionamento usada em Singapura, a maioria dos métodos costuma ser confusa e inefetiva.

Até agora, olhamos apenas para a conexão entre densidade de veículo, velocidade e capacidade de automóveis da faixa, o que poderia se aplicar a táxis ou automóveis pessoais. Vamos agora comparar essas relações para vários tipos de veículos em movimento.

A Tabela 5.5 mostra o espaço viário exigido por passageiro a diferentes velocidades para motocicletas, automóveis comuns, automóveis pequenos ("carros inteligentes") e ônibus urbanos, usando a equação 5.4.

Previsivelmente, pessoas de bicicleta ou motocicleta usam menos espaço viário do que automóveis (pressupus que três bicicletas e duas motocicletas dirigem paralelamente em uma faixa de rolamento padrão de 3,2 m de largura). Automóveis menores usam apenas um pouco menos espaço do que automóveis de tamanho padrão, e essa diferença diminui quando a velocidade aumenta. No entanto, a informação surpreendente apresentada pela Tabela 5.5 é como os passageiros em um ônibus urbano cheio usam pouco espaço comparados àqueles em qualquer outro meio de transporte. A 40 km/h, um passageiro em um automóvel usa 50 vezes mais área viária do que um passageiro indo na mesma velocidade em um ônibus lotado![21]

Esse é um argumento usado com frequência por pessoas que defendem a eliminação de automóveis das ruas da cidade. É também o tema de um pôster criado pela cidade de Munster, na Alemanha, em 2001, que viralizou na Internet.[22] O pôster mostra, lado a lado, três imagens da mesma rua com o espaço viário usado por automóveis, bicicletas e ônibus para transportar o mesmo número de passageiros. O objetivo do pôster é dramatizar a diferença do uso da via por pessoas entre automóveis, bicicletas e ônibus. O uso do espaço viário aparece na Tabela 5.5 e parece apoiar a afirmação do pôster de que automóveis como meio de transporte são extremamente ineficientes em comparação aos ônibus.

Equação 5.4 Área viária usada por passageiro

O espaço viário usado por passageiro em veículos em movimento pode ser expresso como uma função da velocidade do veículo V e por quatro parâmetros: R, L, W e P:

$$A = \frac{\left(\frac{S \times R}{3,6} + L\right) W}{P}, \qquad (5.4)$$

onde

A é o espaço viário por passageiro em m^2;
S é a velocidade do veículo em km/h;
R é o tempo de resposta exigido dos motoristas para evitar que dois veículos colidam um no outro, expresso em segundos;
L é o comprimento do veículo em metros;
W é a largura da faixa em metros; P é o número de passageiros por veículo.

TABELA 5.5 Uso de área viária por pessoa em meios de transporte variados operando sob velocidades variadas

	Tipo de veículo				
	Bicicleta	Motocicleta	Automóvel inteligente	Automóvel padrão	Ônibus
Tempo de resposta (s)	1,5	2	2	2	2
Comprimento do veículo (m)	1,8	2,1	2,7	4,0	12,0
Largura da faixa de rolamento (m)	1,1	1,6	3,2	3,2	3,2
Passageiros por veículo	1	1	1,25	1,25	86
Velocidade (km/h)	Área viária usada por passageiro (m^2)				
2,5	3,0	5,6	10,5	13,8	0,5
5	4,1	7,9	14,0	17,4	0,5
10	6,4	12,3	21,1	24,5	0,7
15	8,6	16,8	28,2	31,6	0,8
20	10,8	21,2	35,3	38,7	0,9
25		25,6	42,5	45,8	1,0
30		30,1	49,6	52,9	1,1
35		34,5	56,7	60,0	1,2
40		39,0	63,8	67,1	1,3
45		43,4	70,9	74,2	1,4
50		47,9	78,0	81,4	1,5

Se fosse possível transportar passageiros em um ônibus a 40 km/h pela cidade usando apenas 1,3 metro quadrado por passageiro, como sugerem os números da Tabela 5.5, isso provavelmente justificaria o banimento de automóveis nas cidades. Infelizmente, tanto os números sobre os ônibus na Tabela quanto as afirmações do pôster de Munster são grosseiramente enganosos.

Velocidade e capacidade viária

Todos os tipos de veículos listados na Tabela 5.5 seguem uns aos outros a uma distância necessária para manter a segurança. No entanto, os ônibus não podem ir um atrás do outro da mesma forma que os automóveis, como veremos a seguir. Esse é o motivo pelo qual o uso de pouco espaço viário mostrado na Tabela 5.5 está teoricamente correto, mas se torna irrelevante para todos os efeitos práticos.

As partidas dos ônibus nas paradas precisam ser espaçadas em intervalos regulares, chamados de intervalos entre veículos, que são muito mais longos do que os poucos segundos necessários entre dois automóveis em sucessão. Os intervalos entre veículos nos centros das cidades variam de um a 10 minutos, diferentemente dos 2 ou 3 segundos necessários para a segurança entre os automóveis. Não é possível lotar o centro de uma cidade apenas com os ônibus se locomovendo a um intervalo de 2 s. Portanto, a área pequena de rua que os ônibus usam por passageiro é irrelevante, já que todos os ônibus que utilizam a mesma parada precisam circular com centenas de metros de distância entre si, e o espaço entre os ônibus em sucessão precisa estar cheio de automóveis ou ser deixado vazio.

Por que o intervalo entre os ônibus urbanos precisa ser, frequentemente, de vários minutos? Os ônibus precisam parar a intervalos regulares para que passageiros embarquem e desembarquem, o que, em geral, leva de 10s a um minuto por parada. O tempo que os ônibus passam nas paradas é chamado de tempo parado. O tempo parado depende do tempo exigido pelos passageiros embarcando e desembarcando. Quanto mais passageiros embarcando e desembarcando, maior será o tempo parado. Dessa forma, o tempo parado é mais longo durante a hora do pico e há um elemento de imprevisibilidade, já que depende da agilidade do passageiro ao embarcar e do número de passageiros. Os intervalos entre veículos devem levar em consideração as possíveis variações acidentais do tempo parado.

Imagine uma fileira de ônibus seguindo uns aos outros em uma faixa entre duas paradas a um intervalo de segurança de 2 s. Toda a fileira terá de parar, digamos, por 20s para permitir que o ônibus encabeçando a fileira deixe passageiros embarcarem e desembarcarem. O processo se repetirá para cada ônibus. Portanto, a velocidade dessa fileira imaginária será, na melhor das hipóteses, o comprimento de um ônibus a cada 20s ou 2,2 km/h, aproximadamente menos da metade da velocidade de um pedestre.

A partida de cada ônibus deve ser cronometrada de modo que haja um intervalo de tempo suficiente entre os ônibus para evitar que aqueles que vêm atrás se acumulem na parada de ônibus, caso o veículo da frente se detenha na parada. Para evitar esse problema, o intervalo entre os ônibus é cuidadosamente cronometrado. Determinar intervalo entre veículos é um grande obstáculo na operação de ônibus urbanos em áreas densas onde as paradas de ônibus são próximas umas das outras.

Em Nova Iorque, por exemplo, um ônibus urbano padrão para a cada 160 m; ônibus expressos, operando apenas na hora do pico, param a cada 550 m e são alternados com ônibus padrão. A linha de ônibus M1 que vai de Harlem a Greenwich Village (percorrendo quase toda a extensão de Manhattan) tem um intervalo de veículos médio de cinco minutos durante a hora do *rush* (entre 7:00 e 9:00 h da manhã), incluindo tanto os ônibus padrão quanto os expressos. Os horários da linha M1 indicam que a velocidade média na hora do pico varia entre 9 e 12 km/h ao longo da faixa tanto para os ônibus expressos quanto para os ônibus padrão, sendo a velocidade dos ônibus expressos mais próxima de 12 km/h, e a dos ônibus padrão, mais próxima de 9 km/h. A maior vantagem dos ônibus expressos é a possibilidade de diminuir o intervalo entre veículos.

Uma vez que esses ônibus se alternam com os ônibus padrão, mas ignoram várias paradas e se deslocam mais metros entre paradas, o risco de concentração em paradas de ônibus diminui.

Vamos comparar a velocidade e a capacidade de faixa de rolamento para ônibus e automóveis em um segmento da Quinta Avenida entre a 110th Street e a 8th Street, na hora do pico entre 7:00 h e 8:00 h da manhã. Usarei a velocidade e a capacidade de faixa de rolamento da linha M1 e também de outras três linhas de ônibus que usam o mesmo segmento que a M1. Essas outras linhas de ônibus usam paradas diferentes, o que permite a redução do intervalo de veículos sem causar concentração. Enquanto o intervalo médio da M1 é de 5 minutos durante a hora do pico, o intervalo combinado das quatro linhas de ônibus usando o mesmo segmento de via é de 1 min e 48 s. Usar paradas de ônibus diferentes para linhas diferentes na mesma rua permite aos operadores aumentar o intervalo entre os veículos e, portanto, a capacidade de faixa de rolamento para passageiros de transporte público.

Vamos falar agora sobre o desempenho dos ônibus e dos automóveis, como demonstrado na Tabela 5.5, em termos de velocidade e capacidade expressas em passageiros por hora por faixa de rolamento (Figura 5.14). A capacidade de uma faixa para automóveis varia de acordo com a velocidade, enquanto a capacidade para ônibus independe da velocidade (linhas horizontais no gráfico), dependendo apenas do intervalo dos veículos. Obviamente, a capacidade para automóveis também depende da distância entre os automóveis, que varia com a velocidade, enquanto o intervalo de veículos do transporte público independe da velocidade.

A velocidade e, portanto, a capacidade da via para automóveis comuns dependem da densidade de automóveis por quilômetro, como visto na Figura 5.13. Se a densidade dos carros permite uma velocidade entre 20 e 40 km/h, a capacidade da faixa vai variar de 1.650 a 1.900 passageiros por hora por faixa. Se a densidade é tal que a velocidade cai abaixo de 5 km/h, então a capacidade cairá rapidamente para perto de 0, quando se cria um congestionamento total.

Por outro lado, o número de passageiros por hora levados por ônibus independe da velocidade do ônibus; depende apenas do intervalo entre os veículos, que é projetado para ser constante (equação 5.5).

Em Nova Iorque, os ônibus M1 que saem com um intervalo médio de cinco minutos são, portanto, capazes de carregar apenas 1.032 passageiros por hora (60/5) × 86), menos do que os automóveis que estão se deslocando a velocidades acima de 6 km/h (Figura 5.14). No entanto, quando as quatro linhas de ônibus que utilizam esse mesmo segmento da Quinta Avenida são levadas em consideração, a capacidade combinada dos ônibus chega a 2.800 passageiros por hora.

Na prática, os ônibus utilizam a faixa da direita quase exclusivamente, e a segunda faixa parcialmente para permitir que os ônibus expressos ultrapassem os ônibus padrão. As outras faixas não podem ser utilizadas por ônibus e são, portanto, utilizadas por automóveis. A capacidade total das três faixas usáveis na Quinta Avenida quando os ônibus são combinados com os automóveis alcança cerca de 5.000 passageiros por hora por direção. O que é mais do que a capacidade que seria atingida se esse segmento da avenida fosse utilizado exclusivamen-

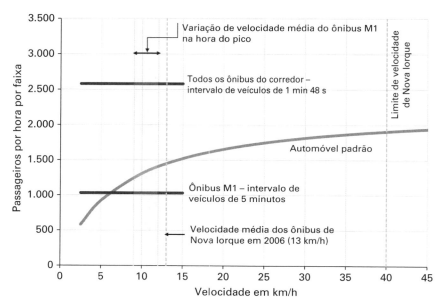

FIGURA 5.14 Velocidade *versus* capacidade de faixa de rolamento para ônibus e automóveis ao longo do corredor de ônibus da linha M1 de Manhattan.

te por ônibus ou por automóveis. Dessa forma, como o sistema está atualmente projetado, automóveis podem ser desengonçados e ineficientes, mas eles são um componente indispensável dos sistemas de transporte urbano. Além disso, se a densidade de automóveis pudesse ser mantida abaixo de, digamos, 50 carros por quilômetro de faixa, então eles ofereceriam uma maneira mais rápida de se locomover pela cidade do que o transporte público. No entanto, a complementaridade dos dois meios de transporte é importante. Em áreas urbanas densas como Nova Iorque, Londres ou Xangai, o grande número de passageiros de transporte público contribui para manter a densidade de automóveis baixa – o que, portanto, permite aos passageiros maior mobilidade.

Vamos falar agora sobre o desempenho comparativo de todos os meios de transporte mostrados na Tabela 5.4. Focaremos a velocidade e a capacidade viária expressa como passageiros por hora por faixa de rolamento (equação 5.5). Os parâmetros usados para desenhar as curvas na Figura 5.15, como tempo de resposta, comprimento do veículo, largura da faixa e número de passageiros por veículo, são os mesmos usados na Tabela 5.5.

Podemos ver que as bicicletas proporcionam uma capacidade viária muito maior do que qualquer outro meio de transporte, a velocidades abaixo de 15 km/h. Esse resultado se baseia no pressuposto de que as bicicletas estão circulando em uma faixa exclusiva, o que é frequentemente o caso em cidades chinesas, mas não é muito comum em cidades europeias e norte-americanas. No entanto, esse desempenho, na maioria dos casos, se mantém teórico, já que a demanda de 5 mil ciclistas por hora ao longo de uma via é improvável na maio-

Equação 5.5 Capacidade de carregamento da faixa de rolamento

$$C = \frac{60}{H} P \qquad (5.5)$$

onde
C é a capacidade da faixa de rolamento em passageiro por hora por direção; H é o intervalo de veículos expresso em minutos; P é o número de passageiros por veículo.

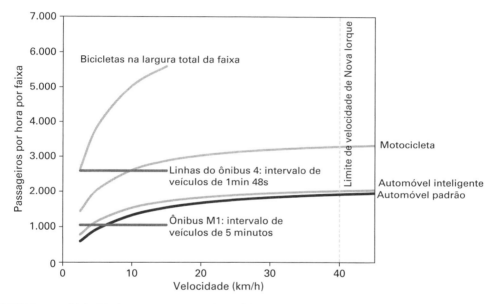

FIGURA 5.15 Velocidade *versus* capacidade da faixa de rolamento para meios de transporte variados ao longo do corredor M1 em Manhattan.

ria das cidades grandes e densas. As faixas para bicicletas, menores e mais modestas, que existem em muitas cidades, como Nova Iorque ou Paris, têm uma densidade muito baixa de bicicletas. No entanto, a Figura 5.15 mostra que, em cidades onde andar de bicicleta é culturalmente bem aceito (p. ex., onde existe uma alta demanda pelo uso da bicicleta), faixas exclusivas poderiam contribuir significativamente para a mobilidade. A baixa velocidade da bicicleta, porém, faz com que ela não possa ser um meio significativo de viagem pendular em cidades com mais de 1 milhão de pessoas. Em razão de sua velocidade mais alta e maior conforto, as bicicletas elétricas, onde são permitidas (como em Chengdu, na China), poderiam competir de forma significativa com ônibus ou carros como meio de viagem pendular em cidades maiores.

As motocicletas também se mostram uma alternativa interessante aos ônibus em termos tanto de velocidade quanto de capacidade viária (Figura 5.15). Em países onde elas são culturalmente bem aceitas, como em países do sudeste asiático, as motocicletas poderiam se tornar um meio muito eficiente de transporte em massa em uma escala metropolitana. As motocicletas usam tanto energia quanto área viária de forma mais eficiente do que automóveis. O barulho e a poluição associados a motocicletas tradicionais estão rapidamente se tornando um problema do passado com a proliferação das motocicletas elétricas. O risco maior de acidentes associado a veículos de duas rodas é real, mas é agravado pela negligência dos gestores urbanos na adaptação da engenharia de tráfego e projetos para motocicletas em cidades como Hanói, onde elas são o principal meio de transporte. A emergência de veículos elétricos com três rodas mais estáveis, completamente fechados e que se inclinam, como o Toyota i-Road,[23] sugere que a mobilidade aproveitada pelos cidadãos de Hanói poderia ser provida no futuro sem os incômodos, riscos e desconfortos causados pela motocicleta tradicional.

Por outro lado, quando comparado à motocicleta, o desempenho do automóvel Smart compacto (exceto quanto ao uso de energia) em termos de capacidade viária não é muito melhor do que o de um automóvel padrão (Figura 5.15). A largura do veículo, não o comprimento, é o parâmetro importante a ser considerado quando estamos tentando reduzir o uso de área viária. Um automóvel Smart compacto possui 116 cm de largura, enquanto um Toyota i-Road possui apenas 87 cm de largura, permitindo que dois veículos andem paralelamente em uma faixa padrão de 320 cm de largura.

As Figuras 5.14 e 5.15 nos mostram que a velocidade e a capacidade viária são igualmente importantes quando estamos avaliando o desempenho de diferentes meios de transporte. Veremos, a seguir, que o foco exclusivo na capacidade viária, embora desconsidere a velocidade, pode levar à redução da mobilidade e, aparentemente, do congestionamento.

O lado da demanda: alocando espaço viário a um modo de transporte preferencial

Já vimos que o uso de espaço viário por viajante pendular varia conforme o modo de transporte. Um passageiro de ônibus com lotação máxima a uma velocidade de 30 km/h ocupa cerca de um metro quadrado da rua, enquanto o passageiro de um automóvel com taxa de ocupação de 1,25 passageiro por veículo na mesma velocidade usa, em média, 55 m².

Uma vez que o congestionamento é um grande problema na maioria das grandes cidades do mundo, é compreensível que os gestores urbanos priorizem a alocação do espaço viário aos modos de transporte que usam menos área de rua por passageiro a fim de aumentar a capacidade das vias. Por exemplo, muitas cidades reservam faixas de rolamento para o uso exclusivo de ônibus e táxis. Muitas vias suburbanas possuem faixas reservadas para veículos de alta ocupação (HOVs*) na tentativa de diminuir a área de via utilizada por cada viajante, encorajando o

---

* N. de R.: Sigla original do inglês, High Occupancy Vehicles.

compartilhamento de veículos. Viajantes habituais usarão as pistas HOV quando estas não estiverem congestionadas e serão, portanto, recompensados com maior velocidade. Contudo, o compartilhamento de veículos tem diminuído nos Estados Unidos, de 19,7% do total de todas as viagens em 1980 para apenas 9,7% em 2010.[24] Essa tendência pode ser explicada pelo maior tempo utilizado envolvendo o compartilhamento de veículos. Nos Estados Unidos, aparentemente, a possível redução nos tempos de deslocamento oferecida pelas faixas HOV não é o bastante para compensar o tempo de viagem adicional necessário para pegar os passageiros no compartilhamento de veículos. Viajantes dividindo veículos ganharão tempo utilizando faixas HOV apenas se puderem manter uma velocidade próxima ao fluxo livre, digamos, 60 km/h. Isso supõe uma distância entre os veículos de aproximadamente 33 m ou uma densidade de cerca de 30 automóveis por quilômetro de pista. Se há mais de 30 automóveis por quilômetro de pista HOV, a velocidade dos veículos diminuirá e possivelmente se tornará a mesma das faixas que não são HOV. Se a densidade de automóveis for menor do que 30 automóveis por quilômetro, então a velocidade nas faixas HOV será de fluxo livre, e o compartilhamento de veículos se tornará uma alternativa interessante para dirigir sozinho. Entretanto, se a densidade estiver muito abaixo de 30 veículos por quilômetro, a capacidade da autoestrada será reduzida e a pista HOV aumentará o congestionamento para a maioria, em vez de diminuí-lo.

As faixas com pedágio para alta ocupação (HOT*) provavelmente substituirão faixas HOV no futuro. Faixas HOT são reservadas para HOVs e automóveis que estão dispostos a pagar um pedágio para viajar mais depressa. A definição de uma HOV é mais restrita do que nas pistas HOV tradicionais, o que garante que o tráfego nas pistas HOT seja fluído enquanto o número de veículos por hora é suficiente para que haja o uso da capacidade total da via.

Faixas HOV e HOT são tentativas de governos municipais ou estaduais de distribuir a escassa área das vias entre os veículos que as utilizam com maior eficiência. Veremos a seguir como o pedágio urbano e a tecnologia podem um dia ser generalizados para garantir o uso ainda mais eficiente das vias urbanas.

A recente multiplicação dos sistemas BRTs constitui outra maneira de alocar áreas das ruas para um meio de transporte exclusivo. Vamos explorar o quão bem-sucedida essa modalidade de transporte tem sido em melhorar a mobilidade.

A alocação das vias nos sistemas BRTs

A invenção do BRT em Curitiba, em 1974, nos oferece um exemplo mais radical de divisão de vias entre meios de transporte. O primeiro BRT foi criado em Curitiba como uma alternativa mais barata ao metrô. O desafio era mostrar que seria possível aumentar a capacidade de carregamento de uma via urbana para se aproximar da capacidade de um metrô a uma fração do custo. Uma linha de ônibus comum com o carregamento total de 86 passageiros por veículo e um intervalo de três minutos consegue transportar por volta de 1.720 passageiros

---

* N. de R.: Do original, em inglês, High Occupancy Toll.

por hora por direção (PHDs). O BRT de Curitiba é capaz de transportar 10.800 PHDs por faixa. Sistemas BRTs mais recentes, como o TransMilenio de Bogotá, conseguem carregar cerca de 33 mil PHDs por acrescentarem pistas expressas e vias mais largas do que a utilizada em Curitiba. Um metrô comum transporta de 22 mil (linha Victoria, de Londres) a 80 mil PHDs (metrô de Hong Kong).

Com o sucesso de Curitiba, muitas cidades ao redor do mundo têm adotado sistemas BRTs similares com algumas variações em *design* e desempenho. Prefeitos e planejadores urbanos têm celebrado com frequência a invenção do BRT como a bala de prata que poderia resolver o problema do transporte em massa em cidades grandes sem o enorme investimento de capital necessário para a construção de linhas de metrô subterrâneas. O objetivo dos BRTs não é aumentar o espaço viário, visto que o BRT é geralmente criado em vias já existentes, mas aumentar a capacidade de ruas presentes ao alocar o espaço possuído para os usuários mais eficientes.

Um BRT apresenta duas características principais: a área de uma via já existente que é reservada para o uso exclusivo de ônibus e um sistema de estações especialmente projetadas onde passageiros pagam suas passagens antes de entrarem no ônibus e onde eles podem embarcar e desembarcar rapidamente, reduzindo o tempo parado do veículo para 20s ou menos. Os veículos BRTs são especialmente projetados com muitas portas amplas, que reduzem o tempo parado, e grande capacidade de comportar passageiros: frequentemente até 270 passageiros em ônibus articulados. A alta capacidade de PHDs é alcançada pela circulação de ônibus muito grandes em breves intervalos de tempo, de cerca de 90 s.

O BRT usa o espaço das ruas de maneira mais eficiente do que os ônibus comuns?

Em Curitiba, um meio-fio elevado separa fisicamente as vias BRTs das vias usadas por automóveis. As estações nas quais passageiros embarcam e desembarcam estão localizadas a cada 500 m. A Figura 5.16 mostra o leiaute de um trecho de dois quarteirões da linha BRT Eixo Sul de Curitiba na Avenida Sete de Setembro. As vias e a estação do BRT utilizam 44% do espaço total de uso exclusivo de veículos BRTs. Além disso, para manter a velocidade e evitar semáforos, os cruzamentos são minimizados interrompendo-se, em média, três cruzamentos a cada cinco ruas.

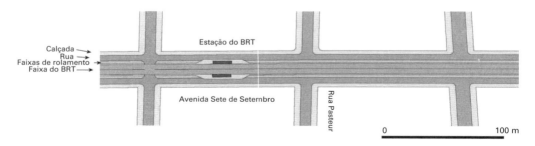

FIGURA 5.16 Mapa de uma estação típica e faixa de domínio do BRT de Curitiba (linha Eixo Sul).

> **Equação 5.6 Área viária usada por passageiro em um BRT**
>
> $$A = \frac{100H \times S \times W}{6P}, \quad (5.6)$$
>
> onde
> A é o espaço viário por passageiro em m^2;
> H é o intervalo de tempo em s;
> S é a velocidade de um ônibus em km/h;
> W é a largura média da faixa de domínio do BRT;
> P é o número de passageiros por ônibus.

Um ônibus compartilhando a faixa com carros utiliza apenas a área necessária para manter uma distância segura do veículo à sua frente. A 30 km/h, os passageiros de ônibus comuns utilizam apenas um metro quadrado de via por pessoa (veja a Tabela 5.4). Entretanto, em um BRT, o espaço viário usado por viajante é diferente daquele utilizado por um ônibus comum. Um BRT utiliza seu próprio espaço da via, que não está disponível para outros veículos. A Equação 5.6 define o espaço viário utilizada por passageiro em um BRT.

O espaço viário ocupado por um passageiro de BRT varia com o intervalo de tempo (Figura 5.17). Quanto maior o intervalo, mais área viária um passageiro usa. Para aumentar a capacidade, operadores de BRT recebem fortes incentivos para reduzir os intervalos e aumentar o número de passageiros por ônibus. Aumentar o número de passageiros por ônibus também acrescenta o incentivo da redução de custos de operação, já que o salário dos motoristas geralmente representa mais de 60% dos custos de operação dos ônibus. Por essa razão, o BRT de Curitiba utiliza ônibus articulados muito grandes, com uma capacidade de 270 passageiros.

Intervalos entre os ônibus têm, contudo, um limite mínimo. Quando o intervalo se torna muito curto, digamos, menos de um minuto, os ônibus correm o risco de alcançar os ônibus à sua frente, resultando em concentração de veículos nas estações rodoviárias. Alguns relatórios de Curitiba estão mencionando intervalos de 90 s. É um intervalo de tempo muito apertado para ônibus articulados carregando 270 passageiros. Os intervalos mais comuns para BRT em horários de pico parecem ser de cerca de 2 min.[25] A utilização do espaço da via por passageiro depende dos intervalos de tempo e da ocupação dos ônibus. Na Figura 5.17, demonstro como o espaço viário utilizado por passageiro varia de acordo com os intervalos e a ocupação dos veículos.

Para um intervalo de 90s e ocupação total dos ônibus, a ocupação da via por passageiro é de apenas 8 m^2 (Figura 5.17), cerca de sete vezes menor do que o espaço de rua utilizado por um motorista em um automóvel deslocando-se a 30 km/h. No entanto, a ocupação da rua por passageiro do BRT cresce rapidamente com o aumento do intervalo de tempo e a diminuição da ocupação, como mostra a Figura 5.17. Com um intervalo de seis minutos e 60% de ocupação, o

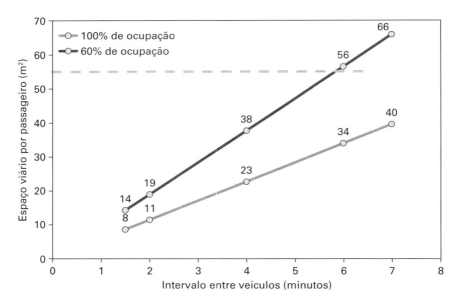

FIGURA 5.17 O uso do espaço da rua por passageiro quando os intervalos entre veículos variam. A linha horizontal tracejada indica a espaço viário por passageiro para um automóvel deslocando-se a 30 km/h com um intervalo entre veículos de 2 s.

uso da via por um passageiro em um BRT é similar ao de um viajante em um automóvel. Um relatório de 2004[26] sobre o BRT de Curitiba analisando informações de múltiplas fontes mostra que o intervalo entre veículos do eixo norte-sul varia de três a sete minutos. Se esse é o âmbito dos intervalos operacionais do BRT, o uso da área viária por passageiro resultante para o maior intervalo é 40 m^2 para a ocupação máxima e 66 m^2 para uma ocupação de 60%. Tal valor não é nada impressionante quando comparado aos 55 m^2 ocupados por passageiros em um automóvel viajando a 30 km/h.

Em contrapartida, em qualquer velocidade e até abaixo de 10% de sua ocupação máxima, a ocupação da via por passageiro de um ônibus comum continua sendo uma pequena fração do consumo dos passageiros de um automóvel. Para ser eficiente, uma linha BRT precisa ser construída ao longo de um eixo no qual a demanda por capacidade em horários de pico garanta ocupação total e justifique os intervalos muito curtos. Frequentemente ocorre de, após a operação inicial, os intervalos aumentarem. Com base nas estatísticas básicas de circulação de ônibus, parece que o intervalo real durante horários de pico nos eixos de BRT principais varia de três a 10 minutos.

O BRT exige uma faixa de domínio preexistente bastante larga, de, no mínimo, 36 m e, preferencialmente, de 42 m, para melhor desempenho. Contudo, em razão de seu uso mais eficiente das ruas e do custo relativamente baixo, os sistemas BRTs têm se espalhado rapidamente por todo o mundo nos últimos 20 anos, particularmente em cidades que já possuem um sistema de metrô. Os sistemas BRTs constituem um avanço nas alternativas aos ônibus tradicionais e sistemas de metrô ao promoverem a mobilidade enquanto evitam congestionamentos? O BRT é uma forma inovadora de utilizar o espaço escasso das vias, mas sua aplicação será futuramente limitada por três fatores: primeiro, a larga faixa de domínio necessária; segundo, a estrutura urbana monocêntrica ou linear que o sistema implica; e terceiro, sua velocidade limitada, que o torna inadequado para grandes cidades.

A capacidade do sistema BRT de reduzir significativamente a demanda por espaço da rua depende muito de uma operação com alto desempenho contínuo: manter intervalos muito curtos e alta ocupação. Devido à distância típica de 500 m entre as estações de um BRT, manter intervalos entre veículos tão curtos quanto 90s requer um sistema impecável. O tempo que um ônibus está parado em uma estação para embarque e desembarque de passageiros não deve ser maior do que 20s. Qualquer atraso durante o embarque ou desembarque causará o enfileiramento de ônibus em uma mesma estação, já que a distância entre as estações é muito curta para que se recupere o atraso do tempo parado com a velocidade dos ônibus.

É importante notar que a capacidade da via expressa em PHDs, seja ela alta ou baixa, não diz nada sobre a velocidade. A Figura 5.18 mostra o PHD correspondente a oito sistemas BRTs e oito sistemas de metrô em diferentes cidades atualmente em operação e suas velocidades respectivas. Essas velocidades são as velocidades médias de ônibus e trens do começo ao fim de suas linhas; as velocidades dos veículos são muito mais altas do que as velocidades dos passageiros de suas origens a seus destinos.

Enquanto a capacidade do BRT de melhor desempenho pode coincidir com a capacidade da linha de metrô de pior desempenho, BRT algum pode se comparar à velocidade de uma linha de metrô. O metrô de Hong Kong tem uma capacidade sete vezes maior do que o sistema BRT de Curitiba e uma velocidade aproximadamente 75% maior.

A velocidade limitada dos sistemas BRT (Figura 5.18) sugere que há um tamanho de cidade além do qual o sistema BRT é muito devagar para atender à mobilidade exigida por cidades muito grandes. Por exemplo, a região metropolitana de Seul se estende em um círculo com mais de 100 km de diâmetro. É óbvio que, mesmo a uma velocidade de 25 km/h, até o mais veloz BRT não seria capaz de proporcionar o acesso ao mercado de trabalho inteiro de uma área metropolitana tão vasta quanto a de Seul. O BRT, todavia, pode se mostrar útil para oferecer o transporte de alta capacidade em uma área restrita (como um CBD) ou para conectar dois densos núcleos de empregos. Contudo, as viagens em grandes áreas metropolitanas teriam de ser feitas por meios de transporte mais rápidos. A argumentação de que o transporte público de alta capacidade reduz o congestionamento não é convincente se a duração da viagem resultante é mais longa do que teria sido em um veículo sujeito a congestionamento.

Além disso, os BRTs e os metrôs são geralmente projetados para fazer viagens radiocêntricas, da periferia ao distrito comercial central (CBD) com alta concentração de empregos. Entretanto, em grandes regiões metropolitanas, os empre-

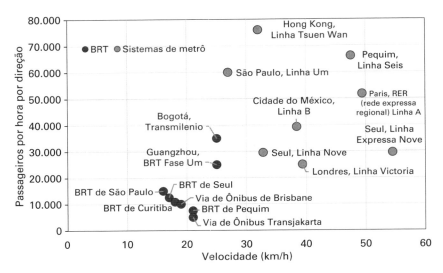

FIGURA 5.18 A velocidade e a capacidade de carregamento do sistema de transporte *versus* a velocidade, o BRT e o metrô. *Fontes*: dados sobre os BRTs foram coletados de "Bus Rapid Transit: An International View," de Walter Hook, Institute for Development & Transport Policy, Nova York, 2008; "Mass Transit Railway: Business Overview, Operations and Services," www.MTR.com.HK, Hong Kong, 2014.

gos estão se dispersando para os subúrbios. A alta capacidade das linhas BRT a velocidades relativamente baixas não está bem adaptada ao emergente padrão espacial de dispersão do emprego. O aumento do número de motocicletas e táxis-lotação em cidades tão diversas quanto a Cidade do México e Joanesburgo sugere que os viajantes pendulares estão escolhendo meios de transporte mais bem adaptados aos padrões de seus percursos: menor capacidade em rotas variadas a velocidades maiores. Infelizmente, a maioria dos gestores urbanos não aceita as motocicletas e os táxis-lotação como meios de transporte legítimos, e, consequentemente, não planeja as vias nem reserva faixas exclusivas que aumentariam a eficiência e a segurança desses veículos.

Diminuindo o congestionamento ao gerir a demanda através dos preços

Vimos que, por meio de projetos e de regulações, o governo local pode decidir restringir o pouco espaço viário a um modo de transporte preferido. A reserva de espaço rodoviário às faixas HOV, às faixas exclusivas para ônibus e aos corredores BRT é motivada por um desejo de utilizar o espaço viário de maneira mais eficiente. Uma reserva administrativa de terra pode ser justificável em alguns casos, mas pode constantemente resultar em uso ineficiente do espaço das vias quando a demanda pelo espaço rodoviário muda. Por exemplo, as pistas HOV com frequência são não utilizadas ou estão congestionadas. O mesmo problema pode assolar as linhas BRT, as quais são justificáveis apenas quando a demanda por capacidade de carregamento é alta, o intervalo entre veículos é inferior a 2 min e a ocupação dos veículos ou o fator de carregamento está próximo de 100% da capacidade projetada. A alocação administrativa do espaço da via para um modo de transporte específico pode gerar resultados positivos em algumas circunstâncias, mas também introduz rigidez quando a demanda varia em diferentes horários do dia ou ao longo do tempo. A rigidez introduzida por uma reserva administrativa de espaço viário a um modo preferencial de transporte pode resultar em perda de mobilidade.

Em uma economia de mercado, a oferta e a demanda são equilibradas mediante mecanismos de precificação. Seria possível a existência de um sistema de preços que determine a seleção ideal de diferentes modos de transporte por meio de um mecanismo de precificação sem se basear na reserva administrativa de área viária a um meio de transporte exclusivo?

Como sugeri anteriormente, devemos encarar o transporte urbano como uma questão imobiliária. A prefeitura é dona das ruas. O aluguel cobrado pela utilização da rua deveria ser baseado em quanto espaço é utilizado por um viajante pendular e por quanto tempo, quando e onde esse espaço é utilizado. Um viajante utilizando uma via urbana deveria estar sujeito ao mesmo tipo de sistema de cobrança que um viajante em um quarto de hotel ou um voo comercial estaria. O preço a se pagar por um quarto de hotel depende de sua localização, de seu tamanho, da data e do tempo da estadia. Em uma situação ideal, equilibrar a oferta e a demanda perfeitamente exigiria que um sistema de aluguel semelhante fosse aplicado a veículos utilizando vias urbanas. A cobrança, assim como é feita com quartos de hotel, seria ajustada para manter a ocupação da rua o mais próximo da capacidade total possível. No caso de vias urbanas, o objetivo da tarifa de congestionamento não é maximizar o rendimento econômico da cidade, mas prevenir o congestionamento a partir de certo nível. Um automóvel deveria, então, ser tarifado pelo aumento do tempo de viagem imposto a todos os outros motoristas devido à sua presença na rua.

A tarifa sobre o congestionamento ajusta a demanda pelas vias de duas maneiras: ela desencoraja o uso de automóveis durante horários de pico para fazer viagens que poderiam ser feitas em outros horários e encoraja a utilização mais eficiente dos veículos – aumentando a ocupação, compartilhando veículos ou utilizando meios de transporte que ocupam menos espaço viário (p. ex., motocicletas ou transporte público).

Singapura provavelmente é, até o momento, a única cidade no mundo a se aproximar progressivamente desse ideal teórico de precificação, ainda que, na prática, a transformação desse ideal em realidade ainda não tenha sido plenamente alcançada.

Singapura foi a primeira cidade a implementar a tarifa de congestionamento, em 1975. Tratava-se inicialmente apenas de um pedágio cobrado para entrar no distrito comercial. Acompanhando a disponibilidade de novas tecnologias, a tarifação eletrônica das vias foi introduzida em 1998. O objetivo da tarifação pelo uso de ruas em Singapura é garantir uma velocidade mínima para os automóveis no CBD, nas vias arteriais principais e nas vias expressas durante os horários de pico. O pedágio é ajustado durante o dia de acordo com o horário e a localização. O monitoramento da velocidade dos veículos é realizado continuamente, e os valores do pedágio são reajustados trimestralmente para que se mantenha a velocidade mínima. Além disso, medidas têm sido tomadas para limitar o número de automóveis na ilha por meio do leilão periódico do direito de adquirir automóveis novos.

A efetividade do sistema de tarifas sobre o congestionamento em Singapura é demonstrada pela Figura 5.19. Entre 2005 e 2014, a velocidade média em horários de pico variou apenas de 61 para 64 km/h para as vias expressas e de 27 para 29 km/h no distrito comercial e nas vias arteriais. Durante o mesmo período, a população de Singapura cresceu 31%!

O sistema de Singapura para a tarifa de congestionamento é o que mais se aproxima do modelo teórico que sugeri anteriormente: cobrar um aluguel pelo uso das vias da maneira que somos cobrados por um quarto de hotel (em uma situação ideal, por um quarto alugado por hora). O pedágio é cobrado quando se cruza um pórtico ao entrar em áreas diferentes. Contudo, o valor não é ajustado pelo tempo de permanência na área de alta demanda, embora a tarifa varie conforme a hora de entrada e o tipo de veículo. Não tenho dúvidas de que o governo de Singapura continuará melhorando seu sistema de precificação conforme se tornem disponíveis novas tecnologias que permitam cobranças por tempo de uso das vias sem custos altos de transação.

Algumas cidades, como Londres e Estocolmo, estão cobrando uma taxa de entrada para o centro da cidade, mas é uma taxa, não um aluguel, já que ela não reflete a área ou o tempo pelo qual é utilizada.

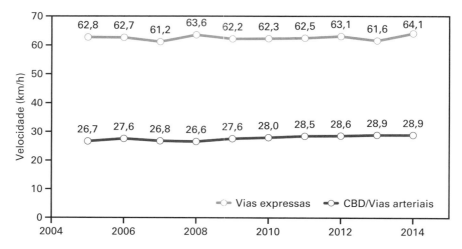

FIGURA 5.19 A evolução das velocidades veiculares em horários de pico, Singapura. *Fonte*: dados de "Singapore Land Transport Statistics, 2005–2014", Land Transport Authority, Cingapura, 2015.

Cobranças pela manutenção das vias e custo de capital

O objetivo da taxa de congestionamento é prevenir os engarrafamentos, ou melhor, manter uma velocidade fixa para a jornada de um viajante durante horários de pico. Entretanto, há outro problema com o deslocamento urbano: os usuários não são cobrados por todos os custos envolvidos na construção e na manutenção das vias. Esse subsídio implícito concedido aos usuários pode resultar no uso excessivo das ruas e, portanto, no aumento do congestionamento.

Normalmente, os governos recuperam os gastos com a manutenção das vias, ou mesmo com sua construção, por meio de um imposto cobrado no preço da gasolina. Contudo, esse imposto é muito baixo para cobrir a manutenção das vias urbanas. Por exemplo, nos Estados Unidos, o imposto federal sobre a gasolina é apenas 20 centavos de dólar por litro; ele foi aumentado pela última vez em 1993 e não é indexado à inflação. Cada estado adiciona seu próprio imposto ao imposto federal, mas o valor varia muito mesmo em estados adjacentes e é claramente influenciado mais intensamente por decisões políticas locais do que pelo desejo de racionalizar a economia do transporte.

De qualquer forma, a imposição de um imposto sobre a gasolina para cobrar dos usuários o custo das ruas é um tanto "tosco", mesmo quando o imposto é indexado à inflação. Automóveis fabricados mais recentemente – incluindo automóveis híbridos – consomem muito menos gasolina por quilômetro do que carros mais antigos, pagando ainda menos impostos por quilômetro de via e distorcendo ainda mais o custo real do uso das vias. Além do mais, no futuro próximo, automóveis completamente elétricos substituirão uma grande parte da frota atual de carros movidos a gasolina, tornando o custo de dirigir ainda mais distante do seu custo real. Adicionalmente, a energia e, em particular, a gasolina, são com frequência subsidiadas em muitos países, distorcendo ainda mais o custo real da utilização das vias.

Aproximar o preço do transporte urbano do seu custo real, incluindo a energia utilizada, as externalidades negativas geradas (poluição, aquecimento global e acidentes) e o ativo imobiliário utilizado geraria um grande aumento na eficiência econômica do transporte urbano. Novas tecnologias de GPS e *transponders* ("receptores-transmissores") devem permitir que os usuários paguem pelo custo real de seus deslocamentos com base na distância da viagem, incluindo custos fixos, como o do seguro. Com um custo por quilômetro viajado mais transparente, decisões sobre viagens e escolhas sobre o modo de transporte poderiam ser diferentes. Isso incluiria a escolha entre possuir ou dividir um automóvel ou utilizar o transporte público. Precificar as viagens de modo que as torne mais adequadas a seu real valor econômico pode também alterar o uso do solo urbano no longo prazo. Se o custo real do transporte for transparente, serão os usuários urbanos, em toda a sua diversidade, que decidirão a composição adequada de modos de transporte e as densidades adequadas, em vez de serem submetidos a decisões de planejamento urbano impostas de cima para baixo e um tanto ineficientes. "Acertar os preços" não é apenas o sonho teórico de economistas. Isso também poderia resultar em um ambiente urbano dirigido de forma mais popular, na melhoria da mobilidade (com menos congestionamento e poluição) e em uma melhor oferta de habitação acessível.

Espaço viário alocado para o estacionamento

Em todas as cidades, uma grande parte da área das vias não é destinada ao tráfego em movimento, mas ao estacionamento nas ruas. A possibilidade de parar junto ao meio fio para carregar ou descarregar pessoas e bens é indispensável para a operação e manutenção das cidades. Descarregar bens para serem vendidos em uma loja, alimentos para serem preparados em um restaurante e materiais para a construção ou reforma de um prédio são atividades necessárias para manter uma cidade funcionando. Entretanto, é um absurdo que se use o escasso espaço viário para estacionar permanentemente automóveis ociosos em vias congestionadas.

Na maioria das ruas de Manhattan, 53% do espaço viário é reservada para o uso de veículos, dos quais 44% (geralmente duas faixas de rolamento) são reservados para o estacionamento na rua. Apenas uma pequena porção dessa área está sujeita a tarifas de parquímetro. Em Washington, DC, residentes de muitos bairros têm de pagar apenas 25 dólares por ano para estacionar seus automóveis permanentemente na rua. Uma vaga de estacionamento em uma garagem privada de estacionamento custa de 200 a 350 dólares por mês. Como os automóveis estacionados permanentemente ocupam a maior parte do espaço viário junto ao meio-fio, a indispensável função de carga e descarga faz com que se estacione em fila dupla e reduz ainda mais a área dedicada ao tráfego, causando mais congestionamento.

Por que uma cidade deveria reservar tanto de seu escasso espaço viário para o estacionamento permanente e subsidiar seu uso? Originalmente, o alto custo das transações para recuperar taxas de estacionamento desencorajaram que se cobrasse pelo estacionamento. Contudo, a tecnologia recente tornou isso muito mais fácil.

A dificuldade sempre foi diferenciar carga e descarga de estacionamento permanente. A solução, no caso do congestionamento no tráfego, é a tarifação. A tarifa de estacionamento para cada bairro poderia ser estabelecida de forma que 20% ou até mesmo 75% do espaço junto ao meio fio estivesse sempre vazio. É o mesmo princípio da tarifação do congestionamento.

Nova Iorque usa o estacionamento com parquímetro para que os veículos comerciais carreguem e descarreguem em algumas ruas do CBD de Manhattan. O tempo de estacionamento é limitado a três horas por veículo, com uma tarifa que sobe levemente, começando em 4 dólares por hora para a primeira hora, aumentando para 5 dólares por hora para a terceira hora. Enquanto o aumento progressivo da taxa é um passo na direção certa, a taxa é muito baixa para manter espaço vazio o bastante durante o dia. O alto custo do policiamento – um funcionário municipal tendo de conferir a hora do estacionamento impressa em um bilhete depositado no painel de um veículo – provavelmente não evitará as infrações e os abusos. Custos altos de transação para a fiscalização e a cobrança do estacionamento com o uso de parquímetros impedem que a política seja efetiva. O uso do espaço público das vias para estacionamento gratuito ou a preço muito baixo desaparecerá de fato quando a tecnologia puder identificar automaticamente o veículo estacionado (bem como por quanto tempo e a hora em que foi estacionado) e cobrar automaticamente do dono do veículo o aluguel obtido – um sistema similar aos *transponders* já utilizados em ruas pedagiadas.

Conclusões sobre a precificação afetada pela oferta e pela demanda

O congestionamento é causado por desequilíbrios entre a oferta e a demanda de área viária.

Como aumentar a oferta de vias urbanas é caro e difícil, a maneira mais eficiente de reduzir o congestionamento é endereçar o lado da demanda. Cobrar dos viajantes pendulares pelo uso das ruas é a melhor maneira de ajustar a demanda à oferta e reduzir congestionamentos. Os pedágios têm sido utilizados com cada vez mais frequência para reduzir a demanda por áreas viárias urbanas. Entretanto, eles costumam ter um valor fixo, sem relação com o tempo pelo qual a via é utilizada. Pedágios são, portanto, uma solução ineficiente para a cobrança pela utilização temporária de um bem com baixa oferta. Considerando que vias urbanas não são bens públicos, e sim uma parte do mercado imobiliário, as prefeituras deveriam cobrar um aluguel por seu uso. O aluguel cobrado deveria variar de acordo com o horário, a localização, a área e o tempo da utilização da via. Esse aluguel deveria ser semelhante às tarifas cobradas dos passageiros pelas linhas aéreas ou às tarifas cobradas dos hóspedes pelos quartos de hotel, com a diferença de que essa tarifa não seria a mesma durante as 24 horas do dia, mas ajustada de acordo com o número de minutos durante os quais a via é utilizada.

Até recentemente, o custo das transações para cobrar dos veículos o aluguel pelo uso das vias era impeditivo. A tecnologia atual poderia, todavia, ser utilizada com facilidade para cobrar daqueles que desfrutam da via um "aluguel viário". O efeito dos aluguéis viários sobre congestionamentos seria imediato. A partida de viagens pendulares seria dividida de maneira mais eficiente durante o dia ou a noite. Por exemplo, as entregas feitas por caminhões seriam incentivadas a serem feitas à noite. Veículos de tamanho menor seriam recompensados, diminuindo congestionamentos sem afetar a mobilidade de cada viajante. Cobrar aluguéis pelas ruas teria um efeito benéfico também sobre o uso do solo. Diversas atividades que geram muito tráfego veicular teriam um incentivo intenso e imediato para se localizarem em áreas onde a demanda pela via é baixa comparada à sua oferta (i.e., localidades suburbanas). O uso compartilhado de automóveis alcançado pela combinação eletrônica de itinerários semelhantes também reduziria a demanda pelo espaço viário sem reduzir a mobilidade dos passageiros pendulares.

Mobilidade, poluição e emissão de gases de efeito estufa (GEEs) causados pelo transporte

Mobilidade, poluição e emissão de gases de efeito estufa

A mobilidade consome energia. Desde a Revolução Industrial, a energia tem sido barata e sua fonte principal tem sido os combustíveis fósseis. Por consequência, a mobilidade urbana vem sendo uma das maiores geradoras de poluição e de gases de efeito estufa (GEEs). Os planejadores urbanos, alarmados com a poluição causada pelo transporte, estão defendendo a redução da mancha urbana das cidades (aumentando o custo da moradia) em vez de se concentrar na tecnologia do transporte que reduziria a poluição causada por ele. Restringir o uso do solo é a estratégia errada; a melhor abordagem é promover o transporte livre de poluição, o que já é possível. Com as mudanças tecnológicas, a melhoria da mobilidade por meio de viagens mais longas e mais rápidas já não significa mais poluição e emissão de GEEs. É possível aprimorar a mobilidade aumentando a velocidade e a duração de um percurso, ao mesmo tempo em que se reduz a energia utilizada por passageiro e se reduz a poluição e a emissão de GEEs por unidade de energia utilizada, como demonstro a seguir.

Poluição e emissões de GEEs são dois problemas distintos

As preocupações com a poluição e com as emissões de GEEs são constantemente colocadas no mesmo saco na agenda de "sustentabilidade". Na verdade, a poluição e as emissões de GEEs são duas questões bem diferentes que exigem soluções diferentes. A poluição proveniente do transporte causa mais danos quando concentrada em zonas urbanas centrais. A mesma quantidade de poluentes que cria pouquíssimos prejuízos quando dispersa sobre uma área vasta pode ser letal quando concentrada em zonas urbanas densamente povoadas. Além do mais, alguns poluentes do cano de descarga dos veículos, como o monóxido de carbono, não são estáveis em longo prazo e se transformam rapidamente em gases inócuos. Em contrapartida, os GEEs – principalmente o dióxido de carbono – não são perigosos no local da emissão, mesmo quando concentrados; contudo, o dióxido de carbono é extremamente estável e se acumula na atmosfera. Os riscos e seus custos associados impostos por poluentes do transporte e GEEs são, portanto, completamente diferentes e devem ser encarados separadamente.

Mobilidade urbana e poluição

O transporte urbano é responsável pela maior parte da emissão urbana de poluentes. Entretanto, os efeitos desses poluentes na saúde humana variam muito conforme sua concentração. Esta depende de três fatores: a concentração de veículos no local, a taxa individual de emissões de cada veículo e a topografia e o clima da cidade. Cidades como Los Angeles, Délhi, Pequim e Paris poderiam sofrer elevações de poluentes repentinas a níveis perigosos quando o vento e a temperatura são combinados para prevenir sua dispersão. Portanto, o impacto da poluição urbana na saúde poderia ser muito diferente entre cidades cujos veículos têm os mesmos padrões de emissão. Medidas para limitar a poluição deveriam, então, ser ajustadas para cada cidade de acordo com seu clima e topografia.

Tendências na poluição causada por veículos movidos a gasolina nos últimos 20 anos

Há um consenso claro sobre a necessidade de limitar as emissões de poluentes dos veículos de transporte urbano. Em uma situação ideal, cobrar tarifas sobre a poluição medida no cano de descarga dos veículos reduziria a poluição a um nível aceitável ou mesmo a zero ao longo do tempo. Até o momento, a tecnologia para fazê-lo não está disponível. A heterogeneidade dos veículos de transporte urbano, utilizando diferentes tipos de motor e diferentes qualidades de combustível, torna difícil a medida direta das emissões.

Os governos da América do Norte, da Europa e do Japão têm imposto padrões obrigatórios máximos de poluição aos novos automóveis. No outono de 2015, o escândalo causado pela evasão deliberada da Volkswagen dos novos testes de controle de emissões dos automóveis demonstrou que os padrões governamentais não são infalíveis e que mais avanços devem ser buscados, não apenas na definição de limites como também em sua cobrança. Entretanto, a tendência na redução da poluição nos últimos 30 anos tem sido decisiva em países mais ricos que mantêm padrões máximos de poluição, mesmo com as dificuldades de imposição da lei.

Nos Estados Unidos, a Environmental Protection Agency (Agência de Proteção do Meio Ambiente, EPA) descreve a evolução da poluição causada por automóveis entre 1970 e 2004 da seguinte maneira:

> O Clean Air Act (a Lei do Ar Limpo) exigiu que a EPA estabelecesse uma série de regras para reduzir a poluição oriunda do escapamento de veículos, das emissões de reabastecimento e da evaporação de gasolina. Como resultado, as emissões de automóveis novos adquiridos hoje são 90% mais limpas do que as de um veículo novo adquirido em 1970. Isso se aplica a veículos utilitários esportivos e também a caminhonetes. A partir de 2004, todos os veículos de passageiros – incluindo utilitários esportivos, minivans, furgões e caminhonetes – devem atender a padrões mais rigorosos de emissão pelo escapamento.[27]

A Figura 5.20 mostra as mudanças na poluição na Alemanha causadas pelos novos modelos de automóvel movidos a gasolina sem diesel ao longo de várias décadas. Tais mudanças mostram que, embora sejam ferramentas imperfeitas, os mandatos governamentais ainda são efetivos em desencadear as mudanças tecnológicas necessárias para reduzir a poluição que os mercados, na ausência de mecanismos de preço, têm sido incapazes de controlar.

A diminuição nas emissões de poluição apresentadas na Figura 5.20 é consequência da combinação de mudanças tecnológicas que permitem a diminuição no uso de gasolina por quilômetro com alterações nos motores e no tratamento das exaustões que reduzem os poluentes do cano de escapamento.

Os dados apresentados na figura são pertinentes apenas a veículos movidos a gasolina. Nos últimos anos, automóveis híbridos e os elétricos têm sido fabricados comercialmente, ainda que representem uma parcela muito pequena da frota total de veículos urbanos. Além disso, veículos com célula de combustível a hidrogênio têm saído da fase experimental e, aos poucos, estão aparecendo em algumas cidades.[28]

Os automóveis elétricos e os veículos com célula de combustível a hidrogênio transformarão completamente a qualidade ambiental das cidades quando se tornarem uma parte considerável da frota de transporte urbano. A emissão de poluição passará a acontecer não mais nos múltiplos canos de escapamento

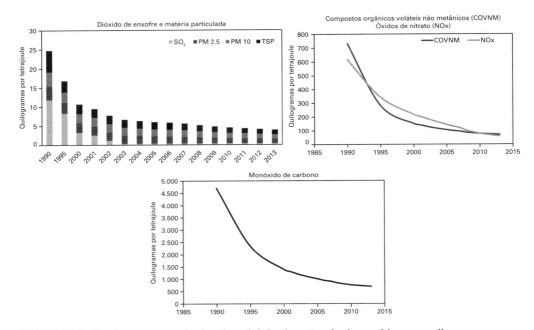

FIGURA 5.20 Mudanças nas emissões de poluição de automóveis movidos a gasolina na Alemanha,1990–2013.
Fontes: Table 2: Fuel-specific IEF for passenger cars, in Fkg/TJ, Ministério do Meio Ambiente, Órgão Governamental Federal (Umweltbundesamt, UBA), Dessau-Roßlau, Alemanha.

dos veículos, mas na fonte da energia elétrica. Isso não significaria necessariamente uma ausência de poluição, mas ao menos evitaria a concentração de poluição em zonas urbanas e libertaria cidades situadas em climas e topografias desfavoráveis de picos de poluição que atualmente as afetam. A vigilância dos padrões da poluição nas fontes de energia elétrica seria muito mais simples do que o sistema atual que força os órgãos ambientais a testar milhões de veículos periodicamente. Isso também daria novas oportunidades para cidades menos afluentes, que não podem arcar com os custos periódico do controle de poluição dos veículos urbanos.

Mobilidade urbana e emissões de GEEs

Veículos movidos a gás

Como vimos, é difícil medir o custo real e precificar a poluição decorrente do transporte. A medida das emissões de GEEs impõe um desafio ainda maior.

A forma mais simples de medir as emissões de GEEs consiste em medir as emissões de carbono no cano de descarga, também conhecidas como emissões do tanque à roda. Isso é bastante simples, já que cada litro da gasolina que é queimado pelo motor libera cerca de 2,3 kg de CO_2. Portanto, quanto menor for o consumo de gasolina, menor será a contribuição de CO_2 para o aquecimento global. Medir GEEs parece ser mais simples do que medir a poluição, que depende não apenas do consumo de gasolina, mas de como o motor e o sistema de escapamento são projetados. Contudo, essa simplicidade é apenas uma aparência. Muitos argumentam, com razão, que aquilo que deveríamos estar medindo é a emissão de carbono do "poço à roda": a quantidade de carbono emitida ao extrair, refinar e transportar um litro de gasolina até o tanque de um automóvel. Essa medida do "poço à roda" acrescenta cerca de 10% mais CO_2 do que a emissão do tanque à roda, aumentando as emissões de GEEs para aproximadamente 2,73 kg por litro de gasolina. Por fim, para uma medição mais precisa das emissões de GEEs por consequência do transporte, pode ser mais legítimo que se inclua as emissões de GEEs produzidas durante a fabricação, a manutenção e a reciclagem de um veículo, a construção e a manutenção das vias e assim por diante. Lidar com o cálculo dessas emissões "ao longo do ciclo de vida" pode parecer tentador, mas é provavelmente contraproducente, já que sua complexidade e seus muitos pressupostos secundários podem exigir que se desenvolva todo um campo acadêmico. Será que as emissões de GEEs geradas pelos trabalhadores se locomovendo de suas casas até a fábrica onde este veículo é produzido deveriam ser incluídas no cálculo final do CO_2 emitido pela queima de um litro de gasolina por um motor de combustão interna? Posso imaginar o departamento de transporte de cada país se transformando em um gigante escritório de contabilidade, parecido com a Gosplan da URSS, preparando enormes tabelas de entrada e saída para calcular ainda mais precisamente os números de emissão de GEEs de um único litro de gasolina. Nos parágrafos a seguir, usarei o valor da emissão "do poço à roda" para veículos movidos a gasolina.

Não devemos nos esquecer de que uma economia de mercado evita a complexidade kafkaesca da Gosplan soviética simplesmente utilizando os preços para transmitir informações por toda a economia. Se nossos governos conseguissem precificar as emissões de carbono, não haveria a necessidade de calcular as emissões de GEEs ao longo do ciclo de vida de um veículo. As emissões diminuiriam em todos os setores da economia de modo proporcional ao custo dessa redução. O valor do carbono estimularia o desenvolvimento de tecnologia que reduzisse a emissão em toda a economia.

Sem a precificação do carbono, a segunda melhor solução é que o governo imponha padronizações para todo o setor. Nos Estados Unidos, a National Highway Traffic Safety Administration (Administração Nacional da Segurança do Tráfego) e a EPA lançaram juntas um novo programa para a regulação da economia de combustíveis e das emissões de GEEs para automóveis produzidos entre 2012 e 2016. A União Europeia, o Japão e a Coreia também estão estabelecendo seus padrões obrigatórios anuais máximos para as emissões de CO_2 equivalente $(CO_2\text{-}e)$[29] para novos automóveis. As mudanças nos padrões de emissão para veículos novos desde 2001 são apresentadas na Figura 5.21.

Os padrões de emissão refletem apenas os automóveis novos, não a frota toda. No entanto, elas preveem as emissões médias para toda a frota nacional no futuro próximo. As emissões de GEEs reais de 2000 a 2014 na UE diminuíram cerca de 23%, e se a meta tiver sido alcançada em 2020, isso representaria uma

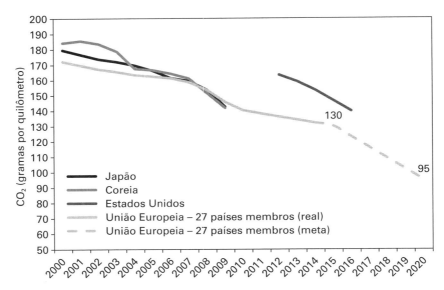

FIGURA 5.21 Padrões obrigatórios de emissões médias de CO_2 e em vários países, 2000–2020.
Fontes: Dados da Europa, Coreia e Japão: "Monitoring CO_2 Emissions from New Passenger Cars and Van's in 2015," Relatório da EEA No. 27/2016, European Environment Agency (Agência Europeia do Meio Ambiente), Copenhague, Publications Office of the European Union (Serviço das Publicações da União Europeia), Luxemburgo, 2016; Estados Unidos: "Light-Duty Vehicle Greenhouse Gas Emission Standards and Corporate Average Fuel Economy Standards; Final Rule," U.S. Environmental Protection Agency (EPA) e o Department of Transportation's National Highway Traffic Safety Administration (Administração Nacional da Segurança do Tráfego do Departamento de Transporte, NHTSA), Registro Federal, Vol. 75, No. 88, 7 de maio de 2010, Regras e Regulações.

diminuição de 44%. Isso demonstra que, na ausência de sinais de preço mais eficientes, padrões obrigatórios são efetivos para reduzir os GEEs.

Veículos híbridos, elétricos e com células de combustível

Os padrões vistos na Figura 5.21 incluem automóveis híbridos, movidos a gasolina e movidos a diesel. Cada vez mais, a eletricidade ou células de combustível movidas a hidrogênio estarão mais propensas a alimentar uma parcela maior dos veículos utilizados para locomoção em zonas urbanas. Atualmente, a fatia do mercado composta por automóveis elétricos é muito pequena. Em 2014, São Francisco, com 5,5% do total de veículos, tinha a maior fatia do mercado representada por automóveis elétricos e híbridos dentre todas as principais cidades dos Estados Unidos. Contudo, devido ao investimento em P&D ser dedicado a automóveis elétricos e baterias, é provável que a quota do mercado dos veículos elétricos passe a dominar a frota urbana em algum momento.

A queda do preço do petróleo em 2016, refletindo o excesso de oferta, pode ser um freio no desenvolvimento dos automóveis elétricos. Todavia, a tecnologia elétrica apresenta muitas vantagens para o transporte urbano, em particular a ausência de ruídos e poluição. Essa tecnologia superior em determinado momento prevalecerá. Como disse um ministro do petróleo saudita durante uma reunião da Organização dos Países Exportadores de Petróleo (OPEC), "O final da Idade da Pedra não foi causado pela falta de pedras!".

Para os veículos elétricos, os geradores das usinas que alimentam a rede elétrica é que produzirão os GEEs, e não o motor do automóvel. As preocupações com as emissões de GEEs se voltarão às fontes geradoras de energia elétrica, e não mais aos fabricantes de automóveis.

Atualmente, há uma grande diferença nas emissões de GEEs entre diversas redes elétricas, dependendo da fonte de energia que alimenta os geradores (Figura 5.22). As baixas emissões das redes suecas e francesas são explicadas pela combinação de geração de energia nuclear e hidrelétrica, enquanto as altas emissões das redes polonesas e norte-americanas surgem do uso do carvão mineral como combustível em certos geradores. Todavia, as emissões da rede da Califórnia são quase a metade da emissão média dos Estados Unidos! As diferenças regionais nas emissões das redes dos Estados Unidos também são explicadas pelos diferentes combustíveis utilizados para a geração de energia elétrica: a Califórnia possui uma alta proporção de usinas hidrelétricas e nucleares, ao passo que o carvão mineral e o petróleo bruto são os combustíveis de produção dominantes entre as usinas de energia de Michigan.

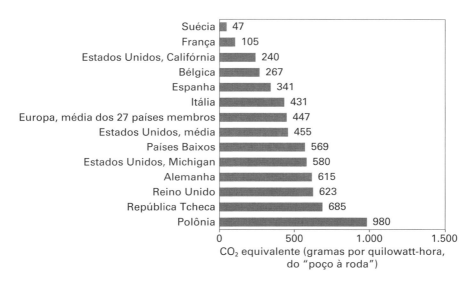

FIGURA 5.22 Emissões de CO_2 e por quilowatt-hora de redes elétricas de países específicos.
Fontes: Estados Unidos: United States Environmental Protection Agency, 2018, eGRID Resumos Tabelados 2016; Europa: Alberto Moro e Laura Lonza, "Electricity Carbon Intensity in European Member States: Impacts on GHG Emissions of Electric Vehicles," Transportation Report Part D: Transport and Environment (Relatório de Trasporte Parte D: Transporte e Meio Ambiente), Elsevier, julho de 2017.

Qualquer um preocupado com as emissões de GEEs deve, com certeza, trocar seu automóvel por um elétrico na Suécia, na França e na Califórnia, mas deve utilizar gasolina, se estiver dirigindo em Michigan ou na Polônia!

As emissões de CO_2 de diferentes modos de transporte

Comparemos agora as emissões de GEEs de veículos de transporte urbano em gramas por passageiro-quilômetro (g/pkm), de acordo com a marca e a tecnologia utilizada (Figura 5.23). Para automóveis híbridos e a gasolina, a quantidade de CO_2 equivalente é calculada em seus canos de escapamento. A quantidade de GEEs emitidos por veículo é, na verdade, mais alta do que a emitida por seu cano de escapamento, já que energia emissora de GEEs é necessária para a produção e o transporte do volume de gasolina consumido pelo motor do veículo. Para automóveis elétricos que recebem sua energia apenas da rede elétrica, utilizei a emissão de GEEs média em gramas por quilowatt-hora das redes elétricas disponíveis no país em que o automóvel opera. Entretanto, as emissões de GEEs da rede elétrica em vários países são calculadas "do poço à roda" (i.e., os valores de emissão levam em consideração os GEEs emitidos durante os processos de extração e transporte da fonte de energia de cada rede nacional ou regional). Selecionei o Nissan Leaf como o exemplo de um automóvel elétrico típico entre os diversos modelos disponíveis no mercado. Essa emissão de GEEs por quilowatt-hora é, então, multiplicada pelo número médio de quilowatt-hora necessário para transportar um passageiro por um quilômetro. As grandes variações nas emissões de GEEs mostradas na Figura 5.23 para automóveis elétricos com o mesmo consumo de quilowatt-hora refletem as diferentes fontes de energia usadas para produzir eletricidade em seus respectivos países, como vemos na Figura 5.22.

A Figura 5.23 inclui dados das emissões em Nova Iorque, o sistema de transporte público mais amplamente utilizado nos Estados Unidos. Medidos em gramas de CO_2 e por passageiro-quilômetro, os ônibus urbanos emitem cerca de três vezes mais GEEs do que os metrôs. A explicação é simples: as linhas de metrô seguem as rotas de maior demanda. Muitos ônibus são alimentadores de estações de metrô e frequentemente atendem subúrbios com menor demanda. Para manter as concessões de transporte público, os ônibus devem andar quase vazios durante horários de pico. Além disso, como os salários dos motoristas representam a maior parte do custo de operação dos serviços de ônibus, o tamanho dos ônibus tem aumentado para comportar um número maior de passageiros por motorista. Isso é financeiramente eficiente fora dos horários de pico, mas é energeticamente ineficiente quando a demanda é baixa (i.e., quando ônibus muito grandes carregam poucos passageiros fora de horários de pico). As paradas de ônibus estão a cada 150 m, frequentemente forçando os ônibus a acelerar e frear carregados de sua capacidade total. Isso contribui com o consumo de mais energia e, portanto, mais emissões. Em contrapartida, os metrôs de Nova Iorque estão conectados à rede elétrica da cidade, que, de acordo com a EPA, emite 411 gramas de CO_2-e por quilowatt-hora – uma taxa de emissão um tanto baixa quando comparada à rede típica dos Estados Unidos.

A parte de baixo da Figura 5.23 mostra as emissões de CO_2-e em g/pkm dos automóveis mais comuns na frota dos Estados Unidos. O deslocamento de um

CAPÍTULO 5 Mobilidade: transporte é uma questão imobiliária 209

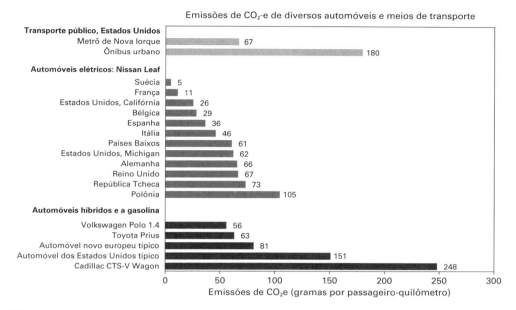

FIGURA 5.23 Emissões de CO_2 pelo cano de descarga por passageiro-quilômetro de diversos automóveis e meios de transporte, 2015.
Fontes: Estados Unidos: United States Environmental Protection Agency, 2018, eGRID Summary Tables 2016; Europa: Alberto Moro e Laura Lonza, "Electricity Carbon Intensity in European Member States: Impacts on GHG Emissions of Electric Vehicles," Transportation Report Part D: Transport and Environment (Relatório de Trasporte Parte D: Transporte e Meio Ambiente), Elsevier, julho de 2017; e diversos fabricantes de automóveis, 2016.

motorista indo ao trabalho em um automóvel dos Estados Unidos típico é responsável por mais do que o dobro das emissões de CO_2-e g/pkm do que a viagem de um passageiro de metrô pela mesma distância. No entanto, essa viagem emite significativamente menos CO_2-e do que um viajante pendular em um ônibus urbano. Viagens pendulares realizadas por automóveis híbridos, ainda uma parcela muito pequena do total das viagens urbanas, produzem mais ou menos o mesmo CO_2-e do que a mesma viagem feita de metrô. Por fim, viagens em carros elétricos realizadas em alguns países da Europa Ocidental e na Califórnia emitem cerca de metade do CO_2-e de um passageiro do metrô de Nova Iorque, enquanto as emissões de CO_2-e dos automóveis elétricos na Suécia são praticamente insignificantes. Na verdade, a emissão de 5 g/pkm de um Nissan Leaf sendo dirigido na Suécia será menor do que os 6 gramas por quilômetro exalados por uma pessoa pesando 70 kg e caminhando a 4,7 km/h![30]

A intenção da Figura 5.23 não é propor que os viajantes troquem os ônibus urbanos por automóveis Nissan Leaf, mas mostrar que não devemos excluir os veículos individuais como meio de transporte em potencial nas cidades modernas por uma preocupação com o aquecimento global. Como visto, a mobilidade nas cidades aumentaria se algumas viagens fossem realizadas por veículos individuais, possivelmente compartilhadas. Em razão das mudanças aceleradas da tecnologia, a inclusão de veículos individuais redesenhados e possivelmente compartilhados como modo de transporte comum pode diminuir as emissões de GEEs em relação aos nossos meios atuais de transporte, sejam eles públicos, sejam automóveis tradicionais a gasolina.

As tendências no uso de energia por passageiro-quilômetro por meio de transporte (Figura 5.24) nos últimos anos confirmam os resultados da Figura 5.23. A energia utilizada por trens para o viagem pendular (incluindo os metrôs e os trens de superfície suburbanos) tem se mantido mais ou menos constante e é a mais energeticamente eficiente se comparada àquela consumida por automóveis tradicionais a gasolina e ônibus. A eficiência energética do transporte público (ônibus e trens) depende, em grande parte, do fator de carregamento (o número de passageiros por veículo), o que pode variar muito conforme a estrutura espacial de uma cidade se transforma e as rendas aumentam. Em contrapartida, o fator de carregamento dos carros utilizados em deslocamentos pendulares continua relativamente constante (cerca de 1,3 passageiro por automóvel em zonas urbanas). Os avanços tecnológicos estimulados por mandatos governamentais sobre a economia de combustíveis são responsáveis pela diminuição da energia por passageiro-quilômetro em automóveis individuais ao longo do tempo. O grande aumento na energia por passageiro utilizada pelos ônibus urbanos se dá, provavelmente, por dois fatores discutidos anteriormente nesta subseção: a ampliação dos serviços de ônibus para os subúrbios de menor densidade e o aumento do tamanho dos ônibus urbanos.

Por fim, os modelos mais recentes de automóvel de "conectar à tomada", como o híbrido Toyota Prius e o Nissan Leaf, são muito mais energeticamente eficientes do que todos os meios de transporte anteriores, tanto os de transpor-

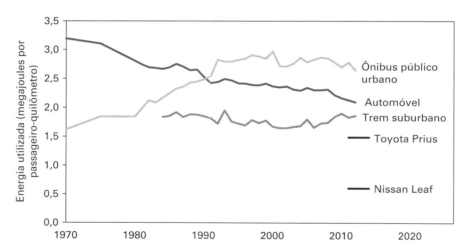

FIGURA 5.24 Mudanças na energia utilizada por passageiro-quilômetro por diferentes meios de transporte, 1970–2012.
Fonte: US Department of Energy (Departamento de Energia dos Estados Unidos), *Transportation Energy Data Book* (Informações Compiladas sobre a Energia do Transporte), 33rd ed., Washington, DC, 2014.

te público quanto os automóveis a gasolina. Contudo, esses automóveis ainda usam o espaço viário escasso de forma ineficiente. Embora eles pudessem ser uma solução melhor para viagens de baixa densidade de subúrbio a subúrbio, causariam tanto congestionamento nas densas zonas urbanas centrais quanto os automóveis tradicionais. Além disso, esses automóveis representam uma parcela insignificante da frota urbana.

A mobilidade de estruturas urbanas metropolitanas em evolução

As três pragas dos atuais modos de transporte

Os sistemas de transporte urbano atuais infligem três pragas principais às cidades em que servem: congestionamentos, alta concentração de poluição e altas emissões de GEEs. Em seções anteriores deste capítulo, discuti esses diferentes aspectos. Aqui, resumo brevemente como cada meio de transporte contribui para as "três pragas."

- Automóveis individuais. Seu problema principal é o congestionamento. A valiosa área imobiliária que um automóvel, tanto em movimento quanto estacionado, ocupa na parte mais densa de uma cidade é extremamente custosa e, em geral, não é precificada. A concentração da poluição ainda é um problema sério, mas que pode ser resolvido no longo prazo por uma mudança tecnológica que claramente já está surgindo. Os automóveis ainda contribuem com uma parte considerável das emissões de GEEs. Apesar de suas deficiências, eles ainda são o meio de transporte mais rápido de subúrbio a subúrbio e, portanto, provavelmente permanecerão um modo de transporte urbano importante, mesmo com suas deficiências.

- Motocicletas. Seu uso da área imobiliária viária é eficiente, mas são barulhentas, poluentes e perigosas. As administrações municipais não as levam a sério como um meio de transporte, e, por consequência, esses veículos não se beneficiam de medidas básicas de gerenciamento de tráfego, como a marcação especial das faixas de rolamento. Elas são velozes e eficientes para providenciar o acesso aos subúrbios em que os municípios ainda não oferecem vias adequadas. É provável que elas se tornem um modo de transporte fundamental em cidades de renda média-baixa. A transição da gasolina para a eletricidade ou para células de combustível de hidrogênio resolveria as questões do barulho, da poluição e do aquecimento global para as quais esses veículos contribuem.

- Táxis-lotação e riquixás. Normalmente, são grandes causadores de poluição e congestionamento. Apesar de permitirem rotas flexíveis e frequentemente serem os únicos meios de transporte acessíveis aos trabalhadores de baixa renda, são difíceis de manusear, seus motoristas costumam competir agressivamente pelas mesmas rotas e as administrações municipais estão geralmente mais interessados em eliminar esses veículos do que em gerenciá-los de maneira efetiva. Têm a vantagem de se adaptarem rapidamente à demanda variável em zonas de urbanização recente.

- Ônibus urbanos. Os ônibus utilizam o espaço viário escasso de modo eficiente, suas rotas são flexíveis e eles funcionam bem para distâncias curtas. Entretanto, são lentos demais para viagens de longa distância em cidades grandes, pois devem parar com muita frequência e, por seu fator de carregamento fora de horários de pico ser baixo, são energeticamente ineficientes. Eles não são eficientes em deslocamentos de subúrbio a subúrbio.
- Ônibus de trânsito rápido (BRTs). Esses sistemas têm uma capacidade maior do que os ônibus comuns, mas são lentos demais para cidades grandes e longas viagens pendulares. Eles não são facilmente adaptáveis a rotas variáveis, já que exigem o uso de faixas de domínio preexistentes. Utilizam área imobiliária demais por passageiro fora dos horários de pico. Os BRTs atrasam consideravelmente o transporte de cargas e o restante do tráfego por causa das faixas exclusivas que ocupam. Além disso, não são úteis em viagens de pouco volume entre subúrbios.
- Metrôs e trens suburbanos. Esses sistemas não contribuem para a poluição das cidades. Sua contribuição para as emissões de GEEs depende da eficiência da rede elétrica. Eles são eficientes na maneira que ocupam o espaço nos centros de cidades grandes como Nova Iorque, Londres e Seul. São meios de transporte eficientes em viagens do subúrbio ao centro da cidade, mas estão sujeitos a intenso congestionamento em cidades muito densas como Pequim e Xangai. Não são eficientes para a viagem pendular de subúrbio a subúrbio. Em cidades de baixa renda, sua extensão é limitada por seus altos custos de capital.

Expandir os modos de transporte atuais em cidades cada vez maiores não dará certo

Até o momento, os viajantes pendulares escolhem entre alguma forma de transporte público ou os veículos individuais. Muitos usuários de transporte público utilizam dois modos, trem e ônibus alimentadores, resultando em viagens demoradas em função do tempo gasto na transferência entre os dois modos. Poucos viajantes pendulares combinam o uso de automóveis com o transporte público em razão do custo alto ou da indisponibilidade de estacionamento perto das estações. A maior parte das políticas de transporte metropolitano consiste na tentativa de aumentar o número de viajantes pendulares de transporte público e diminuir o número de viajantes em automóveis, mesmo em cidades onde o transporte público é extremamente congestionado, como Mumbai. Contudo, na maioria das cidades, o tempo de viagem dos usuários de transporte público é sempre mais longo do o dos usuários de automóveis. Parece que a função de muitas políticas centradas no transporte público não é diminuir o tempo de viagem de forma generalizada, mas diminuir o tempo das viagens de automóvel para aqueles que ainda podem arcar com seus custos, como observado por David Levinson em seu artigo "Quem se beneficia do uso de transporte público por outras pessoas?".[31]

O objetivo de uma política de transporte urbano deveria ser aumentar o número de empregos e amenidades acessíveis em menos de uma hora para todas as pessoas, não diminuir o tempo de locomoção para aqueles que já têm tempo de deslocamento mai curto (usuários de automóveis). As tecnologias que surgiram nos últimos 20 anos devem permitir mudanças radicais nos meios de transporte, que não mudaram durante 100 anos! Agora, tentemos explorar (1) as estruturas em transformação nas grandes cidades, (2) como o transporte deve se adaptar e (3) o papel de novas tecnologias orientadas pela demanda.

As estruturas espaciais de grandes zonas metropolitanas estão mudando

As estruturas espaciais das cidades estão se transformando no mundo inteiro. Grandes zonas suburbanas de baixa densidade estão se desenvolvendo em volta do núcleo urbano tradicional e dos CBDs. Na Ásia, onde a urbanização ainda é baixa em comparação ao resto do mundo (com a exceção da África), podemos observar o surgimento de aglomerações urbanas como Délhi, Mumbai, Pequim-Tianjin, Xangai-Sucheu, o Delta do Rio das Pérolas e Seul-Incheon.

Essas cidades de mais de 20 milhões de habitantes estão se transformando em aglomerações muito maiores, e imagina-se que suas populações tenham chegado a mais de 30 milhões de habitantes até 2020. As estruturas espaciais dessas cidades são orientadas pela demanda e refletem a modernização de suas economias, nas quais grandes cadeias logísticas de serviços e fabricação têm necessidades espaciais diferentes das encontradas na tradicional cidade monocêntrica de outrora.

Conforme as cidades desenvolvem formas espaciais diferentes, os sistemas atuais de transporte – que consistem em transporte público em massa, táxis-lotação e transporte individual – estão se tornando ineficientes. Essa ineficiência resulta na fragmentação de mercados de trabalho potencialmente grandes em outros menores e menos eficientes. Além disso, a ineficiência no transporte gera aumento nos congestionamentos e na poluição, bem como altas emissões de GEEs.

Os sistemas de transporte devem se adaptar às estruturas urbanas que evoluem constantemente

Alarmados com o desempenho ruim dos meios de transporte urbano atuais, as administrações municipais e os planejadores urbanos tentam limitar a expansão urbana a uma forma mais compacta que acreditam ser mais fácil de atender com os modos de transporte público tradicionais: o transporte público em massa e os ônibus urbanos. As políticas que restringem a crescente demanda por terra da nova economia geram preços altíssimos de terra e, em muitos casos, a urbanização informal, que não é atendida com uma expansão adequada das infraestruturas – como é o caso da Cidade do México. Os defensores das cidades compactas ignoram constantemente o fato de que a parte compacta de suas cidades já é extremamente congestionada e que os governantes são incapazes de oferecer uma intensidade de linhas de transporte que preveniria o congestionamento

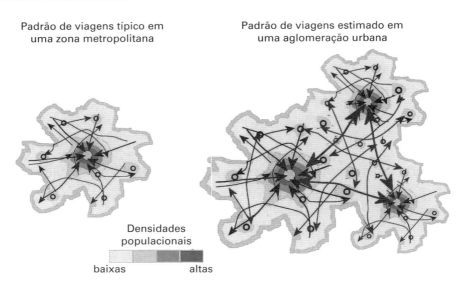

FIGURA 5.25 Padrões de viagens urbanas de uma zona metropolitana típica comparados aos de uma aglomeração urbana.

tanto para os viajantes pendulares no transporte público quanto para aqueles nos automóveis individuais. O exemplo do congestionamento nas novas linhas de metrô de Pequim (veja a Figura 5.10) discutido anteriormente ilustra bem a questão.

As prefeituras e os planejadores urbanos devem encarar a realidade de como a nova economia exige mudanças no uso do solo urbano. Em vez de combater a expansão das cidades – que é basicamente determinada pela demanda – para preservar um modelo de uso do solo obsoleto e congestionado, os planejadores urbanos deveriam tentar criar novos sistemas de transporte que pudessem servir tanto aos CBDs de alta densidade quanto às formas mais recentes de aglomerações urbanas dispersas. A representação esquemática demonstrada na Figura 5.25 ilustra as mudanças acontecendo nas estruturas espaciais em muitas cidades grandes e os padrões de viagem pendular que elas geram. O desenho esquemático à esquerda na Figura 5.25 representa cidades como Nova Iorque ou Londres, onde mais de 70% das viagens pendulares já ocorrem de subúrbio a subúrbio. O desenho esquemático à direita da figura representa as estruturas emergentes de megacidades como Délhi, Pequim ou Xangai, onde viagens de carga e de passageiros pendulares entre subúrbios estão se tornando mais numerosas e se tornando ainda mais complexas. Os sistemas de transporte urbano atuais nessas cidades, consistindo, em grande parte, em linhas de transporte público radiocêntricas alimentadas por ônibus urbanos e complementadas por automóveis e táxis-lotação ou riquixás, não são bem-adaptadas ao atendimento das complexas formas urbanas demonstradas à direita na Figura 5.25.

A tecnologia emergente orientada pela demanda poderia permitir o funcionamento de mercados de trabalho em grandes aglomerações

Como os sistemas de transporte deveriam se adaptar a novas formas urbanas? O surgimento de vastas aglomerações urbanas se estendendo por distâncias em torno de 100 km e incluindo núcleos de alta densidade cercados por subúrbios de baixa densidade nos quais os empregos se misturam a zonas residenciais sugere que veremos mudanças relevantes nos modos de transporte. Os avanços tecnológicos poderiam facilitar essa transição.

Em primeiro lugar, os automóveis terão de se tornar mais compactos para que utilizem menos área viária e menos energia, fazendo com que se pareçam mais com um híbrido entre automóveis e motocicletas. Exemplos assim já existem e estão sendo fabricados, como o Toyota i-Road.

Em segundo lugar, veículos individuais compactos devem se tornar disponíveis em estações de metrô e de trem em um sistema de aluguel ou compartilhamento. Isso já está acontecendo – o Toyota i-Road está disponível em algumas estações suburbanas de Tóquio e na estação de trem principal de Grenoble (França). Esse tipo de veículo permite que os viajantes pendulares combinem a conveniência de veículos individuais com a velocidade dos trens de superfície locais para viagens metropolitanas de longa distância.

Em terceiro lugar, os metrôs e os trens suburbanos devem parar em menos estações e se deslocar a maiores velocidades para que os passageiros pendulares possam atravessar uma conurbação em menos de uma hora. Para isso, a velocidade dos trens deve ser de aproximadamente 150 km/h. A área de captação das estações aumentaria para mais de 200 km^2 em razão da disponibilidade dos veículos individuais (comparada aos 2 km^2 atualmente, limitados pelos 800 m a serem caminha-

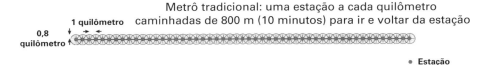

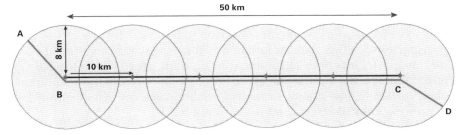

FIGURA 5.26 Comparação entre as áreas de captação de metrôs tradicionais e de trens de superfície de alta velocidade associados a veículos urbanos individuais.

TABELA 5.6 Comparação de distâncias entre estações, velocidades e áreas de captação de metrôs tradicionais e trens suburbanos de alta velocidade.

	Metrô tradicional e caminhada		Trem suburbano rápido e veículo individual	
Extensão da linha de trem (km)		50		50
Velocidade média do trem (km/h)		32		110
Distância entre estações (km)		1		10
Número de estações		50		5
Distância radial até a estação (km)	caminhada	0,8	veículo	8
Velocidade do ponto de origem até a estação (km/h)		5		35
Área de captação de uma estação (km^2)		,01		201,06
Área de captação total da linha (km^2)		**53,79**		**623,76**
Tempo de viagem para 50 km (min)		94		27
Tempo de caminhada ou percorrido com veículo individual (min)		19,2		27
Duração total da viagem (min)		113		55
Distância total da viagem (km)		51,6		66,0
Velocidade média (km/h)	27		72	

dos entre estações). A Figura 5.26 e a Tabela 5.6 comparam a área de captação de um metrô tradicional com estações espaçadas a cada quilômetro à de um sistema de trens de superfície locais com estações a cada 10 km, mas acessíveis por meio de pequenos veículos individuais (variando de bicicletas ao Toyota i-Road) com um alcance de 8 km. Utilizando as velocidades pressupostas mostradas na Tabela, um passageiro pendular poderia viajar uma distância de até 66 km em menos de uma hora e ter acesso a uma área de destinos possíveis de mais 600 km^2.

Em quarto lugar, micro-ônibus sem motorista poderiam recolher alguns passageiros na mesma viagem e levá-los a seus destinos individuais sem ter de parar no caminho para o embarque e desembarque de outros passageiros.

Os governos municipais ou estaduais não devem favorecer um modo de transporte específico, mas incentivar e facilitar uma grande variedade de meios de transporte, incluindo a combinação de trens pesados e velozes e veículos individuais para a mesma viagem. Estações de metrô e de trens suburbanos de alta velocidade devem ser projetados com amplas áreas de embarque e desembarque para veículos sem motorista (Figura 5.27).

Chamadas para ação visando ao futuro da mobilidade

1. Manter a mobilidade é uma tarefa essencial das prefeituras e dos planejadores urbanos. Isso é mais fácil de conseguir permitindo-se que os sistemas de transporte multimodal reflitam a demanda do consumidor. Os viajantes deveriam ter a liberdade para escolher os meios de transporte que atendam melhor a suas necessidades entre uma gama de opções disponíveis.

2. Os planejadores urbanos não devem selecionar densidades e estruturas espaciais urbanas para que melhor se adequem a um sistema de transporte pré-selecionado e já estabelecido. Em vez disso, os novos sistemas de transporte devem se adaptar às estruturas espaciais em evolução.

3. Como a precificação da poluição e das emissões de GEEs é, atualmente, difícil de por em prática sem altos custos transacionais, os governos devem estabelecer metas para a poluição e para as emissões de GEEs como uma substituição do valor (até que haja tecnologia disponível para a cobrança direta pela poluição causada e pelos GEEs emitidos).

4. A precificação do espaço viário é também uma tarefa importante para as autoridades metropolitanas. Valores de pedágios fixos nas vias devem ser progressivamente substituídos por tarifas de congestionamento que sejam ajustadas constantemente, dependendo do horário e da localização, para que se mantenha uma velocidade pré-estabelecida em segmentos específicos das ruas. Como praticado hoje em Singapura, a meta de velocidade estabelecida é diferente no CBD e em vias arteriais suburbanas. A tecnologia para isso já está disponível.

5. Com o tempo, automóveis individuais terão de ser redesenhados para reduzir sua área de ocupação e seu peso nas vias. Novos veículos de mobilidade pessoal, como o Toyota i-Road, são exemplos de possíveis substitutos para o automóvel tradicional e ofereceriam mais mobilidade por menos espaço viário e menos energia, poluição e emissões de GEEs por quilômetro.

FIGURA 5.27 O veículo de mobilidade pessoal Toyota i-Road (esquerda) e o riquixá motorizado de Pequim (direita) já possibilitam viagens sob demanda da estação à porta e da porta à estação.

6. Por fim, a possibilidade de compartilhar veículos autônomos sob demanda poderia proporcionar uma alternativa muito eficiente para muitas viagens de subúrbio a subúrbio no futuro. Os veículos autônomos teriam três vantagens importantes em relação aos tradicionais. A primeira é que eles economizariam espaço viário por poderem se locomover mais próximos uns dos outros, já que não requerem os 2s de tempo de reação que os motoristas humanos precisam (isso economizaria cerca de 65% de espaço viário a velocidades médias de 60 km/h). A segunda é que eles reduziriam radicalmente a quantidade de acidentes e, por consequência, a imprevisibilidade dos tempos de transporte rodoviário pendular. A terceira é que eles não precisariam de grandes espaços de estacionamento no centro das cidades, onde propriedades imobiliárias são mais caras.

Estão surgindo muitos avanços tecnológicos que causarão grande impacto no transporte urbano. Essas tecnologias podem reduzir a poluição a quase zero, diminuir substancialmente a contribuição do transporte urbano para o aquecimento global, prevenir acidentes de trânsito e aumentar a capacidade das vias urbanas já existentes sem criar congestionamento.

Pouco mais de 100 anos atrás, substituiu-se o cavalo pelos veículos mecânicos como único meio de transporte urbano além das caminhadas. Esses veículos transformaram completamente as cidades ao permitirem que elas se expandissem sem que se tornassem cortiços dickensianos, amplificando os mercados de trabalho potenciais, que, por sua vez, promoveram um vasto aumento de produtividade e do bem-estar dos habitantes de zonas urbanas. Desde então, o automóvel, os ônibus e os metrôs não mudaram muito como meios de transporte fundamentais. Talvez hoje estejamos prestes a testemunhar uma revolução do transporte urbano comparável à substituição da tração animal pela tração mecânica e que melhorará radicalmente o bem-estar da grande parcela da humanidade que provavelmente habitará cidades no final do século XXI.

O surgimento de veículos de baixo impacto ambiental, sob demanda e compartilhados (muito diferentes dos grandes ônibus com rotas e horários fixos) mudará a maneira como o transporte urbano é organizado. O padrão de vias locais e arteriais pode também se adaptar a esses novos meios de transporte. Em vez do tráfego concêntrico em poucas autoestradas ou artérias, numerosas vias menores e de baixa capacidade permitiriam a flexibilidade necessária para os deslocamentos de origens dispersas a destinos também dispersos.

Novos tipos de veículos urbanos especializados – coletivos ou individuais, compartilhados ou não, autônomos ou com motoristas – provavelmente se multiplicarão no futuro. A velocidade, a área total de ocupação da via pública e as dimensões desses veículos serão adaptadas aos tipos de viagens e usuários aos quais servem. Portanto, em cidades enormes e densas como Nova Iorque e Mumbai, os tipos de veículos urbanos serão diferentes dos existentes em cidades muito menores, como Amsterdã e Key West.

CAPÍTULO 6

Acessibilidade habitacional: renda domiciliar, regulações e oferta de terra

A habitação popular do tipo "precisamos fazer alguma coisa"

> Um grande empecilho para uma alocação espacial mais eficiente de mão de obra são as restrições de oferta de moradia. Essas restrições limitam o número de trabalhadores estadunidenses com acesso às cidades americanas mais produtivas. Em equilíbrio geral, isso reduz a renda e o bem-estar de todos os trabalhadores estadunidenses.
> — **Chang-Tai Hsieh e Enrico Moretti**[1]

Vimos que cidades prósperas dependem de mercados de trabalho funcionais. Hsieh e Moretti, dois economistas, descobriram que o alto custo das habitações em cidades estadunidenses que, de resto, são extremamente bem-sucedidas, causa um efeito dominó, distorcendo a alocação espacial da mão de obra a nível nacional. Eles calcularam o custo dessa má alocação em cerca de 9,4% do PIB dos Estados Unidos. A acessibilidade habitacional não é, portanto, um problema trivial. Hsieh e Moretti discutem que os condicionamentos da oferta de moradia contribuem significativamente para o alto custo da habitação, uma opinião com a qual concordo e apoio neste capítulo. Alguns problemas de acessibilidade se devem à pobreza, mas, na maioria dos casos, eles são criados ou exacerbados por condicionamentos humanos à oferta de terra e área construída.

O dilema dos domicílios

Para que os mercados de trabalho funcionem, domicílios e empresas precisam encontrar espaços financeiramente acessíveis para se localizarem. Ao escolher esse espaço acessível, precisam fazer escolhas entre aluguel, área construída e localização. Sua escolha final vai ser a que maximiza seu bem-estar social. A localização é, obviamente, muito importante, já que fornece acesso ao resto da cidade e ao mercado de trabalho. O conhecido clichê dos incorporadores "localização, localização, localização" reflete uma realidade e uma sabedoria que muitos especialistas em moradias populares do governo costumam esquecer. A área construída, a localização e o preço por metro quadrado de uma unidade de habitação constituem seu atual nível de "acessibilidade" para cada ocupante em potencial. Essa "unidade habitacional acessível", atualmente ocupada, representa a melhor escolha possível para cada domicílio dentre todas as opções de moradia oferecidas pelo mercado.

No entanto, mesmo em um livre mercado, as opções ideais de habitação de domicílios com renda mais baixa muitas vezes não atendem aos padrões socialmente aceitáveis (p. ex., o acesso a abastecimento de água e tratamento de esgoto, a área construída por pessoa ou a distância aos mercados de trabalho). Em países de renda baixa ou moderada, esses lares frequentemente são malconstruídos e considerados inaceitáveis pelos padrões de medida. Em países de renda alta, a qualidade das moradias é, em geral, socialmente aceitável; no entanto, outros padrões podem ser inaceitáveis, como, por exemplo, a área construída por pessoa em relação aos seus vizinhos, pagar mais do que 30% da sua renda em aluguel ou dirigir mais do que uma hora para trabalhar. Alguns domicílios, portanto, talvez consumam moradias deficientes (em qualidade, preço ou distância do mercado de trabalho) quando não podem arcar com o custo elevado da terra e da construção em uma metrópole.

Resposta do governo

O baixo padrão de moradias e o aluguel alto que afetam a população de renda mais baixa vão, em breve, atrair atenção pública. A pressão social vai, em certo momento, forçar os governos a "fazer alguma coisa pela habitação".

Essa necessidade de "fazer alguma coisa" força os governos a criarem políticas habitacionais que forneçam padrões de moradia socialmente aceitos a um preço acessível a todos. Angus Deaton, em seu livro, *The Great Escape*, escreve que "a necessidade de fazer alguma coisa tende a se sobrepor à necessidade de entender o que precisa ser feito. E, sem dados, qualquer um que faça qualquer coisa está livre para reivindicar sucesso".[2] Isso caracteriza perfeitamente o *design* de muitas políticas habitacionais.

Infelizmente, os governos com frequência exacerbam o alto custo da moradia em uma cidade ao limitarem o fornecimento de residências por meio de regulações e de baixo investimento em expansão urbana.

Na sua busca por soluções, os gestores urbanos frequentemente ignoram que as escolhas de moradia dos domicílios são guiadas por uma combinação de três atributos: área construída, localização e preço por metro quadrado. Em razão de a área construída e a qualidade da construção serem os atributos mais visíveis dentre eles, os planejadores tendem a se concentrar em melhorar o *design* e aumentar a área das moradias quando elaboram uma política para a habitação. Eles tendem a ignorar a localização da moradia e seu acesso corolário ao mercado de trabalho de uma cidade.

Por exemplo, programas governamentais de habitação popular nunca são projetados para incentivar famílias que morem em outra cidade ou na área rural a se mudarem para a cidade por meio da oferta de moradia. Pelo contrário, os programas de moradia social geralmente especificam que beneficiários em potencial devem residir na mesma cidade há vários anos para serem elegíveis para a ajuda governamental. Essa política de permitir apenas moradores antigos existe para prevenir uma corrida migratória para a cidade, mas ela ignora um ponto importante: viagens pendulares inaceitavelmente longas dos trabalhadores até o mercado de trabalho.

Quando os padrões baixos de moradia se dão sobretudo pela pobreza, ignorar a localização para fornecer moradias maiores pode prejudicar gravemente a mesma população que a política deve, supostamente, ajudar. Alguns exemplos neste capítulo ilustram esse ponto.

Neste capítulo, mostro como a melhoria do padrão de habitação de domicílios de baixa renda depende da identificação da relação do papel de ambos os fatores – pobreza e preços inflacionados de moradia – causados por entraves à oferta. Discuto políticas habitacionais em diversas cidades e mostro como essas políticas impactam quatro atributos essenciais: área construída, área de terra, preço da terra e preço da construção por metro quadrado (Equação 6.1).

Como veremos, as casas que as famílias acabam ocupando são radicalmente diferentes daquelas que escolheriam se suas rendas tivessem aumentado pelo subsídio implícito que recebem. Julgarei os méritos de várias políticas de moradia ao comparar as casas que eles acabam ocupando às casas que teriam escolhido com subsídio de renda.

Para os incorporadores, os componentes do custo de construir unidades de habitação são muito mais complexos. Além do custo físico descrito anteriormente, o custo dos incorporadores também inclui valores financeiros, gastos fixos, gerenciamento e custos do *design*. A razão entre a terra e a área construída estará geralmente condicionada a regulações. No entanto, para os domicílios, o preço da terra e o preço da construção agregam todos esses componentes de custo.

Equação 6.1 Preço de moradia (*P*) por domicílio

P = (Área de terra)×(Preço de terra)+(Área construída)×(Custo de construção)

(6.1)

onde *P* é o preço da moradia.

O aluguel pago também vai estar relacionado às quatro variáveis no lado direito da Equação 6.1.

O preço da terra depende da localização; uma localização com ótimo acesso aos empregos ou perto de amenidades de alta qualidade corresponderá a um alto preço de terra. De forma geral, uma localização extremamente desejada tem terras de alto valor.

O custo de construção depende da qualidade da construção. É possível construir um abrigo informal feito de madeira, plástico e telhas de aço corrugado por apenas 25 dólares por metro quadrado; enquanto isso, o preço de construção de um apartamento completamente equipado com cozinha e banheiros pode custar vários milhares de dólares por metro quadrado (em torno de 2.500 dólares por metro quadrado em Nova Iorque, em 2013, para prédios residenciais de três a sete pavimentos).

Portanto, domicílios em busca de moradia de determinado valor precisam fazer escolhas e concessões entre localização, área de terra e de construção e qualidade de construção. Algumas vezes, usarei localização como sinônimo de preço de terra e qualidade de construção como sinônimo de preço da construção.

Definindo e medindo a acessibilidade à moradia

Acessibilidade à moradia é diferente da acessibilidade a qualquer outro bem de consumo

O termo "acessível" significa algo diferente quando se refere à habitação e quando se refere, digamos, a um telefone celular ou a um automóvel. Uma pessoa que não pode pagar por um celular ou um automóvel não possui um. No entanto, quando moradias são financeiramente inacessíveis para domicílios com uma renda abaixo de X, isso não significa que todos os domicílios com renda abaixo de X são sem-teto. Apenas significa que esses domicílios vivem em unidades habitacionais consideradas inaceitáveis em relação à qualidade ou à área construída ou, ainda, que esses domicílios estão gastando uma proporção inaceitavelmente alta da sua renda em aluguel ou pagamentos de financiamento imobiliário.

A acessibilidade à moradia, portanto, determina se a moradia é "socialmente aceitável", e não se um domicílio ocupa uma unidade habitacional. Quando lemos que uma moradia é economicamente inacessível a domicílios com renda abaixo de X, isso significa que as escolhas e os sacrifícios necessários para esses domicílios alugarem suas moradias atuais são inadequados em termos de aluguel pago proporcional à porção da renda, área construída, qualidade de construção ou localização.

Os padrões mínimos de moradia socialmente aceitos em cada cidade não correspondem a uma norma científica universalmente aceita. Nesse ponto, eles diferem de muitas outras normas. Por exemplo, o mínimo diário de ingestão de nutrientes é uma norma universal definida para todos os seres humanos. A maioria das normas sobre poluição do ar é estabelecida pela Organização Mundial de Saúde e é universalmente aceita. Por outro lado, os padrões mínimos de moradia socialmente aceitos estão relacionados aos padrões que prevalecem na cidade onde são aplicados. Os padrões de moradia aceitos em Estocolmo são muito diferentes daqueles aceitos em Daca. Isso se deve a diferenças climáticas e culturais, além de distinções entre as rendas familiares em ambas as cidades.

Enquanto domicílios em Daca podem viver felizes em habitações que atendem aos padrões mínimos predominantes em Estocolmo, não há indícios de que os domicílios de Daca sofram prejuízos irreparáveis ao viver em moradias de padrão significativamente inferior. O padrão mínimo de moradia é, portanto, sempre arbitrário e contextual. Esses padrões podem ser úteis como referência, mas quando se consagram como leis e regulações, podem fazer mais mal para a própria população a qual devem ajudar, como veremos adiante.

Em muitos países, como a África do Sul, o governo estabelece um conjunto de padrões mínimos de moradia que definem uma norma nacional. Definir esses padrões é um ato político. Os governos tendem a selecionar padrões elevados como um sinal otimista para o futuro da cidade, o tipo de projeção que políticos são obrigados a fazer. Os estatísticos, então, comparam os padrões do estoque urbano de moradia existente (obtidos por meio de pesquisas e pelo censo) com o padrão nacional mínimo estabelecido pelo governo. O número de unidades de habitação existentes abaixo do padrão nacional é considerado um "défict" habitacional. Para eliminar esse "défict", o governo se compromete a construir uma quantia suficiente de unidades habitacionais a cada ano para sanar o déficit. Por exemplo, a África do Sul criou um estoque habitacional para 38% dos seus habitantes ao longo de um período de 17 anos – um feito que analisaremos como estudo de caso mais além no capítulo. Note que o programa habitacional foi definido apenas por dois atributos: preço e padrão físico de moradia. A localização não fez parte da política, o que levou o governo sul-africano a construir moradias tão longe quanto 30 km do centro da cidade. De qualquer maneira, seria difícil definir um padrão de localização a nível nacional. O programa de moradias da África do Sul nos oferece uma advertência das consequências adversas de ignorar a localização ao definir a acessibilidade à moradia.

A forma como os governos definem a acessibilidade à moradia é, portanto, muito importante ao se desenvolver programas habitacionais para ajudar os mais pobres. Os burocratas governamentais tendem a fazer escolhas diferentes do que as que os domicílios fariam para si em termos de preço, localização, área e qualidade. Se as escolhas feitas pelo governo diferem muito das que o domicílio faria, então o programa habitacional fracassará, não obstante o dinheiro investido e as boas intenções dos projetistas especializados. Planejadores urbanos não têm informação suficiente para selecionarem a combinação ideal de aluguel, área construída e localização para cada família e empresa. É, portanto, melhor deixar a quantidade de terra e área construída em uma localização específica ser escolhida pelo usuário final, quando possível.

Vi muitos governos implementarem programas de "realocação de favelas" que mandam domicílios de favelas para unidades formais de moradia subsidiadas e de alta qualidade em localizações remotas. Para a consternação dos funcionários governamentais, os antigos moradores da favela frequentemente abandonam suas moradias formais para retornarem à favela, onde a qualidade das construções é inferior, mas o acesso ao mercado de trabalho é melhor. Esse retorno costuma ser atribuído à falta de bom senso dos moradores da favela. Não é esse o caso. Os moradores retornam porque preferem uma moradia de qualidade inferior bem localizada à uma moradia de maior qualidade mal-localizada. Os gestores públicos falharam na escolha do melhor equilíbrio entre aluguel, localização e padrão habitacional.

Isso não significa dizer que as deficiências na qualidade habitacional são uma invenção do governo. Muitos domicílios de baixa renda aspiram a moradias de qualidade muito superior ao que podem pagar no momento. Em muitos casos, a insalubridade ou a má localização de suas moradias retardam a integração de domicílios de baixa renda à parte mais produtiva da economia urbana.

● ● ●

As políticas de "habitação popular" objetivam melhorar o nível de moradia dos domicílios de baixa renda até que eles tenham alcançado níveis sociais aceitáveis. Para elaborar essa política, precisamos estabelecer e quantificar uma base de fatos: primeiro, o nível mínimo de moradia socialmente aceito e, segundo, o número de domicílios que vivem abaixo desse nível. Uma vez que esses números sejam identificados, governos municipais podem ter uma discussão bem embasada sobre o que podem fazer para resolver o problema do custo. Deveriam construir moradias populares no padrão mínimo ou acima dele e, então, vendê-las ou alugá-las abaixo do preço de mercado? Abrir novas áreas para urbanização a fim de aumentar o fornecimento de moradias e baixar os preços do mercado? Revisar regulações que impedem os incorporadores de oferecerem moradias que atinjam o padrão minimamente aceitável? Ou subsidiar diretamente a renda dos domicílios para que eles possam bancar uma moradia de qualidade mais alta em uma localização de sua escolha?

Quase sempre questões de acessibilidade requerem várias ações simultâneas envolvendo programas de investimento e reformas regulatórias. Não há solução milagrosa para resolver facilmente a acessibilidade econômica à moradia. No entanto, os governos não podem projetar uma política crível sem antes estabelecer uma clara base de fatos. Portanto, antes de discutir políticas específicas em detalhe, vamos primeiro analisar os diversos métodos de medição do limite de acessibilidade e o número de domicílios que ficam abaixo dele. Dados confusos sobre a renda dos domicílios e os padrões atuais de moradia são um obstáculo significativo para a criação de políticas de habitação popular adequadas.

Um índice simples de acessibilidade: a razão preço/renda

A razão preço/renda (RPR) mede a acessibilidade à moradia em uma cidade ao comparar o preço mediano de uma moradia à renda domiciliar mediana. Essa definição simples torna fácil a comparação do preço de moradia em diferentes cidades que possuem diferentes níveis de renda. No entanto, esse índice não diz nada sobre que moradia uma família consegue pelo preço mediano ou onde essa residência se localiza. A RPR também se aplica apenas a vendas e não a aluguéis, embora uma razão aluguel/renda pudesse ser desenvolvida utilizando a renda mediana.

A Demographia International Housing Affordability Survey,[3] publicada todo ano desde 2004, compara as RPRs de 367 mercados metropolitanos em nove países desenvolvidos. Dentre essas cidades, 87 áreas metropolitanas têm uma população superior a 1 milhão. Como o índice sempre usa a mesma metodologia, ele fornece uma ferramenta valiosa para comparar as RPRs entre cidades e para observar como essas razões evoluem com o tempo.

Vamos observar a RPR de 30 cidades no ano de 2015 (Figura 6.1). As cidades escolhidas representam as variações de RPR mostradas ao longo de todo o estudo do Demographia. Dentre as cidades escolhidas, Atlanta tem a menor RPR (3,1), enquanto Sydney tem a mais alta (12,2). Por que existe tanta variação de acessibilidade econômica? Notamos que muitas das cidades – São Francisco, Auckland, Vancouver e Sydney – com RPR altas têm uma topografia difícil (apesar de linda). A mistura de terra e água cria cidades atraentes, mas limita a quantidade de terra disponível para construção. Esse condicionante topográfico na oferta de terra provavelmente impacta o preço da terra e, portanto, o preço da moradia. No entanto, ainda que a topografia possa explicar algumas

CAPÍTULO 6   Acessibilidade habitacional: renda domiciliar, regulações e oferta de terra   225

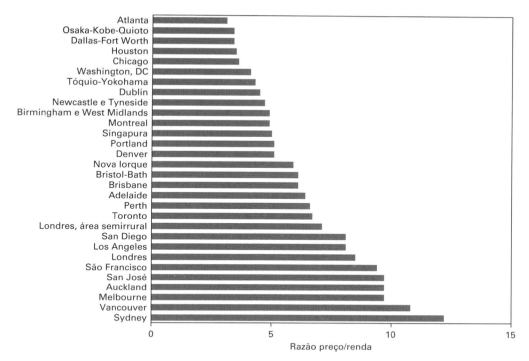

FIGURA 6.1   Razão preço/renda de uma seleção de cidades do mundo, 2015.
Fonte: Wendell Cox e Hugh Pavletich, *12th Annual Housing Affordability Survey* (Belleville, IL: Demographia, 2016).

das variações de RPR, ela não explica tudo. Cidades como Chicago, Washington, DC e Tóquio-Yokohama também possuem áreas litorâneas perto de seus CBDs, mas gerenciaram eficazmente esses problemas. Essas cidades possuem RPRs menores que as de Sydney. Veremos a seguir que políticas de uso do solo e regulações limitando a expansão da cidade são frequentemente culpadas por RPRs altas.

O que significa quando uma cidade tem uma RPR acima de 8?

Intuitivamente, sentimos que o bem-estar social de uma família deveria ser mais alto em uma cidade com uma RPR baixa do que em uma cidade com uma RPR mais alta. Se uma proporção menor da renda é dedicada à moradia, mais pode ser gasto em outros itens. No entanto, uma RPR muito baixa pode significar estresse econômico. No estudo Demographia de 2015, a RPR de Detroit é apenas 2,8. Algumas cidades russas com grandes perdas populacionais têm alguns preços próximos a zero, na ausência de demanda. Obviamente, a RPR precisa de interpretação. Embora um baixo custo de moradia comparado à renda geralmente seja uma coisa boa, talvez ele indique outros problemas. Devido à tragédia econômica de Detroit, seria absurdo usar a RPR da cidade para justificar o uso dela como um modelo de boas políticas de moradia e de habitação popular.

Que valor de RPR indicaria um estoque habitacional com preços acessíveis? Demographia sugere que habitação é acessível em cidades em que a RPR é igual ou inferior a 3. Nenhuma das cidades mostradas na Figura 6.1 se qualifica, embora Atlanta, com uma RPR de 3,1, chegue perto. O grau completo de categorias de acessibilidade econômica da Demographia segue adiante, na Tabela 1.

TABELA 1   Categorias de acessibilidade da Demographia

Categoria	Valor de RPR
Preços acessíveis	≤ 3
Preços moderadamente inacessíveis	3,1 – 4,0
Preços seriamente inacessíveis	4,1 – 5,0
Preços extremamente inacessíveis	≥ 5.1

Uma família geralmente pega dinheiro emprestado para comprar sua primeira casa, então vamos calcular os pagamentos do financiamento imobiliário associados a diferentes valores de RPR. A Figura 6.2 relaciona o custo de moradia como um percentual de renda anual para diferentes valores de RPR sob três taxas de juros para empréstimo possíveis: 5, 7 e 9% (por 25 anos com 20% de valor de entrada). Financiadores geralmente fornecem empréstimos para famílias apenas quando o pagamento mensal não passa de 30% de sua renda; a linha horizontal tracejada na Figura 6.2 representa esse limite inferior de acesso econômico. Quando a taxa de juros é de 5%, apenas em Atlanta, Houston, Tóquio e Singapura, a família mediana seria capaz de obter financiamento para uma casa de preço mediano. Com uma taxa de juros mais alta, de 9%, os domicílios de renda mediana seriam capazes de obter financiamento para uma casa de preço mediano apenas em Atlanta e Houston. O que aconteceria com domicílios em outras cidades, onde a RPR elevada indica que domicílios com renda mediana não seriam capazes de arcar com um financiamento imobiliário para comprar uma casa de preço mediano?

Alguns domicílios talvez tenham comprado uma moradia alguns anos antes, quando a RPR ainda estava dentro dos níveis economicamente acessíveis. Eles, então, vivem em casas que não poderiam comprar atualmente somente com sua renda, mas o aumento da RPR significa que seus ativos de capital aumentaram. Esses domicílios poderiam, no entanto, comprar uma nova casa ao vender sua casa atual, ainda que a RPR mostre que uma nova casa seria inacessível. Dessa forma domicílios provavelmente estão satisfeitos com o aumento da RPR, mesmo que ele indique que as moradias são economicamente inacessíveis para eles. Esse fato talvez explique a política regulatória de algumas cidades, que parece buscar o aumento constante dos preços de habitação ao restringir novas ofertas.

CAPÍTULO 6 Acessibilidade habitacional: renda domiciliar, regulações e oferta de terra

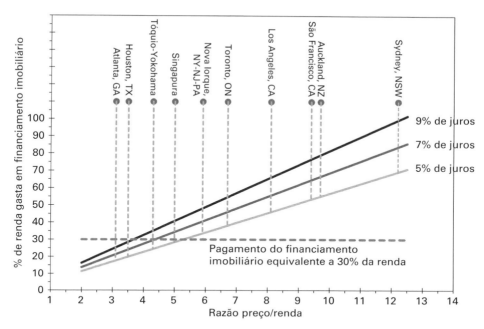

FIGURA 6.2 Razão preço/renda e acessibilidade de 10 cidades selecionadas.
Fonte: Wendell Cox e Hugh Pavletich, *12th Annual Housing Affordability Survey* (Belleville, IL: *Demographia*, 2016).

No entanto, domicílios que não se beneficiaram com o aumento prévio de RPR, mas vivem em cidades com uma RPR alta, não podem arcar com a compra de uma nova casa. Alguns domicílios podem decidir se mudar para uma nova cidade com uma RPR mais baixa, mas mudar de cidade acarreta riscos e custos sociais e financeiros. É mais provável que a família recém-chegada tente encontrar uma alternativa para a compra de uma casa. Por exemplo, domicílios recém-construídos podem optar pelo aluguel em vez da compra. Com frequência, em cidades com RPRs altas, aluguéis mensais são mais baixos do que os pagamentos de financiamento imobiliário para moradias equivalentes. Comparei as RPRs de novos proprietários ao percentual de renda gasta em aluguel em uma amostra de 10 cidades estadunidenses (Figura 6.3). Isso nos permite entender a relação entre as rendas de compradores e as de locatários destinadas à moradia – ambas as fontes de dados são fornecidas pelo governo e se mantêm constantes mesmo que as taxas de juros mudem. Enquanto o percentual de renda gasta em aluguel tende a aumentar em cidades com RPR mais elevada, aluguéis tendem a ser mais acessíveis do que a compra de uma moradia. São Francisco é um caso atípico, com uma RPR muito alta de 9,4, mas aluguéis a 32% da renda do locatário, valores razoavelmente acessíveis.[4]

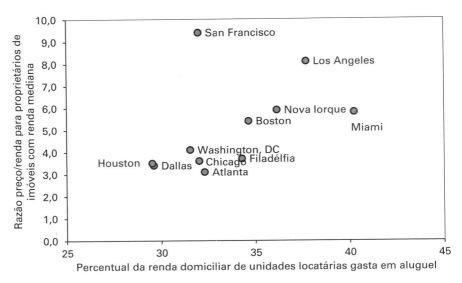

FIGURA 6.3 Percentual da renda domiciliar de unidades locatárias gasta em aluguel e a razão preço/renda de proprietários em 10 cidades selecionadas, 2015.
Fontes: Informações sobre a razão preço/renda: Wendell Cox e Hugh Pavletich, *12th Annual Housing Affordability Survey* (Belleville, IL: Demographia, 2016); Informações sobre domicílios e aluguel: Estudo da Comunidade Americana, Furman Center, Universidade de Nova Iorque, Nova Iorque.

No entanto, devido ao equilíbrio do mercado, o número de unidades habitacionais disponíveis para aluguel pode diminuir quando a RPR é mais baixa, uma vez que os locadores teriam um incentivo para vender devido aos altos preços de habitação e aos baixos aluguéis.

Alguns domicílios talvez escolham deixar a cidade e procurar por uma nova cidade com uma RPR mais baixa, mesmo que isso signifique uma renda inferior. No entanto, a maioria dos domicílios tem duas opções. Ou ajustar seus padrões de vida e optar por uma moradia de padrão mais baixo, ou gastar uma parcela muito maior de sua renda em moradia. Quando domicílios escolhem moradias de qualidade reduzida para permanecer em uma cidade, essa escolha tem um efeito cascata, no qual pessoas consomem moradias de qualidade mais baixa e pagam valores superiores àqueles em faixas de renda inferiores a elas. Isso faz com que os domicílios na faixa de renda mais baixa não consigam pagar pela sua unidade atual, ficando com as opções de deixar a cidade ou aceitar unidades consideravelmente menores (p. ex., dividindo, sublocando ou compartilhando espaços existentes). Em Auckland, Nova Zelândia, por exemplo, com uma RPR de 9,7 em 2015, sabe-se que alguns domicílios vivem em garagens, *trailers* ou na casa dos pais. Esses são domicílios próximos ao piso do espectro de renda e que não tem condições de pagar mais que nenhum outro grupo de baixa renda. Em Mumbai, alguns domicílios de renda mediana, mesmo com o aumento dela, foram forçadas a se mudar para bairros pobres, já que a RPR aumentou mais rápido do que suas rendas.

A RPR é um índice útil para identificar problemas de acessibilidade, mas é muito rudimentar para identificar uma solução de política pública

A RPR é um índice útil e fácil de entender para identificar um problema de acessibilidade econômica em cidades de alta renda. No entanto, ele apenas relaciona a renda mediana ao preço mediano de moradia. Nada diz sobre a qualidade ou a localização da habitação a preço mediano. Enquanto a RPR é simples e incontroversa, reunir informações de renda e preço de moradias pode ser um desafio em países que não têm um sistema de registro de vendas sistemático e em cidades com um grande setor informal. Esse é o motivo de a Demographia não cobrir, ainda, países em desenvolvimento. Encontrar o preço mediano de moradia implica que todas as transações são igualmente conhecidas. Em muitos países em desenvolvimento, é mais fácil descobrir os preços na extremidade mais cara do mercado habitacional do que na extremidade mais barata. É, também, mais fácil descobrir os valores de novas moradias do que os de casas já existentes. Em muitas cidades, não há informações necessárias para calcular uma RPR confiável.

Como domicílios se adaptam a RPRs impagáveis?

Em cidades com uma RPR alta, se presume que moradias sejam inacessíveis não só para os pobres, mas também para a classe média. No entanto, não vemos pessoas deixando, em massa, cidades com uma RPR alta por cidades mais baratas. Parece que, em cidades como Sydney, Vancouver ou São Francisco, a vida segue normal apesar da RPR muito alta. Pode-se dizer o mesmo de cidades nas quais não se consegue calcular a RPR, mas que possuem preços de imóveis notoriamente altos, como Mumbai, Lagos e Jacarta. Obviamente, a vasta maioria de domicílios se adapta a preços "impagáveis" escolhendo não sair de sua cidade atual. Vemos, inclusive, que a população segue crescendo em cidades com preços inacessíveis por causa da migração e da formação de novos domicílios.

No entanto, altos preços imobiliários não têm nada de benigno. Essa aparente normalidade na resposta aos preços habitacionais subindo rapidamente talvez esconda uma qualidade cada vez pior da vida urbana para todos, exceto para os moradores mais abastados. Os domicílios se adaptam aos preços de habitação que sobem mais rápido do que sua renda ao utilizar menos área construída e ao gastar uma parcela maior de sua renda em aluguel ou em viagens pendulares de longas distâncias.

Preços altos ou pobreza absoluta forçam domicílios mais pobres a consumirem menos moradia do que o nível mínimo socialmente aceitável estabelecido por regulações, como mencionado anteriormente. Estar abaixo desse mínimo vai reduzir ainda mais o padrão de habitação dos pobres. Utilizar menos moradia do que é considerado socialmente aceito muitas vezes impede que suas moradias obtenham *status* legal e permanência. Isso reforçará sua pobreza por meio de um ciclo vicioso, no qual a pobreza diminui o tamanho da moradia, o que, por sua vez, causa mais pobreza.

Em países de renda média e alta, muitas pessoas menos abastadas conseguem responder aos preços mais altos ao subdividir habitações existentes em unidades menores, formal ou informalmente. Em outros casos, novos domicílios coabitam com seus pais ou outros familiares por muito mais tempo do que ambas as partes gostariam. Em todos esses casos, o custo alto de moradia resulta em moradias menores. Dois estudos de caso discutidos a seguir ilustram esses ajustes forçados: a subdivisão de apartamentos nos subúrbios de Pequim e a coabitação de filhos adultos com seus pais na Europa.

Por fim, algumas cidades revisam seu tamanho mínimo socialmente aceitável de moradia para refletir a demanda de um grupo socioeconômico que está mudando. Isso aconteceu em 2016 em Nova Iorque, onde a existência de muitos domicílios de uma única pessoa convenceu os reguladores municipais a baixar o padrão mínimo de moradia. Esse caso também é discutido em mais detalhes a seguir, já que ilustra a futilidade absoluta de estabelecer padrões mínimos socialmente aceitáveis.

Subdivisão informal de apartamentos na China

As cidades chinesas têm poucos assentamentos informais identificáveis. No entanto, o consumo habitacional de domicílios de baixa renda é frequentemente difícil de medir. Muitos dos novos apartamentos construídos na periferia de cidades chinesas são grandes demais para serem acessíveis para domicílios de baixa renda. Como consequência, moradores de baixa renda conseguem pagar pela habitação ao alugar um dormitório em um apartamento subdividido. O pôster de rua de 2013 em um subúrbio ao norte de Pequim (Figura 6.4) anuncia um dormitório de 18 m² a ser alugado em um apartamento maior com cozinha e banheiro compartilhados com outros locatários. Felizmente, o governo de Pequim permite essa prática, embora alguns proprietários de apartamentos

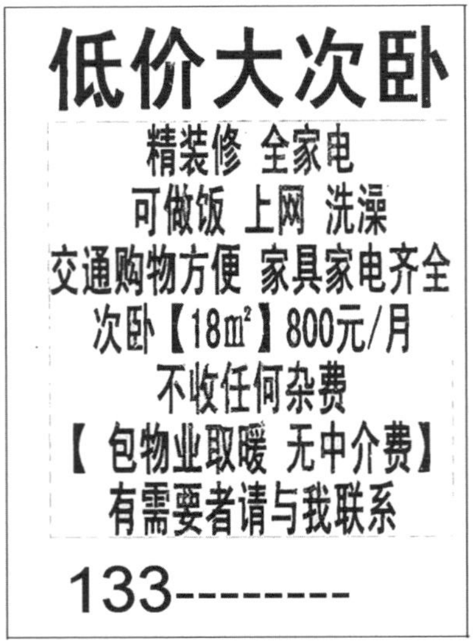

[*Tradução*]
Grande dormitório para hóspedes a baixo custo

Acabamento de alta qualidade, todos os eletrodomésticos incluídos

Permitido cozinhar, acesso à internet e a banheiro

Perto de meios de transporte e centros de compras, toda a mobília e eletrodomésticos incluídos

Dormitório [18 m²] 800 *yuans*/mês

Sem taxas extras

[Taxas de condomínio e calefação incluídas, sem taxa de corretagem]

Por favor, se interessado, me contatar em

133 -----------------------------

FIGURA 6.4 Pôster anunciando um dormitório para aluguel em um apartamento subdividido em um subúrbio de Pequim, 2013.

no mesmo condomínio protestem contra a prática e tentem rotineiramente fazer com que o município a proíba. Do ponto de vista da oferta habitacional, esse ajuste é desejável, porque transforma o estoque existente de habitação em moradias economicamente acessíveis. Uma vez que um edifício de apartamentos tenha sido construído, é muito difícil reduzir o tamanho das unidades para atender a uma demanda por unidades menores. Subdividir informalmente apartamentos existentes é a forma mais rápida de equilibrar oferta e demanda. Essa situação não precisa ser permanente. Ao longo do tempo, a oferta de moradias recentemente construídas pode se adequar melhor à demanda, e a prática de subdividir apartamentos vai desaparecer.

Os governos deveriam monitorar, mas não proibir, a subdivisão de apartamentos. Se essa prática de subdivisão se mantiver ao longo do tempo, talvez os culpados sejam as regulações. Por exemplo, um tamanho mínimo arbitrário de apartamento, ou um número máximo de moradias por quadra, pode ser o responsável pelo desequilíbrio entre oferta e demanda. Acabar com essas regulações, que não possuem nenhum benefício identificável, permitiria que o mercado habitacional se adequasse à demanda variável dos consumidores.

Jovens morando com seus pais

Em países abastados, avaliar o impacto de uma RPR alta no nível de habitação de grupos de renda específicos pode ser difícil. Um estudo de 2013 do Pew Research Center mostra a proporção de pessoas na faixa etária de 25 a 35 anos que moram com seus pais na Europa e nos Estados Unidos (Figura 6.5). Esse percentual varia de 1,8% na Dinamarca para 56,6% na República Tcheca. Fatores culturais podem explicar algumas das diferenças entre os países. No entanto, fatores econômicos, como taxas de emprego e problemas de oferta de moradia, também afetam a taxa. Quaisquer que sejam as razões para as diferenças internacionais, o que importa é que o tamanho das moradias se ajusta quando há uma discrepância entre a oferta e a demanda de habitação.

Baixando os padrões de moradia mínimos socialmente aceitos: mini e microapartamentos em Nova Iorque

Em Nova Iorque, uma regulação municipal de zoneamento de 1987 especificava que a área de apartamentos deveria ser de, pelo menos, 37,2 m². Mas a oferta de apartamentos desse tamanho se restringe por outra regulação de zoneamento, que estabelece um limite máximo para o número de unidades de habitação por área, implicitamente reduzindo o número de apartamentos pequenos que poderiam ser construídos em uma quadra, independentemente de existir demanda para eles.

No entanto, a demanda por apartamentos pequenos tem aumentado à medida que o número de pessoas por lar decaiu nos últimos 50 anos. Em 2015, o número de domicílios não familiares (p. ex., lares formados por uma única pessoa ou indivíduos sem relação familiar) representava 38% do total. Reconhecendo esse problema, em 2015, o comitê de zoneamento permitiu a construção de 55

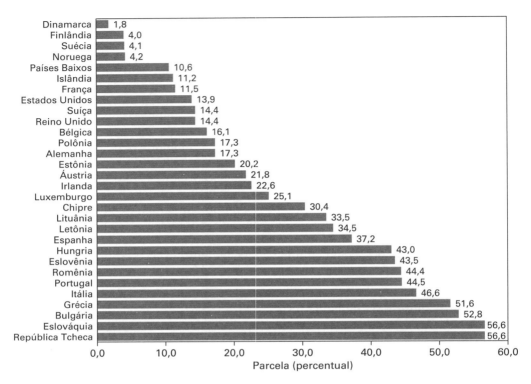

FIGURA 6.5 Parcela de jovens na faixa etária de 25 a 34 anos vivendo com seus pais na Europa e nos Estados Unidos, 2010.
Fonte: Pew Research Center, Washington, DC.

miniapartamentos, variando entre 24 e 33 m², em um único prédio de nove pavimentos no East Side de Manhattan. Esse foi um tímido passo em direção ao uso de uma abordagem sensata para revogar padrões mínimos socialmente aceitos.

Quando os 55 miniapartamentos surgiram no mercado, houve 4.300 candidatos para cada um deles! Isso demonstrou uma alta demanda para unidades pequenas, o que é arbitrariamente restrita pelas regulações de tamanho mínimo de apartamentos. O prédio é localizado em área central e tem um excelente acesso ao mercado de trabalho nova-iorquino. Flexibilizar o tamanho mínimo dos apartamentos deu aos indivíduos liberdade para fazer suas próprias escolhas entre apartamentos maiores em localizações menos centrais e apartamentos centrais menores.

No entanto, se o município retirasse a limitação de tamanho mínimo de apartamento em toda a cidade, ainda assim os incorporadores não construiriam mais miniapartamentos. Outra regulação limitando o número de unidades de habitação por quadra impediria isso. Limitar o número de unidades de habitação por quadra visava a limitar a densidade residencial. No entanto, desde que a regulação entrou em vigor, a densidade residencial caiu à medida que o tamanho médio de domicílio diminuiu. Camadas de regulações que se sobrepõem – e que originariamente tinham objetivos com frequência esquecidos – impedem

CAPÍTULO 6   Acessibilidade habitacional: renda domiciliar, regulações e oferta de terra

Tipo de moradia	Ano	Área construída do apartamento (m²)	Área construída do menor cômodo (m²)	Número presumido de pessoas por unidade	Área construída por pessoa (m²)
A. Edifício de apartamentos	1860	27,5	6.0	6	4,6
B. Edifício de apartamentos da Lei Antiga	1880	26,7	6.0	6	4,4
C. Edifício de apartamentos da Lei Antiga reformado	2016	26,7	Não se aplica	2	13,3
D. Apartamento conjugado mínimo	2016	38,0	Não se aplica	2	19,0
E. Microapartamento	2016	27,8	Não se aplica	1	27,8

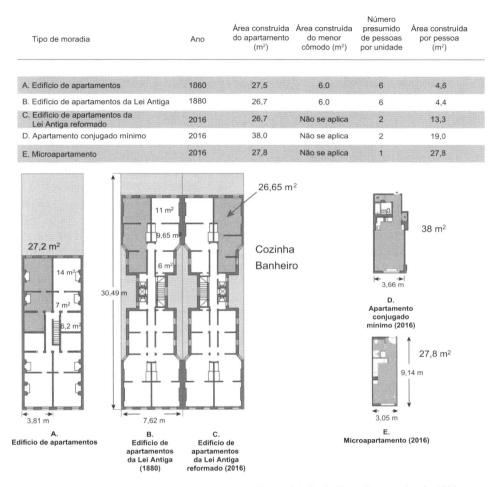

FIGURA 6.6 Padrões mínimos aceitáveis de moradia na cidade de Nova Iorque desde 1860.

que a oferta de moradia atenda à demanda. Essas múltiplas camadas de regulações devem ser eliminadas para que a oferta de moradia se torne responsiva à demanda por moradia.

Em Nova Iorque, as regulações mínimas de moradia têm evoluído com o passar dos séculos. A Figura 6.6 mostra exemplos de plantas de apartamentos do menor tamanho aceitável em épocas diferentes. Em 1860, praticamente não havia padrões de construção de moradia. Os incorporadores respondiam à demanda de moradia de todos os grupos socioeconômicos. O pavimento típico de um edifício de apartamentos (planta A na Figura 6.6), construído em 1860, mostra que cada andar possui quatro apartamentos de 27,2 m² cada. Cada apartamento tem três cômodos. Apenas um cômodo em cada apartamento tem janela. Os banheiros eram compartilhados com todos os moradores do prédio e, no térreo, estavam no quintal. Os apartamentos eram projetados de tal forma que domicílios poderiam ocupar apenas um cômodo ou vários cômodos conectados. Naquela época, o número de pessoas por domicílio era muito grande, com frequência tendo seis ou sete pessoas por lar. A densidade populacional em bairros com esse tipo de edifício de apartamentos era de cerca de 660 pessoas por hectare em 1860.[5] O pico de densidade foi de 1.530 pessoas por hectare em 1910 e caiu para 390 pessoas por hectare em 2010.

O padrão mínimo de moradia aceito pela sociedade evoluiu ao longo do tempo, e um movimento de reforma resultou no Tenement House Act, em 1879 (planta B na Figura 6.6), que exigiu que os cômodos tivessem acesso a poços de ventilação. Além disso, as regulações exigiam um banheiro e um lavabo em cada andar compartilhado pelos moradores. O menor apartamento possuía 26,7 m².

Em tempos mais recentes, esses "edifícios de apartamentos da Lei Antiga" foram reformados por meio da remoção de paredes internas e da adição de uma cozinha e um banheiro, criando um apartamento conjugado com uma área total de 26,7 m² (planta C na Figura 6.6). Minha esposa e eu vivemos em um edifício de apartamentos desses com nosso bebê por um ano após nossa chegada a Nova Iorque. A área construída por pessoa para nossa família era de 8,9 m². Como cozinhas e banheiros não são considerados cômodos de permanência prolongada (ou habitáveis), ocupávamos uma moradia com três pessoas por cômodo. Estávamos no limite do padrão mínimo socialmente aceito pelo estado de Nova Iorque,[6] que seria de 4,65 m² por pessoa por recinto, já que nosso único cômodo possuía uma área de 14 m²! A ONU Habitat definiu superlotação como mais de três pessoas por cômodo, então quase fazíamos de nosso edifício de apartamentos o que a ONU considera uma favela! Na realidade, o banheiro individual, um fogão a gás e um aparelho de ar-condicionado tornavam nossa vida consideravelmente mais confortável do que a dos moradores originais deve ter sido. E adorávamos morar nesse edifício em razão de sua ótima localização.

Em 1987, o tamanho mínimo de apartamento permitido pelas regulações era de 37,2 m². A planta de um apartamento conjugado desse tamanho, construído em 2016, é mostrada em D na Figura 6.6. Por fim, a planta de um dos 55 microapartamentos de 28 m² a serem construídos no centro de Manhattan mencionados anteriormente se encontra em E. Os microapartamentos ainda são um pouco maiores do que os apartamentos da Lei Antiga reformados que ainda constituem uma parte significativa do estoque habitacional de Manhattan e do Brooklyn (não consegui descobrir o número exato de edifícios de apartamentos da Lei Antiga ainda sendo usados em Nova Iorque, mas eles podem ser facilmente identificados via imagens do Google Earth).

Esses exemplos ilustram a futilidade de controlar, por meio de regulações, densidades máximas ou a área mínima construída por pessoa. As elevadíssimas densidades dos edifícios de apartamentos nos anos 1860 não eram criadas por *design* ou por leis, mas pelo mercado. As excelentes localizações dos edifícios e as rendas muito baixas dos moradores geravam altas densidades.

Muitos desses edifícios de apartamentos da Lei Antiga perduram até hoje em Manhattan. Um estudo conduzido por Stephen Smith e Sandip Trivedi, publicado no *New York Times* em 2016,[7] mostra que cerca de 40% dos prédios existentes em Manhattan não poderiam ser construídos hoje em razão do efeito composto de regulações que se sobrepõem! É difícil de compreender a lógica por trás de tais regulações, embora praticamente toda cidade no mundo possua regras similares.

Subdivisões informais em Nova Iorque podem criar moradias populares abaixo do padrão mínimo socialmente aceitável

Subdividir apartamentos grandes em cômodos individualmente alugados por pessoas que compartilham cozinha e banheiros costuma ser permitido em muitas cidades (com algumas restrições, Nova Iorque limita esse direito a não mais do que três indivíduos que não sejam da mesma família por apartamento). No entanto, subdividir apartamentos ou casas em unidades independentes com sua própria cozinha e banheiro é ilegal na maioria das cidades.

Em Nova Iorque, um estudo de 2008[8] mostrou que, entre os anos de 1990 e 2000, cerca de 114 mil novas unidades de habitação foram ilegalmente criadas por meio da subdivisão de casas existentes e da transformação de pavimentos de subsolo e garagens em novas unidades. Essas moradias não autorizadas constituíam cerca de 4% do estoque total de habitação e proviam abrigo para cerca de 300 a 400 mil pessoas.

Subdividir casas dessa forma é ilegal, mas gera unidades de habitação popular sem nenhum subsídio governamental. Outro estudo descreve o suplício dos novos imigrantes de Bangladesh que se estabelecem em Nova Iorque. A maioria desses domicílios possui renda muito baixa e seria incapaz de pagar por qualquer moradia construída de forma legal. Muitos domicílios juntam seus recursos para comprar uma casa padrão em uma parte de baixa renda do Queens e, então, subdividem a casa em várias unidades independentes, onde moram. Essas unidades ilegais entram no mercado e são, então, vendidas ou alugadas.

A cidade envia fiscais para evitar que isso aconteça. O argumento contra essas subdivisões informais é que elas sobrecarregam as utilidades públicas, o transporte urbano e as escolas em razão da densidade populacional mais alta que criam. No entanto, é improvável que as utilidades públicas sejam realmente afetadas, devido à diminuição do tamanho da maioria dos domicílios ao longo dos últimos 30 anos. Talvez as escolas realmente se tornem superlotadas, porque imigrantes costumam ter mais filhos do que domicílios nativos. No entanto, uma função primária do município é prover vaga e escola para todas as crianças da cidade. Não faz sentido impedir que domicílios se instalem em um bairro sob o pretexto de que o número existente de salas de aula é insuficiente. A proibição contra a subdivisão é geralmente um pretexto para ocultar a inabilidade do município de oferecer um número adequado de salas de aula para seus moradores. Muitas regulações de zoneamento são estabelecidas para evitar mudanças de qualquer natureza, inclusive para evitar que domicílios de baixa renda se mudem para bairros de classe média. No caso dos imigrantes de

Bangladesh, eles pagam mais do que seus vizinhos mais abastados por aceitar menos área construída do que os moradores preexistentes. É o oposto da gentrificação. Embora a secretaria de planejamento da cidade estabeleça inclusão social (p. ex., bairros com rendas familiares diversas) como seu objetivo, ela impossibilita o surgimento de bairros com rendas familiares diferentes ao criar leis de zoneamento que impedem que domicílios de renda mais baixa tenham condições econômicas de viver em bairros de renda mais alta.

Os exemplos citados anteriormente mostram como os domicílios se adaptam aos preços altos usando menos área residencial. O ideal seria haver um equilíbrio entre a oferta e a demanda de moradia. Em razão do inevitável descompasso entre as mudanças de oferta e demanda – por exemplo, quando uma família diminui –, as regulações deveriam permitir que esses ajustes informais ocorram de forma legal.

Quando os pobres não conseguem substituir capital por terra

À medida que cidades se expandem, áreas centrais se tornam mais caras. Domicílios e empresas respondem a isso ao se mudarem para prédios de múltiplos pavimentos – apartamentos e torres de escritórios –, o que reduz o consumo de terra residencial. Ao fazer isso, substituem capital por terra. Ao construir edifícios de múltiplos pavimentos, podem aumentar o consumo de área construída enquanto diminuem o uso do solo. Ao substituir o capital por terra e, portanto, usar menos terra por unidade de habitação, domicílios de renda mais baixa podem competir com domicílios de renda mais alta pelas mesmas terras.

Isso é possível em cidades onde domicílios de renda mais baixa podem pagar o custo mais alto de uma construção de múltiplos pavimentos, uma estrutura de pelo menos 18 m² em concreto armado,[9] que seria estruturalmente forte o suficiente para suportar a sobreposição de um apartamento em cima do outro. Nos países de renda mais baixa, onde a construção é mais barata, uma família teria de pagar pelo menos 6 mil dólares por um apartamento conjugado de 12 m²; 6 mil dólares é o preço global das *commodities* dos materiais básicos de construção de concreto e aço necessários para construir 12 m². Em outras palavras, substituir capital por terra requer um capital mínimo. Em algumas cidades, os domicílios mais pobres não podem arcar com esse custo mínimo. Por serem incapazes de substituir capital por terra (p. ex., fazer construções mais altas), a área construída que elas ocupam é ainda menor do que a terra que ocupam. Eles podem pagar por acomodação aceitando uma área de terra muito pequena e uma área construída menor ainda. Por exemplo, na Figura 6.7 (coluna A), as moradias dos assentamentos informais usam 1,16 m² de terra por metro quadrado construído. Além disso, as ruelas extremamente estreitas encontradas nas favelas de muitas cidades não acontecem por causa de um "mau *design*", mas de uma escolha racional feita por domicílios que necessitam desesperadamente de mais área e estão prontas a abrir mão de área de rua para terem mais área, já que são muito pobres para construir casas mais altas. Isso resulta em uma diferença de mais de 30% em solo reservado para vias e espaço aberto em assentamentos formais e informais (Figura 6.7).

Vamos investigar isso mais a fundo – o exemplo seguinte, tirado de Bhayandar West, um subúrbio ao norte de Mumbai, ilustra as consequências de não se conseguir substituir capital por terra. A Figura 6.7 mostra dois assentamentos construídos lado a lado. À esquerda, o assentamento A é uma comunidade de baixíssima renda vivendo em um assentamento informal, onde casas são construídas com madeira e telhas de aço corrugado recicladas e uma estrutura muito fraca para se estender verticalmente. À direita (assentamento B), há uma comunidade de classe média constituída por apartamentos em prédios de sete pavimentos. A comunidade A é muito pobre para substituir capital por terra; a comunidade B tem dinheiro para isso. Vamos comparar em que difere seu uso de solo e área construída, como demonstrado na tabela da Figura 6.7.

A comunidade de classe média B ocupa uma média de 23 m² de área construída por pessoa, enquanto a comunidade A ocupa apenas 3,5 m². No entanto, o consumo de terra de ambas as comunidades é relativamente próximo: 4 m² para a comunidade mais pobre *versus* 6 m² para a comunidade de classe média. Domicílios pobres que não têm como arcar com o custo mínimo de construção de 6 mil dólares por um cômodo em um prédio são obrigadas a usar terra mais valiosa por unidade de área construída do que domicílios mais abastados no assentamento formal B. Os domicílios pobres do assentamento A devem usar 1,16 m² de terra por unidade de área construída, enquanto os domicílios em B usam apenas 0,27 m² de terra por unidade de área construída. Os domicílios em B, como podem pagar por apartamentos em prédios de múltiplos pavimentos, também podem permitir que 46% da terra permaneça como espaço aberto, em comparação aos 13,5% do assentamento horizontal A.

Apesar de se constituir apenas de construções térreas, a densidade residencial do assentamento horizontal A é muito mais alta do que a do assentamento vertical B.

As unidades habitacionais do assentamento informal A foram majoritariamente construídas pelos próprios domicílios, com frequência por meio do reúso de materiais coletados. No entanto, assim que uma moradia é erigida, seu preço de venda ou aluguel é determinado pelo mercado informal. A maior restrição para domicílios muito pobres é, portanto, o acesso à terra. Embora os assentamentos A e B ocupem basicamente a mesma área de terra por habitação, o leiaute do assentamento A não é permitido pelas regulações, enquanto o do B é.

Parece que cerca de 6 mil dólares (em 2016) é o custo-limite abaixo do qual domicílios pobres que não podem arcar com essa soma estão condenadas a viver em assentamentos horizontais informais. Em metrópoles, onde a terra é cara, domicílios mais pobres são frequentemente forçadas a ocupar mais terra por metro quadrado construído do que domicílios com renda mais alta. Isso resulta em moradias com área construída extremamente pequenas para domicílios de baixa renda.

Uso do solo: comparação entre assentamentos informal e formal

	A Informal	B Formal
Número médio de pavimentos	1	7
Área construída por moradia[1] (m²)	17,5	81,3
Área construída por pessoa (m²)	3,50	23,21
Área de terra por pessoa (m²)	4,04	6,16
Área de terra por metro quadrado de área construída	**1,16**	**0,27**
Área de terra por moradia (m²)	20,22	21,55
Percentual de ruas e espaço aberto	13,5	46
Coeficiente de aproveitamento bruto (CA)	0,87	3,77
Densidade residencial líquida (pessoas por hectare)	2.473	1.624

[1] Incluindo corredores e escadas de uso comum.

FIGURA 6.7 Assentamentos formal e informal, subúrbios ao norte de Mumbai.

Em contraste, em cidades onde domicílios pobres podem pagar mais de 6 mil dólares por casa, as favelas horizontais mostradas na Figura 6.7 tendem a desaparecer e ser substituídas por edifícios de múltiplos pavimentos que permitem uma área útil muito maior. Os vilarejos urbanos de Shenzhen, discutidos a seguir, ilustrarão esse caso.

O desenvolvimento e a difusão desse tipo de técnicas de construção, como vigotas de concreto protendido pré-fabricadas, poderiam reduzir substancialmente o custo de 6 mil dólares por um apartamento em um edifício de múltiplos pavimentos. Tal tecnologia, portanto, aumentaria o tamanho das moradias dos domicílios pobres para muito além da economia no custo da construção, porque permitiria que um número muito maior de domicílios substituísse capital por terra, assim como grupos com renda mais alta estão fazendo rotineiramente.

Além disso, construir edifícios de múltiplos pavimentos costuma exigir financiamento. É quase impossível que os domicílios financiem essas estruturas sozinhos da mesma forma que fazem com as habitações horizontais, o que pode ser melhorado aos poucos. O setor financeiro de uma cidade deve, portanto, oferecer empréstimos e financiamento para construções para que os incorporadores possam melhorar o aproveitamento do solo.

Medir a distribuição de renda em relação ao consumo de moradia é indispensável para a criação de políticas habitacionais eficientes

Usando a distribuição de renda domiciliar por cidades

Usar uma renda mediana para medir a acessibilidade econômica é uma simplificação justificável ao comparar duas cidades diferentes ou ao olhar para uma tendência em um determinado período. É, também, uma simplificação aceitável para cidades com uma classe média ampla na qual a maioria dos domicílios tem uma renda mediana. No entanto, ao tentar melhorar a acessibilidade econômica à moradia em uma cidade específica, é necessário reparar nas distribuições de renda nas quais domicílios com renda mediana talvez representem apenas um grupo socioeconômico muito pequeno. Isso ocorre em metrópoles de países em desenvolvimento, onde a desigualdade de renda é maior do que em cidades mais abastadas.

A Figura 6.8 mostra a distribuição de renda domiciliar em Xangai no ano de 1998. A renda é mostrada a intervalos regulares no eixo horizontal. As barras mostram o número de domicílios em cada faixa (usando a escala no eixo à esquerda). A curva tracejada sobreposta ao gráfico de barras mostra o percentual cumulativo de domicílios dentro de cada faixa de renda (usando a escala no eixo à direita). O gráfico mostra o número de domicílios em diferentes grupos socioeconômicos que competem por terra e habitação. Essa representação gráfica de todos os grupos de renda em uma mesma cidade apresenta muito mais informações do que usar uma renda mediana ou termos imprecisos como "baixa renda", "média renda" etc. Por exemplo, usando a Figura 6.8, fica claro que as 180 mil domicílios com renda anual abaixo de 6 mil *yuans* têm dificuldades econômicas diferentes das 260 mil domicílios com renda anual em torno de 14 mil *yuans*. No entanto, ambos os grupos têm renda bem abaixo da renda mediana de Xangai, de cerca de 21 mil *yuans* (linha horizontal com traços e pontos na Figura 6.8). A distribuição de renda de uma cidade é uma ferramenta indispensável para analisar e quantificar problemas de moradia popular.

Estoque e fluxo de moradia e a teoria do efeito cascata

A forma da curva da distribuição de renda pode também ajudar a prever o impacto de políticas de moradia popular. O gráfico permite testar se a teoria do "efeito cascata" da acessibilidade[10] pode ser relevante. Por exemplo, imagine que os incorporadores aumentem em 10% o número de unidades de habitação disponíveis

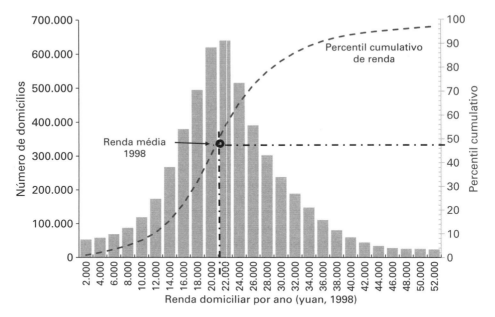

FIGURA 6.8 Distribuição de renda domiciliar em Xangai, 1998.
Fonte: Jie Chen, Qianjin Hao e Mark Stephens, *Assessing Housing Affordability in Post-Reform China: A Case Study of Shanghai* (Londres: Routledge, 2010).

para domicílios com renda de cerca de 14 mil *yuans* (ou cerca de 24 mil novas unidades). Isso facilitaria a aquisição da casa própria por domicílios com renda abaixo de 14 mil *yuans*, com o número de moradias liberadas pelos beneficiários provavelmente gerando um efeito cascata para grupos com renda mais baixa e tendo um impacto significativo, já que esses grupos têm menos membros do que os beneficiários originais. No entanto, se o mesmo aumento de 10% de novas unidades de habitação for construído para domicílios com renda em torno de 36 mil *yuans* (ou cerca de 10 mil novas unidades), o aumento no número de unidades de habitação também vai cascatear em direção a grupos com renda mais baixa, mas, em breve, terá um impacto insignificante em razão do número muito maior de domicílios no grupo de renda mais baixa. O efeito cascata não acontece sempre, mas ele se dilui completamente quando o aumento nas unidades de habitação é voltado a domicílios com a renda muito mais para a direita do modo de distribuição (no caso de Xangai mostrado na Figura 6.8, o modo corresponde a domicílios com uma renda de cerca de 22 mil *yuans*). Se o número de domicílios em cada faixa fosse igual (se as barras fossem todas da mesma altura), então o efeito cascata funcionaria perfeitamente.

Obviamente, o efeito cascata também pode se transformar em um efeito cascata inverso. Imagine que um governo limite a oferta de moradias para grupos com renda mais alta e favoreça exclusivamente a construção de unidades de habitação mais baratas (p. ex., para rendas de cerca de 12 mil *yuans* na Figura 6.8). Na ausência de nova oferta, grupos com renda mais alta vão pagar mais do que o grupo mais pobre para ocupar as únicas unidades dos mercados. O efeito cascata, então, ocorrerá ao inverso. O efeito cascata inverso significa que unidades de habitação previamente pagáveis por pessoas de renda mais baixa estão sendo compradas por grupos de renda mais alta (gentrificação). Isso acontece com bastante frequência em moradias subsidiadas pelo governo quando o mercado geral está extremamente condicionado por regulações de uso do solo ou pela falta de infraestrutura, o que limita a oferta de terra. Grupos com a renda mais alta então "invadem" o estoque habitacional de grupos de pessoas mais pobres. O efeito é particularmente grave quando grupos de renda alta adquirem moradias existentes apenas para reorganizá-las em moradias maiores, diminuindo o número de unidades de habitação em nosso estoque.

Em Chennai, na Índia, nos anos 1970, o governo municipal contava com um programa vigoroso para construir moradias públicas e ao mesmo tempo o desenvolvimento do solo para todas as categorias de renda por meio de regulações e desenvolvimento de estrutura inadequado. No entanto, domicílios com renda mais baixa, que haviam sido cuidadosamente escolhidas com base na sua renda para se beneficiarem da habitação pública, com frequência sublocavam ou vendiam informalmente seus apartamentos para domicílios de renda mais alta. O governo não respondeu reajustando sua política de habitação para liberar mais terra para moradias. Em vez disso, se concentrou em impedir o efeito cascata inverso ou a sublocação. Ele exigia que todos os membros de uma família em uma habitação pública tivessem cartões de identificação com fotografias que pudessem ser apresentados a inspetores durante visitas aleatórias. Esse é um exemplo de efeito cascata inverso que é bem comum quando as políticas de urbanização de terras e as regulações não batem com a política de habitação. Discutirei esse tópico em mais detalhes a seguir, ao olhar para as opções de políticas de habitação. A reação do governo de Chennai é, também, típica de governos em muitos países. Quando as informações mostram que uma política não está funcionando – como quando beneficiários vendem suas moradias subsidiadas para grupos com renda mais alta –, os governos tentam forçar o sucesso dessa política impondo mais regulações.

As curvas de distribuição de renda domiciliar mostram a complexidade de qualquer política de habitação que busque garantir uma oferta de moradia acessível para todos os domicílios, sobretudo quando a renda varia muito. Usarei a curva de distribuição de renda como ferramenta fundamental para testar opções de políticas de moradia.

O que acontece quando a renda aumenta rapidamente?

A Figura 6.8 mostra a distribuição de renda em Xangai em 1998. A forma da curva provavelmente será bem diferente após uns poucos anos. Novos imigrantes sem qualificação podem aumentar o número de domicílios com renda muito baixa no lado esquerdo do gráfico, enquanto a renda de outros domicílios, que estão em áreas urbanas há mais tempo, talvez aumente rapidamente em razão do seu aumento de produtividade e de qualificação. O aumento de renda adicionará mais domicílios ao meio e à direita do gráfico. A mudança na distribuição de renda domiciliar mudará a demanda por habitação e exigirá um ajuste na oferta de novas unidades de habitação. O preço e os padrões para novas habitações deveriam se ajustar à nova demanda.

Comparemos o perfil de distribuição de renda de Xangai em 1998 com o de 2003 (Figura 6.9). Durante esse período, a renda mediana de Xangai cresceu de 21 mil *yuans* para 32 mil *yuans* em termos reais, um aumento de 58% em uma taxa anual média de 8,8%.[11] Essa taxa de crescimento de renda muito grande é excepcional. Em Xangai, esse foi um período em que reformas econômicas ousadas e grandes investimentos em infraestrutura implementados na década anterior aumentaram drasticamente a produtividade urbana. Durante esse mesmo período, o número de domicílios aumentou em 17%, ou a uma média de 3,3% ao ano, uma taxa de crescimento também excepcional para uma cidade com uma população de 15,5 milhões em 1998. A taxa de crescimento demográfico natural de Xangai durante esse período foi ligeiramente negativa, –0,08%. A taxa de crescimento populacional foi, portanto, inteiramente devida às migrações.

• • •

Mesmo que as taxas de crescimento populacional e de renda de Xangai sejam excepcionais, elas oferecem uma visão sobre problemas de acessibilidade econômica que surgem quando a distribuição urbana de renda se modifica. As mudanças em Xangai se concentram em um curto período de cinco anos. Em outras cidades, mudanças comparáveis às vezes se distribuem ao longo de um período maior, como, por exemplo, 10 anos, mas ainda assim elas são assustadoras e precisam ser abordadas. Ao administrar uma cidade, nada pode ser mais danoso do que assumir uma situação estática.

O aumento de 58% na renda mediana não reflete um aumento uniforme em todas as classes sociais. A forma como as rendas familiares são distribuídas tem implicações importantes para a acessibilidade econômica da habitação. Apesar do grande aumento da renda mediana, o número de domicílios no grupo de renda muito baixa, abaixo de 6 mil *yuans* por ano, aumentou em 53%, representando 70.600 domicílios a mais. Esse aumento é consistente com a alta taxa de migração. Muitos imigrantes vêm do campo e ainda não têm a qualificação necessária para obter empregos urbanos bem remunerados.

Na próxima categoria, renda média baixa de 6.001 a 24 mil *yuans*, o número de domicílios diminuiu em 1,9 milhão ou –58% comparado ao número de domicílios nessa categoria em 1998! Contrastando, o grupo de renda acima de 24 mil *yuans* aumentou em 2,09 milhões de domicílios (um aumento de 124% em relação ao número de domicílios dessa faixa em 1998).

De acordo com o Escritório Municipal de Estatística de Xangai, 153,8 milhões de metros quadrados de área residencial foram construídos durante esse período, ou cerca de 165 m² por moradia adicional. De forma agregada, parece que a oferta de moradia mais do que acompanhou o crescimento populacional – uma conquista impressionante, dado o rápido crescimento demográfico de Xangai. No entanto, a área construída agregada não nos diz o número total de unidades construídas, o quão grande elas eram, quais eram seu preço e sua localização ou qual era a categoria de renda dos domicílios que podiam comprá-las.

A acessibilidade econômica das moradias não deveria ser calculada de modo agregado, mas por grupo de renda. Metros quadrados de área construída não são vendidos individualmente, mas em grupos, como apartamentos em localizações específicas que determinam seu preço. Domicílios de baixa renda, portanto, talvez não tenham acesso a toda a área construída. A análise de acessibilidade também não pode ser feita de modo agregado comparando-se novas formações de lar a novas unidades de habitação construídas. O fluxo de nova oferta, medido em unidades de habitação e não em área construída agregada, deveria ser desagregado pelo número de novas unidades postas no mercado economicamente acessíveis para grupos de renda específicos. Ao conduzir avaliações de acessibilidade econômica para testar a eficácia de uma política habita-

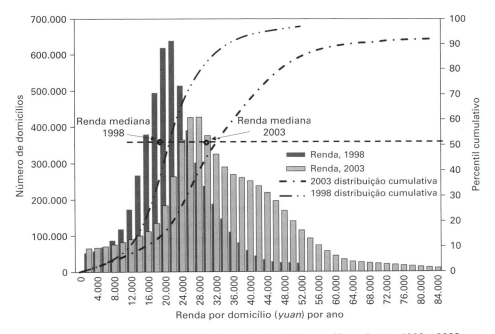

FIGURA 6.9 As mudanças na distribuição de renda domiciliar em Xangai entre 1998 e 2003. *Fonte:* Jie Chen, Qianjin Hao e Mark Stephens, *Assessing Housing Affordability in Post-Reform China: A Case Study of Shanghai* (Londres, Routledge, 2010).

cional, é necessário desagregar o número de unidades produzidas com respeito a preço e renda, área ocupada e localização.

Distribuição de renda relacionada à tipologia habitacional

Mostrei a grande variação de renda que existe em uma cidade. Todo domicílio cuja renda está representada em uma curva de distribuição de renda vive em algum tipo de acomodação pela qual ela pode pagar em certas circunstâncias. No entanto, a qualidade desse abrigo pode variar de 2 m² de caixas de papelão em uma calçada a uma casa de campo de luxo com uma piscina interna. Para identificar a verdadeira questão da acessibilidade econômica, teremos que associar a distribuição de renda ao tipo de acomodação e decidir em que ponto a moradia está abaixo do mínimo socialmente aceito. Ao buscar uma solução de políticas, teremos que saber quantos domicílios vivem atualmente em uma acomodação que se encontra abaixo da mínima qualidade de moradia socialmente aceita. As opções de políticas serão diferentes, dependendo do número de domicílios que se enquadrarem abaixo desse mínimo. Imagine que, em uma cidade de 1 milhão de pessoas, apenas 500 vivem em casebres de papelão e plástico. A solução, provavelmente, seria a oferta de um benefício social para mover esses 500 indivíduos para acomodações adequadas em uma localização central, bem como de educação e treinamento para que possam, em certo momento, se integrar à força de trabalho da cidade. No entanto, se, na mesma cidade, 30% da população vive em casas de papelão e plástico, a política para resolver isso exigirá uma abordagem diferente, que envolve analisar com cuidado a demanda e a oferta de terra e habitação. A solução para o problema habitacional exigirá uma intervenção de mercado, mesmo que alguns subsídios de demanda também sejam usados. Desenvolver uma política habitacional, portanto, necessariamente relaciona as deficiências da acessibilidade à moradias ao número de domicílios que lidam com essas deficiências. Isso é o que proponho na seção seguinte. Ao olhar para problemas de moradia popular – seja em Mumbai, seja em Nova Iorque –, a curva de renda domiciliar será a pedra fundamental no desenvolvimento de uma solução. É necessário quantificar o problema em termos da proporção de domicílios que se encontram abaixo do padrão mínimo socialmente aceitável.

A distribuição de renda domiciliar deveria, então, ser relacionada ao tamanho e ao padrão de habitação por faixa de renda; uma dimensão importante que não está presente no índice RPR. É importante relacionar o pagamento das moradias ao que domicílios recebem pelo preço que pagam. O objetivo de uma política habitacional é aumentar o nível de habitação de domicílios que consomem um padrão inaceitavelmente baixo de moradia devido à sua baixa renda. Portanto, uma política habitacional nunca deveria buscar apenas fornecer uma certa quantidade de unidades de habitação por ano para sanar um "déficit" de habitações de qualidade abaixo do padrão legal. Essa abordagem seria válida apenas se as unidades antigas precisassem ser demolidas. O exemplo dos edifícios de apartamentos da Lei Antiga reformados em Nova Iorque, mencionados

CAPÍTULO 6 Acessibilidade habitacional: renda domiciliar, regulações e oferta de terra

anteriormente neste capítulo, mostra que, com frequência, não há necessidade de destruir toda unidade antiga.

Todos os domicílios mostrados à esquerda do gráfico da Figura 6.10 vivem em moradias que podem ser observadas no nível do solo ou por meio de imagens de satélite ou aerofotogrametria. Imagens de satélite de alta resolução podem ser analisadas para identificar tipos de moradia que podem ser classificados de acordo com seu custo e suas características físicas. A área ocupada por cada moradia pode ser medida. Toda a oferta residencial de uma cidade pode ser dividida entre tipos de habitação. Dados do censo e levantamentos em campo podem complementar a informação obtida via interpretação de imagens de satélite. A população inteira de uma cidade pode ser distribuída entre diferentes tipos de habitação. Cada tipo de habitação corresponde a um preço de moradia ou a uma faixa de aluguel que pode ser relacionada a uma renda domiciliar. É, então, possível associar o tipo de gráfico de distribuição de renda mostrado na Figura 6.8 aos dados de tipologia habitacional para obter uma representação da distribuição do conjunto completo de domicílios por grupo de renda e tipo de habitação. A Figura 6.10 ilustra os resultados desse método. Ela mostra a distribuição de renda domiciliar de Hanói, à direita, e a tipologia habitacional sobreposta à distribuição de renda, à esquerda. Os gráficos mostram quais tipos de moradia são atualmente pagáveis por cada grupo de renda – já que eles vivem atualmente neles – e o número de moradias em cada tipo de habitação.

A população de Hanói foi distribuída entre oito tipos de moradia – específicos de Hanói – que podem ser facilmente identificados em imagens de satélite. Não existe um padrão de tipologia habitacional que possa ser usado em mais de uma cidade; para cada uma, uma nova tipologia precisa ser definida, refletindo a história e a cultura locais. No caso de Hanói, dois tipos de habitação são específicos do Vietnã – vilarejos urbanizados e "casas-tubo". Vilarejos urbanizados

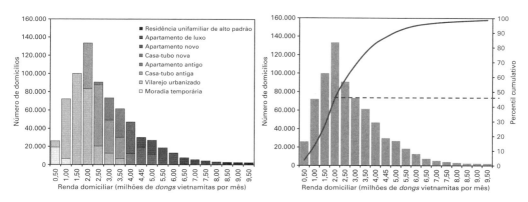

FIGURA 6.10 Distribuição de renda de Hanói relacionada à tipologia habitacional, 2005.
Fonte: Os dados são do Programa de Desenvolvimento Integrado e Ambiental de Hanói (HAIDEP) Instituto de Estatística de Hanói, 2005, e as estimativas do autor a partir dos levantamentos em campo e imagens de satélite.

são unidades habitacionais que originalmente se localizavam na periferia de Hanói, mas foram absorvidas pela expansão da área urbana da cidade, e mantêm sua rede viária e seu tamanho de lote originais. Casas-tubo são casas em fita tradicionais com uma fachada de cerca de 3,5 metros de largura e uma profundidade de 22 metros. Podem ter até seis ou sete pavimentos. Elas podem ser usadas por uma família grande, subdivididas em apartamentos ou até mesmo alugadas por dormitório. Os grupos de renda capazes de pagar por casas-tubo podem, portanto, variar bastante, dependendo do bairro e momento no tempo.

A escolha de uma tipologia é importante quando se analisa políticas habitacionais. A quantidade de unidades de um certo tipo de moradia pode aumentar ao longo do tempo, enquanto outros estão fadados a diminuir. Por exemplo, o estoque habitacional constituído por casas-tubo e apartamentos antigos localizados no centro histórico de Hanói não pode se expandir, mas apenas desaparecer lentamente por meio de demolição e transformação em outros tipos de moradia, como "novos apartamentos", que seriam acessíveis para um grupo diferente, em geral de renda mais elevada.

A Figura 6.10 mostra apenas um vislumbre da situação habitacional de Hanói na época do levantamento. A distribuição de renda mudará, e o estoque habitacional será transformado por meio de demolição, reconstrução e ampliação em novas urbanizações. Bairros raramente permanecem estáticos; eles estão sujeitos à gentrificação ou ao seu oposto, a filtragem. De forma geral, quando as rendas aumentam rapidamente, como em Xangai nos anos 2000, grupos de renda mais elevada tendem a se mudar para unidades de habitação recém-construídas, enquanto os grupos de baixa renda os substituem nas unidades mais antigas que costumavam ocupar. No entanto, grupos de renda mais elevada talvez se mudem novamente para unidades de habitação reformadas em bairros mais antigos quando esses bairros são bem localizados ou têm apelo histórico.

Por exemplo, em Pequim, os bairros *hutong* eram frequentemente habitados por domicílios de renda alta e média antes da revolução. Eles foram subdivididos quando o governo comunista assumiu, em 1947, resultando em densificação e subsequente filtragem. Nos anos 1980, o governo municipal considerou os *hutong* tão densos quanto favelas e os demoliu para construir edifícios altos. No início dos anos 2000, algumas áreas *hutong* se tornaram populares e foram subsequentemente regentrificadas em edifícios unifamiliares de baixa densidade ou em hotéis de luxo. O ciclo entre filtragem e regentrificação durou cerca de 50 anos. Os bairros antigos da maioria das cidades têm histórias similares, com ciclos maiores ou menores entre gentrificação, filtragem e regentrificação – por exemplo, o West Village, em Nova Iorque; o Marais, em Paris; e o Soho, em Londres.

O principal aprendizado a se levar da constante transformação de cidades históricas é que o estoque habitacional inteiro pode se transformar. Uma política de habitação popular deveria, portanto, projetar um estoque habitacional e fluxos prováveis. A abordagem de estoque e fluxo é mais útil quando aplicada à tipologia habitacional. Por exemplo, no caso de Hanói, sabemos que o fluxo de "apartamento antigo" será, por necessidade, negativo, enquanto o das casas e o dos apartamentos novos provavelmente serão positivos.

É um erro comum olhar para apenas uma porção do mercado habitacional, como bairros de baixa renda, e se concentrar apenas em nova oferta por meio de novos edifícios construídos do zero, enquanto todo o estoque habitacional está sujeito a transformações. Em especial, domicílios de baixa renda em geral preferem se mudar para bairros centrais preexistentes que se tornaram recentemente pagáveis para elas do que se mudar para habitações populares recentemente construídas na periferia, com viagens pendulares longas e caras.

Relacionando distribuição de renda com o consumo de moradia

Após relacionar rendas domiciliares a tipos de habitação, é necessário relacionar rendas domiciliares à moradia consumida e de fato medida. Muitos indicadores de consumo podem ser usados: a área construída por domicílio, a área de terra por domicílio, o consumo de utilidades residenciais (como água e eletricidade), e o acesso a transporte e a equipamentos comunitários. Também podemos usar um índice composto que indique o consumo de moradia agregado e ponderado dos domicílios, incluindo todos esses componentes.

Quaisquer que sejam as medidas de consumo, todas as unidades habitacionais estão distribuídas entre os domicílios de acordo com a sua faixa de preço. Esse preço vai, teoricamente, estar diretamente relacionado à renda domiciliar. Ao relacionar o consumo de moradia de cada domicílio à distribuição de renda, podemos identificar grupos que são particularmente carentes e desenvolver uma política habitacional para resolver essa privação.

A distribuição de renda de Hanói está relacionada à área construída na Figura 6.11, que reproduz a distribuição familiar da Figura 6.10 na sua base; além disso, adicionei um novo gráfico acima com o mesmo eixo horizontal correspondendo à renda domiciliar, mas com o eixo vertical representando a área construída por moradia, a medida que varia de acordo com a renda. A linha contínua em cada gráfico é uma média por renda; domicílios diferentes talvez consumam diferentes áreas construídas dependendo das suas circunstâncias, preferências e localização. No entanto, essas variações entre pessoas do mesmo grupo de renda são similares em todos os grupos de renda. Esse é o motivo pelo qual o consumo pode ser convenientemente representado por uma curva que demonstra a média por intervalo de renda em vez de um gráfico de dispersão contendo todos os casos estudados.

Os dois gráficos da Figura 6.11 mostram quantos domicílios consomem cada quantidade de moradia. O passo inicial para a maioria das políticas habitacionais costuma ser a definição do tamanho de habitação mínimo socialmente aceito, em geral em termos de área construída. O uso de uma curva de distribuição de renda associada ao tamanho médio de habitação por faixa de renda permitiria a avaliação do número de domicílios que se encontram abaixo do limite de

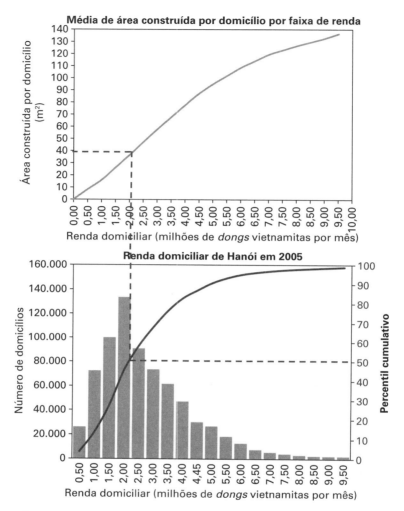

FIGURA 6.11 Distribuição de renda domiciliar (abaixo) e área construída (acima) de Hanói.
Fonte: Os dados são do Programa de Desenvolvimento Integrado e Ambiental de Hanói (HAIDEP) do Instituto de Estatística de Hanói, 2005.

área construída estabelecido. A política e, possivelmente, o limite poderiam ser ajustados conforme o necessário. Por exemplo, em Hanói, 50% dos domicílios vivem em moradias com menos de 40 m² (Figura 6.11). O governo deveria estabelecer um padrão mínimo que 50% da sua população atualmente não tem? Claro que não! A média de área construída utilizada por faixa de renda poderia ser substituída por outros indicadores de consumo ligados à renda, como consumo de água ou qualquer outro indicador.

A representação dos dois gráficos na Figura 6.11 é uma simplificação da realidade, já que muitos domicílios com a mesma renda podem mostrar diferentes tamanhos de habitação, mas é útil para entender e discutir opções de políticas, como veremos a seguir.

Usando a relação entre renda e consumo para testar opções de políticas

Podemos usar gráficos relacionando renda, número de domicílios e consumo de moradia para testar políticas habitacionais alternativas. Para fazer o teste, usarei um caso hipotético não relacionado a uma cidade específica, evitando descrever as circunstâncias idiossincráticas que talvez afetem o resultado ou as políticas. Adiante neste capítulo, usarei o gráfico de relação entre renda e consumo para discutir a eficiência de várias políticas habitacionais em cidades específicas de estudo de caso.

Opções de políticas habitacionais

Os governos frequentemente declaram que a baixa qualidade de moradia que afeta uma grande parte da sua população urbana se deve a uma falha de mercado. Na realidade, a baixíssima qualidade de parte do estoque habitacional se deve à pobreza. Como sabemos, o mercado é um mecanismo cego e frio que não está sujeito à compaixão. O mercado vai, previsivelmente, ofertar moradias de muito baixa qualidade para domicílios de muito baixa renda e nenhuma moradia para domicílios que precisam gastar quase toda sua renda em comida. Em uma cidade que inclui um número significativo de domicílios de renda baixíssima, o mercado provavelmente não lhes dará nada parecido com uma moradia. O governo deveria, então, ofertar moradia para domicílios com as rendas mais baixas?

Não há nada de errado em governos substituírem mercados para fornecer unidades de habitação socialmente aceitas aos mais pobres. Na verdade, esse é precisamente um dos papéis do governo. Se essas unidades habitacionais vierem acompanhadas de escolas decentes e serviços de saúde, sua disponibilização não é apenas um esforço de compaixão, mas um investimento no bem-estar futuro de todos os cidadãos urbanos. Por exemplo, o governo deveria obviamente oferecer abrigo aos sem-teto. Não há solução de mercado para pessoas sem renda.

No entanto, assim que um governo decide construir moradias para domicílios de baixa renda, cinco questões precisam ser respondidas:

1. Quantos domicílios deveriam ser incluídos? Ou, em outras palavras: até qual nível de renda o governo deveria substituir o mercado?
2. Quais níveis de moradia deveriam ser fornecidos?
3. Quantas unidades habitacionais o governo deveria subsidiar a cada ano?
4. Quantos anos seriam necessários para fornecer uma unidade habitacional subsidiada para todos os beneficiários em potencial?
5. Qual realocação orçamentária seria necessária anualmente?

O governo deveria fornecer respostas claras a essas perguntas já no início da formulação de uma política habitacional. A formulação final da política exigiria algumas iterações até que o número de beneficiários e de padrões estabelecidos correspondesse ao custo anual que o governo pode pagar. Com muita frequência, programas de habitação públicos incluem apenas os números que correspondem a uma ou duas das cinco perguntas. Os números em geral refletem as necessidades percebidas em vez de o que realmente pode ser feito de modo confiável. Como resultado, muitos programas habitacionais perdem credibilidade em pouquíssimo tempo devido aos baixos padrões ofertados e a um volume menor de moradias que o prometido em razão de problemas de orçamento, limitações administrativas e questões semelhantes.

Um programa de habitação pública com credibilidade deveria incluir uma avaliação quantitativa relacionando padrões, renda dos beneficiários e número total de beneficiários. Há, com frequência, uma tentação de passar dos limites e incluir muitos beneficiários, o que faria o custo de moradia superar a capacidade de atendimento do governo.

Distribuição de renda, consumo de moradia e resultado do mercado

Relacionando a distribuição de renda ao consumo de moradia como ferramenta de diagnóstico

Na Figura 6.12, mostro uma típica curva renda-consumo. A curva abaixo mostra o lado da demanda – a relação entre a renda e o número de famílias. A curva acima mostra o lado da oferta – a relação entre renda e tamanho de habitação. O eixo vertical mostra um índice que reflete a qualidade das moradias, o qual inclui a área construída e características como acesso à água potável. Como alternativa, o índice de qualidade de moradia poderia ser substituído por um único

CAPÍTULO 6 Acessibilidade habitacional: renda domiciliar, regulações e oferta de terra

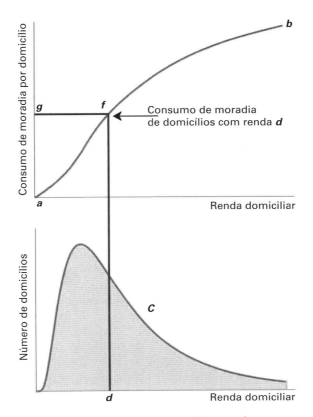

FIGURA 6.12 Renda e consumo de moradia – resultado de mercado.

parâmetro que contribui para a qualidade da habitação, como a área construída por moradia ou o consumo de água por pessoa.

A curva *ab* na parte superior do gráfico mostra as variações de qualidade de moradia sob as condições do mercado na ausência de subsídios. A curva passa pela origem (0, 0), porque, com uma renda zero, o mercado permite apenas consumo igual a zero. Em geral, à medida que a renda sobe acima de zero, o consumo de moradia inicialmente aumenta de forma bem lenta. Ela só vai aumentar mais rápido quando a renda domiciliar atingir o nível de classe média.

A curva de consumo *ab*, que relaciona o consumo de moradia à renda domiciliar, reflete as condições de mercado. O mercado é apenas um mecanismo. Ele não tem sentimentos, nem respeita valores morais. As favelas e as habitações muito pequenas encontradas em muitas cidades de baixa ou média renda não indicam uma falha de mercado; apenas mostram o resultado de mercado com o equilíbrio específico entre oferta e demanda. Por exemplo, na Figura 6.12, um domicílio com renda *d* vai ter uma habitação do tamanho *g*.

O objetivo de uma política habitacional é modificar o consumo de moradia atual

O objetivo de uma política habitacional é modificar o perfil da curva *ab* de consumo de moradia para que o consumo de moradia de domicílios com a renda mais baixa suba para níveis socialmente aceitáveis. As políticas governamentais em alguns setores sociais (como saúde e educação) devem visar a uma distribuição igualitária em todas as rendas – embora essa distribuição ideal raramente seja alcançada no mundo real. Uma linha horizontal cruzando o eixo vertical em *g*, por exemplo, demonstraria uma distribuição igualitária de moradia.

Políticas habitacionais, no entanto, raramente objetivam uma distribuição igualitária – todos domicílios vivendo em moradias idênticas, independentemente de suas rendas. Na antiga União Soviética e na China comunista antes da reforma, a moradia era considerada um fator de produção, e não um bem de consumo que poderia ser comprado e vendido e que refletiria as preferências dos consumidores. Houve, de fato, um esforço para construir unidades de habitação idênticas, variando apenas o número de cômodos de acordo com o tamanho da família. Minha experiência trabalhando na Rússia no início dos anos 1990 e na China nos anos 1980 me convenceu de que, mesmo em um regime baseado no igualitarismo ideológico, o objetivo de moradias igualitárias foi impossível de atingir; embora unidades de habitação de tamanho "igual" sejam fornecidas, uma unidade talvez esteja no centro da cidade, ao passo que outras 30 ou mais estão a quilômetros de distância, o que significaria um acesso muito desigual ao local de trabalho e resultaria em um valor determinado por uma procura desigual do estoque habitacional real. Os objetivos das políticas habitacionais costumam garantir que grupos de renda mais baixa não caiam abaixo de um nível mínimo de moradia, mas são indiferentes ao nível de moradia de grupos com renda mais alta.

Nos parágrafos seguintes, considerarei que a maioria dos cidadãos urbanos querem que domicílios de renda mais baixa tenham condições de pagar por um padrão mínimo de moradia determinado por padrões físicos. Esses padrões físicos podem ser fatores como área construída mínima, consumo mínimo de água, esgoto tratado, coleta de lixo, drenagem pluvial ou serviços comunitários.

O impacto do aumento da oferta de terra urbana   A Figura 6.12 mostra a relação entre consumo de moradia e renda nas condições atuais do mercado em uma determinada cidade a um tempo *t*. A distribuição de renda domiciliar e o consumo de moradia costumam mudar ao longo do tempo, como vimos anteriormente, no caso de Xangai.

Sem mudanças nas rendas familiares, o governo poderia aumentar o consumo de moradia ao remover as restrições à oferta. Algumas dessas restrições são apenas administrativas, como, por exemplo, o processo prescrito para obter um alvará para construção. Outras são regulatórias, como limitar a altura de

CAPÍTULO 6 Acessibilidade habitacional: renda domiciliar, regulações e oferta de terra

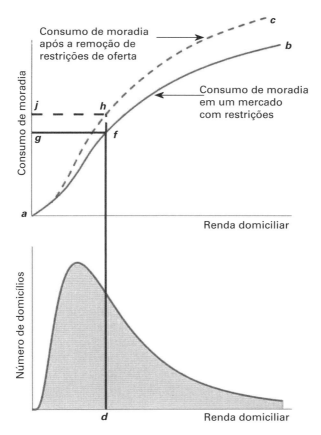

FIGURA 6.13 O impacto da remoção de restrições de oferta no consumo de moradia.

um prédio; a densidade do entorno imediato; a área construída da unidade; as barreiras para a expansão urbana (cinturões verdes); ou até mesmo estabelecer limites em *design*, em inovações e em tecnologias de construção. Outros tipos de medida exigiriam investimentos; por exemplo, aumentar a oferta de área urbanizável expandindo as redes viária e de infraestrutura. A linha tracejada *ac* na Figura 6.13 mostra o aumento potencial no consumo de moradia para todos os domicílios quando restrições de oferta são removidas. O impacto positivo da remoção dessas restrições varia de acordo com os grupos de renda. Por exemplo, domicílios com uma renda *d* veriam seu padrão subir de *g* para *j* após a remoção de restrições de oferta de moradia por parte do governo.

Embora, no longo prazo, todos os domicílios se beneficiem com a remoção de restrições na oferta de moradia, o tamanho dos benefícios não é o mesmo para todos os grupos de renda. Podemos ver, na Figura 6.13, que os benefícios para domicílios de baixíssima renda (à esquerda da curva de distribuição de renda) são muito menores do que os benefícios obtidos por grupos de renda média. Mesmo com mercados que funcionam melhor, grupos de renda muito baixa talvez tenham um consumo de moradia muito baixo; novas unidades são compradas por grupos de renda média a alta e não beneficiam diretamente grupos de baixa renda. É, portanto, frequentemente necessário que os governos adotem medidas adicionais para aumentar o consumo de moradia dos muito pobres, mesmo depois que reformas paralelas à oferta tenham sido implementadas com sucesso.

O aumento no consumo de moradia depois da retirada das restrições na oferta poderia ser bem grande e, em geral, não tem um custo muito alto para o governo (e poderia aumentar a base de receita tributária, pressupondo que mais pessoas podem viver em mais unidades). Por que os governos não criam um método para avaliar suas regras administrativas e regulações para que possam fornecer o benefício do aumento do consumo de moradia para todos os seus cidadãos? Uma razão possível é que reformas no lado da oferta geralmente levam vários anos para mostrar resultados. É, portanto, difícil para quem inicia a reforma levar crédito pela melhora do estoque habitacional, então o incentivo para efetuar mudanças é menor. Há, também, uma falta de clareza sobre como as regulações afetam as decisões da iniciativa privada, que são incentivadas pelo cálculo do lucro. Portanto, as cidades criam pouquíssimos modelos matemáticos preditivos para estimar como as regulações afetam o lucro de incorporadores imobiliários privados e os incentivos para construir novo estoque habitacional em diferentes faixas de renda. Como visto anteriormente, o desejo de "fazer alguma coisa" em relação à moradia – e de fazê-lo rápido – vai contra a necessidade de tirar um tempo para entender o problema por meio de pesquisas e auditorias regulatórias.

O acesso a financiamentos pode aumentar o consumo de moradia de um grande número de domicílios

O acesso a um financiamento habitacional tende a aumentar o consumo de moradia daqueles que se qualificam. Em vez de se basear completamente em suas próprias economias para comprar uma moradia, os domicílios podem pegar emprestada parte do montante necessário com um banco. Isso permite que comprem uma casa maior ou mais bem localizada do que se estivessem dependendo exclusivamente de suas próprias economias. Domicílios com acesso a financiamentos também podem comprar unidades de habitação extras e colocá-las para alugar, aumentando significativamente o estoque habitacional. A disponibilidade de financiamento, portanto, tende a aumentar o consumo de moradia para aqueles que se qualificam, como demonstrado na Figura 6.14. Presumo que bancos forneceriam financiamento para domicílios com renda acima de d. O consumo de moradia de domicílios com renda d aumenta de g para $g1$, e todos os domicílios com renda acima de d aumentam seu padrão de maneira proporcional. Considero, aqui, que a oferta de moradia é elástica

CAPÍTULO 6   Acessibilidade habitacional: renda domiciliar, regulações e oferta de terra

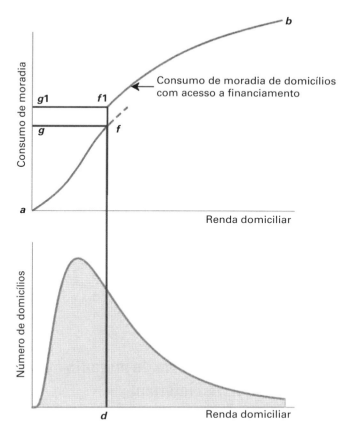

FIGURA 6.14   Consumo de moradia com financiamento para alguns domicílios.

(p. ex., quando a demanda por casas melhores aumenta, incorporadores conseguem responder rapidamente à nova demanda). Nesse caso, a nova curva do consumo de moradia não é mais contínua e, em vez disso, consiste em dois segmentos a–f e $f1$–b.

No entanto, imagine que, em razão das regulações ou da falta de área urbanizável, incorporadores não sejam capazes de atender ao aumento da demanda criado pelo acesso a financiamento. Os recursos maiores dos domicílios que têm acesso a financiamento, então, se concentram nas poucas casas que são ofertadas, e o resultado, provavelmente, será um aumento no preço da habitação em vez de um aumento no consumo de moradia. Qualquer estímulo à demanda, seja ele proveniente de um aumento de renda, seja de um aumento de poder de compra, mesmo que muito desejável em uma economia urbana, resultaria em preços de habitação mais altos se a oferta de moradia for limitada por regulações ruins e falta de áreas urbanizáveis.

Na Figura 6.14, considero que apenas domicílios com uma renda maior do que *d* teriam acesso a um financiamento. Isso representa aproximadamente o terço mais abastado da população total. Essa situação seria típica de uma economia de renda baixa a média na qual o capital é escasso e o setor financeiro é ainda incipiente.

Por que financiamentos habitacionais só são fornecidos para domicílios com renda acima de *d*? O setor financeiro pode não ser capaz de mobilizar muitas economias, e, como o capital é escasso, os bancos emprestam primeiro para os mais abastados, por serem considerados menor risco. À medida que o setor financeiro se desenvolve, o limite mínimo para empréstimo vai se mover em direção à esquerda, incluindo cada vez mais domicílios de renda média. Em certo momento, poderia chegar a até 70% dos domicílios urbanos. Países como a Malásia e a Tailândia alcançaram esse valor, mas isso foi resultado de políticas contínuas e consistentes voltadas para o desenvolvimento do setor financeiro. Os resultados são espetaculares, porém aparecem no longo prazo.

No entanto, um grande número de domicílios com empregos informais e incerteza acerca do registro de seus imóveis pode também contribuir para a limitação do número de domicílios elegíveis para um financiamento. Os governos poderiam, então, aumentar o consumo de moradia ao estabelecer regras que permitissem o desenvolvimento do setor financeiro.

Estabelecer um mínimo de consumo de moradia aumenta o tamanho do setor habitacional informal

Por que os governos estabeleceriam um padrão de consumo de moradia?

Em condições normais de funcionamento do mercado habitacional, a relação entre renda domiciliar e consumo de moradia se torna parecida com as curvas da Figura 6.12: os domicílios mais pobres têm um padrão bem mais baixo de moradia do que os de classe média. Em cidades com uma taxa anual alta de imigração, o número de domicílios pobres é maior, e o seu consumo de moradia é ainda mais baixo. Imigrantes recém-chegados com pouca qualificação para empregos urbanos são amontoados em densas favelas. As favelas se caracterizam não apenas pelas pequenas áreas construídas e por lotes diminutos, mas pelo padrão muito baixo de seus serviços urbanos (como água e saneamento) e por um nível baixo de equipamentos públicos (como escolas e postos de saúde). Quando o número de moradores de favelas se torna grande e, portanto, visível para os grupos mais abastados, as pressões políticas forçam o governo local a "fazer alguma coisa".

A primeira reação do governo, geralmente, é estabelecer padrões mínimos de moradia abaixo dos quais é ilegal construir novas habitações. Todos os países nos quais trabalhei possuíam um mínimo de consumo de moradia. Novas regulações, então, especificam esse padrão, em geral uma combinação de tamanho mínimo de lotes, áreas construídas mínimas, densidade máxima e coeficiente de aproveitamento (CA), além de padrões mínimos para largura de vias e espaços abertos. Os reguladores fingem que evitar, por meio de leis, a construção de unidades de habitação consideradas socialmente inaceitáveis também vai evitar a superpopulação e as condições insalubres nas quais os domicílios de baixa renda vivem.

Ao regular o tamanho mínimo de moradia, os governos estão, na verdade, tentando tirar a cidade da pobreza através da regulação. Contudo, regular o tamanho mínimo da moradia tem o efeito contrário. O padrão mínimo de moradia estabelecido por regulações corresponde a um custo mínimo. Quando esse custo está acima do que um certo número de domicílios poderia pagar, o único efeito da regulamentação de um padrão mínimo de moradia é tornar ilegal os assentamentos construídos abaixo dos novos padrões. Além disso, as regulações causam a futura ampliação de assentamentos ilegais, que são os únicos pagáveis pelos pobres.

Os habitantes de assentamentos ilegais se tornam, por associação, moradores ilegais e talvez não consigam receber serviços públicos e a proteção legal contra despejos. Os assentamentos cujas casas não cumprem os padrões mínimos são normalmente chamados de "setor informal" ou até de favelas.

As regulações que estabelecem um padrão mínimo de moradia não são, portanto, benignas, mesmo quando não são aplicadas – e são, em grande parte, impossíveis de aplicar. Seu único efeito é tornar mais difícil a vida de domicílios pobres vivendo em assentamentos abaixo do padrão mínimo. As pessoas que vivem em assentamentos informais são, em geral, pobres, e sua pobreza é ainda mais exacerbada pelas próprias regulações que tornam seus assentamentos informais.

Para os pobres, o custo da informalidade é alto. Primeiro, a informalidade implica um alto grau de incerteza de posse e, portanto, a possibilidade de demolição e desapropriação sem compensação. Em segundo lugar, muitos serviços municipais, como fornecimento de água, drenagem pluvial e coleta de lixo, são frequentemente negados a assentamentos informais. Em terceiro lugar, serviços sociais, como saúde e educação, se fornecidos, costumam ser de qualidade inferior, porque a informalidade dos assentamentos implica a impermanência, e nenhum governo investiria na construção de escolas ou farmácias em assentamentos impermanentes.

Vamos olhar para o impacto das regulações que estabelecem um tamanho mínimo de moradia para domicílios na base da distribuição de renda na Figura 6.15. O governo estabelece esse padrão em m, no eixo vertical do gráfico de cima. Esse nível m cruza no ponto h a curva C do padrão do mercado de consumo de moradia. De h, traçamos uma linha vertical que cruza com n no eixo horizontal do gráfico de baixo, mostrando a renda domiciliar. O número de domicílios vivendo em assentamentos abaixo do padrão é mostrado na área sob a curva c, à esquerda da linha hn, mostrada em cinza-escuro no gráfico de baixo. Os bairros com moradias à esquerda de hn se tornam ilegais em razão das regulações.

Se o governo aumentar os padrões m, o número domicílios em assentamentos ilegais aumenta. Quando m é mais baixo, o número de domicílios em assentamentos ilegais diminui.

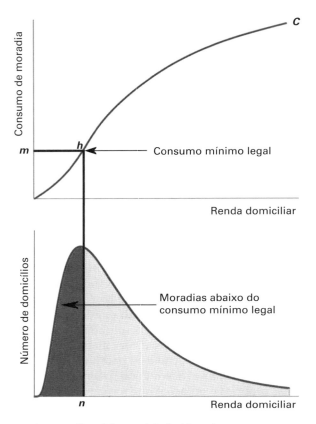

FIGURA 6.15 Consumo de moradia mínimo estabelecido pelo governo.

A escolha de um padrão de consumo de moradia é arbitrária. Não existe um consumo habitacional ideal. Eu argumentaria que acesso à água tratada e a saneamento é indispensável, mas há muitas maneiras de prover esse serviço mínimo sem impor uma dimensão mínima para área construída, terra e vias locais. Ao especificar um acesso mínimo à água e a saneamento, que quantidade de água por pessoa e por dia deveria ser incluída no padrão? Os 30 litros *per capita* por dia (lpcpd) correspondentes ao consumo obtido por meio de uma torneira pública compartilhada por cinco domicílios? Ou 150 lpcpd, como na Europa? Ou 863 lpcpd, como na Califórnia? O mesmo raciocínio poderia ser utilizado para o tamanho mínimo de lote ou de área construída. Veremos o impacto positivo de evitar o estabelecimento de padrões mínimos no estudo de caso a seguir, que descreve a política *kampung* na Indonésia.

• • •

A regulação de padrões habitacionais mínimos não é uma tarefa técnica, mas um ato político. Em muitas cidades de países em desenvolvimento, mas também em cidades como Nova Iorque e Paris, os padrões mínimos são injustificadamente altos. Aparentemente, existe um valor de corte mínimo aceitável para padrões de moradia. Nenhum político local aprovaria um valor padrão mínimo abaixo desse corte. Os políticos acreditam que, ao aceitarem um padrão muito baixo de moradia – que talvez seja o único acessível para uma parcela da população –, eles, de certa maneira, aceitam a pobreza como um estado permanente e que, ao estabelecerem padrões mais altos, estão sendo progressistas.

Outra explicação, ainda menos benigna, para a existência de padrões de moradia injustificadamente altos é o desejo de manter imigrantes pobres fora da cidade e domicílios pobres fora de bairros específicos. Muitas das leis de zoneamento residencial de países desenvolvidos foram feitas para garantir uma comunidade "homogênea" – ou seja, para evitar que pessoas de renda mais baixa se mudem para o bairro.

Quais são as consequências de regular os valores mínimos de consumo de moradia? As pessoas consomem pouca moradia por serem pobres demais para pagar por mais. As regulações não vão retirar os pobres da pobreza.

• • •

No entanto, as regulações vão impedir a construção do único tipo de moradia economicamente acessível a domicílios pobres. Se alguns incorporadores quiserem continuar construindo habitações abaixo do padrão mínimo, essas casas se tornarão ilegais, expondo domicílios pobres à expulsão ou à demolição do único tipo de casa pelo qual podem pagar. Regular um padrão mínimo de moradia, portanto, exclui domicílios pobres dos seus direitos de propriedade.

Os domicílios que não têm como pagar pelo valor do padrão mínimo regulado são confrontadas, então, com duas escolhas: viver em um assentamento ilegal na cidade de sua escolha ou retornar para uma área rural onde o custo de habitação é mais barato ou onde a habitação não é regulada. Obviamente, a grande maioria escolhe a primeira opção. A onipresença das favelas em muitas cidades de países em desenvolvimento demonstra que, com frequência, um grande número de domicílios consegue pagar apenas por um tipo primitivo de moradia sem muito da infraestrutura que torna a alta densidade urbana tolerável. As favelas se devem à pobreza, mas uma imposição governamental de um padrão mínimo de moradia piora a pobreza. Ela nega serviços básicos, como oferta de água, saneamento e coleta de lixo, domicílios que vivem em assentamentos ilegais apenas porque as pessoas que moram lá não podem pagar pelo padrão arbitrário imposto pelas regulamentações de padrão de consumo de moradia.

Uma infraestrutura para fornecer um mínimo de água tratada, esgoto e coleta de resíduos sólidos é relativamente barata de se fornecer, comparada à moradia. A falta de água tratada e de saneamento tem um efeito muito mais devastador na saúde da população pobre do que o tamanho ou a qualidade de construção de suas moradias.

É claro que é válido que os governos queiram que todos os seus cidadãos possam aproveitar pelo menos uma certa área construída, infraestrutura e amenidades sociais. No entanto, o governo em questão deveria estar pronto para complementar, por meio de subsídios, a diferença do valor do aluguel que os domicílios teriam que pagar para ter acesso a esses padrões. O debate do nível de consumo de moradia é, portanto, um debate de acessibilidade financeira. O que os domicílios não podem pagar deveria ser responsabilidade do governo. Com muita frequência, o governo estabelece altos padrões de consumo de moradia e promete subsidiar habitações sem que tenha os recursos para tanto. O resultado disso para domicílios pobres é, então, semelhante ao demonstrado na Figura 6.15. Quando o governo estabelece um padrão de consumo muito alto pelo qual nem os domicílios, nem o governo podem pagar, os domicílios pobres acabam em assentamentos ilegais sem serviços urbanos, uma vez que a prefeitura pressupõe que um programa governamental logo forneceria uma unidade "decente" de habitação para cada domicílio vivendo em um assentamento ilegal.

Ao contrário do que normalmente se pensa, os governos que estabelecem um padrão habitacional muito alto não são apenas culpados de um otimismo econômico ingênuo, mas estão tomando decisões com efeitos desastrosos para as pessoas pobres.

Se os padrões mínimos de moradia têm consequências tão obviamente desastrosas para os pobres, por que a maioria dos planejadores urbanos continua a incluí-los em seus planos diretores? As únicas respostas nas quais consigo pensar são a propensão dos planejadores à utopia e o seu desgosto pela realidade. Uma citação de Albert Hirschman, "uma opressão dos fracos pelos incompetentes",[12] ilustra melhor esse ponto.

Vamos olhar agora para as opções de política habitacional disponíveis aos governos responsáveis que se interessam em melhorar o padrão de habitação dos grupos de renda mais baixa e estão prontos para fazer as reformas e investir dinheiro dos pagadores de impostos necessário para elas.

O subsídio à demanda: o impacto de um programa de subsídios à demanda

Imagine que um governo municipal decida que todos os domicílios devem desfrutar de um nível de moradia correspondente a, no mínimo, *m* no gráfico superior da Figura 6.16. Para atingir esse objetivo, o governo decide oferecer um vale-moradia para todos os domicílios cujas rendas são insuficientes para pagar pelo padrão habitacional *m*. O valor desse subsídio será igual à diferença entre o aluguel estabelecido pelo mercado de uma unidade de habitação no padrão *m* e o aluguel que o domicílio pode pagar, expresso como determinado pelo percentual da renda do domicílio (p. ex., 30%). Ou o governo poderia decidir que qualquer domicílio com renda abaixo de *n* (gráfico de baixo da Figura 6.16) receberia um vale para que pudessem pagar, pelo menos, pelo padrão *m* no mercado habitacional atual.

O sistema de vales é atualmente usado em vários países – nos Estados Unidos[13] e no Chile,[14] por exemplo. Ele é, aparentemente, a maneira mais sensata de garantir um consumo de moradia mínimo a todos e de tornar transparente o finan-

CAPÍTULO 6 Acessibilidade habitacional: renda domiciliar, regulações e oferta de terra

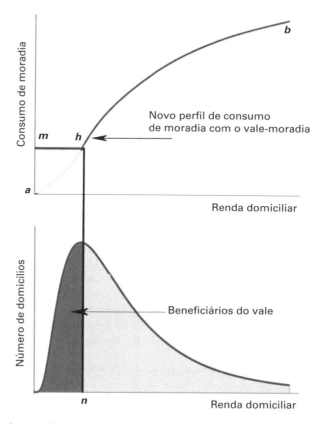

FIGURA 6.16 Os efeitos teóricos de vales-moradia (equilíbrio parcial).

ciamento do subsídio. Além disso, o sistema de vales permite que os domicílios escolham tanto o padrão de sua moradia quanto a localização, o que subsídios à oferta não permitem. Vamos olhar com mais atenção para alguns dos problemas levantados por programas de vales-moradia.

O novo perfil de consumo de moradia quando os vales são distribuídos para todos os beneficiários é a curva *mhb* na Figura 6.16. O custo por domicílio para cada faixa de renda é a diferença entre a linha *mh* e a curva *ah*. O subsídio do governo diminui à medida que a renda dos beneficiários aumenta. O número de beneficiários é graficamente representado pela área sombreada em amarelo na curva de distribuição de renda. É fácil calcular o custo total para o governo ao multiplicar o número domicílios beneficiários em cada faixa de renda pelo subsídio que eles devem receber. Para domicílios com renda próxima a zero, o vale paga todo o aluguel. Quando a renda aumenta, o vale é ajustado para cobrir uma parcela menor do aluguel.

A depender dos recursos do governo, talvez seja necessário ajustar o padrão *m*, aumentando ou diminuindo. Pode ser possível, também, ter *h* levemente mais alta do que *m*, para que todos os domicílios beneficiários tenham um incentivo para melhorar sua renda e ter uma casa melhor. Quando o número de beneficiários é conhecido, o governo deveria disponibilizar os vales dentro de um curto período de tempo. Além disso, com base em projeções demográficas e econômicas, o governo deveria calcular quantos novos domicílios precisarão de um vale todo ano e qual é a dotação orçamentária anual necessária no futuro para manter o programa.

Os governos frequentemente se sentem tentados a selecionar um padrão *m* ou uma renda elegível *n* sem pensar nas consequências orçamentárias causadas pelo número de beneficiários que poderiam obter o vale. Podemos ver, na Figura 6.16, que uma renda elegível *n* mais alta ou um padrão habitacional *m* mais alto aumentaria o número total de domicílios que deveriam poder usar o benefício do vale. Esse número é representado pela área amarela na figura.

O governo tem apenas um orçamento limitado para os vales; portanto, seja ao selecionar *m*, seja ao selecionar *n*, deveria haver uma garantia de que todos os domicílios atualmente elegíveis conseguiriam seu vale depois de uma lista de espera de, digamos, no máximo três anos. Se o tempo médio de espera na lista é muito maior do que três anos, não faz muito sentido desenvolver um programa para um número tão grande de beneficiários se eles não vão conseguir os vales de qualquer maneira. Uma política habitacional baseada em uma loteria com poucas chances de ser sorteado (à qual Nova Iorque recorreu) é um pouco cruel com aqueles considerados merecedores de um subsídio, mas que talvez nunca o recebam.

Em setembro de 2016, um *website* de uma ONG auxiliando os candidatos ao vale por meio do programa Section 8 na cidade de Nova Iorque tinha esse aviso ameaçador: "Não há, nem de perto, vales suficientes para atender a necessidade de todos os que são elegíveis e se candidatam. Uma vez que as listas de espera abrem, as agências são inundadas com pedidos. Você tem apenas alguns dias para se candidatar".[15]

De fato, em janeiro de 2016, 86.610 domicílios estavam recebendo vales em Nova Iorque, mas 143.033 domicílios elegíveis estavam na lista de espera. O governo não informa aos beneficiários em potencial o quão longa será a espera pelos vales. Ela pode ser infinita.

Um programa de vales precisaria ser distribuído rapidamente aos domicílios elegíveis. No entanto, uma distribuição rápida aumentaria muito a demanda por novas moradias. A oferta de moradia deveria ser capaz de atender rapidamente à nova demanda. Se os vales são distribuídos dentro de alguns anos e se o número de beneficiários é grande, não é certo que os incorporadores poderão fornecer de imediato uma quantidade suficiente de casas no padrão *m*. Se há um limitador da oferta – se é difícil ou muito demorado comprar terra, se há demora na emissão de alvarás para construção –, o capital subitamente injetado no setor de construção pode levar a um aumento dos preços, e, portanto, alcançar o padrão habitacional *m* pode exigir um custo mais alto do que o previsto na criação do programa. Essa inflação criada pelo programa de vale pode resultar em preços mais altos para todos os domicílios de renda baixa. Então, na realidade, o programa poderia causar um declínio dos padrões em relação à situação inicial representada pela curva de padrão *ab* inicial.

Isso aconteceu na Malásia, nos anos 1980, resultando em um aumento anual de cerca de 19% no preço da moradia durante um período de 10 anos, enquanto a renda nominal aumentou 10,5% por ano. Um estudo do Banco Mundial do qual participei indicou que regulações que restringem a oferta, combinados a um estímulo financeiro na forma de taxas de juros para financiamento imobiliário subsidiadas eram os principais culpados pelo alto custo de habitação.[16]

Esse problema é extremamente comum. Os gargalos à oferta de moradia ocorrem em muitas cidades. Podem ser causados por falta de infraestrutura, o que impede a construção de novas áreas; por cinturões verdes ou outros limites ao crescimento urbano; ou por restrições regulatórias à urbanização ou à própria construção. Restrições no setor de construção civil em si são menos frequentes, como falta de mão de obra ou de materiais. Um sistema de vales pode ter êxito apenas quando o governo for capaz de remover todos os gargalos à oferta. Remover os gargalos teria o efeito contrário na inflação; levantaria a curva *ab*, como mostrado pela linha tracejada na Figura 6.13.

Subsídios à demanda, como os vales (ou outros tipos de subsídio dados diretamente aos domicílios) abordam a principal causa de um baixo consumo de moradia: a renda muito baixa de parte da população urbana. Eles permitem que domicílios façam suas próprias escolhas entre tamanho de moradia e localização e possibilitam uma variedade de *designs* e inovações técnicas. O subsídio envolvido é transparente, permite que o governo o adicione ao seu orçamento e oportuniza o financiamento de um grande número de moradias sem criar uma burocracia enorme. No entanto, exige que o governo possa arcar com o custo dos vales para que domicílios de baixa renda não recebam a falsa esperança de uma loteria com poucas chances de ganho. Também requer que os limites de oferta na terra e na construção sejam eliminados antes da distribuição dos vales.

Subsídios à oferta: habitação pública, zoneamento inclusivo e controle de aluguéis

Apesar das vantagens dos subsídios à demanda, muitos governos preferem os subsídios à oferta. Os subsídios à oferta não dão os benefícios diretamente aos domicílios, mas aos incorporadores para que construam um determinado tipo de habitação em uma localização específica ou a um preço específico.

Para se beneficiar de um subsídio à oferta, os domicílios precisam se mudar para uma moradia que receba o subsídio, cuja localização, tamanho e *design* tenham sido selecionados por planejadores, e não pelo usuário final. Para manter o subsídio, os beneficiários precisam se manter nessa moradia subsidiada. Eles, portanto, perdem mobilidade; e não podem mudar seu tipo de habitação ou localização quando suas condições mudam sem que isso acarrete a perda do subsídio (entrando em uma nova lista de espera). Vamos olhar para o impacto dos subsídios à oferta no estoque habitacional por meio de um gráfico que liga a distribuição de renda ao consumo de moradia (Figura 6.17).

Vamos presumir que um governo decida abordar o problema do baixo consumo habitacional de moradores de favela estabelecendo um programa de habitação pública. O governo toma todas as decisões em relação à localização, ao tamanho e ao *design* de todas as unidades de habitação a serem alugadas por um grupo-alvo selecionado. Os beneficiários geralmente são identificados pela sua renda. No gráfico, a renda dos beneficiários é entre q e n, e o número de beneficiários elegíveis está representado em cinza-médio na curva de distribuição de renda (Gráfico 1 na Figura 6.17). O padrão atual de consumo desse grupo de renda varia de p a h na curva de consumo de moradia ab. O governo constrói um número de apartamentos para que os beneficiários representados pela área cinza-escuro entre q e n se mudem. O padrão das habitações públicas recentemente construídas fica entre $p1$ e $h1$, significativamente mais alto do que o padrão original entre p e h do grupo-alvo beneficiário, o que é exatamente o objetivo de um programa de habitação pública. O aluguel pago pelos beneficiários é determinado pelo governo e representa um percentual fixo de suas rendas que seja acessível, não diretamente relacionada ao custo do fornecimento de uma moradia de padrão $p1$-$h1$.

O governo poderia renovar a operação até que todo o grupo-alvo beneficiário, representado pela área cinza-médio no gráfico, fosse acomodado em unidades de habitação pública. É improvável que isso aconteça, já que exigiria um comprometimento financeiro anual muito alto, além da necessidade de desapropriar grandes glebas de terra urbana, o que não é um processo fácil em uma democracia. Ainda assim, uma parcela de domicílios de baixa renda veria seu consumo de habitação aumentar significativamente em relação ao que poderiam pagar no mercado aberto. Então, qual é o problema com a abordagem de habitação pública? São muitos, e os descreverei em seguida.

O principal problema dessa abordagem é que os domicílios que se beneficiam terminam com moradias de padrão mais alto do que os domicílios com renda mais alta, em razão da forma como as faixas de renda são selecionadas. O padrão das habitações públicas de domicílios com renda inferior ou igual a n é muito mais alto do que o consumo de moradia de domicílios com renda mais alta mostradas à direita de n na Figura 6.17. Alguns domicílios beneficiados pela habitação pública provavelmente ganharão dinheiro sublocando seus apartamentos a grupos de renda mais alta, que, sob as condições atuais do mercado, só podem pagar por moradias com padrão abaixo do nível $h2$ no Gráfico 2 da Figura 6.17. O número domicílios beneficiários do programa de habitação pública se torna, então, muito maior. A ampliação informal do grupo de beneficiários alcança a renda $n1$, e o número adicional de beneficiários em potencial

CAPÍTULO 6 Acessibilidade habitacional: renda domiciliar, regulações e oferta de terra

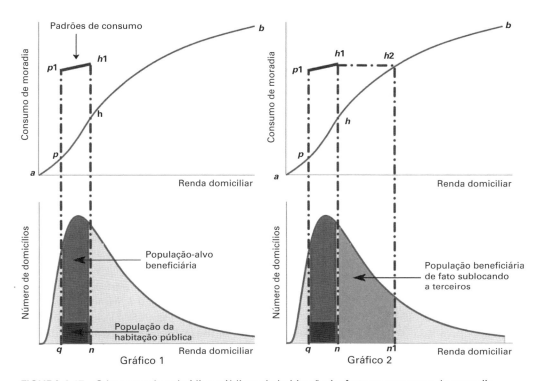

FIGURA 6.17   O impacto de subsídios públicos de habitação à oferta no consumo de moradia.

é representado pela área sombreada abaixo da curva de renda incluída entre as linhas $n\text{-}h1$ e $n1\text{-}h2$.

Por que um domicílio recebendo moradia subsidiada do governo se sentiria tentado a sublocá-la para uma família de renda mais alta? A sublocação obriga a família a se mudar para uma unidade de habitação substituta, pela qual ela terá que pagar um aluguel a preço de mercado. Sublocar faz sentido se o valor do aluguel de mercado da habitação subsidiada, menos o valor de mercado do aluguel da moradia substituta, menos o valor de aluguel da moradia subsidiada for um valor positivo e, portanto, produzir um fluxo de renda extra para os beneficiários originais da unidade de habitação subsidiada. Um domicílio que recebe uma unidade de habitação subsidiada teria um forte incentivo para sublocar se preferisse a renda extra resultante da sublocação ao padrão mais elevado da moradia subsidiada.

É provável que aconteça sublocação quando o padrão da unidade subsidiada for alto o suficiente para ser atrativo a domicílios com uma renda muito mais alta do que a de domicílios originalmente beneficiados. Isso está graficamente representado na Figura 6.17, na qual o padrão habitacional $h1$ é alto o suficiente para ser atrativo a domicílios de renda $n1$, que é muito mais alta do que a renda n dos domicílios beneficiários. As unidades de habitação subsidiadas criadas pelos sistemas de zoneamento inclusivo de Nova Iorque, descritos a seguir, atendem a essas condições. A sublocação de unidades de habitação subsidiadas, quando ocorre, é um sinal de que o domicílio beneficiário preferiria o dinheiro do subsídio em vez do valor representado pelo padrão habitacional mais alto.

A sublocação ou venda informal de habitação pública pelos seus beneficiários é relativamente comum. Quase todas as regulações de habitação pública proíbem totalmente a sublocação e gastam recursos significativos tentando controlá-la – o que demonstra que a sublocação é um problema endêmico na habitação pública. Mencionei anteriormente que, para evitar a sublocação de unidades de habitação pública pelos seus beneficiários originais, o Housing Board de Tâmil Nadu, em Chenai, Índia, emitiu carteiras de identificação para todos os seus inquilinos a fim de que inspetores pudessem checar periodicamente se os beneficiários originais estavam realmente ocupando os apartamentos. Embora a aplicação não costume ser tão pesada quanto a que observei em Tâmil Nadu, proibir a sublocação de unidades de habitação pública não é exclusividade de Chenai; ela é também proibida em Nova Iorque, Paris, Bangcoc e na maioria das metrópoles. A única diferença entre as cidades é a maneira como se fiscaliza o cumprimento da lei.

A sublocação por si só não deveria ser um problema, apesar de geralmente ser proibida. Afinal, os seus beneficiários, embora não sejam os originalmente pretendidos, possuem um padrão de habitação abaixo daquele considerado mínimo pelo órgão regulador. O problema verdadeiro é que isso expande o número de beneficiários para uma proporção muito maior da população e desencoraja a construção privada de moradias nessa faixa de renda.

No entanto, o aumento do número de beneficiários não é o único problema criado pelas habitações públicas. Como mencionei anteriormente, planejadores, e não os próprios beneficiários, selecionam localização, tamanho e *design* das unidades de habitação públicas. Por consequência, projetos de habitação pública criam guetos ao segregar domicílios de baixas renda similares em um projeto habitacional selecionado por membros de um conselho, que, ainda que costumem ser bem-intencionados, não têm a mínima ideia de quais seriam as prioridades de domicílios de baixa renda. A falta de comércio (como lojas e negócios de prestação de serviço), algo comum em projetos de habitação pública, é sintomática da artificialidade do *design*.

Além disso, domicílios em unidades de habitação pública não podem mudar de moradia sem perder o subsídio que recebem ou, caso seja permitido que façam isso, precisam se mudar para outro projeto de habitação pública que esteja disponível. Os domicílios cuja renda aumenta para além do limite n precisam ou se mudar e perder os subsídios, ou permanecer e disfarçar o seu aumento de renda.

Finalmente, em razão do longo processo burocrático envolvido em todos os contratos governamentais, o governo geralmente não é capaz de entregar apartamentos para todos os beneficiários em potencial da habitação pública. O número de domicílios que recebem apartamentos segue sendo uma pequena fração do número de domicílios no grupo-alvo, como mostrado na Figura 6.17. Muitos candidatos normalmente ficam mais de 10 anos em uma lista de espera para receber o benefício da habitação pública. Por exemplo, em Paris, a espera atual é de 19 anos, se dividirmos o número de candidaturas elegíveis (234 mil) pelo número de benefícios anuais (12 mil).

Outros programas habitacionais dependem de subsídios à oferta. Nos Estados Unidos, o Low-Income Housing Tax Credit (*"crédito tributário para habitação de baixa renda"*) fornece um crédito tributário para incorporadoras que ofereçam unidades para locação acessíveis a domicílios com renda abaixo de 60% da renda bruta mediana da região. Programas de zoneamento inclusivo, como o projeto de Nova Iorque discutido a seguir, dependem de um misto de incentivos fiscais e bônus de zoneamento. Programas de controle de aluguel fazem a iniciativa privada pagar inteiramente pelo subsídio, embora o município perca receita de imposto predial em razão do baixo valor de propriedades com aluguel controlado. Eles evitam a mobilidade dos beneficiários porque o subsídio está vinculado a uma unidade de habitação específica e será perdido se o domicílio se mudar para outro apartamento.

Se as limitações dos subsídios à oferta são tão evidentes e bem documentadas, por que tantos governos municipais parecem preferi-los aos subsídios à demanda? Suponho que os políticos gostem de cortar as faixas de inauguração em frente a projetos construídos e tangíveis; eles não têm essa oportunidade com subsídios à oferta como os vales. Além disso, em muitos países, a grande burocracia por trás da construção de habitações públicas é uma fonte confiável de clientelismo e de contratos. A atribuição de unidades subsidiadas a beneficiários também se torna uma fonte de clientelismo a qual os políticos acham difícil resistir.

Quatro abordagens de habitação "popular"; quatro resultados

Nesta seção, descrevo quatro abordagens diferentes ao fornecimento de habitação popular que tive a oportunidade de observar em campo e de discutir com seus defensores e críticos locais. A primeira, em Gauteng, África do Sul, é uma estratégia tradicional de habitação pública no lado da oferta. A segunda, o Zoneamento Inclusivo de Nova Iorque, também é uma estratégia de subsídio à oferta, mas o custo deve ser arcado pelos incorporadores, que recebem incentivos fiscais e e de regulação, os quais não são gratuitos. A terceira, o Programa de Melhoria dos *Kampungs* (PMK), em Surabaia, Indonésia, consiste em determinar perímetros urbanos formais onde as regulações de uso do solo são relativizadas, mas onde o governo subsidia infraestrutura. O quarto exemplo, em Shenzhen, China, assim como o PMK indonésio, desconsidera as regulações de uso do solo em enclaves bem delimitados, mas os enclaves operam como um condomínio, e todo o custo da infraestrutura local é arcado pelos beneficiários. Veremos agora como essas quatro estratégias diferentes para oferecer habitação popular se saem em termos de oferta e de atendimento às necessidades do grupo de renda alvo.

Exemplo 1: subsídios habitacionais à oferta em Gauteng, África do Sul

A maioria dos programas habitacionais públicos do mundo consiste na construção de apartamentos para aluguel em edifícios de múltiplos pavimentos. Programas de habitação públicos geralmente não conseguem entregar o número de unidades planejadas em razão do custo alto aos cofres públicos e da dificuldade de adquirir terra no tempo necessário. Por consequência, o número de beneficiários reais é pequeno comparado ao público-alvo anunciado, e a lista de espera para moradias subsidiadas cresce a cada ano.

Os subsídios habitacionais à oferta na África do Sul são diferentes em natureza e em desempenho

Por outro lado, o desempenho das habitações subsidiadas da África do Sul, em termos de quantidade de unidades entregues, é incrivelmente superior ao dos programas habitacionais públicos na maioria dos países. No entanto, como veremos, apesar do seu sucesso em entregar grandes quantidades de unidades habitacionais populares, o programa mostra algumas das deficiências inevitáveis associadas aos subsídios à oferta.

A constituição sul-africana inclui o direito do cidadão à "moradia adequada". Uma das maiores prioridades do governo pós-*apartheid*, que chegou ao poder em 1994, foi embarcar em um programa habitacional ambicioso para cumprir suas obrigações constitucionais.

Dada a complexidade do problema da entrega de moradia subsidiada, o governo sul-africano sabiamente criou vários instrumentos de subsídio para habitação – muitos abordando o lado da oferta, outros dirigidos ao lado da demanda. Eram oito instrumentos, como empréstimos pessoais para comprar moradias existentes, ou até mesmo empréstimos para reformar e ampliar casas já existentes para domicílios de baixa renda.

No entanto, a necessidade política de fornecer rapidamente um grande número de novas unidades de habitação forçou o governo a alocar a maior parte dos recursos governamentais para iniciativas paralelas à oferta, incluindo um instrumento chamado "subsídio vinculado ao projeto", posteriormente chamado de "Programa de Reconstrução e Desenvolvimento" (PRD). O PRD consiste em fornecer subsídios diretamente aos fornecedores, frequentemente da iniciativa privada, com a condição de que construíssem unidades de habitação seguindo as normas habitacionais adequadas mencionadas na constituição. Os beneficiários elegíveis do PRD, ao contrário da maioria dos programas habitacionais públicos, se tornam imediatamente donos de suas moradias. O subsídio era, portanto, transferido diretamente do governo para o incorporador e passado ao beneficiário. De fato, programas de subsídio vinculados ao projeto são mais rápidos de implementar em larga escala, uma vez que a avaliação das unidades habitacionais pode ser feita em massa para milhares de unidades habitacionais idênticas a nível de projeto. O governo fornece o subsídio ao fornecedor, que o passa adiante para o beneficiário. Os subsídios à oferta são mais simples de administrar, porque os beneficiários não precisam ser consultados sobre o *design* ou a localização das habitações. Há, também, uma clara economia de escala que reduz os custos de construção ao implementar projetos contíguos muito grandes.

A definição de "moradia adequada" na África do Sul

O primeiro passo na implementação do PRD exigia a definição do que constitui a "moradia adequada" estipulada na constituição. O governo recrutou um grupo de técnicos especialistas e políticos que estabeleceram um conjunto de padrões para moradia, vias, serviços públicos, escolas e postos de saúde. O padrão para uma moradia adequada estabelecido pelos especialistas incluía uma casa de 40 m² em um lote de 250 m². O uso do solo nas novas comunidades também ficou fixado em cerca de 50% para serem usados em lotes residenciais, 30% para vias e 20% para espaços abertos e equipamentos comunitários. Essa definição normativa e uniforme de habitação adequada facilitou muito a avaliação do projeto e as relações contratuais entre a agência habitacional do governo e os incorporadores privados construindo as unidades, o que aumentou as chances de uma entrega rápida de um grande número de unidades. No entanto, criou uma enorme rigidez na hora de selecionar locais em potencial, privilegiando a escolha de terrenos baldios e muito grandes, onde a terra era barata e, portanto, longe dos centros urbanos.

Os mesmos padrões deveriam ser aplicados a todas as moradias urbanas do PRD, independentemente de localização ou dos preços locais da terra. Essa uniformidade era politicamente lógica, significando que dava uma noção de aparente igualdade em relação ao consumo de terras dos cidadãos. Quando princípios de mercado são abandonados na alocação de recursos, não há razão para usar referências de mercado para precificar o que foi alocado administrativamente. Um lote de 250 m² terá um valor de mercado muito diferente se estiver a uma distância de 5 ou de 20 km do centro de Joanesburgo. A grande diferença nos valores de lotes similares dependendo de sua localização resultaria, na realidade, em desigualdade econômica entre os beneficiários. Mas uma igualdade aparente é, muitas vezes, mais importante do que a realidade assim que os administradores dos programas habitacionais decidem ignorar os mercados.

Esse argumento sobre desigualdade nos valores de mercado de diferentes lotes se tornou de qualquer forma, irrelevante, já que a maioria dos projetos de PRD estavam em localizações tão distantes que o custo da terra na qual foram construídos não diferiu muito e foi quase uniformemente muito baixo. O estabelecimento de um padrão de uso generoso de solo e o alto consumo de terra envolvido (veja a tabela de uso do solo na Figura 6.18) garantiu que os projetos de PRD só pudessem ser construídos em terra muito barata e muito distantes dos centros das cidades.

Estimando o número de beneficiários

O segundo passo exigia uma estimativa do número de beneficiários em potencial. Para tanto, o governo conduziu um levantamento completo dos padrões de moradia existentes em outras cidades. Os resultados do levantamento foram usados para comparar o estoque habitacional existente ao padrão de moradia adequada. O governo, então, calculou o déficit habitacional, que representava a diferença entre o número de unidades de habitação atendendo ao padrão adequado e o estoque existente. Ao ajustar isso para o crescimento populacional, o governo descobriu que cerca de 8,5 milhões de domicílios, ou cerca de 84% da população em 2000, teriam que receber subsídio para eliminar o déficit habitacional e para que o governo sul-africano cumprisse suas obrigações constitucionais de fornecer moradia adequada.

O número espantoso de beneficiários em potencial levanta a questão de o PRD ser realmente um programa de redistribuição de bens dos ricos para os pobres, como pretendido, ou uma forma de mobilizar recursos fiscais de toda a população (por meio da base fiscal empresarial e individual) e redistribuí-los na forma de moradia.

A estratégia funcionou excepcionalmente bem ao entregar um grande número de unidades de habitação a um preço estabelecido. Por exemplo, apenas em Gauteng,[17] uma média de cerca de 50 mil unidades subsidiadas foi entregue todos os anos de 1995 a 2014 (Figura 6.18). Os 925 mil domicílios que se benefi-

Programa de Reconstrução e Desenvolvimento (PRD) sul-africano para Gauteng

Número de unidades habitacionais subsidiadas construídas em Gauteng de 1995 a 2014					925.202
Média anual					51.400
Subsídio por unidade em 2012					16.194 dólares
Número total de domicílios em Gauteng em 2014					2,45 milhões
Percentual de beneficiários em 2014					38

Exigências de terra

Para 1.000 lotes	1.000	lotes	Tamanho médio do domicílio	3,60	pessoas
Área individual do lote	250	m²	Densidade populacional	72	pessoas por hectare
Área residencial total do lote	25	hectare	50%	Área de terra por beneficiário	139	m² por pessoa
Vias	15,00	hectare	30%	Área de terra por ano	7	km²
Equipamentos comunitários	10	hectare	20%	Área de terra ao longo de 17 anos	121	km²
Área total	50	hectare	100%			

FIGURA 6.18 Número de unidades fornecidas no programa de subsídio habitacional PRD e exigências de uso do solo.

ciaram do programa representavam cerca de 38% de todos os domicílios vivendo em Gauteng em 2014. Esse percentual não eliminou a carência habitacional, mas é, ainda assim, uma conquista logística extraordinária quando comparada a programas similares de subsídio à oferta em outros países.

Oferta habitacional e mercados de trabalho: onde o programa sul-africano falhou

No entanto, construir um grande número de unidades de habitação rapidamente não garante o sucesso de um programa de habitação pública. Uma enorme metrópole como Gauteng existe por causa da eficiência de grandes mercados de trabalho. Os domicílios de baixa renda que deveriam se beneficiar do programa de subsídio teriam uma chance de escapar da pobreza apenas se conseguissem fazer parte da força de trabalho urbana. Portanto, um bom acesso a mercados de trabalho é a característica mais importante que uma nova habitação para os pobres deveria ter.

A estrutura espacial das cidades sul-africanas ainda mostra marcas do *apartheid* antes de 1994. Bairros com baixa densidade e alta renda – não muito diferentes daqueles encontrados nos subúrbios dos Estados Unidos – ainda ocupam as áreas centrais das cidades. Os empregos se distribuem em muitos centros locais nas áreas metropolitanas rodeadas por comunidades afluentes de baixa densidade. Durante o *apartheid*, trabalhadores africanos negros moravam em *townships* (vilarejos) distantes e densos, separados dos subúrbios dos brancos por grandes zonas de transição. A estrutura das cidades sul-africanas no *apartheid* era o contrário da estrutura espacial urbana criada por mercados, onde a alta densidade de empregos e pessoas se concentra em áreas centrais. Infelizmente, o mecanismo de oferta do programa habitacional PRD involuntariamente reforçou a estrutura espacial deficiente herdada do *apartheid*, continuando a concentrar os pobres em áreas de alta densidade longe do centro da cidade. O mapa de densidade populacional de 2001 já mostra o impacto espacial do programa e a distribuição da população (Figura 6.19). A distribuição espacial de habitações em 2001 ainda reflete as características da estrutura urbana do *apartheid*, e não a dos mercados.

Ainda que as novas comunidades construídas sob o PRD fossem todas conectadas por artérias e, ocasionalmente, por trens suburbanos para o resto da região metropolitana, as distâncias até os centros de trabalho são muito grandes, às vezes superiores a 30 km. Além disso, os empregos em Gauteng se distribuem em uma área grande, tornando antieconômico o transporte de massa.

O tipo de moradia suburbana em que a minoria branca vivia durante o *apartheid* serviu de inspiração para o leiaute dos projetos do PRD, ainda que com um padrão mais baixo, de certa forma. Remover as diferenças raciais gritantes entre

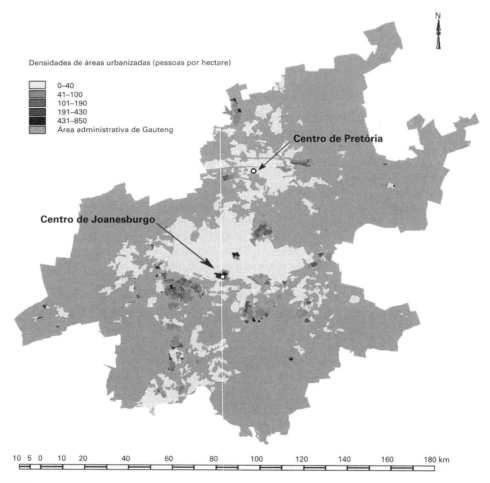

FIGURA 6.19 Distribuição espacial da densidade da população de Gauteng, 2001.
Fontes: Relatório Municipal de Gauteng do Censo de 2001, Statistics South Africa, Pretória, 2003; vetorização da área urbanizadas usando-se imagens de satélite elaborada por Marie-Agnes Bertaud.

os tipos de moradia era, de fato, o objetivo. No entanto, o transporte individual é a única forma viável de transporte para esse tipo de assentamento suburbano. A maioria dos domicílios de baixa renda nos projetos subsidiados não pode pagar por veículos motorizados individuais. Os táxis-lotação que as famílias de baixa renda são obrigadas a usar em Gauteng para ter acesso a empregos são lentos, caros e requerem longas esperas para as conexões. Eles também se mostram muito difíceis de regular, frequentemente resultando em motoristas entrando em conflito por controle.

Os massivos projetos de habitação subsidiados podem ter fragmentado ainda mais o mercado de trabalho das cidades sul-africanas, contribuindo significativamente para reduzir sua produtividade. As taxas de desemprego na África do Sul oscilaram entre 22 e 26% de 2006 a 2016.[18] Essa alta taxa de desemprego não pode ser completamente atribuída à localização ruim do esquema de moradia subsidiada, mas, certamente, esse programa colossal de construção de unidades individuais de moradia em comunidades dispersas sem meios econômicos e rápidos de transporte não ajudou a diminuí-la.

A falta de acesso a empregos das comunidades recentemente criadas não é apenas um equívoco lamentável de *design*. Ela está enraizada no sistema de normas de construção uniformes, em que o preço da terra é a única variável em um projeto habitacional. Essa é uma característica da maioria dos projetos habitacionais públicos. Vamos olhar para o mecanismo que criou essas grandes comunidades inacessíveis.

Os incorporadores precisavam seguir as mesmas normas espaciais (como tamanho do lote, área da casa, área para equipamentos comunitários e largura das ruas) independentemente da localização do projeto. Para alcançar a economia de escala máxima e entregar rapidamente o número máximo de unidades ao preço acordado, os incorporadores precisavam procurar por grandes áreas de terra disponíveis a um preço baixo. Um incorporador encontrará glebas disponíveis apenas nas periferias distantes das cidades. Qualquer incorporador normalmente ajusta as variáveis de uso do solo – altura e tamanho do prédio, espaços abertos e largura de rua – ao preço da terra na área onde o projeto se localiza. No caso dos projetos PRD, todas as variáveis de uso do solo foram fixadas para se adequarem às normas de moradia apropriadas. O incorporador, então, se limita a encontrar uma localização onde o custo baixo de terra torne o projeto financeiramente viável ao usar normas espaciais fixadas. Essa localização será, obrigatoriamente, em um subúrbio remoto onde a terra é barata porque a área não é muito desejável para outros usuários.

Embora os projetos de PRD usem muita terra, sua densidade – cerca de 70 pessoas por hectare – ainda é mais elevada do que a dos subúrbios de renda mais alta que são mais próximos de um dos muitos centros urbanos de Gauteng, como Joanesburgo, Pretória ou Sandton. Os projetos contribuíram para um gradiente reverso de densidade – densidades mais altas na periferia do que no centro – e, portanto, para viagens pendulares mais longas e para aumento na dispersão da população.

Haveria uma alternativa melhor?

Dadas as circunstâncias políticas extraordinárias que precederam a adoção do PRD como política de moradia, poderia o governo sul-africano ter projetado uma estratégia diferente? Teoricamente, sim. O governo deveria ter removido imediatamente todas as regulações de zoneamento que preservassem grandes lotes unifamiliares em áreas centrais. Ele poderia ter ajustado seus padrões mínimos em termos de tamanho de lote e de habitação para tornar moradias em áreas centrais economicamente acessíveis para grupos de baixa renda. Ele poderia ter escolhido uma abordagem do lado da demanda envolvendo vales que domicílios de baixa renda seriam livres para usar em qualquer parte da região metropolitana.

Mas essas são apenas recomendações teóricas. Na realidade, dado o tempo que leva para ajustar as regulações existentes de uso do solo em uma democracia, seria improvável que as restrições regulatórias à oferta fossem removidas de forma rápida; provavelmente isso seria feito apenas mais de uma década depois. Na ausência de uma reforma paralela à oferta, qualquer grande programa paralelo à demanda, como os vales, apenas criaria preços mais altos, e não mais moradias. As expectativas ao fim do *apartheid* eram muito altas. Infelizmente, preciso admitir que, apesar de falho, é provável que o programa PRD era a única alternativa politicamente viável na época da sua implementação. Afinal, o governo sul-africano já havia criado vários esquemas de subsídio de moradia alternativos. Se o PRD recebeu a maior parte dos recursos, foi porque era o único programa capaz de entregar rapidamente um grande número de unidades de habitação.

Como integrar os domicílios que vivem nos projetos PRD ao mercado de trabalho metropolitano?

Quais são as opções, agora que milhões de moradias individuais de baixa renda foram construídas nos subúrbios remotos das cidades sul-africanas? Essa é uma pergunta muito mais relevante do que o que deveria ter sido feito no passado. O governo deveria focar, agora, na incorporação dos beneficiários do programa habitacional no mercado de trabalho como única forma de sair da pobreza. Como conectar pessoas de baixa renda vivendo em subúrbios distantes a empregos em uma estrutura urbana similar àquela mostrada na Figura 6.20?

Atualmente, os táxis-lotação representam o meio de transporte mais comum disponível para domicílios de baixa renda (72% de todas as viagens de transportes públicos). Em uma estrutura urbana como a de Gauteng, esse meio de transporte é caro e lento, mas é o único que atende essa população.

O transporte de massa tradicional (como ônibus, BRTs ou trens suburbanos) provavelmente não será muito útil em uma estrutura urbana dispersa como Gauteng. Linhas de BRT recentemente construídas entre o centro de Joanesburgo e o estádio Orlando e Gautrain ou um trem moderno e rápido que conecta o Ae-

FIGURA 6.20 Típico projeto habitacional RDA subsidiado em Gauteng.

roporto Internacional Oliver Tambo aos centros de Joanesburgo e Pretória são certamente acréscimos importantes à rede de transporte de Gauteng, mas não terão muita utilidade para domicílios de baixa renda que precisam fazer viagens pendulares de subúrbios dispersos.

Na maioria dos casos, usar motocicletas elétricas leves que andem a uma velocidade máxima de 35 km/h e que consigam fazer uma rota mais direta entre a origem e o destino seria a melhor maneira de facilitar a mobilidade dos trabalhadores que vivem em projetos de PRD. Essas motocicletas também poderiam conectar residências a ferrovias suburbanas e às estações de Gauteng. Pequenos delitos e a possibilidade de as motocicletas serem roubadas quando estacionadas podem ser um empecilho para que esse meio de transporte se popularize. O governo poderia garantir a segurança desses veículos nas vias criando faixas de rolamento especificamente identificadas, e nos destinos, com a criação de garagens bem protegidas. O que está claro é que as muitas unidades de habitação construídas via PRD em cidades sul-africanas vieram para ficar. O desafio, agora, é conectar os trabalhadores aos seus locais de trabalho com viagens pendulares de menos de uma hora. Duas lições podem ser aprendidas com a experiência da África do Sul: políticas habitacionais não deveriam ser projetadas sem a compreensão do mercado de trabalho; e novos sistemas de transporte urbano precisam ser projetados para atender à estrutura urbana existente, não importa o quão imperfeitas essas estruturas talvez sejam.

Exemplo 2: zoneamento inclusivo em Nova Iorque

O experimento sul-africano de PRD entregou um grande número de unidades de habitação de baixa renda a um alto custo para o orçamento público. No entanto, o custo total do programa habitacional tem sido transparente, e o número anual de unidades entregues é regularmente divulgado. Mesmo que muitos governos queiram dar a ideia de que estão "fazendo alguma coisa" em relação à habitação popular, às vezes, eles não estão politicamente preparados para alocar grande parte de seu orçamento para habitações de baixa renda, como fez o governo sul-africano.

O zoneamento inclusivo é o último estágio da longa busca por uma solução sem custo para habitação popular

Encontrar uma solução sem custo para a oferta de habitação popular para os pobres tem sido o Santo Graal de muitos governos. O objetivo é parecer que se está fazendo algo a respeito de um problema social óbvio sem gastar muito do dinheiro dos contribuintes. Novas e criativas regulações habitacionais haviam sido a abordagem mais comum utilizada para encontrar soluções sem custo para acessibilidade à moradia.

Fazer os incorporadores pagarem subsídios de moradia para domicílios pobres é o principal objetivo dessas regulamentações criativas. Esse tipo de iniciativa é politicamente atraente, porque parece ser generosa com os pobres, sem envolver nenhum desembolso aparente de dinheiro dos contribuintes. Os incorporadores são, geralmente, uma classe social não muito popular, tendo uma reputação de riqueza. Essa é a abordagem Robin Hood perfeita: tirar dos ricos para dar aos pobres. Aqui eu avalio brevemente os vários tipos de abordagem "sem custo" para habitação popular e ilustro a estratégia de zoneamento inclusivo com um exemplo recente (2016) de Nova Iorque.

A abordagem mais antiga – e bastante primitiva – de regulação simplesmente tentava tornar a pobreza ilegal ao estabelecer padrões mínimos que deveriam obrigar os incorporadores a ofertar "moradias decentes" para os pobres. Os incorporadores formais precisam construir casas em padrões acima do mínimo legal. Esses padrões têm um custo, que, em geral, é mais alto do que aqueles pelos quais os pobres podem pagar. Por consequência, domicílios pobres não conseguem encontrar uma moradia que seja economicamente acessível para elas no mercado formal. As pessoas pobres que não encontram habitações populares formais não saem da cidade; elas encontram moradias no setor informal, que, por definição, oferta residências a preços pelos quais os pobres podem pagar, mas a um padrão abaixo do mínimo legal.

As regras de padrão mínimo, como vimos anteriormente, contribuem para a deterioração das condições de habitação dos domicílios de baixa renda ao criar um setor informal – seja favelas em países pobres, seja a superpopulação e subdivisão informal de habitações formais em países ricos.

Uma abordagem regulatória mais recente e sofisticada, em geral nomeada de "zoneamento inclusivo", consiste em estabelecer regras municipais de zoneamento exigindo que incorporadores com projetos habitacionais acima de um certo tamanho (geralmente acima de 200 unidades) ofertem de 20 a 30% das unidades a um preço ou aluguel fixado pelo governo municipal abaixo do preço de mercado, definido como acessível ou popular. Para o resto das unidades, o incorporador é livre para utilizar preços ou aluguéis de mercado. É comum que, como forma de incentivo, o governo municipal dê ao incorporador um bônus na forma de um aumento do coeficiente de aproveitamento acima do atual estabelecido pelo zoneamento. Em algumas cidades, o bônus pode incluir redução de imposto predial por diversos anos. O valor atual do aumento do coeficiente de aproveitamento e da redução de impostos é raramente calculado e, de qualquer forma, não afeta o orçamento público.

Essa estratégia, que parece ofertar habitação popular sem custo aparente para o governo municipal, se espalhou pelo mundo e é praticada em muitas cidades de várias formas, de Nova Iorque a Mumbai! Existe algo de errado com esse método? Seria ele capaz de resolver o problema do baixo padrão de moradia que ocorre em muitas cidades pobres e também em cidades economicamente prósperas?

A estratégia de zoneamento inclusivo é típica daquilo que o Angus Deaton, citado anteriormente, chama de "necessidade de fazer alguma coisa" e ignora qualquer análise real do problema. O zoneamento inclusivo pertence à categoria "almoço grátis" das estratégias e, como qualquer oferta de almoço grátis, tem sérios problemas ocultos que descrevo a seguir usando um exemplo específico.

O mecanismo da oferta do zoneamento inclusivo

É óbvio que os incorporadores da iniciativa privada não vão reduzir o preço de mercado de um percentual das unidades de habitação que eles construíram por caridade. No fim das contas, os domicílios que pagam o preço de mercado pelas suas moradias terão que pagar pelo subsídio fornecido para as unidades com preço abaixo do mercado. Embora o preço das chamadas moradias populares seja menor do que o preço de mercado, os preços da maioria das unidades vendidas a preço de mercado se tornarão mais altos, principalmente em cidades onde o zoneamento inclusivo se torna generalizado. Como consequência, se o processo é implementado ao longo de um grande período, o número de beneficiários em potencial vai aumentar porque os preços do mercado habitacional vão aumentar e o número de domicílios que podem pagar para gerar o subsídio vai diminuir.

Vamos olhar para um projeto específico e recente de zoneamento inclusivo em Nova Iorque, implementado em 2016. O prédio, chamado VIA 57, localizado ao oeste da *midtown* de Manhattan, possui um total de 709 unidades, das quais 142 (20%) estão sendo ofertadas como moradias populares para beneficiários selecionados. A renda anual de um domicílio elegível para o benefício é definida pela cidade. Para se qualificar, os beneficiários em potencial devem ter uma renda anual entre um mínimo de 19 mil dólares e um máximo de 50 mil dólares. No ano de 2016 em Nova Iorque, cerca de 888 mil domicílios estavam nessa faixa de renda, e eles representavam 29% de todos os domicílios mostrados por barras cor chumbo no gráfico de distribuição de renda da cidade (Figura 6.21). Os domicílios que alugam a preço de mercado no mesmo prédio têm uma renda anual de 160 mil a 470 mil dólares. Seu grupo de renda, que representa cerca de 9% de todos os

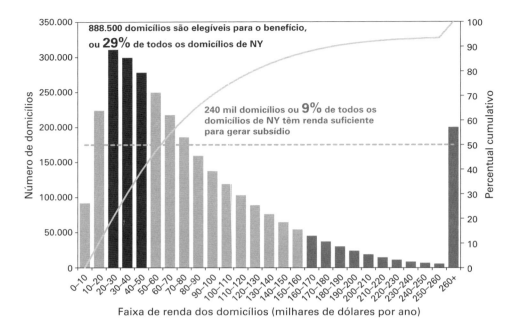

FIGURA 6.21 Distribuição de renda dos domicílios de Nova Iorque, 2012, mostrando as faixas de renda que se beneficiam com o zoneamento inclusivo (barras cor chumbo) e as que geram o subsídio (barras cinza-escuro).
Fonte: Derivado do US Census American Community Survey, Integrated Public Use Microdata Series, Furman Center, Universidade de Nova Iorque.

domicílios de Nova Iorque (cerca de 240 mil domicílios), é mostrado pelas barras cinza-escuro na Figura 6.21.

Os números citados demonstram que um número limitado de unidades domiciliares pode ser a fonte dos subsídios cruzados, um dos maiores defeitos da política de zoneamento inclusivo. Em Nova Iorque, o fluxo anual de moradias populares que poderia beneficiar 29% da população depende do número de unidades de habitação sendo construídas a cada ano para os 9% mais abastados. A cada oito unidades a preço de mercado recém-construídas, apenas duas unidades de habitação popular são criadas. A desigualdade entre a oferta limitada e a grande demanda em potencial de domicílios qualificados faz parte do próprio conceito de zoneamento inclusivo.

Dados recentes confirmam a desigualdade. Havia 91 mil inscritos para as 254 unidades de habitação popular disponíveis em um condomínio recentemente construído sob o zoneamento inclusivo localizado na 42nd Street, na mesma área de Manhattan que o projeto VIA 57. Os beneficiários finais devem ser selecionados por sorteio. De fato, o programa provavelmente terá o mesmo impacto distributivo de um sorteio, em vez de um programa social que pretende fornecer moradias populares para populações de baixa a média renda.

A desigualdade entre oferta e demanda não é o único problema enfrentado pelo zoneamento inclusivo. A grande diferença entre o aluguel de mercado e o aluguel subsidiado de unidades no mesmo prédio com o mesmo padrão altíssimo cria vários problemas sobre uma potencial equidade e má distribuição de recursos.

Apartamentos de luxo para os poucos pobres felizes

Um dos objetivos declarados do zoneamento inclusivo em Nova Iorque é criar uma mistura de rendas e de interações sociais em cada bairro. É, certamente, um objetivo desejável. No entanto, o objetivo de renda mista em um mesmo bairro se estendeu à renda mista em um mesmo prédio. As novas regras em Nova Iorque estipulam que todos os apartamentos subsidiados devem estar distribuídos aleatoriamente no prédio: todos os apartamentos subsidiados devem ter o mesmo *design* e padrões que os com preço de mercado. Como o zoneamento inclusivo só pode ser fornecido em áreas de demanda e preço muito altos, significa que apartamentos subsidiados devem ter área, *design* e padrões iguais aos de um apartamento de luxo. Por exemplo, apartamentos de três dormitórios devem ter três banheiros, como é esperado em um apartamento de luxo.

Essas novas regras foram aplicadas como resposta ao incidente da "porta de pobres".[19] Em 2015, em um novo condomínio de apartamentos que havia subsidiado unidades sob o zoneamento inclusivo, o incorporador fez uma porta separada para dar acesso aos apartamentos subsidiados, que se localizavam todos em uma parte segregada do prédio. Isso criou uma indignação popular contra a "porta de pobres". Como resultado, foi decidido que, a partir daquele momento, apartamentos subsidiados deveriam estar misturados com as unidades de mercado e terem um *design* idêntico. Essa nova regra resultou, na verdade, em uma mudança de objetivos.

O objetivo original do zoneamento inclusivo era fornecer a maior quantidade possível de habitações populares para um grupo específico de baixa renda. Após a regra das unidades idênticas, o objetivo da política passou a fornecer unidades de habitação similares a ricos e pobres. De redistribuição para igualdade. Embora um objetivo igualitário seja desejável na entrega de serviços de saúde, justiça e educação, ele pode não ser viável para moradias sem uma redução drástica do padrão de habitação de todas as outras pessoas. Essa foi a política usada na União Soviética e na China comunista antes da reforma. Um *design* padrão de habitação foi aplicado em todo o país e disponibilizado para todos (com a exceção de alguns privilegiados escolhidos pelo partido).

Vamos olhar para as consequências da equidade da política inclusiva atual de Nova Iorque. A Figura 6.22 mostra tanto os aluguéis subsidiados quanto os de mercado pagos por inquilinos no mesmo prédio. Os aluguéis subsidiados variam entre 565 e 1.067 dólares por mês, dependendo do tamanho do apartamento, do domicílio e da renda domiciliar. Os aluguéis de mercado, como anunciados pelo incorporador no seu *website*, variam entre 3.400 e 8.700 dólares por mês. Esses são os aluguéis mais baixos, anunciados como "a partir de...". Os subsídios com-

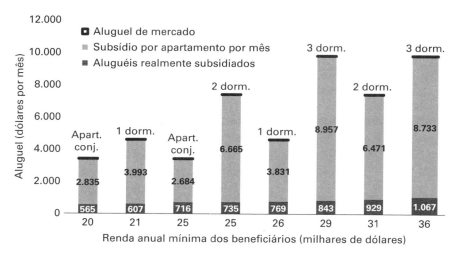

FIGURA 6.22 Aluguéis de mercado e subsidiados no prédio VIA 57, em Nova Iorque.
Fontes: Os dados são de um formulário de inscrição para um apartamento subsidiado no VIA 57 e de um anúncio de um incorporador para aluguéis de mercado no mesmo prédio.

postos pela diferença entre o aluguel de mercado e o aluguel subsidiado aumentam de acordo com a renda e o tamanho do apartamento. O subsídio mais alto (de 8.957 dólares por mês) vai para domicílios com rendas anuais de 29 a 40 mil dólares por um apartamento de três dormitórios. O subsídio anual de aluguel de 107 mil dólares representa 3,7 vezes a renda do beneficiário!

O elevadíssimo subsídio de aluguel por domicílio é uma forma eficiente de usar os impostos coletados dos locatários que pagam o valor de mercado – cerca de mil dólares mensais por apartamento de mercado? (Veja a Figura 6.23 para detalhes sobre subsídios agregados). Se um domicílio que solicita o subsídio pudesse escolher ou receber uma renda adicional de 107 mil dólares por ano ou ter a possibilidade de viver em um apartamento de três dormitórios no prédio VIA 57 pelo aluguel mensal de 857 dólares, o domicílio preferiria o apartamento ou a renda adicional? Meu palpite é de que a renda adicional provavelmente seria a preferida. Com essa renda adicional, o domicílio poderia alugar um apartamento mais modesto com um banheiro e três dormitórios e usar a diferença entre o aluguel de mercado e o subsídio para suprir outras necessidades. O valor do apartamento subsidiado para o locatário beneficiário é menor do que o custo do subsídio que o contribuinte paga por ele. Economistas urbanos chamam isso de excedente do consumidor. Por exemplo, Richard Green e Stephen Malpezzi escreveram convincentemente sobre o problema do excedente do consumidor em apartamentos subsidiados.[20] Em muitos casos, o excedente do consumidor é menor do que o custo do contribuinte que representa o subsídio e, portanto, resulta em uma perda líquida de bem-estar social. Green e Malpezzi demonstram que forçar um subsídio de valor alto a domicílios pobres, quando esse subsídio pode ser obtido morando-se em um apartamento que o domicílio não teria escolhido, é uma forma muito ineficiente de alocar o dinheiro dos contribuintes.

CAPÍTULO 6   Acessibilidade habitacional: renda domiciliar, regulações e oferta de terra   281

Zoneamento inclusivo na 57th Street, Nova Iorque

Categoria	Número de apartamentos recebendo subsídios	Faixa de renda anual dos beneficiários Baixa	Faixa de renda anual dos beneficiários Alta	Número máx. de pessoas por domicílio	Aluguel mensal cobrado dos beneficiários (dólares)	% de renda dos beneficiários máx.	% de renda dos beneficiários min.	Aluguel mensal de mercado de apartamento equivalente no mesmo prédio (dólares)	Subsídio mensal por apartamento (dólares)	Subsídio total por mês (dólares)	Renda anual dos domicílios gerando o subsídio (dólares)	Subsídio de aluguel como múltiplo da renda dos beneficiários
Apartamento conjugado	14	19.622	24.200	1	565	35%	28%	3.400	2.835	39.690	163.000	1,7
1 dormitório	47	21.016	27.640	1 a 2	607	35%	26%	4.600	3.993	187.671	221.000	2,3
Apartamento conjugado	14	24.519	30.250	1	716	35%	28%	3.400	2.684	37.576	163.000	1,3
2 dormitórios	8	25.200	34.520	2 a 4	735	35%	26%	7.400	6.665	53.320	355.000	3,2
1 dormitório	47	26.270	34.550	1 a 2	769	35%	27%	4.600	3.831	180.057	221.000	1,7
3 dormitórios	2	29.124	40.080	3 a 6	843	35%	25%	9.800	8.957	17.914	470.000	3,7
2 dormitórios	7	31.492	43.150	2 a 4	929	35%	26%	7.400	6.471	45.297	355.000	2,5
3 dormitórios	3	36.389	50.100	3 a 6	1.067	35%	26%	9.800	8.733	26.199	470.000	2,9
	142									587.724		
Número total de apartamentos no prédio =	709									1.037		Preço médio em dólares por apartamento gerando subsídio
										4.139		Preço médio em dólares por apartamento recebendo subsídio

FIGURA 6.23 Aluguéis e subsídios recebidos pelos beneficiários do zoneamento inclusivo vivendo no prédio VIA 57, Nova Iorque.
Fonte: formulário de inscrição para um apartamento subsidiado no VIA 57 e de um anúncio de um incorporador para aluguéis de mercado no mesmo prédio. http://www.via57west.com/#neighborhood-gallery; http://www.57and11lottery.com/assets/VIA_Ad_and_ApplicationUpdated-d02a4451c02942f28cc0fb5af0b9b 5f4312dab4999438b7c85c4f01a3071151d.pdf

Os grandes subsídios também criam um problema sério de equidade. A curva de distribuição de renda na Figura 6.21 mostra que o subsídio é reservado a domicílios com renda entre 19 e 50 mil dólares por ano. O limite é obviamente arbitrário. No zoneamento inclusivo, domicílios que ganham 49 mil dólares por ano podem ganhar um subsídio que chega a 100 mil dólares por ano, mas um domicílio com renda anual de 51 mil dólares não recebe nada. A injustiça é ainda pior para domicílios mais pobres que ganham menos de 19 mil dólares por ano e que não podem se qualificar para nenhum subsídio de aluguel no programa.

O perfil de padrão de habitação mostrado na Figura 6.12 subitamente se subdivide em segmentos com um pequeno grupo de pessoas de baixa renda tendo um padrão muito mais alto do que o de domicílios que ganham apenas um pouquinho mais do que os membros do grupo. Isso não é equitativo. Equidade seria garantir que todos os domicílios com renda abaixo de um valor determinado tivessem um padrão mínimo de moradia, e não que alguns tenham ótimo padrão enquanto outros têm um padrão muito baixo.

Os benefícios de estar nas faixas de renda exigidas são tão altos que há grandes incentivos a uma tentativa de burlar o sistema, como, por exemplo, deixar de declarar renda ou um membro do domicílio se abster de trabalhar durante o período de inscrição para que a renda domiciliar continue dentro da faixa beneficiária.

Um estoque congelado de habitação popular

As unidades subsidiadas recentemente construídas no zoneamento inclusivo constituem um estoque imobilizado de habitação popular que estará disponível no futuro para domicílios com renda qualificável? Para constituir um estoque permanente de habitação popular, domicílios vivendo nelas deveriam ser capazes de se mudar quando as unidades não atenderem mais às suas necessidades, como acontece com os domicílios que fazem parte do mercado do estoque habitacional. Isso significaria que as unidades subsidiadas deveriam ter uma taxa de vacância constante de cerca de 4 ou 5%, para que novos locatários possam substituir progressivamente os inquilinos originais. Isso é improvável de acontecer, já que o subsídio, obtido por meio de um sistema de sorteio, está vinculado ao apartamento, e não ao domicílio. O subsídio não é transferível e é tão grande que o inquilino original dificilmente terá um aumento de renda que seja grande o suficiente para convencê-lo a desistir do subsídio.

Imagine, por exemplo, um jovem professor que recém conseguiu um emprego em uma escola do bairro. Sua renda quase certamente o qualificaria para o zoneamento inclusivo. Ele conseguiria uma vaga no prédio VIA 57 ou em qualquer outro prédio similar no bairro? Isso seria muito difícil, já que provavelmente nenhum inquilino original abandonará seu subsídio. Por outro lado, em aluguéis de mercado, domicílios com aumento de renda tendem a se mudar de suas unidades de habitação atuais para procurar uma alternativa que corresponda melhor a sua nova renda ou a uma nova localização de emprego. No entanto, com um subsídio tão grande, nenhum inquilino original inserido no zoneamento inclusivo se mudará, mesmo que sua renda dobre, já que se mudar representaria uma perda imediata no consumo de moradia. Em Nova Iorque, o subsídio é perpétuo. É, portanto, provável que os descendentes dos inquilinos originais sucedam seus pais quando eles se aposentarem, como acontece atualmente com apartamentos de aluguel controlado. Acredita-se, portanto, que os apartamentos de zoneamento inclusivo não constituirão um conjunto de habitação popular no futuro. Além disso, o grande subsídio ligado a um apartamento específico tende a reduzir a mobilidade dos inquilinos que se beneficiam dele.

Incentivo para sublocar

Se apresentados com a possibilidade de receber o subsídio mensal como renda, os inquilinos provavelmente prefeririam essa opção em vez de continuar no apartamento de luxo alocado a eles, mas essa possibilidade não está legalmente aberta. No entanto, a grande diferença entre o aluguel subsidiado e o preço de mercado constitui um forte incentivo a embolsar o subsídio informalmente, se houver a possibilidade. Um inquilino com uma renda mensal de 2.500 dólares, pagando um aluguel subsidiado de 843 dólares por um apartamento de três dormitórios cujo aluguel mensal de mercado é 9.800 dólares, tem um incentivo para sublocá-lo informalmente a um domicílio com renda mais alta por, digamos, 8 mil dólares. A renda mensal total dos inquilinos originais se torna 8.000 + 2.500 − 843 = 9.657 dólares por mês. Com essa renda, o inquilino pode facilmente encontrar um apartamento em uma localização menos desejável e com amenidades mais modestas por um aluguel mensal de, digamos, 1.500 dólares, o que é igual ao aluguel mediano em Manhattan em 2014.[21] A nova renda disponível do inquilino (renda menos aluguel) se torna 9.657 − 1.500 = 8.157 dólares por mês, em vez de 2.500 − 843 = 1.657 dólares por mês se o inquilino permanecer na unidade subsidiada. Esse é um incentivo muito poderoso. Queira ou não o inquilino correr o risco de sublocar ilegalmente, fica claro que ele ficará melhor financeiramente com uma renda mensal disponível de 9.657 dólares comparada a 1.657 dólares. Qualquer um interessado no bem-estar desse inquilino deveria defender seu direito de sublocar a preço de mercado. Afinal, ele ganhou no sorteio!

O custo real do governo ao fornecer incentivos a incorporadores

Até então, discuti o impacto do zoneamento inclusivo a inquilinos que se beneficiam dessas regulações de zoneamento. Vamos olhar, agora, para o zoneamento inclusivo sob a perspectiva dos incorporadores e do governo. Incorporadores imobiliários não podem fornecer 20% dos apartamentos que constroem a aluguéis abaixo do valor de mercado sem falir, se outros incorporadores podem alugar 100% dos seus apartamentos ao preço normal do mercado. Um governo que queira usar o zoneamento inclusivo para unidades de habitação abaixo do preço do mercado, portanto, tem duas opções: tornar o zoneamento inclusivo opcional, mas fornecer incentivos fiscais e normativos para compensar o custo dos incorporadores, ou tornar o zoneamento inclusivo obrigatório para todos os incorporadores em determinada área, equalizando as regras para todos os que concorrem no mesmo bairro.

A abordagem de incentivo tem um alto custo para o governo e o público, como veremos, mas pelo menos pode ser testada e monitorada para que os incentivos sejam ajustados. A abordagem obrigatória pode ser aplicada a um número menor de bairros onde a demanda por apartamentos de alto custo é sabidamente alta. Essa abordagem reduz de forma considerável o número de unidades subsidiadas que podem ser construídas. A abordagem obrigatória age como um imposto direto nas unidades de mercado e, portanto, aumenta seu preço e reduz sua demanda. Em uma cidade como Nova Iorque – sobretudo em Manhattan, onde a vacância é escassa –, reduzir a oferta de unidades de habitação em geral pode não ser uma boa ideia.

Seja ao usar a abordagem voluntária, seja ao adotar a obrigatória para construir habitações populares, o zoneamento inclusivo já não parece ser um almoço grátis.

Quando o zoneamento inclusivo é voluntário, o governo deve fornecer incentivos aos incorporadores, tanto por mudanças nas regulações, a fim de permitir que mais apartamentos sejam construídos na mesma propriedade, como por benefícios fiscais (ou os dois). A mudança regulatória oferecida como incentivo é geralmente um bônus de coeficiente de aproveitamento (p. ex., permissão para construir mais área do que o zoneamento atual permite) em troca da construção de determinado número de unidades precificadas abaixo do aluguel de mercado. Em Nova Iorque, o programa de zoneamento inclusivo, junto a um bônus de zoneamento de cerca de 20%, costumava incluir um incentivo fiscal chamado de 421-a, que isentava o incorporador de um aumento nos impostos sobre propriedade por até 20 anos. A isenção 421-a expirou em junho de 2015, mas alguns prédios novos ainda a estão recebendo porque se inscreveram antes do fim do programa. Não se sabe se o poder legislativo do estado de Nova Iorque a renovará, em razão do seu custo. Novos projetos de zoneamento inclusivo deverão depender inteiramente do bônus de coeficiente de aproveitamento como incentivo. Essa pode ser a razão de a cidade ter acabado de estabelecer novas áreas nas quais o zoneamento inclusivo é, agora, obrigatório.

O custo de um almoço grátis: incentivos fiscais e bônus de coeficiente de aproveitamento

De acordo com um relatório de junho de 2015 do New York City Independent Budget Office, o programa de incentivo fiscal 421-a custa à cidade 905 mil dólares por apartamento alugado a um preço abaixo do mercado durante o incentivo fiscal (equivalente a um custo fiscal anual de 45 mil dólares por unidade de habitação). O incentivo fiscal anual por apartamento é ligeiramente menor do que o subsídio médio anual por apartamento (mostrado na Figura 6.23) calculado para o projeto VIA 57. Já era a política Robin Hood de tirar dos ricos para dar aos pobres!

O custo anual para o governo é equivalente à renda anual dos beneficiários na extremidade mais alta da faixa de renda-alvo. O incentivo fiscal é obviamente muito caro, e seu impacto no orçamento de Nova Iorque aumenta cada vez que novas unidades abaixo do preço do mercado são construídas. Por razões óbvias, é mais vantajoso politicamente aprovar incentivos fiscais do que dedicar parte do orçamento municipal para subsidiar moradias com preço abaixo do mercado. O custo para o governo é o mesmo, mas o cálculo dos incentivos fiscais (como o programa 421-a) que se estendem ao futuro é complexo e, portanto, não muito transparente. Um incentivo fiscal parece muito mais inocente do que um subsídio pago pelo dinheiro dos contribuintes, mas é claro que o valor pago pelo contribuinte é o mesmo. A falta de transparência e o fato de que o incentivo é pago em prestações no futuro tornam mais fácil alocar subsídios na forma de incentivos fiscais para incorporadores do que fornecer um subsídio direto equivalente para os domicílios comprarem ou alugarem apartamentos com qualidade e localização de sua escolha.

O programa de incentivo fiscal 421-a teve início em 1971, como um estímulo para a construção de prédios residenciais em Manhattan, e até hotéis de luxo eram elegíveis. Por exemplo, o Grand Hyatt Hotel, no meio de Manhattan, finalizado em 1980, recebeu um subsídio fiscal que foi avaliado em 359 milhões de dólares pelo *New York Times*.[22] Inicialmente, para receber o incentivo, os incorporadores não eram obrigados a construir unidades de habitação popular. Essa obrigação foi acrescentada apenas recentemente.

Além do incentivo fiscal, o incorporador que concordar em fornecer 20% de unidades com aluguel abaixo do valor de mercado recebe um bônus no coeficiente de aproveitamento (CA) de cerca de 20%. Isso significa que, se o zoneamento atual permitir que um incorporador construa o equivalente a 10 vezes o tamanho do terreno (CA = 10), com o zoneamento de incentivo, o incorporador poderá construir o correspondente a 12 vezes a área do terreno (CA = 12).

Esse bônus no aumento do CA gera uma questão interessante. Os CAs devem ser limitados por regulações em razão das externalidades negativas que eles talvez produzam, por exemplo, a projeção de sombras em outros prédios, calçadas muito lotadas ou outros problemas. Contudo, a prática adotada pelo governo de aumentar o CA arbitrariamente para incentivar os incorporadores a construírem algo que tenha demanda social demonstra que não há externalidade negativa, ou que ela é tão insignificante que pode ser facilmente ignorada por planejadores urbanos quando eles acharem conveniente fazê-lo. Um governo usando regulações condicionantes que limitam o CA para negociar com incorporadores é um forte incentivo para aumentar esses condicionamentos ao ponto de tornar o empreendimento financeiramente inviável, para que assim os incorporadores sejam forçados a negociar com a cidade. Ao manter o CA relativamente baixo em áreas onde a demanda por área construída é alta, a cidade cria uma escassez artificial de área construída e contribui para o custo alto de moradia. Em áreas onde a demanda por área construída é muito maior do que a permitida pelo CA padrão, a cidade pode exigir que incorporadores forneçam de "graça" algo que a cidade quer. Poderia ser uma praça, um parque ou qualquer amenidade que a cidade gostaria de construir. Sob esse sistema, a cidade age como um monopolista na oferta de novas áreas construídas. Ela tem um incentivo para manter a oferta de área construída baixa para que seu preço se mantenha altíssimo. Portanto, é irônico que a cidade se sinta na obrigação de aumentar a pressão regulatória, tornando moradias mais caras a todos para ser capaz de construir um número limitado de unidades de habitação com preço abaixo do mercado!

O custo ao bem-estar dos cidadãos de manter o CA abaixo da demanda é difícil de calcular. Em relação aos incentivos fiscais, a dificuldade de calcular o custo do incentivo de CA é uma das principais vantagens políticas de adotar tal sistema. Esse é provavelmente o motivo pelo qual os incentivos de CA vêm sendo cada vez mais usados ao redor do mundo, sob o pretexto de extrair algumas unidades populares de incorporadores de apartamentos de luxo. Contudo, as restrições no CA têm efeitos devastadores em cidades como Mumbai.

O zoneamento inclusivo é uma forma cara de criar poucos apartamentos "populares"

O zoneamento inclusivo obviamente não é a solução milagrosa na qual os planejadores e políticos gostariam que acreditássemos. O zoneamento inclusivo apresenta as limitações comuns a todos os subsídios habitacionais à oferta. Ele impede a mobilidade de domicílios que se beneficiam dele porque o subsídio está vinculado a uma unidade de habitação específica; seu custo não é transparente e geralmente aumenta com o tempo. Ele não consegue ajustar o subsídio a uma renda instável. Ele faz domicílios beneficiários terem um padrão de moradia excessivo a um custo alto para a comunidade. E, finalmente, ele não consegue atender à demanda por moradia a um valor de aluguel específico em quantidade suficiente. De acordo com a Secretaria de Preservação e Desenvolvimento Habitacional da Cidade de Nova Iorque, uma média de apenas 172 unidades por ano foi construída pelo zoneamento inclusivo desde o início do programa, em 1988, até 2013!

De muitas maneiras, Nova Iorque é uma cidade bem-sucedida. Ela continua sendo um dos líderes mundiais em arte, cultura, moda, finanças, engenharia e tecnologia. No entanto, sua política habitacional, que no passado se baseou principalmente em subsídios à oferta, continua um fracasso. Em 2015, 42% de todas as unidades habitacionais em Nova Iorque (ou 1,3 milhão de unidades de habitação) foram subsidiadas e alugadas abaixo do preço de mercado. Além disso, um total de 405 mil domicílios estão atualmente em várias listas de espera para auxílio aluguel. Não há nada de errado em subsidiar a moradia dos domicílios mais pobres, mas quando o número de domicílios sendo subsidiados chega perto de metade dos domicílios da cidade, pode ser o momento de procurar por outras soluções. Subsídios implicam a transferência da maioria para os mais pobres. No entanto, quando os beneficiários dos subsídios estão perto de se tornar a maioria, é evidente que, no fim, seus impostos municipais estão pagando em grande parte pelo seu próprio benefício.

Remendar mais esquemas de subsídios à oferta para acrescentar mais unidades subsidiadas às atuais pode não ajudar mais. É hora de procurar por soluções radicalmente diferentes. Uma delas, já parcialmente em uso, tem sido o subsídio de aluguel paralelo à demanda, chamado de "Section 8 housing" nos Estados Unidos. Consiste em complementar a renda de domicílios habilitados por meio de um subsídio habitacional que os permita procurar por domicílios habilitados por meio de mercado, na localização e no padrão escolhidos pelo próprio domicílio. Quando a renda domiciliar aumenta, o subsídio diminui progressivamente. Domicílios cuja renda ultrapassa o máximo não mais se qualificam para o subsídio, mas podem permanecer no mesmo apartamento e pagar pelo aluguel de mercado. Como esse subsídio é portátil, os domicílios podem se mudar e manter o mesmo subsídio de aluguel. O sistema Section 8 Housing, portanto, elimina as desvantagens mais sérias dos subsídios à oferta.

Até março de 2016, em Nova Iorque, 90.150 domicílios se beneficiaram dos subsídios de aluguel Section 8, e 147 mil estão em uma lista de espera para o programa. No entanto, subsídios à demanda aumentam a demanda por moradia ao acrescentar os subsídios à renda dos beneficiários. Se a oferta de novas moradias é limitada por regulações arbitrárias como CAs baixos, por exemplo, ou por um sistema ruim de transporte urbano, os subsídios à demanda talvez resultem em preços mais elevados de moradia, e não em mais unidades de habitação.

Uma mudança na política habitacional exigiria uma auditoria geral de todas as regulações de zoneamento e práticas de construção atualmente responsáveis pelos elevados preços das habitações. Muitos bairros na região metropolitana de Nova Iorque são zoneados para casas unifamiliares com recuos laterais. Há fortes razões para alterar progressivamente essas regulamentações de zoneamento a fim de permitir a construção de moradias nas localizações onde a demanda é alta e onde o acesso ao trânsito é adequado. A subdivisão informal e ilegal de casas com recuos laterais em alguns subúrbios de Nova Iorque indica uma demanda por mais unidades de habitação em terrenos menores. Por último, os limites de CA não deveriam ser aplicados com o intuito de obter uma posição forte para barganhar quando a cidade negocia com incorporadores. CAs e alturas máximas deveriam ser estabelecidos puramente como uma resposta a limitadores reais e quantificáveis, como preservação histórica ou, digamos, rotas de tráfego aéreo.

Finalmente, a oferta de moradia poderia aumentar com uma melhoria do sistema de transporte urbano. Áreas com baixa demanda devido a sua acessibilidade ruim aos empregos têm necessariamente baixa densidade. Melhorar a acessibilidade a empregos tornando os meios de transporte mais rápidos ou adotando novas tecnologias de transporte deveria aumentar a oferta real de terra das cidades. A não ser que as limitações regulatórias e de infraestrutura da oferta de moradia sejam eliminadas, acrescentar novos subsídios habitacionais, tanto à oferta quanto à demanda, teria um efeito muito pequeno no bem-estar dos domicílios de renda mais baixa da cidade.

O exemplo de zoneamento inclusivo que citamos não é apenas uma ilustração anedótica de uma política habitacional mal-elaborada. Ele representa uma tendência em muitas das cidades mais economicamente bem-sucedidas do mundo. O frenesi regulatório crescente que caracteriza algumas cidades como Nova Iorque impõe um grande custo econômico ao país inteiro. Em um artigo publicado em 2015, os economistas Chang-Tai Hsieh e Enrico Moretti descobriram que, entre 1964 e 2009, o alto custo de moradia em relação aos salários em algumas cidades dos Estados Unidos havia reduzido o PIB agregado do país em 13,5%:

> A maior parte da perda provavelmente foi causada pelo aumento de restrições à oferta de moradia em cidades de alta produtividade como Nova Iorque, São Francisco e San José. A redução dos limites regulatórios nessas cidades ao nível de uma cidade mediana expandiria sua força de trabalho e aumentaria o PIB dos Estados Unidos em 9,5%.[23]

Muitas das regulações recentemente introduzidas em cidades ao redor do mundo com o objetivo de aumentar o consumo de moradia de domicílios de baixa renda não apenas deixam de entregar o número prometido de unidades habitacionais, como também contribuem para a diminuição das oportunidades econômicas das próprias pessoas pobres que deveriam ajudar. É hora de rever essas regulações e políticas, levando em consideração a literatura econômica cada vez mais valiosa sobre o assunto.

As cidades relutam em aceitar padrões de moradia acessíveis aos pobres: as exceções

Cidades em países de baixa renda, cuja população urbana aumenta anualmente com um grande número de pessoas pouco qualificadas, não podem arcar com os custos de subsidiar a moradia do grande número de pobres. No entanto, cidades da Indonésia, usando uma abordagem de "integração" em assentamentos de baixa renda, têm sido bem-sucedidas em incorporar novos migrantes à força de trabalho urbana e, ao mesmo tempo, em manter um nível aceitável de saúde ambiental nos bairros mais pobres.

Em muitos países asiáticos, o grande número de migrantes para as cidades tem criado densos vilarejos urbanos, mas totalmente carentes de infraestrutura. Essas estruturas pequenas e simples ofereceram o abrigo que essas pessoas precisavam por um preço pelo qual elas poderiam pagar. Elas também permitiram que essas pessoas participassem da economia urbana. No entanto, a falta de conexão à infraestrutura da cidade logo criou condições sanitárias inaceitáveis quando esses vilarejos urbanos se juntaram, formando grandes bairros contíguos com centenas de milhares de pessoas. Além disso, a falta de escolas e serviços de saúde contribuiu para diminuir ou até mesmo impedir a completa integração das gerações mais jovens à sociedade urbana.

A primeira reação previsível dos governos geralmente tem sido estabelecer padrões mínimos de urbanização para evitar a construção legal dessas vilarejos urbanos insalubres. As regulações tornaram a situação pior, já que impediram que esses assentamentos informais recebessem do município serviços urbanos normais. Elas também trouxeram o risco de demolição das construções no futuro, o que desencorajou melhorias que os próprios domicílios teriam feito naturalmente em suas moradias. Em certo momento, muitos dos governos regulamentaram de forma gradual os assentamentos informais mais antigos, como é feito na Índia, por exemplo. Mas a regulação de assentamentos informais costuma ser feita sob a condição de que, após uma data estabelecida, nenhum outro assentamento informal seria regulamentado.

O resultado dessas políticas sucessivas – primeiro o ostracismo, depois a negligência benevolente e a integração relutante – tem sido desastroso. Uma fatia significativa da força de trabalho urbana, apesar de empregada, vive em grandes assentamentos "informais", frequentemente com abastecimento incerto de água, saneamento deficiente e coleta de lixo esporádica. Em Mumbai, uma das cidades asiáticas mais pujantes, 60% da população vive em favelas.

Discuto, a seguir, dois estudos de caso na Indonésia e na China. Esses países, por diferentes motivos e de diferentes maneiras, abordaram de outra forma a integração de moradias populares de baixo padrão à infraestrutura da cidade. O resultado para os domicílios pobres migrantes foi significativamente melhor do que aquele dos países que seguiram a abordagem da adoção de regulações rigorosas. Nesses dois países, o governo permitiu que domicílios de baixa renda adotassem os padrões pelos quais poderiam pagar e fizessem suas próprias escolhas em termos de localização, área viária, tamanho de lote e área construída. O papel do governo se limitou a fornecer conexões desses assentamentos às principais redes urbanas de transporte, água, esgoto e drenagem pluvial.

Exemplo 3: os enclaves urbanos sem padrões mínimos da Indonésia

Na ilha densamente povoada de Java, as cidades em expansão absorvem as grandes vilarejos existentes, chamadas de *kampungs*, cuja população, então, se integra rapidamente à força de trabalho. As zonas rurais são rapidamente urbanizadas por incorporadores formais, enquanto novas construções informais são acrescentadas aos *kampungs* que foram absorvidos pela cidade. Até agora, isso não difere muito do que acontece no resto da Ásia, onde os países se urbanizam rapidamente.

Todavia, há uma diferença importante. Os *kampungs* da Indonésia sempre tiveram uma estrutura administrativa informal sólida e baseada em leis tradicionais, e essa estrutura administrativa tem conseguido perdurar com a integração a uma cidade maior. Confrontada com a urbanização, a liderança tradicional do *kampung* se organizou para absorver os recém-chegados. Os lotes foram subdivididos, mas sempre por iniciativa do dono original do imóvel e dentro dos limites regulatórios e das normas sociais tradicionais do *kampung*. Para utilizar uma terminologia moderna, poderíamos comparar os *kampungs* a um tipo de condomínio: eles têm suas próprias regulações e normas internas, formando uma espécie de administração local a um nível mais baixo do que um município ou distrito. Uma das diferenças em relação a um condomínio é que o microgoverno local do *kampung* também tem jurisdição sobre o uso do solo. Portanto, ajustes podem ser feitos em relação ao tamanho do lote, à largura do acesso aos lotes individuais e à drenagem de esgoto usando normas tradicionais desenvolvidas ao longo de séculos prática de políticas de boa vizinhança, ao mesmo tempo em que desconsideram os padrões de desenvolvimento impostos pelo município que cerca o *kampung*. Incorporadores formais construindo em áreas não urbanizadas adjacentes, no entanto, precisavam seguir as regras-padrão de uso do solo do município em relação à urbanização e ao parcelamento de terra.

Como a renda e as preferências dos novos ocupantes eram bem conhecidas pelos ocupantes originais do *kampung*, os padrões de uso do solo evoluíram para se ajustar à nova realidade econômica dos *kampungs*; e os padrões foram ajustados para o preço crescente da terra, a fim de que os lotes continuassem financeiramente acessíveis aos recém-chegados, que, em geral, eram imigrantes pobres. Como as tradicionais normas locais eram respeitadas, isso não resultou em um agregado anárquico de casas que geraria um desperdício de terra, como frequentemente acontece em invasões espontâneas onde imigrantes se juntam sem formar uma comunidade organizada. Uma rede de pequenas vias, caminhos de pedestres e passagens foi mantida, refletindo a estrutura do vilarejo anterior.

Enquanto as cidades indonésias se desenvolviam, os *kampungs* localizados mais próximos dos centros das cidades se densificaram mais rápido, como esperado em razão de sua localização favorável por estar próxima dos empregos. A baixa renda de seus habitantes, a falta de acesso ao financiamento, a fragmentação das propriedades em pequenos lotes e a falta de acesso à infraestrutura impediram a construção de edifícios de múltiplos pavimentos. No entanto, a subdivisão dos lotes existentes no vilarejo e a largura limitada das vias de acesso local refletiram o custo de oportunidade da terra e, logo, resultaram em densidades muito mais altas do que aquelas dos vilarejos originais, frequentemente resultando em densidades acima de 500 pessoas por hectare.

No entanto, há uma desvantagem nessa maior densidade. A fonte tradicional de água e saneamento – que consiste em fossas sépticas e sumidouros – se tornou muito inadequada para atender às densidades mais altas. A baixa capacidade de absorção do sistema sanitário tradicional transformou os *kampungs* em favelas densas e insalubres. A rede de drenagem pluvial tradicional, construída ao redor dos antigos canais de irrigação, era insuficiente para evitar inundações durante as monções em razão da menor permeabilidade da área causada pela urbanização.[24]

Política habitacional inovadora concentrando subsídios em infraestrutura e não na estrutura das habitações

Até agora, a história dos *kampungs* indonésios não parece ser muito diferente da história dos assentamentos informais em muitos outros países em desenvolvimento. O que fez diferença foi a decisão tomada em 1969 pelo governo da Indonésia de concentrar seus recursos na melhoria da infraestrutura dos *kampungs*, sem tentar eliminar ou reformar as moradias existentes, não importando o quão pequenas ou inadequadas elas fossem. O fornecimento de infraestrutura e serviços urbanos aos *kampungs* era chamado de Programa de Melhoria dos *Kampungs* (PMK). Comparada às políticas habitacionais predominantes nos países em desenvolvimento nos anos 1960, que consistiam basicamente em pôr abaixo assentamentos informais para reassentar seus habitantes em apartamentos públicos, essa abordagem era revolucionária.

E, ainda mais excepcional, de 1969 até hoje, o apoio do governo indonésio ao PMK tem sido resoluto, apesar de instabilidades políticas e mudanças constitucionais. O objetivo da política habitacional do governo consiste em permitir que os pobres se assentem nos vilarejos existentes e ao redor deles com o padrão de sua escolha, enquanto o governo concentra seus esforços não na construção, mas na melhoria gradual da infraestrutura residencial e dos serviços para todos os assentamentos residenciais. A política tem se mostrado bastante bem-sucedida. Os padrões de vida e de saneamento na maioria dos *kampungs* da Indonésia são bem mais altos do que os encontrados em assentamentos informais em outros países com PIBs similares.

Kampung algum jamais foi demolido. Não houve promessa de moradia gratuita para um grande número de domicílios. Nenhuma instituição central do governo tentou substituir os vários pequenos contratos do PMK sobre obras de infraestrutura dos *kampungs* por contratos maiores envolvendo a construção de um programa colossal de habitação pública.

Operacionalmente, o PMK continua fornecendo assistência financeira e técnica para a estrutura administrativa tradicional dos *kampungs* desenvolver conexões com a rede municipal de fornecimento de água, construindo calçadas e sistemas de drenagem pluvial, utilizando faixas de domínio existentes, e estabelecendo um sistema de coleta de resíduos sólidos que vão para as grandes lixeiras pertencentes ao sistema municipal de coleta de lixo. A manutenção das redes internas e da coleta de resíduos era – e ainda hoje é – gerenciada pela própria comunidade do *kampung*, com alguma assistência financeira do governo municipal. A descentralização da tomada de decisões e a participação das comunidades fazem parte do PMK desde o início.

O PMK tem sido complementado com investimentos da cidade inteira em transporte e, o mais importante para o Sudeste asiático, em redes de drenagem pluvial para impedir a inundação periódica de áreas residenciais.

A Indonésia, com um PIB *per capita* de 10.500 dólares em 2015, continua sendo um país de renda baixa e média, de acordo com o Banco Mundial. O padrão de vida geral reflete essa faixa de renda. No entanto, como o governo concentrou seus escassos recursos no fornecimento de infraestrutura urbana para todos os residentes urbanos, em vez de aumentar o consumo de moradia de alguns domicílios pobres selecionados por sorteio para habitação pública, todos os domicílios indonésios pobres receberam benefícios. E esses benefícios aumentam com o tempo. O foco do governo em apoiar a infraestrutura permitiu que os domicílios usassem seus próprios recursos para investir em suas moradias, sejam elas ocupadas pelos proprietários, sejam como investimento em habitação para aluguel. O padrão de habitação, definido pelo tamanho e pela qualidade da estrutura, pode, portanto, variar de muito baixo a muito alto no mesmo bairro, mas o acesso a tratamento de esgoto, água potável, educação e saúde é garantido a todos.

Os padrões de uso do solo definidos pela demanda e permitidos pelas regulações indonésias estão ilustrados pelas plantas de dois bairros em Surabaia, Indonésia, como observado em 2010 (Figura 6.24). À esquerda da figura, a plan-

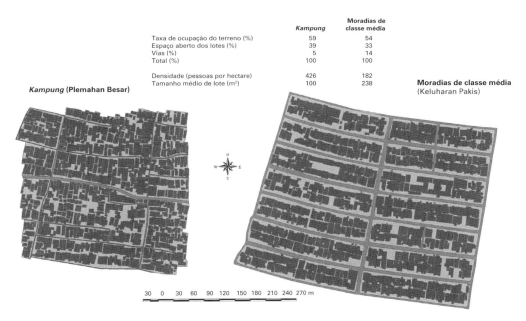

FIGURA 6.24 Plantas de um *kampung* e de moradias de classe média em Surabaia, Indonésia.
Fonte: análise GIS do mapa topográfico de Surabaia feita por Marie-Agnes Bertaud.

ta de um *kampung* mostra a variedade de tamanhos de lotes e moradias possíveis no mesmo bairro. Algumas construções localizadas ao fundo de lotes junto a vias principais são muito pequenas e de baixa qualidade, mas elas têm acesso à água potável e tratamento de esgoto. Elas também têm acesso às mesmas escolas e aos serviços de saúde que seus vizinhos mais afluentes.

O sistema viário permite apenas veículos de emergência e de construção, mas é adequado para o tráfego local de motocicletas e pedestres. À direita na figura, temos uma planta projetada por um incorporador formal, que mostra um tipo de leiaute residencial diferente, mais padronizado, com muito menos variedade entre os tamanhos dos lotes e com mais homogeneidade em relação à área construída, refletindo os padrões da classe média.

A política de integração dos *kampungs* foi bem-sucedida no fornecimento de um fluxo de moradias de baixa renda

Como os limites dos *kampungs* sempre foram protegidos desde que a Indonésia iniciou sua urbanização acelerada, eles são encontrados em todos os bairros das cidades indonésias. Por consequência, os *kampungs* também se localizam ao lado de áreas comerciais e áreas de renda mais alta, o que promove uma mistura socialmente desejável de rendas no bairro. Como os *kampungs* e as áreas de classe média compartilham a mesma infraestrutura básica de água e esgoto, não há muito espaço para discriminações nos investimentos públicos.

Observei a evolução e a melhoria dos *kampungs* constantemente, desde a minha primeira viagem de trabalho para a Indonésia em 1977. Muitas unidades de habitação dentro dos *kampungs* se parecem mais com moradias de classe média do que de baixa renda. Isso reflete o aumento das rendas familiares na Indonésia durante esse período. A impossibilidade de usar um carro como meio de transporte nos *kampungs* (em razão da largura limitada das vias) previne qualquer remoção em grande escala de domicílios pobres dos *kampungs* mais bem localizados. O baixo padrão das vias é a melhor garantia contra a gentrificação em massa.

Alguns domicílios que chegaram a rendas altas o bastante provavelmente deixarão o *kampung* e se mudarão para bairros formalmente construídos. Esse movimento cria vagas nos *kampungs,* as quais são imediatamente ocupadas por domicílios mais pobres que alugam ou compram uma moradia. Domicílios de baixa renda não precisam ficar em uma lista de espera e não precisam apresentar prova de sua renda para comprar ou alugar um *kampung*. Os planos para expandir a urbanização estão reservando terra ao redor de *kampungs* localizados nas periferias para garantir um fluxo de novas moradias de baixa renda no futuro.

Os *kampungs* indonésios e o programa PMK demonstram que é possível para um governo fornecer benefícios generosos à sua grande população de baixa renda sem criar longas listas de espera. Eles demonstram que permitir que os padrões se ajustem e, consequentemente, que a densidade populacional oscile, não apenas fornece habitação popular, mas também melhora a estrutura da cidade ao permitir densidades mais altas em áreas com acesso a empregos.

Exemplo 4: os vilarejos urbanos da China

Status legal da terra em vilarejos chineses

Assim como na Indonésia, muitas cidades na China estão absorvendo um grande número de vilarejos à medida que se expandem. Usarei o termo "vilarejos urbanos" para indicar os vilarejos circundados por uma área urbana administrada por uma prefeitura. A terra ocupada por esses vilarejos tem um *status* jurídico especial. O uso do solo no vilarejo é controlado por uma cooperativa dele próprio, não pela prefeitura, ainda que, de acordo com a constituição chinesa, todas as terras pertençam "ao povo" (i.e., ao governo central). No entanto, há uma diferença entre propriedade plena, que envolve a possibilidade de vender bens, e propriedade apenas dos direitos de uso do solo, que se limita ao direito de construir na área e de alugar área construída ou terras a terceiros. Os habitantes dos vilarejos na China são livres para estabelecer seus próprios padrões de construção e uso do solo; eles podem alugar a terra ou qualquer estrutura que construam para outros, mas não podem vender nem o prédio, nem a terra. Apenas o governo pode adquirir terras de agricultores por desapropriação com indenização.

Para os moradores rurais chineses vivendo em vilarejos urbanos, portanto, o valor das suas terras é representado pelo valor atual do fluxo de aluguéis gerado por qualquer que seja a estrutura que eles consigam construir nessas terras. Ao contrário de agricultores vivendo em economias tradicionais de mercado, eles não têm nenhum incentivo para vender suas terras para um incorporador imobiliário, já que o valor da indenização que receberiam do governo provavelmente seria mais baixo do que o valor capitalizado do fluxo de aluguéis. Isso explica por que os habitantes dos vilarejos na China resistem a vender suas terras ao governo sempre que podem, além de muitos protestarem contra a desapropriação.

Quando a área construída de uma cidade em expansão alcança um vilarejo, o governo municipal desapropria os campos ao redor dele, mas geralmente se abstém de desapropriar o vilarejo em si, já que as indenizações pagas aos habitantes se baseiam em um "valor de substituição" da área construída demolida, enquanto os campos são indenizados com base no valor das colheitas. Desapropriar o vilarejo e fornecer unidades alternativas de moradia é, portanto, muito mais caro para o governo do que desapropriar campos abertos. Como resultado, os vilarejos, com frequência, são inicialmente poupados da demolição e se tornam vilarejos urbanos enclavados, com um *status* especial em relação ao controle do uso do solo. À medida que uma cidade se expande, o valor da terra aumenta nos vilarejos que estavam inicialmente nos limites da urbanização, ao ponto de se tornar mais alto do que a indenização a ser paga aos agricultores por quaisquer prédios que eles tenham construído. O governo municipal, então, tende a despejar os moradores rurais após uma indenização ou realocação e vender a terra a incorporadores. No entanto, o processo é longo e trabalhoso, e muitos dos vilarejos urbanos perduram por muito tempo antes que a urbanização ocorra.

Replanejamento de vilarejos determinado pela demanda por habitação

Enquanto o vilarejo resiste, o resultado é, *grosso modo*, similar àquele dos *kampungs* indonésios. Ou seja, os vilarejos formam enclaves legais onde o uso do solo é controlado por uma pequena comunidade – o coletivo do vilarejo – que é independente do município que o cerca. Assim como na Indonésia, o uso do solo dentro dos limites do vilarejo é determinado pela demanda e não por regulações urbanas elaboradas por planejadores urbanos distantes. Como resultado, os padrões de uso do solo – altura dos prédios, área dos apartamentos, largura das vias – são o resultado de escolhas que refletem as prioridades dos habitantes, enquanto os aluguéis seguem subindo com a expansão da cidade.

Por que os vilarejos são grandes fornecedores de habitação popular?

A maior parte das terras residenciais em áreas formalmente urbanizadas é leiloada para incorporadores, que constroem e vendem apartamentos em condomínios. Os incorporadores chineses não costumam construir apartamentos para alugar, como é feito nos Estados Unidos e nas cidades europeias. A demanda por apartamentos para venda vem dos novos moradores urbanos cultos e afluentes, cujos domicílios vivem e trabalham nas cidades há uma ou mais gerações. Imigrantes recentes não têm o capital acumulado e a renda regular que permitiriam a eles comprarem um apartamento com um financiamento e uma prestação substancial. As oportunidades de aluguel são raras no mercado formal.

Nas cidades chinesas, portanto, as moradias populares para novos imigrantes são principalmente fornecidas por unidades de aluguel em vilarejos urbanos. Os padrões e os aluguéis de unidades habitacionais recentemente construídas se ajustam constantemente à demanda. Assim como na Indonésia, algumas unidades habitacionais podem estar superlotadas e talvez precisem compartilhar um banheiro com outras unidades, mas todas elas possuem acesso à água potável e a tratamento de esgoto, seus resíduos sólidos são removidos regularmente e todas as unidades habitacionais em vilarejos ficam perto de meios de transporte urbano. Uma vez que a renda urbana na China é muito mais alta do que na Indonésia, os habitantes das vilarejos urbanos têm dinheiro para construir prédios de múltiplos pavimentos, se o fluxo projetado do aluguel de mercado for suficiente para garantir um retorno financeiro atrativo.

O uso do solo no coletivo do vilarejo é, portanto, completamente guiado por mercados, sem quaisquer empecilhos de regulações. Portanto, ele evolui rapidamente, refletindo as mudanças econômicas e as prioridades dos possíveis moradores. Vilarejos urbanos chineses localizados em cidades onde a renda subiu rapidamente são, dessa forma, um laboratório singular para observar o que acontece quando os padrões urbanos de uso de solo são constantemente reavaliados como função dos aluguéis variáveis. Isso contrasta com a maioria das cidades em economias de mercado, onde o uso do solo é deliberadamente limitado por regulações para evitar mudanças, mesmo quando essas mudanças fariam sentido economicamente e melhorariam o bem-estar da cidade.

Adaptação rápida a mudanças econômicas em Shenzhen

Em nenhuma outra cidade do mundo mudanças econômicas ocorreram tão rápido quanto em Shenzhen – uma cidade com um *status* econômico especial, criado por Deng Xiaoping, o líder da China de 1978 a 1989. O território que cerca a cidade de pescadores de Shenzhen foi declarado como uma zona econômica especial em maio de 1980. Esse *status* especial permitiu aos mercados determinar preços, aluguéis e salários dentro do perímetro da zona. Isso foi realmente revolucionário para a China. Fora de Shenzhen, na época, os salários e os preços ainda eram em grande parte definidos pelo governo, e a moradia era fornecida por empregadores ou prefeituras com um vale-aluguel. Em Shenzhen, os salários eram muito mais altos do que no resto da China, mas os trabalhadores precisavam encontrar moradias no mercado. Alguns empregadores ofereciam dormitórios aos seus trabalhadores, mas um aluguel de mercado era deduzido de seus salários.[25]

Em 1980, a cidade de Shenzhen tinha uma população de apenas 30 mil pessoas. No entanto, ela estava rodeada por vilarejos com uma população somada de cerca de 300 mil pessoas que, em seguida, foram integradas ao mercado de trabalho de Shenzhen. Em 2015, a população de Shenzhen já havia alcançado 14 milhões de pessoas, tendo crescido a uma incrível taxa média anual de 11%! O alto nível de produtividade da força de trabalho de Shenzhen e os salários consequentemente mais altos do que no resto da China explicam o aumento rápido da taxa de crescimento demográfico. Em 2014, o PIB *per capita* de Shenzhen chegou a 25 mil dólares, o mais alto da China. A combinação de livre mercado, abordagem libertária em relação aos padrões de moradia em vilarejos urbanos e taxas de crescimento populacional e de renda domiciliar altas resultaram no *design* incomum de habitação popular de Shenzhen que descrevo a seguir.

Nos anos 1980, o padrão inicial dos vilarejos de Shenzhen era de vias irregulares e lotes íngremes, com a maioria das casas tendo dois pavimentos cobertos por um telhado tradicional. Os ocupantes originais do vilarejo eram agricultores ou pescadores. Eles logo foram privados de suas terras para plantio e de seus desembarcadouros para barcos pesqueiros quando a terra foi adquirida pelo governo para a construção da infraestrutura, das fábricas, dos prédios administrativos e das habitações formais que compuseram a espinha dorsal do desenvolvimento econômico de Shenzhen. Os lotes individuais de terra nos quais suas casas foram construídas foram os únicos ativos que restaram aos antigos agricultores e pescadores. Ao construir dormitórios adicionais que poderiam ser alugados a preço de mercado para imigrantes, os habitantes do vilarejo poderiam produzir um fluxo de renda que mais do que compensaria suas antigas rendas como agricultores ou pescadores. Em menos de 10 anos, o trabalho dos agricultores de Shenzhen mudou de trabalhadores rurais coletivos para investidores, gestores e construtores imobiliários!

Muitos vilarejos se localizavam próximas ao novo centro de Shenzhen. Elas logo se tornaram próximas das estações de metrô recém-construídas que forneciam acesso a muito mais empregos com um tempo de viagens pendulares mais rápidas. A demanda por moradia nas localizações favoráveis dos vilarejos aumentou à medida que mais empregos foram criados a uma distância viável para viagens pendulares. A demanda por área construída de trabalhadores imigrantes se tornou tão grande que se tornou difícil aumentar o número de pavimentos ao redor do padrão viário irregular dos vilarejos originais.

O leiaute físico surpreendente dos vilarejos de Shenzhen

Para aumentar o retorno potencial das terras que eles controlavam, os ex-agricultores de Shenzhen criaram associações para agrupar seus recursos de terra e capital e, então, reprojetaram e reconstruíram seu leiaute viário irregular para otimizar o uso do solo. No novo *design*, os habitantes dos vilarejos não foram limitados por regulamentações; em vez disso, eram guiados apenas pelos seus conhecimentos das exigências dos possíveis locatários residenciais ou empresariais e das suas próprias prioridades, já que a maioria dos habitantes originais ainda vive dentro dos vilarejos redesenhados.

Para alcançar um coeficiente de aproveitamento do solo mais alto, os habitantes dos vilarejos projetaram um padrão em grelha com quadras de cerca de 14 m ao longo do eixo da via. A largura das vias variava de meros 2,6 m a 6 m. As edificações ocupavam 100% dos lotes. Uma escada levava a um salão central, com acesso a quatro apartamentos de cerca de 22 m² cada, incluindo uma cozinha pequena e um banheiro. Pavimentos mais baixos localizados nas vias mais largas são geralmente alugados para lojas de varejo, negócios ou até mesmo pequenas manufaturas.

Esse tipo de novo empreendimento foi apelidado de "prédios de aperto de mãos" em razão da pequena distância entre as janelas dos apartamentos em lados opostos da rua. Em média, os prédios de apartamentos tinham cerca de sete pavimentos (Figura 6.25). Dentro do perímetro do vilarejo, a densidade populacional é de cerca de 3 mil pessoas por hectare. Por outro lado, a densidade na maioria dos novos empreendimentos residenciais urbanos na China é de cerca de 700 pessoas por hectare.

A área contígua de vilarejos urbanos individuais foi redesenhada, dado que prédios de aperto de mãos são limitados a alguns hectares por vilarejo. Prédios de apartamentos raramente são mais do que cinco construções afastadas de uma via principal com acesso a transporte público. Mesmo que as vias dando acesso a prédios de apartamentos sejam extremamente estreitas e possam apenas comportar veículos de construção e de emergência, nenhum prédio está a mais de cerca de 80 m de distância de uma via principal.

Os primeiros vilarejos urbanos de Shenzhen redesenvolvidos nesse padrão denso e incomum foram em certo momento copiados por outros vilarejos na região metropolitana, mas, que eu saiba, nunca fora de Shenzhen. Isso sugere que esse *design* residencial incomum teve larga aceitação de locatários e proprietários, mas também que as escolhas dos moradores que levaram a esse *design* são únicas de Shenzhen.

Há precedentes culturais regionais para as altas densidades de prédios de aperto de mãos. A antiga cidade murada de Kowloon se localizava na Região

CAPÍTULO 6   Acessibilidade habitacional: renda domiciliar, regulações e oferta de terra   297

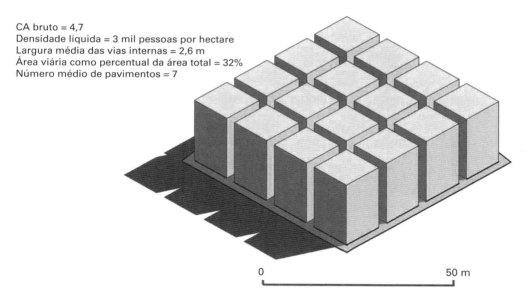

CA bruto = 4,7
Densidade líquida = 3 mil pessoas por hectare
Largura média das vias internas = 2,6 m
Área viária como percentual da área total = 32%
Número médio de pavimentos = 7

FIGURA 6.25 Visão tridimensional e uso de solo típico de um vilarejo de aperto de mãos de Shenzhen.

Administrativa Especial de Hong Kong, a apenas 27 km de Shenzhen. Ela foi demolida em 1993. A antiga cidade murada tinha uma estrutura similar e acomodava cerca de 33 mil pessoas com uma densidade de cerca de 12 mil pessoas por hectare em uma área total de aproximadamente 2,6 hectares, ou cerca de quatro vezes a densidade dos vilarejos de aperto de mãos em Shenzhen. A aceitação de altas densidades populacionais depende mais de fatores culturais do que de uma lógica normativa.

Avaliação do *design*

O leiaute físico dos prédios de aperto de mãos é tão incomum que merece alguns comentários. Não conheço cidade alguma em qualquer parte do mundo onde esse tipo de construção pudesse ser aprovado pelas regulações locais de uso do solo. No entanto, o *design* original foi replicado com algumas variantes ao longo da área de Shenzhen, demonstrando suas atratividade e aceitabilidade. Andar pelos becos e ruas de um vilarejo de aperto de mãos é uma experiência única de vida urbana intensa e pulsante, geralmente ausente nas "habitações populares" construídas a partir de normas governamentais. Mesmo que a geometria dos prédios de aperto de mãos ofereça poucas variações, exceto pela ocasional rua comercial mais larga, o interior de prédios idênticos com o seu salão central em cada andar oferece flexibilidade máxima. Os cômodos podem ser reunidos em apartamentos maiores ou divididos em unidades individuais menores de apenas um cômodo.

Os prédios de aperto de mãos contradizem tudo que esperamos de uma área residencial moderna em termos de ar fresco abundante e áreas de lazer verdes. Seu *design* faz uma escolha deliberada e radical entre a máxima área construída e a mínima área de terra, na melhor localização possível para acessar um número máximo de empregos em um tempo mínimo de viagem pendular. Há alguma justificativa para o abandono completo de espaços abertos públicos em uma área residencial? Para a redução das dimensões das vias e das distâncias entre os prédios para a largura de um veículo de emergência? Para ter janelas pelas quais o sol nunca brilhará? O planejador-arquiteto mais radical, incluindo eu mesmo, nunca ousaria propor tais padrões. Apenas os próprios usuários poderiam criar *designs* residenciais tão radicais e justificar essas escolhas extremas entre espaço aberto e acesso a empregos e amenidades.

De Ebenezer Howard a Le Corbusier, fomos ensinados a valorizar o ar fresco, as árvores e os espaços abertos como atributos indispensáveis de *design* em áreas residenciais. No entanto, Howard e Le Corbusier estavam reagindo aos antros do século XIX produzidos pela Revolução Industrial nos climas frios, desolados e úmidos de Londres e Paris. Suas propostas revolucionárias estavam relacionadas a um momento histórico e a uma localização geográfica específica.

Uma revisão dos *designs* de habitação pública ao redor do mundo poderia sugerir que Ebenezer Howard e Le Corbusier talvez tenham estabelecido normas residenciais que são permanentes em tempo e universais a diferentes culturas, climas e rendas. No entanto, os *designs* criados pelos próprios usuários (autoconstrução), exemplificados pelos prédios de aperto de mãos de Shenzhen, demonstram que comunidades vivendo em contextos culturais, climáticos e tecnológicos diferentes podem escolher valores diferentes expressos como um conjunto de novos padrões para o que pode ser considerada uma moradia desejável. De fato, as escolhas que criaram os prédios de aperto de mãos fazem muito sentido quando inseridas em seu contexto urbano e climático. É compreensível por que os agricultores originais de Shenzhen adotaram esse *design* e por que tantos trabalhadores imigrantes competem para alugá-lo.

Vamos pensar na luz, na ventilação e na falta de espaço aberto no contexto de Shenzhen. O clima em Shenzhen é tropical, geralmente quente e úmido por cerca de oito meses ao ano. A temperatura média do inverno em janeiro não cai abaixo de 13°C e alcança quase 33°C durante o verão. Esse não é o clima da Londres de Dickens! A maioria dos vilarejos urbanos se localiza perto dos abundantes parques públicos e bem cuidados fornecidos pela cidade. Embora os moradores desses locais sejam, em geral, trabalhadores com rendas relativamente baixas, os dormitórios alugados possuem um fornecimento estável de eletricidade, todos contam com ventiladores e uma quantidade crescente deles tem ar-condicionado. O acesso universal a um fornecimento estável de energia elétrica em um país tropical onde a luz direta do sol nos dormitórios é raramente desejável torna os prédios de aperto de mãos em Shenzhen muito mais viáveis. Encontros sociais ocorrem em espaços públicos compartilhados ou nos muitos restaurantes e casas de chá vívidos encontrados no nível da rua. A função dos apartamentos se reduz a de um lugar para dormir e guardar bens pessoais. O conceito dos apartamentos de um prédio de aperto de mãos é como o de cabines em um cruzeiro – que, aliás, foi um modelo defendido pelo próprio Le Corbusier depois de cruzar o Oceano Atlântico em uma viagem à Nova Iorque!

Quando os moradores de um prédio de aperto de mãos querem ar fresco e atividades físicas, eles podem facilmente consegui-los em parques que ficam próximos de suas casas. Esse não é o caso na maioria das outras metrópoles da Ásia, onde a eletricidade é esporádica em áreas de baixa renda e os parques públicos não existem.

O *design* dos prédios de aperto de mãos permite que muitos domicílios de baixa renda tenham acesso rápido a um grande número de empregos e fiquem próximas de diversas amenidades urbanas, como lojas, restaurantes e entretenimento. Além disso, a possibilidade de usar o térreo para pequenos empreendimentos aumenta as vantagens econômicas da área.

Comparemos os bairros residenciais de baixo custo criados pelo PRD do governo sul-africano com os vilarejos de aperto de mãos em Shenzhen. Na África do Sul, especialistas projetaram casas confortáveis cercadas por um pequeno jardim, mas com acesso ruim a empregos e amenidades. Os pobres que lá vivem têm muito ar fresco e suas crianças podem jogar futebol nas ruas ou até mesmo em campos de futebol, mas eles não conseguem acessar empregos sem gastar grande parte de suas rendas em transporte. As ruas são desprovidas de operações comerciais básicas. Os domicílios pobres vivendo nesses bairros isolados provavelmente continuarão pobres, ainda que com certo conforto. Os trabalhadores nos prédios de aperto de mãos em Shenzhen agora possuem renda muito mais alta do que a de seus equivalentes na África do Sul, mas quando eles inicialmente migraram para a cidade, a maioria era tão pobre quanto o típico imigrante sul-africano. Foi o acesso a múltiplos empregos e a amenidades urbanas que os tirou da pobreza. Ao projetar uma política habitacional, devemos lembrar que uma cidade é, acima de tudo, um mercado de trabalho. Ignorar o funcionamento de um mercado de trabalho na oferta de moradia cria armadilhas de pobreza para os beneficiários dos projetos habitacionais.

Embora reconheçam a contribuição dos vilarejos urbanos para a oferta de habitação popular, as autoridades municipais chinesas não costumam se entusiasmar com sua existência. Elas argumentam, principalmente, que os vilarejos urbanos estão fora de controle. De fato, eles estão. Esse é precisamente o motivo do seu sucesso. Sem dúvida, alguns dos prédios de aperto de mãos abrigam atividades ilícitas, como jogos de azar, falsificações e prostituição. Devido à fluidez do mercado do aluguel, as autoridades enfrentam dificuldades para monitorar quem vive neles. Mas esses problemas administrativos não estão ligados à largura limitada das vias ou à falta de luz do sol. Quando a renda dos trabalhadores imigrantes de Shenzhen crescer ao ponto de permitir que eles encontrem uma alternativa viável mais desejável, eles certamente sairão dos prédios de aperto de mãos. Enquanto isso, é prematuro imaginar a erradicação de um modelo de habitação popular imperfeito que abriga milhões de pessoas. Governos ansiosos por se livrar de prédios de aperto de mãos deveriam, antes, permitir a construção de modelos alternativos, e, então, esperar para ver se eles são bem-sucedidos antes de suprimir a única parcela do estoque habitacional atualmente acessível aos novos trabalhadores imigrantes. Se alternativas desejáveis aos prédios de aperto de mão existissem em Shenzhen, seus inquilinos rapidamente se mudariam para uma moradia com mais qualidade. Os terrenos dos prédios de aperto de mão, sem inquilinos, estarão, então, prontos para reestruturação. No entanto, até que isso aconteça, demolir a única fonte de habitação popular por aluguel apenas prejudicaria a cidade e o bem-estar dos seus habitantes.

Lições tiradas a partir desses quatro exemplos urbanos

Discuti, anteriormente, o desempenho de quatro tipos de projetos de habitação popular em Gauteng, Nova Iorque, Surabaia e Shenzhen. Nas duas primeiras cidades, o governo se coloca no lugar do mercado: em Gauteng, ao construir moradias subsidiadas vendidas a um preço nominal para domicílios de baixa renda; em Nova Iorque, ao obrigar os incorporadores da iniciativa privada a reservarem alguns apartamentos a um aluguel definido pelo governo em função da renda do domicílio beneficiário. Por outro lado, em Surabaia e Shenzhen, a iniciativa privada constrói moradias por um preço ou aluguel que os domicílios podem pagar. E, já que as escolhas entre preços e padrões são estabelecidas pelas preferências do usuário, o papel do governo se reduz a conectar esses assentamentos à infraestrutura da cidade e a fornecer equipamentos sociais.

Vamos resumir o resultado das quatro políticas. Em Gauteng, os padrões do *design* de moradias são confortáveis, mas a localização dos projetos habitacionais é tal que os longuíssimos tempos de viagem pendular e o alto custo resultam em beneficiários com uma boa chance de continuarem desempregados. Em Nova Iorque, a localização e o *design* das moradias são excelentes, mas não há esperança de que o grande número de possíveis beneficiários consiga acesso a esses apartamentos atrativos, a não ser que ganhem um sorteio com baixíssimas chances.

Em Surabaia, os projetos habitacionais variam de ruins a excelentes e a localização permite que os moradores participem no mercado de trabalho da cidade; o número de unidades de habitação nos *kampungs* aumenta com a demanda à medida que a cidade cresce. Em Shenzhen, a moradia é um abrigo adequado: a localização é excelente para participar no mercado de trabalho e ter acesso a amenidades da cidade. O padrão de espaço se ajusta ao que os domicílios podem pagar. Tanto Surabaia quanto Shenzhen têm ampla variedade de rendas dentro do mesmo projeto habitacional, o que evita a segregação de renda.

Esses são apenas quatro estudos de caso que ilustram abordagens diferentes no fornecimento de habitação "popular". Em seguida, vamos revisar as diferentes abordagens que são possíveis para manter um estoque habitacional que pode ser pago pela ampla variedade de rendas encontrada em cidades bem-sucedidas.

Mantendo a acessibilidade à moradia: quantificando, monitorando e considerando políticas alternativas

Aqui resumo os vários passos operacionais que um governo local pode dar para melhorar o consumo de moradia dos grupos de renda mais baixa. O objetivo de uma política habitacional deveria ser o aumento do consumo de moradia, entendido como a escolha ideal entre localização e área construída feita pelo usuário final. Posso, no entanto, utilizar o termo "habitação popular" para simplificar em razão da sua ampla utilização na imprensa e na literatura sobre habitação.

Defini a moradia como "inacessível" quando a moradia absorve uma parcela exponencialmente grande da renda domiciliar (digamos, quando o aluguel representa mais do que 35% da renda) ou quando os padrões de moradia acessíveis ficam abaixo do socialmente aceitável em termos de qualidade ou área. Entende-se que esse padrão mínimo de moradia socialmente aceitável pode variar conforme a cidade e pode variar ao longo do tempo em uma mesma cidade. Usarei essa definição de acessibilidade no restante desta seção.

Mercados habitacionais e intervenções governamentais

Hoje, a maioria das cidades do mundo opera em uma economia de mercado. Moradia é um bem de consumo. Mercados que funcionam bem precisam responder à demanda dos consumidores e ofertar moradias em quantidade e qualidade correspondentes à demanda. Quando há evidências de que o mercado habitacional não faz isso, o governo precisa intervir, primeiro para melhorar o funcionamento dos mercados e, em certo momento, para complementar a renda dos domicílios que ficam abaixo do padrão mínimo de moradia acordado.

A primeira tarefa do governo é encontrar a causa do alto custo habitacional. A segunda é quantificar o número de domicílios afetados por esse alto custo (p. ex., o número de domicílios ocupando unidades habitacionais pouco acessíveis). A terceira tarefa é desenvolver uma política habitacional. Finalmente, a quarta tarefa consiste em monitorar o impacto da política escolhida no consumo habitacional dos domicílios.

O que foi dito no parágrafo anterior parece bastante óbvio. No entanto, a maioria das políticas habitacionais considera como certo que as condições ruins de moradia dos domicílios de baixa renda se devem a uma falha do mercado. Portanto, as duas primeiras tarefas são ignoradas, e uma política habitacional é desenvolvida, consistindo em ignorar o mercado e fornecer unidades de habitação a aluguéis abaixo do mercado por unidades recentemente construídas ou preexistentes. Vimos que essa abordagem tem duas desvantagens: ela geralmente não consegue entregar o número necessário de unidades de habitação subsidiadas e impede os domicílios de exercerem sua escolha entre diferentes opções (incluindo preços, padrões habitacionais e localização).

Um mito recorrente consiste em declarar que o setor da construção nunca forneceria habitações populares e que apenas se interessa em construir moradias de alto padrão. Para aqueles que acreditam nesse mito, faz sentido que o governo tenha que ter o monopólio da oferta de moradia a um segmento da população. Embora isso seja verdade para as pessoas em situação de rua, a evidência observável mostra outra realidade para o resto da população. Quando as regulações não permitem que o mercado formal oferte moradias populares, o mercado informal assume essa tarefa.

Antes de discutirmos a interação do governo e dos mercados na oferta de habitação popular, eu gostaria de deixar claro que não estou sugerindo aqui que todos os problemas habitacionais podem ser resolvidos por meio de soluções de mercado. Muitos casos de pessoas em situação de rua, por exemplo, particularmente em cidades ricas, resultam de políticas de assistência social e exigem uma ação imediata do governo. É importante separar claramente desde o início serviços sociais emergenciais de políticas habitacionais. Contudo, é extremamente frequente que políticas habitacionais sejam concebidas como uma extensão dos serviços sociais aplicados à classe média.

A necessidade de abrigo emergencial e habitação social

Em todas as metrópoles, um pequeno número de domicílios – alguns podem ser domicílios de apenas uma pessoa – não consegue pagar por sua moradia. Eles acabam nas ruas. Esses domicílios podem permanente ou temporariamente ter alguma deficiência – física ou mental – ou podem ter tido má sorte que resultou em um longo período de desemprego. É, certamente, dever do governo fornecer abrigo para eles como forma de serviço emergencial. Uma vez em um abrigo emergencial, assistentes sociais podem identificar aqueles que provavelmente permanecerão incapazes de gerar renda e, então, encaminhá-los a um alojamento social, onde uma equipe especializada acompanhará o caso. Outros domicílios sem-teto talvez precisem apenas de ajuda temporária para encontrar um emprego e uma casa pela qual possam pagar antes que reingressem à população ativa da cidade. O fornecimento de abrigos para os sem-teto não faz parte de uma política habitacional, já que tem muito pouco a ver com oferta e demanda.

Em grandes cidades, um desequilíbrio temporário entre a oferta e a demanda de moradia é inevitável

Os preços imobiliários urbanos estão constantemente se ajustando a mudanças de oferta e demanda. Um aumento da demanda por moradia em geral se dá por variações demográficas – aumento da população ou diminuição do tamanho dos domicílios – ou por mudanças econômicas. Um aumento na renda domiciliar eleva a demanda por unidades de habitação maiores ou mais modernas. Um aumento na criação de empregos também vai fazer subir a demanda por moradia. Não há muito que um planejador possa fazer em relação ao aumento de demanda por moradia, além de aceitar e monitorar com atenção. Por sorte, praticamente já se foi o tempo em que planejadores tentavam ativamente evitar a urbanização ao reduzir deliberadamente a oferta de moradia.

O aumento da demanda por moradia – por si só uma coisa boa – aumentará os preços das habitações, a menos que a oferta (o número de novas unidades construídas) aumente imediatamente no mesmo ritmo da demanda. Isso é improvável de acontecer devido à complexidade da cadeia de fornecimento que produz novas unidades de habitação. Em geral, quanto maior for a cidade, mais demorado é o processo de aquisição de terra, financiamento, aprovação de construção e obtenção de todas as licenças e inspeções necessárias para completar a construção. Portanto, os planejadores podem esperar que o preço das moradias suba quando a demanda por moradia aumentar subitamente. A ação ou a falta de ação dos planejadores em relação a essas movimentações na demanda por moradia terão um grande impacto na oferta de moradia e, portanto, no preço dela.

Infelizmente, muitas iniciativas de planejadores, descritas a seguir, com frequência contribuem para a queda ou a estagnação da oferta de moradia. Vamos olhar para a cadeia de oferta habitacional e para onde estão os gargalos mais comuns que evitam que a oferta de moradia responda à demanda por moradia – e, mais importante, o que um planejador pode fazer em relação a isso.

Reformar o lado da oferta deveria preceder os subsídios habitacionais à demanda

Os altos preços de habitações frequentemente se dão em razão de limites ao uso do solo e à de área construída. Em setores de consumo que não são de moradia, o mercado em geral responde adequadamente à demanda proveniente da grande variedade de grupos de renda encontrados em uma cidade. Essa resposta do mercado pode ser observada para a oferta de roupas ou de comida. Lojas de roupa de grife coexistem com lojas de roupa barata e, até mesmo, com lojas de roupa de segunda mão. Em todas as cidades, lojas oferecem sapatos de grife e sandálias de plástico baratas. O mesmo pode ser observado em relação à comida: restaurantes caros e de *fast-food* são encontrados lado a lado, ao mesmo tempo em que refeições ainda mais baratas podem ser compradas de carrocinhas ou quiosques de comida. Restaurantes de *fast-food*, servindo para uma grande faixa de renda, são ainda mais propensos a serem bem-sucedidos do que restaurantes especializados e muito caros.

Por que a moradia deveria ser diferente de outros tipos de bens de consumo? Acredito que os setores de urbanização e de construção sejam limitados de modo peculiar pelas regulamentações que restringem a disponibilidade de terra urbanizável e de área construída. Estou falando apenas de regulações que prescrevem um consumo mínimo de terra (como CAs, altura do prédio ou taxa de ocupação do terreno) e um padrão mínimo de área construída (como área mínima da moradia). Algumas vezes, essas regulações não são efetivas. Uma regulação não é efetiva quando a demanda está abaixo do mínimo determinado pela regulação. Por exemplo, se uma regulação exige que todos os prédios tenham menos do que cinco pavimentos em uma área onde não há demanda por prédios altos, a regulação é inócua.

Todas as regulações urbanas efetivas aumentam o custo de moradia – eu insisto: todas as regulações efetivas. De fato, as regulações sempre fazem com que os incorporadores usem mais terra do que o mercado exigiria ao fixar CAs máximos, alturas máximas e tamanho mínimo de lotes; e, de forma parecida, fazem com que usem mais área construída ao fixar uma área mínima de moradia. Incrivelmente, as regulações impõem um padrão mais alto de terra para consumidores das moradias e, ao mesmo tempo, reduzem a oferta de terra urbanizável ao colocar limites arbitrários na expansão da cidade (como cinturões verdes ou limites ao crescimento urbano). O resultado são preços previsivelmente mais altos.

Remover os limites regulatórios à expansão da cidade é essencial, mas não é suficiente. Como discutido no Capítulo 3, o governo tem um monopólio real no desenvolvimento de infraestrutura primária – a rede de vias principais que transformam cinturões verdes em terra urbanizável. Para manter um fornecimento responsivo de terra urbanizada, os municípios devem, portanto, financiar e construir a expansão de infraestrutura primária para a periferia das cidades. Com poucas exceções, como os títulos do Texas Municipal Utility District, muitos municípios não possuem uma maneira fácil de fazer isso. Remover os limites à oferta das moradias vai, portanto, exigir dois tipos de ação governamental: primeiro, reformar o que vou chamar de lado da oferta (p. ex., regulações de uso do solo e de construção) e, segundo, criar maneiras fáceis de usar mecanismos para financiar e construir infraestrutura nas periferias das cidades.

Quando o lado da oferta estiver completamente reformado e o mercado imobiliário estiver funcionando de maneira satisfatória, é possível que muitos domicílios urbanos ainda sejam muito pobres para poder pagar por uma unidade de habitação que atinja os padrões mínimos socialmente aceitáveis. Nesse caso, um acréscimo direto às suas rendas (p. ex., um programa de subsídios à demanda, como vales-moradia) pode ser necessário. Se os programas de subsídio à demanda são iniciados antes que as reformas à oferta tenham sido concluídas, é provável que esses subsídios resultem em preços mais altos em vez de em mais moradias. De fato, subsídios à demanda aumentam a demanda por moradia e, se a oferta de moradia está irresponsiva devido a limites regulatórios, podemos apenas esperar preços mais elevados.

Para um governo justificadamente impaciente por "fazer alguma coisa" sobre o alto custo de moradia, esperar que a reforma à oferta faça efeito antes de fornecer assistência direta a domicílios de baixa renda por meio de vales é particularmente frustrante. A tentativa de reforma de regulações à oferta no Reino Unido descrita a seguir ilustra as dificuldades encontradas ao mudar regulações existentes, mesmo quando as fontes de rigidez da oferta são extremamente bem-analisadas e quando soluções viáveis são propostas claramente.

Reformar as regulações que limitam a oferta habitacional é muito difícil

Reformar as regulações existentes de uso do solo não é fácil, precisamente em razão do impacto dessas regulações no preço das terras. O aumento atual dos preços de terra em geral reflete os limites da oferta de terra. Remover esses limites reduzirá alguns preços – o que é precisamente o objetivo. Obviamente, os donos dos imóveis cujos preços cairão em razão das reformas regulatórias verão uma diminuição no valor do capital dos seus ativos imobiliários. Os bancos que usaram terra como garantia real para proporcionar financiamentos podem até mesmo ficar em risco. Mesmo que o bem-estar geral da sociedade melhore (particularmente o bem-estar de domicílios de baixa renda), reformas de uso do solo criarão vencedores e perdedores. No longo prazo, haverá mais vencedores do que perdedores, mas, no curto prazo, os perdedores farão muito barulho para evitar as reformas, frequentemente em nome de salvar o meio ambiente ou de preservar as terras agrícolas. A tentativa recente de reformar o uso do solo no Reino Unido nos dá um bom exemplo da dificuldade de reformar regulações de uso do solo.

Em 2003, em razão da preocupação de que os preços muito altos de moradia no Reino Unido poderiam criar desequilíbrios macroeconômicos, o governo britânico indicou Kate Barker, uma economista e membro do Monetary Policy Committee of the Bank of England, para revisar a oferta habitacional no país. Em 2004, Kate publicou seu relatório "Revisão da Oferta Habitacional".[26] Seu diagnóstico foi dramático: "Em 2001, a construção de novas casas no Reino Unido caiu ao seu nível mais baixo desde a Segunda Guerra Mundial. Ao longo dos 10 anos até 2002, a produção de novas casas foi 12,5% mais baixa do que a dos 10 anos anteriores". E "ao longo dos últimos 10 a 15 anos, a oferta se tornou quase completamente não responsiva, então, enquanto os preços subiram, a oferta de moradias não aumentou de forma alguma".

Ela descobriu que o processo de planejamento era, em grande parte, responsável por essa situação. Sua observação extraordinária de que *"uma das características evidentes do processo de planejamento local é a falta de quaisquer referências a indicadores de preço"* poderia, infelizmente, se aplicar à maioria dos processos de planejamento que conheci tanto em países ricos quanto em países em desenvolvimento. O Reino Unido tem sido o berço de muitos economistas mundialmente renomados, de Adam Smith a John Maynard Keynes. É surpreendente pensar que os planejadores urbanos e gestores municipais britânicos tenham administrado cidades sem a ajuda de economistas urbanos que poderiam tê-los iniciado nos mecanismos de oferta e demanda.

Em 2005, pediram a Kate Barker que complementasse seu primeiro relatório e focasse suas recomendações no próprio processo de planejamento, já que ela havia o identificado como um dos gargalos principais na oferta de moradia. Em 2006, ela publicou o "Relatório Final da Revisão de Barker do Planejamento de Uso do solo – Recomendações 2006".[27] Suas descobertas e recomendações eram mais específicas ao processo de planejamento, mas sua principal conclusão foi: "A falha de planejamento para responder de forma suficiente ao mercado e aos indicadores de preço, incluindo o impacto nos preços de terra de oferta restrita, precisa ser discutida, particularmente no contexto da possível contribuição da limitação da oferta de terra para o alto custo de ocupação". Ela também menciona o problema de financiar e construir uma nova infraestrutura para aumentar a oferta de terra urbana: "há uma preocupação específica de que a infraestrutura necessária, incluindo as ambientalmente desejáveis, não esteja sendo entregue rápido o suficiente".

O relatório foi bem recebido e foi comentado extensivamente na imprensa, nos círculos acadêmicos e no Parlamento. No entanto, em 2014, 11 anos depois do relatório inicial de Kate Barker, três economistas britânicos, Paul Chesire, Max Nathan e Henry Overman, publicaram o livro *Urban Economics and Urban Policy: Challenging Conventional Policy Wisdom*, argumentando que os gargalos do planejamento urbano identificados por Kate Barker continuam intactos e seguem produzindo preços de habitação que sobem rapidamente. Em uma seção de seu livro intitulada "Evidência dos custos econômicos e sociais do sistema de planejamento atual", eles fazem uma distinção entre custos diretos e indiretos do planejamento urbano. Os custos diretos são os limites à construção e ao custo das transações imobiliárias imposto por longos processos administrativos; os custos indiretos são o impacto de restrições de planejamento nos preços do mercado imobiliário. A história dos limitadores de uso do solo no Reino Unido mostra que a resiliência de práticas restritivas de planejamento urbano é extremamente alta, mesmo quando os problemas e as soluções já tenham sido muito bem descritos por economistas respeitáveis e extremamente competentes.

Isso soa como uma análise muito pessimista da possibilidade de uma reforma regulatória, mesmo em cidades com democracia local eficaz, imprensa livre e um núcleo de urbanistas acadêmicos e profissionais competentes. Parece confirmar que, em cidades como São Francisco, Londres ou Mumbai, que estabeleceram regulações de planejamento urbano extremamente restritivas, os preços habitacionais tendem a aumentar, e que reformas que os reduziriam são impossíveis de implementar.

Com frequência, comparo regulações urbanas muito restritivas a drogas pesadas e cidades que as praticam a viciados. Tentar remover subitamente seu vício cria vários efeitos colaterais, porque seu organismo está acostumado à droga e precisa dela, mesmo enquanto está sendo destruído por ela. Imagino que qualquer reformador sério deveria abordar a reforma de regulações urbanas da mesma forma que um médico implementa um tratamento para um viciado: uma retirada progressiva e planejada no longo prazo.

A lição principal a ser aprendida é que qualquer cidade que contemple um conjunto drástico de regulações para restringir a oferta de terra e a urbanização deveria explorar cuidadosamente seus possíveis efeitos positivos e negativos nos preços habitacionais antes de iniciar sua implementação. Os dois relatórios de Kate Barker e o livro de Paul Chesire deveriam ser leitura obrigatória para todo planejador urbano preocupado com os preços imobiliários e com a acessibilidade econômica a moradias. No Capítulo 8, descreverei em mais detalhes o que, em minha opinião, os planejadores deveriam fazer para melhorar seu desempenho e sua contribuição para a administração das cidades.

CAPÍTULO 7

Formas urbanas alternativas e utopias

Será que uma cidade poderia ser projetada e administrada como uma máquina ou fábrica, ou a partir de uma ordem social distinta dos mercados? Nos capítulos anteriores, expressei a visão de que as cidades crescem, acima de tudo, de acordo com um princípio de auto-organização criado pelos mercados. Recomendei a limitação do papel dos planejadores urbanos na configuração das vias públicas e no desenho de sistemas de transporte que atendam à forma da cidade e à sua densidade criada por mercados. Neste capítulo, explorarei a possível validade de uma visão antagônica.

Será que haveria um argumento racional para que os planejadores urbanos deliberadamente pudessem modificar a forma das cidades que, de outra maneira, seria determinada por mercados?

Os planejadores urbanos deveriam regular o uso do solo a fim de buscar um objetivo que eles próprios estabeleceram? Esse objetivo poderia ser estético (como forçar o uso de um estilo de *design* de arquitetura regional e tradicional) ou utilitário (como estabelecer, por meio de regulações, um padrão de desenvolvimento urbano e de densidades que garantiria a viabilidade financeira de um modal de transporte preferido).

E, por fim, seria desejável que um planejador bem-intencionado projetasse todos os aspectos de uma nova cidade com base em princípios racionais claramente expressos, assim como as máquinas e fábricas são projetadas?

A busca por uma função objetiva que pudesse orientar o *design*

O principal desafio em ambos os casos – modificar as cidades existentes ou criar novas – é encontrar o princípio racional que justificasse a modificação da forma urbana ou orientasse seu *design*. Embora geralmente seja simples definir um objetivo racional que tenha um propósito bem-conhecido e específico, é muito mais duro fazer isso quando se desenha uma cidade cujo objetivo é difícil de definir.

Vejamos uma ponte: ela tem um propósito bem definido que pode ser facilmente quantificado. Seu vão, por exemplo, poderia ser 100 m, ela poderia ter quatro faixas de rolamento, a velocidade máxima dos veículos seria 110 km/h, e o peso de cada veículo não excederia 44 toneladas. O engenheiro que a projetasse seria capaz de propor diversos *designs* que atenderiam a esses critérios objetivos e claramente estabelecidos, com variações que minimizassem o custo de construção ou que tornassem o *design* mais esteticamente atraente. O *design* final selecionado estará de acordo com critérios objetivos com os quais todos concordam. As diferenças de opinião provavelmente existirão para variáveis não incluídas nesses critérios. Por exemplo, alguns talvez prefiram uma ponte elegante, porém mais cara, a uma versão mais barata e com um *design* não tão atraente.

Seria difícil aplicar um conjunto de especificações equivalentes a uma cidade, pois ela não tem uma função clara que possa ser descrita por números, ao contrário de uma ponte, uma máquina de lavar roupas ou um telefone. Além do mais – como já discutimos –, a principal característica de uma cidade é sua capacidade de evoluir rapidamente e reagir ao mundo exterior. Uma ponte, uma máquina de lavar roupas ou um telefone não são desenhados para evoluírem. Quando seu *design* se torna obsoleto, a ponte é demolida e a máquina de lavar e o telefone são descartados, e seus materiais (tomara!) serão reciclados. Os *smartphones* criados pela Apple são famosos por sua excelência de *design*, mas ninguém espera que um iPhone 7 evolua por conta própria, tornando-se um iPhone 8. Simplesmente o descartamos quando o novo modelo aparece no mercado. A excelência do *design* do iPhone 7 é apenas temporária, até que surja um modelo melhor que resulte no abandono do modelo anterior. A história também nos conta que algumas cidades já foram descartadas por seus habitantes, como Fatehpur Sikri, na Índia do século XVI. Há menos tempo, 60 cidades russas foram abandonadas por decisão do governo, no século XXI; e até mesmo uma cidade como Detroit, outrora pujante, foi administrada de modo tão irresponsável que acabou sendo abandonada pela maioria de seus habitantes. Contudo, na maior parte das vezes, espera-se que uma cidade sobreviva, mesmo quando abalada por choques externos. *Fluctuat nec mergitur* é o lema de Paris, que pode ser traduzido como "balança, mas não afunda". Esse lema é uma ótima definição de função objetiva para uma cidade. No entanto, essa função pseudo-objetiva certamente não serviria como orientação para um *designer* urbano que estivesse decidindo o leiaute das ruas e a altura das edificações. Uma função que fosse limitada à necessidade de adaptação constante a forças externas imprevisíveis não teria como ser uma função objetiva. Uma cidade tem que se submeter a um processo evolutivo darwiniano, negando o próprio conceito de *design* com uma finalidade conhecida.

Em seu livro *Antifragile*,[1] Nassim Nicholas Taleb introduz o conceito de instituições e sistemas que não conseguem aumentar sua resiliência exatamente quando são submetidas a choques aleatórios imprevisíveis. Taleb afirma que, ao tentar proteger os sistemas dos choques, fragilizamo-os, o que, em determinado momento, contribui para sua destruição. O *insight* de Taleb também pode ser aplicado às cidades. O fracasso das fábricas de algodão de Mumbai, descrito no Capítulo 3 desta obra, poderia ser atribuído à fragilização da cidade provocada pelo governo, que não tomou medidas para adaptá-la às mudanças e aos choques externos. Tentar proteger uma cidade (ou um país) de choques externos construindo uma muralha protetora ao seu redor é uma tarefa inútil. As cidades prosperam ao multiplicar as trocas com o mundo: se você as isola, elas definham. Herbert Spencer ilustra esse princípio de maneira divertida:

"O resultado final de proteger os homens dos efeitos das tolices é de encher o mundo de tolos".[2]

Infelizmente, os planejadores urbanos não se desmotivam com a extrema dificuldade de definir uma função que orientará o *design* de uma cidade. As tentativas de codificar essas funções objetivas – e de justificar as tentativas de desenhar uma cidade – costumam ser feitas através de plantas iniciais ou através das regulações vigentes.

A busca pela função objetiva de uma cidade

Vimos no Capítulo 3 que, na década de 1950, as tentativas dos planejadores chineses de usar a altura solar para definir de modo "racional" a distância entre prédios levou a um resultado tolo, com densidades residenciais urbanas determinadas unicamente pela latitude, em vez de pela interação complexa entre preço da terra, tecnologia de transporte, topografia, história, renda e preferências culturais.

Os planejadores que decidem desconsiderar as forças do mercado que vêm moldando as cidades há séculos devem substituí-las por uma função objetiva e confiável. Como veremos, essa não é uma tarefa fácil. Neste capítulo, identifico as funções objetivas que atualmente são utilizadas ou que já foram empregadas no passado para substituir o formato da cidade que resultaria das forças do mercado. Focarei quatro tipos de funções objetivas empregadas para justificar a intervenção dos planejadores urbanos no desenvolvimento espacial das cidades:

- a estética como a função objetiva (p. ex., a preservação histórica de Paris);
- a limitação das externalidades ou do interesse público como funções objetivas (p. ex., as regulações de zoneamento de Nova Iorque);
- o controle da ampliação urbana como a função objetiva; e
- aspirações como funções objetivas (p. ex., a sustentabilidade ecológica; a habitabilidade e a resiliência).

Após identificar a função objetiva de *design* e a maneira como ela é aplicada (seja por meio de um uma cidade nova totalmente planejada, seja com regulações), testo o resultado a fim de compará-lo ao objetivo. Para que tenha alguma serventia em orientar o *design* de uma cidade, a função objetiva deve ser expressa claramente, e seu resultado precisa ser mensurável.

A estética como função objetiva: a preservação histórica de Paris

A maioria das regulações de uso do solo de Paris[3] busca explicitamente preservar a estética da Paris histórica. A última grande transformação de Paris começou em 1854, com a intervenção cirúrgica urbana do Barão Haussmann, e terminou durante as Exposições Universais do Fim de Século que deram à cidade a Torre Eiffel (1889) e o Grand e o Petit Palais (1900).

Esse período de rápida transformação urbana foi seguido de um consenso público sobre a necessidade da preservação histórica do que havia sido construído até então, assim como uma aversão a transformações adicionais na paisagem urbana de Paris. As únicas modificações na silhueta de Paris ocorreram durante a última parte do século XX. Essas transformações mais atuais se limitaram à construção de quatro "monumentos" patrocinados pelo Estado, em vez de intervenções urbanas de larga escala: a destruição, o replanejamento e a reconstrução de les Halles (1971-2016), a Tour Montparnasse (1973; o único arranha-céu de Paris), o Museu Pompidou (1977) e a Biblioteca Nacional da França (1988). Além disso, tolerou-se certo aumento na altura e no desenvolvimento limitado e muito controlado da periferia de Paris, como ocorreu em parte do 15º *arrondissement*. As poucas e pequenas modificações na *skyline* de Paris foram, em geral, recebidas com escárnio pela opinião pública e pela imprensa. Parece que surgiu um consenso popular pela manutenção *do status quo* na paisagem urbana da cidade.

O objetivo da maior parte das regulações de uso do solo de Paris é manter a paisagem urbana do fim do século XIX

A fim de preservar a paisagem *fin de siècle* de Paris, a prefeitura criou um conjunto de elaboradas regulações que mantém a continuidade das fachadas e perspectivas da Paris histórica, mesmo para aqueles prédios recém-construídos e sem importância histórica. No entanto, ao contrário de muitas regulações de zoneamento de outras cidades, essas regulações não se preocupam muito em prevenir modificações do uso interno do solo, e sim em manter a aparência e o alinhamento dos prédios voltados para as ruas.

• • •

Já no início do século XX, os parisienses haviam decidido que a maior virtude e atratividade de Paris era se manter imutável com o passar do tempo. As regulações da cidade ditam a altura dos prédios, o alinhamento e o material dos telhados, as fachadas tradicionais e qualquer coisa que possa alterar a aparência das ruas parisienses. Na realidade, Paris muda constantemente, mas apenas atrás de suas fachadas históricas, uma vez que o uso de um prédio ou mesmo parte dele pode ser facilmente transformado de residencial a comercial e vice-versa. O envelope da edificação está congelado, mas, por trás dele, os usos do solo rapidamente se transformam. Paris é como um conjunto de caixas: as caixas não mudam, mas seu conteúdo, sim. Essa imutabilidade afeta apenas o município de Paris propriamente dito, sendo limitado pelo Paris Boulevard Peripherique, que segue as linhas de fortificações erguidas durante o sítio da cidade na guerra franco-prussiana de 1870. A população de Paris, sem a periferia, representa apenas 18% da população da metrópole.

O crescimento econômico de Paris tem sido possível, apesar do congelamento das vedações externas dos prédios da Paris histórica, devido ao rápido crescimento da Paris suburbana. O subúrbio de Paris é muito menos regulado, e o governo tem promovido e subsidiado de maneira ativa algumas áreas com alta

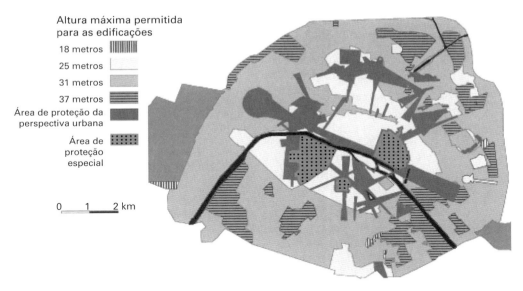

FIGURA 7.1 Mapa das alturas máximas permitidas no município de Paris (a Paris histórica).

densidade, como o bairro comercial de La Defense e as cinco "cidades novas" acessíveis do centro de Paris para viagens pendulares e atendidas por um sistema elaborado de avenidas e trens de superfície rápidos.

Agora vamos focar as restrições de altura que mais possuem impacto na forma de Paris e nos preços imobiliários. A Figura 7.1 mostra as alturas máximas permitidas dos prédios do município de Paris.[4] As alturas máximas variam de 18 a 37 metros. Assim, os prédios mais altos que a legislação permite têm cerca de 10 pavimentos e se localizam, na maior parte, na periferia do município. Nas áreas mais antigas de Paris, como o bairro de Marais e o sexto *arrondissement*, as regulações limitadoras de altura obrigam que os prédios sejam baixos. Essas regiões, em que a área construída é muito restringida por regulações, também são as mais geograficamente acessíveis de Paris pela sua centralidade e pela convergência de um elaborado sistema de transporte público regional. Nesse sentido, regulações de Paris contradizem totalmente as forças esperadas do mercado: elas impedem o aumento de área construída nos locais com demanda mais alta e forçam o adensamento nas áreas periféricas e fora dos limites urbanos da cidade antiga, onde a demanda é baixa. Contudo, as regulações de Paris não visam à atenuação das externalidades tradicionais, como o congestionamento ou o fomento econômico. Elas buscam, de maneira explícita, manter intacta uma paisagem urbana histórica, famosa e de alto valor estético. E nisso elas são indiscutivelmente bem-sucedidas.

As restrições de altura dos prédios são comuns em muitas cidades. Contudo, é raro que uma capital metropolitana restrinja a 10 pavimentos ou menos a altura máxima de sua área mais central. E o que é ainda mais incomum é que as restrições estejam não somente na altura dos prédios a partir da rua, mas – o que ocorre em certas áreas – que essa altura seja em relação ao nível do mar. E isso ocorre em algumas áreas de Paris mostradas no tom mais escuro de cinza na Figura 7.1. Essas áreas de regulação especial, chamadas de *fuseaux de Protection* ("proteção de perspectiva"), são muito específicas de Paris e precisamos explicá-las.

Essas áreas marcadas cinza escuro são áreas de proteção especial nas quais a altura em relação ao nível do mar do topo das edificações é limitada, ao contrário da altura dos prédios medidos em relação ao nível da rua nas áreas mais claras da Figura 7.1. Essas zonas especiais são estabelecidas para proteger a perspectiva, a partir de diferentes partes da cidade, de monumentos que são marcos urbanos (Hôtel des Invalides, Sacré-Couer de Montmartre, Notre-Dame de Paris, Panthéon etc.). Nessas zonas de proteção especial, a altura permitida que é medida do nível da rua varia muito, conforme a localização do prédio na zona e a topografia.

O exemplo mostrado na Figura 7.2 ilustra essa questão. Entre o ponto A, na margem do rio Sena, e o ponto B, o monumento cuja perspectiva deve ser protegida, a altura máxima permitida dos prédios é definida por um plano oblíquo que passa através de A e B, como mostra a linha AB. As alturas de A e B que definem a linha AB não são medidas dos níveis das ruas locais, mas de uma altura em relação ao nível do mar. A topografia de Paris é acidentada; por consequência, a altura máxima permitida dos prédios entre A e B variará em função dos níveis das ruas. Na imagem, vemos que, em razão dos diferentes níveis das ruas, a altura dos prédios varia entre 17 e 25 metros. O controle do cumprimento dessas regras exige levantamentos topográficos extremamente detalhados da área inteira. Contudo, as regulações existentes em Paris são muito efetivas na preservação das perspectivas dos principais monumentos da cidade.

Essa proteção das perspectivas urbanas se constitui como um enorme condicionante ao desenvolvimento da área central de Paris. Imagine como seria o centro de Nova Iorque, se as regulações exigissem que a Catedral de São Patrício tivesse de ser visível do Central Park e da Washington Square!

Os objetivos e o custo das regulações de altura de Paris

Quando se avaliam as regulações urbanas, dois aspectos deveriam ser investigados: em primeiro lugar, se os objetivos das regulações foram atingidos e, em segundo, os benefícios e custos à cidade. Vejamos como isso se aplica ao controle das alturas das edificações de Paris.

Os objetivos das regulações de controle de altura dos prédios de Paris são muito claros: eles se baseiam apenas na proteção estética da Paris histórica. Esses objetivos não se limitam à proteção das perspectivas de monumentos individuais, mas incluem a proteção das perspectivas monumentais, na tradição da arquitetura clássica do século XVII.

A geometria, às vezes complicada de se definir, também é clara e cria um prisma normalizado definido por um conjunto de pontos cujas coordenadas cartesianas são claramente estabelecidas por suas alturas em relação ao nível do mar,

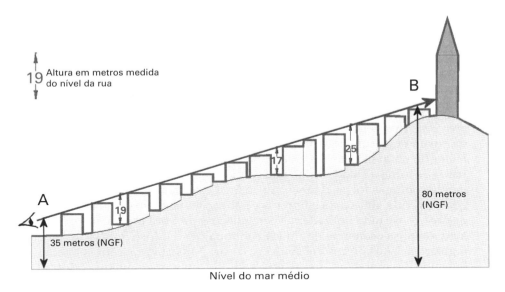

FIGURA 7.2 Regulação das alturas no topo das edificações em áreas de proteção. Os metros NGF (nivelamento geral da França) são medidos em relação ao nível do mar.

como determinadas pelo mapa topográfico geral do país. As regulações alcançam seus objetivos declarados? Sem dúvida alguma. O objetivo é a geometria regulatória em si. Poderíamos questionar se a perspectiva de um ponto específico de Paris protege de modo adequado um monumento como a Sacré Coeur de Montmartre, por exemplo, mas esses são apenas detalhes. Os objetivos são, sem dúvida, consistentes com a formulação das regulações.

Quais são os benefícios das regulações de altura das edificações?

Os benefícios de uma preservação draconiana do patrimônio histórico são óbvios: Paris é uma cidade que atrai muitos visitantes. Em 2015, Paris era a cidade mais visitada do mundo. A preservação da perspectiva dos monumentos e das ruas de Paris certamente é parte da atração. Os ambientes históricos bem-preservados e as longas perspectivas urbanas meticulosamente protegidas são um excelente pano de fundo para os artigos de luxo que tornam a cidade famosa: moda, arte e gastronomia. Nesse sentido, os benefícios são muito maiores do que a simples receita do turismo: eles fazem de Paris um local desejável para a sede de marcas de luxo. A estética de seus grandes parques e bulevares aumenta a qualidade de vida das pessoas que têm dinheiro para viver e trabalhar ali. Os grandes benefícios de se manter as ruas parisienses como eram na época dos impressionistas sugere que o que os arquitetos atuais poderiam projetar para substituí-los seria de qualidade estética inferior àquilo que seus colegas do século XIX conseguiram fazer. Não deixa de ser uma lição de humildade para os arquitetos de hoje, e é provavelmente verdade.

E quais são os custos?

Quais são os custos impostos por essas regulações de construção? É óbvio que regulações de altura criam um volume permitido que limita a criação de nova área construída em Paris, e isso é feito exatamente na área onde há mais demanda e para onde converge uma ampla rede de transporte público. Além disso, a melhoria da qualidade de vida promovida pelas regulações de edificação parisienses torna a cidade ainda mais atraente. As regulações, então, agem claramente contra as forças de mercado: a área construída no local em que mais se cria demanda tanto para empresas e habitações não tem como crescer. A oferta de área construída limitada pelas regulações provoca o aumento dos preços à medida que a economia da cidade continua crescendo; o impacto evidente das regulações é nos preços dos imóveis, o que, por sua vez, acarreta a redução do tamanho das moradias. Vimos, no Capítulo 4, que "apartamentos" de 9 m^2 eram ali alugados, em 2014, por 750 dólares por mês.

A escassez de área construída junto com a alta qualidade do ambiente urbano induzida pelas regulações tem resultado nesse processo contínuo de gentrificação. Tradicionalmente, os *arrondissements*[5] localizados nas áreas oeste e sul da cidade eram considerados burgueses, enquanto aqueles a leste e norte eram tidos como da classe trabalhadora. No entanto, em 2016, toda a área dentro do antigo município de Paris já era considerada burguesa. A distinção, naquele ano, já era entre o tipo de burguesia: a "velha burguesia", como a do 16º *arrondissement*, ou a "burguesia boêmia", como a do 19º e do 20º. Essa gentrificação generalizada é o resultado direto das regulações de uso do solo que restringem a construção de área construída adicional e, ao mesmo tempo, tornam Paris mais atraente. As famílias de classe média ou baixa que tradicionalmente moravam nos bairros a leste e norte são obrigadas, cada vez mais, a se retirarem para os subúrbios fora dos limites municipais, o que limita seu acesso ao transporte e aos empregos no centro da cidade. A prefeitura de Paris, todavia, está tentando frear a gentrificação, comprando apartamentos em prédios antigos e alugando-os a famílias de renda média a valores abaixo do preço de mercado. No entanto, o impacto de uma ação de retaguarda contra a gentrificação é muito limitado em razão de seu alto custo.

As restrições na altura das edificações de Paris vêm, portanto, contribuindo para moldar a cidade de uma maneira que não fazia parte dos objetivos das regulações de construção. Paradoxalmente, as regulações que buscavam congelar o envelope construído da cidade no final do século XIX acarretaram duas grandes mudanças espaciais. A primeira delas é o exílio das classes baixa e média, que são enviadas para fora dos limites municipais; a segunda é a dispersão de muitos empregos em direção à periferia. O pico da população parisiense foi de 2,9 milhões de pessoas em 1921. Em 2014, havia 2,2 milhões de habitantes na cidade. O número de empregos também tem diminuído.

De que maneira as regulações estão "redesenhando" a área metropolitana de Paris?

De que modo uma grande capital do mundo, como Paris, consegue sobreviver sem a possibilidade da expansão vertical que tem caracterizado outras metrópoles, como São Paulo, Nova Iorque, Xangai e Seul? O governo parisiense construiu deliberadamente um novo distrito comercial central (CBD) – La Defense – fora dos limites municipais da cidade, 10 km a oeste do tradicional CBD de Paris, a fim de absorver a demanda por mais área de escritórios que não tinha como ser atendida no centro da cidade em razão das regulações limitadoras de altura das edificações. Além disso, o governo criou cinco cidades novas na periferia para concentrar órgãos públicos que atendam aos subúrbios e promovam o crescimento comercial ao longo dos eixos de transporte. Todos esses novos pequenos CBDs vêm sendo conectados à rede de metrô da capital por meio de transporte público rápido. A Figura 7.3 mostra a tendência espacial da distribuição dos empregos na área metropolitana de Paris, longe da cidade histórica e em torno de nós de transporte público suburbano. Entre 1996 e 2006, o município de Paris perdeu 1.700 empregos, ao passo que 221.000 novas vagas foram criadas na periferia imediata, sendo a maioria delas a menos de 5 km dos limites municipais de Paris, como mostra a Figura 7.3.

Se não houvesse limites à construção de prédios altos, ou, melhor dizendo, se os limites de altura tivessem sido como aqueles impostos em Nova Iorque, Londres, Xangai ou Seul, haveria mais área construída para escritórios e moradias em Paris. Embora o livre mercado crie uma dispersão de vagas de emprego na periferia e o aumento do valor imobiliário no centro de muitas cidades grandes, as regulações de altura dos edifícios de Paris aceleraram e intensificaram essa tendência de mercado.

É irônico que as regulações de proteção do patrimônio histórico parisiense busquem preservar um tipo de uso do solo que outras regulações proibiram fora do perímetro da Paris histórica! Por exemplo, as regulações de uso do solo local proibiriam que qualquer incorporador reproduzisse os padrões viários, as alturas de edificação e as taxas de ocupação dos terrenos encontradas nos bairros mais exclusivos da Paris histórica, como Le Marais ou a área de Saint Germain des Pres.

Uma análise final: as regulações que protegem a Paris histórica são "ruins" ou "excessivas"?

Paris é um caso especial em que as regulações do uso do solo são orientadas, acima de tudo, pelo desejo de preservação histórica e se dá prioridade especial aos efeitos da perspectiva monumental que restringe as alturas das edificações. Para o desenvolvimento da cidade, trata-se de condicionantes extremos, muito caros para as empresas e domicílios parisienses. Contudo, elas criam uma

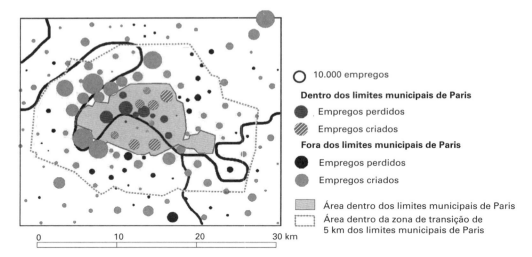

FIGURA 7.3 Empregos ganhos e perdidos na área municipal de Paris e em seus subúrbios imediatos entre 1996 e 2006.
Fonte: Chambre régionale de commerce et d'industrie, Institut national de la statistique et des études économiques, Institut d'aménagement et d'urbanisme d'Île-de-France, 2008.

qualidade de vida que é única e reflete nos preços imobiliários extremamente elevados.

Citemos o economista norte-americano Steve Malpezzi: "as regulações em si não são nem boas, nem ruins. O que importa é o custo e o benefício de uma regulação específica sob condições de mercado específicas".[6] Eu acrescentaria outro critério para julgá-las: elas atingem seus objetivos declarados? As piores regulações são aquelas que têm alto custo e, ainda assim, não alcançam seus objetivos.

Os objetivos declarados das regulações de limitação da altura dos prédios parisienses são extremamente claros: manter o centro de Paris como era à época dos impressionistas. Não existe a pretensão – como ocorre com tantas outras regulações – de que prevenir a transformação dos prédios existentes também preveniria o congestionamento do trânsito ou protegeria o ambiente. Há uma extrema honestidade nas regulações de Paris e em seu resultado. Os parisienses reclamam do alto custo da habitação e do tamanho minúsculo dos apartamentos. No entanto, acredito que jamais elegeriam um prefeito de Paris que propusesse eliminar as restrições de altura vigentes. No caso de Paris, seria possível calcular o custo das regulações de altura, mas seria muito mais complexo calcular os benefícios que são, acima de tudo, estéticos. Qualquer parisiense está ciente desses benefícios não quantificáveis e, até agora, tem se mostrado disposto a pagar por eles. Contudo, a gentrificação que progressivamente impedirá que domicílios de classe baixa e média morem dentro dos limites municipais de

Paris é um problema social muito mais sério. Nenhum nível de moradia social com aluguéis abaixo do preço de mercado – como promove a prefeitura – tem como reverter de modo significativo a tendência à gentrificação.

Neste livro, muitas vezes comparo mercados e *design*. Em Paris, o antagonismo dos dois conceitos fica evidente. Há uma demanda de mercado muito alta por área construída no município de Paris. As regulações atuais impõem um *design* que impossibilita que a oferta de área construída responda a essa demanda. No entanto, a ferramenta regulatória utilizada para o *design* da cidade é transparente e seu objetivo é explícito.

Minha conclusão sobre as regulações que limitam a altura dos prédios de Paris é que elas custam muito caro, mas entregam exatamente aquilo a que se propõem. Nesse caso, portanto, não há motivo para que se faça um julgamento técnico sobre elas. A manutenção ou a flexibilização das regulações está na esfera política. Será que os parisienses acham que estão pagando um preço muito alto por tais regulações, ou será que vale muito a pena pagar esse preço? Isso pode ser expresso com liberdade durante as eleições municipais. O trabalho do planejador urbano é explicar o custo dessas regulações, não aprová-las ou discordar delas.

Limitar as externalidades ou manter o interesse público como função objetiva: as regras de zoneamento de Nova Iorque

Nova Iorque construiu seu primeiro arranha-céu em 1888, mais ou menos na época em que a idade de ouro da construção de Paris estava terminando. Enquanto Paris optava por congelar seu *skyline* histórico, Nova Iorque, especialmente em Manhattan, iniciou uma expansão vertical que ainda hoje continua em um ritmo frenético. O surgimento de arranha-céus em Nova Iorque não se deu em razão da implementação de uma visão de planejador urbano inspirado, como o Plan Voisin que Le Corbusier propôs para Paris em 1930 (como discutimos no Capítulo 3); ele foi o produto das forças do mercado. Ainda que os construtores e arquitetos individuais que ergueram essas torres, sem dúvida, tenham sido criativos, inspirados e talentosos, eles apenas estavam respondendo com muita competência às demandas de seus clientes por edifícios de escritórios que oferecessem um alto coeficiente de aproveitamento (CA) em um terreno pequeno.

O elevado preço da terra na área de Wall Street e a dificuldade de se expandir a cidade (exceto para o norte) foram poderosos incentivos para que se explorasse maneiras de colocar grandes áreas de escritório uma sobre as outras. A administração de grandes empresas demandava muitos contadores e copistas, cujo trabalho reunido fornecia dados agregados aos executivos, que, então, podiam rápidas decisões de negócios. A circulação de informações era praticamente toda por meio de livros-caixa e documentos de papel que precisavam ser transportados pessoalmente dos vários departamentos às gerências e vice-versa. Assim, os edifícios de múltiplos pavimentos eram muito bons para facilitar esse tipo de comunicação.

Embora a construção de arranha-céus tenha sido induzida por forças do mercado, os avanços tecnológicos, como a invenção do elevador elétrico e construções em aço, permitiram que isso acontecesse. Além disso, nenhum incorporador teria construído um edifício muito alto sem a disponibilidade de generosos financiamentos dos bancos. Todos esses pré-requisitos tecnológicos e financeiros foram atendidos em Nova Iorque no fim do século XIX.

Os primeiros arranha-céus foram concebidos exclusivamente para serem edifícios de escritórios; levou muito tempo para que eles fossem considerados adequados ao uso residencial. Na Nova Iorque de hoje, dos 17 arranha-céus construídos entre 2010 e 2016, oito eram de uso misto ou totalmente residenciais. Além disso, alguns arranha-céus mais antigos da área de Wall Street vêm sendo convertidos para o uso habitacional.

A história e a evolução do arranha-céu são assuntos para todo um livro, e, aliás, ainda não escreveram um tão completo e interessante sobre isso como a obra de Jason Barr, *Building the Skyline,* publicada em 2016.[7] Nesse livro, Barr, professor de economia na Rutgers University, nos apresenta uma história completa da origem dos arranha-céus em Nova Iorque, as regulações que se seguiram e a dialética que surgiu entre as regulações, os incorporadores, as questões econômicas e o *design* dessas torres. Embora a obra de Barr foque exclusivamente em Manhattan, trata-se de um dos livros mais interessantes sobre a interação entre *design*, mercados, regulações e tecnologia no desenvolvimento urbano. A sequência e o conteúdo das regulações do uso do solo em Nova Iorque descritos nos parágrafos a seguir se baseiam, em grande parte, em minha interpretação dos *insights* de Jason Barr, junto com meus próprios *insights* de quando trabalhei no Grupo de *Design* Urbano da Comissão de Planejamento da Cidade de Nova Iorque entre 1968 e 1969, durante a administração do prefeito Lindsay.

O primeiro arranha-céu construído – de apenas 12 pavimentos – causou admiração, mas também preocupação. Hoje chamaríamos isso de uma tecnologia disruptiva. O efeito negativo sobre os vizinhos era evidente: o prédio barrava a luz direta sobre os prédios adjacentes. No fim do século XIX, a iluminação artificial era cara. Um novo prédio alto que projetava uma sombra sobre outros prédios de escritório mais baixos gerava um custo extra que podia ser rapidamente avaliado em termos de aumento da conta de luz. Assim, foi natural que os cidadãos tenham pedido ao governo municipal para intervir e regulamentar as dimensões dos arranha-céus a fim de diminuir as evidentes externalidades negativas que eles causavam no bairro.

As regulações de uso do solo de Nova Iorque que tratavam do volume dos prédios[8] começaram a aparecer, no início do século XX, em razão da proliferação de arranha-céus cada vez mais altos. O plano de zoneamento urbano de 1916, muito abrangente, buscou regular o tamanho dos prédios ao impor restrições ao volume dos prédios (i.e., alterar seus formatos a fim de diminuir seu impacto sobre os vizinhos). Esses condicionantes variavam, dependendo do uso da zona onde os prédios se localizavam. As regulações se voltavam quase que exclusivamente a corrigir as externalidades negativas criadas pela sombra projetada dos prédios altos, mas, em grau menor, também abordavam o problema do congestionamento de pessoas nas calçadas. As regulações de 1916 relacionavam a altura dos prédios com a largura da via pública, mas conferiam "bônus" de altura aos empreendedores que usavam recuos frontais em relação à rua. Contudo, havia muitas exceções. Se a taxa de ocupação de um prédio fosse de até 25% do terreno e ele tivesse um recuo frontal, não havia limite de altura.

Como observado por Jason Barr em seus comentários sobre o plano de 1916, "o plano representou o resultado das negociações entre o setor imobiliário, os empresários, os planejadores urbanos e os oficiais do governo".[9] Essa ainda é a maneira pela qual novas regulações urbanísticas são criadas em Nova Iorque, como ilustra o *design* Hudson Yard, no lado oeste de Manhattan em 2016. O sucesso de Nova Iorque como um dos principais centros empresariais do mundo – título mantido há mais de um século – se baseia nesse diálogo entre os incorporadores do mercado imobiliário e os planejadores urbanos. Contudo, como veremos, desde 1964, a complexa sobreposição das regulações e os demorados processos para aprovação de mudanças vêm ocorrendo de tal maneira que, mais uma vez citando Jason Barr, "grandes prédios públicos, como novas estações de metrô, ou novas regulações de zoneamento hoje parecem impossíveis. Uma forte reatividade para a manutenção do *status quo* se estabeleceu, uma vez que temos receio e medo de mudanças em larga escala no sistema que adotamos para construir a Nova Iorque que se tornou uma das mais fantásticas metrópoles do mundo".

O ponto da virada em 1961: os planejadores usando as regulações para "desenhar" a cidade

As regulações de 1916 que limitaram o volume das edificações visavam claramente à diminuição das óbvias externalidades negativas das sombras projetadas pelos edifícios altos. Ao longo dos anos, muitas emendas foram feitas às regulações originais, mas os objetivos continuaram os mesmos: reduzir as externalidades negativas causadas pela altura dos prédios.

O ponto da virada foi em 1961, quando foi publicado um novo plano de zoneamento urbano. Os objetivos do novo plano buscavam explicitamente a modificação da forma da cidade, já não se limitando à redução das externalidades negativas. Cada vez mais, os planejadores usavam as regulações para substituir as forças do mercado por seu *design* na configuração das cidades. Para poderem moldar a cidade, os planejadores urbanos municipais declararam que agiam ao interesse público, um conceito vago demais para orientar um *design* feito por seres humanos. A noção de interesse público é subjetiva e não pode ser quantificada, o que era possível quando as regulações buscavam reduzir o impacto das sombras projetadas pelas edificações.

Com a nova lei de zoneamento urbano de 1961, os planejadores usaram as regulações para alcançar aqueles novos objetivos de "qualidade do *design*". O objetivo de "moldar" da cidade é claramente admitido no *website* atual do New York City Urban Planning em um tópico chamado "Introduction & Shaping New York City through Zoning, 1961 to the Present".[10] O principal objetivo do zoneamento se tornou a moldagem da cidade, ou seja, gerar um *"design* urbano", ou, possivelmente, otimizar o uso do solo. Isso é uma enorme fuga do objetivo original do zoneamento, mas parece que, na época, ninguém notou quais seriam as implicações para a cidade.

Em uma administração municipal eleita democraticamente, os planejadores não podem simplesmente impor o *design* que eles preferem aos empreendedores dos prédios privados. Contudo, em uma cidade tão dinâmica e inovadora como Nova Iorque, onde as mudanças são uma necessidade constante, torna-se possível impor um *design* dos planejadores urbanos a um incorporador da iniciativa privada ao se determinar regulações que permitiriam o aumento da área construída apenas se ele aceitasse a condição de modificar o *design* de um prédio e seu uso de acordo com os desejos dos planejadores.

Por exemplo, imaginemos que os planejadores de uma cidade pensem que uma praça aberta ao público, mas construída em terra privada tornaria a cidade mais interessante e, por isso, é desejável. A desapropriação da terra exigida para criar a praça está fora de questão. No entanto, se uma regulação de zoneamento for criada limitando a área construída do prédio, a cidade poderia, então, permitir o aumento da área construída além do limite legal atual, desde que o novo prédio, maior, atendesse às exigências de *design* (uma praça seca de uso público) muito desejadas pelos planejadores. O incorporador tem opções: ou ele aceita a área construída atualmente permitida pelo plano de zoneamento, ou constrói a praça e recebe um "bônus" na área construída que aumentará o coeficiente de aproveitamento do lote.

Se o incorporador achar que o bônus vale a pena (i.e., lhe permite ter um lucro extra), as regulações, então, terão criado uma praça seca de uso público, cujas dimensões e *design* podem ser decididos pelos planejadores urbanos, e não pelo investidor. Criou-se um novo equipamento público a um custo aparentemente nulo para os contribuintes. Contudo, veremos a seguir que isso não é o caso.

• • •

Esse sistema de *design* por meio de regulações pode servir como poder de barganha aos planejadores somente se duas condições forem atendidas: em primeiro lugar, o prédio ao qual ele for aplicado está em um local em que há alta demanda por mais área construída comercial ou residências; em segundo lugar, o pedido de *design* dos planejadores talvez não imponha um custo tão extravagante ao incorporador de modo que nenhum prédio seria viável financeiramente se as condições fossem atendidas. Voltamos às observações de Jason Barr de que, em Nova Iorque, reguladores e incorporadores devem consultar uns aos outros de maneira que os limites impostos pelas primeiras não quebrem os segundos. Quanto mais limitadoras forem as regulações que regulam o tamanho dos prédios existentes, mais poder de barganha os planejadores terão para projetar a cidade por meio delas.

Assim, os planejadores que querem ter poder regulatório para impor seus projetos aos empreendedores imobiliários deveriam ter uma estratégia clara. Primeiro, limitar o uso e o volume das edificações para que elas sejam o mais próximo possível da situação atual a fim de prevenir a adição "livre" de área construída; em segundo, oferecer um aumento generoso do índice de aproveitamento em comparação àquele permitido pelas regulações em troca da mudança do uso do solo e de qualquer outro atributo de *design* que os planejadores possam desejar. As regulações de zoneamento que permitiriam muito mais área construída do que a área dos prédios existentes e a flexibilidade no uso do solo não ofereceriam poder de barganha para que os planejadores pedissem características de *design* que os incorporadores não estariam dispostos a oferecer. Em contrapartida, uma falta de área construída induzida por regulações aumenta o preço do metro quadrado construído e, portanto, também aumenta o poder dos planejadores sobre os empreendedores imobiliários.

Quando se impõem limites draconianos sobre o aumento da área construída em áreas com alta demanda, os planejadores têm o poder de "desenhar" a cidade, ao oferecer bônus sobre a área construída em troca de usos do solo desejados. Por exemplo, os planejadores podem impor a inclusão, em terras privadas, de praças e espaços abertos, cujo *design* eles podem especificar. Eles também podem impor a inclusão de certos tipos de uso, como a construção de lojas no nível térreo, ou de "habitação popular", cujas características e número eles podem especificar, como foi descrito no Capítulo 6. Nesse caso, estamos muito longe de corrigir as externalidades claramente negativas que justificaram as primeiras regulações de zoneamento de Nova Iorque, em 1916!

As tentativas dos planejadores de moldar os edifícios privados têm um custo

Qualquer modificação no *design* de um prédio tem um custo e, em tese, um benefício, embora não haja despesas financeiras. As mudanças no *design* impostas pelo zoneamento seriam justificadas se os benefícios fossem mais altos do que os custos.

Há três situações possíveis: o *design* imposto pelos planejadores urbanos aumenta o valor do prédio mais do que o custo imposto; o *design* não aumenta o valor do prédio, mas oferece benefícios aos outros; e, por fim, o *design* não beneficia ninguém. Se o acréscimo de uma característica de *design*, como uma praça seca, aumentasse o valor de mercado de um prédio, é mais provável que o incorporador já a tivesse incluído no *design* inicial. Se a praça não aumenta o valor de uma edificação, mas melhora a experiência dos pedestres, então a cidade está pedindo aos usuários do prédio – moradores e empresas – que paguem, por meio de aluguéis ou valores de venda maiores, por um benefício que está sendo oferecido à população da cidade em geral. Isso concentra o custo de um equipamento público no orçamento de alguns cidadãos. O *design* imposto pelos planejadores, portanto, sempre aumenta o custo dos novos prédios, e, por consequência, provavelmente diminua a área útil que seria construída se não houvesse limitadores ao *design*.

Quando os planejadores urbanos impõem restrições ao CA a fim de impor a criação de mais pavimentos em uma cidade, eles estão, na verdade, criando uma nova moeda, que é a área construída adicional (o "bônus") que usarão

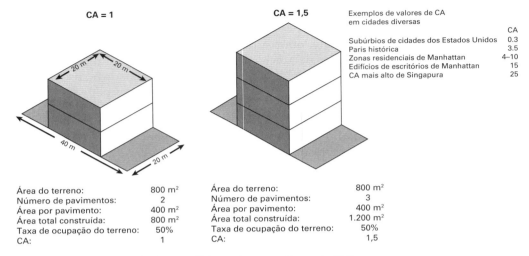

FIGURA 7.4 Como se calcula o coeficiente de aproveitamento (CA).

para comprar as características de *design* urbano que desejam – praças, moradias populares ou qualquer outra coisa – dos incorporadores. Quanto maior for a escassez de área construída, mais alto será o valor da moeda bônus de CA, e, portanto, mais caras serão as mudanças ao *design* que os planejadores podem comprar dos empreendedores (Figura 7.4). O bônus de CA terá um valor de troca alto somente se as regulações forem restritivas o suficiente para manter a escassez de área construída. Se o fornecimento de área construída fosse totalmente elástico, então o valor de barganha do aumento condicionado do CA se perderia, chegando, em certo momento, a zero. Os planejadores perderiam, então, todo o poder de barganha junto aos empreendedores. Assim, a prática de a prefeitura aumentar para casos especiais o CA, oferecendo um bônus de incentivo, exige que se mantenha uma oferta muito limitada de área construída em toda uma cidade que aumenta o preço dos espaços comerciais e residenciais para todas as empresas e domicílios. Como vimos no Capítulo 6, poucas unidades habitacionais chamadas de populares, criadas com bônus de CA de zoneamento inclusivos por meio de sorteios (loterias), não justificam o aumento do preço dos imóveis residenciais e comerciais para todos os demais.

A origem do zoneamento por incentivo: o Edifício Seagram, em Manhattan

O Edifício Seagram foi construído em 1958 em Nova Iorque, logo antes de o zoneamento por incentivo (o aumento do CA em troca de área de uso público) de 1961 ter sido inventado. Ele foi projetado pelo arquiteto alemão radicado nos Estados Unidos, Ludwig Mies van der Rohe, para atender ao pedido de um cliente corporativo por um edifício-sede de prestígio que representasse o

Estilo Internacional, a derivação da Bauhaus após a Segunda Guerra Mundial. O arranha-céu de 38 pavimentos incluiu uma praça seca de uso público voltada para a Park Avenue, bem no núcleo comercial de Manhattan. A qualidade do *design* do arranha-céu e de sua praça tornaram o Edifício Seagram um ícone de *design* urbano e um modelo de arquitetura de empresas progressistas. Isso era exatamente o que o proprietário do Edifício Seagram queria e o motivo pelo qual contratou Mies van der Rohe como seu arquiteto.

Por pura sorte, meu primeiro emprego nos Estados Unidos, em janeiro de 1968, foi no escritório do arquiteto Philip Johnson, no último andar do Edifício Seagram, e posso testemunhar que trabalhar e fazer o intervalo de almoço em um edifício como aquele era uma experiência extraordinária. O Seagram merecia sua reputação de *design* urbano excepcional. Ele também criou uma categoria de uso do solo: o espaço privado de uso público.

Os planejadores urbanos de Nova Iorque decidiram usar a ferramenta regulatória dos bônus de CA como incentivo para que os empreendedores construíssem praças similares àquela em frente ao Edifício Seagram. No início, as novas regulações estipularam que, para cada metro quadrado de praça pública criada, os empreendedores imobiliários ganhariam 10 m^2 de área comercializável além da área construída a qual já tinham direito de acordo com o zoneamento vigente. Contudo, a área construída extra máxima limitava-se a 20% adicionais àquela das leis de edificação vigentes.

O incentivo regulações estabelecido pelos planejadores urbanos efetivamente funcionou. Vários novos arranha-céus possuíam recuos frontais e ofereceram espaços públicos abertos à sua frente. Contudo, a atratividade dessas áreas oferecidas nunca se comparava àquela do espaço criado pelo Edifício Seagram. Por exemplo, na Sexta Avenida, entre a 47th Street e a 50th Street, três praças consecutivas foram construídas. No entanto, como elas são contíguas e no mesmo lado da via, não criam a sensação de uma praça: parecem ser apenas um alargamento da avenida. Além disso, como as praças foram desenhadas basicamente para que os prédios tivessem área construída adicional, elas não melhoram a qualidade do prédio. O desenho dessas praças – paisagen urbana, canteiros de flores e desníveis – mais parece desencorajar seu uso do que servir como atração para os pedestres. Na verdade, os espaços públicos de propriedade privada trazem consigo várias questões: estão sujeitos a ações judicias dos usuários e devem ser mantidos e policiados privadamente, criando um potencial passivo e um aumento considerável nos custos de manutenção. Assim, tornar a praça pouco atraente a pessoas em situação de rua e mesmo pedestres diminui, de certa maneira, potenciais passivos judiciais e custos de manutenção. Posteriormente, os planejadores urbanos de Nova Iorque tentaram criar regras mais rígidas e aumentar as especificações para o *design* dessas praças, buscando tornar mais públicos esses espaços privados. Todavia, não é fácil conseguir um bom *design* urbano apenas através de regulação. O *site* do Departamento de Planejamento Urbano da Cidade de Nova Iorque reconhece isso quando menciona que "os espaços abertos criados por incentivos do código de edificações nem sempre têm sido úteis ou atraentes".[11]

Essas praças "nem sempre úteis ou atraentes" têm um custo? Afinal de contas, elas foram cridas por meio de alguns parágrafos incluídos no código de obras, o que obviamente não foi uma despesa significativa no orçamento da cidade. No entanto, qualquer característica de *design* ou arquitetura urbana criada por meio de incentivos nas regulações de zoneamento de construção representa um custo para o incorporador – que eventualmente é repassado ao usuário. Se os empreendedores achassem que essas características aumentariam o valor do prédio, não seria necessária a existência do incentivo para que elas fossem criadas. Por exemplo, a praça do Edifício Seagram foi construída sem o incentivo das regulações porque ela agregou valor ao prédio, e seu custo foi considerado inferior a esse valor agregado. É comum que incorporadores aumentem o pé-direito do saguão de entrada de edifícios de escritórios prestigiosos e os revistam com mármores caros sem a necessidade de qualquer incentivo. Eles fazem isso porque o custo extra é inferior ao valor agregado ao *design*. As normas de incentivo agregam dois tipos de custos à área construída de uma cidade. O primeiro tipo consiste em custo de capital e despesas correntes do elemento criado em razão do incentivo, gastos que são arcados pelos usuários do prédio, inquilinos e proprietários. O segundo tipo de custo recai sobre todos os moradores e trabalhadores da cidade, resultando da redução proposital da área construída (devido a essas regulações restritivas) que deve ser criada para que o incentivo funcione. Assim, os nova-iorquinos pagam pelo custo dessas praças "nem sempre úteis ou atraentes". Não vamos nos esquecer que os incentivos criados pelas regulações de zoneamento somente funcionam criando uma escassez generalizada de área construída, que é lentamente liberada apenas para os prédios com características consideradas úteis e atraentes pelos planejadores urbanos.

E os planejadores urbanos aprenderam com esse fracasso? Na verdade, não. Em novembro de 2011, a fim de comemorar o quinquagésimo aniversário da resolução de zoneamento de 1961, o Departamento de Planejamento Urbano da Cidade de Nova Iorque organizou uma conferência "para fomentar novas ideias sobre o zoneamento como ferramenta governamental que possa ser utilizada para abordar grandes desafios econômicos, sociais, ambientais e físicos".[12] As várias apresentações descreviam como o zoneamento poderia tornar a cidade mais "competitiva, equitativa e sustentável". Estamos longe de usar as regulações de edificação para corrigir as externalidades negativas dos prédios: as sombras e a superlotação das calçadas. Desafio qualquer planejador urbano a explicar como restringir o volume dos prédios e liberá-lo gradualmente para alguns usos e dimensões preferíveis tornaria a cidade mais competitiva, equitativa e sustentável – mesmo que pudéssemos criar indicadores quantitativos para esses objetivos. Adicionar novos objetivos obscuros às regulações de zoneamento apenas somará mais restrições complicadas ao uso do solo e de área construída.

Não nos esqueçamos de que o zoneamento restringe apenas as dimensões dos prédios e seus usos. Quando adicionados ao zoneamento, os bônus de área construída agem como um suborno para o acréscimo de elementos ou usos em um edifício que, de outro modo, não existiriam. Por definição, o *design* por meio de regulações que aumentam os CAs não tem como ser inovador, pois ele sempre promove a replicação de uma característica de arquitetura ou o uso de um prédio existente que agrade em particular aos planejadores urbanos. A praça do Edifício Seagram foi inovadora – mas ela foi construída por iniciativa do arquiteto. As praças secas na frente dos prédios da Six Avenue, no centro de Manhattan, eram apenas cópias ruins de uma inovação do passado. A prática de aumento do CAs em troca de contrapartidas públicas está para as inovações de *design* urbano assim como uma cópia numerada de uma pintura está para o original de um artista!

Em contrapartida, as inovações de arquitetura e *design* urbano somente podem ser criadas por indivíduos ou grupos que fazem as coisas de uma maneira inovadora, ou por alguns arquitetos que quebram as regras e conseguem se safar.

O bônus da área construída diminui a credibilidade das regulações de CA?

Os bônus de CAs – que garantem características de arquitetura valorizadas pelos planejadores urbanos – negam as próprias justificativas das regulações que restringem os CAs. As restrições impostas a esses coeficientes foram criadas, em sua origem, para limitar as externalidades negativas geradas pelas sombras projetadas dos edifícios altos.

Analisemos o caso de várias quadras nas quais o CA seja fixado em 15 pelo plano diretor – como é o caso de grandes áreas do centro de Manhattan. Em algumas quadras, o CA pode ser aumentado para 18, no caso de prédios com uma característica considerada atraente pelos planejadores urbanos, como uma praça, um teatro ou algumas unidades de habitação popular. De início somos obrigados a concluir que o valor de 15 para o CA foi arbitrário desde o início, já que nenhuma das características adicionadas deverá corrigir as externalidades negativas causadas por um prédio mais alto. As regulações que limitam o CA, tornando-o muito abaixo da demanda por área construída na região, são, portanto, um mero instrumento de coerção capaz de criar uma escassez artificial que obrigará os empreendedores a incluir características consideradas benéficas à qualidade da cidade pelos planejadores.

Ainda assim, seria possível argumentar que uma praça oferece um espaço muito necessário aos pedestres, cujo número aumentaria com a área construída a mais em razão do aumento do CA. Todavia, esse argumento não se sustenta. Com um CA de 15, a calçada de um prédio com terreno na mesma área que o Edifício Seagram terá 913 m^2, ou seja, 1,12 m^2 de calçada para cada 100 m^2 de escritório. Se o prédio tiver seu CA aumentado em 20% e se adicionar uma praça similar à do Seagram, a área total disponível para os pedestres – somando-se a calçada e a praça – se torna 3,35 m^2 por 100 m^2 de escritórios. Contudo, se pressupormos que o número de trabalhadores em um edifício de escritórios é proporcional à sua área construída, isso significa que um aumento de 20% na área construída do prédio triplicaria a área disponível aos pedestres. Sem dúvida, se a preocupação é o espaço disponível aos pedestres ao redor do prédio, a praça está superdimensionada.

Independentemente de o quanto a Seagram Plaza seja agradável, ela não é de graça. Para uma área determinada, deixar uma grande praça seca de uso público em um lote aumenta o número de pavimentos do prédio e diminui a área útil em cada pavimento. No caso do Edifício Seagram, a área utilizada pelos elevadores e *shafts* de serviço ocupa 31% dos pavimentos típicos. Se o Seagram não tivesse sua praça e ocupasse todo o lote, como fazem alguns prédios do mesmo bairro, a área total construída caberia em apenas 11 andares, e os elevadores e *shafts* ocupariam apenas 7% do total de área construída, aumentando significativamente a área comercializável. Em outras palavras, a praça torna a construção dos pavimentos notavelmente mais cara.

O luxo do Edifício Seagram – com seu mármore travertino nos corredores e saguão, os bronzes da fachada e sua vasta praça – foi uma decisão deliberada do proprietário do imóvel. Para a Seagram Company, o prestigioso prédio que acomoda sua sede nova-iorquina teve um valor para a marca além do valor de mercado potencial representado pelo prédio em si ou por seu aluguel. Os planejadores que quiseram generalizar essas características a todos os edifícios de escritório aumentaram significativamente o custo desse tipo de prédio em Nova Iorque. Ou seja, os bônus de CA não são inocentes, nem gratuitos.

Vimos que multiplicar as praças não aumenta necessariamente a habitabilidade de uma cidade. Não há regulação que garanta um bom *design*. Pelo contrário: devemos contar com a iniciativa privada e a imaginação dos arquitetos individuais para a criação de novos tipos de prédios como o Seagram. O Rockfeller Center, em Nova Iorque, também é um exemplo magnífico de *design* urbano e edifício Art Decô, mas seria um absurdo estabelecer regulações para que os novos edifícios ganhassem um bônus por copiar o leiaute do Rockfeller Center. Nova Iorque está cheia de belos prédios como os edifícios Woolworth, o Chrysler ou mesmo o Flat Iron, e nenhum deles foi construído em razão de incentivos regulatórios.

O microgerenciamento do uso do solo através do zoneamento

Desde 1961, os planejadores urbanos da cidade de Nova Iorque, entusiasmados em usar o zoneamento para tornar a cidade mais "competitiva, equitativa e sustentável", têm se envolvido com o microgerenciamento do uso do solo ao superpor regulações que vão muito além do *design* de praças de uso público em terra privada. Um dos exemplos mais extremos de microgerenciamento de regra de zoneamento que já vi se chama Joint Living-Work Quarters for Artists ("Alojamentos conjuntos de moradia/trabalho para artistas"). Essa regra é uma camada adicional de zoneamento que se aplica aos distritos M1-5A de M1-5B de SoHo/NoHo, em Nova Iorque. Ainda que o principal uso do solo nessa área seja comercial e residencial, ele ainda é zoneado como industrial. De fato, no fim do século XIX, o bairro era dominado por *sweatshops*. A regra Joint Living-Work Quarters for Artists estipula que apenas artistas podem morar nessas áreas zoneadas como industriais, e somente se eles morarem em uma unidade que conjuga moradia e trabalho. Eis o que estabelece essa incrível regulação de zoneamento urbano: "A Seção 12-10 da Resolução de Zoneamento da Cidade de Nova Iorque refere-se aos *lofts* individuais de SoHo e NoHo como aqueles 'organizados e projetados para serem usados por (...) no máximo quatro artistas não relacionados entre si", incluindo "espaços de trabalho adequados e reservados para [cada um dos] artistas". Mais adiante, um artista é descrito: "na Seção 275-6 do Artigo 7.B da Lei de Habitações Multifamiliares, um 'artista' é definido – para propósitos de se classificar a morar em unidades que conjugam casa e trabalho". O texto ainda define o propósito da zona: "A Resolução de Zoneamento do SoHo permite que bons artistas que trabalham em um nível profissional e que demonstrem a necessidade de um *loft* para moradia e trabalho residam em *lofts* específicos zoneados para manufatura. A certificação de artista fornece o documento que a pessoa então mencionada a uma indústria leve.

Para morar e trabalhar na área zoneada para manufatura, o artista deve obter uma "Certificação de Artista", emitida pelo Diretor de Certificação de Artistas na Secretaria de Cultura da Cidade de Nova Iorque. Se os leitores se interessarem, podem, inclusive, pedir o certificado preenchendo o formulário do *site* do Governo da Cidade de Nova Iorque.[13]

Uma vez que o zoneamento foi inventado para proteger os cidadãos das externalidades negativas, presumiríamos que uma categoria de zoneamento especial para artistas criada em uma área industrial visaria a isolar os artistas do resto da população, assim como um curtume ou uma forja de chumbo seria colocada em uma zona especial. Seria possível justificar, dizendo que os artistas podem criar externalidades negativas em razão da vida boêmia que eles devem ter. No entanto, esse não é caso. A regra foi criada para proteger os espaços de trabalho e moradia de "não artistas" que concorreriam com eles pelo aluguel e pela compra dos mesmos imóveis. O argumento dos planejadores urbanos é o de que a arte é uma parte vital da vida cultural e econômica de Nova Iorque e precisa de proteção.

De fato, no início, os artistas achavam conveniente ocupar ilegalmente os *lofts* abandonados há muitos anos pelo setor industrial da área do SoHo/NoHo. Os legisladores municipais, talvez cientes dessa violação do zoneamento, tiveram o bom senso de não expulsar os artistas por desrespeitarem as regulações de zoneamento. Contudo, em vez de mudar as regulações de zoneamento e permitir um novo tipo de uso misto (residencial e profissional), que evidentemente não criava qualquer tipo de incômodo aos vizinhos, os planejadores da cidade criaram um tipo de regulação que excluiu os indivíduos que não são artistas.

Um artista, no entanto, não costuma ter uma licença ou alvará emitido pela prefeitura, como um barbeiro, lojista ou dono de um bar. Assim, a fim de poder cobrar o cumprimento da nova regulação de zoneamento, a prefeitura teve de criar um sistema de certificação – não para restringir o exercício da profissão, mas para possibilitar a fiscalização e o cumprimento da lei. A área total do SoHo/NoHo definida como M1-5A e M1-5B que é restrita aos artistas tem apenas 58 hectares (Figura 7.5). Fora dessa área, os artistas de Nova Iorque precisam competir no mercado aberto para encontrar áreas onde trabalhar e morar.

A fim de alugar ou comprar de modo regular um *loft* na área manufatureira de SoHo/NoHo onde é autorizado o esquema Joint Living-Work Quarters for Artists, os artistas precisam solicitar à Secretaria da Cultura da cidade um certificado de artista, que deve incluir o portfólio para um artista visual ou partituras

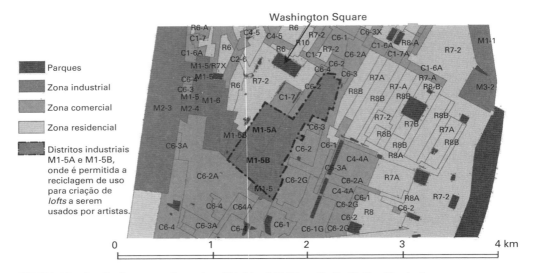

FIGURA 7.5 Os distritos manufatureiros M1-5A e M1-5B no SoHo/NoHo, Manhattan.
Fonte: dados do Mapa Distrital de Zoneamento da Cidade de Nova Iorque contendo o bairro ao sul da Washington Square: M1-5A e M1-5B. Imagem usada com a permissão da Secretaria de Planejamento Urbano da Cidade de Nova Iorque. Todos os direitos reservados.

de música e gravações, no caso de um musicista! Um servidor público municipal, após analisar esse portfólio, partitura ou gravação, vai, então, decidir se o artista merece o *loft*. Dá para imaginar Jackson Pollock ou Andy Warhol educadamente enviando seu portfólio e esperando serem aprovados pela Secretaria da Cultura da cidade? E, então, depois de ter sua qualificação como artista recusada pela prefeitura (afinal, aparentemente, 45% dos pedidos são negados), eles se mudariam para Omaha, no estado de Nebraska, para o prejuízo da Cidade de Nova Iorque.

Estou contando essa longa história sobre essa categoria de zoneamento urbano bizarra não para debochar da Secretaria de Planejamento da Cidade de Nova Iorque, mas para mostrar até que ponto os comitês de zoneamento podem se equivocar, por excesso de zelo, quando buscam decidir o uso do solo de uma cidade nos mínimos detalhes. Esse também é um exemplo óbvio de como uma regra de zoneamento urbano provavelmente não terá qualquer impacto no objetivo declarado de promover as artes na Cidade de Nova Iorque.

Além disso, a regulação de zoneamento Joint Living-Work Quarters for Artists tem um custo. Os distritos M1-5A e M1-5B do SoHo/NoHo se localizam em um dos bairros residenciais e de varejo mais desejáveis de Nova Iorque, e há alta demanda por habitação nessas áreas. Incorporadores que querem reformar prédios na área devem levar em conta a restrição que limitará os inquilinos ou proprietários a artistas. Além disso, em razão dos complexos problemas habitacionais enfrentados por Nova Iorque, onde havia cerca de 60 mil pessoas sem moradia morando em abrigos da cidade em 2016, é impressionante saber que os servidores públicos municipais gastem seu tempo analisando o portfólio de artistas a fim de decidir se eles merecem alugar um *loft*.

A separação abusiva das funções que buscam diminuir ou aumentar o custo das mudanças de uso do solo

O novo plano diretor de Nova Iorque de 1961 buscou separar as funções mais minuciosamente, e desde então essa separação tem aumentado. Os três tipos de bairros – residencial, comercial e industrial – do plano de 1916 foram subdivididos no plano de 1961. Revisões subsequentes criaram uma multiplicidade de novas zonas, cada uma subdividida em subzonas, com seus próprios condicionantes ao volume dos prédios e a possibilidade de aumento da área construída com bônus. Por exemplo, o distrito comercial geral hoje está subdividido em 72 zonas distintas, cada uma delas modificada por regulações extras que definem o que pode ser construído. A multiplicação de tipos de zonas permitidas reflete precisamente o uso do solo existente em cada quadra. Uma leve mudança no uso projetado por um incorporador exigiria, então, uma autorização especial ou a mudança do zoneamento, que poderia ser trocada por uma nova característica de *design* exigida pelos empreendedores.

Por exemplo, as áreas de zonas comerciais são subdivididas em oito tipos de distritos (C1 a C8), cada um limitando o tipo de atividade comercial que poderia ocorrer nele. Contudo, cada zona se divide em subdistritos; por exemplo, a zona C4 está subdividida em 17 subcategorias, cada uma com diferentes CAs máximos e exigências, além da possibilidade de bônus de CA adicionais (Figura 7.6). Para determinado lote, a área que pode ser construída não fica clara sem se calcular e pressupor a possibilidade dos bônus de CA. Por exemplo, uma leve mudança de zoneamento, de C4-4 para C4-4A, aumentaria o CA em 18%. O Distrito C4-6 seria apto a um bônus de 20% no CA se fosse construída uma praça pública no terreno, mas perderia essa qualificação se o distrito se tornasse um C4-6A.

Uma vez que o preço de mercado de terra de Manhattan é estabelecido pela área que nele pode ser construída, o valor de um lote depende, de fato, de seu zoneamento. Por exemplo, em Nova Iorque, o preço de um terreno é avaliado em dólar por pé quadrado de potencial construtivo, não em dólar por pé quadrado de terreno. Portanto, uma pequena mudança no zoneamento poderia mudar o preço da terra imediatamente. O pressuposto desse raciocínio é que os CAs máximos impõem um limite abaixo da demanda do mercado, o que parece ser verdade na maior parte de Nova Iorque e faz sentido com o incentivo dos planejadores para restrição do CA abaixo da demanda, mantendo o poder de barganha máximo para as regulações de incentivo.

Quando olhamos para as inúmeras designações dos distritos de zoneamento, é inevitável pensar que as diferenças entre as duas zonas sejam, em grande parte, arbitrárias e sujeitas a modificações. Os planejadores urbanos têm o poder de mudar o valor da terra urbana conforme seus caprichos. E é exatamente isso que confere poder aos comitês de zoneamento. Quando olhamos para as variações de CA máximo em apenas um dos distritos comerciais C4 (Figura 7.6), fica difícil perceber um objetivo claro na diferenciação, a menos que o objetivo seja a falta de clareza.

Um dos objetivos do zoneamento de Nova Iorque é desacelerar as mudanças provocadas por mercados

As distinções entre os usos comerciais permitidos em diferentes zonas comerciais são extremamente detalhadas, e é difícil entender o motivo de sua complexidade, exceto a manutenção do controle ou a redução das mudanças do uso do solo. Eis uma declaração parcial de um dos objetivos da Secretaria de Planejamento Urbano da Cidade de Nova Iorque:

> Inúmeros distritos de zoneamento são mapeados nos diversos bairros da cidade a fim de preservar suas densidades e caráteres variados. Esses limites ajudam a moldar os bairros e sua previsibilidade futura. A Prefeitura continua adaptando a Resolução de Zoneamento à medida que os padrões de uso do solo da cidade mudam com ações privadas e públicas.[14]

O exemplo de uma mudança de zoneamento que segue ilustra o alto custo de se manter empecilhos regulatórios a fim de impedir até mesmo pequenas modificações no uso do solo. Uma audiência pública realizada pelo comitê de planejamento da cidade em 2014 resultou na concordância em mudar o zoneamento de um *shopping center* no Queens de C2-2 para C4-1. Pertencendo à zona C2-2, o empreendimento estava limitado a lojas de ferragem ou produtos esportivos, entre outros. No entanto, com a mudança para C4-1, tornou-se possível receber lojas que vendessem móveis ou eletrodomésticos, algo que antes não era permitido! O comitê de planejamento foi unânime ao concordar com a mudança, e o advogado especializado no uso do solo que peticionou perante a comissão declarou que a modificação "traria mais flexibilidade para os aluguéis e aumentaria a viabilidade econômica futura do *shopping center*". Sem dúvida! É difícil entender o tipo de preocupação com o bem público que levou os planejadores a restringirem a venda de eletrodomésticos em uma área comercial que permite ferragens.

C4 Distritos comerciais

	C4-1	C4-2 C4-3	C4-2A C4-3A	C4-4A C4-4 C4-5	C4-4L C4-5A	C4-4D	C4-5D	C4-5X	C4-6	C4-6A	C4-7	C4-7A
CA comercial	1,0	3,4	3,0	3,4	4,0	3,4	4,2	4,0	3,4	3,4	10,0 (5)	10,0
CA residencial	1,25	0,78–2,43 (1), (4)	3,0 (4)	0,87–3,44 (4)	4,0 (4)	6,02 (4)	4,2 (4)	5,0 (4)	10,0 (4) (5)	10,0 (4)	10,0 (4) (5)	10,0 (4)
Equivalência ao distrito residencial	R5	R6	R6A	R7	R7A	R8A	R7D	R7X	R10	R10A	R10	R10A

(1) CA = 3,0 permitido em vias largas fora do Núcleo de Manhattan, conforme o Programa de Habitação de Qualidade
(2) CA = 7,2 permitido em vias largas fora do Núcleo de Manhattan, conforme o Programa de Habitação de Qualidade
(3) CA = 4,0 permitido em vias largas fora do Núcleo de Manhattan, conforme o Programa de Habitação de Qualidade
(4) Aumento do CA no bônus do Programa de Habitação Inclusiva
(5) Bônus de até 20% no CA para uma praça pública

FIGURA 7.6 Valores de CA para a zona comercial C4 e suas subdivisões.

Zoneamento complexo e a formação dos preços da terra

Um *site* especializado relata que levou 16 anos para um grande incorporador nova-iorquino transformar de industrial para residencial o zoneamento de um terreno que ele havia adquirido no East Side de Manhattan. Em 2018, uma nova torre de apartamentos com 140 metros de altura havia sido construída no lote. Essa demora em adaptar o zoneamento à demanda levanta duas questões. Em primeiro lugar, ela aumenta o custo de edificar. Ao longo dos 16 anos, o capital alocado para a compra do terreno ficou congelado, e os edifícios tinham usos do solo obsoleto. Além disso, os custos administrativos e jurídicos incorridos para a mudança do zoneamento certamente não foram desprezíveis. Em segundo lugar, como nem o incorporador, nem o vendedor do terreno tinham como saber com precisão o tempo e os custos dedicados a isso, foi difícil estabelecer um preço para o terreno. Cada parte corria um risco. O risco do vendedor era vender o terreno a um preço muito baixo, se a mudança de zoneamento pudesse ser rápida. O risco do comprador era pagar demais pelo terreno, se a mudança de zoneamento – se é que seria possível obtê-la – levasse mais do que ele imaginava. Esses riscos e custos de manutenção de propriedades subutilizadas acabam se refletindo nos preços dos imóveis de Nova Iorque.

A possibilidade de mudança dos preços de terra por meio de leves modificações nas categorias de zoneamento gera um grande problema na precificação da terra. Apenas um advogado muito especializado em direito imobiliário e zoneamento de uso conseguiria calcular a área construída total possível para determinado lote em Nova Iorque, em razão das muitas possibilidades de mudanças de zoneamento, transferências de direitos de construir, todos os tipos de bônus, a possibilidade de uso do 421-a (uma isenção do imposto predial) etc. Isso cria uma assimetria de informações muito prejudicial para o bom funcionamento dos mercados. Devido à complexidade do código de zoneamento, um advogado com essa especialização que seja engenhoso tem muito mais chances de aumentar a lucratividade de um prédio futuro do que um arquiteto ou engenheiro criativo. O paradigma de zoneamento com incentivos que deveria melhorar o *design* urbano mediante regulações inteligentes talvez tenha o efeito oposto no longo prazo.

Não devemos nos esquecer de que a maioria dos prédios adorados de Nova Iorque ainda de pé, seja o Edifício Woolworth, seja o Seagram, foi construída sem a "ajuda" do zoneamento moderno. Um artigo do *New York Times* escrito em 2016 e baseado em um banco de dados observa que 40% dos edifícios existentes em Manhattan hoje não poderiam ser construídos, pois eles não atendem a algumas regulações de zoneamento de uso.[15] Muitos desses prédios se concentram nas partes mais caras de Manhattan. Portanto, não atender às regulações de uso do solo não parece reduzir seu valor, o que tende a demonstrar que as regulações de zoneamento não corrigem qualquer externalidade negativa perceptível.

Que vantagens a multiplicidade de categorias de zoneamento e de volumes edificáveis correspondentes trouxe ao cenário urbano nova-iorquino desde 1961? Poderíamos comparar a falta de transparência do zoneamento de uso atual de Nova Iorque com a transparência criada pelos planejadores urbanos que conceberam e demarcaram a grelha viária de Manhattan em 1811. A existência da grelha e suas marcações de levantamento topográfico imediatamente conferiu clareza ao valor de terra edificável para toda a ilha de Manhattan. O valor dos lotes junto às avenidas, em ruas secundárias ou em esquinas, pôde ser imediatamente calculado, estando essas informações disponíveis aos vendedores e compradores e claramente visíveis na planta da cidade. Em contrapartida, o valor de dois lotes adjacentes, um com zoneamento de uso M1-5B e o outro C6-2 no mapa da Figura 7.5, é impossível de ser calculado sem a ajuda de advogados do direito imobiliário extremamente especializados em zoneamento de uso. Tenho certeza de que seja lá quem for que criou a distinção entre as duas zonas tinha justificativas para isso, mas elas não são explícitas, custam muito caro para os nova-iorquinos e provavelmente são tão fúteis quanto a categoria de zoneamento especial para artistas.

O *design* urbano deveria ser específico para cada lote, e não definido por regulações

Não estou sugerindo que os planejadores urbanos não devam impor qualquer condição aos empreendedores imobiliários quando se consideram modificações no uso do solo. Contudo, a modificação necessária para o *design* de um prédio deveria visar às externalidades negativas tangíveis que ela pode gerar. As sombras projetadas pelos edifícios já não são um problema em cidades com alta densidade. O condicionamento do ar e a iluminação elétrica barata já resolveram isso. A demanda pela conversão de uso de prédios de escritório em edifícios residenciais na área de Wall Street demonstra esse fato. Em áreas com alta demanda, CAs altos devem ser um direito garantido aos indivíduos.

• • •

Contudo, os edifícios altos podem criar problemas de *design* urbano em suas interfaces com a rua. O redesenho de um espaço público pode ser necessário em razão do fluxo de pedestres que esses prédios podem gerar. Por exemplo, as entradas de estações do metrô projetadas do modo tradicional podem obstruir as calçadas em áreas com alta densidade. Evidentemente, nesse tipo de caso, é vantajosa para todas as partes a coordenação entre os planejadores urbanos e o *design* de um edifício de escritórios muito alto. As soluções de *design* urbano mais criativas sempre são específicas a um local. Nenhuma regulação pode oferecer a solução ideal para todos os casos. Em vez de contar com um CA aumentado para obter uma mudança no *design*, seria melhor se os planejadores urbanos tivessem um fundo que pudesse ser usado especificamente para melhorar e adaptar o *design* de ruas e parques para as mudanças constantes de uso do solo em uma cidade. De certa maneira, o uso de CAs maiores como incentivo é uma forma de escambo. Seria melhor usar um instrumento monetário como uma taxa de impacto para substituir esse sistema de escambo. Os urbanistas poderiam, então, usar o fundo de *design* urbano que as taxas de impacto gerariam a fim de redesenhar e ajustar o *design* do espaço público. Modificações de *design* específicas para um local poderiam ser exigidas no térreo ou no mezanino dos prédios, conectando-os diretamente com os novos equipamentos públicos. Esse método já é empregado cotidianamente em Singapura e Hong Kong a fim de aumentar as áreas de pedestres que vinculam os prédios particulares às ruas e ao sistema de transporte público.

A tendência atual é na direção oposta: aumentar o uso do escambo por meio do zoneamento com incentivo, e, ao mesmo tempo, diminuir as despesas financeiras da prefeitura com a prática bizarra de oferecer a isenção do imposto predial 421-a a grandes prédios,[16] além do aumento dos CAs. Esses dois benefícios são dados em troca de algo que a cidade deseja: praças, galerias cobertas ou moradias populares. O uso de isenções do imposto predial reduz os recursos de uma cidade. Por consequência, a prefeitura tem de recorrer a zoneamentos draconianos para fazer escambo, com os empreendedores urbanos, de alterações no zoneamento de uso por um simples elemento de *design* urbano, como uma conexão subterrânea a uma estação do metrô.

Alguns exemplos de elementos de *design* específicos a um terreno já foram utilizados em Nova Iorque em grandes projetos como Hudson Yards e o Vanderbilti Corridor, que endereçam diretamente a questão do acesso de pedestres aos meios de transporte público próximos de novos edifícios. Nova Iorque também tem histórico de "bônus de transporte público"[17] que usam aumentos do CA para induzir empreendedores privados a pagar pela melhoria das estações de metrô. Esses casos ilustram um diálogo de "*design*" legítimo entre os empreendedores e os planejadores urbanos a fim de resolver problemas de acessibilidade específicos a um local gerados pelo aumento das densidades populacionais. Apenas lamento que a moeda de troca utilizada sempre seja o aumento do CA, em vez de se cobrar uma taxa específica do terreno baseada na área construída excedente que causou a externalidade negativa.

Os objetivos do zoneamento de Nova Iorque: desacelerar as mudanças inevitáveis

Como mencionado, as regulações de zoneamento vigentes em Nova Iorque têm, na verdade, dois objetivos implícitos: moldar a cidade de acordo com a preferência dos planejadores urbanos e reduzir as mudanças de uso do solo que os mercados exigem. Alcançar esses objetivos por meio de leis tem um custo arcado por todos os nova-iorquinos na forma de aluguéis mais altos e falta de habitação crônica.

Uma vez que Nova Iorque tem um vibrante governo democrático, a tentativa de reduzir a velocidade de mudança do uso do solo precisa contar com o apoio de parte significativa do público. De fato, o movimento NIMBY[18]* é comum a todas

---

* N. do T. NIMBY é um acrônimo em inglês (*not in my backyard*), que literalmente significa "não no meu quintal". Refere-se ao movimento de oposição de moradores a novos projetos, sejam públicos ou privados, próximos aos seus locais de residência.

as metrópoles. As pessoas resistem a mudanças. Qualquer modificação no uso do solo – ainda que seja a perda de uma quitanda na esquina – parece ser uma evolução inaceitável para as pessoas que moram no bairro há muito tempo. Em contrapartida, o prefeito está perfeitamente ciente de que os cidadãos esperam ter mais empregos, moradias e abundância de comércio e serviços, o que exige mudanças de uso do solo rápidas e profundas. O departamento de planejamento da cidade de Nova Iorque tem lidado com essas contradições por meio da criação de um sistema de zoneamento de uso extremamente complexo e bem ajustado para permitir as transformações, mas que as torna lentas e dispendiosas. Dessa maneira, o poder público satisfaz ambos os polos dos eleitores, aqueles que não querem saber de mudanças e aqueles que querem novos empregos e moradias.

A contenção da expansão urbana como função objetiva

Os planos de zoneamento de Paris e Nova Iorque ilustram como os planejadores tentam modificar o formato das cidades por meio de regulações que limitam a demanda das empresas e domicílios por área construída. Os esforços de zoneamento dos planejadores urbanos de Paris resultaram na conservação efetiva do patrimônio construído e na aceleração da dispersão das atividades econômicas e da população para os subúrbios. Em Nova Iorque, os planejadores têm conseguido criar novos elementos de *design* urbano pagos pelo setor privado e conseguido algumas "unidades de habitação populares" construídas pela iniciativa privada, além de reduzir o ritmo das mudanças de uso do solo.

Esses dois exemplos são muito específicos a cada cidade e não são necessariamente parte de uma tendência das políticas urbanas defendidas pelos urbanistas. Ao contrário, políticas chamadas de "contenção", "cidades compactas", "crescimento inteligente" ou "antiespraiamento" vêm sendo defendidas em muitas cidades ao redor do mundo. Usarei a palavra "contenção" para caracterizar essas políticas. A política da contenção defende as restrições físicas à expansão das cidades, o que, em última análise, é apenas mais uma maneira de desenhar cidades por meio de regulações.

A contenção é uma reversão recente de dois séculos de políticas de expansão urbana

A contenção é uma política que data do fim do século XX, mas ganhou ímpeto no início do século XXI. O apoio dos planejadores urbanos à contenção tem várias origens. Sempre houve entre os urbanistas a preocupação de que a "invasão" de áreas urbanas dentro das zonas rurais futuramente acarretaria a redução da produção de alimentos – uma preocupação atualmente expressa pelo governo chinês. Portanto, haveria a necessidade de desacelerar o avanço espacial das áreas urbanas, aumentando-se a densidade das cidades.

O argumento da falta de terras agrícolas para a contenção foi reforçado pela volatilidade do preço do petróleo que ocorreu na virada deste século. Famílias que vivem nos subúrbios e para as quais o custo do transporte com automóveis particulares era significativo foram prejudicadas pela imprevisibilidade do preço da gasolina. Domicílios com viagens pendulares mais curtas ou que podiam usar o transporte público eram muito menos vulneráveis a essas variações no preço do transporte. O interesse por viagens pendulares menores e, portanto, densidades maiores, foi somado ao objetivo de proteger as áreas rurais. Os planejadores de transporte, envolvidos no desenvolvimento do transporte público, uniram-se ao movimento da contenção, uma vez que o transporte público não consegue funcionar bem em subúrbios com baixa densidade populacional. Os fortes subsídios que reduzem as tarifas pagas pelos usuários do transporte público têm de se tornar ainda maiores quando se atendem áreas com baixas densidades.

No início do século XXI, a emergência do consenso gradual da séria ameaça imposta pelo aquecimento global deu ímpeto adicional ao movimento da contenção, uma vez que o transporte urbano é responsável por grande parte das emissões de CO_2 – cerca de 20% das emissões dos gases de efeito estufa dos Estados Unidos em 2014.

Todas essas preocupações se baseiam em problemas reais. Meu ceticismo com a política de contenção urbana não significa que eu negue os problemas potenciais descritos anteriormente. Acredito que a contenção é a solução errada para garantir o fornecimento de alimentos, melhorar a mobilidade e diminuir a emissão de gases de efeito estufa. Não apenas a política da contenção é uma solução incapaz de resolver essas questões, como sua implementação sistemática pode ter sérias consequências no preço das moradias e no bem-estar dos domicílios urbanos no geral. Explicarei melhor essas questões nos parágrafos a seguir.

A contenção é uma reversão drástica das doutrinas de planejamento urbano do século XIX e da maior parte do século XX, quando as cidades prósperas estavam ávidas por se expandir e cuidadosamente planejavam seu crescimento. No século XIX, grandes expansões de cidades como Barcelona e Nova Iorque foram consideradas como um sinal de modernidade e sofisticação. Sejam os teóricos que defendiam a expansão suburbana de baixa densidade, como Ebenezer Howard e suas cidades-jardim, seja Le Corbusier e seus arranha-céus no parque, mais densos, ninguém duvidava de que as áreas urbanizadas das cidades tinham de se expandir. E eles o fizeram. Levittown, uma versão mais modesta do *design* de Howard, e suas inúmeras imitações nos Estados Unidos e na Europa ocidental forneceram grande parte do novo estoque habitacional urbano popular para uma classe média que crescia rapidamente. Essas rápidas expansões suburbanas diminuíram as altas (e mortais) densidades da Londres de Dickens, da Paris de Zola e da Chicago de Theodore Dreiser.

A distorção dos mercados de terra poderia resultar na urbanização excessiva

A política de contenção pressupõe que os mercados de terra alocam em excesso terras para uso urbano às custas do uso rural ou dos espaços abertos. Assim, as cidades usam mais terra do que precisariam, o que resulta em transporte ineficiente, poluição e perdas de valiosas terras agrícolas. Os planejadores a favor da contenção urbana defendem o estabelecimento de limites físicos a fim de prevenir que as cidades se expandam além da quantidade considerada correta por eles de terreno que deve ser alocada à expansão das cidades. Os cinturões verdes e os limites ao crescimento urbano estabelecem as fronteiras físicas da expansão suburbana, garantido que elas não excedam a quantidade pré-estabelecida e "correta" de terra.

Eminentes economistas urbanos, como Jan Brueckner e David Fansler, em um artigo publicado em 1983,[19] já mencionavam o "indício emocionalmente carregado do espraiamento" (espraiamento é o oposto da contenção):

> A visão do economista sobre a expansão urbana contrasta radicalmente com esse indício emocionalmente carregado do espraiamento. Os economistas acreditam que a dimensão da área urbana é determinada por um processo de mercado ordenado que aloca de modo correto a terra entre os usos urbano e rural. O modelo por trás dessa visão (...) sugere que o tamanho espacial urbano é determinado de maneira direta por uma série de variáveis exógenas.

Os economistas urbanos, contudo, não negam que algumas das variáveis exógenas, como o preço do transporte ou da terra agrícola, às vezes possam ser distorcidas e que essas possíveis distorções possam ter impacto na quantidade de terra utilizada pelas cidades. Os economistas urbanos identificaram, portanto, os muitos fatores que podem distorcer mercados de terra urbana, como a incapacidade de precificar o congestionamento das vias; os subsídios na infraestrutura e nos combustíveis; e, por fim, as regulações de uso do solo que forçam domicílios e empresas a usarem mais terra do que precisam – tamanhos mínimos de lotes, densidades máximas e CAs máximos.

Essas distorções podem, de fato, resultar em uma expansão excessiva de terra urbana, e removê-las poderia tornar a expansão das cidades mais eficientes e a área que elas ocupam mais próxima do ideal econômico. Por exemplo, Brueckner, em um artigo intitulado "Urban Sprawl: Lessons from Urban Economics",[20] fornece uma análise das possíveis causas das distorções do mercado de terra e identifica soluções práticas. Para cada causa de distorção possível, pode-se construir um modelo teórico que calcule o impacto da distorção do consumo de terra urbana. Por exemplo, em um país que subsidie a gasolina, um economista pode calcular o impacto do subsídio na área construída da cidade e a redução de terra urbanizada que poderia resultar na remoção do subsídio. O cálculo poderia ser parte de um modelo teórico que considera outros parâmetros, como o crescimento populacional, as rendas domiciliares, o custo do tempo gasto com viagens pendulares e o preço da terra rural. A área de expansão urbana ideal depende do valor de muitas variáveis específicas da cidade sendo analisada.

Por esses motivos, os economistas nunca recomendam uma densidade urbana ideal que corresponda a um equilíbrio permanente, uma vez que essa densidade pode mudar quando se insere no modelo; por exemplo, a renda familiar e o preço e a velocidade do transporte ao longo do tempo. Contudo, com a correção das distorções, como a remoção dos subsídios e a precificação e cobrança pela poluição e pelo congestionamento, é mais provável que uma cidade se aproxime de uma área construída ideal, mas sempre dinâmica.

Brueckner afirma que corrigir primeiro as distorções e confiar nos mercados para encontrar um novo equilíbrio é uma forma muito mais eficaz de melhorar a eficiência da terra urbana e tentar corrigir as distorções do que tentar melhorar arbitrariamente a área da expansão urbana por meio de regulações como cinturões verdes e limites de crescimento urbano. Ele adverte que a redução arbitrária da área urbana gerada por forças de mercado distorcidas pode diminuir significativamente o bem-estar, sem atacar os efeitos negativos criados pelas distorções.

Muitos economistas urbanos têm sido contra a política da contenção, apontando seu custo social e suas vantagens ambientais duvidosas. Edward L. Glaeser e Matthew E. Kahn escrevem:[21]

> O espraiamento tem sido associado a melhorias significativas na qualidade de vida, e os impactos ambientais do espraiamento têm sido atenuados pelas mudanças tecnológicas. Por fim, sugerimos que o principal problema social associado ao espraiamento é o fato de que algumas pessoas ficam para trás porque elas não ganham o suficiente para poder pagar pelos automóveis que esse estilo de vida exige.

Para Glaeser e Khan, o principal problema causado pela dispersão é a falta potencial de mobilidade que ela cria para os domicílios na base da pirâmide de renda. Obviamente, o adensamento por meio da contenção não aliviará a situação dos pobres, uma vez que ele provavelmente aumentaria o preço da habitação.

Outros economistas têm analisado a extensão da área urbana de cidades específicas que vem sendo limitada pelos cinturões verdes. Por exemplo, Martial Echenique, um economista britânico, modelou três regiões urbanas na Inglaterra, incluindo Londres e a região chamada de Wider South East,[22] todas elas contidas por cinturões verdes. O modelo de Echenique analisou três opções: a contenção (i.e., a continuação da política do cinturão verde); o desenvolvimento urbano disperso; e a expansão contígua orientada pelo mercado. Suas conclusões são inequívocas:

> As atuais estratégias das políticas de planejamento do uso do solo e do transporte praticamente não têm impacto nos principais aumentos de longo prazo no consumo de recursos e energia. Em geral, elas tendem a aumentar os custos e a reduzir a competitividade econômica. As diferenças relativamente pequenas entre as opções desaparecem com os impactos das mudanças socioeconômicas e do crescimento populacional.

Também citei (no Capítulo 6) a obra de Kate Barker e Paul Cheshire no grande custo social dos cinturões verdes e em sua falta de benefícios ambientais evidentes.

Apesar das claríssimas evidências de que as ferramentas preferidas dos planejadores para conter a expansão urbana são socialmente caras e não oferecem qualquer um dos benefícios ambientais e econômicos esperados, a contenção ainda é uma política urbana defendida.

Um exemplo da racionalização pela contenção

Nos últimos tempos, a política de contenção parece ter sido iniciada e apoiada principalmente por instituições internacionais que desenharam e deram voz a uma estrutura pseudoteórica para melhor articular os vários movimentos anticrescimento como o NIMBY que surgem nas próprias cidades. Por exemplo, o Banco Mundial, a Organização para a Cooperação e o Desenvolvimento Econômico (OCDE, no original, em inglês, OECD), o World Resource Institute (WRI), o Programa das Nações Unidas para os Assentamentos Humanos (UN-Habitat) e o Sierra Club defendem cidades compactas e a contenção em vários níveis de intensidade.

Não estou afirmando que essas instituições deveriam deixar de se preocupar com o uso não econômico da terra urbana, uma vez que ele frequentemente é um sério problema. Sugiro que elas devem abordar as distorções do mercado defendendo a melhoria da precificação e a cobrança daquilo que não é bem precificado (como o transporte e o estacionamento) ou via de regra, não é cobrado (p. ex., o congestionamento, a poluição e as emissões de gases de efeito estufa). Ao pular a análise econômica que deveria ser feita em cada uma das cidades e, em suma, sugerir que todas as cidades se expandem exageradamente e que densidades mais altas sempre são melhores, elas estão prestando um desserviço enorme a seu público urbano. Sua defesa sistemática pela limitação do fornecimento de terra resulta em preços urbanos inflados, na escassez exacerbada de moradia que afeta principalmente os pobres e na interrupção geral da criação de muitas amenidades sociais que exigem terra urbana a um preço acessível.

Compact City Policies: A Comparative Assessment[23], um relatório da OCDE publicado em 2012, é um resumo perfeito da fundamentação teórica institucional da contenção urbana. Esse relatório é um bom exemplo dos argumentos encontrados em muitos documentos produzidos por outras instituições que defendem a contenção. O principal diagnóstico apresentado no relatório é que, em primeiro lugar, a população urbana está crescendo rapidamente nos países em desenvolvimento; o segundo é que, nas cidades onde a área edificada está crescendo mais rapidamente do que a população, é preciso que se limite a extensão urbana a fim de se tornar as cidades mais compactas.

O diagnóstico para determinar se uma cidade está consumindo terra demais é, portanto, muito fácil nessa análise. Se a taxa de crescimento da terra urbana é maior do que a taxa de crescimento populacional, a cidade consome terra demais e a contenção deveria se tornar a principal característica de sua política de desenvolvimento.

O relatório da OCDE vai além ao recomendar a contenção urbana:

> Ao longo de sua longa história, o conceito da cidade compacta tem evoluído e aumentado seu escopo e objetivos. De uma simples política de contenção urbana **para proteger o meio ambiente natural e a terra rural da invasão urbana**, ele gradualmente abarcou novos objetivos: **economia de energia, qualidade de vida e habitabilidade** etc.

A contenção – em razão de seus muitos supostos benefícios colaterais – tornou-se um dogma quase religioso. Os planejadores continuam a associar outros benefícios à prática da contenção, mesmo quando não existam relações casuais verdadeiras. O relatório da OCDE afirma que a população de cidades compactas está próxima a áreas agrícolas, e, portanto, "a agricultura próxima encoraja o consumo de alimentos locais e reduz a distância de transporte dos alimentos, o que também reduz as emissões de CO_2".

Estamos nos afastando cada vez mais dos modelos desenvolvidos pelos economistas e nos aproximando dos mantras New Age! É irônico que Amsterdã, a cidade-ícone para os defensores da contenção, localiza-se em um país que é o segundo maior exportador agrícola, perdendo apenas para os Estados Unidos! Evidentemente, nem todos os alimentos produzidos ao redor da cidade são totalmente consumidos por seus habitantes.

Há muitas maneiras pelas quais a defesa da contenção poderia ser contraproducente, mesmo em uma de suas maiores justificativas: a contenção poderia reduzir o aquecimento global. Dois exemplos:

- Poderíamos imaginar uma cidade onde painéis fotovoltaicos instalados nos telhados e conectados a baterias forneceriam a maior parte da eletricidade necessária ao consumo residencial e ao transporte urbano. Nessa cidade, a moradia de alta densidade e em edifícios com múltiplos pavimentos deveria ser proibida, pois seria incapaz de produzir a energia fotovoltaica demandada por habitação.
- Hoje, o transporte urbano com frequência é ineficiente no consumo energético, e, por conseguinte, pode contribuir excessivamente ao aquecimento global. Contudo, a solução óbvia é seguir o conselho de Brueckner e remover as distorções do mercado por meio de uma melhor cobrança pelo transporte (em vez de adicionar distorções extras com a contenção). Isso, por sua vez, estimularia uma tecnologia que faria com que o uso do transporte urbano tivesse menos emissões de carbono.

As áreas construídas da maioria das cidades se expandem a uma taxa mais elevada do que a de suas populações?

Já vimos que cidades economicamente bem-sucedidas precisam de área para se expandirem. Seu sucesso atrai mais domicílios e empresas, e cada um dos recém-chegados aumenta a área construída e o consumo de terra da cidade. Em países nos quais a razão entre a população urbana e a total ainda é baixa, como a China e a Índia, a necessidade de expansão urbana é ainda maior do que em países onde grande parte da população já reside nas cidades, como na América Latina. Como mencionado nos capítulos anteriores, a renda crescente dos domicílios urbanos aumenta a demanda por área construída e área de terreno. O tamanho dos domicílios diminui, mas elas passam a usar mais área construída *per capita*. Os domicílios com renda mais alta criam uma demanda por mais facilidades comerciais e culturais, e, consequentemente, por mais área construída e terra urbana. O modelo urbano padrão, descrito no Capítulo 4, sugere que as cidades com rendas crescentes e baixa taxa de população urbanizada exigiriam grandes áreas para expansão, uma vez que a área urbanizada *per capita* tende a

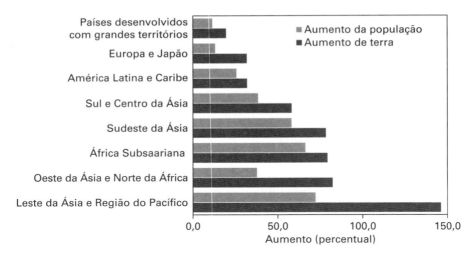

FIGURA 7.7 Aumento médio na população e área urbanizada em uma amostra de 200 cidades entre os anos de 2000 e 2013, por região.
Fontes: Atlas of Urban Expension 2016, Marron Institute, Universidade de Nova Iorque; UN-Habitat (Programa das Nações Unidas para os Assentamentos Humanos), Lincoln Institute of Land Policy.

aumentar. No Capítulo 4 vimos o exemplo de Tianjin, na China, onde, ao longo de 12 anos, a área de terra por pessoa aumentou 34%, a população cresceu 22% e a área construída aumentou 63%.

O trabalho recentemente conduzido por meu colega Solly Angel, da New York University, com o *Design* de Expansão Urbana[24] no Marron Institute confirma as previsões do modelo urbano padrão na maioria das cidades do mundo. Como parte desse estudo, Angel e sua equipe publicaram o *Atlas of Urban Expansion*, que mostra como populações e áreas construídas de uma amostra de cidades com 100 mil ou mais habitantes cresceram ao longo de 25 anos (1990–2014). O *Atlas of Urban Expansion – 2016 Edition*[25] dá destaque a terra que é convertida para o uso urbano ao longo de 14 anos em uma amostra representativa de 200 cidades. Os resultados por região apresentados pelo *Atlas* estão resumidos na Figura 7.7. Nas cidades de cada região, a área construída urbana média tem crescido mais rápido do que a população, resultando em aumento na quantidade de terra utilizada por pessoa ao longo do período do estudo. Na região do Leste da Ásia, onde as cidades e as rendas mais cresceram, o aumento médio de terra urbana tem sido duas vezes maior do que o aumento da população, resultando em um aumento de consumo de terra *per capita* de cerca de 30%.

Implicações da política de contenção

A política da contenção tem apenas um indicador mensurável: a diferença entre a taxa de crescimento da população e a da área urbanizada. Se essa diferença for positiva, a contenção pode ser bem-sucedida; se a diferença for negativa, a contenção urbana será malsucedida.

A política de contenção, portanto, implica que, à medida que uma cidade se desenvolve, sua densidade deve se manter constante ou crescer – de modo que a taxa de crescimento populacional seria igual ou maior do que a taxa de crescimento da área construída. Em outras palavras, a redução de consumo de terra *per capita* é sempre melhor do que o aumento.

Isso implica que a alocação de terra para expansão urbana já não se relaciona à renda, ao custo do transporte e ao preço da terra rural, mas está simplesmente ligada mecanicamente à taxa de crescimento da população.

Vejamos onde e quando ocorrem as variações de densidade urbana média.

É possível que as populações urbanas cresçam no mesmo ritmo da área construída?

A necessidade de contenção, de acordo com seus defensores, é demonstrada quando a taxa de crescimento da área construída de uma cidade cresce mais do que a de sua população. As cidades que adotam uma política de contenção deveriam, portanto, tentar limitar a área de terra que usam para sua expansão durante determinado período de modo que, dentro do intervalo de tempo t_1 e t_2, a razão entre a população e a área construída permaneceriam iguais a uma constante *K*, como mostra a Equação 7.1.

Assim, se a população da cidade cresce 10% no intervalo entre t_1 e t_2, então a área urbanizada também estará limitada a um crescimento de 10% ou menos.

Contudo, o verdadeiro propósito das cidades é aumentar o bem-estar da população. Esse bem-estar se expressa em termos de aumento de renda e, portanto, de área residencial utilizada. Com o aumento das rendas domiciliares, também cresce a área construída de equipamentos comunitários, como escolas e praças de bairro, e de amenidades, como comércio e serviços.

Até mesmo em cidades muito ricas, como Nova Iorque, Londres e Paris, os planejadores se preocupam com adensamento excessivo de unidades habitacionais, o número muito pequeno de moradias acessíveis, escolas muito pequenas para turmas muito grandes e a falta de equipamentos comunitários e áreas abertas nos bairros. A maioria dos moradores das cidades considera que a criação de novas bibliotecas, museus, teatros e auditórios é muito positiva. Surgem novos serviços, como academias de musculação. À medida que as rendas crescem, as empresas também tendem a usar mais área construída por trabalhador. As fábricas insalubres são substituídas por indústrias espaçosas. Os edifícios de escritórios incluem mais salas de reunião e mais área de escritório por colaborador.

Equação 7.1

A política de contenção frequentemente implica que a seguinte condição seja atendida:

$$\frac{P_2}{P_1} = \frac{A_2}{A_1} = K, \qquad (7.1)$$

Onde P_1 e P_2 são a população nos tempos t_1 e t_2, respectivamente; e A_1 e A_2 são as áreas construídas nos tempos t_1 e t_2, respectivamente.

Por consequência, à medida que as rendas aumentam, o consumo de área total construída por pessoa também aumenta. Esse crescimento não se deve a um consumo extravagante, mas à própria razão de ser das cidades. Até mesmo os defensores mais fervorosos da contenção concordariam com a assertiva de que, à medida que a população e a renda aumentam, cresce a busca por área construída total por pessoa em uma cidade.

Contudo, novas áreas construídas adicionais precisam de terra. Avaliar a área de terra que essas novas construções exigirão é o que diferencia o planejamento de contenção do planejamento orientado pelo mercado. Na contenção, a área construída de uma cidade não deveria crescer mais rápido do que sua população. Conforme a abordagem orientada pelo mercado, defendida por mim no capítulo anterior, é o preço da terra que determina o uso de área por pessoa, e, por extensão, a quantidade de terra rural que será urbanizada.

A urbanização da terra orientada pelo mercado aloca o novo espaço a ser construído a áreas que deixam de ser rurais, ou adiciona mais área construída a áreas já urbanizadas, seja substituindo prédios existentes por outros mais altos, seja usando de modo mais intensivo a terra urbanizada (p. ex., construindo "anexos" nos quintais). A alocação de mais área construída entre áreas rurais e áreas urbanizadas existentes é determinada pelo preço da terra e pelos custos de construção. A altura de um prédio é determinada pelos preços da terra em vários locais.

O desenvolvimento urbano orientado pelas políticas de contenção impõe, desde o início, um limite máximo à área de terra rural que pode ser urbanizada. Essa limitação aumenta o preço de terra em toda a cidade, e, portanto, tenderia a favorecer prédios mais altos tanto nas áreas construídas existentes como na ocupação de áreas rurais.

Agora vamos analisar as consequências espaciais do desenvolvimento de uma cidade quando o planejamento com contenção, em vez de determinado pelos preços de mercado, é utilizado para alocar terra para a expansão urbana. É possível calcular a mudança na altura dos prédios, ou melhor, no CA, que seria necessária para acomodar um aumento no consumo de área construída quando as condições da Equação 7.1 são atendidas com rigor (Equação 7.2).

Portanto, para satisfazer uma política de contenção, na qual a área construída é limitada a crescer na mesma taxa que a população, a razão de área urbanizada entre os tempos t_1 e t_2 deveria crescer na mesma taxa que a área construída consumida por pessoa durante o mesmo período. Por exemplo, se a área construída por pessoa crescer 30%, então o coeficiente de aproveitamento também terá de crescer 30% para permitir que a área construída cresça na mesma taxa de crescimento populacional – como exigido pela política de contenção. Se o coeficiente de aproveitamento crescer em ritmo mais lento do que a área construída por pessoa, então a área urbanizada total crescerá mais rápido do que a da população, e o objetivo da política de contenção não será alcançado.

A paridade imposta entre a taxa de crescimento da população e a área urbanizada tem um impacto não intencional na forma da cidade e, em particular, em seu perfil de densidade.

> **Equação 7.2**
>
> A área construída *A* de uma cidade pode ser definida como uma função de sua população *P*, da área construída consumida per capita *Flc* e do coeficiente de aproveitamento construído *Far*:
>
> $$A = \frac{Flc}{Far}.$$
>
> O coeficiente de aproveitamento construído (A) é a razão entre a área construída total de uma cidade (Far) – somando toda a área construída (residencial, comercial e industrial) – e a área urbanizada total (Flc) – incluindo lotes privados, ruas e pequenos parques, como definido no Capítulo 3.
>
> Para avaliar o impacto da política de contenção na forma da cidade, suponha que a área construída por pessoa aumentará entre t_1 e t_2, refletindo a melhoria das moradias e o aumento do número de amenidades, mas que a taxa de aumento da área urbanizada será estritamente controlada pela política de contenção para que seja igual à taxa de aumento da população. Vamos, então, determinar o coeficiente de aproveitamento bruto no tempo t_2 como a variável dependente.
>
> Entre o tempo t_1 e o t_2, devemos ter, então, a fim de satisfazer a Equação 7.1
>
> $$\frac{Far_{t1}}{Flc_{t1}} \cdot \frac{Flc_{t2}}{Far_{t2}} = 1,$$
>
> e, portanto,
>
> $$\frac{Flc_{t1}}{Flc_{t2}} = \frac{Far_{t1}}{Far_{t2}}. \qquad (7.2)$$

Imagine uma cidade cujo prefeito decide adotar uma política de contenção. A área urbanizada atual da cidade é igual a *S*. A taxa de crescimento da população projetada *g* permitirá que essa área *S* cresça com uma área adicional $P = S \cdot g$.

Como a densidade populacional deve permanecer constante a fim de manter a exigência de contenção, qualquer aumento no no consumo de área construída deve ser acompanhado de um aumento proporcional do CA.

O coeficiente de aproveitamento médio dentro de *S* não terá como crescer muito, pois isso implicaria a demolição dos prédios existentes, que seriam substituídos por outros mais altos. Isso é um processo lento. A maior parte do novo CA terá, portanto, de ser construída dentro do perímetro de *P* usando-se um CA muito mais elevado do que aquele dentro de *S*, uma vez que a área de *P* é previamente fixa pela política. Isso resultaria em densidades mais altas na periferia *P* do que na área *S*, mais central, contradizendo todas as evidências empíricas e teóricas que discutimos nos Capítulos 3 e 4 para o modelo urbano padrão.

Quando a política de contenção é aplicada a uma cidade, o resultado principal é aumentar tanto os preços da terra quanto o das edificações. O crescimento do consumo de área construída imaginado nesse cenário, na verdade, não aconteceria. Com o aumento do preço de terra e de área construída, o aumento da área residencial construída por pessoa provavelmente não ocorreria; nem seria possível a construção de escolas de educação infantil ou a abertura de novos restaurantes que os aumentos da renda familiar tornariam possíveis.

As cidades cuja oferta de terra é limitada pela topografia, como São Francisco, Nova Iorque, Hong Kong, Vancouver, Sydney e Auckland, sempre têm razões elevadas entre preço de moradia e renda (como vimos no Capítulo 6). A política de contenção, quando implementada, tem o mesmo impacto que os condicionantes topográficos

Esse resultado espacial não surpreende. Já vimos que o CA de um prédio não está sujeito ao *design*: ele é um resultado imobiliário. Os prédios têm CAs altos quando o preço da terra é caro se comparado ao custo de construção, e CAs baixos quando o oposto é verdadeiro. Os proponentes da contenção, ao limitar de modo arbitrário a área de terra que pode ser urbanizada, estão agindo como os planejadores de uma economia de comando.

Em cidades orientadas pelo mercado, como vimos no Capítulo 4, as altas densidades e os valores da terra elevados são encontrados em centros altamente acessíveis da cidade, enquanto as densidades menores e os preços de terra mais baixos estão na periferia. A política da contenção, se aplicada com rigidez, resultaria em um gradiente de densidade contrário àquele do modelo urbano padrão.

As cidades com gradientes de densidade reversos existem, como foi o caso de Moscou nos anos 1990 e de Joanesburgo, na época do Apartheid. Todas as cidades como essas foram construídas sem mercados imobiliários. Curiosamente, o perfil de densidade de Portland, no Oregon, Estados Unidos (uma cidade renomada por sua estratégia de contenção de "limite de crescimento urbano") que estudei em 1990, também mostra um aumento de densidade em direção à periferia.

O aumento do consumo de terra é um sinal de desperdício?

Os defensores da política de contenção se preocupam com o uso excessivo de terra urbana por pessoa. Contudo, pelo que sei, nenhum deles definiu qual seria a área por pessoa que constituiria um uso eficiente da terra. O uso de terra urbana por pessoa varia enormemente de uma cidade a outra, com frequência em mais de uma ordem de magnitude. A Figura 7.8 mostra a mudança no uso de terra urbana média por pessoa em cidades agrupadas por regiões entre 2000 e 2014. Em todas as regiões, a área de terra utilizada por pessoa aumentou significativamente.

Outras funções objetivas: a sustentabilidade é uma função objetiva para uma cidade?

Atualmente, os profissionais de planejamento e a imprensa popular estão formulando diretrizes para o desenvolvimento de cidades expressas por um único qualificador, que é descrito de modo variado: as cidades deveriam ser "sustentáveis", "resilientes" e "habitáveis". Praticamente todos os departamentos de

CAPÍTULO 7 Formas urbanas alternativas e utopias

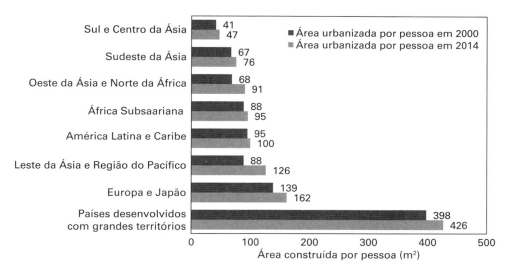

FIGURA 7.8 Consumo terra urbana por pessoa entre os anos de 2000 e 2014, por região.
Fontes: *Atlas of Urban Expansion 2016*, Marron Institute, Universidade de Nova Iorque; UN-Habitat (Programa das Nações Unidas para os Assentamentos Humanos), Lincoln Institute of Land Policy.

planejamento urbano das universidades do mundo inteiro têm agregado a palavra "sustentável" a seu nome. Por exemplo, a Oxford University oferece um Mestrado em Ciências no Desenvolvimento Urbano Sustentável.

O desenvolvimento sustentável seria diferente do mero desenvolvimento? E será que ser sustentável orientaria o *design* das cidades de forma mais eficaz do que os mecanismos do mercado?

Em 2015, a Organização das Nações Unidas propôs 17 objetivos para um desenvolvimento sustentável, listados na Figura 7.9, que devem ser atingidos em 2030. É difícil discordar com qualquer um desses objetivos. Será, então, que eles poderiam ser utilizados como o ponto de partida para o desenvolvimento de uma função objetiva para o *design* de uma cidade? O único objetivo que menciona explicitamente as cidades é o de número 11: cidades e comunidades sustentáveis. Esse objetivo de desenvolvimento sustentável parece ser um tipo infeliz de referência circular e é claramente incapaz de nos guiar. Vamos, então, selecionar dois objetivos que talvez se apliquem às cidades, o objetivo 1 (erradicação da pobreza) e o objetivo 7 (energia limpa e acessível). Tentemos desenvolver objetivos quantitativos a fim de esclarecê-los quando aplicados a cidades.

Os países com economias em rápido desenvolvimento, como a China e a Índia, estão se deparando com o dilema de escolher entre erradicação da pobreza e energia limpa e acessível. Até o momento, parece que eles optaram por privilegiar erradicação da pobreza e energia acessível, deixando para depois o componente energia limpa. De fato, as tecnologias hoje disponíveis ainda não permitem à maioria dos países pobres com reservas de carvão abundantes ter energia limpa e barata.

Os objetivos de desenvolvimento sustentável da ONU
1. Erradicação da pobreza
2. Fome zero e agricultura sustentável
3. Saúde e bem-estar
4. Educação de qualidade
5. Igualdade de gênero
6. Água potável e saneamento
7. Energia limpa e acessível
8. Trabalho decente e crescimento econômico
9. Indústria, inovação e infraestrutura
10. Redução das desigualdades
11. Cidades e comunidades sustentáveis
12. Consumo e produção responsáveis
13. Ação contra a mudança global do clima
14. Vida na água
15. Vida terrestre
16. Paz, justiça e instituições eficazes
17. Parcerias e meios de implementação

FIGURA 7.9 Os objetivos de desenvolvimento sustentável da ONU.

Nem o governo chinês, nem o indiano estão dispostos a esperar pela energia limpa e acessível para começar a aumentar sua geração de energia elétrica. Eles estão certos em suas prioridades? Ninguém sabe. O custo ambiental de sua política é evidentemente elevado, mas manter milhões de pessoas na pobreza enquanto aguardam pela chegada de energia renovável mais barata talvez tenha um custo social ainda mais elevado. Não há uma função tão objetiva quanto a do *design* de uma ponte.

A escolha entre energia acessível e limpa é puramente política. Reduzir a pobreza hoje, usando energia poluente, porém barata, ou esperar pela disponibilidade de energia limpa e acessível para, no futuro, reduzir a pobreza, é escolha típica que considera custos e benefícios e que os políticos precisam fazer. Não há um ideal calculável, apenas escolhas.

Conclusões

O problema de desenhar cidades novas

Podemos usar a ciência para prever o que talvez aconteça. Todavia, não temos como definir cientificamente o que deveria ocorrer. Esse é o principal problema em planejadores urbanos quererem substituir seu julgamento pela auto-organização dos mercados. Eles se tornam messiânicos, como os proponentes da contenção urbana. Suas propostas se baseiam em dogmas: compacto é melhor do que não compacto; as bicicletas são melhores do que os meios de transporte motorizados. Os planejadores, assim como os economistas, deveriam simplesmente dizer aos políticos "se você fizer isso, provavelmente isso ocorrerá". Eles deveriam fornecer várias opções. A escolha entre elas é política, ou, quem sabe, ideológica. Não cabe aos urbanistas tomar essa decisão. Os planejadores podem ter preferências pessoais por certo tipo de cidade – eu, pessoalmente, prefiro morar em cidades densas, como Nova Iorque e Hong Kong –, mas minhas predileções pessoais são irrelevantes quando ofereço consultoria técnica a um prefeito. Uma citação de Yuval Harari[26] deveria orientar os planejadores quando dão conselhos técnicos aos prefeitos:

> A ciência pode explicar o que existe no mundo, como as coisas funcionam e o que talvez aconteça no futuro. Por definição, ela não tem a pretensão de saber o que deveria estar no futuro. Somente as religiões e ideologias buscam responder essas questões.

CAPÍTULO 8

Os planejadores e economistas urbanos têm um importante papel a desempenhar se conseguirem trabalhar juntos

Os prefeitos e planejadores urbanos devem ser promotores e facilitadores, não os criadores ou moldadores das cidades

A produtividade das cidades vem da proximidade entre moradias e locais de trabalho. Contudo, essa íntima proximidade física, que é tão essencial à criatividade das cidades, exige regras especiais, investimentos compartilhados e serviços comuns. Os governos municipais são estabelecidos especificamente para estabelecer e cobrar as regras que tornam viável essa proximidade. Além disso, os governos locais administram bens de capital de uso comum (p. ex., a infraestrutura e os espaços abertos públicos) e oferecem serviços sociais. O investimento e os serviços de capital compartilhados precisam ser pagos com tributos municipais: impostos, tarifas, pedágio etc.

Portanto, o papel dos prefeitos e dos servidores públicos municipais, inclusive planejadores e economistas urbanos, é bastante similar à função de uma equipe bem coordenada de síndicos e zeladores. O prefeito, com sua equipe de gestores municipais, não é o regente da cidade, nem seu projetista. Uma cidade é totalmente criada pelas iniciativas de seus habitantes. Exige-se desses cidadãos que ajam dentro de um conjunto de regras "de boa vizinhança", mas eles têm o apoio de uma rede de estruturas físicas e sociais administradas pelo prefeito e pelos vereadores.

Em uma cidade grande, o orçamento municipal com frequência é muito maior do que o orçamento individual da maioria das empresas e dos contribuintes. O poder político conferido pelo vasto orçamento público aos prefeitos, vereadores e servidores da prefeitura parece desproporcional ao modesto papel que seria exigido de síndicos e zeladores, por exemplo. Surge, assim, a tentação de usar esse poder de maneira abusiva, como mostram os capítulos anteriores dessa obra.

Alguns governos municipais concluem que seus enormes orçamentos lhes conferem o poder de "desenhar" a cidade e que sua função não deveria se limitar ao fornecimento competente da infraestrutura e dos serviços necessários à sustentação das atividades de seus cidadãos. As regras de zoneamento de Nova Iorque já não se limitam ao estabelecimento de regras de boa vizinhança e à atenuação de externalidades negativas óbvias – hoje elas buscam realizar um *design* da cidade por meio de regulações. Uma prefeitura está cumprindo seu devido papel quando apenas coordena os investimentos públicos municipais com os investimentos dos incorporadores privados, como foi o caso do projeto Hudson Yard, em Nova Iorque.

Ainda que não precisem projetar a cidade, os planejadores e economistas urbanos têm um papel importantíssimo na administração dos ativos imobiliários, como as ruas e os espaços abertos, bem como dos seus capitais ativos de infraestrutura. Em particular, os planejadores têm um papel essencial a desempenhar na melhoria da mobilidade e na garantia da acessibilidade à moradia. Neste capítulo, descreverei a função fundamental que os planejadores urbanos devem desempenhar na manutenção – e, quem sabe, na melhoria – do bem-estar nas cidades pelas quais atuam. Ao fazê-lo, primeiro tenho de descrever o desvio desse papel que tem prevalecido nos últimos 50 anos.

Será que realmente queremos que nossos prefeitos e planejadores urbanos tenham uma visão?

Há cerca de 25 anos, muitas prefeituras vêm descrevendo seus planos de desenvolvimento urbano como uma "visão". Chamar de "visão" uma simples ação municipal e um programa de investimentos é sintomático do equívoco megalomaníaco que as prefeituras têm quanto a seus papéis. O *Merriam-Webster's Dictionary* define visão como "o ato ou poder da imaginação". Mas isso não é o que você esperaria de seu zelador! Uma visão normalmente é o resultado de um *insight* pessoal de cunho religioso, artístico ou científico e não deveria ser utilizada para caracterizar um plano de expansão da rede de esgoto, ajustar um imposto predial ou cobrar pedágios pelo uso de viadutos. O uso da palavra "visão" a fim de definir um programa de obras municipais tem se difundido no mundo inteiro. Uma busca das palavras *"mayor vision"* (visão do prefeito) gera 50,2 milhões de resultados! E a mesma busca em francês ou espanhol traz resultados similares. Parece que, no mundo inteiro, os prefeitos se sentem obrigados a administrar suas cidades por meio de uma "visão".

Eis alguns dos resultados de uma busca na Internet:

- "Hilton Head contrata consultores para ajudar a promover o processo de 'visão' do prefeito".
- "Minha visão para Seattle – mayor.seattle.gov".
- "Visão do prefeito de Quezon para uma cidade inclusiva".
- "Visão para Londres – Sadiq Khan, candidato do Partido Trabalhista a prefeito de Londres".

Faz diferença se os prefeitos usam a palavra "visão" para descrever seu programa municipal? Acredito que sim. George Orwell escreveu: "mas se o pensamento corrompe a língua, a língua também pode corromper o pensamento".[1]

Um prefeito convencido da necessidade de ter uma visão para administrar a cidade se sentiria menos inclinado a responder de modo compreensivo às mudanças acarretadas pelas atividades e inovações da população da cidade. Um prefeito visionário talvez se sinta forçado a impor seus *insights* únicos sobre a vida de seus cidadãos filisteus. A arrogância das visões dos prefeitos seria um exemplo claro do que Orwell tinha em mente quando escreveu sobre a possibilidade de a língua corromper o pensamento. Um prefeito com uma visão deve ser seguido. Ele não deve ser questionado por pessoas que não têm essa visão. A liderança visionária implica uma abordagem de cima para baixo, autoritária. Vimos nos capítulos anteriores que uma cidade é criada principalmente de baixo para cima. Contudo, uma abordagem de cima para baixo é necessária para o projeto da infraestrutura e dos serviços municipais, mas apenas à medida que estes sejam necessários para dar suporte às atividades dos cidadãos. O papel de apoio envolvido nesses projetos de cima para baixo não é trivial e exige bons dados e conhecimentos técnicos e financeiros excepcionais, mas uma visão pessoal não é um requisito. Pelo contrário, ela pode ser um obstáculo.

De onde veio a visão no Vale do Silício?

O Vale do Silício é a concentração urbana mais criativa do mundo dos últimos 50 anos. Sua criação é um exemplo perfeito das vantagens de uma visão popular dos cidadãos, ao contrário de uma visão de prefeito de cima para baixo. Ele não foi criado por um prefeito visionário, mas por um grande grupo de inventores brilhantes, às vezes colaborando, mas sem dúvida sem coordenar, suas ações para a implementação de um plano comum. Os inventores tinham visões. Hewlett Packard e Apple começaram em garagens, desrespeitando as leis de zoneamento locais! Os reitores e diretores da Stanford University tinham visões, uma vez que encorajavam seus estudantes e pesquisadores a começarem seus próprios negócios, e forneceram espaços de incubação em terras pertencentes à universidade. No entanto, nenhum prefeito ou planejador urbano visionário se envolveu com a criação do Vale do Silício.

O Vale do Silício abarca cerca de 18 municípios. Talvez o tamanho limitado dos municípios tenha esfriado a ambição dos planejadores urbanos de controlar o que os inventores geniais estavam fazendo. A fragmentação da rede de energia elétrica municipal impediu que os planejadores criassem uma zona especial onde qualquer um que trabalhasse com eletrônicos poderia se estabelecer. Imagine que horror se os planejadores municipais do Vale do Silício tivessem sido circunscritos a uma zona especial da cidade, como aquela criada exclusivamente para artistas em Nova Iorque, descrita no Capítulo 7. Os planejadores dos vários municípios do Vale do Silício merecem crédito, contudo, por não terem, mediante regulações de uso do solo, eliminado as atividades do então emergente setor dos eletrônicos. Na verdade, esse setor da economia, com seu conjunto de programadores, investidores ousados e pequenos manufatureiros, não se enquadrava claramente em nenhuma descrição de zoneamento urbano tradicional.

Já trabalhei em algumas cidades onde "planejadores visionários" fingiam incluir o *design* de novas cidades-satélite do tipo Vale do Silício em seus planos diretores. Essas visões nunca decolaram. Em contrapartida, quando alguns dos requisitos existentes no Vale do Silício são atendidos – uma grande universidade ao lado de uma gleba com flexibilidade no uso do solo –, atividades criativas similares talvez surjam. Isso aconteceu em Pequim, na área localizada entre a Universidade de Pequim e a Universidade Tsinghua, bem como em algumas áreas do delta do Rio das Pérolas, no sul da China.

Contudo, o papel desempenhado por planejadores que não eram visionários, mas eram competentes, foi indispensável ao sucesso do Vale do Silício. Na verdade, seu sucesso dependeu das equipes de gestores municipais que se tornaram necessárias em razão da repentina transformação de uma área (que originariamente era, em grande parte, residencial) a um novo tipo de uso do solo. A competência da equipe de servidores públicos municipais e dos prefeitos foi, portanto, indispensável para o crescimento bem-sucedido do Vale do Silício. No entanto, esse papel não foi guiado por uma "visão" de cima para baixo, mas envolveu grande competência profissional em muitos setores: uso do solo e gestão do trânsito, transporte, construção e manutenção da infraestrutura, educação, coleta de lixo, segurança, impostos e tarifas, entre outros. Os responsáveis não precisavam de visão – precisavam de extrema competência.

Neste capítulo, descrevo as importantes tarefas que uma equipe de planejamento municipal tem de desempenhar, junto com o tipo de relacionamento profissional entre a secretaria de planejamento municipal e as outras secretarias técnicas que reúnem os servidores públicos municipais.

Uma das principais funções dos planejadores urbanos é monitorar constantemente o bem-estar da cidade por meio de indicadores quantitativos. Os gestores, detectando por meio de dados a deterioração iminente na qualidade de vida, advertem o prefeito, que decide quais recursos dedicar à resolução do problema e qual é a sua prioridade. Os planejadores, então, propõem estratégias para se alcançarem os objetivos prioritários do prefeito. Embora, no resto deste capítulo, eu use as palavras "planejadores urbanos" para designar os profissionais da secretaria de planejamento urbano municipal, o termo também cobre os economistas urbanos que trabalham lado a lado com os planejadores urbanos mais tradicionais, cuja formação profissional inclui a arquitetura, o planejamento físico das cidades, a engenharia e a geografia urbana. Os economistas urbanos que conseguem entender o funcionamento do mercado imobiliário e do mercado de trabalho precisam ser integrados à equipe de planejadores urbanos mais tradicionais.

As tarefas mais relevantes dos planejadores urbanos podem ser divididas em três grupos principais:

1. monitoramento de indicadores importantes e disparo de alertas quando o preço dos imóveis, o tempo de viagem pendular média e outros indicadores-chave apontam para uma crise iminente;
2. elaboração e monitoramento de projetos estratégicos para implementar os objetivos municipais dos prefeitos; e
3. elaboração de novas regulações de uso do solo e de planos de ampliação urbana, bem como revisão de regulações vigentes.

O papel dos planejadores urbanos no monitoramento de indicadores e no disparo de alertas

As empresas de capital aberto estão sujeitas a exigências elaboradas e codificadas em termos de fluxos financeiros, seus ativos e riscos. De sua parte, as prefeituras mantêm registros financeiros sobre orçamento operacional, mas não costumam manter um banco de dados que monitore as mudanças nos ativos públicos e privados dos quais suas receitas tributárias e suas despesas dependem. As mudanças no ambiente construído de uma cidade determinam, em grande parte, sua receita e seus gastos futuros. É claro que, além de serem úteis para projetar a situação financeira do município, as alterações no ambiente construído e em seu valor (determinadas pelos aluguéis e preços dos imóveis) são essenciais para que se possa administrar o que eu sugeri como sendo a principal função dos planejadores urbanos: manter a mobilidade das pessoas e o preço razoável das moradias. Em muitas cidades, esses bancos de dados essenciais que cobrem o ambiente construído ou não existem, ou são mal-administrados. E, quando eles existem, raramente são analisados e utilizados para a elaboração de políticas públicas. Aqui, vale repetir a frase de Angus Deaton que citei no Capítulo 6: "Sem dados, qualquer um que faça qualquer coisa pode reivindicar sucesso".

Ao longo dos últimos 20 anos, muitos municípios vêm desenvolvendo bancos de dados espaciais no formato GIS para uso público. Todavia, duvido que esses bancos de dados sejam analisados rotineiramente para a tomada de decisões. Quando baixamos os dados, com frequência se vê que eles estão incompletos, que os *links* estão corrompidos e que muitos campos foram simplesmente deixados em branco. Por exemplo, a cidade de Atlanta mantém um banco de dados chamado "Strategic Community Investment Report Data" (SCI, 2013). Recentemente, quando um dos meus estudantes tentou usar o banco, parece que 18% dos conjuntos de dados sobre os lotes originais do SCI tinham valores nulos para a área da edificação e que 22% dos lotes estavam registrados como tendo zero de área. A má manutenção dos registros sugere que o banco de dados não vem sendo empregado rotineiramente para identificação dos problemas urbanos e o desenvolvimento de políticas urbanas. Eu tive a mesma experiência muitas vezes que tentei usar os bancos de dados de outras cidades de países pertencentes à OECD (Organização para a Cooperação e Desenvolvimento Econômico).

A baixa manutenção dos bancos de dados municipais confirma minha afirmação de que pouquíssimos economistas urbanos estão envolvidos na tomada de decisões diária nas cidades. Os economistas urbanos são sempre ávidos por dados e, se estivessem participando de modo ativo na elaboração de políticas públicas de urbanismo, eles garantiriam que o departamento de TI da prefeitura fizesse a manutenção de seus bancos. Os planejadores urbanos tradicionais, que estão mais acostumados a uma abordagem qualitativa da gestão urbana – expressa por palavras indefinidas, como "habitável", "resiliente" e "sustentável" – dificilmente usam o banco de dados municipais.

A falácia do plano diretor

O preparo de um plano diretor – feito, em geral, a cada 10 anos – é um ritual que constitui a parte "criativa" do trabalho dos planejadores urbanos. Em muitas cidades, a secretaria de planejamento urbano – com a ajuda de consultores – prepara um plano diretor que inclui duas partes principais: um grande banco de dados e um conjunto de mapas, que costumam mostrar os futuros uso do solo e ampliação da cidade. Isso seria um exercício útil se o banco de dados e os mapas fossem utilizados como uma ferramenta de administração permanente e fossem periodicamente atualizados, digamos, a cada trimestre. Mas isso raramente ocorre. Após o término do plano diretor e sua aprovação pelo governo municipal, a equipe de consultores se desfaz e o banco de dados é arquivado, mas não são feitas atualizações. Pressupõe-se que os dados foram necessários apenas para o preparo do plano diretor, mas, uma vez que ele foi finalizado, só basta implementá-lo.

• • •

O preparo decenal dos planos diretores se baseia no falso pressuposto de que uma cidade é como um prédio gigantesco que precisa de reforma e ampliação periódicas. O plano diretor constitui as plantas de reforma e ampliação. Ao longo da década entre a elaboração de dois planos diretores subsequentes, pressupõe-se que o papel dos planejadores seja apenas implementar as características estabelecidas nas plantas. Na verdade, a maioria dos planos diretores é implementada apenas em parte, ou nem sai do papel. Essa assertiva clara de sua iniquidade se baseia em minha prática profissional pessoal ao longo de 55 anos como planejador urbano.[2]

Contudo, apesar desse péssimo histórico, a cada decênio se inicia uma nova elaboração de novo plano diretor a um custo elevadíssimo. Por quê? As prefeituras acham que um plano diretor ajudará a projetar uma visão otimista do futuro e que, portanto, é um ótimo exercício de relações públicas. Ele também mostra que "eles estão fazendo alguma coisa" para resolver os problemas da cidade, como o congestionamento do trânsito e o alto preço da habitação. O documento do plano diretor em geral inclui muitos volumes de tabelas e dados, dando seriedade e valor à imagem que a cidade terá em 10 anos.

Na maior parte das vezes, o plano diretor é um trabalho de relações públicas extremamente caro para um município. No entanto, já encontrei muitas pessoas que sinceramente acreditam que ele é um documento indispensável para garantir um futuro melhor. Essas pessoas, invariavelmente desapontadas com o resultado 10 anos depois, atribuem seu fracasso à falta de interesse político por parte da prefeitura em implementá-lo com fidelidade. No entanto, o fracasso dos planos diretores não se deve às imperfeições humanas daqueles encarregados de pô-los em prática, e sim um equívoco conceitual: uma cidade não é um grande prédio que requer plantas baixas detalhadas antes de ser construído. A seguir, sugiro ferramentas de gestão urbana que seriam substitutos úteis aos planos diretores.

A manutenção de um banco de dados que gere indicadores importantes

Uma cidade grande deve ser administrada diariamente. Ela não pode ser administrada no piloto automático ao longo de 10 anos, como o conceito de plano diretor parece sugerir. A secretaria da receita de uma prefeitura mantém sua contabilidade diariamente, atualizando constantemente entradas e saídas, fazendo projeções e atualizando-as com regularidade, além de informar o prefeito sobre as principais mudanças que se esperam na previsão do orçamento público. Diferente desse orçamento, que é cuidadosamente atualizado por uma equipe de contadores e funcionários, em muitas cidades a quantidade e o valor dos ativos nos quais se baseia a receita municipal – sua terra com diferentes usos, seus prédios que geram rendas e impostos prediais, a renda de domicílios e empresas que pagam utilidades públicas pelos serviços municipais – não são monitorados regularmente, fora do exercício periódico de revisão do plano diretor.

• • •

Muitas vezes os funcionários da secretaria de planejamento deixam de monitorar as mudanças de preços, aluguéis e usos do solo que poderiam antecipar uma futura crise. Dados essenciais ao bem-estar dos cidadãos – como o número mensal de alvarás para construção emitidos e a área e o preço de aluguel e venda das unidades de habitação a cada mês – raramente são publicados e analisados com regularidade, embora esses dados sejam de coleta rotineira e estejam disponíveis em registros dispersos em várias secretarias municipais. Da mesma maneira, os dados sobre a ampliação e a demolição de espaços comerciais e industriais, que costumam ser salvos quando se emitem licenças e habite-se, raramente são incluídos em bancos de dados geográficos acessíveis. Portanto, se perdem informações sobre a acessibilidade financeira da moradia, o trânsito e os padrões de viagens pendulares etc., que seriam cruciais para o futuro.

O monitoramento das mudanças dos valores imobiliários nos bairros é extremamente importante para a administração da cidade. Esses preços mostram quando e onde o equilíbrio entre a oferta e a demanda pode estar mudando. Os planejadores, na prática, controlam a oferta de terra e área construída por meio das regulações e dos investimentos em infraestrutura; e podem, por consequência, ajustar a elasticidade da demanda que diminuiria a volatilidade dos preços dos imóveis. Essa volatilidade de preços muitas vezes cria enormes dificuldades para domicílios de baixa renda e pequenos negócios.

Portanto, uma secretaria de planejamento urbano deveria criar, manter e monitorar um extenso banco de dados urbanos. Modelos simples deveriam conectar os dados brutos aos indicadores. Por exemplo, as mudanças na população de um bairro e em sua área construída podem ser relacionadas às densidades populacionais e aos aluguéis, gerando indicadores cujas mudanças de valor exigiriam interpretação, mas que poderiam acarretar ações municipais. Da mesma maneira que as empresas de capital aberto são obrigadas a publicar indicadores financeiros periódicos para informar o público sobre sua situação financeira, as prefeituras deveriam publicar trimestralmente um conjunto de indicadores que informasse ao público como está o bem-estar de seus habitantes. O processo democrático municipal seria muito beneficiado com essas ações.

Ligando os indicadores de alerta

Às vezes, o valor de alguns indicadores urbanos pode mudar rapidamente. Com frequência, a mudança é benigna e apenas indica os ajustes normais no uso do solo de uma cidade à mudança do ambiente econômico. Outras vezes, as mudanças podem indicar a deterioração das condições de moradia de toda a cidade ou de algum grupo socioeconômico. Por exemplo, um aumento rápido da densidade e redução de área construída consumida em um bairro específico talvez indique a piora dos padrões de moradia do grupo socioeconômico que lá reside. Os planejadores urbanos deveriam, então, advertir o prefeito sobre os indicadores de alerta que estão "piscando". Eles deveriam oferecer uma explicação para a mudança de densidade e, caso acreditem que ela possa resultar na redução do bem-estar da população no futuro, propor estratégias alternativas para lidar com isso.

Alguns anos antes do colapso do financiamento habitacional de 2007, ouvi as palavras "indicadores de alerta" pela primeira vez durante uma palestra sobre o risco do financiamento das moradias e a política habitacional dada por John M. Quigley, um economista norte-americano já falecido. Quigley, com alguns de seus colegas, havia reunido e monitorado regularmente uma série de indicadores habitacionais e financeiros para os Estados Unidos. Na conferência, ele usou a expressão "esses indicadores estão todos nos alertando". Seu tom de urgência era marcante. A crise do financiamento de 2008 chegou um ano após sua advertência.

Achei que o conceito de indicadores piscando poderia ser aplicado a muitos parâmetros de uma cidade, como razão aluguel/renda, consumo de área construída *per capita* e tempo médio de viagem pendular. Ao manter um banco de dados urbanos regularmente atualizado, os planejadores e economistas urbanos bem treinados poderiam detectar mudanças à medida que elas ocorrem e agir antes que o problema se torne grave demais. Por exemplo, aumentos rápidos nos preços de moradia poderiam ser um sinal de aumento na restrição ao fornecimento de área construída ou de terra urbanizável, ou de ambos. Se um plano de ação para combater um gargalo potencial na oferta for implementado rapidamente, ele poderá prevenir o aumento ainda maior do preço das moradias e uma futura crise na acessibilidade habitacional, o que, por sua vez, terá sérias consequências no bem-estar da população e na produtividade da cidade. A presença de indicadores de alerta não sugere, por si só, um diagnóstico automático, pois eles precisam ser interpretados no contexto local. Por exemplo, o aumento repentino dos preços das moradias poderia ser causado por regulações malformuladas, problemas nos registros de imóveis ou falta de investimento na infraestrutura primária e no transporte. Ou, de modo mais benigno, por um grande aumento na renda dos domicílios e na qualidade da habitação. Apenas após os planejadores e economistas urbanos terem estabelecido um diagnóstico correto, será possível a elaboração de uma estratégia que retornará os indicadores a um valor preditor de uma situação mais tranquila.

O papel dos planejadores no monitoramento dos bancos de dados poderia, então, ser dividido em três séries de tarefas mostradas esquematicamente na Figura 8.1, que são:

- criação e monitoramento de um banco de dados municipal;
- identificação de indicadores de alerta; e
- proposição de estratégias com agências executoras relevantes.

Essas séries, por sua vez, se dividem em três tópicos principais:

- mudanças nas estruturas espaciais;
- mobilidade; e
- acessibilidade financeira.

Os itens no banco de dados sugeridos na coluna da esquerda da Figura 8.1 são meramente indicativos. Diferentes cidades terão diferentes maneiras de medir sua estrutura espacial. Há artigos científicos úteis que propõem vários conjuntos de indicadores. Recomendo, em particular, aqueles escritos especificamente sobre habitação por Stephen Malpezzi e Stephen Mayo,[3] dois economistas urbanos, bem como os de Shlomo Angel,[4] um urbanista com experiência mundial em cidades.

A cada ano, a tecnologia utilizada para criar e monitorar bancos de dados urbanos oferece mais informações coletadas a um custo cada vez mais baixo. Cada cidade deveria estabelecer seu banco de dados de acordo com o nível de tecnologia disponível no local e em função das prioridades e da morfologia da cidade. Em alguns casos, por exemplo, os locais onde não há água corrente limitam a ampliação da cidade. É evidente que, nesse caso, a área coberta pela rede

Criação e monitoramento de um banco de dados para o planejamento urbano	Identificação de indicadores de alerta	Proposta de estratégia com os órgãos municipais relevantes
Mudanças estruturais espaciais • Demografia • Densidades populacionais • Tipos de uso do solo • Número de alvarás para construção e habite-se • Distribuição espacial dos empregos • Razão de área construída • Nível de poluição em vários bairros • Outros	**Mudanças estruturais espaciais** • Demografia • Condicionante na oferta de terra • Condicionante na oferta de algum tipo de uso do solo • Crescimento urbano com vazios de crescimento (*leapfrog development*) • Mudança rápida na densidade populacional ou de empregos • Aumento do nível de poluição • Outros	**Mudanças estruturais espaciais** • Aumentar a oferta de terra • Revisar as regulações de uso do solo • Aumentar a conectividade • Proteger as áreas abertas naturais • Outros
Mobilidade • Tempo de viagem pendular médio por modal de transporte • Distribuição do tempo de viagem pendular • Número médio de empregos acessíveis em 1 hora de viagem • Número médio de empregos acessíveis por bairro • Velocidade dos diferentes modais de transporte • Aumento da poluição devido ao transporte • Outros	**Mobilidade** • Aumento do tempo de viagem pendular • Áreas fora do alcance do sistema de transporte público • Redução da acessibilidade a empregos • Aumento do congestionamento • Aumento da poluição devido ao transporte • Outros	**Mobilidade** • Cobrar pelo congestionamento • Precificar e cobrar pedágios e estacionamentos • Construir novas vias • Criar novo sistema de transporte • Administrar o trânsito • Controlar a poluição veicular • Outros
Acessibilidade financeira • Distribuição de renda dos domicílios • Número de unidades de habitação por tipo de moradia • Consumo habitacional por faixa de renda • Aluguéis e preços de venda por tipo de moradia • Percentual gasto no aluguel por grupo de renda • Estoque e fluxo habitacional anual por tipo de moradia • Percentual de moradias informais ou irregulares • Outros	**Acessibilidade financeira** • Aumento da razão preço/renda • Redução do estoque e fluxo • Redução do consumo habitacional • Aumento dos preços e aluguéis para um mesmo consumo • Outros	**Acessibilidade financeira** • Aumentar a oferta de terra • Auditar os condicionantes regulatórios da moradia • Estabelecer uma política para os sem-teto • Ampliar o alcance do financiamento habitacional • Outros

FIGURA 8.1 Monitoramento de um banco de dados urbano.

de abastecimento de água será parte do banco de dados espaciais. Em outras cidades, as áreas vulneráveis a alagamentos são um forte empecilho a seu desenvolvimento. Nelas, os planejadores urbanos deveriam, sem dúvida, incluir no banco de dados um estudo topográfico muito detalhado, bem como a modelagem de possíveis enchentes, usando vários pressupostos quanto ao clima.

O banco de dados do planejamento urbano não deveria duplicar os bancos de dados mantidos pelos departamentos ou pelas secretarias encarregadas de transporte, infraestrutura ou serviços sociais. Esses órgãos têm melhores condições de manter um banco de dados detalhado para seus setores e têm idiossincrasias que devem ser respeitadas. Contudo, os dados demográficos e de uso do solo, inclusive as projeções, devem ser mantidos exclusivamente pela secretaria de planejamento urbano. Já vi muitos órgãos de prefeituras fazendo suas próprias projeções para o uso do solo e a demografia, simplesmente a fim de justificar uma escolha tecnológica feita por eles. Também já testemunhei órgãos municipais responsáveis pelo esgoto cloacal e pluvial planejando o uso de lagoas de estabilização para o tratamento de esgoto em áreas nas quais a tendência dos preços da terra sugeria densidades populacionais mais elevadas no futuro. Os engenheiros sanitaristas estavam pressupondo uma densidade projetada baixa compatível com o uso das lagoas de estabilização para o tratamento de esgoto a fim de justificar sua escolha tecnológica. Mais uma vez, trata-se de uma área na qual um economista urbano interno teria mais capacidade de contribuir para a tomada de decisões – nesse caso, as escolhas entre uma tecnologia com alto consumo do solo que usa tecnologia de baixo custo (a das lagoas de estabilização) *versus* um sistema tradicional de tratamento de esgoto, que implica muito mais investimento de capital e exige menos do solo.

O papel dos planejadores no desenvolvimento e no monitoramento de estratégias para implementar os objetivos do prefeito para a cidade

Objetivos das políticas municipais, estratégias alternativas e indicadores de impacto

Os prefeitos e vereadores estabelecem os objetivos para a cidade. Esses objetivos são políticos – e têm de ser assim. Não há nenhuma maneira científica para definir objetivos de desenvolvimento urbano. Contudo, embora os objetivos prioritários sejam políticos, as questões a que eles visam somente podem ser resolvidas por meio de uma abordagem técnica expressa mediante uma estratégia. O papel dos planejadores é preparar estratégias alternativas para que se atinjam os objetivos do prefeito. Infelizmente, na maioria das vezes, as estratégias sugeridas se limitam a identificar as ideias do governo e não exploram o impacto potencial, que indicará se a estratégia está conseguindo ou não alcançar seus objetivos originais.

Por exemplo, vamos supor que o objetivo de um prefeito seja melhorar o transporte público. A resposta típica consistirá em anunciar as entradas financeiras necessárias para que se trate do problema: quantos milhões de reais do orçamento municipal serão destinados ao transporte; se serão agregados alguns indicadores de resultado ou não; quantas novas linhas de ônibus ou de transportes ferroviários leves serão adicionadas. Contudo, o que importa aos cidadãos é o impacto do investimento municipal em sua viagem diária ao trabalho – ou seja, se os ônibus estarão no horário e menos lotados e quanto mais curto será o tempo médio das viagens pendulares.

Se uma medida quantificada do impacto no tempo de viagem pendular não foi tornada explícita, não haverá como medir se o investimento associado à estratégia conseguiu cumprir o objetivo original do prefeito. Se o sucesso for medido unicamente pela quantidade de dinheiro gasto e de ônibus envolvidos (apesar de não haver impactos positivos medidos no transporte urbano), as estratégias inefetivas poderão ser repetidas com altos custos, mas sem qualquer resultado. É impossível para os cidadãos avaliar o desempenho de uma administração municipal se os indicadores de sucesso adequados – os indicadores de impacto – não forem estabelecidos previamente.

O papel dos indicadores mensuráveis não se limita ao monitoramento do progresso e ao seu possível sucesso, mas também faz parte da preparação de uma estratégia adequadamente formulada. De fato, o objetivo de uma estratégia de transporte público não é a aquisição de novos ônibus, mas a redução dos tempos de viagem e a melhoria do conforto dos cidadãos nas viagens pendulares. A menos que esse objetivo seja claramente expresso e quantificado como um indicador de impacto, não há como saber se a estratégia funcionou ou fracassou. Uma vez que a administração municipal declarou um objetivo, encontrar os indicadores de impacto adequados é o primeiro passo para o desenvolvimento da estratégia.

As estratégias devem incluir vários tipos de indicadores a fim de:

- identificar a estratégia;
- monitorar se a estratégia está tendo resultados positivos; e
- talvez modificar algum elemento da estratégia a fim de melhorar seu desempenho.

A definição de indicadores durante o desenvolvimento da estratégia ajuda a focar no resultado desejado, e não nos passos iniciais, como as dotações orçamentárias, a aquisição de equipamentos ou a execução de obras de engenharia. Muitas estratégias urbanas não têm dado certo porque indicadores apropriados não foram inseridos desde o início.

A definição e a implementação de uma estratégia exigem a identificação de quatro tipos de indicadores: impacto, resultado, saída e entrada; ilustrarei o relacionamento entre objetivos de uma política, estratégia e indicadores com um exemplo graficamente resumido na Figura 8.2.[5] É evidente que, durante a fase de definição da estratégia, a série de indicadores já terá interagido várias vezes. Um impacto desejado no início do estabelecimento da estratégia talvez exija entradas que estão além da capacidade laboral ou financeira de uma prefeitura. Os

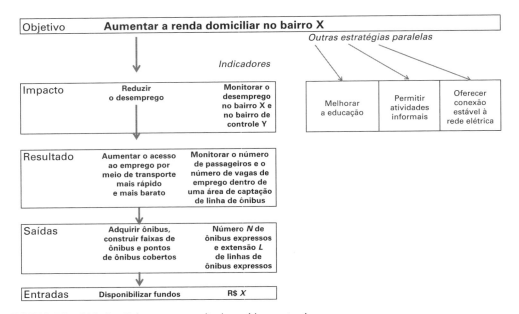

FIGURA 8.2 Objetivo 3: impacto, resultado, saída e entrada.
Fonte: Adaptado de Roberto Mosse e Leigh Ellen Sontheimer, "Performance Monitoring Indicators Handbook", Technical Paper No 334, Banco Mundial, Washington, DC, setembro de 1996.

indicadores, então, terão de ser revisitados até que se conclua que as entradas são viáveis e o que impacto esperado, ainda assim, vale a pena.

Durante a fase de elaboração, os indicadores serão preparados na seguinte sequência: impacto, resultado, saídas e entradas. Durante as várias fases da implementação da estratégia, os indicadores serão medidos em ordem reversa, refletindo a sequência da implementação do projeto: entradas, saídas, resultados, impacto. Mostrei na Figura 8.2 os indicadores na ordem que devem ser empregados durante a preparação da estratégia.

Usando a Figura 8.2 e começando com um objetivo da administração municipal, seguirei a sequência necessária para identificação da estratégia e dos indicadores que permitam a quantificação dos resultados que se esperam durante as diferentes fases de uma estratégia.

Suponhamos que o prefeito e a câmara de vereadores tenham decidido que reduzir a pobreza em um bairro X específico seja um dos principais objetivos políticos de um programa de desenvolvimento urbano.

Várias estratégias alternativas ou concorrentes poderiam ser adotadas para a redução da pobreza. Uma delas poderia buscar o aumento da renda domiciliar por meio da melhoria de oportunidades de emprego e, portanto, da redução do desemprego ou subemprego. Outras estratégias concorrentes poderiam consistir na transferência de recursos à população-alvo ou no aumento da oferta de serviços sociais, como saúde e educação.

Vamos selecionar o primeiro tipo de estratégia, que visa ao aumento da renda domiciliar por meio de melhores oportunidades de emprego no bairro X. As oportunidades de emprego poderiam aumentar se os trabalhadores tivessem acesso mais rápido e mais barato ao mercado de trabalho metropolitano. A melhoria do acesso aos mercados de trabalho geralmente reduz o desemprego e aumenta os salários, como discutido no Capítulo 2. Os valores dos indicadores, como analisaremos a seguir, serão primeiro projetados durante a fase de elaboração da estratégia, e, então, monitorados durante sua implementação. A diferença entre os números-alvo da fase de elaboração da estratégia e aqueles monitorados durante e depois de sua implementação indicará o grau de sucesso da estratégia e ajudará a identificar os elementos que foram cruciais para seu sucesso ou fracasso.

Indicadores de impacto

Os valores dos indicadores de impacto quantificam o objetivo municipal original da estratégia selecionada. O objetivo é reduzir a pobreza no bairro X. A estratégia selecionada para que se atinja o objetivo é aumentar as oportunidades de emprego fornecendo acesso mais rápido e mais barato a áreas com muito emprego. Os indicadores de impacto durante a definição da estratégia fixarão uma redução-alvo tanto na pobreza quanto no desemprego. Por exemplo, se o desemprego no bairro X hoje é de 25%, a estratégia buscará reduzir esse valor para, digamos, 10% em cinco anos, ou somar um número total de trabalhadores recém-empregados[6] equivalente a N_1. Se o número de viajantes pendulares que saem do bairro X atualmente é N_2, a estratégia sugere que, a cada dia, um número-alvo de trabalhadores igual a $N_3 = N_1 + N_2$ deveria contar com um meio de transporte mais rápido e mais barato do que aquele hoje disponível. Aqui, pressuponho que os novos empregos estarão fora do bairro. A criação de novas vagas de emprego dentro do bairro seria parte de uma estratégia diferente.

Durante a fase de implementação da estratégia, o indicador de impacto monitorará a taxa de desemprego no bairro X a cada seis meses e a comparará ao desemprego em um bairro com condições socioeconômicas similares, mas sem um projeto de transporte. As variações do indicador de impacto ao longo do tempo mostrarão se a oferta de melhor acesso a áreas com muitos empregos pode reduzir o desemprego. Ou seja, indicará se a estratégia será efetiva. Se o indicador de impacto mostrar que não, a estratégia deveria ser modificada, ou outra estratégia totalmente nova deveria ser tentada.

Indicadores de resultado

Nesta etapa de preparação da estratégia, os planejadores deveriam encontrar a maneira mais efetiva de transportar o número N_{3s} de pessoas no horário de pico do local X aos locais Y e Z, onde há muitos empregos. Dependendo do tamanho de N_3 e da distância D entre a origem X e os destinos Y e Z, serão considerados outros modos de transporte, como táxis-lotação ou ferrovias urbanas. Meios de transporte individuais, como patinetes elétricos ou motocicletas, também podem ser avaliados. Vamos pressupor que, nessa fase de preparação, descobre-se que uma linha de ônibus expresso é o modo mais efetivo para a viagem pendular de N_3 passageiros partindo de X e indo a Y e Z.

Durante a fase de elaboração da estratégia, os indicadores de resultado estabelecerão o número-alvo de passageiros usando os ônibus e, então, os horários, a frequência e a velocidade dos ônibus expressos da origem X a seus destinos.

Durante a fase de implementação, os indicadores de resultado monitorarão e compararão a taxa de ocupação dos ônibus, os horários e a velocidade em relação ao objetivo estabelecido durante a fase de elaboração da estratégia. Ainda nessa fase, os indicadores de resultado podem ser empregados para modificar a estratégia, se eles forem inferiores aos indicadores de resultado almejados. Por exemplo, se uma nova linha de ônibus expresso tiver uma taxa de ocupação baixa e for subutilizada, deve-se tentar rotas alternativas e diferentes horários.

É importante monitorar o indicador de resultado, mas o fato de que uma linha de ônibus é bem utilizada não significa necessariamente que o objetivo do investimento tenha sido alcançado. As pessoas talvez peguem o ônibus por outros motivos além de ir ao trabalho. Ou, quem sabe, os passageiros da nova linha de ônibus tenham migrado de uma linha menos conveniente que antes usavam para ir trabalhar. Um indicador de resultado positivo pode apenas mostrar que as viagens para o bairro e a partir dele estão se tornando mais convenientes, e não necessariamente que o objetivo de redução da pobreza tenha sido alcançado. O indicador de resultado não é um substituto para o indicador de impacto.

Indicadores de saída

Durante a fase de elaboração da estratégia, os indicadores de resultado indicarão o número de ônibus expressos que será necessário para transportar N_3 passageiros a seus destinos. Os indicadores de saída, então, incluirão o número de ônibus necessário para garantir o serviço, tal como o número e a localização das paradas. Eles também incluirão o número de horas de trabalho dos fiscais das linhas, engenheiros de trânsito e estatísticos que será necessário para monitorar a implementação da estratégia e sua possível modificação futura.

Durante a implementação, os indicadores de saída são empregados para medir os possíveis excessos de custo – um número de ônibus inferior ao que foi originalmente planejado para o dinheiro investido, por exemplo. Os indicadores de saída não nos dizem se alguém está usando os veículos e sua frequência e menos ainda se os novos ônibus resultam em aumento do número de empregos; eles são indicadores intermediários importantes, mas não são indicativos do sucesso de uma estratégia, ainda que atinjam seus objetivos.

Indicadores de entrada

Durante a fase de *design* da estratégia, os indicadores de entrada deverão prever o investimento total do projeto – seu *design* e supervisão, o custo de capital dos ônibus e da construção dos pontos, o custo de operação e manutenção da linha de ônibus e de seus possíveis subsídios e o fluxo de caixa do projeto, incluindo as tarifas e possíveis subsídios à operação. Algumas entradas, como os subsídios de operação e manutenção, podem ser recorrentes.

É comum que, durante a fase de elaboração da estratégia, as entradas totais exigidas para a implementação de uma estratégia excedam o orçamento municipal ou a capacidade dos servidores públicos. Nesse caso, os planejadores deverão fazer iterações entre os quatro tipos de indicadores até que se obtenha um equilíbrio entre impacto esperado e capacidade orçamentária. As iterações durante a fase de elaboração da estratégia costumam estimular a criatividade e a inovação.

Durante a implementação, os indicadores de entrada mostrarão se o investimento no orçamento e o envolvimento dos servidores resultou em frutos. É evidente que a lentidão dos desembolsos terá efeito negativo no desempenho do projeto e pode causar o fracasso da estratégia. Garantir que os desembolsos do projeto ocorram conforme o cronograma é um dos requisitos do sucesso da estratégia, embora não o garantam.

Os indicadores devem ser empregados para eliminar estratégias que não estão funcionando

É normal que algumas estratégias falhem. O que é anormal é continuar implementando uma estratégia que não esteja funcionando. Estabelecer e monitorar indicadores é a única maneira de eliminar estratégias inefetivas. Os quatro tipos de indicadores – de impacto, resultado, saída e entrada – são indispensáveis para o estabelecimento e o monitoramento de estratégias, bem como para a eliminação daquelas que não estejam funcionando.

Sem o cálculo dos indicadores de impacto, é impossível saber se um investimento de projeto contribuiu ou não para os objetivos da política. No exemplo dado anteriormente, é muito provável que ônibus novos estejam circulando no horário, mas talvez eles não tenham nenhum impacto no desemprego. Os indicadores intermediários – entradas, saídas e resultado – oferecem-nos importantes informações sobre o *design* do projeto, apesar de não nos dizerem se o objetivo da estratégia foi alcançado ou não; eles mostram como o desempenho do projeto poderia melhorar. Por exemplo, se os ônibus são muito lentos e resultam em viagens muito longas, ações corretivas poderiam ser tomadas, por exemplo, melhorando-se o *design* das interseções viárias e a gestão do trânsito ao longo do trajeto.

A taxa de retorno econômico

Combinando-se os resultados dos indicadores de entrada e de impacto, podemos calcular a taxa de retorno econômico interno do projeto. A taxa de retorno econômico calculará o valor atual de um fluxo de caixa descontado dos desembolsos e benefícios (o fluxo adicional de renda que chega ao bairro em razão dos trabalhadores recém-empregados). No exemplo retratado na Figura 8.2, além da taxa de retorno econômico, será possível calcular o capital e o custo anual recorrente da estratégia por novo trabalhador empregado. Talvez se descubra, então, que a estratégia selecionada oferece alta taxa de retorno econômico do investimento municipal, ou que o retorno é muito baixo e devem ser avaliadas estratégias alternativas que poderiam aumentar o bem-estar dos cidadãos a um custo mais baixo.

Se olharmos para a maneira pela qual um produtor industrial desenvolve mercadorias, veremos uma longa lista de tentativas e erros e, em certo momento, a melhoria da qualidade a um custo mais baixo. As políticas e estratégias urbanas, por outro lado, muitas vezes não seguem essa lógica, e elas costumam ser repetidas mesmo quando é sabido que falharam. Por exemplo, políticas como controle de aluguéis, cinturões verdes e VLTs (Veículos Leves sobre Trilhos), entre outras, são constantemente repetidas, apesar de quase haver um consenso de que elas não geram resultados. Uma avaliação quantitativa do fracasso dessas políticas é, em geral, bem documentada por meio de relatórios especiais ou textos acadêmicos; raramente é feita de forma interna pelas prefeituras, e as informações parecem não chegar aos tomadores de decisão das cidades. Somente uma análise sistemática dos dados por meio de indicadores permite que as políticas urbanas melhorem com o passar do tempo e que políticas ineficazes sejam abandonadas. No entanto, como escreveu Angus Deaton: "sem dados, qualquer um que faz qualquer coisa tem a liberdade de reivindicar o sucesso".[7]

A maioria das instituições, cidades e bancos de desenvolvimento basicamente monitora entradas e saídas

Infelizmente, a maioria das estratégias de urbanismo costuma focar as entradas e saídas; raramente nos resultados e quase nunca nos impactos. As saídas são com frequência confundidas com o objetivo. A definição dos quatro tipos de indicadores quando criamos a estratégia nos obriga a pensar nos reais objetivos de longo prazo da política e a evitar o foco apenas em nossas tarefas imediatas, que são simplesmente fases intermediárias a fim de alcançar o objetivo real.

Robert McNamara, quando presidia o Banco Mundial, entre 1968 e 1981, tentou impor essa metodologia na avaliação de projetos financiados pelo banco. McNamara, que reorientou com vigor a instituição a fim de combater a pobreza, exigia que sua equipe quantificasse o número de beneficiários diretos do projeto distribuídos por percentil de renda em um país determinado. Essa foi a melhor maneira de avaliar o impacto de projetos financiados pelo Banco Mundial cujo objetivo era reduzir a pobreza.

Em 1971, no cargo de planejador urbano para o Governo do Iêmen no Programa para o Desenvolvimento das Nações Unidas, aprendi pela primeira vez a usar essa abordagem quantitativa para a avaliação de projetos, quando participei como "o planejador urbano local" na análise de dois projetos urbanos para o Banco Mundial. Fiquei extremamente impressionado por essa rigorosa abordagem quantitativa, que me era absolutamente nova. Aliás, foi, em parte, em razão dessa primeira impressão profissional muito positiva que decidi trabalhar no Banco Mundial vários anos depois, quando, com minha família, finalmente me instalei em Washington, DC.

No período pós-McNamara, infelizmente houve uma forte tendência, no Banco Mundial, a focar principalmente nos indicadores de entrada e saída, uma vez que tais índices estavam sob o controle direto da equipe do banco e afetavam diretamente a instituição quando trabalhava como um banco propriamente dito. Portanto, um projeto era considerado bem-sucedido se os fundos fossem desembolsados de acordo com o cronograma (entradas) e não houvesse despesas extras (saídas). Isso ficava aparente nas estatísticas do Banco Mundial que apresentavam a quantidade de empréstimos distribuídos por setor e por país. Por exemplo, nos projetos de transporte, as saídas eram os números de ônibus adquiridos e a extensão das linhas construídas. Não era fácil adicionar às estatísticas do país os números que mediam as saídas e os impactos, pois sua natureza variava muito entre projetos. Assim, havia muito menos pressão para monitorar cuidadosamente esses números após esses projetos terem sido concluídos. Embora alguns projetos incluíssem o conjunto total de indicadores durante a fase de avaliação, raramente os indicadores de resultado e impacto eram quantificados e monitorados com cuidado durante a fase de supervisão. Por outro lado, os indicadores de entradas e saídas construíam ou arruinavam a reputação dos profissionais do banco.

O Banco Mundial estava ciente desse problema. A instituição havia estabelecido um sistema de revisões independentes para o desempenho dos projetos por parte do Departamento de Avaliação de Operações (DAO) e, mais recentemente, do Grupo de Avaliação Independente. Esses departamentos, respondendo diretamente ao presidente da entidade, tentavam avaliar de modo mais sistemático as saídas e os impactos dos projetos para um grupo selecionado de projetos finalizados. Inevitavelmente, os resultados eram publicados muito tempo depois da finalização dos projetos. Quando os resultados da avaliação estavam disponíveis, a equipe que havia originalmente preparado os projetos já estava dispersa em vários países e, às vezes, atuando em setores distintos. Em geral, os relatórios do DAO consistiam em análises muito profissionais e detalhadas do que havia dado certo e errado durante a concepção e a implementação de projetos. Contudo, as lições raramente eram aprendidas, uma vez que as novas equipes começavam novos tipos de projetos em diferentes cidades, e a fase de avaliação quase nunca era considerada durante a elaboração deles.

Uma cidade teria como evitar o problema enfrentado pelo Banco Mundial no monitoramento de estratégias e impacto do projeto?

Os problemas inerentes ao monitoramento e à avaliação dos projetos do Banco Mundial que enfrentei são inevitáveis em uma organização centralizada como essa, que está fisicamente remota dos locais dos projetos. Acho inevitável que organizações internacionais e governos centrais tendam a focar o desempenho das entradas e saídas de suas estratégias, uma vez que esses são os únicos números que eles conseguem monitorar e consolidar com facilidade.

Os bancos de desenvolvimento, como o Banco Mundial e suas contrapartes regionais (p. ex., o Banco de Desenvolvimento da Ásia e o Banco Interamericano de Desenvolvimento) são, antes de tudo, instituições bancárias. A rapidez para o desembolso de empréstimos e a aplicação correta das regras para compras tendem a preocupar os funcionários dos bancos, cujos desempenhos são julgados pela administração principalmente com o uso desses critérios, que afetam diretamente a viabilidade das instituições. Ainda que os méritos de diferentes estratégias e de seu impacto no desenvolvimento sejam os objetos de apaixonados debates intelectuais, no fim das contas, o desempenho dos funcionários é julgado com base em sua capacidade de aprovação rápida dos empréstimos e de seguimento rigoroso das regras para compras. Os desembolsos e as compras costumam ser monitorados com indicadores de entradas e saídas. Os indicadores relacionados aos resultados e impactos, ainda que longamente discutidos durante o planejamento dos projetos, tendem a ser rapidamente esquecidos durante sua implementação.

Por que, então, defendo uma metodologia para a elaboração de estratégias de desenvolvimento urbano que vejo fracassarem repetidamente? Acredito que prefeitos e suas equipes de planejadores comprometidos tenham chances muito melhores de seguir os indicadores de impacto e se interessarem por eles se tiverem as ferramentas para isso. Cidades-estado, como Singapura e Hong Kong, administram de maneira independente suas próprias finanças e políticas, sem interferências de um governo central remoto, e são notórias por suas boas políticas de monitoramento e tomadas de ação corretivas assim que percebem que as estratégias não estão funcionando como se esperava.

Por outro lado, uma organização central não pode se sentir diretamente responsável pelos detalhes de projetos que são implementados a nível local. Os indicadores de entrada e saída são o que ela efetivamente controla e, portanto, tende a monitorar cuidadosamente. Por exemplo, um Ministério do Desenvolvimento Urbano e Habitacional de um governo central pode se dedicar a construir um número determinado de unidades de habitação popular em muitas cidades. Contudo, ele não tem como consolidar as estatísticas nacionais sobre, por exemplo, se as unidades criadas estão bem localizadas ou se resultaram no aumento do bem-estar da população-alvo. As únicas coisas que o ministério consegue monitorar e consolidar com competência são os gastos de capital e o número de unidades de habitação criadas – indicadores de entrada e saída. Se, por acaso, os funcionários do ministério forem alertados de que as unidades não estão cumprindo os objetivos originários, serão incapazes de consolidar os diferentes indicadores de resultado e impacto, se eles forem gerados pelas cidades que se beneficiam do programa. Os funcionários do ministério, enfim, enfrentarão os mesmos problemas que existiam no Banco Mundial. Quando os dados dos indicadores chegarem das várias cidades, é bem provável que os funcionários do ministério que prepararam a estratégia já tenham sido transferidos a outras atividades em outros órgãos. Nenhuma lição será aprendida. Em contrapartida, em uma administração municipal, é mais provável que haja continuidade. Há chances muito maiores de que os problemas que surgem durante a implementação das estratégias sejam identificados na hora, e haverá um forte incentivo a resolvê-los à medida que aparecem, se o prefeito e os servidores públicos municipais tiverem algum controle sobre a implementação da estratégia habitacional, ainda que ela seja financiada no nível nacional. Talvez esse seja o motivo pelo qual cidades-estado como Singapura e Hong Kong são mais efetivas na administração de seu desenvolvimento do que cidades equivalentes a elas, mas que se localizam em países grandes.

● ● ●

Vejamos o caso da África do Sul, que discutimos no Capítulo 6. O objetivo da política pública era oferecer o mais rapidamente possível moradias populares a um segmento muito grande da população urbana definido por sua baixa renda.

A estratégia adotada focou imediatamente as entradas e saídas: quantas casas poderiam ser construídas a cada ano, qual seria o nível delas e qual seria o subsídio necessário. As estratégias alternativas consideradas apenas focaram em como financiar o programa. O impacto na renda dos beneficiários jamais foi considerado, embora o principal objetivo do programa fosse, na verdade, reduzir a pobreza. A saída – o número de unidades de habitação construído a cada ano – foi cuidadosamente monitorado, e, em razão desse valor gigantesco, inicialmente se considerou o programa como um sucesso. Foi somente após uma década de sua implementação que as sérias deficiências da estratégia habitacional da África do Sul foram finalmente detectadas. Os prejuízos de se construir muitas moradias em áreas inacessíveis aos mercados de emprego metropolitanos são praticamente irreversíveis.

O *design* de novas regulações de uso do solo e a auditoria das regulações existentes

A necessidade de se morar perto do local onde se trabalha exige regras que minimizem atritos. Como o ambiente econômico e tecnológico está em constante transformação, as regras têm de ser constantemente adaptadas ao novo ambiente. Por exemplo, a introdução de carros autônomos nas cidades em um futuro próximo exigirá novas regulações, assim como foram necessárias novas leis quando os automóveis substituíram as carruagens e carroças a cavalo.

Regulações anteriores também precisam ser periodicamente revisadas quanto à sua relevância. Como descrito no Capítulo 7, as sombras projetadas pelos edifícios muito altos eram um problema grave no início do século XX, até que a iluminação artificial e o condicionamento de ar se tornaram eficientes e baratos. A capacidade de concentrar grandes espaços de área construída em locais onde a demanda é muito elevada aumenta o bem-estar em uma cidade muito mais do que a restrição das densidades por conta da necessidade de garantir que cada prédio receba luz e ventilação naturais. Os arranha-céus residenciais e comerciais esbeltos e muito altos que estavam sendo construídos na área da Wall Street, em Nova Iorque, realmente eram muito malvistos por seus vizinhos no início do século passado.

Os planejadores urbanos deveriam, portanto, revisar constantemente as regulações antigas de uso do solo (ou criar novas) a fim de adaptá-las às novas realidades econômicas e culturais do momento. Infelizmente, as secretarias de planejamento tendem a preferir a elaboração de novas regulações a revisar a relevância das existentes. Como resultado, o uso do solo de uma cidade depende de uma série de leis que se sobrepõem e, não raro, se contradizem e cujos objetivos se perderam no tempo. Explorar a fundo as regulações urbanas costuma ser como escavar em um sítio arqueológico – encontramos artefatos elaborados cujo propósito original é um verdadeiro enigma.

Essa crítica a regulações enigmáticas não é ideia nova. Em seu livro publicado em 1979, Morris Hill e Rachelle Alterman escreveram:[8]

> O normal é que [padrões de planejamento] sejam passadas adiante, de uma situação a outra, como "regras empíricas", sendo adaptadas pela experiência cumulativa. Tais normas são tipicamente expressas como uma determinação inflexível e simples para determinada população, às vezes também incluindo especificações de local. Na maneira como tais normas costumam ser expressadas, é impossível saber a justificativa real – seja ela funcional, econômica, comportamental, social, psicológica ou ambiental. Portanto, não há uma maneira fácil de modificá-las a fim de atender a situações particulares de maneira racional.

Os planejadores urbanos deveriam auditar regularmente regulações de uso do solo a fim de eliminar as obsoletas

A tralha regulatória que se acumula com o passar dos anos prejudica o desenvolvimento e afeta os preços imobiliários e a oferta de área construída, uma vez que essas regulações limitam o que se pode edificar. Embora ninguém costume se lembrar dos objetivos dessas regulações, os planejadores e cidadãos pressupõem que elas tenham sido criadas como resultado de sábias lições que se perderam no passado e que talvez seja arriscado eliminá-las dos códigos.

Deparei-me com esse tipo de situação bizarra alguns anos atrás na Malásia,[9] quando me pediram para descobrir por que a moradia era tão cara em um país no qual não faltam áreas urbanizáveis. Descobri que, em áreas residenciais, as regulações exigiam quarteirões extremamente curtos (de apenas 60 metros), o que resultava em um percentual elevadíssimo de área de vias que, em uma situação normal, não seria necessária para habitação horizontal (um quarteirão típico de Manhattan tem, em média, 240 metros). Além disso, outras regulações de uso do solo malaias resultavam em menos de 44% da terra sendo desenvolvida para uso residencial, em contraste aos 60 ou 65% em projetos similares em outros países da região.

Ninguém no escritório de planejamento de Kuala Lumpur sabia me dizer por que os quarteirões tinham de ser tão curtos, mas todos supunham que deveria haver uma boa razão – a drenagem pluvial durante as monções, quem sabe? No fim, acabei encontrando um engenheiro municipal sênior que me disse que a prática era instalar um hidrante no final de cada quadra e que a mangueira dos bombeiros costumava ter 30 metros, resultando, então, nos 60 metros de extensão para uma quadra residencial. Houve muita relutância para se mudar esse padrão, apesar de os bombeiros já terem adotado equipamentos diferentes e de já haver a possibilidade de se posicionar os hidrantes de outra maneira.

O custo dessas regulações para o setor habitacional e o ambiente era extremamente alto, apesar de elas não trazerem nenhum benefício real para os cidadãos. De fato, essas regulações – ao exigir artificialmente mais terreno para a construção de moradias – ampliavam a área das cidades em direção ao campo, ao mesmo tempo que aumentavam a área construída impermeável dos empreendimentos. Em um país sujeito a monções como a Malásia, isso contribuía para o aumento do escoamento pluvial durante a estação das chuvas, exigindo drenos maiores e, às vezes, causando erosão. A revisão que se seguiu desse conjunto de regulações de uso do solo resultou em economias substanciais no custo ambiental e dos empreendimentos para todo o país.

As regulações urbanas de todas as cidades contêm o que eu chamaria de "tralha regulatória": regulações cujos objetivos se perderam e cujos benefícios já não se identificam. Portanto, é preciso avaliar periodicamente todas as regulações de uso do solo a fim de eliminar aquelas que são obsoletas e contribuem para o alto custo da urbanização.

Desenhando novas regulações

As novas tecnologias e as mudanças na maneira pela qual as cidades se desenvolvem podem exigir dos planejadores a elaboração de novas regulações. Elas devem ser criadas com muito cuidado, e testadas antes de serem impostas a toda uma cidade. As regulações de uso do solo são muito parecidas com novos medicamentos – imagina-se que trarão benefícios, mas também têm graves efeitos colaterais que podem se tornar aparentes muitos anos depois de serem aplicados. Todas as regulações deveriam ser submetidas a uma análise de relação entre custo e benefício. Além disso, as regulações de uso do solo que têm impacto direto no desenvolvimento habitacional deveriam ser testadas quanto ao impacto econômico em vários grupos de renda.

As regulações deveriam ser elaboradas e testadas com extrema cautela, assim como se exige de uma nova droga antes que ela seja comercializada. Antes de imporem novas leis, as secretarias de planejamento urbano deveriam solicitar a equipes de economistas urbanos independentes que avaliassem seus impactos no desenvolvimento espacial da cidade e no custo do desenvolvimento urbano.

O papel da secretaria de planejamento urbano em um município

Agências de apoio e agências operacionais

Uma prefeitura é uma equipe composta de um órgão político – o prefeito e a câmara de vereadores – e de um núcleo técnico formado por agências de apoio e agências operacionais (Figura 8.3). As agências de apoio oferecem opções políticas ao prefeito e os objetivos políticos e o apoio às agências operacionais. As agências operacionais implementam e mantêm os serviços especializados e a infraestrutura urbana. A secretaria de planejamento urbano da prefeitura mantém uma série de indicadores para garantir que as estratégias cumpram os objetivos políticos estabelecidos pelo prefeito e pela câmara de vereadores. A secretaria de planejamento deveria estar inserida entre as agências de apoio – o que, infelizmente, é raro; na maioria dos casos, ela é apenas a das agências operacionais.

E por que a secretaria de planejamento urbano deveria estar entre as agências de apoio? Praticamente todos as agências operacionais estão consumindo terra ou impactando seu preço. Todas as suas ações – da educação ao combate a incêndios – se relacionam com o número de pessoas em um bairro e seu nível de renda, o que costuma ter associação com outros indicadores socioeconômicos, como o tamanho, o nível educacional e o idioma falado em um lar. As mudanças numéricas e socioeconômicas de uma população são determinadas pelo mercado imobiliário e pela demanda competitiva por área construída criada por domicílios e empresas. Os dados sobre o uso de terra e as mudanças populacionais não devem ser mantidos em bancos de dados separados por cada agência operacional, mas coordenados e centralizados na secretaria de planejamento, que os deveria passar às agências operacionais em intervalos de tempo regulares.

A equipe da secretaria de planejamento deveria incluir economistas

Em vez de focar exclusivamente no uso do solo e nas questões regulatórias, a secretaria municipal de planejamento deveria também se envolver diariamente com a análise econômica. Portanto, sugiro que a secretaria de planejamento urbano se chame "secretaria de planejamento urbano e economia" (Figura 8.3).

Em muitas cidades ao redor do mundo, as secretarias de planejamento urbano em que trabalhei eram compostas principalmente por urbanistas, arquitetos, engenheiros e advogados. Ainda que os economistas (trabalhando como consultores) eram ocasionalmente chamados para elaborar um relatório sobre um tema específico, jamais encontrei um economista permanente que contribuísse diariamente na elaboração de regulações de uso do solo, monitorando as variações dos preços imobiliários ou advertindo os outros membros da secretaria de planejamento sobre as possíveis consequências de suas políticas. Como vimos nos capítulos anteriores dessa obra, as mudanças no uso do solo e na densidade de empregos são determinadas principalmente pelo mercado. Os economistas urbanos têm uma qualificação ímpar para monitorar e interpretar esses movimentos de mercado. A presença de um economista permanente também ajudaria a provocar análises econômicas especializadas e específicas nas universidades. Isso geraria o duplo benefício de aproveitar conhecimentos econômicos amplos e profundos, além de incentivar os economistas acadêmicos a se envolverem na "economia operacional" no nível da cidade.

A secretaria de planejamento urbano e economia, um órgão executivo, tem três funções principais:

- desenvolver e manter um banco de dados urbano que monitore, entre outras coisas, o uso do solo, a demografia, a renda domiciliar e o preço da terra e dos aluguéis;
- identificar possíveis problemas observando-se a variação dos indicadores; e
- trabalhar com os órgãos executivos a fim de propor políticas e soluções estratégicas para responder a problemas identificados e atender a pedidos especiais do prefeito e dos vereadores.

A orientação da secretaria de planejamento urbano e economia como órgão de apoio é vital, em razão de sua necessidade de se relacionar com as agências operacionais. Estas devem desenvolver seus próprios bancos de dados técnicos detalhados, mas devem se basear no banco de dados demográficos e do uso do solo da secretaria de planejamento a fim de elaborarem suas políticas. A consistência entre os projetos técnicos criados pela secretaria de planejamento urbano e economia é fundamental. Isso parece óbvio, mas nem sempre é o caso.

CAPÍTULO 8   Os planejadores e economistas urbanos têm um importante papel...   371

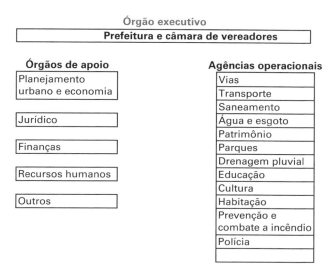

FIGURA 8.3   Planejadores urbanos e agências operacionais.

Alguns anos atrás, eu estava trabalhando para a secretaria de planejamento urbano da área metropolitana de Jacarta (cobrindo a área chamada de Jabotabek). Junto com a secretaria de habitação e um grande banco de financiamento habitacional, estávamos desenvolvendo padrões de urbanização do solo que deveriam acessíveis a domicílios entre os percentis 40° e 60° da distribuição de renda domiciliar de Jacarta. Nossa conclusão foi que, para serem acessíveis, considerando-se os preços vigentes de terra e da construção, as densidades dos projetos habitacionais financiados pelo banco teriam de ser de 300 a 400 pessoas por hectare. As regulações de parcelamento do solo foram modificadas para permitir tais densidades. Contudo, a secretaria de planejamento urbano não mudou as projeções de densidade para toda a cidade a fim de refletir tais modificações, uma vez que foram consideradas muito radicais em relação à abordagem de planejamento tradicional, baseada em normas de *design* e necessidades percebidas.

Durante o mesmo período, alguns de meus colegas indonésios realizavam um estudo de viabilidade para um sistema de esgoto e águas residuais para a área de Jabotabek. Sua conclusão foi que, se a densidade populacional da área suburbana de Jacarta pudesse ser mantida abaixo do valor máximo de 50 pessoas por hectare, seria possível a construção de um sistema de tanques sépticos, leitos de absorção e lagoas de estabilização que seria muito mais barato do que construir uma rede de esgoto reticulada com estações de tratamento tradicionais. Eles pressupunham que, por meio de regulações de uso do solo corretamente fiscalizadas, o governo conseguiria manter a densidade abaixo desse valor máximo, e, por conseguinte, propunham um orçamento de investimento para tratamento de água e esgoto baseado nessa tecnologia de baixo custo.

Um terceiro projeto, que consistia no planejamento e na execução de um sistema de transporte urbano VLT, estava sendo desenvolvido pela secretaria de transporte urbano com o apoio de um doador bilateral. O VLT se tratava de uma linha que cruzaria Jabotabek de leste a oeste. O estudo de viabilidade considerou que o governo teria como regular as densidades populacionais de tal modo que um eixo leste-oeste de alta densidade populacional (cerca de 300 pessoas por hectare) se concentraria ao longo da área de captação da linha ferroviária, ao passo que as regulações manteriam a baixa densidade em áreas não atendidas pelo transporte. As projeções financeiras foram totalmente baseadas nesse cenário de densidades otimista que garantiria uma alta taxa de ocupação para transporte ferroviário leve.

Os três projetos se baseavam em pressupostos completamente distintos e incompatíveis sobre a futura distribuição espacial da população de Jabotabek. A viabilidade de cada projeto dependia de distribuições populacionais diferentes e mutuamente exclusivas. A secretaria de planejamento urbano mantinha um mapa das densidades projetadas e um mapa das regulações de zoneamento, mas não havia conexões administrativas entre a secretaria de proteção ambiental encarregada do sistema de esgoto e a secretaria de transporte público. Descobri as três projeções populacionais por acaso, pois eu conhecia alguns dos engenheiros que trabalhavam nos outros dois projetos.

Essa estória não é um caso isolado. Quando observamos a organização administrativa da maioria das cidades, vemos esse tipo de inconsistência o tempo todo. Não estou sugerindo que, para se evitar esses problemas, a secretaria de planejamento urbano e economia supervise todo projeto setorial, mas que qualquer pressuposto sobre densidades e a distribuição espacial da população em geral seja conferido com essa secretaria a fim de evitar tais contradições internas. Em projetos de transporte, as diversas ocorrências de superestimativa de projeção de número de passageiros embarcando são projeções típicas de interesse próprio de futuras densidades ao longo de rotas de transporte. É possível se cometer erros quando se projeta a distribuição espacial de populações, mas é imperdoável manter projeções alternativas dentro de cada agência operacional de uma mesma prefeitura, sobretudo quando uma projeção administrada centralmente e baseada em mercados inviabilizaria um projeto.

Tendências de crescimento passadas e futuras para as cidades

O crescimento urbano não deveria ser dado como certo

Os exemplos utilizados nos capítulos anteriores abrangem questões urbanas que surgiram nos últimos 50 anos. Deveríamos esperar diferentes tipos de desafios no desenvolvimento urbano dos próximos 50 anos?

Eu sempre supus que cidades bem-sucedidas são como ímãs que atraem as pessoas ávidas por fazer parte de seus grandes mercados de trabalho. A maior parte de meu trabalho como planejador urbano tem focado em maneiras de administrar o crescimento urbano por meio da melhoria da mobilidade e da acessibilidade econômica das cidades em expansão. O fornecimento de novos cidadãos que nascem nas cidades ou migram para elas me parecia inesgotável. Em geral, as cidades de países em desenvolvimento cresciam mais rapidamente do que aquelas de países ricos, mas o processo de ampliação era basicamente o mesmo, e todas elas se expandiam.

Entretanto, no início do século XXI, me dei conta de que a população mundial havia cruzado um divisor de águas demográfico, e que as cidades do mundo passariam a ser divididas entre aquelas que estavam crescendo e aquelas que encolhiam. A causa dessa redução varia de motivos internos, como a má administração – como é o caso do declínio de Detroit – a fatores externos, como a reversão demográfica e a redução das taxas de urbanização.

Em 2010, durante uma visita a Moscou, soube que o governo planejava "fechar" 60 cidades, cujas populações estavam encolhendo e envelhecendo de tal modo que manter seus serviços públicos já não era viável. Fechar uma cidade é um caso extremo, mas o decréscimo da população tem afetado muitos outros municípios. Entre as 13 cidades russas com população superior a 1 milhão de pessoas, somente quatro ainda cresciam; as demais, como São Petersburgo, a segunda maior metrópole do país, tinham populações em declínio. Pediram-me conselhos sobre o que fazer com as cidades cujas populações diminuíam. Eu recusei a oferta, justificando minha incompetência para isso, pois, ao longo de meus 50 anos de prática em planejamento urbano, jamais havia enfrentado os problemas oriundos de redução de populações urbanas.

Mais recentemente, durante uma visita a Toyama, uma cidade de 1,2 milhão de habitantes na costa oeste do Japão, os planejadores urbanos locais me descreveram os problemas enfrentados por uma cidade que via sua população envelhecendo, enquanto a geração mais jovem migrava para Tóquio em busca de trabalho.

O Japão e a Rússia são bons exemplos de países com alta renda, baixa fertilidade, alta taxa de urbanização e baixo nível de imigração internacional. A queda da fertilidade em países de alta renda que já são extremamente urbanos resulta em baixo crescimento das cidades, assim como a taxa de crescimento natural e a taxa de migração reduzem simultaneamente quando as áreas rurais do país não estão enviando migrantes adicionais às cidades.

A Figura 8.4 mostra o relacionamento entre as taxas de crescimento urbano e as taxas de urbanização e renda por região e tipo de renda. Vemos com clareza a correlação entre alta renda, alta taxa de urbanização e taxa de crescimento urbano. As mulheres em países de renda alta tendem a ter uma baixa taxa de fertilidade, reduzindo a taxa de crescimento natural gerada pela diferença entre o número de nascimentos e de mortes. A alta taxa de urbanização desses países de renda elevada implica que não há uma significativa mão de obra em excesso nas áreas rurais que possa migrar para as cidades e compensar sua baixa taxa de crescimento natural com a imigração do campo.

Essas cidades dos países ricos acabam condenadas a ter uma população estagnada e, depois, decrescente, a menos que deliberadamente se abram à migração internacional e consigam atrair migrantes de países com altas taxas de fertilidade e baixas taxas de urbanização.

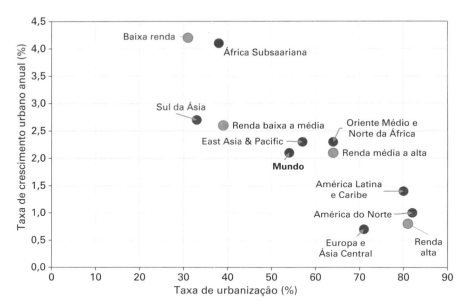

FIGURA 8.4 Taxas de urbanização e taxas de crescimento urbano por região, 2010 a 2015.
Fonte: Banco Mundial, "3.12 World Development Indicators: Urbanization", Washington, DC, 2017.

Tradicionalmente, cidades-estado grandes e economicamente dinâmicas, como Singapura e as cidades dos Emirados Árabes Unidos (EAU), que não conseguiram atrair imigrantes de um interior rural populoso, têm se baseado na imigração controlada para aumentar a força de trabalho que mantém suas economias crescendo e, portanto, aumentam a renda de suas populações nacionais. Em Singapura, a população estrangeira não residente representa 29% da população total. Tanto em Singapura quanto nos EAU, a maior parte dos não residentes não pretende se naturalizar. Esses indivíduos têm contratos de curto prazo. Isso permite às cidades buscar pessoas com as qualificações necessárias ao desenvolvimento de suas economias. Os emigrantes não residentes são cuidadosamente selecionados entre dois grupos: profissionais extremamente qualificados e mão de obra pouco qualificada para a prestação de serviços. Essas cidades-estado entendem que o desenvolvimento de suas economias e, portanto, o bem-estar de seus cidadãos dependem do aumento da mão de obra e que a imigração é indispensável a suas economias.

Em contrapartida, países do Oeste europeu e da América do Norte têm uma abordagem distinta à imigração. Nesses países, pressupõe-se que os imigrantes, em certo momento, se tornarão cidadãos, mas, ao contrário de Singapura ou dos EAU, os governos nacionais europeus e norte-americanos não relacionam explicitamente a imigração a seus próprios interesses econômicos urbanos.

Embora os Estados Unidos e o Canadá tenham tradicionalmente dependido da imigração para o desenvolvimento de suas economias ao longo dos últimos dois séculos, o argumento do interesse econômico próprio pela imigração raramente é explicitado. A justificativa popular para acolher imigrantes estrangeiros se baseia mais em um senso de generosidade e hospitalidade do que de interesse nacional. Os versos gravados em bronze na Estátua da Liberdade de Nova Iorque expressam perfeitamente o mito da generosidade que permite a imigração nos Estados Unidos:

> Dê-me seus cansados, seus pobres,
> Suas massas aglomeradas ansiando por respirarem livres,
> Os refugos miseráveis da sua costa fervilhante.

Embora nenhuma imigração bem-sucedida possa ocorrer sem um mínimo de generosidade e benevolência, os benefícios econômicos dos imigrantes são enormes e deveriam por si próprios ser a principal motivação para uma política de imigração. O benefício econômico da imigração é com frequência confundido com o caso dos direitos humanos dos refugiados, que, evidentemente, é um argumento bastante distinto.

Ainda que a imigração seja indispensável para alimentar o crescimento econômico das cidades localizadas em países com baixas taxas de natalidade e com taxa de urbanização já elevada, o ritmo da imigração deveria ser controlado. Para se tornarem totalmente efetivos na economia, os novos imigrantes precisam de tempo para se adaptarem às normas sociais e ao idioma do país anfitrião, e essa adaptação exige recursos que devem ser alocados em um orçamento nacional, ou, pelo menos, fornecidos por ONGs interessadas. Sem esses recursos e assistência mínima, os imigrantes de renda mais baixa podem se tornar uma subclasse separada da população local por idioma e falta de familiaridade com as normas sociais do país que os recebe. Nesse caso, a estagnação econômica dos migrantes menos escolarizados reforça a hostilidade anti-imigração dos nativos, contribuindo para o fechamento de fronteiras e a decadência de cidades com população envelhecendo.

A convulsão social de 2016, cujas principais consequências foram o Brexit, na Europa, e os resultados da eleição presidencial nos Estados Unidos, foi causada, em grande parte, pelas percepções anti-imigração. A população das metrópoles estava ciente dos benefícios econômicos da imigração estrangeira, enquanto a população de cidades pequenas e áreas rurais via os imigrantes como ladrões de empregos, em vez de colaboradores para a economia nacional. Na Nova Iorque de 2015, a população de pessoas nascidas no exterior representava 38% do total da cidade. Em Londres, em 2011, 37% da população havia nascido fora do Reino Unido. Não é de espantar que ambas as cidades tenham votado contra os partidos anti-imigração nas eleições de 2016!

Portanto, a imigração é uma necessidade para a sobrevivência econômica de cidades grandes de países afluentes com taxas de natalidade em declínio. Todavia, como a política imigratória é decidida pelos governos nacionais, e não pelas cidades grandes em si, é bastante provável que as cidades de países afluentes vejam suas economias retrocederem, já que o envelhecimento de suas populações não será compensado por um influxo de imigrantes mais jovens e mais vigorosos. Algumas grandes cidades dos Estados Unidos, que incluem muitos trabalhadores estrangeiros, estão perfeitamente cientes desse problema e têm se declarado "cidades santuário". Cidades santuário, como Nova Iorque, São Francisco e outras, têm declarado que suas polícias municipais não cumprirão leis de emigração e não colaborarão com os órgãos federais para isso. Isso demonstra os interesses antagônicos entre cidades grandes economicamente dinâmicas e cidades menores mais estagnadas e áreas rurais.

• • •

Cidades como Londres, Paris, Berlim – e, talvez, Nova Iorque – em breve enfrentarão os mesmos problemas de Toyama. Quando analisamos a Figura 8.4, parece que talvez leve uma ou duas décadas para que as cidades da América Latina também enfrentem os mesmos problemas das cidades europeias.

Este livro trata do planejamento urbano operacional. Talvez valha a pena explorar o que provavelmente acontecerá ao grupo de cidades dos países afluentes que sentirão falta dos imigrantes por culpa de seus governos nacionais. Podemos usar o exemplo do Japão como um precursor do planejamento urbano em cidades com populações que estão envelhecendo e diminuindo.

O efeito das populações que envelhecem no crescimento das cidades do Japão

A população do Japão chegou a seu pico em 2010, com 128 milhões de habitantes. Projeta-se que ela reduzirá para 107 milhões, ou seja, encolherá 17% até 2040. Entre 2010 e 2040, estima-se que sua população ativa[10] diminuirá de 64% para 53% e que a razão de dependência (população dependente/população ativa) aumentará de 57%, em 2010, para 85% em 2040.[11] O decréscimo populacional e o aumento da razão de dependência são mais graves nas cidades pequenas do que nas grandes. Nas três principais áreas metropolitanas (Tóquio, Quioto-Osaka e Nagoya), a razão de dependência é inferior à nacional e projeta-se que ela aumentará mais lentamente, de 49%, em 2010, para 76%, em 2040.

Para fazermos uma comparação, a razão de dependência em Nova Iorque em 2014 era de 45%, e, em Singapura, a razão de dependência da população residente (excluindo os estrangeiros) era de 37%. Se incluirmos os estrangeiros, a razão de dependência de Singapura é ainda inferior. O governo japonês, contudo, atualmente não tem um plano para encorajar a imigração de estrangeiros a fim de compensar pelo envelhecimento de sua população. Em 2014, havia 2,1 milhões de estrangeiros residindo no Japão, muito menos do que os 3,2 milhões de residentes estrangeiros que podiam ser encontrados apenas na cidade de Nova Iorque. A maneira como as cidades japonesas lidam com suas populações em declínio servirá de exemplo para os planejadores urbanos das cidades da Europa e de outros países com população cada vez mais velha, mas que não é compensada pela imigração estrangeira. Como veremos, os problemas de desenvolvimento urbano enfrentados pelas cidades com populações em declínio são muito distintos daqueles descritos nos capítulos precedentes deste livro.

Seis das oito cidades japonesas com mais de 5 milhões de habitantes tinham taxa de crescimento populacional positiva entre 2005 e 2010 (Figura 8.5). Tóquio, a maior delas, com 13 milhões de pessoas (Município de Tóquio), tinha o maior aumento populacional, de 4,7%. Por outro lado, das 39 cidades com populações entre 500 mil e 5 milhões de habitantes, somente três não tinham crescimento negativo. Uma população envelhecendo, aparentemente, não impede que as cidades grandes cresçam, ainda que, modestamente, contribui para a aceleração da perda populacional em cidades pequenas.

O prefeito de Toyama, uma cidade de 1,2 milhão de habitantes e que perdeu 1,7% de sua população entre 2005 e 2010, considera que a redução populacional é o maior desafio enfrentado por seu município. Os planejadores locais explicam que os jovens adultos de Toyama tendem a emigrar para cidades maiores, como Tóquio e Osaka, onde terão mais chances de encontrar emprego. Essa emigração de jovens das cidades pequenas reduz ainda mais o tamanho de seu mercado de trabalho local, tornando-as ainda menos atraentes para novos investimentos e gerando uma espiral de desinvestimento. A base fiscal dessas cidades e seus orçamentos também são gravemente afetados pelo aumento das pensões, aposentadorias e serviços sociais que elas têm de oferecer aos idosos ao mesmo tempo em que sua base tributária está encolhendo.

Que tipo de projetos urbanos se tornam a prioridade em uma cidade na qual a população encolhe? Em Toyama, em 2016, os principais projetos de planejamento consistiram em tentar reagrupar idosos dos subúrbios em um local mais centralizado, onde eles poderiam ser atendidos com um custo menor. Algumas áreas suburbanas são, inclusive, demolidas, e os cidadãos recebem um subsídio para se mudarem para bairros mais centrais. Os meios de transporte público são redesenhados a fim de oferecer mais mobilidade às pessoas com deficiência. O uso das escolas está sendo modificado, transformando-as em casas para idosos. Um dos principais objetivos da prefeitura é manter a mobilidade dos idosos que já não podem dirigir, seja fornecendo-lhes cadeiras de rodas motorizadas e faixas de rolamento especiais para cadeirantes nos passeios, seja organizando transporte público de fácil embarque em bairros onde os idosos foram realocados.

Ao mesmo tempo, com subsídios fiscais, o município está tentando reter ou criar empregos que não sejam do setor geriátrico, o único que está prosperando. A prefeitura também está tentando tornar a cidade mais atraente como centro cultural para manter os jovens. Essas descrições de Toyama são, naturalmente, evidências empíricas do que seria o planejamento urbano em uma cidade com população em queda. A maioria dos planejadores urbanos, inclusive eu, está completamente despreparada para administrar cidades que estarão em uma situação similar à de Toyama e de muitas outras cidades japonesas. É possível que a tecnologia, na qual os japoneses se mostram peritos, possa resolver o problema de uma população envelhecendo. Também existe a possibilidade de que, no futuro, a taxa de natalidade japonesa se estabilize em um nível que permita ao país manter uma população urbana constante e, em correspondência, uma economia urbana saudável.

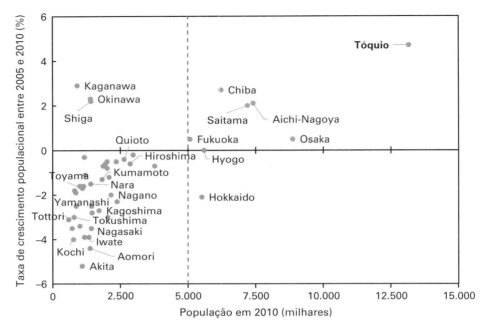

FIGURA 8.5 Taxas de crescimento populacional em cidades japonesas com mais de 500 mil habitantes entre 2005 e 2010.
Fonte: Wendel Cox, "Japan's 2010 Census: Moving to Tokyo", New Geography, Grand Forks, ND, 2011, http://www.newgeography.com/content/002227-japan%E%80%99s-2010-census-moving-tokyo

As cidades que crescem e as que diminuem não serão geograficamente distribuídas ao acaso

A maioria das cidades do mundo não enfrentará os desafios de Toyama. Ainda há muitos países com populações muito jovens que estão prontas para deixar as áreas rurais em direção às urbanas, ou para emigrar para qualquer lugar do mundo onde haja cidades dinâmicas que as acolham. A partir do início do século XXI deveremos testemunhar um forte contraste entre megacidades muito dinâmicas, como aquelas do delta do Rio das Pérolas, por exemplo, e cidades que estão encolhendo na Europa e em algumas partes da América do Norte. Vamos, então, analisar o potencial das cidades dinâmicas.

Em 2014, a ONU publicou um relatório intitulado Perspectivas da Urbanização Mundial 2014. Na Figura 8.6 reproduzo um dos principais gráficos, que mostra as taxas de crescimento entre 2000 e 2014 de cidades do mundo inteiro classificadas por continente e tamanho. Vemos imediatamente que a quase totalidade das taxas de crescimento anual está na faixa entre 10 e –1,5%. A maior dispersão encontra-se na Ásia, onde as megacidades de mais de 10 milhões de habitantes vêm crescendo a uma taxa entre 0,5 e 5% ao ano.

As cidades com taxas de crescimento negativo são principalmente aquelas de tamanho médio (entre 1 e 5 milhões de pessoas) e as menores (entre 500 mil e

CAPÍTULO 8   Os planejadores e economistas urbanos têm um importante papel... 379

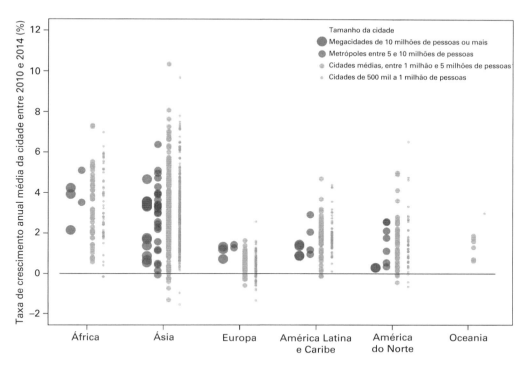

FIGURA 8.6 Taxas de crescimento urbano por região e tamanho de cidade entre 2000 e 2014.
Fonte: Dados da ONU, Departamento de Questões Sociais e Econômicas, Divisão Populacional (2014). Perspectivas da Urbanização Mundial: Revisão de 2014, Destaques (ST/ESA/SER.A/352).

1 milhão de habitantes). O crescimento negativo de muitas cidades com menos de 5 milhões de pessoas é consistente com a experiência japonesa.

A distribuição das cidades da Figura 8.6 mostra a predominância do desenvolvimento urbano na África e na Ásia, áreas com as mais altas taxas de crescimento tanto nas megacidades como nas cidades menores. A mudança no centro de gravidade econômica do mundo, da América do Norte e da Europa Ocidental para a Ásia, que ocorreu no início do século XXI, está evidenciada no gráfico: enquanto algumas cidades asiáticas estão crescendo a uma taxa de mais de 3% ao ano, as megacidades europeias, latino-americanas e norte-americanas vêm crescendo menos de 2% ao ano.

Na Ásia, o grande investimento na infraestrutura que ocorreu durante os últimos 20 anos tem estimulado o crescimento de mais cidades, por facilitar o comércio e tornar o transporte mais barato. Em 2013, o governo da China anunciou uma iniciativa chamada "O Cinturão Econômico da Rota da Seda e a Rota da Seda Marítima do Século XXI", geralmente abreviada como Cinturão e Rota. Essa iniciativa conectará as cidades do centro da Ásia às estruturas portuárias recentemente expandidas do Sul e do Sudeste da Ásia. Isso criará uma colossal zona de comércio transcontinental de uma escala jamais vista. A estrutura planejada dará acesso marítimo aos países do centro da Ásia, com seus vastos recursos naturais. O aumento do comércio decorrente das novas rotas marítimas estimulará ainda mais o crescimento das cidades da região e a migração de populações às cidades grandes.

Algumas metrópoles da Ásia, em particular na China e Índia, talvez já estejam sendo afetadas pelas baixas taxas de natalidade relacionadas a essa nova prosperidade. Contudo, essas cidades localizam-se em países que ainda contam com uma grande reserva de mão de obra em áreas rurais. Portanto, seu crescimento contínuo está garantido no médio prazo. A possibilidade de ampla comunicação e trocas culturais entre países asiáticos com tradições culturais riquíssimas e diversas certamente estimulará a criatividade e a inovação das cidades da região.

As cidades africanas ainda têm o maior potencial latente. Seu crescimento se beneficiará de uma população muito mais jovem do que a dos outros continentes. Seu grande desafio será o desenvolvimento a tempo da infraestrutura necessária para que os seres humanos vivam bem próximos das cidades muito grandes.

Como serão as cidades na metade do século XXI?

Como sugeri, teremos dois tipos de cidades na metade do século XXI:

- primeiro, as cidades que estão crescendo rapidamente e atraindo migrantes de seus próprios países e do exterior;
- segundo, aquelas que estão perdendo suas populações e têm razões de dependência cada vez mais elevadas.

Ambos os tipos de cidades vão impor sérios desafios ao planejamento urbano. As cidades que crescem rapidamente atingirão tamanhos sem precedentes e para os quais as tecnologias de transporte atuais são inadequadas. As cidades que estão perdendo população e encolhendo exigirão o reagrupamento populacional dentro de um perímetro urbano menor, uma vez que seus recursos fiscais estão diminuindo com o número de habitantes.

Analisemos primeiro as cidades grandes e de crescimento mais rápido da Ásia. A recente política chinesa de olhar para o crescimento das cidades em conurbações – em vez de uma cidade central rodeada por seus grandes subúrbios – é uma diferença significativa de suas práticas urbanas do passado. As conurbações ou aglomerados urbanos já existiam, é claro, como o Randstad dos Países Baixos, que conecta Amsterdã, Roterdã, Haia e Utrecht. O desenvolvimento urbano ao redor da Baía de São Francisco também pode ser considerado uma conurbação. No entanto, o que distingue o conceito da conurbação urbana chinesa é sua escala. O Randstad conecta apenas 7 milhões de pessoas, enquanto a Baía de São Francisco (incluindo o Vale do Silício) têm só 6,2 milhões de moradores. Em contrapartida, a conurbação do Delta do Rio das Pérolas tinha 65 milhões de pessoas em 2010, superando toda a população do Reino Unido, mas se concentrando em menos de 10 mil quilômetros quadrados! A conurbação recente que inclui Pequim-Tianjin-Hebei conecta mais de 105 milhões de pessoas.

Será que essas aglomerações urbanas colossais realmente formarão mercados de trabalho unificados, com a capacidade de inovação e produtividade condizente com o tamanho de seus mercados de trabalho? Por hora, não existe uma tecnologia de transporte urbano que permita a integração desses grandes mercados. As conurbações existentes na Ásia funcionam bem como redes de suprimento, mas seus mercados de trabalho ainda estão fragmentados em vários mercados menores que se sobrepõem. Esses mercados sobrepostos, mas fragmentados, certamente têm uma vantagem comparativa de produtividade em relação aos menores, como o da Baía de São Francisco ou o do Randstad, mas eles não permitem a produtividade que se conseguiria com a conexão de 100 milhões de pessoas fazendo viagens pendulares de menos de uma hora.

O principal desafio da urbanização do futuro, portanto, se encontra no desenvolvimento da tecnologia do transporte urbano. Trens ultrarrápidos combinados com meios de transporte individuais que ofereceriam rápidos deslocamentos porta a porta (ou viagens de porta a estação e de estação a porta) permitiriam a integração desses mercados de trabalho. O surgimento da tecnologia dos veículos autônomos e do compartilhamento de veículos leves provavelmente seja um dos principais contribuintes para a unificação de mercados de trabalho fragmentados. A alocação de terra e padrões de habitação também serão um grande desafio, uma vez que se esperam grandes deslocamentos de mão de obra.

As cidades que perdem população também vão impor graves desafios até sua estabilização. Será que uma cidade consegue se adaptar a uma população estável e a uma razão de dependência estável? Não temos modelos, uma vez que o último século se caracterizou por migrações massivas e gerais das áreas rurais às urbanas.

Seja qual for o modelo de cidade dominante – conurbações reunindo 100 milhões de pessoas ou cidades de 500 mil habitantes perdendo população –, o planejamento urbano de meados do século XXI será muito diferente daquele que conhecemos até o momento.

Notas

Capítulo 1

1. Albert O. Hirschman, *Development Projects Observed*. Washington, DC, Brookings Institution Press, 1967, p. 296.
2. Edward Glaeser, "Reforming Land Use Regulations", *in Series on Market and Government Failures*. (Washington, DC, Brookings Institution, Center on Regulation and Markets, março, 2017), p. 2.
3. Alain Bertaud e Bertrand Renaud, "Socialist Cities without Land Markets", *Journal of Urban Economics* 41, n.º 1 (1997), p. 137–151.
4. Os *kombinats*, na União Soviética e no Leste europeu, eram grandes monopólios verticais que geralmente atuavam em apenas um setor industrial. Por exemplo, o *kombinat* desta história explorava minas de areia, tinha indústrias de cimento e painéis de concreto armado e construía moradias em uma região. Às vezes, o *kombinat* também ampliava suas atividades horizontalmente, administrando fazendas que produziam alimentos para seus trabalhadores.
5. Ronald Coase e Ning Wang, *How China Became Capitalist* (Londres, Palgrave Macmillan, 2012), p. 154.
6. *China Daily* (Pequim), 16 de novembro de 2013, "Decisions on Major Issues Concerning Comprehensively Deepening Reforms", adotadas durante a Terceira Sessão Plenária da 18ª reunião do Comitê do Partido Comunista da China em 12 de novembro de 2013.

Capítulo 2

1. Edward L. Glaeser, Jed Kolko e Albert Saiz, "Consumer City", *Journal of Economic Geography 1*, n.º 1 (2001), p. 27–50.
2. A Internet, sem dúvida, pode difundir conhecimento rapidamente e sem a exigência de concentração espacial. Contudo, seu impacto nessa difusão talvez seja similar ao dos livros: o conhecimento é disponibilizado rapidamente e com baixo custo, mas não substitui a riqueza dos encontros presenciais e ocasionais de pessoas com interesses similares.
3. Shlomo Angel, *Planet of Cities* (Cambridge, MA, Lincoln Institute of Land Policy, 2012).
4. Jane Jacobs, *The Economy of Cities* (Nova Iorque, Random House, 1969). Não pretendo me envolver com o debate iniciado por Jane Jacobs – se as cidades precederam a agricultura. A existência de um setor econômico relacionado com a obsidiana em Çatalhöyük por volta de 7000 a.C. é fato, de acordo com os arqueólogos.
5. Resolução política industrial do Governo da Índia adotada em 1956, de acordo com as determinações da Lei de Desenvolvimento e Regulamentação Industrial, 1951.
6. São Petersburgo foi fundada por Pedro, o Grande, a fim de abrir um porto para a Europa Ocidental e obter novas tecnologias por meio do comércio e das trocas culturais. Brasília, criada pelo presidente do Brasil, Juscelino Kubitschek, foi parte de um esforço para o desenvolvimento do centro do país e para tornar a cidade mais politicamente independente das grandes cidades litorâneas. O principal objetivo de Deng Xiaoping ao criar Shenzhen foi experimentar, dentro de um perímetro limitado, algumas das instituições de mercado e dos conhecimentos técnicos que eram empregados pelos compatriotas chineses de Hong Kong.
7. Em russo: *Gosudarstvennaya Planovaya Comissiya* (Comitê de Planejamento do Estado), encarregado da economia soviética.

8. Sam Staley e Adrian Moore, *Mobility First* (Lanham, MD, Rowman & Littlefield Publishers, Inc., 2009).
9. A Organização para a Cooperação e o Desenvolvimento Econômico (OCDE) é um clube de 34 países ricos com alto índice de desenvolvimento humano e comprometidos com a economia de mercado e a democracia.
10. Rémy Prud'homme e Chang-Woon Lee, "Size, Sprawl, Speed and the Efficiency of Cities", *Observatoire de l'Économie et des Institutions Locales*, Université de Paris 13, 1998.
11. Patricia Melo, Daniel Graham, David Levinson e Sarah Aarabi, "Agglomeration, Accessibility, and Productivity: Evidence for Urbanized Areas in the US", artigo apresentado ao Comitê de Pesquisa sobre o Transporte, Washington, DC, 2013.
12. Nem todos os CBDs estão localizados no centro de uma área densa. O CBD de Mumbai, por exemplo, está na extremidade sudoeste de uma península, enquanto o centroide da área densamente construída localiza-se a mais de 15 km para o norte. Essa situação é relativamente rara, uma vez que as forças de mercado tendem a redirecionar o CBD para o centro de gravidade da população de uma cidade.
13. O termo "rotas de viagem pendular" define um itinerário de um lugar a outro, que talvez siga vias secundárias na ausência de vias arteriais que conectem o ponto de origem ao destino. As rotas de viagem pendular são, portanto, independentes do *design* existente das vias principais, que muitas vezes convertem para um ponto central.
14. David Levinson, "Access across America", Center for Transportation Studies, Universidade de Minnesota, Minneapolis, 2013.
15. Chang-Moo Lee e Kun-Hyuck Ahn, "Five New Towns in the Seoul Metropolitan Area and Their Attractions in Non-Working Trips: Implications for Self-Containment of New Towns", *Habitat International* 29 (2005), p. 647–666.
16. Dependência da trajetória se refere a situações nas quais as opções escolhidas no passado limitam o número de opções disponíveis no futuro. O conceito é comum em história, biologia evolucionária e em economia, mas, evidentemente, também pode ser aplicado ao desenvolvimento urbano. Por exemplo, na biologia evolucionária, um grupo de células vivas primitivas poderia evoluir até resultar em um mamífero ou peixe. Contudo, uma vez que elas evoluíram para a forma de um peixe, não teriam como evoluir para se tornar um mamífero, e vice-versa.
17. As viagens pendulares incluem somente os deslocamentos entre uma residência e um local de trabalho. Outras viagens, para fazer compras, socializar ou ter lazer, são contadas separadamente. As viagens pendulares costumam ser apenas uma fração de todos os transportes das pessoas, mas são as mais importantes para o funcionamento adequado do mercado de trabalho. Além disso, a maioria das viagens pendulares ocorre no horário de pico e, portanto, testa a capacidade dos sistemas de transporte.
18. Neste caso, defini a cidade central de Seul como a área dentro de um círculo com 10 km de diâmetro cujo eixo é a Prefeitura da Cidade de Seul. Essa área inclui três CDBs distintos, com uma intensa concentração de empregos.
19. *Paanwalas* vendem *paan*, uma mistura de folhas de bétele, nozes de areca e tabaco que é mascada por seus efeitos estimulantes e narcóticos. Eles são pequenos negócios informais, porém prósperos, nas cidades indianas.
20. *Chambres de bonnes* (dependências de empregada) eram cômodos independentes com cerca de 9 a 12 m^2 construídos sob o telhado de prédios abastados de Paris e das cidades do interior, geralmente compartilhando os banheiros do mesmo pavimento. Quando as famílias desses prédios já não tinham como pagar pelas empregadas, esses aposentos se tornaram os quartos mais baratos para se alugar no mercado. Seu baixo custo tem se mantido ao longo dos anos, apesar de sua excelente localização, pois eles costumam estar no quinto ou sexto pavimento de um prédio sem elevador.

21. Um *kampung*, que significa "vilarejo" no idioma bahasa indonésio, é um bairro residencial informal, porém legal nas cidades indonésias. O tamanho dos lotes varia conforme a renda, mas os menores chegam a ter apenas cerca de 10 m^2. As ruas de um *kampung* costumam ter 2 ou 3 metros de largura, e algumas passagens não têm mais de 50 centímetros.

22. Por exemplo, as regulações urbanas de Estocolmo exigem um equilíbrio entre locais de trabalho e moradia em cada bairro, apesar de as estatísticas mostrarem que, quando esse equilíbrio é atingido, ele não reduz a duração das viagens. Permitir o uso misto do solo quando se encontram empresas e habitações no mesmo local é uma política excelente, mas impor esse uso misto apenas diminui o processo de desenvolvimento urbano. Além disso, o número de empregos por empresa pode variar significativamente ao longo do tempo.

Capítulo 3

1. Eu diferencio "planejamento urbano" de "*design*": o planejamento envolve várias tarefas, muitas das quais são projeções, como as projeções demográficas e de trânsito ou as previsões da futura demanda de água ou energia. O *design* é uma parte mais específica do planejamento urbano que envolve a imposição de limites físicos ao ambiente construído. O *design* envolve a elaboração de plantas de prédios individuais, mas também o desenho de planos de zoneamento, a limitação da altura dos prédios, a definição dos diferentes usos do solo, o estabelecimento da zona urbana, entre outras atividades similares.

2. Ebenezer Howard (1850-1928) foi o fundador do movimento da cidade-jardim. Ele foi um reformista social e planejador urbano utópico que se dedicou à melhoria das condições sociais dos trabalhadores na Inglaterra no final da Revolução Industrial. Seu conceito consistia em agrupamentos de edificações em cidades autossuficientes com aproximadamente 30 mil pessoas. O objetivo era fugir do ambiente poluído e insalubre das metrópoles industriais de sua época. De certo modo, ele foi o precursor da criação dos subúrbios modernos com baixa densidade, embora, sem dúvida, eles não sejam autossuficientes.

3. A política do estado de Maharashtra State (DCR 58, 2001) permitiu aos industriais manter apenas um terço de suas terras para fins comerciais. Os outros dois terços tiveram de ser doados ao governo para a criação de habitações populares, espaços abertos e amenidades sociais.

4. O orçamento de Mumbai para os anos 2014–2015 foi de aproximadamente 73,5 bilhões de rúpias indianas, ou 1,07 bilhão de dólares.

5. Os *designs* dos artistas não precisam de qualquer justificativa racional – são, por definição, idiossincráticos. Uso, aqui, a outra definição de *design* oferecida pelo Webster's Dictionary: "criar, planejar ou calcular para servir a um fim predeterminado".

6. Muitas das cidades antigas da China também foram planejadas com base em uma grelha quadrada, como Chang'an, a capital das dinastias Sui e Tang, que remonta ao século VI.

7. O reparcelamento do solo é uma técnica para converter terra rural ou terras com baixa densidade e mal-aproveitadas sem usar a desapropriação por interesse público para criação de ruas e espaços abertos. Os proprietários das terras recebem uma parte da terra urbanizada que é menor do que a gleba rural originária, mas que tem valor muito mais elevado em razão da infraestrutura criada. O agente, público ou privado, que administra o sistema de reparcelamento paga pela infraestrutura cobrando uma taxa dos proprietários das terras, ou tomando um percentual dessas terras.

8. Voisin era um fabricante de aviões que patrocinava, em parte, as pesquisas de Le Corbusier.

9. O Congrès Internationaux d'Architecture Moderne (CIAM), ou Congresso Internacional de Arquitetura Moderna, foi criado em 1928 por um grupo de arquitetos e artistas famosos que se reuniu regularmente até 1959. Ele foi responsável pela difusão das ideias de Le Corbusier, que era seu principal guia.

10. A norma era nacional, mas regulamentada por portarias e leis municipais. Em Xangai, ela foi regulamentada pelo "Código de Planejamento e Projeto de Áreas Residenciais Urbanas" (circular GB50180-93).
11. Cinco pavimentos era o número máximo permitido para edifícios de apartamentos sem elevadores. Devido à carência de energia elétrica na China pré-reformas, praticamente todos os prédios residenciais construídos tinham cinco pavimentos.
12. As densidades populacionais urbanas costumam ser calculadas por pessoas por hectare. Por exemplo, uma densidade de 50 pessoas por hectare implicitamente corresponde ao consumo de 200 m^2 de terra por pessoa (10.000/50 = 200). Densidades mais altas correspondem a um menor consumo de terra por pessoa.
13. O coeficiente de aproveitamento (CA) da cidade é a razão entre a área construída total de uma cidade e a área urbanizada total, incluindo as vias, mas excluindo grandes espaços abertos. Ele difere do coeficiente de aproveitamento (CA) de um lote, que mede a razão entre a área de piso construída em um lote privado e a área do lote, excluindo as ruas ao redor.
14. A densidade populacional urbana, d, geralmente é expressa em número de pessoas por hectare. Como um hectare corresponde a 10.000 m^2, o uso de solo por pessoa, c, é igual a 10 mil/d. Por exemplo, uma densidade populacional de 50 pessoas por hectare equivale ao consumo de 200 m^2 de terra por pessoa.
15. O governo de Singapura costuma alugar ou comprar espaços nos *shopping centers* por uma questão de conveniência de seus cidadãos. Essa prática permite que o governo singapuriano tenha mais transparência em seus custos operacionais, já que os aluguéis de seus imóveis são a preço de mercado.
16. Infelizmente, a maioria dos estados considera seus ativos imobiliários intransferíveis. Contudo, não há motivo para isso. Pelo que sei, a África do Sul e a Nova Zelândia são os únicos países no mundo que avaliam os ativos imobiliários estatais pelo preço de mercado e cobram tributos municipais desses bens. Ainda que esses valores e seus consequentes tributos muitas vezes fiquem desatualizados, esse sistema é um excelente passo para forçar os governos a estimarem o valor de seus ativos imobiliários e talvez vendê-los quando já não forem necessários.
17. A taxa de participação na força de trabalho é expressa como o percentual de pessoas no grupo etário dos 16 aos 65 anos que estão empregadas. Ela varia muito de um país para o outro; sendo, por exemplo, apenas 42% na Jordânia, mas 85% na Etiópia. Em 2012, a média mundial era 64% (dados do Banco Mundial: http://data.worldbank.org/indicator/).
18. O CA médio construído calcula a razão entre a área construída total de um bairro ou cidade dividida pela área construída de um bairro específico ou cidade. O CA médio construído, portanto, inclui os lotes privados, bem como a área viária e os espaços abertos. Em contrapartida, as regulações de CA medem apenas a razão entre a área construída e a área dos lotes privados, e, por consequência, subestima grosseiramente a área total de terreno necessária para cada metro quadrado construído.

Capítulo 4

1. Formular uma visão para orientar o desenvolvimento urbano é expressamente recomendado como um dos oito passos exigidos para o *design* de uma estratégia de desenvolvimento urbano pelo Banco Mundial e a Aliança das cidades. Veja http://www.citiesalliance.org/sites/citiesalliance.org/files/CA_Docs/resources/cds/cds-guidelines/cds_guidelines_final.pdf
2. Alex Anas e Yu Liu, "A Regional Economy, Land Use, and Transportation Model (RELU-TRAN): Formulation, Algorithm Design, and Testing", Journal of Regional Science 47, n°. 3 (2007), p. 415–455.

3. Veja Alain Bertaud, "The Spatial Structures of Central and Eastern European Cities: More European Than Socialist?" apresentado no International Symposium on Post-Communist Cities, Universidade de Illinois em Urbana-Champaign, junho de 2004, http://alainbertaud.com/wp-content/uploads/2013/08/AB_Central-European-Spatial-Structure_Figures_2.pdf
4. Os leitores não familiarizados com o modelo urbano padrão e interessados em aprender como essas equações foram obtidas podem consultar o Capítulo 2 da obra de Jan K. Brueckner, *Lectures on Urban Economics* (Cambridge, MA, MIT Press, 2011), ou, para uma discussão mais completa dos dados empíricos, o Capítulo 8 do livro de Arthur O' Sullivan, *Urban Economics* (Homewood, IL, Richard. D. Irwin, 1993).
5. O contribuinte que paga pelo subsídio da gasolina, paga o preço da má distribuição de recursos públicos.
6. Uma das poucas exceções talvez seja em Singapura, onde as ferramentas para o uso das ruas do centro da cidade são constantemente ajustadas a fim de refletir o equilíbrio entre a oferta e a demanda.
7. Alain Bertaud e Jan K. Brueckner, "Analyzing Building- Height Restrictions: Predicted Impacts and Welfare Costs", *Regional Science and Urban Economics* 35 (2005), p. 109–125.
8. Jan Brueckner, "Welfare Gains from Removing Land-Use Distortions: An Analysis of Urban Change in Post-Apartheid South Africa", *Journal of Regional Science* 36, nº. 1 (1996), p. 91–109.
9. Veja Alain Bertaud e Stephen Malpezzi, "The Spatial Distribution of Population in 52 World Cities: Recurrent Patterns and Some Implications for Public Policy", artigo científico preliminar, Universidade de Wisconsin, Madison, 2007.
10. R^2 é uma medida estatística da qualidade da adequação, ou seja, até que ponto os valores observados estão perto daqueles previstos por um modelo matemático. Os valores possíveis para R^2 são, no mínimo, 0, que significa totalmente inadequado, a 1, o máximo, que indica adequabilidade total.
11. Jeremy Atack e Robert A. Margo, 1998, "Location, Location, Location!" The Price Gradient for Vacant Urban Land: Nova Iorque, 1835 to 1900", *Journal of Real Estate Finance and Economics* 16, nº. 2 (1998), p. 151–172.
12. Andrew Haughwout, James Orr e David Bedroll, "The Price of Land in the New York Metropolitan Area", *Current Issues in Economics & Finance* 14, nº. 3 (2008), Federal Reserve Bank of New York.
13. Arthur O'Sullivan, *Urban Economics* (Homewood, IL, Richard. D. Irwin, 1993), p. 282.
14. Para uma discussão sobre as cidades de economias de comando que se desenvolveram sem o mercado de terra, veja Alain Bertaud e Bertrand Renaud, "Socialist Cities without Land Markets", *Journal of Urban Economics* 41, nº. 1 (1997): p. 137–151.
15. Shlomo Angel, Alejandro M. Blei, Jason Parent, Patrick Lamson- Hall e Nicolás Galarza Sánchez, *Atlas of Urban Expansion*, vol. 1: Areas and Densities (Nova Iorque, Universidade de Nova Iorque, Nairobi: UN-Habitat; e Cambridge, MA, Lincoln Institute of Land Policy, 2016).
16. Alain Bertaud, "Mumbai FAR/FSI Conundrum: The Four Factors Restricting the Construction of New Floor Space in Mumbai", 2011, http://alainbertaud.com/wp-content/uploads/2013/06/AB-Mumbai-FSI-Conundrun-Revised_June-2013_kk-ab1.pdf
17. Uma densidade de, digamos, 50 pessoas por hectare equivale a um consumo de terra de 200 m^2 por pessoa (1 hectare = 10.000 m^2, 10.000/50 = 200).
18. O *Merriam-Webster's Dictionary* define espraiamento como "espalhar ou desenvolver de modo irregular ou não gracioso" e dá um exemplo: "a cidade se dispersa sem lógica ou plano aparente para oeste, norte e sul – American Guide Series: Rhode Island".

19. Banco Mundial, "China's Next Transformation: Making Urbanization Efficient, Inclusive, and Sustainable", Supporting Report 2, "Planning and Connecting Cities for Greater Diversity and Livability" (Nova Iorque, Banco Mundial, 2014), p. 143, mapa 2.2.
20. Os mais graves períodos de fome na Ásia, em Bengala (Índia) em 1943, e na China durante o Grande Salto Adiante, em 1961, foram causados por políticas governamentais e falta de ação subsequente e nada tinham a ver com a redução da área agrícola.
21. Considerei uma produtividade agrícola uniforme no espaço, e, portanto, A é uma linha horizontal.
22. Entre outros, veja http://en.wikipedia.org/wiki/General_Motors_streetcar_conspiracy
23. Na China, o descontentamento dos agricultores com os valores pagos pelo governo municipal por suas terras é fonte de muitos protestos. Na Índia, em 2006, o governo de Bengala Ocidental usou a desapropriação por interesse público para expropriar cerca de 4 km^2 de terras agrícolas a fim de permitir que uma montadora de automóveis particular construísse sua indústria. Os violentos protestos decorrentes do baixo preço pago para a aquisição obrigaram o governo de Bengala Ocidental a abandonar o projeto, que, posteriormente, foi transferido para outro estado.
24. Portland, no Oregon, foi uma das primeiras cidades dos Estados Unidos a impor um limite ao crescimento urbano revisado a cada quatro anos, que determina a ampliação da área dentro dos limites definidos. Há ampla literatura sobre o efeito do limite do crescimento urbano nos preços dos lotes e das moradias. O conceito se aplica a todas as grandes cidades do estado de Oregon.
25. As regulações de parcelamento do solo se aplicam principalmente a áreas ainda não urbanizadas. Elas definem (1) a geometria do empreendimento (p. ex., o tamanho mínimo dos lotes, a largura mínima das ruas, a área mínima a ser preservada como espaços abertos, as exigências de estacionamento); e (2) padrões de construção (p. ex., das ruas, do sistema de esgoto pluvial, das redes de abastecimento de água, do sistema de esgoto cloacal). Por outro lado, as regulações de uso do solo e zoneamento costumam tratar das restrições ao tipo de uso (p. ex., comercial ou residencial) e à intensidade (p. ex., o coeficiente de aproveitamento, a altura máxima permitida, os recuos obrigatórios) de um lote específico.
26. O preço de mercado de um lote vazio reflete o quanto os consumidores estão dispostos a pagar pelo aluguel que aquele terreno gerará ao longo do tempo. Esse preço costuma ser mais elevado do que o custo do empreendimento original mais o custo das terras rurais, mas isso nem sempre é verdade. Na África do Sul, por exemplo, em grandes projetos de conjuntos habitacionais feitos pelo governo para famílias de baixa renda, alguns lotes estão sendo vendidos no mercado aberto por apenas um terço do custo de sua urbanização. Descobri essa mesma diferença negativa entre preços de mercado e projetos habitacionais públicos tanto na Índia quanto na Tailândia.
27. Usando-se a equação 4.2: $(100 + 50)/0,6 = 250$.
28. Shlomo Angel, *Housing Policy Matters: A Global Analysis* (Oxford, Oxford University Press, 2000).
29. Neste caso, estamos trabalhando com uma visão simplificada da realidade. Nas cidades reais, a distância do centro aos pontos x_1 e x_2 pode variar conforme a localização geográfica.
30. À medida que a população cresce, que as rendas aumentam e que o gasto com transporte em relação à renda diminui, tanto x_1 quanto x_2 passarão para a direita.
31. Patricia Clarke Annez, Alain Bertaud, Bimal Patel e V. K. Phatak, "Working with the Market: Approach to Reducing Urban Slums in India", artigo científico preliminar de pesquisa sobre políticas 5475, Banco Mundial, Washington, DC, novembro de 2010.
32. Robert Neuwirth, "New York's Housing Underground: A Refuge and a Resource", Pratt Center for Economic Development and Chhaya Community Development Corporation, Nova Iorque, 2008.

33. Essa análise se baseia no relatório "Hanoi Capital Construction Master Plan to 2030 and Vision to 2050 (3rd report – comprehensive text report – 11/2009)", PPJ and JIAP Consortium, Hanói, 2009. As referências aos "princípios científicos" estão nas páginas 41, 54, 55, entre outras.

34. Annette Kim, *Learning to be Capitalists: Entrepreneurs in Vietnam's Transition Economy* (Nova Iorque, Oxford University Press, 2008).

35. O mapa de uso do solo do plano diretor original e essa citação podem ser encontrados em: https://www.perkinseastman.com/projects/hanoi-capital-master-plan-to-2030/

Capítulo 5

1. Luis Bettencourt e Geoffrey West, "A Unified Theory of Urban Living", *Nature* 467 (2010), p. 912– 913; e Luis Bettencourt, Horacio Samaniego e Hyejin Youn, "Professional Diversity and the Productivity of Cities", *Scientific Reports*, junho de 2014, e https://news.mit.edu/2013/why-innovation-thrives-in-cities-0604

2. Uma regulação atual de zoneamento do uso do solo da Cidade de Nova Iorque chamada "Joint Live-Work Quarters for Artists" (JLWQA) está tentando reunir as moradias dos artistas, seus ateliês e as galerias de arte dentro de quadras do Soho ao obrigar os incorporadores a oferecerem uma quota de *lofts* com aluguéis reduzidos para os artistas aprovados pela prefeitura!

3. Steven E. Polzin e Alan E. Pisarski, "Commuting in America 2013: The National Report on Commuting Patterns and Trends", American Association of State Highway and Transportation Officials, Washington, DC, 2013.

4. Shlomo Angel, Jason Parent, Daniel L. Civco e Alejandro M. Blei, "The Persistent Decline in Urban Densities: Global and Historical Evidence of Sprawl", artigo científico preliminar WP10SA1, Lincoln Institute, Cambridge, MA, 2011.

5. Cornelis Van Tilburg, *Traffic and Congestion in the Roman Empire* (Abingdon e Nova Iorque, Routledge, 2007).

6. Lee Chang-Moo e Kun-Hyuck Ahn, "Five New Towns in the Seoul Metropolitan Area and Their Attractions in Non-working Trips: Implications for Self-Containment of New Towns", *Habitat International* 29 (2005), p. 647–666.

7. G. Giuliano, "Is Jobs-Housing Balance a Transportation Issue?" *Transportation Research Record: Journal of the Transportation Research Board* 1305 (1991): p. 305–312, citação na página 311.

8. Francisco Gallego, Juan-Pablo Montero e Christian Salas, "The Effect of Transport Policies on Car Use: Theory and Evidence from Latin American Cities", artigo científico preliminar 407, Pontifícia Universidade Católica do Chile, Instituto de Economia, Santiago, dezembro de 2011.

9. David Schrank, Bill Eisele, Tim Lomax, Jim Bak, 2015. *Urban Mobility Scorecard* (College Station, Texas A&M Transportation Institute e INRIX, Inc., 2015).

10. O GTFS é um formato padrão de dados que permite aos desenvolvedores de *software* criar aplicativos que ofereçam dados de acessibilidade aos usuários do trânsito, bem como a empresas e aos profissionais do mercado imobiliário. Os dados formatados do GTFS podem ser utilizados com dados de transporte desagregados a fim de oferecer acessibilidade e horários de viagem alternativos entre duas localidades urbanas.

11. Tatiana Peralta Quirós e Shomik Raj Mehndiratta, "Accessibility Analysis of Growth Patterns in Buenos Aires, Density, Employment and Spatial Form", World Bank Transportation Research Board, Washington, DC, 2015.

12. Este mapa interativo de Buenos Aires permite testar a acessibilidade aos empregos de qualquer ponto de Buenos Aires utilizando quatro modais de transporte: caminhada, bicicleta, transporte público e automóveis particulares. O mapa também oferece a escolha entre vários tipos de emprego: comércio, serviços, manufatura, etc.
13. Na França, a Revolução Industrial começou por volta de 1815, mais ou menos após o término das Guerras Napoleônicas, muito depois da Inglaterra, onde iniciou em cerca de 1760.
14. Descrito na Comissão de Planejamento Nacional da Presidência, "National Development Plan Vision 2030", Joanesburgo, África do Sul, novembro de 2011.
15. Robert Cervero, *The Transit Metropolis; A Global Inquiry* (Washington, DC, Island Press, 1998). Veja as p. 43, 327 e 435.
16. As velocidades de fluxo livre calculadas pelo Texas A&M Transportation Institute são derivadas da velocidade dos veículos se deslocando à noite que consta banco de dados sobre velocidade INRIX. Trata-se de velocidades observadas e influenciadas pelos limites de controle de velocidade, mas também pela coordenação dos semáforos e outros elementos físicos da rede viária.
17. Samuel Staley e Adrian Moore, *Mobility First: A New Vision for Transportation in a Globally Competitive Twenty-First Century* (Lanham, MD, Rowman & Littlefield, 2009).
18. Sete cidades eram na Europa Ocidental, e seis nas Américas (cinco cidades dos Estados Unidos, além de Buenos Aires).
19. Andrew Haughwout, James Orr e David Bedoll, "The Price of Land in the New York Metropolitan Area", *Current Issues* 14, n°. 3 (abril/maio de 2008), Federal Reserve Bank of New York.
20. A maioria dos códigos de trânsito dos países recomenda um intervalo de três segundos entre veículos subsequentes a fim de permitir que os motoristas possam reagir aos veículos à sua frente nas frenagens bruscas. As observações indicam que a maioria dos motoristas urbanos usa um intervalo menor, de cerca de dois segundos, reduzindo, portanto, a área por veículo sob determinada velocidade, mas aumentando o risco de colisão e, por consequência, agravando os congestionamentos.
21. A área interna útil para passageiros de ônibus urbanos com 12 m de comprimento é de aproximadamente 19 m^2. Quando os veículos estão lotados, com 86 passageiros, a densidade interna é de 4,5 passageiros por metro quadrado, não tão confortável quanto em um automóvel, mas comum em horas de pico. Parece que nos ônibus urbanos e no metrô, a capacidade máxima absoluta utilizada pelas empresas de transporte é de 6,5 passageiros por metro quadrado de espaço interno de veículo. Contudo, esses números não aparecem nas estatísticas de congestionamento.
22. Veja http://www.geo.sunysb.edu/bicycle-muenster/
23. Veja http://www.toyota-global.com/innovation/smart_mobility_society/next_generation_urban_traffic_systems/
24. US Census, American Community Survey 2010.
25. Robert Cervero, "Bus Rapid Transit (BRT): An Efficient and Competitive Mode of Public Transport", artigo científico preliminar 2013–01, Berkeley Institute of Urban and Regional Development, Berkeley, CA, agosto de 2013.
26. Leroy W. Demery, Jr. "Bus Rapid Transit in Curitiba, Brazil – An Information Summary", public transit.us Special Report 1, Public Transit US, Vallejo, CA, 11 de dezembro de 2004.
27. http://www3.epa.gov/airquality/peg_caa/carstrucks.html
28. Os primeiros veículos elétricos com célula de combustível Toyota Mirai entraram no mercado do Reino Unido no outono de 2015.

29. O CO_2-e corresponde aos gases de efeito estufa que não são o CO_2, como metano, perfluorcarbonos (PFCs) e óxido nitroso, que um veículo pode emitir junto com o CO_2. Para cada gás de efeito estufa, calcula-se a massa de CO_2 que gerará o mesmo efeito de aquecimento global e soma-se ao total.
30. Leon Arundell, "Estimating Greenhouse Emissions from Australian Capital Territory Travel Modes", artigo científico preliminar 1.5, Leon Arundell, publicação de analista independente, Canberra, 2012.
31. David Levinson, "Who Benefits from Other People's Transit Use?", *New Geography*, 24 de maio, 2015, http://www.newgeography.com/content/004928-who-benefits-from-other-peoples-transit-use

Capítulo 6

1. Chang-Tai Hsieh e Enrico Moretti, "Why Do Cities Matter? Local Growth and Aggregate Growth", NBER, artigo científico preliminar 21154, National Bureau of Economic Standards, Cambridge, MA, maio de 2015 (revisado em junho de 2015).
2. Angus Deaton, *The Great Escape: Health, Wealth, and the Origins of Inequality* (Princeton, NJ: Princeton University Press, 2013), p. 16.
3. A 12th Annual Demographia International Housing Affordability Survey cobre 87 grandes mercados metropolitanos com populações superiores a 1 milhão de habitantes na Austrália, Canadá, Hong Kong, Irlanda, Japão, Nova Zelândia, Singapura, Reino Unido e Estados Unidos: http://www.demographia.com/dhi.pdf
4. O percentual de renda gasta com aluguel é calculado usando-se a renda média dos inquilinos, que, em média, é 65% inferior à renda mediana da população total.
5. Solly Angel e Patrick Lamson-Hall, "The Rise and Fall of Manhattan's Densities, 1790-2010", artigo científico preliminar Series 18, Marron Institute of Urban Management, Nova Iorque, dezembro de 2014.
6. Source Document: 19NYCRR 1226 – Property Maintenance Code of New York State (PMCNYS) Topic: Overcrowding (Occupancy Standards) 1º de janeiro de 2003.
7. Quoctrung Bui, Matt A.V. Chaban e Jeremy White, "40 Percent of the Buildings in Manhattan Could Not Be Built Today", *New York Times*, 20 de maio de 2016, com base em dados compilados por Stephen Smith e Sandip Trivedi, Quantierra.
8. Robert Neuwirth e Chhaya Community Development Corporation, "New York's Housing Underground: A Refuge and a Resource", Pratt Center for Community Development, Chaya Community Development Corporation, Nova Iorque, 2008.
9. Esta área inclui escadas e corredores, que são indispensáveis para edifícios de múltiplos pavimentos. O número pressupõe espaço habitável de cerca de 12 m².
10. A teoria do efeito cascata da acessibilidade pressupõe que qualquer aumento no estoque habitacional, não importa o preço por metro quadrado, em certo momento melhorará a oferta de moradia para todas as famílias, até mesmo as mais pobres. As moradias que se beneficiam do aumento da oferta elevariam seu nível de moradia, consequentemente liberando o número equivalente de unidades que se tornam financeiramente acessíveis às famílias com renda mais baixa do que aquela dos beneficiários da nova habitação. Mais tarde, o ciclo de ascensão a um nível de habitação melhor se repetirá, e os benefícios se estenderão aos grupos de renda mais baixa.
11. Veja http://www.inflation.eu/inflation-rates/china/historic-inflation/cpi-inflation-china-2000.aspx
12. Albert O. Hirschman, *Exit, Voice and Loyalty: Responses to Decline in Firms, Organisations and States* (Cambridge, MA: Harvard University Press, 1970), p. 59.

13. Veja http://www.huduser.gov/portal/periodicals/cityscpe/vol16num2/ch15.pdf
14. Veja http://www.sectioneightapplication.com/info/section_8_waiting_list
15. Lawrence M. Hannah, Alain Bertaud, Stephen J. Malpezzi e Stephen K. Mayo, "Malaysia – The Housing Sector: Getting the Incentives Right", World Bank Report 7292-M A, Infrastructure Division Country Department II, Asia Regional Office, Banco Mundial, Washington, DC, 10 de abril de 1989.
16. Gauteng é o nome da área metropolitana pós-Apartheid, incluindo Joanesburgo, Pretória e alguns municípios menores.
17. Veja https://tradingeconomics.com/south-africa/unemployment-rate.
18. Mireya Navarro, "88,000 Applicants and Counting for 55 Units in 'Poor Door' Building", *New York Times*, 20 de abril de 2015.
19. Richard K. Green e Stephen Malpezzi, *US Housing Markets and Housing Policy*, AREUEA monograph series 3 (Washington, DC, Urban Institute Press, 2003), p. 126.
20. Maxwell Austensen, Vicki Been, Luis Inaraja Vera, Gita Khun Jush, Katherine M. O'Regan, Stephanie Rosoff, Traci Sanders, Eric Stern, Michael Suher, Mark A. Willis e Jessica Yager "State of New York City's Housing and Neighborhoods in 2015", Furman Center, Universidade de Nova Iorque, Nova Iorque, 2016.
21. Veja https://www.nytimes.com/2016/09/18/nyregion/donald-trump-tax-breaks--real-estate.html?hp&action=click&pgtype=Homepage&clickSource=story-heading&module=first-column-region&region=top-news&WT.nav=top-news
22. Chang-Tai Hsieh e Enrico Moretti, "Why Do Cities Matter? Local Growth and Aggregate Growth", NBER, artigo científico preliminar 21154, National Bureau of Economic Research, Cambridge, MA, maio de 2015 (revisado em junho de 2015), p. 4.
23. Veja uma análise dos problemas e da melhoria da infraestrutura dos *kampungs* no documento do Banco Mundial de Alcira Kreimer, Roy Gilbert, Claudio Volonte e Gillie Brown, "Indonesia Impact Evaluation Report – Enhancing the Quality of Life in Urban Indonesia: The Legacy of Kampung Improvement Program", Banco Mundial, Washington, DC, 29 de junho de 1995. Disponível em https://documents1.worldbank.org/curated/en/927561468752367336/pdf/Indonesia-Enhancing-the-quality-of-life-in-urban-Indonesia-the-legacy-of-Kampung-Improvement-Program.pdf
24. O romance autobiográfico de autoria de Sheng Keyi, *Northern Girls* (Nova Iorque, Viking, Penguin Books, 2012), oferece uma ideia de como era a vida dos trabalhadores migrantes em Shenzhen na época de sua criação.
25. Kate Barker, *Review of Housing Supply: Delivering Stability: Securing Our Future Housing Needs*, Final Report – Recommendations, março de 2004, p. 3, 13 e 14, disponível em http://image.guardian.co.uk/sys-files/Guardian/documents/2004/03/17/Barker.pdf
26. Kate Barker, *Barker Review of Land Use Planning*, Final Report – Recommendations, dezembro de 2006, p. 4 e prefácio, disponível em https://assets.publishing.service.gov.uk/government/uploads/system/uploads/attachment_data/file/228605/0118404857.pdf

Capítulo 7

1. Nassim Nicholas Taleb, *Antifragile: Things That Gain from Disorder* (Nova Iorque: Random House, 2014).
2. Herbert Spencer, "State-Tamperings with Money and Banks", in *Essays: Scientific, Political, & Speculative*, vol. 3 (Londres e Edimburgo: Williams and Norgate, 1891), p. 354.
3. Nessa seção uso a palavra "Paris" para designar os 20 *arrondissements* que constituem o município de Paris e têm uma população de 2,2 milhões de pessoas, em comparação aos 12 milhões que correspondem à área metropolitana conhecida como Ilha da França.

4. Veja http://pluenligne.paris.fr/plu/page/PLU?page_id=1.
5. Paris divide-se em 20 *arrondissements* que são regiões administrativas, mas também claramente identificadas com tipos de estilos de vida e preços dos imóveis.
6. Alain Bertaud e Stephen Malpezzi, "Measuring the Costs and Benefits of Urban Land Use Regulation: A Simple Model with an Application to Malaysia", *Journal of Housing Economics* 10, n°. 3 (2001), p. 393.
7. Jason M. Barr, *Building the Skyline: The Birth and Growth of Manhattan's Skyscrapers* (Oxford, Oxford University Press, 2016).
8. Regulações de volume, de acordo com a definição da secretaria de planejamento urbano da Cidade de Nova Iorque, são a combinação de controles (tamanho do lote, CA, índice de ocupação, espaço aberto, jardins, alturas máximas e recuos obrigatórios) que determinam o tamanho máximo e a implantação de um prédio em seu lote.
9. Barr, *Building the Skyline*, p. 163 e 343.
10. Veja http://www1.nyc.gov/site/planning/about/city-planning-history.page?tab=2.
11. Veja http://www1.nyc.gov/site/planning/about/city-planning-history.page?tab=2.
12. Secretaria de Planejamento Urbano da Cidade de Nova Iorque, NYC Zoning History, Zoning the City – 2011, Conference Description, https://www1.nyc.gov/site/planning/about/city-planning-history.page
13. O *website* é http://www.nyc.gov/html/dcla/downloads/pdf/artist_certification.pdf.
14. Veja http://www1.nyc.gov/site/planning/zoning/about-zoning.page.
15. Veja https://www.nytimes.com/interactive/2016/05/19/upshot/forty-percent-of-manhattans-buildings-could-not-be-built-today.html?mtrref=undefined&gwh=614B30CE1112210C5D093CCC6DD4D909&gwt=pay&assetType=PAYWALL
16. A isenção do imposto 421-a reduz, durante um período entre 15 e 30 anos, o imposto predial e territorial de um incorporador ao valor que ele pagaria antes do empreendimento. Em troca, o incorporador tem de fornecer algo que a cidade deseja, como 20% de unidades de moradia subsidiadas, ou uma característica de projeto urbano especial, como uma conexão a uma estação do metrô. É um escambo nada transparente.
17. Veja https://www1.nyc.gov/assets/planning/download/pdf/plans-studies/vanderbilt-corridor/history_of_transit_bonuses.pdf
18. De NIMBY, *not in my backyard* ("não no meu quintal"), uma expressão utilizada por grupos que fazem pressão para evitar qualquer tipo de empreendimento, inclusive serviços públicos indispensáveis, como hospitais e abrigos para pessoas em situação de rua.
19. Jan K. Brueckner e David A. Fansler, "The Economics of Urban Sprawl: Theory and Evidence on the Spatial Sizes of Cities", *Review of Economics and Statistics* 65, n°. 3 (1983), p. 479–482, citação na p. 479.
20. Jan K. Brueckner, "Urban Sprawl: Lessons from Urban Economics", Brookings-Wharton Papers on Urban Affairs, Brookings Institution, Washington, DC, 2001.
21. Edward L. Glaeser and Matthew E. Kahn, "Sprawl and Urban Growth", artigo científico preliminar NBER 9733, National Bureau of Economic Research, Cambridge, MA, maio de 2003.
22. Marcial H. Echenique, Anthony J. Hargreaves, Gordon Mitchell e Anil Namdeo, "Growing Cities Sustainably", *Journal of the American Planning Association* 78, n°. 2 (2012), p. 121–137. DOI: 10.1080/01944363.2012.666731.
23. OECD (2012), Compact City Policies: A Comparative Assessment, OECD Green Growth Studies, OECD Publishing, https://www.oecd.org/greengrowth/compact-city-policies-9789264167865-en.htm.
24. Veja http://marroninstitute.nyu.edu/programs/urban-expansion

25. Veja http://www.atlasofurbanexpansion.org/. Shlomo Angel, Alejandro M. Blei, Jason Parent, Patrick Lamson-Hall e Nicolás Galarza Sánchez, com Daniel L. Civco, Rachel Qian Lei e Kevin Thom, *Atlas of Urban Expansion – 2016 Edition*, vol. 1, *Areas and Densities* (Cambridge, MA, Lincoln Institute of Land Policy, 2016).
26. Yuval Noah Harari, *Sapiens: A Brief History of Humankind* (Nova Iorque, Harpers Collins, 2016).

Capítulo 8

1. George Orwell, *Politics and the English Language* (Londres, Horizon, 1946), p. 6.
2. Participei diretamente como um dos principais autores na elaboração de sete planos diretores de cidades da América do Norte e Central, do Caribe, da Europa, do Norte da África e da Ásia. Além disso, como consultor, fui contratado para revisar inúmeros planos diretores de cidades do mundo inteiro.
3. Stephen Malpezzi e Stephen Mayo, "Housing and Urban Development Indicators: A Good Idea Whose Time Has Returned", *Real Estate Economics* 25, n°. 1 (1997), p. 1–12.
4. Shlomo Angel, "Housing Policy Matters", in *House Price, Rent, and Affordability* (Oxford: Oxford University Press, 2000), p. 232–249.
5. Este diagrama foi adaptado de um manual de avaliação produzido para o Banco Mundial em 1996.
6. $N_1 = 0{,}15 \cdot P$, onde P é a população ativa buscando um emprego no bairro X.
7. Angus Deaton, *The Great Escape: Health, Wealth, and the Origins of Inequality* (Princeton, NJ, Princeton University Press, 2013), p. 16.
8. Morris Hill e Rachelle Alterman, "The Problem of Setting Flexible Norms for Land Allocation for Public Facilities", in *New Trends in Urban Planning*, ed. Dan Soen (Oxford: Pergamon Press, 1979), p. 94–102.
9. Lawrence Hannah, Alain Bertaud, Stephen Malpezzi e Stephen Mayo, "Malaysia: The Housing Sector; Getting the Incentives Right", World Bank Sector Report 7292-MA, Banco Mundial, Washington, DC, 1989.
10. Definida como a população com idade entre 15 e 64 anos.
11. *Fonte*: Tabela 1-1 População total, população dos três principais grupos etários (menos de 15, 15–64, e 65 ou mais anos), projeções de população para o Japão (janeiro de 2012): 2011 a 2060, Instituto Nacional de Pesquisas sobre População e Segurança Social no Japão, Tóquio, Japão, 2012, https://www.ipss.go.jp/site-ad/index_english/esuikei/gh2401e.asp

Índice

Notas: As figuras e tabelas são indicadas por "f" e "t", respectivamente, após o número das páginas.

"Size, Sprawl, Speed and the Efficiency of Cities" (Prud'homme/Lee), 33–34
"Urban Sprawl: Lessons from Urban Economics" (Brueckner), 336
Abrigo emergencial, 302
Acessibilidade à habitação
  Demographia International Housing Affordability Survey, 224–225, 225f
  em Gauteng (África do Sul), 267–271, 270f, 272f, 273–275, 275f
  em Nova Iorque, 275–281, 278f, 280f–281f
  governo para, 220–221, 231–235, 232f–233f, 301–302, 304–306
  incentivos fiscais em, 284–285
  incentivos, 283–284
  na África do Sul, 366–367, 388n26
  na China, 230–231, 230f, 293–300, 297f
  na Indonésia, 288–292, 291f
  nos países em desenvolvimento, 372–373
  oferta de terras urbanas, 252–254, 253f
  padrões mínimos, 235–236
  políticas habitacionais, 249–250, 252
  políticas para, 301, 357, 357f
  razão preço/renda em, 224–230, 225f, 227f–228f, 231
  renda domiciliar em, 219–220, 222–224, 239, 240f, 242–244, 243f, 247, 248f, 249–251, 251f, 254–256, 255f
  setor habitacional informal, 256–260, 258f
  sublocação em, 282–283
  subsídios à demanda em, 260–263, 262f, 267–268
  subsídios à oferta em, 263–267, 265f
  subsídios em, 303–304
  tecnologia e, 345–346, 346f
  teoria do "efeito cascata", 239–241, 391n10
  tipologia habitacional, 244–247, 245f, 302–303
Acomodação (escolha de moradia), 244–247, 245f
África do Sul, 386n16. *Ver também* Gauteng.
  China, 299
  distribuição espacial, 271, 272f, 273
  governo, 222–223, 268–269, 274
  habitação pública, 366–367, 388n26
  modos de transporte, 167–168, 168f

Nova Iorque, 275–276
política, 101
PRD, 268–271, 270f, 272f, 273–275, 275f
subsídios à oferta, 268–269
transporte público, 274–275
Agência de Proteção do Meio Ambiente (EPA), 203–206
Alemanha, 203–204, 204f
Alonso, William, 95
Alterman, Rachelle, 367–368
Aluguéis
  aluguéis de apartamentos de luxo, 279–283, 280f–281f
  controle de aluguéis, 264–267, 265f
  economia, 317, 391n4
  governo, 277–278, 278f
  impostos, 283–284
  mecanismos de oferta, 314
  Section 8 *housing*, 286
  sublocação, 266–267, 282–283
Alvarás para construção, 4–7
Alvarás. *Ver* Alvarás para construção.
América Latina. *Ver também cidades específicas; países específicos*
  Buenos Aires (Argentina), 156–158, 158f, 389n12
  Rio de Janeiro (Brasil), 102f, 103–104, 103t
  terra, 339–340, 340f
Amsterdã, 338–339
Anas, Alex, 95
Angel, Shlomo, 21–22, 110, 116, 147–148, 339–340
Antifragile (Taleb), 308–309
Aplicações operacionais, 139–141
Apple (empresa), 308, 351
Aquecimento Global. *Ver* Meio ambiente; Emissões de gases de efeito estufa.
Áreas residenciais
  CBDs, 318, 327–328, 328f
  China, 73–77, 74t, 75f–76f
Áreas rurais, 126–129, 127f, 129f, 134–135
Argélia, 4–6
Art Decô, edifício (Nova Iorque), 326
Ásia. *Ver cidades específicas; países específicos*
Assentamentos ilegais, 257–258

Assentamentos informais, 6, 16, 125
　China, 230–231, 230f
　governo, 288, 290
　Mumbai, 238f
　PIB, 290
　pobreza, 257
Atlanta, 353
Atlas of Urban Expansion (Angel), 116, 339–340, 340f
Auckland (Nova Zelândia), 228
Auditoria, 367–369
Automóveis elétricos. *Ver* Tecnologia.
Automóveis híbridos. *Ver* Tecnologia.

Banco Mundial, 11–12, 21, 263, 337, 364–367
Bancos
　Banco de Desenvolvimento da Ásia, 365
　Banco Interamericano de Desenvolvimento, 365
　financiamento imobiliário, 226–227, 254–255, 255f, 356
　financiamentos, 305
　urbanização, 364–367
Barcelona (Espanha), 66–67
Barker, Kate, 18, 305–306, 337
Barr, Jason, 318–319
Beaune (França), 120–122, 121f–122f
Bem-estar social, 284–285
Bertaud, Marie-Agnes, 10–11, 101
Biblioteca Nacional da França (Paris), 310
Boa vizinhança, regras, 349
Brasil, 77–78, 77f
Brexit, 375
BRT, 274–275. *Ver também* Transporte público.
　cobrança pelo congestionamento e, 184, 212
　intervalos de tempo para, 191–197, 192f, 194f, 196f
　para mobilidade urbana, 191–197, 192f, 194f, 196f
　planejamento urbano para, 155, 160–162, 162f
　tempo parado e, 186, 192, 195
Brueckner, Jan, 18, 336–337, 339
Bruegmann, Robert, 116
Buenos Aires (Argentina), 156–158, 158f, 389n12
Building the Skyline (Barr, Jason), 318

CA. *Ver* Coeficiente de aproveitamento.
Cairncross, Frances, 150–152
Canadá, 375
Capital fixo, 28
Carros. *Ver* Transporte público.
Çatalhöyük, 22
Cerdà, Ildefons, 66–68

Cervero, Robert, 168
Chambres de bonnes (dependências de empregada), 384n20
Cheshire, Paul, 18, 306, 337
Chicago, 335
Chile, 261
China. *Ver também* Pequim.
　acessibilidade em, 229–231, 301–302
　áreas residenciais na, 73–77, 74t, 75f–76f
　assentamentos informais na, 230–231, 230f
　crescimento na, 380
　design em, 4
　governo na, 82, 114–115, 246, 299–300
　Guangzhou, 73–77, 74t, 75f–76f
　habitação popular na, 294
　Kaifeng na, 22
　Kowloon na, 296–297
　Ningbo na, 73–77, 74t, 75f–76f
　planejamento urbano na, 73–77, 75f–76f, 309
　prédios de aperto de mãos, 296–300, 297f
　Pudong na, 54, 78–81, 78f, 80f, 386n10
　renda domiciliar, 239, 240f, 242–244, 243f
　saúde, 388n20
　Shenzhen na, 22, 295–300, 297f, 300
　Tianjin, 114–115, 115t, 339
　uso do solo, 12–13
　vilarejos, 293
Cidade do México, 129–130, 129f, 162–165, 163f
Cidades dinâmicas, 378–380
Cidades sustentáveis, 113–114, 131–133, 134f
Cidades, 28–32, 32f
　como mercados de trabalho, 19–27, 33–41, 35f–36f, 38f–39f, 48–49
　Planet of Cities (Henderson), 21–22
　"Size, Sprawl, Speed and the Efficiency of Cities" (Prud'homme/Lee), 33–34
Cidades-estado, 366
Cidades-jardim, 335, 385n2
Cidades-santuário, 376
Ciência, 2–3, 9, 13–15, 20–28, 40
Cinturões verdes, 336–337
CO_2 equivalente (CO_2-e), 205–211, 206f–207f, 209f–210f, 390n29
Coase, Ronald, 15
Coeficiente de aproveitamento (CA), 342, 386n13, 386n18
　consumo de moradia, 256–260, 258f
　dados, 83, 84f, 85–86
　densidade, 84f, 88–90
　desenvolvimento urbano, 70–71
　economia, 84f, 86, 330, 330f
　governo, 321–322, 322f, 325–326, 330f
　incentivo 283, 284, 286, 323, 329, 332–333

nas estruturas espaciais urbanas, 52–53
solo, 84f, 88, 297–298
Compact City Policies: A Comparative Assessment (OECD), 338
Congestionamento
 códigos para, 390n20
 dados para, 168–175, 169f, 170t, 174f
Consumo de área construída, 52–53, 342
 consumo de terra, 339–340, 340f
 dados, 252–253, 253f
 densidade, 355
 economia urbana, 331–332, 341–342
 Hanói (Vietnã), 247, 248f, 249
 incentivos, 321–323, 325
 política, 244
 uso do solo, 320
Consumo de moradia
 distribuição da renda, 247, 248f, 249, 250–252, 251f
 financiamento, 254–256, 255f
 governo, 256–260, 258f, 366–367
 perfil de, 261–262
 política, 252
Consumo mínimo de moradia, 256–260, 258f
Contenção urbana. *Ver* Políticas de contenção
Córdoba (Espanha), 22
Costa, Lúcio, 4
Crescimento
 China, 380
 crescimento inteligente, 334
 crescimento urbano, 372–376, 374f
 dados, 378–380, 379f
 Japão, 376–378, 378f
 limites do crescimento urbano, 344
 mercado, 314–315, 340–344
 mobilidade, 28–29
 planejamento espacial, 24–27
 Shenzhen (China), 22
 skyline, 317–319
 taxas de crescimento, 378–379, 379f
 teoria, 27–28
 transporte, 49
 urbanização, 372–376, 374f
Cultura
 da renda domiciliar, 282
 de Nova Iorque, 262
 do bem-estar social, 283–285
 dos *kampungs*, 288–289, 385n21
 NIMBY, 337–338
 pobreza, 257–259, 296–300
 subdivisões informais, 235–236
 tipologia habitacional, 231
Curitiba (Brasil), 191–196, 192f, 194f, 196f

Dados espaciais, 11, 46t
 planejamento urbano, 212–216, 214f–215f, 216t
Dados. *Ver também* Dados espaciais.
 CBDs, 42–45, 195–196, 196f
 congestionamento, 168–175, 169f, 170t, 174f
 consumo de moradia, 252–253, 253f
 de crescimento urbano, 373–374, 374f, 378–380, 379f
 de densidade 110–111, 111f, 271, 272f, 274, 296–297, 386n12
 de indicadores, 354–355
 Demographia International Housing Affordability Survey, 224–225, 225f
 distribuição da renda, 280–281, 281f
 emissões de gases de efeito estufa, 159
 GTFS, 156, 389n10
 meios de transporte, 161–162, 184t–185t, 188–191, 188f–189f
 mobilidade urbana, 152–158, 158f, 168–172, 169f, 170t, 185t, 186–190, 188f–189f
 modelos quantitativos, 94–95
 para CA, 83, 84f, 85–86
 para motocicletas, 160–163, 162f–163f
 para o tempo de viagem, 165–171, 166f, 167t, 168f–169f, 170t
 planejamento, 84f, 90, 305, 353, 355–358, 357f
 razão preço/renda, 224–228, 227f–228f
 Seul (Coreia), 45f, 46t
 Strategic Community Investment Report Data, 353
 subdivisões informais, 235
 transporte, 31–33, 32f, 355
 velocidades de fluxo livre, 390n16
DAO. *Ver* Departamento de Avaliação de Operações.
Deaton, Angus, 220, 277, 353, 364
Demografia. *Ver* Densidade.
Deng Xiaoping, 15, 26, 384n6
Densidade de veículos, 182–183, 182f–183f
Densidade máxima, 235–236
Densidade populacional, 24–25, 89, 370–373, 385n1; *Ver também* Densidade.
 crescimento, 372–376, 374f
 dados, 178–180, 178t, 179f, 180t, 373–374, 374f
 Demographia International Housing Affordability Survey, 224–225, 225f
 distribuição espacial, 1132, 136–141
 governo, 91–92, 262, 358
 infraestrutura, 137–138
 mercado de trabalho, 149–153, 151f
 mobilidade, 147–148
 nas políticas de contenção, 339–340

no *deisgn*, 93
para o planejamento urbano, 109–110, 160–161, 175–176
transporte, 169–170, 170t
Densidade, 386n14
 base fiscal, 377–378
 CA, 84f, 88–90
 CBDs, 105–108, 106f–107f
 dados, 13–15, 46t, 110–111, 111f, 245, 271, 272f, 273, 296–297, 297f, 386n12
 densidade máxima, 235–236, 256
 economia urbana, 370
 mercados de trabalho e, 114–115, 115t
 mercados e, 242–244
 mudanças espaciais, 46t
 perfis de densidade, 102f, 104f, 106f, 109f, 111f, 342–343
 planejamento urbano operacional, 109
 planos diretores, 105
 política, 337
 preço da terra, 139
 Programa de Melhoria dos *Kampungs* (PMK), 290–292
 Programa de Reconstrução e Desenvolvimento (PRD), 273–274
 topografia, 84f
 uso de área construída, 355
 uso do solo, 387n17
 veículos, 182–183, 182f–183f
Departamento de Avaliação de Operações (DAO), 365
Departamento de Habitação e Desenvolvimento Urbano, 18
Dependência do percurso, 384n16
Dependências de empregada, 384n20
Design. *Ver também* Formas urbanas alternativas.
 China, 4
 cidades-jardim, 335
 cinturões verdes, 336–337
 códigos, 5
 densidade populacional, 93
 estrutura espacial urbana, 71–78, 72f, 74t, 75f–77f
 funções objetivas, 307–309
 governo, 175–176, 315, 369
 Hanói (Vietnã), 17
 intervalos de tempo, 186–190, 188f–189f
 manufatura, 23–24
 mercados comparados, 1–2, 81–90, 84f
 modelo de vilarejo urbano, 297–300
 Nova Iorque, 319–321
 planejamento urbano comparado, 385n1
 política, 223–224, 346–347, 359–361

Porto Príncipe, 4
Rússia, 4
skyline, 78, 78f
zoneamento, 321–322, 322f
Detroit, 373
Development Projects Observed (Hirschman), 3–4
Dióxido de carbono. *Ver* CO_2 equivalente.
Distribuição da renda
 acomodações, 244–247, 245f
 comparação, 239, 240f
 consumo de moradia, 247, 248f, 249, 250–252, 251f
 curva de distribuição da renda, 280–281, 281f
Distribuição espacial
 África do Sul, 271, 272f, 273
 de terras rurais, 114–116, 115t, 118, 119f, 120–122, 121f–122f
 densidade, 110–111, 111f
 Los Angeles, 105–108, 106f–107f
 mercados de trabalho, 126
 modelo descritivo, 101–105, 102f, 103t, 104f
 modelo urbano padrão, 101, 113–114, 115–118, 117f, 130–131, 140–141
 planejamento urbano, 109–110, 109f
 planos diretores, 131–140, 134f
 preço da terra, 100–101, 111–113, 112f
 terra urbana, 118–120
Distritos comerciais centrais (CBDs), 384n12
 como áreas residenciais, 318, 327–328, 328f
 consumo de área construída em, 52–53
 dados para, 42–45, 44f–45f, 195–196, 196f
 densidade e, 105–108, 106f–107f
 em Paris, 71–73, 72f
 meio ambiente e, 80–81, 80f
 no planejamento urbano, 36, 36f, 37–42, 38f–39f
 para governos municipais, 315, 316f
 para mercados de trabalho, 96–97
 tarifas de congestionamento, 217
 transporte público em, 311
Distritos comerciais, 330, 330f
DOT. *Ver* Transporte público orientado pelo desenvolvimento.
Dreiser, Theodore, 335
Duvalier, Jean-Claude, 9–10

Echenique, Martial, 337
Economia de escala, 10
Economia urbana. *Ver também* Razão preço/renda.
 área construída, 331–332, 341–342
 bancos, 318
 CA, 321–322, 322f

design, 61, 150–152, 151f
emissões de gases de efeito estufa, 338–339
Estados Unidos, 238–239
França, 25
governo, 283–284, 312–313, 313f
impostos, 349
Índia, 17, 237–239, 238f
marxismo, 56
mercado, 369–370
mercados de trabalho, 359–360, 360f
modos de transporte, 176–181, 178t, 179f, 180t
Mumbai (Índia), 308–309
município, 314–315, 354–355
oferta de terra, 305–306
Paris, 314–315
planejamento urbano, 354–355
política, 111–113, 112f, 303–304, 320–321
Porto Príncipe, 9–11
Singapura, 197–198, 198f
taxa de retorno econômico, 363–364
tecnologia, 352
terras rurais, 122–124, 125f
Toyama (Japão), 373, 376–379, 378f
"Urban Sprawl: Lessons from Urban Economics" (Brueckner), 336
urbanização, 273
uso do solo, 336
vias, 175–180, 178t, 179f, 180t
vilarejos em, 126–130, 127f, 129f
Economia. *Ver também* Pobreza; Economia urbana.
  acessibilidade 338–339
  alturas das edificações, 313–315
  aluguéis, 316, 321, 391n4
  área construída, 324
  Banco Mundial, 11–12
  CA, 84f, 86, 330, 330f
  China, 54, 295–296
  conceitos, 18
  crescimento econômico 310–311
  dependência dos percusos, 384n16
  distribuição espacial, 93–97, 99, 109–110, 120–125, 134f
  economia de mercado, 14
  economia urbana, 17
  economias de comando, 14
  economias de escala, 10, 20–21
  em Londres, 178–180, 178t, 179f, 180t
  Estados Unidos, 338–339, 356
  estruturas espaciais urbanas, 81–90, 84f
  financiamento imobiliário, 226–227
  imóveis, 27–28, 305, 331–332

Indonésia, 47
investimento, 362–363
kombinats, 383n4
limites da urbanização, 118, 119f
mercados de terra, 12–13
mercados de trabalho, 155–156, 381
mobilidade, 45, 46t, 47–48, 158–160, 190–191, 196–199, 198f, 201
no *design*, 140–141
Nova Iorque, 178–180, 178t, 179f, 180t, 284–285
oferta de moradia, 302–303
Organização Mundial do Comércio, 132
planejamento urbano, 1–4, 8–9, 16–18, 144–146
política habitacional, 260–263
políticas 25, 153–156, 287, 375
Porto Príncipe, 8–9
preço da terra, 8–9
preço do congestionamento, 29
preço, 229, 244
Pudong (China), 54
Shenzhen (China), 295–296
Singapura, 374, 376
subsídios, 100–101
taxa de retorno econômico, 363–364
teoria do "efeito cascata", 239–241, 391n10
transporte público, 158–160, 362
transporte, 19–20
Urban Economics and Urban Policy (Cheshire/Nathan/Overman), 306
urbanização, 120–125, 125f, 283–284, 302–303
uso do solo, 236–239, 238f, 329–330
Economias de comando, 14
Edifício Chrysler (Nova Iorque), 326
Edifício Flat Iron (Nova Iorque), 326
Edifício Seagram (Nova Iorque), 322–326, 331
Edifício Woolworth (Nova Iorque), 326, 331
Edifícios da Lei Antiga, 231–235, 232f–233f
Efeito proporcional, 21–22
Emirados Árabes Unidos, 374
Emissões de carbono 204–205
Emissões de gases de efeito estufa, 207, 207f, 212, 390n29
  congestionamento, 165
  expansão urbana, 334–335
  mobilidade, 204–206, 206f, 208–211, 209f–210f
Empregos. *Ver* Mercados de trabalho.
Empresas, 83–85, 84f
Energia limpa, 345–346
Engenharia
  CA, 342–343
  energia limpa, 345–346

França, 309–310
regulações, 312–313, 313f
Espaço viário. *Ver* Redes viárias.
Espaços abertos, 84f, 87–88
Espaços privados, 63–64 63f, 321–322, 322f
Espaços públicos
  planejamento urbano, 61–63, 332–333
  política, 1–2, 25–27, 323–324
  transporte, 311–312
  zoneamento, 319–320
Especificação geral de *feeds* de transporte público (GTFS), 156, 389n10
Espraiamento. *Ver* Modelo urbano padrão.
Estacionamento, 200
Estados Unidos, 231. *Ver também cidades específicas.*
  Agência de Proteção Ambiental, 203–206
  Canadá, 375
  China, 189–190
  economia urbana, 238–239
  empreendimentos imobiliários, 236–237
  governo, 18, 375
  meio ambiente, 208–211, 209f–210f
  mercados de trabalho, 42–43
  PIB, 219
  política, 350–351
  Secretaria de Habitação e Desenvolvimento Urbano, 18
  sistema de vales, 261
  tecnologia, 199–200
  uso do solo, 7, 59
Estocolmo, 385n22
Estoque congelado de habitação popular, 281–282
Estoque de habitação, 239–241, 246–247
Estruturas espaciais urbanas
  CA, 54–56
  design para, 71–78, 72f, 74t, 75f–77f
  economia, 81–90, 84f
  Mumbai, 57–59, 58f
  nos mercados, 53, 56–57, 60–63, 91–92
  Pudong, 78–81, 78f, 80f
  redes viárias, 63–64, 63f, 65f, 66–70
Europa. *Ver cidades específicas; países específicos*
Evans, Alan, 18
Expansão urbana, 334–335, 339–340
Externalidades
  externalidades negativas, 18, 55, 73, 86, 159–161, 165, 171, 199, 284, 318–321, 324–327, 331–332, 349
  externalidades tradicionais, 311–312, 317–319
  governo, 317–319
  zoneamento, 318–321, 324–327, 331–332, 349

Facebook, 151
Faixas de rolamento reservadas para veículos de alta ocupação (HOVs), 196–197
Fansler, David, 335–336
Ferguson, Adam, 1
Filtragem, 246–247
Financiamento imobiliário, 226–227, 254–256, 255f, 356
Financiamentos, 305
Fischel, William A., 18
Fluxo de moradia, 239–241
Formas urbanas alternativas
  densidade e, 340
  governo e, 333
  mercado, 335–337
  Nova Iorque como, 317–326
  Paris como, 310–317, 311f, 316f
  política de contenção, 334–335, 340–341
  política, 337–339, 346–347
  zoneamento para, 326–332, 328f
França. *Ver também* Paris.
  Beaune, 120–122, 121f–122f
  Biblioteca Nacional da França, 310
  China 73–75
  intervenção urbana 309–310
  transporte, 28–32, 32f
Funções
  funções objetivas, 307–310, 317–319, 334, 344–346, 345f–346f
  mercado, 329–330

Gauteng (África do Sul), 31–33, 32f, 392n17
  governo, 300
  subsídio habitacional, 268–271, 270f, 272f, 273–275, 275f
Gentrificação, 246–247
GHG
  emissões do, 165
  mobilidade e, 172–175
  Mobility First (Staley/Moore), 176
  política para, 154–158, 158f, 190–199, 192f, 194f, 196f, 198f
  teoria de, 201
Giuliano, G., 152–153
Glaeser, Edward, 7, 18, 337
Google, 151
Governo, 276. *Ver também* Governos municipais.
  "imposto do congestionamento", 23–24, 30
  abrigo emergencial, 302
  África do Sul, 222–223, 268–269, 274
  aluguéis, 277–278, 278f
  alvarás para construção, 4–6
  Argélia, 4–6

assentamentos informais, 288, 290
auditoria, 367–368
CA, 321–322, 322f, 325–326, 330f
China, 82, 114–115, 246, 299–300
consumo de moradia, 256–260, 258f, 366–367
controle de aluguel, 264–267, 265f
crédito tributário, 267
design e, 175–176, 315, 316f, 369
economia 288, 314
Estados Unidos, 18, 375
externalidades, 317–319
Gauteng (África do Sul), 300
habitação popular, 220–221, 231–235, 232f–233f, 301–302, 304–306
habitação pública, 264–267, 265f
Índia, 25–26, 241, 288
Indonésia, 300
ITV, 172–175, 174f
mecanismo da oferta, 277
mercados, 249–250, 252, 301–302, 316–317
mobilidade, 64, 66–70
modos de transporte, 148, 152, 274–275
Monetary Policy Committee (Reino Unido), 305
moradias, 290–292, 291f
Nova Iorque, 176, 230, 231–235, 232f–233f, 267, 283–284, 300, 376–377
oferta de moradia, 304–306
para o planejamento urbano, 16–17, 319–321
Paris, 315–317, 316f
planos diretores, 49
política de contenção, 337
política habitacional, 301
política, 9–11, 136–137, 162–163, 252–254, 258–260
projeções, 91–92, 262, 358
regulações, 6–7
Reino Unido, 18
renda domiciliar, 219–220, 256–260, 258f, 356–357
Rússia, 26–27
Shenzhen (China), 300
Singapura, 386n15
sistemas de vales, 260–263, 261f
tamanho mínimo de lotes, 256, 274
tralha regulatória, 368–369
uso do solo, 15–16, 146, 196–200, 198f, 318–319, 368–369, 388n25
zoneamento, 91–92, 235–236, 264–267, 265f, 310–312, 311f, 324–325
Governos municipais, 276–277, 304
CBDs, 315, 316f
economia, 314–315, 354–355

planejamento, 349–351, 369–372, 371f
regulações, 352, 364–365
urbanização, 358–361, 360f
Gradientes de densidade
gradiente reverso de densidade, 273, 344
Green, Richard, 280
GTFS. *Ver* Especificação Geral de *Feeds* de Transporte Público.
Guangzhou (China), 73–77, 74t, 75f–76f

Habitação adequada, 269–270
Habitação popular, 276–277, 281–282, 285–287. *Ver também* Acessibilidade à habitação.
Habitação pública, 250, 264–267, 265f
Haiti. *Ver* Porto Príncipe.
   edifícios de aperto de mão, 296–300, 297f
   les Halles (Paris), 310
Hanói (Vietnã)
   terras rurais, 134–135
   design, 17
   área construída, 247, 248f, 249
   tipologia habitacional, 245–246, 245f
   planos diretores, 110, 130–136, 134f
   tamanho de lote, 246
   plano, 138–139
   transporte, 162–165, 163f
Harari, Yuval, 347
Haussmann, Georges-Eugène, 66–68, 175–177, 309
Hauxinzhou (China), 54
Hayek, Friedrich, 1
Henderson, Vernon, 21
Hewlett Packard, 351
Hill, Morris, 367–368
Hipódamo, 64–66
Hirschman, Albert, 3–4, 260
Hong Kong, 59–60. *Ver também* China.
Howard, Ebenezer, 53, 298, 335, 385n2
Hsieh, Chang-Tai, 219
Hudson Yards (Nova Iorque), 333, 350

Iêmen, 68–70, 69f, 364
Imigração, 373–376
Imóveis
   habitação popular, 302–303
   planejamento urbano, 319
   política, 229–230
Impostos
   aluguéis, 283–284
   congestionamento, 23–24, 30
   créditos tributários, 267
   impostos prediais, 355, 393n16

incentivos fiscais, 284–285, 377–378
política, 279–280, 280f
Incentivos
  área construída, 321–322, 325
  bônus de transporte público, 333
  CA, 329, 332–333
  habitação, 283–284
  imposto 421-a, 393n16
  incentivos fiscais, 284–285, 377–378
  incorporadores, 320–321
  Nova Iorque, 282–283, 319
Índia. *Ver também* Mumbai.
  assentamentos informais, 238f
  China, 59–60, 339, 345
  economia urbana, 17
  governo, 25–26, 241, 288
  planejamento urbano, 77–78, 77f, 236
  políticas, 383n5, 385n3
Indicadores
  dados, 354–355
  habitação popular, 366–367
  indicadores de alerta, 355–358, 357f
  indicadores de entrada, 362–365
  indicadores de impacto, 358–361, 360f, 364–365
  indicadores de resultado, 361–362, 364–365
  indicadores de saída, 362, 364–365
  monitoramento, 352–353
  políticas, 364
  projeto, 361–365
  transporte, 361
Índice de tempo de viagem (ITV), 172–175, 174f
Indonésia
  China, 288
  economia, 47
  governo, 300
  kampungs, 288–292, 291f
  moradias, 288–292, 291f
  planejamento, 128–129, 129f
Infraestrutura, 137–138, 260, 290–292, 291f
Internet, 383n2
Intervalos de tempo
  BRT, 191–197, 192f, 196f
ITV. *Ver* Índice de tempo de viagem.

Jacobs, Jane, 22, 383n4
Japão
  crescimento, 376–378, 378f
  Rússia, 373
  Toyama, 373, 376–379, 378f
Jeanneret, Charles-Édouard. *Ver* Le Corbusier.
Johnson, Philip, 323
Joint Living-Work Quarters for Artists, regra, 326–329, 328f

Kahn, Matthew E., 337
Kaifeng (China), 22
Kampungs, 288–292, 291f, 385n21, 392n24
Keyi, Sheng, 392n25
Keynes, John Maynard, 305
Kombinats, 383n4
Kowloon (China), 296–297
Kubitschek, Juscelino, 26, 384n6

L'Enfant, 66–68
La Defense (Paris), 315, 316f
Le Corbusier (arquiteto), 4
  ambiente, 298
  Paris, 71–74, 72f, 74t, 335
  skylines, 317
Lee, Chang-Woon, 28, 33, 38
Lei de Gibrat, 21–22
Levittown, 335
Licenças. *Ver* Alvarás para construção.
Limites da urbanização, 118, 119f
Limites do crescimento urbano, 344
Londres, 335
  cinturões verdes, 337
  mercado, 53
  modos de transporte, 147–148
  transporte público, 176–177
Los Angeles, 105–108, 106f–107f

Malásia, 263, 368
Malpezzi, Stephen, 18, 99, 101, 280, 316, 357
Manifesto comunista (Marx), 56
Mão de obra, 23–24
Marx, Karl, 56
Marxismo, 4, 56, 73–74
Mayo, Stephen, 357
McNamara, Robert, 364–365
Mecanismo da oferta, 277–278, 278f, 302–304, 314, 325
Mehndiratta, Shomik, 156
Meio ambiente. *Ver também* Sustentabilidade.
  CBDs, 80–81, 80f
  CO_2-e, 205–208, 206f–207f
  congestionamento do tráfego, 148–149, 152–154
  emissões de CO_2, 207–209, 207f, 209f, 212
  emissões de gases de efeito estufa, 40, 204–205, 334–335, 338
  Estados Unidos, 208–211, 209f–210f
  Le Corbusier (arquiteto), 298
  mobilidade, 201–204, 204f, 206–208, 207f
  no *design*, 312
  políticas, 222, 337–339
  preservação 312

regulações de uso do solo, 153–154
tecnologia, 204–208, 206f–207f
topografia, 202
Mercado de terra, 12–13, 96
Mercado de trabalho metropolitano, 274–275, 275f
Mercado paralelo, 126–130, 127f, 129f
Mercado. *Ver* também Mercados de trabalho.
  crescimento, 314–315, 340–344
  design, 1–2, 81–90
  distribuição de renda, 242–244, 243f
  economia de comando, 14
  economias de mercado, 14
  equilíbrio do mercado, 228
  estruturas espaciais urbanas, 52, 56–57, 60–63, 91–92
  funções, 329–330
  governo, 249–250, 252, 301–302, 316–317
  Londres, 53
  Nova Iorque, 330, 330f
  planejamento orientado pelo mercado, 342
  "Size, Sprawl, Speed and the Efficiency of Cities" (Prud'homme/Lee), 33–34
  uso do solo, 333
Mercados de trabalho
  CBDs, 96–97
  cidades como, 19–27, 33–41, 35f–36f, 38f–39f, 48–49
  densidade, 114–115, 115t
  distribuição espacial, 131
  e cidades, 11–15, 57–59, 58f, 84f, 85, 106–107, 107f, 143, 220–221
  Estados Unidos, 42–43
  mercado de trabalho metropolitano, 274–275, 275f
  moradores rurais, 134–135
  oferta habitacional, 271, 272f, 273–274, 287
  Seul (Coreia do Sul), 43
  taxas de participação no mercado de trabalho, 386n17
  teoria, 45, 46t, 47–48, 219–220, 314–315
  The Death of Distance (Cairncross), 150
  transporte, 34, 35f–36f, 36–41, 38f–39f
  viagens pendulares, 384n17
Merriam-Webster's Dictionary, 350, 388n18
Metrô. *Ver* Transporte público; Transporte.
Mies van der Rohe, Ludwig, 322–323
Mileto (Grécia), 64–65
Mills, Edwin, 95
Mobilidade
  BRT, 191–197, 192f, 194f, 196f
  cobrança pelo congestionamento, 357f
  congestionamento, 172–175, 174f

crescimento, 28–29
da mão de obra, 30
densidade populacional , 147–148
e poluição, 201–204, 204f, 206–208, 207f
emissões de gases de efeito estufa, 204–206, 206f, 208–211, 209f–210f
estacionamento, 200
governo, 64, 65f, 66–70, 69f
medidas de, 152–158, 158f, 168–172, 169f, 170t, 185t, 186–190, 188f–189f
modos de transporte, 92, 143, 160–165, 162f–163f
pedágios, 357f
planejamento urbano, 48–49, 216–218, 217f, 337
renda domiciliar, 285
tecnologia, 149–152, 215–217, 216t
transporte público, 165–168, 166f–168f, 191–196, 192f, 194f, 196f
transporte, 143–149, 160–165, 162f–163f, 175–185, 178f, 179f, 180t, 182f–183f, 185t, 211–214, 214f
viagens pendulares, 146–147
Mobililty First (Staley/Moore), 176
Modelo composto (transporte), 39f, 40
Modelo de vilarejo urbano, 39f, 40–41, 296–300, 297f
Modelo disperso (transporte), 39–40, 39f
Modelo monocêntrico (cidade). *Ver* Modelo urbano padrão.
Modelo monocêntrico (transporte), 39, 39f
Modelo urbano padrão
  "Urban Sprawl: Lessons from Urban Economics" (Brueckner), 336
  padrões mínimos, 288–289
  para distribuição espacial, 101, 113–114, 115–118, 117f, 129–130, 140–141
  Sprawl (Bruegmann), 116
Modelo urbano. *Ver* Modelo urbano padrão.
Modelos
  descritivo 101–105
  Los Angeles como modelo, 105–108, 106f–107f
  modelo urbano padrão, 95–97, 98f–99f, 99, 101, 113–114, 115–118, 117f, 129–130, 140–141, 288–289
  modelos quantitativos, 94–95
Modos de transporte
  África do Sul, 167–168, 168f
  BRT, 191–196, 192f, 194f, 196f
  dados, 157f, 161–162, 162f, 184t–185t, 188–191, 188f–189f
  economia urbana, 176–181, 178t, 179f, 180t

governo, 148, 152, 274–275
Londres, 147–148
mobilidade, 92, 143, 160–165, 162f–163f
Nova Iorque, 165–167, 166f, 167t
Paris, 165–167, 166f, 167t
política, 211–213
transporte público, 156, 158, 160–161, 209f, 211–212
Monetary Policy Committee (Reino Unido), 305
Monitoramento de indicadores, 352–353
Moore, Adrian, 176
Moretti, Enrico, 219
Moses, Robert, 176
Motocicletas, 126, 157, 190, 275
política, 213
tempo de viagem pendular, 167–168
Mumbai (Índia), 17, 57–59, 58f, 308–309, 384n12
Museu Pompidou (Paris), 310
Muth, Richard, 95

NASA, 3
Nathan, Max, 306
Niemeyer, Oscar, 4
NIMBY, 333, 337–338, 393n18
Ningbo (China), 73–77, 74t, 75f–76f
Nissan Leaf, 208–210, 209f
Northern Girls (Keyi), 392n25
Not In My Back Yard. *Ver* NIMBY.
Nova Iorque, 63f
África do Sul, 275–276
Art Decô (edifício), 326
cultura, 262
design em, 319–321
Edifício Chrysler, 326
Edifício Flat Iron, 326
Edifício Seagram, 322–326, 331
Edifício Woolworth, 326, 331
funções objetivas, 317–319
governo, 176, 230, 231–235, 232f–233f, 267, 283–284, 300, 376–377
habitação informal, 235–236
habitação popular, 281–282, 285–287
Hudson Yards, 333, 350
incentivos, 282–283, 319
Independent Budget Office, 284–285
modos de transporte, 165–167, 166f, 167t
mercados em, 330, 330f
Paris a, 334
pedágios, 170–172
planejamento urbano, 54–55, 144, 326–329, 328f, 393n8
políticas, 200, 208–209, 209f
preservação do patrimônio histórico, 60–61

regulações de altura, 315
Rockefeller Center, 326
transporte público, 186–188, 188f
Vale do Silício, 351
Vanderbilt Corridor, 333
Wall Street, 317–318
zoneamento com incentivos, 322–325
zoneamento inclusivo, 275–276, 279–281, 281f
zoneamento, 318–319, 326–329, 328f, 349–350, 389n2
Nova Zelândia, 228, 386n16

OCDE. *Ver* Organização para o Desenvolvimento e a Cooperação Econômica.
Oferta de moradia, 305–306, 339–340, 340f, 344
Oferta habitacional, 271, 272f, 273–274, 287, 302–306. *Ver também* Consumo de moradia; Subsídios.
OMC. *Ver* Organização Mundial do Comércio.
ONU. *Ver* Organização das Nações Unidas.
Organização das Nações Unidas (ONU)
Iêmen, 364
planejamento urbano, 345–346, 346f
políticas, 234
Programa das Nações Unidas para o Desenvolvimento (PNUD), 8–9, 68–70, 69f
UN-Habitat, 337–338
Organização Mundial do Comércio (OMC), 132
Organização para a Cooperação e o Desenvolvimento Econômico (OCDE), 338–339, 353, 384n9
Órgãos executivos, 369–370
Órgãos públicos de apoio, 369–370
Oriente Médio, 22
Overman, Henry, 306

Padrões mínimos
de moradias populares, 235–236
modelo urbano padrão, 288–289
para CA, 256–260, 258f
tamanho de lote, 274–276
zoneamento, 231–235, 232f–233f
Paisagens urbanas, 331–332
Países em desenvolvimento, 372–373
Paris, 63f, 104f, 392n3, 393n5
Biblioteca Nacional da França, 310
CBDs, 71–73, 72f
chambres de bonnes (dependências de empregada), 385n20
economia, 314–315
funções objetivas, 309–310
governo, 315–317, 316f

La Defense, 315, 316f
Le Corbusier, 71–74, 72f, 74t, 335
les Halles, 310
meios de transporte, 165–167, 166f, 167t
Museu Pompidou, 310
Nova Iorque, 334
regulações de altura, 312–314, 313f
Torre Eiffel, 309
Tour Montparnasse, 310
transporte público, 176–177
transporte, 44, 44f, 164–165
uso do solo, 310–312, 311f
Pedágios, 387n6
congestionamento, 23–24, 49, 201, 217
mobilidade, 357f
Nova Iorque, 170–172
planejamento urbano, 61–62, 349–350
preço da terra, 97, 100
Singapura, 387n6
Pequim (China)
modo de transporte, 162–165, 163f, 166–168, 167t
planejamento urbano em, 73–77, 74t, 75f–76f, 352
transporte público em, 172–175, 174f
Perspectivas da Urbanização Mundial (2014), 378–380, 379f
Pesquisa, 21, 263
Phatak, V. K., 17
PIB. *Ver* Produto interno bruto.
Pisarski, Alan, 28, 42–43
Planejamento urbano
América Latina, 339–340, 340f
aplicações operacionais, 140–141
assentamentos informais, 236–239, 238f
Atlas of Urban Expansion (Angel), 116, 339–340, 340f
auditoria, 368–369
bens privados, 83–87, 84f
Brasil, 77–78, 77f
CA, 296–297, 297f
CBDs, 36, 36f, 37–42, 38f–39f
China, 73–77, 74t, 75f–76f, 309
crescimento, 24–27
cultura, 18
dados espaciais, 212–216, 214f–215f, 216t
densidade, 93–94, 100–101, 110–111, 111f, 372–376, 374f
design comparado a, 385n1
distribuição espacial, 108–109, 109f
economia urbana, 354–355
emissões de gases de efeito estufa, 202–204, 204f

espaços privados, 321–322, 322f
espaços públicos no, 61–63, 332–333
funções objetivas, 309
governo, 16–17, 319–321
governos municipais, 349–351, 369–372, 371f
habitação informal, 256–260, 258f
imigração, 374–375, 374f
imóveis, 319
Índia, 77–78, 77f, 236
indicadores, 361–365
Indonésia, 128–129, 129f
mapas, 353–354
marxismo, 73–74
mercados de trabalho, 11–15, 57–59, 58f, 84f, 85, 106–107, 107f, 143, 220–221
mobilidade, 48–49, 216–218, 217f, 337
NASA, 3
Nova Iorque, 54–55, 144, 326–329, 328f, 393n8
ONU, 345–346, 346f
paisagens urbanas, 331–332
para BRT, 155, 160–162, 162f
Pequim (China), 73–77, 74t, 75f–76f, 352
perfis de densidade, 342–343
Perspectivas da Urbanização Mundial (2014), 378–380, 379f
planejamento orientado pela contenção, 342
planejamento orientado pelo mercado, 342
planos diretores, 353–354
pobreza, 53, 223–224, 249–250
política, 306, 358–361, 360f
Programa das Nações Unidas para o Desenvolvimento (PNUD), 8–9
psicologia, 367–368
secretarias de planejamento urbano, 369–372, 371f
tecnologia, 239–240, 380–381
tempo de viagem pendular, 213–214, 214f
topografia, 43–44, 44f
Urban Economics and Urban Policy (Cheshire/Nathan/Overman), 306
uso do solo, 48
Vale do Silício, 351–352
vilarejos, 126
Planet of Cidades (Angel), 21–22
Planos diretores
densidade, 105
distribuição espacial, 131–140, 134f
governo, 47
Hanói (Vietnã), 110, 130–136, 134f
modelos, 39–41, 39f, 108–109, 109f
para o planejamento urbano, 354–355
transporte, 28–30
Vale do Silício, 351–352

PMK. *Ver* Programa de Melhoria dos *Kampungs*.
Pobreza
  África do Sul, 47–48
  aluguéis, 279–281, 280f–281f
  assentamentos informais, 257
  bem-estar, 284–285
  CA, 284–285
  cultura, 256–257, 296–300
  domicílios sem-teto, 302
  economia, 242–243
  gentrificação, 246–247
  governo, 290–292, 291f
  habitação popular, 236–239, 238f, 249, 287–288
  infraestrutura, 260
  Nova Iorque, 287–288
  planejamento urbano, 53, 223–224, 249–250
  política, 220–221, 287–288, 301–302, 361, 366–367
  Section 8 *housing*, 286
  subsídios, 273
  tamanho do lote, 289
  teoria, 16
  zoneamento, 277
Poder regulatório, 320–321
Política
  CA, 283–284, 286
  cultural, 327–329
  da África do Sul, 101
  da pobreza, 220–221, 287–288, 301–302, 361
  de alvarás para construção, 6–7
  de comunismo, 15–16, 246
  de espaços públicos, 1–2, 25–27, 323–324
  de formas urbanas alternativas, 337–339, 346–347
  de governo, 259–260, 314–315, 319–321
  de habitação, 262
  de Hanói (Vietnã), 138–139
  de indicadores-chave de desempenho (KPIs), 290–291, 291f
  de migração, 289
  de preservação do patrimônio histórico, 316–317
  de saúde, 360
  de urbanização, 364–365
  de uso do solo, 337–338
  do Banco Mundial, 365–367
  do marxismo, 4
  do meio ambiente, 337–339
  do planejamento urbano, 306
  do Reino Unido, 375
  dos Estados Unidos, 350–351
  dos *kampungs*, 290–292, 291f

Política de integração, 292
Política habitacional
  consumo, 249–250, 252
  governo, 301
  política, 262
  PRD, 274
  taxas, 242
Política. *Ver também* Políticas de contenção.
  área construída, 243
  Banco Mundial, 337–338, 364–365
  boa vizinhança, regras, 349
  CA, 323
  cobrança pelo congestionamento, 170–172
  Compact City Policies: A Comparative Assessment (OCDE), 338
  congestionamento, 154–158, 158f, 190–199, 192f, 194f, 196f, 198f
  empreendimentos imobiliários, 233–234, 303–304, 365–367
  estoque habitacional, 246–247
  governo, 9–11, 118–120, 138–139, 141, 162–163, 252–254, 253f, 255–256
  governos municipais, 352, 364–365
  habitação popular, 267–268, 300–301, 328–329, 356–357, 357f
  imigração, 375–376
  imóveis, 229–230
  impostos, 279–280, 280f
  Índia, 383n5, 385n3
  indicadores, 363
  Joint Living-Work Quarters for Artists, regra, 326–329, 328f
  NIMBY, 333
  Nova Iorque, 200, 208–209, 209f
  OCDE, 337–338
  ONU, 234
  para combate da pobreza, 366–367
  para economia urbana, 111–113, 112f
  para meios de transporte, 211–213
  para mercados, 302
  para modificar o consumo de moradia, 252
  para motocicletas, 211
  para o crescimento da cidade, 113–114
  para o estoque congelado de habitação popular, 281–282
  para o planejamento urbano, 358–361, 360f
  política de integração, 292
  política habitacional, 242, 249–250, 252, 260–263, 261f, 274, 301
  por densidade, 336
  por *design*, 223–224, 322–324, 346–347, 359–361, 360f
  redes viárias, 180–185, 182f–183f, 185t

reforma, 304–306
regulações de volume, 393n8
relação entre renda e consumo, 249
Rússia, 279
Sierra Club, 337–338
sublocação, 266–267
tecnologia, 97–198, 208–211, 209f–210f, 214–218, 215f, 216t, 217f
tempo de viagem pendular, 363
tralha regulatória, 368–369
UN-Habitat, 337–338
Urban Economics and Urban Policy (Cheshire/Nathan/Overman), 306
uso do solo, 304–306, 326–329, 328f, 330, 330f, 344, 367–368
zoneamento, 277–278, 278f, 283–284
Políticas de contenção
  Compact City Policies: A Comparative Assessment (OECD), 338
  formas urbanas alternativas, 334–335, 340–341
Políticas habitacionais, 249–250, 267, 294, 302–303, 366–367. *Ver também* Pobreza.
População. *Ver* Densidade.
Portland (Oregon), 344, 388n24
Porto Príncipe (Haiti), 4, 8–11
PRD. *Ver* Programa de Reconstrução e Desenvolvimento.
Precificação do espaço viário, 191
  BRT, 212
  em CBDs, 217
  governo, 29
  mobilidade, 357f
  pedágios, 29, 49, 201, 217
  Singapura, 184, 197–199, 198f
Preço da terra
  densidade, 140
  distribuição espacial, 100–101, 111–113, 112f
  economia, 8–9
  níveis de preço da terra, 104, 104f
  pedágios, 97, 100
  perfil, 104f
  terras rurais, 135–136
  Wall Street, 317–318
  zoneamento, 331–332
Prefeitos. *Ver* Governos municipais.
Preservação do patrimônio histórico, 60–61, 312, 313–314, 316–319, 326–327
Produto interno bruto (PIB), 219, 290–291
Programa de Melhoria dos *Kampungs* (PMK), 267–268, 290–292, 291f
Programa de Reconstrução e Desenvolvimento (PRD), 268–271, 270f, 272f, 273–275, 275f

Prud'homme, Rémy, 28, 33, 38
Psicologia, planejamento urbano, 367–368
Pudong (China), 54, 78–81, 78f, 80f, 386n10

Quigley, John M., 356
Quirós, Tatiana, 156

Razão preço/renda (RPR)
  economia, 229, 244
  habitação popular, 224–230, 225f, 227f–228f, 231
  topografia, 224–225, 225f
Redes viárias
  economia urbana, 175–180, 178t, 179f, 180t
  estruturas espaciais urbanas, 63–64, 63f, 65f, 66–70
  Indonésia, 292
  política, 180–185, 182f–183f, 185t
  rotas de viagens pendulares, 384n13
  topografia, 61
Reformas em políticas públicas, 304–306
Regulações
  congestionamentos, 390n20
  em Xangai (China), 386n10
  para *design*, 5
  para zoneamento, 324, 329
  preservação do patrimônio histórico, 312
Regulações de altura, 311–315, 311f, 313f
Regulações de uso do solo, 393n8
Regulações viárias, 84f, 87
Regulações. *Ver* Alvarás para construção; Governo.
Reino Unido, 18, 305–306, 375. *Ver também* Londres.
Relação entre renda e consumo, 249
RELU-TRAN (modelo de transporte), 95
Renda domiciliar
  acessibilidade à habitação, 219–220, 222–224, 239, 240f, 242–244, 243f, 247, 248f, 249–251, 251f, 254–256, 255f
  China, 239, 240f, 242–244, 243f
  governo, 219–220, 256–260, 258f, 356–357
  mobilidade, 285
Reparcelamento do solo, 385n7
República Popular da China. *Ver* China.
Rio de Janeiro (Brasil), 102f, 103–104, 103t
Rockefeller Center (Nova Iorque), 326
Rotas de viagem pendular, 384n13
RPR. *Ver* Razão preço/renda.
Rússia
  governo, 26–27
  Japão, 373
  kombinats, 383n4

políticas, 279
projeto, 4
uso do solo, 11, 13–15

São Francisco, 227–228, 227f, 227f–228f
São Petersburgo (Rússia), 373, 383n6
Secretarias de planejamento urbano, 369–372, 371f
Section 8 *housing*, 286
Setor informal, 125–130, 129f
Seul (Coreia do Sul), 38, 43, 45f, 46t, 384n18
Shenzhen (China), 22, 295–300, 297f, 392n25
Sierra Club, 337–338
Singapura, 184, 197–198, 198f, 374, 376, 386n15, 387n6
Sistemas de vales, 260–263, 261f
Skyline, 78, 78f, 317–319, 318
Smith, Adam, 305
Sprawl (Bruegmann), 116
Staley, Samuel, 176
Stanford University, 351
Strategic Community Investment Report Data, 353
Subdivisão, 230–231, 230f
Subdivisões informais, 235–236, 256–260, 258f
Sublocação, 266–267, 282–283
Subsídio à demanda, 260–263, 262f, 267–268, 286, 303–304
Subsídios
 habitação popular, 303–304
 infraestrutura, 290–292, 291f
Subsídios à oferta, 264–269, 265f, 303–304
Surabaya. *Ver* Indonésia; *Kampungs*.
Sustentabilidade
 Amsterdã, 338–339
 como funções objetivas, 344–346, 345f–346f
 teoria, 326–329, 328f, 345–346, 345f–346f

Tailândia, 256
Taleb, Nassim Nicholas, 308–309
Tamanho do lote, 246, 256, 274–276, 275f, 289
Tarifa de congestionamento, 197
Tecnologia
 Buenos Aires (Argentina), 389n12
 China, 386n11
 cidades sustentáveis, 113–114, 131–133, 134f
 economia urbana, 352
 empreendimentos imobiliários, 380–381
 Estados Unidos, 199–200
 governo, 369
 habitação, 345–346, 346f
 Internet, 383n2
 meio ambiente, 204–208, 206f–207f

microcomputadores, 21
mobilidade, 149–152, 151f, 214–216, 215f, 216t
Nissan Leaf, 208–210, 209f
planejamento urbano, 239–240, 380–381
políticas, 97–198, 208–211, 209f–210f, 214–218, 215f, 216t, 217f
transporte, 51–52, 161–162, 162f, 176
uso do solo, 10–11
Teletrabalho, 42
Tempo de viagem pendular
 dados, 165–171, 166f, 167f, 168f–169f, 170t
 motocicletas, 167–168
 planejamento urbano, 213–214, 214f
 política, 363
 transporte público, 358–359
 transporte, 184–185, 185t, 384n17
Tempo parado, 186, 192, 195
Teoria
 alturas máximas, 311–312, 311f
 ciência e, 2–3
 da acessibilidade financeira, 49, 219, 301
 da economia urbana, 2–3, 13, 17
 da habitação adequada, 269–270
 da habitação popular, 276–277
 da mobilidade, 48–49
 da política, 332–333
 da projeção demográfica, 212–213
 da razão preço/renda (RPR), 224–228, 225f, 227f–228f, 244
 da relação entre renda e consumo, 249
 da renda domiciliar, 221
 da sustentabilidade, 326–329, 328f, 345–346, 345f–346f
 das cidades-estado, 366
 das cidades-santuário, 376
 das emissões de gases de efeito estufa, 40, 201–202, 334–335, 338
 das externalidades negativas, 18, 55, 73, 86, 159–161, 165, 171, 199, 284
 das formas urbanas alternativas, 307–310, 329–330, 333, 346–347
 das políticas de contenção, 337–339, 341–344
 densidade, 108–109, 109f
 distribuição espacial, 126–130, 127f, 129f
 do congestionamento do trânsito, 201
 do consumo de moradia, 222–224, 302–303
 do crescimento das cidades, 27–28
 do crescimento inteligente, 334
 do *design*, 8–9
 do efeito cascata, 240–241, 391n10
 do modelo urbano padrão, 95–97, 98f–99f, 99, 335–336
 do planejamento urbano, 27–33, 32f

do poder regulador, 320–321
do teletrabalho, 42
do uso improdutivo, 344
do zoneamento com incentivos, 329–330
do zoneamento inclusivo, 276–278, 278f, 282–287
dos assentamentos informais, 127–130, 129f, 288
dos dados espaciais, 30, 39–45, 39f, 44f–45f
dos dados, 146–147
dos gradientes de densidade, 97–100, 98f–99f, 103t, 107–111, 111f
dos incentivos, 328–329
dos mercados, 303–304
dos planos diretores, 4, 8, 11, 394n2
efeito proporcional, 21–22
engenharia, 322–323
estruturas espaciais urbanas, 52–53
Hanói (Vietnã), 138–139
indicadores-chave de desempenho, 267–268
Lei de Gibrat, 21–22
mercados de trabalho, 45, 46t, 47–48, 219–220, 314–315
mercados imobiliários, 96
na economia, 240–241, 253–254
para meios de transporte, 212–217, 216t
preço da terra, 304–305
urbanização, 383n4
Terra urbana
distribuição espacial, 118–120
empreendimento imobiliário, 335–337
oferta de terra urbana, 252–254, 253f
terra rural comparada a, 115–118, 117f, 119f, 122f
Terras rurais
em Hanói (Vietnã), 135–136
preço da terra e, 135–136
reparcelamento do solo para, 385n7
terras urbanas comparadas a, 114–118, 117f, 119f, 122f
The Death of Distance (Cairncross), 150
The Great Escape (Deaton), 220
Tianjin (China), 114–116, 115t, 339
Tipologia habitacional, 244–247, 245f, 302–303
Topografia
densidade, 84f
meio ambiente, 202
oferta de terra, 344
planejamento urbano, 43–44, 44f
razão preço/renda (RPR), 224–225, 225f
redes viárias, 61
Rio de Janeiro, 103–104
zoneamento, 308, 312
Torre Eiffel, 309

Tour Montparnasse (Paris), 310
Toyama (Japão), 373, 376–379, 378f
Toyota, 216–217, 217f
Trabalhadores rurais, 135–137, 296
Trabalhadores. *Ver* Mercados de trabalho.
Tralha regulatória, 368–369
Transporte público orientado pelo desenvolvimento (DOT), 70–71
Transporte público, 390n21
África do Sul, 274–275
bônus de transporte público, 333
CBDs, 311
economia, 158–160, 362
GTFS, 156, 389n10
investimentos, 362–363
Londres, 176–177
modos de transporte, 156, 158, 160–161, 209f, 211–212
mobilidade, 165–168, 166f–168f, 191–196, 192f, 194f, 196f
Nova Iorque, 186–188, 188f
Paris, 176–177
Pequim (China), 173–175, 174f
tempo de viagem, 358–359
Transporte. *Ver também* Sistema de ônibus rápido.
Cidade do México, 162–165, 163f
CO_2-e, 208–211, 209f–210f
crescimento, 49
densidade, 169–170, 170t
economia, 19–20
espaço público, 311–312
França, 31–33, 32f
Hanói (Vietnã), 162–165, 163f
indicadores, 361
mercados de trabalho, 34, 35f–36f, 36–41, 38f–39f
mobilidade, 143–149, 160–165, 162f–163f, 175–185, 178t, 179f, 180t, 182f–183f, 185t, 211–214, 214f
modelo composto, 39f, 40
modelo disperso, 39–40, 39f
modelo do vilarejo urbano, 39f, 40–41
modelo monocêntrico, 39, 39f
Paris, 44, 44f, 164–165
Pequim (China), 162–165, 163f, 166–168, 167t
plano diretor, 28–30
RELU-TRAN, 95
Seul (Coreia do Sul), 38
tecnologia, 51–52, 161–162, 162f, 176
teletrabalho, 42
tempo de viagem pendular, 184–185, 185t, 384n17

Trens. *Ver* Transporte público; Transporte.
Tributos. *Ver* Impostos.
Túneis. *Ver* Redes viárias.
Turismo, 313–314

União Soviética (URSS). *Ver* Rússia.
Urban Economics and Urban Policy (Cheshire/Nathan/Overman), 306
Urbanização
  bancos, 364–367
  CA, 276–277
  consumo de moradia, 252–254, 253f
  custo, 120–124, 125f, 283–284, 302–303
  economia urbana, 273
  Estados Unidos, 236–237
  governo, 285
  incentivos, 320–321
  mercados, 388n26
  planejamento de contenção, 342
  planejamento orientado pelo mercado, 342
  política de, 364–365
  política para, 233–234, 303–304, 365–367
  políticas municipais, 358–361, 360f
  Programa de Reconstrução e Desenvolvimento (PRD), 268–269
  tecnologia, 380–381
  teoria, 383n4
  terra urbana, 335–337
Urbanização. *Ver tópicos específicos*.
URSS. *Ver* Rússia.
Uso do solo
  área construída, 320
  CA, 84f, 88, 297–298
  China, 11–13, 15, 381
  definido pela demanda, 291
  densidade, 387n17
  economia, 236–239, 329–330
  Estados Unidos, 7, 59
  governo, 15–16, 146, 196–200, 198f, 318–319, 368–369, 388n25
  Hong Kong, 59–60
  mercados, 333
  na Rússia, 11, 13–15
  Paris, 310–312, 311f
  planejamento urbano, 49
  zonas, 304–306, 326–329, 328f, 330, 330f, 337–338, 344, 367–368

Uso do solo definido pela demanda, 291
Uso improdutivo, 344
Utopias. *Ver* Formas urbanas alternativas.

Vagas de estacionamento, 84f, 87–88
Vale do Silício, 351–352
Vanderbilt Corridor (Nova Iorque), 333
Velocidades de fluxo livre, 390n16
Viagens pendulares. *Ver* Transporte.
Vietnã. *Ver* Hanói.
Vilarejos, 293–294
  como áreas rurais, 126–130, 127f, 129f
  modelo de vilarejo urbano, 39f, 40–41, 296–300, 297f

Wall Street, 317–318
Wang, Ning, 15
Washington, D.C., 66–67
Wheaton, William, 95
Wright, Jim, 8–11, 18

Xangai (China). *Ver* China; Pudong.

Zoneamento com incentivos, 322–325, 329–330
Zoneamento complexo de uso do solo, 331–332
Zoneamento inclusivo 264–267, 265f, 275–278, 279–287, 278f, 281f
Zoneamento. *Ver também* Zoneamento inclusivo.
  áreas rurais, 133–135
  consumo, 231–235, 232f–233f
  distritos comerciais, 330, 330f
  espaços públicos, 319–320
  externalidades negativas, 318–321, 324–327, 331–332, 349
  governo, 91–92, 235–236, 264–267, 265f, 310–312, 311f, 324–325
  habitação popular, 281–282, 285–287
  mecanismo de oferta, 277–278, 278f
  meio ambiente, 153–154
  no *design*, 321–322, 322f
  Nova Iorque, 318–319, 326–329, 328f, 349–350, 389n2
  política, 277–278, 278f, 283–284
  regulações, 324, 329
  topografia, 308, 312